मेरा बचपन मेरे कंधों पर

(आत्मकथा)

मेरा बचपन मेरे कंधों पर

श्यौराज सिंह बेचैन

वाणी प्रकाशन

वाणी प्रकाशन का 'लोगो'
विख्यात चित्रकार मक़बूल फ़िदा हुसेन की
कूची से

ISBN : 978-93-5000-003-8

वाणी प्रकाशन
21-ए, दरियागंज, नयी दिल्ली-110002
द्वारा प्रकाशित

फोन : 0091#11#23273167, 23275710
फैक्स : 0091#11#23275710
ई-मेल : vaniprakashan@gmail.com
vani_prakashan@yahoo.com
वेबसाइट : www.vaniprakashan.com

प्रथम संस्करण : 2009

मूल्य : 695.00

आवरण : वाणी प्रकाशन
आर. टेक ऑफसेट प्रिंटर्स, दिलशाद गार्डन
दिल्ली-110095, द्वारा मुद्रित

MERA BACHPAN MERE KANDHON PAR
autobigogaphy by :
Dr. Sheoraj Singh Bechain

भूमिका

उससे मत पूछो कि उसकी चमड़ी का कोई रंग है, उसकी आँखों में कोई सपना है, उसके हाथों और उँगलियों में कोई हुनर मन्दी है, उसकी छोटी-छोटी टाँगों में सड़कों, गलियों और पगडण्डियों पर लम्बी थकाऊ, अन्तहीन चहलकदमियों का कोई तर्जुबा है—वे मील जो उसने तय किये हैं इससे पहले कि अपने नन्हें से पेट को भर सकें और सो जाएँ। मत पूछो उससे मौसमों के बारे में, बारिश के बारे में, अपनी एकमात्र बेरंग घिसी हुई कमीज पहने, मत पूछो उससे एक सर्द एकालाप की तरह उसकी हड्डियों में दाखिल होती शिशिर की बेरहम बर्फीली ठण्डक के बारे में। उससे यह भी मत पूछो कि वो बोलता है, गाता है, फुस खुसाहटों में अपना नाम ख़ुद दोहराता है, दुनिया की क्रूर मनुष्य निर्मित पाश्विकता से बच कर किसी गर्मी, प्यार, करुणा या आसरे की तलाश में है। उसकी सरपरस्ती मत करो, उसे अपनी हमदर्दियाँ मत दो, मत कहो कि 'हमें अफसोस है', क्योंकि उसके आँसू और उसकी तकलीफ़ें उसकी अपनी हैं। भर्त्सना और जीवट का निष्कासित साम्राज्य उसका अपना है। आशा-हताशा और करुणा भरी उसकी आत्मकथा। यह एक महाकाव्यात्मक बचपन का एकालाप है, जिसमें बहुसंख्य आवाजें संलिप्त हैं।

खामोश रहो और पंक्तियों के बीच पढ़ो, वो दुनिया की हमदर्दी के काबिल नहीं। उसने रचनात्मक पुनरुद्धार का अपना संसार पहले से परिकल्पित कर लिया है। वो हारने वाला इन्सान नहीं है। वो पहले ही जीत चुका है। वो जीवट-भरा ठोस खामोश और वीतरागी है; उसके हाथ रोजमर्रा के शारीरिक श्रम के इतिहास से सख़्त हो चुके हैं, सिर पर विनयी साया उसकी लम्बी अन्तहीन गरीबी की कहानी है, जीवन की अनिश्चिताओं को पराजित करना उसकी चेतना का अभिन्न अंग बन चुका है।

उसके बचपन के बारे में पढ़ो, मगर जल्दबाजी में नहीं। क्योंकि उसे ख़ुद कोई जल्दी नहीं है। वो यह सब भुगत चुका है। नियति का यह नन्हा-सा शिशु, सामन्ती भारत की क्रूर जाति-व्यवस्था का यह दलित, यह बेचैन योद्धा जिसने नियति को

चुनौती दी और अपना मौलिक मानचित्र तैयार किया है, मानवीय दासता के खिलाफ संघर्ष के बारीक ब्यौरे से कसीदा किया हुआ अपना गलीचा, ख़ुद तैयार किया है। कहीं ऐसा न हो कि जल्दी में तुम्हारी आँखों से कुछ मूल्यवान ओझल रह जाए। मसलन उसकी लम्बी यात्राएँ, सुबह के वक्त, गर्म दोपहरी में झुलसाती धूप के नीचे जब वह किसी सवर्ण जात वाले के घर से पानी भी नहीं माँग सकता, नितान्त निर्धन मोची के परिवार में बचपन की प्रतिकूलताओं से जूझते, जिन्दगी बसर करते हुए, आखिरी हद तक धकेले जाते हुए अपने परिवार को हर तरह का अभाव और भूख सहते देखते हुए जहाँ उनके पास कुल सम्पत्ति कहने के लिए मुश्किल से ही कोई चीज हो, शारीरिक सुविधा या सामाजिक सुरक्षा अथवा एक सुनिश्चित भविष्य की कोरी नामौजूदगी, यही उसके रोजमर्रा का यथार्थ है लेकिन उसमें भरपूर ताकत है, इस बच्चे में अपनी आत्मा की गरिमा के साथ और श्रम की खामोश शालीनता के साथ; दीये की मन्द रोशनी में स्वयं की दासता के बारे में पढ़ते-सबक लेते हुए, सीखते और पहले के सीखे हुए को अनसीखा करते हुए; ख़ुद अपने द्वन्द्व को विखण्डित करते हुए, खामोशी से हर चीज को एक रचनात्मक बगावत में तब्दील करते हुए, आत्मा और चमड़ी के पुनर्जीवन में परिवर्तित करते, मुक्ति, अर्थ, संवेदना, आकांक्षा, करुणा, विपलव और मानवता का आश्चर्यजनक साहित्य रचते हुए धूमकेतु की भाँति आगे आने की कार्यशीलता है।

जिन्दगी की मोहर के तौर पर—यह किताब वैसी ही है जैसा एक अछूत का स्पर्श, और उससे भी कुछ खुद ज्यादा। शोषण और धिक्कार के सामाजिक यथार्थ की सैरबीन के आरपार यह जाति व्यवस्था की झूठी योग्यता परखती है और छद्म मैरिट तन्त्र को चुनौती देती हुई महान मेधा के साथ दुनिया में दाखिल होती है, वह विनीत और संकोची है, लगभग नश्वर, विस्मय और जादू से भरे हुए एक नन्हे से बच्चे की नाज़ुक आँखें हैं, जो अपने और अपने परिवार के लिए रोजी कमाने की कोशिश कर रहा है जबकि इस उम्र में उसे खेलकूद के मैदान में या स्कूल में होना चाहिए था। 'बेचैन' यथा नाम तथा गुण, सदा के बेचैन हैं जैसा कि हिन्दी में इस मुहावरे का मतलब होता है, लेकिन उनकी इस अद्भुत 'आत्म-पहचान' में एक आत्मविश्वास और निरुद्विग्नता जो सिर्फ महान साहित्य ही बारीकी और संवेदना से अनुभूत और अभिव्यक्त कर सकता है। आप उनके संघर्ष का इतिहास रोजमर्रा की जिन्दगी के पारदर्शी प्रसंगों और यथास्थिति में जीने की इच्छा को नकारने की चेतना के माध्यम से दुनिया के अभागों के पूर्व निश्चित सांचों को नकारते हुए बिना गुलामाना अपराध भाव या मानसिक दासता भाव के बिना यथार्थ को देखता है और स्वीकार करता है।

यह एक किस्म की मुक्ति भी है—यह मानसिक और संवेदनात्मक बेड़ियों को तोड़ना, पिछड़ेपन की अपनी स्मृतियों के साथ सामाजिक और राजनैतिक इतिहास का विखण्डन और यह मुक्ति की आध्यात्मिकता को, दलित चमड़ी के, स्पर्श तक ले जाती है और काली आँखों की काली विडम्बनाओं के नीम-अँधेरे अन्तरंग गलियारों में दाखिल होती है, हाथ की लकीरों में जो उसकी नियति को नहीं गढ़तीं, क्योंकि वह अपनी दुनिया की तामीर भी कर रहा है और अपने साथ दलितों की, दलित दुनिया की भी तामीर कर रहा है। एक नितान्त विषम, फूहड़, अमानवीय और विवेकहीन समाज में।

इन अर्थों में यह किताब आपको एक नहीं, कई मार्मिक अन्तरकथाएँ कहती है—छुआछूत की कथा, उत्पीड़न को उलटने की द्वन्द्वात्मकता की कथा और अपने शब्दों से एक आदर्श संसार की तलाश की यथार्थ कथाएँ, अपने कठिन लेकिन जीवट-भरे बचपन की धूप और झुटपुटों से रचे-बसे हाथों से लिखे गये अपने शब्दों में। बचपन से वयस्कता तक, बच्चे से पुरुष बनने तक, यह एक दुर्लभ महाकाव्यात्मक साहित्य है, क्योंकि प्रेम, गरिमा और मुक्ति की तरह इसका हर शब्द एक सपना है, हर शब्द अनमोल है। मुक्ति-भय से, मुक्ति भूख से, मुक्ति छुआछूत से, वर्ण व्यवस्था पर आधारित समाज के उत्पीड़न और अमानवीयता भरे भयावह कर्मकाण्ड से।

पूरे आदर के साथ आप इस किताब को अपने हाथों में लीजिए। इसका स्पर्श कीजिए और इसे चूमिए तब आप लेखक की ऊपरी त्वचा और भीतरी संवेदना को महसूस कर सकेंगे, और तभी आप रत्ती भर भी साहित्यिक दिखावे या दावे के बिना महान साहित्य की ठोस उपस्थिति भी महसूस कर सकेंगे। एक दलित की महान मानवीय सृजनात्मकता को भी।

अमित सेन गुप्ता

(वरिष्ठ पत्रकार और प्रभारी सम्पादक हार्ड न्यूज)

अनुक्रम

बेवक्त गुजर गया माली *

तब मेरी उम्र करीब पाँच-छह साल की रही होगी। मेरी सबसे बड़ी बुआ 'कलावती' डिबाई के पास भीमपुर में, उससे छोटी 'मानों' अतरौली के पास पाली मुकीमपुर में और सबसे छोटी बुआ 'छोटी' नरौरा के पास धुर्रा, प्रेमनगर में ब्याही गयी थीं। छोटी बुआ के सगे देवर गंगावासी से डोरीलाल के बड़े भाई गंगासाय की इकलौती बेटी 'मानती' की शादी हो चुकी थी। चूँकि जाति-बिरादरी से गंगासाय ताऊ चाचा (पिता) के भाई लगते थे, इसलिए छोटी बुआ और 'मानती' गाँव के रिश्ते से बुआ-भतीजी और ससुराल के रिश्ते से देवरानी-जेठानी लगती थीं। डोरी ताऊ के घर में चन्दौसी की 'स्यामनियाँ' उर्फ 'भूरी' थी। ताई और अम्मा सहित ये तीनों एक ही मुहल्ले की थीं।

गंगावासी और बीधे यानी दोनों फूफा लगभग तीस साल पहले मुर्दा मवेशी उठाने, चर्म-शोधन करने और चर्बी बेचने का मामूली व्यवसाय किया करते थे। गंगावासी आज चालीस साल बाद इक्कीसवीं सदी में भी वही काम कर रहे हैं और उसी कच्चे मकान में रह रहे हैं, जहाँ मेरे पिता ने अन्तिम साँस ली थी। तब फूफा और गंगावासी दोनों भाइयों के परिवारों की जीविका रंगाई-फरहाई की आय पर निर्भर थी। उनकी स्थिति आज भी वही है, बदला कुछ भी नहीं है। गाँव के भीतर इनका एक छोटा-सा झोंपड़ीनुमा कच्ची मिट्टी से बना पुश्तैनी घर हुआ करता था। आस-पास जाटों के पक्के मकान, लम्बे चौड़े दालान और बड़े-बड़े घेर थे। फूफा बंधु जब मवेशी की खाल उतार कर गाँव में लाते थे, तो पूरी तरह छुपा कर ही लाते थे, इसलिए कि गाँव में खाल ले जाने पर हिन्दुओं को एतराज होता था। हिन्दुओं के बीच इसकी बदबू न फैले, इसके लिए खालों पर नमक छिड़ककर उसकी बदबू मार दी जाती थी। इतनी सावधानी के बाद भी उसे गाँव के बाहर ही रखना पड़ता था। बाद में जब मैं छात्र बन कर वहाँ रहा था, तब गंगावासी का यह अस्पृश्यता वाला काम मेरे भी काम आया। मैंने भी सक्रिय मदद की थी उनकी। मैंने अपने पेट और पढ़ाई के खर्च के लिए यह ठेके की मजूरी की थी।

जिन चमारों ने मवेशी उठाने का काम-धन्धा छोड़ दिया था, वे स्वयं को ऊँचे

* हंस, सम्पादक राजेन्द्र यादव, फरवरी 2006

दर्जे का मानने लगे थे, जबकि माली हालत उनकी भी खराब थी। जाट-बामनों में यह काम नहीं होता था। दलित व्यवसाय बदल कर नयी सम्भावनाएँ तलाशने के पक्ष में थे। सवर्णों को दलितों के कार्यों का न अनुभव था, न जरूरत, बल्कि इसका आभास तक उन्हें अपमानजनक लगता था। उनके दैनिक स्वच्छ वातावरण में यह असुविधाजनक था। जहाँ तक मेरी जानकारी है, मुर्दा मवेशी उठाने पर चमारों का और मैला ढोने पर भंगियों का वर्चस्व उसी तरह है जिस तरह गुणकारी शिक्षा, मीडिया, कला और संस्कृति पर ब्राह्मणों का और व्यापार पर वैश्यों का वर्चस्व है। इस कारण खालें जमा करने और उन्हें पकाने के लिए दोनों भाइयों व उनके पिता ने एक छोटी-सी कच्ची मिट्टी की कुठरिया बनाई थी। वह कुठरिया गाँव से बाहर दूर जंगल में थी। आसपास दूर तक किसी का कोई मकान नहीं था। उसी कुठरिया के साथ एक कुइया (छोटा कुआँ) खोद ली गयी थी और रात में रहने के लिए एक कच्चा कुठरियानुमा घर भी बना लिया था। नव दम्पत्ति 'गंगावासी' और 'मानती' इसी घर में रहने लगे थे। तब तक उनके बीच कोई बच्चा नहीं आया था। बबूल से छाल उतार कर सुखाना फिर हाथ गड़ांसा से बारीक-बारीक कस्सा काट कर उसे मूँज से सीली गयी खाल में भरा जाता था। फिर उसमें स्वच्छ जल कस्सा कलई आदि भरकर उसे पकाया यानी शोधन प्रक्रिया से गुजारा जाता था। उसके बाद ही चमड़ा सार्वजनिक उपयोग के लायक बन पाता था।

धुर्रा-प्रेमनगर : इस घर में लेखक के पिता की मृत्यु हुई

'छोटी' बुआ और मानती की ननद की शादी होने वाली थी। मेरे गाँव नदरोली न्यौता आया था। तब बाबूराम ताऊ अँधे थे, गंगी बब्बा और भागीरथ बब्बा दो बब्बा नेत्रहीन थे और विद्याराम बब्बा लँगड़े थे। मेरे पिता और ताऊ इन्हीं के बेटे थे। दोनों बब्बा बन्धुओं के बच्चों की असमय मौत हो चुकी थी। छोटी दादी भी मर चुकी थी और बड़ी दादी ने अपने मायके में शरण ले ली थी। बाकी घर में अम्मा और ताई के अलावा हाथ-पाँव और आँखों से ठीक-ठाक केवल मेरे पिता राधेश्याम ही थे। इसलिए उन्हीं को भात लेकर इस शादी में जाना था। उन दिनों रिश्तेदारी में शादी-विवाह, तीज-त्यौहार आदि अवसरों पर अनुपस्थिति क्षम्य नहीं मानी जाती थी। वैसे भी, एक तो वह नई रिश्तेदारी थी और दूसरे, वहाँ बुआ का घर था ही। इसलिए लड़की वाला होने के नाते बुआ की ननद की शादी में भी भात भरने जाना ही था।

गंगासाय ताऊ के घर से उनके पिता 'टुंडी' बब्बा, प्यारे चच्चा और मेरे पिता ने शादी में जाने के लिए कई दिन पहले से तैयारियाँ की थीं। पैंठ से नये कपड़े लाए गये थे। गंगा (नदी) पार करके सीधे रास्ते से जाओ तो बुआ का यह गाँव धुर्रा (प्रेमनगर) लगभग तीस कि.मी. की दूरी पर होगा। उन दिनों गंगा नदी पर नरौरा वाला पुल भी नहीं बना था, इसलिए नाव पर सवार होकर ही गंगा पार जाना-आना होता था।

पिता जी जिन्हें मैं चाचा कहता था, सिर पर पोटली रख कर घर से निकले थे तो उनके साथ जाने की मैंने बहुत जिद्द की थी। रोई तो 'माया' बहन भी खूब थी, पर वह मना ली गयी थी और मैं जिद्द पर अड़ गया था। बहन के बाद घर-परिवार में बड़ा लड़का मैं ही था, इस कारण मुझे लाड़-प्यार अधिक मिल रहा था। हालाँकि, बहन बड़ी थी, परन्तु पूरे परिवार का लाड़ मेरे प्रति अधिक था। वंशबेल तो लड़के से ही चलती है, शायद इस विश्वास का अतिरिक्त लाभ मुझे अतिरिक्त स्नेह के रूप में मिल रहा था। पिता जी ने साथ ले जाने का फैसला कर लिया था। 'प्यारे' चच्चा को पोटली पकड़ा कर मुझे उन्होंने कन्धों पर बिठा लिया था। अम्मा ने कहा था—"जाइ मति लै जाउ परेशान करि लेगो।" इस पर उन्होंने जवाब दिया था—"करेगो तब देखंगे, अब जो रोवत विलखतु तो नाइ छोड़ो जातु।" अम्मा काफी दूर तक समझाती हुई पीछे-पीछे बोलती गयी थी—"ब्याह-बरात में भीड़-भाड़ बहुत होति है। छोटे बालकनु कूँ काऊ के पांइ के नीचे दबने को डरु रहतु है। तुम अपनो खियालु रखोगे कै जाकूँ संवारोगे? रुकि जा बेटा रुकि जा, मैं तोइ खीर खवाऊँगी।"

इस तरह अम्मा की ओर से मुझे कई बाल प्रलोभन दिये गये। बल्कि ताऊ भी कह रहे थे—"राधे! अरे जाइ छोड़ि जा जो दस-बारह कोस तेरे कन्धनु पै ही लदि कें जाइगो, जोऊ हारि जाइगो और तू हू!" यह सुन कर चाचा ने आश्वस्त किया था कि—"हम सब चले जाइंगे। भैया तू चिन्ता मति करै, 'प्यारे' हमारे संग है, हम अदिल-बदिल कें ले जांगे। देखि आवेगो बरात और अपनी बुआ तें मिल आवेगो। छोटी (बुआ) ने हूँ विल्लात दिन तें नाइ देखो है। जाको नाम 'सौराज' तो छोटी ने ही धरो है। बुआ को का कम लड़ैंतो है जो?"

जाइ ही रओ है तो ठीक तें हसी-खुशी तें जा। एक जोड़ी कमीज पाजामा और धरि लै जा। रत्ता (रास्ता) में प्यास लगेगी, बालक है तो एक लुटिया-डोर संग लै जाउ।" दादी ने आज्ञा दी।

कुछ देर तक यह सब कशम-कश चलती रही, अन्ततोगत्वा चाचा (पिता) के साथ मेरा जाना निश्चित हुआ। आज कितना वक्त गुजर गया। मेरे खुद के दो बच्चे आ गये। अजातिका बारह साल की हो गयी और आयुष दस पार का हो गया। कमोबेश तब इससे आधी ही उम्र रही होगी मेरी। पर स्मृतियों में आज तक मौजूद पिता की वह स्नेह भरी छवि मैं स्पष्टतया महसूस करता रहा हूँ। यद्यपि उनकी शक्ल आज पूरी तरह मेरे जहन में नहीं है। उनकी आकृति को महसूस-भर कर सकता हूँ।

उनकी कमी की कहानी तो कहर और तबाही की कहानी है। मेरे स्नेही चाचा पतले, इकहरा बदन और लम्बे कद-काठी के थे। कन्धों पर बिठा कर मुझे बुआ के गाँव ले गये थे। यह कन्धे पर बैठ कर जाना न जाने मुझे कैसे याद रह गया और क्यों याद रहा, जबकि मैं जीवन में कितनी ही चीजें भूल चुका हूँ, कितने ही कटु अनुभव अब यादों में नहीं, पर पिता का वह अल्पकालिक सान्निध्य मैं बिसार नहीं पाया हूँ। सम्भवतया, हर बालक की तरह मेरे बाल-जीवन में भी माता-पिता के स्नेह जैसी कोई दूसरी चीज नहीं थी। मेरे खाली मन-मस्तिष्क में बाल काल की घटनाएँ अमिट रूप से अंकित हो गयीं। शायद इसी समय से आत्मीय स्नेह और छोटी-छोटी जरूरतों की चीजों से वंचित रहने के कारण मैं धीरे-धीरे गम्भीर और जिम्मेदार होता चला गया। इस घटना का सही दिन-तारीख और वर्ष तो मुझे आज भी याद नहीं। इसकी खोज भी करूँ तो कैसे? बुआ-फूफा नाते-रिश्तेदारों से लेकर घरवालों, यहाँ तक कि उनके बच्चों तक में कोई साक्षर नहीं है। बुआ के सास-ससुर अनपढ़। ननद-ननदोई की जीविका मुर्दा मवेशी उठाने और खाल काढ़ने, पकाने और बेचने पर ही निर्भर थी। वे शिक्षा,सभ्यता, साहित्य और संस्कृति की विकसित हो रही दुनिया से अलग सदियों से कायम अत्यन्त पिछड़ी और समाज से बहिष्कृत एवं तिरस्कृत दुनिया में जी रहे थे।

हमारी यात्राएँ उन दिनों पैदल ही हुआ करतीं थीं। गाँव की अगड़ी जातियों की तरह हमारे पास बैलगाड़ियाँ नहीं थीं। यूँ हमारे लिये तो पैदल यात्रा करने के अलावा कोई चारा ही नहीं था। नदरोली से 'धुर्रा' तक की यात्रा सुबह से शाम तक की थी। इस दौरान हम कितनी जगह, कितने पेड़ों के नीचे बैठे, सुस्ताए, कितने कुओं का पानी पिया और चलते गये। उस पैदल यात्रा की धुँधली-सी छाया मेरे जेहन में बाकी तो है, पर पूरी तरह वह भी स्पष्ट नहीं है। रामघाट पर गंगा में डुबकी लगाना, नाव में बैठ कर लहरों के उठने-गिरने का आनन्द लेना तब मेरे बाल मन के लिए कौतुहल के विषय थे। पर आज तो मैं उन क्षणों की केवल कल्पना ही कर सकता हूँ, या प्रसंग के आगे-पीछे के सूत्र पकड़ कर कड़ी जोड़ सकता हूँ। वह मेरी पहली नाव-यात्रा थी।

शाम को जब हम लोग धुर्रा-प्रेमनगर के करीब पहुँचे तो सभी ने अपने-अपने कपड़े बदले। उन दिनों यात्रा में पहने गये नये कपड़े भी बारात में पुनः पहनने लायक और खास कर उत्सव में शामिल होने योग्य नहीं रह जाते थे। यही हमारी स्थिति थी। घर से ही कपड़े बदलने के लिए साथ ले गये थे। बारात तब तक आयी नहीं थी। शादी का सारा कार्यक्रम गाँव के बाहर ही सम्पन्न होना था। गाँव के बाहर बने घर पर, जहाँ 'मानती' रहती थी और वहीं चमड़ा रँगने की कार्यशाला संचालित होती थी। बाहर से आने वाले किसी व्यक्ति या बारात का गाँव में प्रवेश इसी रास्ते से होता था। मुझे स्मरण नहीं कि हम पहले मानती के घर पर रुके थे या नहीं, पर इतना याद आ रहा है कि छप्पर के घर में चाचा मुझे गोद में लेकर बैठे थे। उन्हें बूरा का

शरबत पिलाया गया था। भातई पूरे दिन व्रत रख कर आता था। यह प्रथा थी। उसी के तहत चाचा भी पूरे दिन बगैर कुछ खाये-पिये ही रहे थे। बुआ ने मेरे हाथ पैर और मुँह धो कर कुछ मीठा खाने को दिया था। उन दिनों बुआ के पास भी कोई बच्चा नहीं था। हल्दी से पुती बैठी बुआ की ननद के पास मैं बार-बार आ-जा रहा था। मैं शरारती कुछ अधिक था, ऐसा मेरी बुआ कहती है। मैंने हल्दी से पुती दुल्हन को कुछ परेशान भी किया था, क्योंकि वह मुझे किसी अजीब रंगीन-मूर्ति-सी लग रही थी।

शाम को गाजे-बाजों के साथ जोर-शोर से बारात चढ़ी। लड़कियों के कपड़े पहन और कागज तथा बाँस की खपच्चियों से बने मोर को कमर में डाल डफली की ताल पर नचकैया नाच रहे थे। उनमें एक नचकैया तो बेहद मशक्कत कर रहा था। दूल्हा के चेहरे पर खजूर की पत्तियों का मोहर यानी सेहरा बँधा हुआ था। महिलाओं और बच्चों की भीड़ उत्सुकता से दूल्हे की सूरत देख-देख कर प्रतिक्रियाएँ कर रही थी। देर रात जाकर शादी की रस्में सम्पन्न हुईं। दही-बूरा की दावत जेंम कर बारात जनमासे में चली गयी थी। चाचा वहीं कुछ बारातियों और घरातियों के बीच में ठहर गये थे। आमतौर पर बारातें देर में ही सो पाती थीं। उस रात भी सब लोग देर तक जाग कर ही सोये थे। नींद में मैं कहाँ किस के पास सुलाया गया था, मुझे याद नहीं। करीब आधी रात के बाद जब मेरी आँखें खुलीं और मैंने अपने आस-पास 'चाचा' (पिता) को खोजा तो वे वहाँ नहीं थे। मैं रोता बड़बड़ाता उठा तो देखा कि कई लोग 'चाचा' को चारों ओर से घेर कर बैठे हैं। रात बाहरी हवा लग जाने के कारण अचानक उनकी तबीयत खराब हो गयी थी। वे दगड़े में पेशाब करके आये थे। वहीं उन्हें उल्टी आयी और आवाज बन्द हो गयी। बुआ-फूफा वहाँ मौजूद थे। लेकिन कोई डॉक्टर या वैद्य वहाँ नहीं था। बुआ बहुत अधिक घबरा रही थी। वह रो-रो कर कह रही थी—"जब मेरो भैया शराब नाँय पीअतु है तो जिद्द करि-करि कें और कसमें चढ़ाइ-चढ़ाइ कें काये कूँ पियाई नाशपीटेऔ! का ब्याह-बरात में जहर पीनों जरूरी है?"

जहाँ तक मेरी याददाश्त है, मेरे घर-परिवार के जो संस्कार रहे उनमें शराब, जुआ या अन्य व्यसनों के लिए कोई जगह नहीं थी। व्रत, पूजा, गंगा-स्नान आदि सब वंश रीति के अनुसार चलते थे। लेकिन हमारे देवताओं में नौंना चमारी, भौपुर की चामुण्डा, बंगाले के बंगाली बाबा, सैय्यद बाबा, भीनुपुर की दाई मैया प्रमुख थीं। मेरे घर सहित पूरे चमरियाने में दारूबाजी का चलन तो दूर नशीले पदार्थों का नामोनिशान तक नहीं था। परन्तु कुछ भूत-देवता सयानों पर आते थे तो दारू माँगते थे। अपेक्षाकृत सम्पन्न सवर्ण महिलाएँ इन सयाने-ओझाओं की अहमियत बढ़ातीं थीं। खास कर बांझ बनैनियाँ, मुसलमानियाँ और अहीरियाँ इन सयानों से बेटा माँगा करती थीं। जिनके बेटी पैदा हो जाती, उसकी शिकायत पर उल्टा उन्हें ही दोषी ठहराया जाता कि पूजा साफ मन से नहीं की। बेटा होता तो वह औरत कानों-कान गाँव-भर में सयानों का प्रचार करतीं कि मखनी भगत ने दओ है। दिलचस्प यह कि

सामान्य स्थिति में ये दलित भगत इन सवर्ण औरतों के यहाँ काम करने जाते थे तो ये पूरी छुआछूत बरततीं थीं।

उन दिनों मेरे गाँव में दारू का चलन नहीं था। पर अब सभी जातियों के युवक दारू पीते हैं, पर स्त्रियाँ किसी भी जाति की किसी भी तरह का नशा नहीं करती हैं। मैं साहित्यिक मित्रों के साथ जब कभी खुशी या मेल-जोल के मौके पर यदाकदा शराब पी लेता हूँ तो मुझे अक्सर अपने पिता के साथ हुए प्राणलेवा हादसे की याद आ जाती है।

उस वक्त की वह स्याह रात, लम्बी और डरावनी लग रही थी, पर वह मिट्टी के दीपक की लौ के सहारे धीरे-धीरे गुजर रही थी। चाचा को बार-बार उल्टियाँ करते देख मेरी नींद भाग गयी और मैं रोने-बिलखने लगा। मैं उनके सिर के पास जाकर उनसे लिपट गया था। उन्होंने उसी अस्वस्थता की स्थिति में मेरे सिर पर हाथ रखा था। बुआ ने मुझे गोद में उठा लिया था। भोर हो चुकी थी। फूफा जी बोल रहे थे, ''बालक डरिपि जाइगौ, याइ अलग हटाइ देउ।'' पर मैं चाचा से दूर रहना नहीं चाह रहा था, इसलिए मैं बुआ या किसी और की गोद में नहीं रुक पा रहा था।

चाचा को एक के बाद एक उल्टियाँ हो रही थीं। उनके शरीर में पानी की कमी की पूर्ति नहीं की गयी। सवेरे तक उनकी शारीरिक दशा काफी खराब हो गयी। मैं पाँच-छह साल का बच्चा रोने या डरने और घबराने के सिवाय कुछ नहीं कर पा रहा था। उस रात का डर आज तक मेरे भीतर से नहीं निकला। ऐसे ही कुछ डर और भी हैं जो मेरे भीतर जड़ें जमाए बैठे हैं। पर अन्य डरों में से वह डर गहरा और प्रभावी था। उपचार परम्परागत हुआ। वही झाड़-फूँक, वही भूत और पूजा। कोई सही नयी पद्धति का इलाज नहीं हुआ। वह जान-बूझ कर नहीं कराया गया था, यह कहना शायद इल्जाम हो। असल बात लोगों में गहरी अज्ञानता, अशिक्षा और अन्धविश्वास का होना था। ज्यादातर स्त्री-पुरुषों का कहना था कि चूँकि रात के बारह बजे राधे ने घेर के सामने के चौराहे पर पेशाब कर दिया था, इस कारण चौराहे वाली चुड़ैल ने उसे पकड़ लिया है। जब तक बड़े 'सयानों-ओझाओं' द्वारा चौराहे वाली से बड़े देवी-देवता नहीं बुलाए जायेंगे तब तक राधे का इलाज़ नहीं हो सकेगा। 'प्यारे' चच्चा को यह बात पता थी कि नदरोली में मक्खन और खचेरी के सिर पर 'बंगाली बाबा', 'सैय्यद बाबा' और 'भोपुर' की चामुण्डा खेलती है। यदि वे आ जाएँ तो राधे के सिर से बड़े से बड़ा भूत उतर सकता है। अपने देवी-देवता सभी के देवी-देवताओं से अधिक शक्तिशाली हैं, यह भ्रामक सोच हमारे जाति बन्धुओं में अभी तक कायम है।

दूसरे दिन पड़ोसी गाँव से झाड़-फूँक करने वाले सयानों का एक दल बुलाया गया। मुख्य सयाने ने देखते ही घोषणा कर दी कि इसे मामूली भूत ने नहीं पकड़ा है। चौराहे वाली बहुत ताकतवर है और उसके साथ कई और भूतनियाँ भी हैं। इसलिए दो तीन-दिन तक लगातार थाली बजेगी, बैठक बैठेगी और चाबुक चलेगा।

मिट्टी के एक कमोरे पर थाली रख कर छन्दों, यानी भूत-गीतों और थाली बजने का छनन-छनन शोर लय-ताल के साथ शुरू हुआ। यह थाली बजने की परम्परा इधर के चमारों में पिछले सैकड़ों सालों से प्रचलित थी।

एक-दो दशकों से जबसे चमार गाँवों से निकल कर नगरों और महानगरों में मेहनत-मजूरी करने लगे हैं, विदेशों से आ रही ज्ञान-विज्ञान की उन्नत सभ्यता-संस्कृति के सम्पर्क में आने लगे हैं, तब से यह भूत-पूजा अब कम होती दिखाई दे रही है। भूत-पूजा और अँधविश्वासों के खिलाफ, सत्तर-अस्सी के दशकों में मैंने भी अपने गाँव-बस्ती में पुरजोर मुहिम चलाई थी और कई जोखिम उठाए थे। बिरादरी से कोई भी मेरे साथ इस मुहिम में नहीं आया था। मुझसे पूर्व के पढ़े-लिखे भी खुद भूतों में विश्वास करते थे। आर्य समाज के सम्पर्क से और कम्युनिस्ट साहित्य पढ़ कर मैंने पाखण्डों के विरुद्ध निरन्तर संघर्ष किया। अब आकर कुछ फल मिलता, सो गाँव में पहुँची राजनीति के घटिया तरीकों, शिक्षा की कमी और परिवार कल्याण की जानकारी के अभाव ने सब सपने धूमिल कर दिये हैं। वहाँ केवल चमारों की ही नहीं, यादवों, वाल्मीकियों और मुसलमानों की बस्तियाँ भी बर्बादी के कगार पर हैं। अस्पृश्यों के लिए मेरा गाँव सौन्दर्य और तरक्की का केन्द्र नहीं है। भूमिहीनों के लिए तो यह खुला कारावास बन गया है। इन वर्षों में भूत-पूजकों ने अपने आपको कम बदला है। लेकिन उनके काम को आगे ले जाने वाली मेरी हमउम्र नई पीढ़ी पैदा नहीं हुई। अच्छा हुआ कि यह क्रम थम गया। गाँव-बस्ती के माहौल में मुझे भी शुरू में भूतों के अँधविश्वासों ने जकड़ रखा था। शुरू में ईश्वर में विश्वास रखने के कारण भी भूत-प्रेत विश्वासी बन गया था, क्योंकि ये देवी-देवता मुझे ईश्वर के निकट-सम्बन्धी लगते थे। बंगाली बाबा को जलेबी खिला कर उसे अपने पक्ष में रखने के अलावा और क्या हो सकता था? खैर, यह सब तो बाद में। पहले पिता-प्रसंग पर लौटता हूँ।

एक साथ तीन सयानों के सिरों पर भूत खेल रहे थे। वे झूम-झूम कर अजीब मुद्राएँ बना रहे थे और हवा में हाथ लहरा-लहरा कर पूरे जोर से चाचा के गालों पर थप्पड़/चाँटे मार रहे थे। चाँटे भूत को लग रहे हैं, ऐसा मान कर मेरे फूफा और बुआ चारपाई पर बीमार हालत में लेटे हुए चाचा को बार-बार पकड़ कर इन सयानों के सामने पेश कर रहे थे। मेरी आँखों के समक्ष उपस्थित वह भूतों के प्रति अँधभक्ति और रोगी के प्रति क्रूरता का ऐसा दिल दहलाने वाला नजारा था जो किसी पत्थर दिल व्यक्ति को भी द्रवित कर देता। कलावती बुआ आग्रह कर रही थी, 'मेरे भइया कूँ शहर लै चलौ', पर कोई सुनने वाला नहीं था। उसने कहा था-बीधे तेरी नाअक्ली ने मेरो भइया मारि लओ।' जैसे-जैसे समय बढ़ रहा था—'वैसे-वैसे चाचा की हालत बिगड़ती जा रही थी। उन्हें सही और त्वरित उपचार की जरूरत थी। लेकिन सयानों की मण्डली उन्हें शारीरिक रूप से यातनाओं पर यातनाएँ दिये जा रही थी। चाचा को खाट से खींच कर जमीन पर डाल दिया गया था। घर-बाहर के सब लोग यह

मान रहे थे कि मारपीट और यातनाएँ 'राधे' को नहीं, बल्कि इस की देह पर सवार उस चौराहे वाली को दी जा रही हैं। त्रासद वेदना से लबालब चाचा के आँसुओं की भाषा समझने वाला वहाँ कोई नहीं था। मैं उनका खून था, पर उनकी सहायता करने में अक्षम था। बुआ पूछतीं—"कब तक ठीक है जाइगो मेरो भैया?" तो वे जबाव देते—"छोटी, तू फिकर मत करि, हम कर रए हैं। पर जब तक हवा नाँय जाइगी, तब तक हम हू नाय जांगे राधे कूँ छोड़ि कें। हम हमेशा कूँ जाकी देह तें भूत लिकारि कें दम लिंगे।"

मैं बार-बार चाचा से लिपटता, देखता कि वे कभी चाँटा मारते, तो कभी हवा में लहरा कर उनकी पीठ पर चाबुक जमा देते। चाचा बार-बार कहते—"मेरे ऊपर कोई भूत-भूतनी नाँय है, काऊ बैद्य कूँ बुलाइ देउ, मोई जिन्दे कूँ मत मारो।"

उनकी अपील सुनने के बजाय हर ओझा यही कहता था कि—"जब तक या पै जमि कें मार नाँय पड़ेगी गे नाँइ उतरै गौ। मारि, ससुरि के मैं चाबुक मारि। या पै चौराहे वाली बोल रही है।" और वे चाचा की बोलती बन्द करा देते। चाचा की आँखें मदद की आशा से खुलतीं और मार खाते ही आँसुओं में डूब जातीं। यह क्रम दो चार घण्टे नहीं, बल्कि पूरे तीन दिन तक लगातार चला था। 'धुर्रा प्रेमनगर' और उसके आस-पास के गाँवों में शोर हो गया था कि चमारों के घर भूत उतारने का लम्बा उपक्रम चल रहा है। अछूतों की अलग दुनिया मान कर गैर-दलित उसमें हस्तक्षेप नहीं करते थे। हाँ, चमारों के घर को आस-पास देखने वालों की भीड़ लगी रहती थी। भूत-प्रेतों में विश्वास रखने वाले सयाने और गैर-सयानों की यह मण्डली किसी बाहरी व्यक्ति की राय मानना तो दूर, किसी की एक बात भी सुनने को तैयार नहीं होती थी।

बुआ के देवर यानी 'मानती' के पति 'गंगावासी' को दुवारी में छिपा दिया था कि कहीं राधे पर से उतर कर भूत गंगावासी पर न चढ़ बैठे। आखिर वे मेरे गाँव नदरोली यह कह कर भेज दिये गये थे, कि वहाँ ते राधे की बहू को संग लै आयें। 'प्यारे' ने कहा था—"अपने गाँव के दो-तीन सयाने 'खचेरी' और 'मखनी' आदि को संग लै आयें जो शायद मिल-जुल कर राधे पर चढ़ी चौराहे वाली से पीछा छुड़ा सकें।"

बुआ, फूफा और 'मानती' का परिवार सास-ससुर सहित तीन दिन तक सयानों की मण्डली की खातिरदारी करते रहे। असल में वे नाराज होते तो खुद ही अदृश्य भूतों की अपेक्षा मुनष्य रूप में साक्षात् जिन्दा भूत बने क्रुद्ध और क्रूर हो जाते थे। उनका कोप चाचा की देह और दिलो-दिमाग़ पर बरस ही रहा था। वह मेरे जीवन में भी प्रलय ला देगा, ऐसी बला को न तो मैं ठीक से जानता था और न उसे टालने की स्थिति में था। मुझे कभी बुआ तो कभी कोई अन्य चाचा की खाट से हटा कर अलग ले जाते रहे। मैं बार-बार उनके पास भाग आता था। सयानों ने पूजा के नाम पर जो अंगारे जला रखे थे, उन पर लौंग और सामग्री चढ़ाई जा रही थी। देसी घी जलाया जा रहा था और रोज-रोज प्रसाद बाँटा जा रहा था। अलग-अलग देवताओं

के स्तर के अनुसार उनके प्रसाद भी अलग-अलग बँट रहे थे।

पाली मुकीमपुर 'धुर्रा' से मात्र पाँच-छह कि.मी. की दूरी पर है। इस शादी में वहाँ से कई लोग शामिल हुए थे। पाली में मँझली बुआ 'मानों' ब्याही थी। चाचा की गम्भीर आपात् स्थिति की खबर पा कर वह भी वहाँ उपस्थित हो गयी थी। अधिक संवेदनशील होने के कारण 'मानों' बुआ पर इस हादसे का असर अपेक्षाकृत बहुत गहरा पड़ा था।

तीसरे दिन साँझ को गंगावासी वापस आये। उन्होंने बताया–"मैं खबर देकर उलटे पाँव लौट आया हूँ। कई जने आ रहे हैं।" चाचा के शरीर में अभी चन्द साँसें बाकी थीं। सूरज डूब रहा था। मैं बाहर रास्ते पर गाँव की ओर आँखें गड़ाये अम्मा के आने की प्रतीक्षा कर रहा था। मेरे चारों ओर तीन दिन से जो क्रूरतम वातावरण बना हुआ था, उससे मैं पस्त हो चुका था। उपचार के नाम पर मार रहे इन हत्यारों के हाथों से कोई तो चाचा की जिन्दगी को छीन ले, लौटा ले। मेरे लिये वे ढोंगी सयाने उपचारक नहीं थे। भूत कहाँ था जिसे वे उतार रहे थे। वे तो मेरे चाचा को तिल-तिल कर मार रहे थे। मैं स्थिति का सीधा अर्थ ले रहा था। मेरे गाँव से अम्मा, ताऊ और घर-परिवार के लोग आये और इन्हें बचा लें। इसी तीव्र इच्छा से मैं कभी घर में अन्दर आकर चाचा को देखता तो कभी मददगारों को देखने बाहर जाता था। दूर बाग तक नजर दौड़ाता–अम्मा आ रही होगी, गाँव बस्ती से चाचा-ताऊ आयेगे 'चाचा ठीक हो जाएँगे' ऐसा कह कर बुआ की देवरानी 'मानती' भी मेरे मन को ढाँढस बँधा रही थी। पर जब वह दूर तक नहीं दिखी तो फिर मैं अन्दर गया और चाचा के कान में बोल आया–"चाचा अम्मा, जल्दी आवैगी और फिर देखने निकला।

तीसरी रात होते-होते बाहर खचेरी ताऊ, मक्खन, दयाराम चाचा और बाबूराम ताऊ दिखाई पड़े। मैं दौड़ कर उनके पास पहुँचा। "ताऊ, अम्मा क्यों नाँइ आयी?" यही पहला प्रश्न किया था मैंने।

"आइ रई हैं बेटा! तेरी अम्मा और सब आइ रए हैं।"

उन दिनों अम्मा शरीर से काफी हृष्ट-पुष्ट थी। लेकिन करीब एक-डेढ़-दो सप्ताह पहले मेरे छोटे भाई रामभरोसे का जन्म हुआ था। हाल ही में वह जचपने से बाहर निकली थी। इस कारण एक तो वह काफी कमजोर हो चुकी थी और दूसरे, एक बच्चा गोद में और तीसरा नेकबसिंह सवा साल का था। साथ में घर वाले थे। अँधे ताऊ, अँधे गंगी बब्बा और लँगड़े 'बीधे' बब्बा। ये सब पैदल यात्रा करने की दृष्टि से अक्षम थे और बैलगाड़ी रखने की हमारी स्थिति नहीं थी। परन्तु संकट की घड़ी में उन्हें भी जैसे-तैसे आना पड़ा। उस तीसरे दिन की उस शाम को जब सयानों ने देखा कि चौराहे-तिराहे वाली का उतरना तो दूर, उल्टे राधे की जान खतरे में है तो वे अपनी थाली, चाबुक और तीन दिन का मेहनताना लेकर एक-एक कर रफू चक्कर हो गये। अभी भी किसी डॉक्टर को बुला कर फूफा ने चाचा को दिखाने का

प्रयास नहीं किया था। उनकी मजबूरियाँ क्या रही होंगी, मैं नहीं जानता। सिवाय इसके कि डॉक्टरी इलाज में उनका विश्वास नहीं था। यह उनके स्वभाव से पता चलता था। वे काल्पनिक देवी-देवताओं की कृपा को किसी भी दवा से ज्यादा कारगर मानते थे। अभी तक वे अपने बच्चों के लिए शिक्षा जैसी चीजें गैर-जरूरी मानते रहे हैं। मुर्दा मवेशी का काम छोड़ कर कर्ज के पैसे से दावत खिलाकर वे चमार से जाटव जरूर बन गये थे, परन्तु एक भी बच्चे को स्कूल नहीं भेज पाए। आज सब भट्ठों पर ईंटें पाथते हैं और कर्जों में डूबे रहते हैं, जबकि जुआ, शराब आदि भी किसी तरह की आदत उनमें नहीं है। वर्तमान खराब है तो भविष्य क्या होगा?

शाम का समय था। कुदरत का सूरज छिप गया था। अँधेरा छाने लगा था। अशुभ घटित होने की आशंका के कारण अगले दिन बड़हार खाकर जाने वाली बारात को अब तुरत-फुरत विदा कर दिया गया था। राधे के साथ कुछ अनहोनी हो गयी तो जिन्दगी-भर को लड़की के माथे पर कलंक लग जायेगा। लोग जितने अनहोनी के परिणामों के प्रति सचेत थे उतने चाचा के इलाज के प्रति नहीं। आखिर जल्दी-जल्दी बुआ की ननद की विदाई की तैयारी उसी घर में और उसी समय में की गयी। बिछोह से उदास और चिन्ताजनक वातावरण में एक तरफ दुल्हन धीमे-धीमे कदमों से चौखट पार कर रही थी, तो दूसरी तरफ कच्ची मिट्टी के बराबर वाले मकान में चाचा के प्राण उनकी देह से विदा हो रहे थे।

रात होते-न-होते बाहर से अभी अम्मा ने घर में पाँव रखे ही थे कि कुछ ही क्षण पूर्व हमारे घर और जीवन के सूरज को भी डूबते क्षण चारपाई से जमीन पर उतार लिया गया था। परिवार के सभी सदस्यों की आँखों के सामने प्रकाश अँधेरे में बदल रहा था। मैं दोहरे अँधेरे से घिर रहा था। अभी भी उनकी साँसों की आखिरी डोर चल रही थी। देह सयानों के चाबुकों की मार से लहूलुहान हुई सूज रही थी। कलावती बुआ ने घोषणा कर दी थी कि–'मेरो भइया बीधे के पागलपन ने मारो है।' सिरहाने बैठे नेत्रहीन बाबूराम ताऊ ने पूछा था–''भैया-लल्ला'' (ताऊ प्यार से चाचा को लल्ला कहते थे।) का, मुसीबत है? हम आइ गये, तोइ बचाइ लिंगे।'' कहते हुए वे उनके हाथ थाम रहे थे और अम्मा घबरा कर उनकी गर्दन से लिपट रही थी। जुबान से शब्द नहीं निकल रहे थे, पर वे आखिरी बार भी मुझे देखना चाहते थे। प्यारे चच्चा ने मेरा चेहरा उनके हाथों के पास पहुँचा दिया था। आँसुओं से भरी आँखों की भाषा में उन्होंने अम्मा से कुछ कहा ही था कि तब तक पंछी उड़ गया था। भरे-पूरे बाग में बसंत आने से पहले ही माली गुजर गया था। अम्मा देखते ही पछाड़ खाकर गिरी थी। अँधे गंगी बब्बा, लँगड़े बीधे बब्बा और ज्योतिहीन आँखों वाले ताऊ भी अम्मा की चीख के साथ ऊँचे स्वर में विलाप करने लगे थे। अम्मा की गोद से छोटे भाई को बुआ की सास ने ले लिया था और उसके हाथों की चूड़ियाँ तोड़ दी गयी थीं। उसके कपड़े बदल दिये गये थे और बाल खोल दिये गये थे। उसे चाचा की लाश

से कौली-भर कर अलग हटा दिया गया था। मैं सहमा हुआ यह सब देख रहा था। मैंने बच्चे तो रोते देखे थे, पर इतने बड़ों को रोता हुआ पहली बार देखा था। सबसे बूढ़े बब्बा भी फफक-फफक कर रो रहे थे, लेकिन किसी को सयाने ओझाओं पर जरा भी गुस्सा नहीं आ रहा था। उनका वह अज्ञान इस असमय हुई मौत के लिए उन्हें जिम्मेदार ही नहीं मान रहा था। बुआ का घर मातमी खामोशी से भर गया था। हर आँख में आँसू थे और अम्मा का तो हाल ही बेहाल हो रहा था। मैं जब घर से गया था तो बारात देखने की खुशी में हँसता-खेलता चाचा के कन्धों पर सवार होकर गया था और अब पिता के चले जाने पर लौट रहा था तो मेरा बचपन खुद मेरे ही कन्धों पर आ पड़ा था।

रात का अँधेरा अब गहरा हो चला था। माँ और बच्चों के भविष्य की चिन्ता का बोझ सँभालने में लँगड़े बब्बा की हिम्मत टूट चुकी थी। घर के सभी सदस्यों के दिलो-दिमाग पर इस घटना से गहरा आघात पहुँचा था। करुणा भरी दहाड़ों, पछाड़ों, सांत्वना और धीरज बँधाने के क्रम में रात करीब आधी गुजर गयी। सवेरे जल्दी लाश को गंगा घाट ले जाना था। मैं अपनी आँखों के सामने घटित हुए इस पूरे परिदृश्य से इतना सहम गया था कि मेरे दिल में दहशत के काले साए समा गये थे। अम्मा बताया करती थी कि मैं कई महीनों तक नींद में बड़बड़ाता हुआ कहता था, "मेरे चाचा को मत मारो, छोड़ दो इन्हें।"...सपने में सब कुछ सजीव हो जाता था। बिस्तर पर नींद में ही डर के साथ पेशाब आ जाना भी शायद तभी से शुरू हुआ था।

सीलन भरी मटीली कुठरिया के भीतर जमीन पर चाचा का मृत शरीर रखा था। बाहर कुछ लोगों ने मूँज के मोटे-मोटे बान बटे, बाँस की टिकटी बनाई। दिन निकलते ही कफन लाया गया और लाश को अर्थी पर लिटा दिया गया। हाथों के साथ आटे के दो गुल्ला जैसे छाती पर रखकर शरीर कस दिया गया। यह गहरे मातम का माहौल था। इन तीन-चार दिनों में हम सब बच्चों के जीवन का आधार टूट गया था। उन दिनों मेरे घर में कोई भी सदस्य साक्षर नहीं था। परिवार के भरण-पोषण के लिए पौने दो बीघा जमीन थी जिसमें ताऊ का आधा हिस्सा था। उसमें से एक बीघा कल्लर (बंजर) की चपेट में आ चुकी थी। जैसे हमारे घर का एकमात्र कमाऊ व्यक्ति चला गया था, उसी तरह जमीन की उर्वरता भी जा चुकी थी। बाकी पुरुषों में बड़े बब्बा भागीरथ, छोटे बब्बा गंगी और ताऊ बाबूराम तीनों नेत्रहीन थे ही। चौथे सदस्य बचे विधाराम बब्बा चाचा के पिता सो 'फिरक' (वह बैलगाड़ी केवल दो-तीन सवारियों के लिए होती थी।) कि दुर्घटना में उनकी एक टाँग टूट चुकी थी। कुल मिला कर, घर असहायों और अपाहिजों से भरा था। अम्मा के पास शिक्षा या रोजगार का कोई हुनर नहीं था। इस कारण वह किसी दूसरे पुरुष की मदद के बिना हमें पालने में असमर्थ थी। उस समय उसकी उम्र पच्चीस वर्ष से भी कम थी।

मैं अब मूक-हताश चाचा की अर्थी को बार-बार देख रहा था। बत्तीसी उठा

कर उनके मुँह में पैसे रखे गये थे। मातमी सवेरा हो रहा था। वह सवेरा मैं कभी भूल नहीं पाया हूँ। इन चालीस वर्षों के अन्तराल में मैंने कितनी सुबहें और कितनी शामें देखी होंगी और ऐसा नहीं है कि उसके बाद सब सुख की ही सुबह और शामें रही हों, पर वह सुबह तो मुझे आज भी, अभी की गुजरी सुबह लगती है। सोचता हूँ, दर्द और विडम्बना भरी वे सुबहें मेरी स्मृति में क्यों बसी हैं? क्यों घेरे हैं वे अँधेरे मुझे आज तक? मैं उन्हें परायी भाषा-शैली में क्यों व्यक्त करूँ? क्या मेरे पास अपना अतीत नहीं है? उसकी परछाइयाँ ही सही, पर वे मेरी अपनी हैं? क्या हुआ, अगर अव्यवस्थित या लुटे-पिटे खण्डहर ही मेरी त्रासद स्मृतियों में बचे हैं।

चाचा का शव लोगों के कन्धों पर था। चार दिन पहले मैं जिनके कंधों पर बैठ कर आया था, वे अपनी अन्तिम यात्रा दूसरों के कन्धों पर पूरी कर रहे थे। 'राम नाम सत्य है...' के साथ शवयात्रा आरम्भ हुई थी। वे हिन्दू कर्मकाण्डों के साथ गंगाघाट पहुँचाए जा रहे थे। कल इसी घर की एक बेटी दुल्हन बन कर विदा हुई थी, आज वहाँ से भात देने आये एक नौजवान मेहमान की अर्थी उठी। शव के पाँव गंगा की ओर होने चाहिए। उधर ही श्मशान है। राधे के सिर पर सवार रहे भूत-प्रेतों का प्रस्थान उधर ही होना चाहिए, ताकि हवा-डवा उसी के साथ चली जाए। वापस लौट कर नहीं आये। अरे, यह क्या किया दुर्जन के भाई टुंडी ने! राधे का पाँव धुर्रा की ओर कर दिया। गंगा की दिशा में हमारा गाँव नदरोली है। इस बात पर भी विवाद हुआ था। ताऊ बताते थे। सारी प्रेतात्माओं से बचना दोनों चाह रहे थे। गाँव के किसी जाट-चौधरी से किराये पर बैलगाड़ी ली गयी थी। उसमें शवदाह के लिए लकड़ी-कण्डों का ईंधन भरा गया था। शव को गंगाघाट पर ले जा कर दाह-संस्कार किया जाना था। गंगाघाट मेरे गाँव और धुर्रा प्रेमनगर के लगभग मध्य रास्ते में था। दूरी की दृष्टि से गंगाघाट उत्तर दिशा में छह कोस नदरोली और दक्षिण दिशा में पाँच कोस धुर्रा प्रेमनगर। गाड़ी में मैं, अम्मा और उसकी गोद में रामभरोसे चिता की लकड़ियों पर बैठे थे। कभी आगे, कभी पीछे, चार-चार व्यक्ति अदल-बदल कर अर्थी ले जा रहे थे। अर्थी के साथ हमारी वापसी यात्रा इतनी शोक भरी थी कि हम सभी सिवाय 'राम नाम सत्य है' रोते-सुबकते खामोश चल रहे थे। मेरे लिये यह अविस्मरणीय दृश्य था। ऐसा नहीं था कि मृत्यु किसी ने देखी नहीं थी या यह निराली मृत्यु थी, हाँ आश्रितों का क्या होगा, इस अहसास ने करुणा को केन्द्रित कर दिया था। अम्मा का तो हँसना खिल-खिलाना जैसे सदा के लिए गायब हो गया था। वह अपने शेष जीवन में भी गम्भीर बनी कष्टों से जूझती रही। तब रोते-रोते विलाप करती जा रही थी—"अरे तुम तो चले गये इन चार बालकनुं कूँ किन के मौं असरिया (मुँह ताकने वाले) बनाइ कें छोड़ चले हो रे, सौराज के चाचा, मैं अब कैसे जिऊँगी और कैसे मरऊँगी रे!" यूँ तो वह महीनों तक उन्हें याद करके रोती रही, लगता कि गा-गाकर रो रही है—"तेरी बगिया कूँ कौन सँवारे गोरे माली रे...बिन रुत के तेरो

बाग उजरि गओ फूल बिखरि गये रे!"

कई बार वह पागलों जैसी बड़बड़ाने लगती और कई बार रामभरोसे को गोद में लिटा कर छाती पीटने लगती। बब्बा विद्याराम भी प्रथा की वजह से बैलगाड़ी के कोने में पीछे को मुँह किए बैठे, निःशब्द रोये जा रहे थे। बीच-बीच में कमीज से आँसू पोंछते ढाँडस बँधाते कहते—"मुखी, धीरज धरि, बेटा, तेरे भाग में जो लिखो है सो भुगतनों पड़ैगो। मोई देख, भगवान ने मो (मुझ) बाप के सामने मेरे बेटा की लाश दिखाइ दई। मैंने कौन से पाप करे, जो बेटा की अर्थी बाप के कन्धा पै आइ गयी? हर इतवार कूँ गंगा न्हाइ रओ हूँ, बीस साल तें सब देवी-देवता पूजतु आइ रओ हूँ तौ मेरो घरु उजारि दओ निर्मोई राम ने। अरे बाप के सामने बेटा की मौत को दुख मैं किन्हें बताऊँ, कैसें सहूँ?"

हालाँकि रंगइया चमार का यह घर भी कौम से छिका हुआ था। फिर भी अर्थी के पीछे-पीछे थोड़ी दूर तक प्रेमनगर के युवकों-बुजुर्गों और महिलाओं की भीड़ संग-संग आयी थी। 'राधे जवानी में मरौ है, प्रेतात्मा जरूर बनेगो,' फूफा ऐसा भय वर्षो बाद तक बनाए रहे। मुर्दा मवेशी उठाने, खालें रंगने-पकाने और किसानों के रोजमर्रा इस्तेमाल की चमड़े की वस्तुएँ बनाने का काम करने के कारण धुर्रा में फूफा बंधुओं का घर वैसे तो हमारे घर की तरह छिका हुआ (बहिष्कृत) था, परन्तु चमड़े का काम छोड़ चुके बाकी जाटव बने चमारों के साथ उनका हुक्का-पानी नहीं था। इस कारण सवर्ण जातियों की तरह इन चमारों में भी आपसी दूरियाँ काफी थीं, लेकिन सवर्णों की दृष्टि में ये सब अछूत ही थे। उसी तरह मेरे गाँव नदरोली से भी पाँच-छह लोग आ गये थे। हालाँकि, उन्होंने भी गाँव में हमें छेक रखा था, परन्तु मौत जैसी संकट की घड़ी में वे साथ दे रहे थे।

रामघाट छोटा-सा कस्बा था। गंगा के किनारे पर स्थित होने के कारण उस मध्य रास्ते से प्रायः अनेक लोग शवों को लेकर गुजरते थे। शव के साथ आने वाले लोगों को दाह-संस्कार करने और स्नान से निवृत्त होने के बाद गुड़-चना खाने को दिये जाते थे। इसलिए रास्ते के किनारे गुड़, चना, घी-सामग्री, ईंधन और शव-क्रिया में डालने वाली अन्य वस्तुएँ बिका करती थीं। यहीं से ये सब चीजें फूफा और ताऊ ने खरीदी थीं। गंगा की धार के किनारे लकड़ी और कण्डों (उपलों) से चाचा की चिता बनाई गयी थी। टिकटी (अर्थी) के बन्धन ढीले करके घुटनों गंगा जल में ले जाकर शव को अन्तिम स्नान कराया गया था।

गंगाजल से बाहर निकाल कर 'टुंडी' ने कहा था—"देखि लेऊ भैया जिन्हें आखिरी बेर देखनों होइ राधे को मौं।" लँगड़े बब्बा ने असीम वेदना भरी आँखों से उन्हें देखा, तो गंगी बब्बा, भागीरथ बब्बा और ताऊ इन तीनों नेत्रहीनों को चाचा के मुँह के पास ले जाया गया। नाक-कान और ठण्डे पड़े गालों पर हाथ फिरा कर क्रमशः उन तीनों ने स्पर्श की आँखों से उन्हें देखा, महसूस किया और स्वर्ग में जाने की

कामना के साथ अन्तिम विदाई दी। उधर कुछ लोगों ने चाचा की चिता तैयार कर दी थी। शव को उसके ऊपर रखते ही कफन का कपड़ा डोम ने उतार लिया था। शव को कण्डों के ढेर पर रख कर ऊपर से मोटे-मोटे लकड़ी के गट्ठे लगाए गये। रामघाट से खरीदा गया दो-चार किलो घी और सामग्री चढ़ाई गयी। शवयात्रा में स्त्री शामिल नहीं हो सकती। उसका उपस्थित होना अशुभ माना जाता था। अतः अम्मा को वहाँ से दूर रखा गया था। "अब मोइ जाते और जादा का अशुभ होइगो?" कहती हुई अम्मा परम्परा भूल कर समूह में जा बैठी थी। फिर किसी ने जिद भी नहीं की कि मुखी वहाँ से हट ही जाए।

मृतक का एक हाथ बाहर निकाल कर मुझसे उस पर अंगारा रखवाया गया और फूँस का एक जलता पलीता मेरे हाथ में पकड़ा कर मुझे गोद में थाम कर ताऊ ने कहा—"दै दै बेटा, अपने बाप की चिता कूँ 'दाग'। रोइ कें बिदा मति करिए बेटा, नाँय तो तेरो बाप नरक में जाइ गिरैगो।" बेटे के हाथों बाप का क्रियाकर्म होने, मुखाग्नि देने से बाप की आत्मा को शान्ति मिलती है, ऐसी प्रचलित धारणा थी। उनके लिए स्वर्ग निश्चित करना था। मैंने असीम शोक से भरे हृदय से चाचा यानी अपने दिवंगत पिता के सिर की ओर से चिता में पलीता लगा दिया और थोड़ी दूरी पर सभी के साथ उस हृदय-विदारक दृश्य को खामोश बैठा एकटक देखता रहा। उनके जीवन का अन्त यानी देह को स्वाहा होते मैंने अपनी आँखों से देखा था, पर से एक भी आँसू नहीं गिर रहा था। मैं केवल सहमा-सा खड़ा था। उस दृश्य को मैं वर्षों नहीं भूल पाया था। बचपन की सबसे स्पष्ट स्मृति यदि कोई है तो वही दृश्य है। मनुष्य मर जाता है, उसका अमूल्य शरीर अपनों के हाथों जला देना पड़ता है। यह मेरा पहला और आत्मीय अनुभव था। गंगा की रेती में अम्मा की गोद के अलावा कोई अन्य आड़ वहाँ नहीं थी। यह सब करते हुए मैं कितना डरा हुआ था और इस घटना ने मुझे कितनी विचित्र मनोदशा में पहुँचाया था, इसका कुछ अन्दाजा इस बात से लग सकता है कि उस दिन को मैं आज तक विस्मृत नहीं कर सका हूँ। अक्सर अकेले क्षणों की स्मृतियों में वे दुर्दिन के दृश्य आज भी मेरे आगे आकर जस-के-तस खड़े हो जाते हैं। ऐसा लगता है, मानो कल ही मैंने अपने पिता का दाह-संस्कार किया है। ऐसा कितनी ही बार महसूस हुआ है कि मैं किसी और के दाह-संस्कार में गया, मुझे अचानक अपने पिता का दाह-संस्कार याद आया और मेरा मन बेचैन हो उठा। उस समय अम्मा रो-रो कर कहती थी—"अरे मोइऊ जा चिता में जराई देउ रे। मैं जी कें का करउँगी।" "अब बहू धीरज धर, जे बालक अब तोइ ही पालने हैं, तू इनके ताईं जियेगी," बब्बा समझाते। कभी ताऊ सुबकते-सुबकते कहते—"मुखी बेटा, अब तोइ सीना पै पत्थर धरि कें जे बालक पालने हैं। मेरे भैया (स्नेह में बेटा को भैया बोलते थे) ने तीन राधे छोड़े हैं। राधे की अमानत की देखभाल तोइ करनी है। अब रोवनकूँ तो तेरी पूरी पहाड़-सी जिन्दगी परी है। तू बालकन्नु की सोच बेटा!" वे बेटों

को गिन रहे थे, पर सबसे बड़ी तो मेरी बहन माया थी।

दाह के बाद सभी लोगों ने गंगा-स्नान किया। अम्मा को दूर बैलगाड़ी के नीचे बिठा दिया गया था। उसने भी मुँह-हाथ धोये, कस्बे में आकर सभी ने दो-चार मुट्ठी गुड़-चने खाए और कुछ नहाए और कुछ ने अपने-अपने शरीर पर गंगा जल के छींटे मारे और अपने-अपने घर लौट गये। बैलगाड़ी भी वापस हो गयी। समाज की जिम्मेदारियाँ पूरी हो गयीं। हम तो अब धुर्रा में नहीं थे, किन्तु मानो, बुआ ने देखा था कि चाचा के शरीर से उतारे गये कपड़ों को सूप में रख कर कुड़ैनी वाली नदी के किनारे सिराया गया था। धारणा थी कि यदि कपड़े किसी को दिये गये तो राधे के शरीर में रहे भूत-प्रेत पहनने वाले पर चले जाएँगे और कपड़े यदि जला दिये गये तो क्रुद्ध प्रेतात्माएँ धुर्रा-प्रेमनगर की ओर लौट आयेगी। तब वे किसी का भी नाश कर देंगी।

अम्मा, ताऊ, बब्बा और बस्ती के डोरीलाल, खचेरी, मक्खनी और मैं, नदरोली वाले लोग घाट पर ही रह गये, बाकी प्रेमनगर के लोग वापस लौट गये। हम सबने नाव में बैठ कर, गंगा पार की। धीरे-धीरे चलते-बैठते रात होने तक अँधेरे के साथ-साथ घटित हुए एक अप्रत्याशित व अवांछित प्रकरण में स्वयं असमर्थ व विवश पाते हुए हम उस माली को गँवा कर अपने गाँव नदरोली वापस लौट आये थे जिसने अपनी बगिया में अभी-अभी कुछ नये बूटे लगाए थे, जिन्हें अभी ताजा हवा-पानी और देखभाल की सख़्त जरूरत थी।

बाद के चन्द दिनों के अन्तराल से मैं और मेरी माँ करीब बीस कि. मी. पैदल चल कर, रास्ते में बैठ-बैठ कर गंगा किनारे राजघाट नरौरा तक गये थे। अम्मा रास्ते में कभी रोती, कभी सुबकती और कभी हम बच्चों के भविष्य के प्रति चिन्तित होती। निस्तेज चेहरा लिये वह मायूस कदमों से चल रही थी। रोती हुई ऐसी लगती जैसे सारी कहानी बयान कर रही है। दिन बीत गया था। मौसम खराब था, अँधेरा घिर-घिर आ रहा था। मुझे याद है वह रस्म जिसे 'दीया देना' कहते हैं। मेरे ही हाथों से निभायी गयी थी। एक चिराग जला कर गंगा जल में छोड़ दिया गया था। देखने को तो यह एक चिराग-भर ही चमक रहा था, पर मान्यता यह थी कि दीये की लौ जितनी दूर तक चमकती जायेगी, भविष्य में वंश परम्परा भी वैसी ही चमकेगी। फूले-फलेगी और बढ़ेगी। घर लौट कर अम्मा मुझे तारों वाली हर रात में आसमान की ओर उँगली उठा कर कहती थी कि "देखि लल्ला, आसमान में देखि जो चमकती तरैया तेरे चाचा की जान/आत्मा है। देखि, ध्यान से देखि, कैसी चमकति जाइ रई है भगवान के घर। तू मान लै कै इनमें चमकतो तारो ही तेरो चाचा है।" इस प्रकार मेरे पिता का श्राद्ध भी कर दिया गया था और मन समझाने के कितने ही किस्से मेरे कानों में उतरने लगे थे। अब रिश्ते-नाते के लोगों को जैसे-जैसे खबर मिलनी शुरू हुई, उनके आने-जाने का ताँता लगने लगा।

मेरी नानी, पड़ोस की मामी, चार-पाँच मौसियाँ और तीनों बुआये अपने-अपने बच्चों सहित शोक व्यक्त करने आ गई थीं। कई तो सप्ताह-भर वहीं रुकी रहीं। अम्मा कहती थी कि घर में एकाध महीने का गुजारे लायक जौ, मटरा, साठी चावल, दाल, आटा जो भी जमा था, वह सब खत्म कर मेहमान अपने-अपने घर चले गये। इन संकटों के दिनों में कोई सहारा देने वाला नहीं था। इतना ही नहीं, अभाव में भी बस्ती के लोगों ने मृत्यु-भोज के रूप में तेरहवीं कराई थी। उसमें मुर्दा मवेशियों का काम करने के कारण जिन चमारों ने हमें छेक रखा था, उन्होंने भी हमसे लकड़ी, दाल, चावल और बूरा आदि लिया और अलग अपने हाथों से खाना बना कर खाया था। ऐसा वे आज भी करते हैं। मेरे भाई की शादी की दावत हो या भाई द्वारा कराई गयी कथा, ताऊ और गंगी बब्बा की तेरहवीं इन सबमें वे कच्ची सामग्री लेकर खुद बना कर खाते रहे हैं। इसमें उनकी श्रेष्ठता की भावना तुष्ट होती है। मैं मृत्युभोज और शादी विवाह के अवसरों पर कर्ज लेकर की जाने वाली फिजूलखर्ची का विरोध करता आया हूँ इस कारण मैं ही अलग-थलग पड़ता रहा हूँ। पर भाई कहता है—"हमें तो इसी समाज में रहना है, सो कर्ज लेकर भी करना पड़ता है। हम पढ़े-लिखे तो हैं नहीं जो अलग समाज बना लें।" चाचा की मृत्यु के समय भी मृत्यु भोज के कारण हमारे कमजोर कन्धों पर कर्ज का भार और बढ़ गया था। ननिहाल वाले तक इस बात की परवाह किए बगैर चले आये थे कि ये बच्चे अब कैसे पलेंगे, कहाँ जाएँगे और क्या खाएँगे? किसी के पास कोई समाधान था भी नहीं। अज्ञानता मिश्रित प्राकृतिक क्षति की मानवीय भरपाई आसान नहीं थी। मौखिक सहानुभूति के अलावा किसी से कोई मदद नहीं मिली थी।

जुनाबई की पैंठ से आने वालों में एक चेहरा चाचा का भी हुआ करता था, वह आज भी होगा। मैं रास्ते पर बैठा हर रोज इन्तजार करता रहता। आने वाले सब आ चुके होते। दिन कब का ढल गया। अँधेरा होते-होते ढूँढ़ती-ढाँढ़ती अम्मा आ जाती, "तू आज फिर बाप की बाट जोह रओ है। मैं कितनी बेर कह चुकी हूँ बेटा, तेरो बाप मरि चुको, वो अब कबऊ नाँय अबैगो, मरि कें कोई नाँय लौटतु। मौत राम और किशन जैसे भगवानन तक कूँ खाइ गयी। अब तू आज से बेटा अपने पेट की आग खुद बुझाबन की तरकीब सोच, जहाँ जो काम मिलै क्ररि, रूखी-सूखी जहाँ मिलै तहाँ खा, फटो-पुरानों जैसो जो लत्ता-गूदड़ा मिले सो पहन, पर काउ तें कबउँ कछु माँगै मत। याद रखिए तोइ बिना मतलब के कोई कछु नाँय देगो।" अम्मा हिदायतें देती और मैं सुना-अनसुना कर देता। हार कर अम्मा मेरे गाल पर एक चाँटा मारती और हाथ पकड़ कर खींचती-रोती घर ले जाती। वह रोने में गीत जैसा गाती और सारी व्यथा कह जाती—"का तूनें चिता कूँ आगि नाँय दई?"

चाचा ने अपनी शादी के समय के अम्मा के कुछ गहने—खडुवा-बराह, कौंधनी पाजेब, नाकफूल तथा मवेशी उठाने वाले दो-तीन संगेटे, खाल काढ़ने वाले दो-तीन

छोटे-बड़े रांपे और चार-पाँच-छुरियाँ, जूतियाँ बनाने वाले कलाबूत, फरहा, रांपी, सुतारी आदि औजार के रूप में छोड़े थे। जंगल में एक कच्ची कोठारी भी छोड़ी थी जो चमड़ा पकाने के काम आती थी। खेति के नाम पर पौने दो बीघा 'रेह' दार बंजर भूमि भी थी, जिसमें आधा हिस्सा ताऊ का भी था। साधनों के नाम पर हाथ कस्सी सिंचाई के लिए ढेंकली उत्पादन ऐसा कि बीज भी वापस नहीं होता था। किसानी एक खुशफहमी से अधिक कुछ नहीं थी। यही सब छोड़ा था विरासत में मेरे लिये मेरे दिवंगत पिता श्री राधेश्याम ने। मानो वे कह गये हों—"उठा सको तो उठाओ बेटा गाँव-भर की मुर्दा मवेशियाँ जो तुम्हारे नाजुक कन्धों का बेताबी से इन्तजार कर रही हैं। भूखे हो तो खाओ मुर्दा मवेशियों का मांस और चाहिए चार आना, आठ आना तो, लम्बरदार की जाकर करो बेगार, हाँको रहट-दाँय उठाओ गोबर और डालो भूसा।"

नहीं कर सकते इतना यह सब? तो क्या रखा है तुम्हारे लिये तुम्हारे इस गाँव में। सिवाय इसके कि गड़ा है तुम्हारा नाड़ इसी गाँव के चमरियाने के पुश्तैनी घर में, पर घर से नहीं बचेंगे प्राण, भागना ही पड़ेगा अस्तित्व के लिए। पुरखों का क्या कुसूर? उन पर जो था संकट रूपी सरमाया सो सब छोड़ गये। जिसे होना था चर्मशोधन के कारखाने के रूप में विकसित वह कुठरिया भी पिता की देह के साथ ही ऐसी गिरी कि हो गयी मलबे में तब्दील।

नाना की नजर में हमारे जीवन-निर्वाह का एक विकल्प था। वह यह कि कोई जरूरतमंद विधुर खोज कर, जो चार बच्चों की माँ को कबूल कर ले, ठिकाने बैठा दिया जाए। उनका भारी भीमकाय शरीर, नशे में रहतीं डरावनी आँखें, भारी आवाज—कुल मिला कर उनका व्यक्तित्व बेहद असरदार और बिरादरी में मान्य था। इसलिए उनकी यह कमजोरी भी थी कि जिस विवाद में वादी या प्रतिवादी की ओर से गोश्त, शराब या स्प्रिट नहीं मिलती वे उसके पक्ष में फैसला तब तक नहीं देते थे, जब तक वह अपना भोज्य हासिल नहीं कर लेते थे। उन्हें गोश्त और शराब मिले तो सब ठीक। वे उन दिनों चन्दौसी में चुन्नी मौहल्ला की लड़कियों के ससुराल सम्बन्धी विवादों का निबटारा एक सरपंच की भाँति किया करते थे। अपने व्यक्तित्व के प्रभाव के दिनों में नाना ने दर्जनों विवाहित जोड़ों के विवाद निबटाए होंगे। बेटी से मार-पीट की शिकायत सुनी या आपस में ताल-मेल नहीं बन रहा तो बिना एक दिन का भी वक्त बर्बाद किए लड़की को वापस बुलाया, दामाद से अलग किया और कौम के दस लोग बुलाए, लड़की से मर्जी पूछी और दूसरे घर बिठा दी। कहावत बन चुकी थी कि नर्रे-मौंटे तो चुटकी बजाते ही जोड़ी मिला देते हैं। पति को छोड़ कर कौम की एक भी जवान लड़की घर बैठी रहे, यह उन्हें गंवारा नहीं था। वे आँख मूँद कर हर फैसला अपनी बस्ती की लड़की के पक्ष में ही लेते थे। अजीब तरह के नारीवादी थे। उनका न्याय भी अजीब था। गोया पति-पत्नी के बीच पत्नी कभी दोषी होती ही नहीं थी। बस्ती के दामादों से वे स्कूल टीचर की तरह उठक-बैठक करवाते

थे। चमड़े के ठेके में मामूली दलाली खाना उनकी आय का स्रोत था। निजी पूँजी तो उनके पास कुछ भी नहीं थी, पर बड़े भारी खर्राच थे। हाथ में पैसे आये और गोश्त मँगा लिया। हाँडी पकी और दो-चार स्प्रिटियों को बुलाया और बैठ गये।

वे अपनी व अपनी बस्ती की किसी भी लड़की को स्कूल भेजने के सख्त खिलाफ थे। शहर में गैर-कौम के बदमाश छोकरे बेटियों पर बुरी नजर डालेंगे। पढ़ाने की कोई जरूरत नहीं। पहली नानी से एक बेटी और एक बेटा और दूसरी से छह बेटियाँ और एक बेटा था, जिनमें मेरी माँ तीसरे नम्बर पर थी। सबसे छोटी बेटी से बड़े बेटे अमरसिंह को उन्होंने स्कूल के दर्शन कराए थे। लेकिन वह टीचर की डाँट सुनने को तैयार नहीं था। नाना के पीने-खाने की छाप तो मामा पर सवायी पड़ी थी, पर उसका रौब-दौब वैसा नहीं बना था। हाँ, वह बस्ती से बाहर दादागिरी करने लगा था। शरीर से वह भी सुन्दर व काफी बलिष्ठ था। शायद यही अहंकार और अशिक्षा ही उसे बर्बादी के रास्ते पर ले गयी थी। वह अपना परिवार कभी नहीं बसा सका। नाना ने अपने बेटे-बेटियों में से किसी को. भी अक्षर ज्ञान नहीं कराया था। ऐसे में पूरी तरह असहाय वैधव्य की स्थिति में हम तीन बच्चों को साथ लेकर अम्मा अपने मायके चन्दोसी पहुँची थी। मेरे अँधे, लँगड़े दो बब्बा और तीसरे अँधे ताऊ की मदद भी चार-छह महीने से ज्यादा नहीं चल पाई। जैसा कि बता चुका हूँ, जमीन कम होने के साथ ही वह बंजर भी थी। वैसे भी हमारा हिस्सा ताऊ के साथ बीधाराम बब्बा की पौने दो बीघा जमीन में आधा बनता था। उस पर भी यह जमीन मौके पर सवा एक बीघा ही बची थी। लावारिस पाकर मेड़ें काट ली गई थीं। आजकल की तरह खाद बीज का उपयोग नहीं था। जुताई किराये पर, रहट का पानी किराये पर। ढेंकली चलाने के लिए स्वस्थ व्यक्ति चाहिए थे। ऊपर से कुआँ रहट-कुआँ अपना न होने के कारण उतना भी नहीं हो सकता था। यह सब मिला कर रखवाली के बिना थोड़ी-बहुत फसल गंगी बब्बा के दो बीघा खेत में होती थी, तो उसे उदयभानपुर के अमरसिंह यादव और रामवीर जो पड़ोसी थे, रात में काट ले जाते थे, या अपने पशुओं को उसमें खुला छोड़ देते थे। वे मेंढ़ें तोड़-तोड़ कर एक-आध बीघा जमीन तो आज भी दबाए हुए हैं। मौहल्ले, बस्ती में सभी लोग निम्न स्तर का जीवन जी रहे थे। शाब्दिक सहानुभूति के अलावा किसी के पास कुछ नहीं था। ज्यादातर लोगों के पास हमारे लिये वह भी नहीं थी। अल्पायु के कारण हम बच्चे स्वयं अपना निर्वाह नहीं कर सकते थे। अम्मा और बच्चों की जिम्मेदारियों से दबी हुई थी। बब्बा के दो दरवाजों वाले उस पक्की छत-दीवारों के मकान के बीच ही तालाब की चिकनी मिट्टी की सिर से ऊँची बहुत पतली दीवार-सी खड़ी कर दी गयी थी। चाचा और ताऊ की गृहस्थी के लिए एक घर में अलग-अलग दो घर बनने के कारण ये दोनों ही घर अति संकुचित हो गये थे। गंगी बब्बा की कुठरिया थोड़ी दूर पर दूसरी गली में थी। उसमें भी दो खाटों से ज्यादा जगह नहीं थी। बीधाराम बब्बा और दादी के लिए पास ही

एक छप्पर डाल दिया गया था। वे बाहर सोते थे। तब बब्बा की हालत और अधिक खराब हो गयी थी। दादी ने चारपाई पकड़ ली थी और छह महीने के भीतर ही उनकी भी मृत्यु हो गयी।

अब हमारी तबाही और अभावों का क्रम तेज हुआ। तब जाना कि पिता क्या होता है। उसकी कमी बच्चों के जीवन में कितनी बड़ी त्रासदी होती है। हर रविवार और शनिवार को रिबाड़ा और जुनाबई की पैंठों-बाजारों से ढेर सारी चीज़ें लाने वाले हमारे पिता अब नहीं रहे। पैंठ के दिन लोग पुटलियाँ बाँध-बाँध कर लौटते तो हम बहन-भाई मायूस होकर रास्ते की तरफ देखते रहते। पिता को अपने हाथों दाग (दाह) दिया था और अम्मा ने समझा भी दिया था, इसके बावजूद हमें इन्तजार रहता था कि पिता कहीं से कुछ लेकर आ रहे होंगे। मेरे सभी साथियों के पिता शाम होते गाँव में घुस रहे होते। मेरी हम उम्र बच्चे दौड़-दौड़ कर उनकी ओर जाते थे। उन्हें देख कर हम भाई-बहन पिता को याद कर उदास हो लौट आते और कभी इस घर की चौखट से तो कभी उस घर के दरवाजे से सट कर खड़े हो जाते। कोई हमारे हाथ पर खाने की चीज रखता तो अम्मा कभी मारती तो कभी निराश देखकर अपने गले से लगा लेती। वह हमारा मनोविज्ञान समझती थी। ऐसा कब तक चलता, मुझे कौली में भर कर रोने लगती। पिता से जुड़े किसी भी प्रसंग का स्मरण कर कभी बब्बा तो कभी अम्मा रोते-बिलखते। इन्हें देख कर ताऊ भी अधीर हो जाते। वे यथासम्भव मदद करते, पर उनकी हालत भी अत्यन्त खराब थी। चाचा जब जिंदा थे तब उनकी मदद से वे चमड़ा काढ़ते-पकाते थे। नेत्रहीन होकर भी पशु की खाल बिना किसी कट के काढ़ (उतार) लेते थे। चाचा की मौत के बाद उनका मनोबल गिरता चला गया था और उनके शरीर पर पड़ा प्रतिकूल प्रभाव स्पष्ट दीखने लगा था। हमारे भविष्य की सोच कर सभी दुखी और चिन्तित थे, पर किसी के वश में कुछ नहीं था। पुरुष अपाहिज, महिलाएँ और बच्चे ऐसे असहाय कि कुछ कहा नहीं जा सके। हमारे परिवार में आँख से, दिमाग से और हाथ-पाँवों आदि सभी से पूर्ण स्वस्थ पुरुषों में केवल एक व्यक्ति था और वे थे मेरे पिता जो अब नहीं रहे थे। ग्यारह-बारह वर्ष की उम्र में उनका विवाह हुआ था और बाईस-तेईस वर्ष की उम्र में ही वे चल बसे थे। उनके बाद हमारे घर में साग-सब्जी से भरपेट खाना मिलना तो दूर, दोनों वक्त नमक-चटनी से भी रोटी मिलनी मुश्किल हो गयी थी। हारी-बीमारी में दवा-दारू के लिए भी अब घर में फूटी कौड़ी नहीं थी। ऐसे संकट काल में मुझसे छोटा भाई नेकसिंह बीमार पड़ा और उसका कोई उपचार नहीं हो सका। इलाज-दवा तो दूर, दो वक्त की दाल-रोटी के लाले पड़े हुए थे। अम्मा के शरीर पर चाचा के मरने के बाद से कोई नया कपड़ा नहीं आया था। ननिहालिया गरीब, स्प्रिटिया और दिवालिया थे। अम्मा मेरे छोटे भाई नेक सिंह को गोद में उठा कर सयाने और वैद्य वगैरह के पास भागी-दौड़ी थी पर कोई लाभ नहीं हुआ था। अन्ततः हमारी आँखों के सामने

तिल-तिल कर नेक सिंह ने भी दम तोड़ा दिया था।

अम्मा ने अपनी ममता का वास्ता देकर कहा था–"बेटा, मोइ माफ करिदैं, तू जी कें हू दुखी रहो। तोइ अगले जनम में सुख मिले। भगवान तेरी आत्मा को सन्तोष देइ। यहाँ हम जिन्दे और मरे बराबर हैं।" वह रो-रो कर कह रही थी–"बेटा, तू भगवान से कहियो, वे हम सब कूँ एक संग बुलाइ लेइ।"

इन्हीं दिनों हम दुबक छिप कर 'दाँयें' चलाने वाले बैलों के गोबर से गेहूँ निकाल कर लाते थे और उन्हें धोकर अनाज छाँट लेते थे। उस अनाज का रंग पीला था सो हमारी जीविका और कष्टमय हो गयी थी। चाचा रूपी सूरज डूबने के बाद से तो इस घर के बाकी सदस्य रूपी उपग्रहों को भी ग्रहण लगने लगा था। यह अभावों के ही कारण था कि उसी वर्ष गाँव में घूम-घूम कर अँधे बब्बा ने कुट्टी काटने की मशीन खींचने, यादवों के घर से अधिक चाकी पीसने और चारपाई बुनने जैसे कम मेहनताने यानी एक लोटा मट्ठा और दो रोटी के चून पर समय से अधिक काम किए। उन दिनों केवल डोरी ताऊ के घर मुर्दा मवेशी उठाने और चमड़ा पकाने का काम होता था। उन्हें पशु उठाने के लिए अक्सर एक-दो आदमी की आवश्यकता पड़ा करती थी, जिनमें वे गंगी बब्बा को ले जाना जरूरी समझते थे। कारण यह था कि वे मजूरी कम लेते थे और वजन ज़्यादा उठाते थे। बाँस का संगेटा जिस उठइया के कन्धे की ओर ज़्यादा होता उसके हिस्से उतना ही कम वजन आता था और संगेटा जिधर कम होता उधर वजन ज्यादा पड़ता था। बब्बा अँधे थे। इसलिए उनकी ओर संगेटा कम कर दिया जाता था। गधे की पीठ की तरह अभ्यस्त कन्धों से वे यह वजन हाँफते-हाँफते किसी तरह ढो लेते थे। मैं केवल पूँछ या सींग पकड़ कर थोड़ा ही सहारा दे पाता था। संगेटा साध पाने की मेरी सामर्थ्य नहीं थी। साथ ही, खाल उतारने के बाद पशु का मांस भी निकाला जाता था। हमारे अलावा डोरी ताऊ का लम्बा परिवार मुर्दा मवेशियों का मांस खा-खा कर ही पला था। अपनी पसन्द का मांस चुन लेने के बाद ही वे हमें सेर दो सेर मांस देते थे। कई बार घर पर पकने पर डोरी की पत्नी सेमनिया (भूरी) जिसे हम मौसी कहते थे, बेलां भर कर रँधा हुआ कलिया दे देती थी। तीसरे, हम दो घरों के अलावा बाकी चमार मुर्दा मवेशी उठाने का काम छोड़ चुके थे। उन्होंने चमार के बजाय अपने आपको जाटव घोषित कर दिया था और हमारा घर छेक दिया गया था। हमारे शादी-विवाह और तीज-त्यौहार के भोज में उनमें से कोई शामिल नहीं होता था। हालाँकि गैर-चमारों के लिए चमार-जाटव दोनों का मतलब एक ही था। गैर-कौम सब को चमार ही कहती थी। मुझे ऐसा नहीं लगता कि मात्र चमड़े का क़ाम करने के कारण चमार नाम रखा गया होगा। चमार कहलाने वाली अनुसूचित जाति की इतनी बड़ी संख्या में शायद दस फीसदी लोग भी चमड़े का काम नहीं करते होंगे।

अब बब्बा, ताऊ और मैं हमेशा घर के सामने बिकाऊ माल की तरह बैठे रहते

थे। कोई आये, दिन-भर के लिए खरीद ले जाए, चाहे तो अपने खेत में काम कराने के लिए ले जाए या बोझा ढोने के लिए हम तैयार रहते थे। किसी तरह का काम दे, ताकि सेर-दो-सेर अन्न मिले। बड़े और बच्चों के पेट में अन्न पड़े।

मेरे कच्चे कन्धे संगटा तो नहीं सँभाल पाते थे, लेकिन मुर्दा पशु के सींग, पैर या पूँछ पकड़ने का काम मैं डोरी ताऊ, प्यारे चच्चा, टुंडी व गंगी बब्बा के साथ करता रहता था। मांस निकाल लाने के लालच से भी मैं पशु-उठाई के काम में रुचि लेता था। सींग-पूँछ पकड़ते-पकड़ते आने-दो आने के लालच में लम्बे संगेटे के नीचे कब मेरे खुद के कंधे आ गये, पता ही नहीं चला था। यह मेरी अनौपचारिक ट्रेनिंग हुई।

पशु को मालिक के घर से दूर जंगल तक ले जाने की प्रक्रिया बड़ी कठिन होती थी, क्योंकि पशु के शव को घसीट कर नहीं ले जा सकते थे। घसीटने से खाल के बाल उखड़ जाते थे और खाल दागी होते ही आधी कीमत की रह जाती थी। ऐसा खतरा पशु के उठाने से लेकर उसकी खाल उतारने तक बना रहता था। पशु के शरीर से उतारते वक्त खाल में कोई खोंत (कट) न लगे, इस बात की पूरी सावधानी बरती जाती थी। यह कार्य बहुत ही कुशलता का होता था। खाल काढ़ना एक कला थी तो उसे पकाने की प्रक्रिया पूरी इंजीनियरिंग थी। बिना कटे सफाई से खाल उतार देना या प्रयोगशाला में उसे पका कर शुद्ध करना कोई कम हुनरमंदी का काम नहीं था। यहाँ किसी की किताबी मैरिट नहीं चलती थी, हालाँकि पोथी-मेरिट वाला होना समाज की नजर में सम्मानजनक था और मवेशी उठाना अपमानजनक। इस परीक्षा में कोई भी ब्राह्मण फेल हो सकता था। एक जरूरी सेवा होने पर भी इसे करने से चमारों को जितनी घृणा और तिरस्कार मिले हैं, वे गिनाए नहीं जा सकते। डॉक्टर मनुष्य की लाश का पोस्टमार्टम करता है तो इज्जतदार होता है। भंगिन सफाई करती हैं तो दुत्कारी जाती है। चमार पशु की खाल उतारता है, तो वह बहिष्कृत और अछूत बना रहता है। मैं यह सब सहता रहा हूँ, इसलिए जानता हूँ कि आखिर भोगी हुई हिकारत का असर और भूख में अभोज्य का स्वाद कैसा होता है?

देश के करोड़ों दलित बच्चों की तरह कभी मेरा भी जन्म-दिन नहीं मना। जन्म-तिथि मेरी माँ को ज्ञात नहीं थी। उन्हें कभी अक्षर ज्ञान प्राप्त करने का मौका नहीं मिला। वैसे मैं भी उन बच्चों की तरह ही था जिन्हें अपने जन्म दिन उत्सव से लगते हैं। अम्मा बताती थी कि मेरा नामकरण गाँव के पण्डित द्वारा नहीं हुआ था। ब्राह्मण द्वारा रखे गये नाम दुर्जना, खचेरा, खूबा इत्यादि उन्हें पसन्द नहीं थे, बल्कि मेरी 'छोटी' बुआ ने मेरा नाम 'सौराज' रखा था, जिसे घर में सभी सदस्यों ने मान लिया था। मेरी जाति या मेरे गाँव का कोई लिखित इतिहास मेरी जानकारी में नहीं है। मैं यह भी नहीं जानता कि गाँव का कोई इतिहास है भी या नहीं, तब मेरे परिवार का अतीत क्या रहा होगा? वैसे तो हमारे चमार-चूहड़ों की पूरी कौमें मृतप्राय बना दी गयी थीं। उनके साधन, सुविधाएँ, सम्मान रूपी प्राण तो वर्ण धर्म वाली

व्यवस्था ने कब के खींच लिये थे। उसका इतिहास कहाँ है?

मेरी जानकारी में मेरे गाँव के दो व्यक्ति विशेष थे, जो गाँव के अतीत के बारे में मुझे बताते रहे हैं। पहले थे गाँधीवादी स्वतन्त्रता सेनानी रघुनाथ शास्त्री। इन्होंने गाँव के बारे में 'नन्दनन्दनी नदरोली' शीर्षक से एक लम्बी कविता लिख कर मुझे भेंट की थी। पूरी कविता गाँव की भौगोलिक बनावट की प्रशंसा में थी। छन्द की दृष्टि से रचना उत्तम थी, पर इसमें लगभग वैसी ही आत्मश्लाघा थी, जैसी राजाओं के दरबारों में दरबारी चारण-भाट किया करते थे। पर वे आश्रित होने के कारण करते थे, जबकि शास्त्री जी ने आत्ममुग्ध होकर इसकी रचना की थी। गाँव में व्याप्त अशिक्षा जनित लड़ाई-झगड़े, स्त्री-दलितों की दुर्दशा, छुआछूत का महाकोप इत्यादि की इस कविता में कोई झलक तक नहीं थी। शास्त्री यहाँ डॉमिनेंट जाति यादवों में से थे, इसलिए अस्पृश्यता से उनका कोई पाला नहीं पड़ा था। शब्दों का चमत्कार और कल्पना का स्वर्ग इस कविता में ऐसे उतरता है, जैसे गाँव में सब सम्पन्न और समृद्ध लोग ही रहते हों। मेरी टिप्पणी पाकर उन्होंने वायदा किया था कि वे गाँव की वास्तविकता भी लिखेंगे, पर वे नहीं लिख पाए। दलितों का सच भी वे नहीं लिख पाए। उनके पास भी शायद सवर्णों द्वारा अछूतों के मानवाधिकारों के हनन के प्रति प्रायश्चित्त करने वाली आत्मस्वीकृतियाँ नहीं थीं। गाँधीवादी भूतदयावादी दृष्टि मात्र थी। इनकी अधिकार चेतना से उन्हें भी वास्ता नहीं था। ऐसी और भी कुछ रचनाएँ हैं, पर इनसे गाँव की सामाजिक स्थिति, विशेषकर अस्पृश्य जातियों की दशा का कोई पता नहीं चलता, जबकि गाँव इन्हीं भेदभावों में नाक तक डूबा है। हाँ, शास्त्री जी नहीं रहे यह दुखद समाचार उनकी प्रवक्ता बेटी वेदवती ने अम्बेडकर महाविद्यालय की एक छात्रा के हाथों मुझे भेजा था।

गाँव के ये गाँधीवादी सुधारक आम यादवों की अपेक्षा काफी उदार थे। इनका व्यवहार मधुर था और छुआछूत कम मानते थे। आज भी वे होली के दिन चमार-भंगियों के गले लग जाते हैं और उन्हें भी अपने गले लगा लेते हैं। चरण-स्पर्श भी करा लेते हैं। पर कोई भी यह चिन्ता नहीं करता कि क्यों गाँव की अछूत जातियों के लोग गाँव छोड़-छोड़ कर बम्बई-दिल्ली चले जाते हैं। वे गाँव में रहें तो केवल इसलिए कि उन्हें खेती, क्यारी, सफाई आदि के लिए सस्ते मजदूर मिलते रहें। पर भूमि सुधार द्वारा इन्हें भी थोड़ी जमीन मिल जाए, इसकी कल्पना भी किसी को नहीं है। अछूतों को मिलने वाली सरकारी जमीन के पट्टे तक दबंग लोग फर्जी नामों से कब्जा लेते हैं। पट्टे में नाम चमार-भंगी का और खेत में हल गैर-दलित का चलता है। गाँधीवादी केवल उपदेशात्मक शैली में 'छूत-छात मत मानो' इतना-भर कहते हैं और वैयक्तिक प्रयास-भर करते हैं, पर यथार्थ में कोई प्रभावी कदम नहीं उठा पाते। उन्होंने कुछ कहावतों को लिख कर कुछ जरूर किया, जबकि मुझे तो अपने मौहल्ले के चाचा-ताऊओं का इतिहास तक पता नहीं।

खैर, वक्त अपनी तरह से गुजर रहा था। चाचा के गुजरने के बाद अपने इस घर में हमारा पालनहार नहीं था। हम बालश्रम के लिए तत्पर थे, पर गाँव में काम भी नहीं मिलता था। अशिक्षित माँ, भूमिहीन घर, नाबालिग बच्चे, आय का कोई स्रोत नहीं। घरवाला गया तो घर ही उजड़ गया। अब गाँव में क्या बचा था? गंगी बब्बा रात को खटोले पर लेट कर एक अव्यवस्थित गीत गाया करते थे। वे उसे तोड़ते-जोड़ते अपनी तरह से बनाते-बिगाड़ते रहते थे। गीत विरह का बताया जाता था पर उसमें मुझे अपने घर के उजड़ते हालात का ही चित्र मिलता था। अपनी सुविधा के अनुसार गीत में मैंने खुद कितने फेर-बदल कर लिये, इसका हिसाब नहीं, पर उसकी पूर्ति में मेरा कवि हृदय समर्थ है। अन्योक्ति में वह गीत कुछ इस प्रकार की शक्ल अख्तयार करता था–

टूटी डाल झरीं सब पतियाँ,
डाल भई लाचार,
बिधाता ने कैसी विपदा डारी रे!
माँगत फूल हवा और पानी,
रुतु निरमोहिन ने का ठानी?
कातें कहें कौन दुख बाँटे,
कौन करे रखवारी रे!
बेवक्त गुजर गया माली...रे!...
किल्ला नये वक्त के मारे,
आँधी लू ने निबल करि डारे,
का खाएँ का पिएँ बेचारे,
ऐसे कैसें जिएँ बेचारे
नंगे सिर पै बरसी ज्वाला
घर आयी कंगाली रे।
बेवक्त गुजर गया माली रे!
उठ गयी पैंठ, लदे व्यापारी
लुटि गयी, बिक
गयी रौनक सारी
शबद शेष सन्देस रह गये
खुद अपने दुख-दर्द मिटाना
खुद करना रखवाली रे।
बेवक्त गुजर गया माली रे!

रामलाल : तेज धूप में जर्जर साया

अन्ततः नाना ने 'बौरा-बौरा' नामक गाँव के रामलाल चमार को हमारा दूसरा बाप बना दिया। रामलाल एकदम गरीब आदमी था। वे मरे हुए पशुओं के सींग बीनने का काम करता था। सींग और हड्डियाँ इकट्ठी कर उन्हें वह सम्भल ले जाकर बेचता था। सम्भल में सींगों की कंघियाँ आदि चीजें बनती थीं। नौरा-बौरा भेजने में नाना ने मेरे बाबाओं की कोई राय नहीं ली थी। उनकी राय के कोई मायने भी नहीं थे उनके लिए, क्योंकि अक्षम, निर्धन और ठेठ देहाती भोले-भाले आदमी अपने पोते-पोतियों का पालन-पोषण करना तो दूर, स्वयं अपना भी पेट ठीक से नहीं भर सकते थे। वे नाना की नजरों में फालतू थे। शहर के लोग गाँव वालों को वैसे भी मूर्ख ही समझते थे। बल्कि उनकी बोली, उनके पहनावे और हाव-भाव का भी मजाक उड़ाते थे। इस पर भी शहर वाले गाँव वालों को अपनी बेटियाँ देना न केवल पसन्द करते थे बल्कि प्राथमिकता देते थे, क्योंकि गाँव वाले खासकर रंगइया फरइयाओं की शादियाँ गैर चमारों में नहीं होती थीं। हुक्का-पानी भी उनके साथ नहीं होता था। रंगइयाओं की संख्या और कम होती जा रही थी, इसलिए लड़कों को शादी के लिए लड़की मिलना ये अपने पर अहसान समझते थे। यह स्थिति अब तक बनी हुई हैं। रंगइया के घर जायेगी तो मांस-मछली खाने को मिलेगा। लड़की भूखी नहीं मरेगी। ऐसा वे मानते थे। वास्तविकता भी यही थी।

गाँव में किसी तरह बब्बा को खबर लगी कि सूरजमुखी, सौराज, माया और रामभरोसे 'नौरा-बौरा' भेज दिये गये हैं, तो वे लाठी के सहारे पैदल चल कर जैसे-तैसे चन्दौसी पहुँचे। नाना से उन्होंने सवाल किए।

"समधी ऐसो काये कूँ करो?"

उन्होंने दो टूक जवाब दिया—"मेरी बेटी की उमर अभी बीस-बाइस साल है। अभी उसने देखा क्या है? हम बामन बनिये तो हैं नाँय जो पाट न करें और न हम चौधरी हैं, जहाँ जायदाद की कमाई बेटियाँ खाती रहें। हम चमार हैं। हमारे यहाँ यही होता है और फिर बेटी घर बैठी भी रहे तो किसके सहारे? क्या तुम्हारे घर में दो रोटी मिलने की कोई उम्मीद है? तुम तीनों भाई खुद ही दो-दो रोटियों को मोहताज हो।

दो अँधे हो और एक लँगड़ा। अब ऐसे में मैंने जो किया है, सोच-समझ कर किया है। बच्चों के पालन-पोषण का और कोई रास्ता नहीं है। आप वापस अपने घर जाओ, इसी में भलाई है।" नाना बेटी वाले तो थे ही किन्तु एक देहाती सीधे-सरल व्यक्ति के लिए वे चतुर शहरी भी थे। शहरी होने के नाते स्वभाव से ही, गाँव वालों की उपेक्षा करते थे। वे इन्हें प्रायः मूर्ख ही मान कर चलते थे। आज मुझे यह कहने में कोई आपत्ति नहीं कि दलितों के दुखों को समग्रता में समझने वाले, उन्हें नेतृत्व देने वाले नेता डॉ. अम्बेडकर से लेकर माननीय काशीराम तक देहात में ही जन्मे। शहरी लोगों में जोखिम उठाने का माद्दा ही नहीं होता। इसे मैं सिद्धान्त नहीं बना सकता। पर पहली नजर में यही लगता है।

लँगड़े बब्बा मेरी ननिहाल से निराश होकर घर लौटने के बजाय हमसे मिलने सीधे नौरा-बौरा पहुँचे। उस समय रामलाल जी घर पर नहीं थे। बब्बा बस्ती की गली में बच्चों से रामलाल का घर पूछ रहे थे। कुँए से पानी ला रही अम्मा ने पर्दे से देखा और पहचान कर घर ले आयी। माँ उन्हें भिखारियों जैसी बुरी दशा में देखकर फफक-फफक कर रो पड़ी। बब्बा मैला-कुचैला-सा एक अंगोछा शरीर पर बाँधे थे। जगह-जगह पैबन्द लगी कमीज उनके शरीर पर थी। गुजरे हादसों की स्मृति ताजा हो जाने के कारण माँ रोने लगी। माँ जब रोती थी तो गुजरी मुसीबतों की पूरी करुण कथा सुनाती थी। वह यहाँ दिन-भर मूँज कूटती और बान बुनती थी। उसके साथ-साथ बब्बा भी रोने लगे थे। झुग्गी जैसे उस कच्चे घर में बातें कम और सिसिकियाँ ज्यादा भर गयी थीं। कुछ देर बाद बब्बा बोले–

"जो सब भाग को लेखो है बेटा! मैं अबहूँ चाहतूँ तुम घर चलौ, भगवान मेरे राधे कूँ नाँइ उठाई लेतो तो मेरे नन्हें-नन्हें जीवाक काहें कूँ दर-दर की ठोकरें खाते?" वे अपनी दुर्दशा देख-सोच कर कम और हमारी दुर्गति पर ज्यादा चिन्तित थे। वे हमें घर ले जाना चाहते थे।

"चाहने से भूख नाँय मिटेगी।"

"अब तुम सबर करो और भगवान तें जे ही दुआ करो।"

"जे बालक पल जाँई।" सुबकते-सुबकते माँ ने कहा था। बब्बा देर तक आँगन में बैठे रहे। हम बहन-भाई जब खेल कूद कर बाहर से आये तो उन्होंने गोद में भर कर असीम प्यार किया। बाहर बरगद के पेड़ की जड़ पर बैठ कर उन्होंने अपने अंगोछा की गाँठ खोल कर रस-रहित हो चुकी जलेबियों के छत्ते निकाल कर हमारे हाथों पर रखे। आज शायद इस तरह की जलेबियाँ खाना मेरे बच्चे पसन्द न करें। पर उस बूढ़े व्यक्ति की भावनाओं का रस मुझे आज भी किसी मिठाई से अधिक मीठा महसूस होता है। आखिर वे हमारे बाबा थे।

कुछ देर बाद हम फिर खेलने-कूदने निकल गये। लौटे तो बब्बा वहाँ नहीं थे। वे कब गये, कहाँ गये, हमें कुछ पता नहीं था। अपने सनेही बब्बा से हमारी

यह आखिरी मुलाकात थी। बीस-पच्चीस दिन बाद चन्दौसी से आये एक व्यक्ति से यह पता चला कि नौरा-बौरा से लौट कर आये विधाराम ने अपने घर जाते ही खाट पकड़ ली थी। चारपाई से वे उठे तो सीधे अर्थी पर ही उठे। उनकी मृत्यु और बाद के किसी क्रिया-कर्म में हम शामिल नहीं हो पाए। उनका मृत्युभोज नहीं हो सका था। उनकी बदहाली की दास्तान बस्ती-भर के लोगों को आज तक याद है।

रामलाल का धन्धा खास नहीं था। वह एक स्त्री को तो रोटी जुटा सकता था, किन्तु तीन बच्चे पालना उसके वश की बात नहीं थी और दूसरे आदमी के बच्चे पालने में उसे रुचि भी नहीं थी। वह चाहता था कि एक-दो बच्चे नानी-नाना के पास या अपने बाबा के गाँव रहें। माँ इसके लिए तैयार नहीं थी। हम रामलाल जी के घर छह महीने भी नहीं रहे होंगे, तभी माँ और रामलाल में विवाद हुआ। विवाद क्या था, दोषी कौन था, मुझे स्पष्ट स्मरण नहीं है। माँ ने भी इस विषय पर कभी बात करना जरूरी नहीं समझा। इस कारण घटना स्थानांतरित होकर माँ की स्मृति से मेरी स्मृति में नहीं आ सकी। हाँ, इतना मुझे याद है कि वहाँ से माँ फिर हमें चन्दौसी ले आयी। उन दोनों में झगड़ा रहने का मुख्य कारण गरीबी और आपसी असहमति था। मुझे ऐसा अनुभव होता है कि इस प्रसंग में धुर्रा वाले फूफा और नाना का भी कुछ हाथ था। बीधे फूफा ने, जिनके घर पिता जी की मृत्यु हुई थी, उन्हें एक नया प्रस्ताव दिया था। प्रस्ताव यह था कि पाली मुकीमपुर में भिकारी, छोटे और डालचन्द तीन भाई हैं। फूफा पाली के ही मूल निवासी थे। वे उन्हीं के वंशज थे। वे धुर्रा प्रेम नगर में विस्थापित हो गये थे। इस कारण जन्म स्थान के लोगों के प्रति उनके मन में उदार भाव थे। भिकारीलाल के घर हमारे पड़ोस के ताऊ डोरी गंगासाय की बहन की शादी हुई थी। एक-दो साल पहले भिकारी से एक लड़के को जन्म देने के बाद उसकी मृत्यु हो गयी थी। छोटेलाल और डालचन्द अविवाहित थे। बीधे फूफा के चाचा बीरबल भी पाली-मुकीमपुर में थे। भिकारी बन्धुओं के घर के सामने उनका घर था। उन्होंने फूफा के साथ मिलकर यह तय किया कि राधे की विधवा को भिकारी के घर में लाना है। भिकारी, डालचन्द और छोटे तीनों चर्मकार ही थे। डालचन्द दिमाग की अपेक्षा देह का ध्यान ज्यादा रखते थे। मल्हई में उनकी विशेष रुचि थी, लेकिन मेहनत मजूरी में शरीर को कष्ट नहीं देते थे। वह व्यायाम करना, तेल मलना और कुश्ती लड़ना नियमित करते थे। इस गाँव में अहेरियों की पूरी कौम की जीविका चोरी करने पर निर्भर थी। 'हब्बू' अहेरिया मुझे शरीफों से भी अधिक शरीफ आदमी लगते थे पर कितनी ही बार ये सेंधमारी में पकड़े गये। नई उम्र के लड़के रेलों में उठाईगिरी करते थे, पर इनके सम्पर्क से जब तब डल्ला भी छोटी-मोटी चोरी कर लेता था। वह उतना बड़ा चोर था नहीं, पर उससे ज्यादा चोर, बदमाश और ताकतवर होने का आतंक बस्ती-भर में जमाए रखता था। घर में वह भाइयों की कमाई खाता था। भाइयों को उसकी पहलवानी पर नाज था।

मुझे स्पष्ट ध्यान नहीं कि नाना ने रामलाल में गरीबी के अलावा और क्या अयोग्यता पाई थी, जिससे माँ को वापस उसके घर नहीं भेजा और माँ ने ही क्यों ऐसा निर्णय लिया था। जो भी रहा हो, हमें पहले धुर्रा प्रेमनगर बुलाया गया। शायद रामलाल को धोखा दिया हो। नाना ने ननिहाल से एक आदमी साथ भेजा था। पुनर्विवाह करना, विधवा विवाह करना या स्त्री-पुरुष को परस्पर सहमति से छोड़ना-जोड़ना हमारे यहाँ सामान्य प्रक्रिया थी। ब्राह्मणों जैसी जटिलता हमारे यहाँ आज भी नहीं है, जिसमें विधवा स्त्री जिन्दगी-भर दूसरों पर बोझ बनी बैठी रहती है। अपनी माँ और बहन के वैधव्य के उदाहरण मेरी स्मृति में जिन्दा हैं। कम से कम मेरे सामाजिक परिवेश में विधवा विवाह का विरोध और सतीप्रथा दलित स्त्रियों की समस्याएँ कभी नहीं रही हैं। राजा राममोहन राय से लेकर शरतचन्द्र तक या गाँधी जी ने भी स्त्री चिन्ता के नाम पर दलित स्त्री की समस्याओं की चिन्ता कभी नहीं की है। अम्बेडकर काल में भी दलित स्त्री नेतृत्व की पिछलग्गू तो रही है, परन्तु वह पुरुषों के समानांतर या कहें बराबर, सहयोगी की भूमिका में अब तक नहीं आ पाई है। हाँ, संविधान में जरूर दलित स्त्रियों के लिए भी शिक्षा, सुरक्षा सेवा और स्वास्थ्य के समान अवसर और अधिकार सुरक्षित हैं।

हब्बू अहेरिया की सलाह

पाली में चमारों, भंगियों, धोबियों और अहेरियों के मौहल्ले एक-दूसरे से जुड़े हुए थे। अहेरियों की जीविका उठाई गिरी, सेंधमारी और रेलों-बसों से चोरी के धन्धे से चला करती थी। ये छोटी-छोटी चोरी करने वाले गरीब लोग अक्सर पुलिस द्वारा पकड़ लिये जाते थे। बुरी तरह मार-पीट कर पुलिस को सौंप दिये जाते थे। छूटकर आते तो फिर उसी धंधे में चले जाते थे। मैं मुश्किल से बारह से चौदह साल का रहा हूँगा, तब अम्मा के पास पाली गया था। हब्बू अहेरिया डालचन्द की वजह से इधर आया करते थे। डालचन्द यदाकदा उनके साथ रात को जाया करते थे। डालचन्द की सलाह पर ही हब्बू ने उस दिन मुझे इशारे से पास बुलाकर अम्मा से कहा—"भौजी (भाभी) तुमसे एक गुजारिश है।" "का?" "ये कै सौराज कू हमें दे देऊ।", "काए कूँ..." "और काए कूँ, एक रात के सौ हमें और हुए सौ तुम्हें मिलंगे। गे बालकु है, सेंध-कूमिल में आसानी तें घुस जाए करैगौ। सीखत-सीखत भाजनों-बचनों पकरि जान पै नाँय वक्कुरन्नो सब सीख जाइगौ।" अम्मा ने मेरे मुँह की ओर देखते हुए कहा—"देवर, जे कैसी बातें करि रए हो तुम? मैं तो सोचति हूँ जो बुरी चीजनुतें कैसे बचैगो और तुम कहत हो मैं चोरी के काम सिखावन भेजि देउँ। नाँय देवर नाँय..." तो का हम सौराज कूँ जाकी मर्जी तें ले जाए करें?"

उनके काम और परिणाम मेरे ध्यान में थे। वे मेरे जैसे बच्चों को अपने काम में लगाने की योजना सोचते रहते थे। हब्बू के छोटे भाई बाबू अहेरिया जबसेंधमारी

में जमींदार जाटों ने पकड़े थे तो उनकी खोपड़ी पर किसी तेज धार से ऐसा वार किया था कि खोपड़ी की खाल उलट कर उनके माथे पर लटक गयी थी। उस पर टैक्टर के पीछे बाँध कर उन्हें ऊबड़-खाबड रास्ते अतरौली थाने तक खींच कर ले गये थे।

वे मर गये होंगे, मैंने मान लिया था। परन्तु छह-सात महीने बाद मैंने उन्हें जिन्दा देखा था। दूसरी बार मैंने हब्बू के चचेरे भाई को डिबाई-अतरौली के बीच रेल से कूदते देखा था। जेबें साफ करके। तीसरी बार जब मैं ट्रेन की बर्थ पर पोटलियों की ओट में लेटा था। कि एक नेता जैसी सफेद धोती कुर्ता पहने एक व्यक्ति ने अपनी अटैची वहाँ रखी और दूसरी उठा कर अतरौली स्टेशन पर उतर गया। मुझे भी यहीं उतरना था। एक ही ताँगे में हम बैठे। वह कह रहा था—आजकल आँखों में धूल झोंकने वालों की कोई कमी नहीं है जी, बुरा जमाना आ गया है। ये सज्जन भी अहेरिया थे। मुझे उनका काम जमा नहीं। वैसे भी चमारों में चोरी, उठाईगिरी का धन्धा नहीं होता था। सभी अपनी मेहनत की खाते-कमाते थे। सो मुझे भी मेहनत के ही रास्ते पर जाना था।

नदरोली : पैत क घर जिसमें लेखक का जन्म हुआ था

घर?

पाली-मुकीमपुर अलीगढ़ जनपद में अतरौली तहसील का एक बड़ा गाँव है। यहाँ उन दिनों मैं ईख छीलने, सिला बीनने, आलू खोदने और कभी घास खोदने आदि कामों में 'अम्मा' और बहन के साथ काम पर जाया करता था। बिरादरी की महिलाओं व बच्चों का झुण्ड का झुण्ड काम पर जाया करता था। प्रायः छोटी-छोटी बातों पर हम काम करने वालों के बीच आपस में झगड़े हो जाया करते थे। ईख काटते-काटते एक बार फूलचन्द ने मुझे 'लवारा' कह कर चिढ़ाया। लवारा कहने से उसका मतलब था कि मैं सौतेले बाप के घर आने के कारण इंसान की औलाद नहीं रह गया हूँ। मेरा शुमार पशुओं में है। मैं भैंस का ऐसा बच्चा हूँ जो उसके साथ आया हूँ। सोचता हूँ सौतेले का यह हालत थी तो अवैध बच्चों का क्या हाल होता होगा। समाज की मार के चलते उन पर क्या गुजरती होगी।

अम्मा मौहल्ले में फूलचन्द की भाभी लगती थी, पर उम्र में वह मुझसे मात्र दो-तीन वर्ष बड़ा था। उसका अन्दाज मुझे चिढ़ाने अपमानित करने का था। इस कारण मैं उससे भिड़ गया। उस भिड़न्त में मैंने उसे पछाड़ दिया, तो उसे यह गवारा नहीं हुआ। वह धोखे से बदला लेने की जुगाड़ में रहा। दोपहर को खाना खाने के बाद मैं गौहान (पड़ोस) के पेड़ों की ओर निकला तो उस ने देख लिया। तब तक वह मेरी नजर नहीं पड़ा था। पेड़ों के पीछे कच्चे मकान की छत पर चढ़ पेड़ों के झुरमुट में छिप कर न जाने कब से मेरी प्रतीक्षा कर रहा था। मैं पिछवाड़े था और उसने अचानक जोर से एक कंकड़ मेरी कनपटी पर मारा। कंकड़ का कोना मेरे कान फाड़कर पार हो गया। मेरा चेहरा खून से लथपथ हो गया। मैं रोता-चीखता अम्मा के पास आया और अम्मा को बताया—"फूलचन्द ने ईख काटते वक्त हुए मामूली झगड़े के बदले में पत्थर मारा है।"

अम्मा ने मेरे चेहरे से खून पोंछा और हाथ पकड़ कर तुरन्त उसकी माँ के पास ले गयी। फूलचन्द की माँ देह से मोटी, लम्बी और अपने बेटों का अँध पक्ष लेने वाली महिला थी। अम्मा रुआँसी घबराहट भरे स्वर में उससे बोली—"चाची देखो, तुम्हारे लरिका ने मेरे बेटा की का हालत करी है?" फूलचन्द देखते ही जंगल में भाग गया

था, इस पर। उसकी माँ ने कहा—"मैं समझाइ दुंगी 'मुखी'। वैसे सौतेली औलाद कूँ सौतेलों की तरह रहनो चाहिए। तेरो लोंड़ा दिन में लड़ौ काहे कूँ हो? तू ही बताई लड़ौ हतौ या नाँय?" इस तरह वह उलटा हावी होने लगी। उसके बाद अम्मा बुदबुदाती हुई घर लौट आयी। भिकारी और डालचन्द ने हिमायत लेना तो दूर, उल्टा यही कहा "गे काहू तें कछु उल्टो-सूधो कहेगौ तो ऐसे ही पिटौगो। मूड़ पै चढ़ाबैगी तौ ऐसे हाल कराबेगी। हमें तो नाँय कछु सल है और नाँय काउ से कछु मतलब। गे पाली में रहैगौ तो सँमरि कें रहनो पड़ेगौ याइ।"

वक्त गुजर गया। फूलचन्द से मेरी कोई स्थायी दुश्मनी या दोस्ती नहीं बनी। आखिर हम बच्चे बड़ों जैसा बैर कहाँ रखते हैं? दिल में दोस्ती की ही जगह अधिक होती थी। सब कुछ बना और मिट गया। लेकिन मेरे कान का छेद आज भी उस घटना की याद ताजा रखता है। यह छेद दिल पर नहीं है, यही गनीमत है। दिल के घाव दूसरे हैं, जो गहरे और दर्दीले हैं और जो शारीरिक प्रहारों से अधिक व्यवस्था के व्यवहारों से हुए हैं।

मसलन मैं सौतेला हूँ, तो कुछ कम दर्जे का हूँ और इस बिना पर हिकारत और घृणा का पात्र हूँ, जिसे मैंने झेला। जो चाहे सो कहता—"गे भिकरिया की दूसरी के संग आयौ है, गे सगौ नाँय हतु।"

पाली में रहते हुए लगता था कि सभी मुझे हीन दृष्टि से देख रहे हैं। हमउम्र लड़के दोयम दर्जे का समझते थे और लड़कियाँ बेचारी बेटा-बेटी के भेदभाव के कारण उपेक्षित रहती थीं। हमें खेलने के लिए समय कम दिया जाता था। वे मुझे किसी न किसी काम में उलझाए रहते थे। कुछ नहीं तो चौपाल पर बैठे सभी लोगों के हुक्के की चिलमें भर-भर कर लाता। तब मैं कौमल सिंह की साइकिल मरम्मत की दुकान पर बैठ जाता था। जब भी और किसी की चारपाई पर बैठता, तब मुझे ऐसा लगता कि लोग मुझसे कट रहे हैं। वे मेरी उपेक्षा कर रहे हैं। मैं न तो उनके साथ सहज हो पाता था और न वे मेरे साथ घुल-मिल पाते थे। इस व्यवहार से भीतर-ही-भीतर घुटन महसूस करता था। इस कारण मेरी मित्र-संख्या एकदम सीमित थी। कुल मिलाकर एक दोस्त याद आता है 'लटूरिया'। मेरा स्वभाव गम्भीर होता जा रहा था। मैं भिकारी की दूसरी बीबी का यानी सौतेला बेटा हूँ। यह बात बच्चों को क्यों बुरी लगती है। इसमें किसी का व्यक्तिगत अहित क्या होता था, यह बात मैं आज तक नहीं समझ पा रहा हूँ। मैं इस स्थिति में स्वेच्छा से तो पहुँचा नहीं। एक हादसा हुआ कि पिता की मौत हुई। नतीजा, माँ की मजबूरी मुझे यहाँ ले आयी। इसमें मेरा व्यक्तिगत गुनाह क्या था?

दूसरे बच्चों की तरह मैं किसी से कोई चीज नहीं माँग सकता था। मचलने जिद करने का तो सवाल ही नहीं था। शुरू में कुछ चाहा भी था तो अम्मा ने दोनों हाथ पकड़ कर झकझोर कर कहा था—"सुन सौराज, कान खोल के सुन! तेरो बाप

मरि चुको है। वो तेरी सुनन कूँ अब कबऊ लौटिके नाँय आवैगो समझे। मैं तेरी कोई जिद पूरी नाँय कर पाउँगी। अब तोइ अपनी जिन्दगी अपनी कमाई में गुजारनी है। जिद्द छोड़, कछु काम सीख ले। कछु नाँय तो साइकिल में पिंजर जोड़नों ही सीख ले।" इस तरह बोलते-बोलते वह रोने लगी और आँसुओं से डबडबाई आँखें लेकर घर के अन्दर चली गयी। इस प्रकार मेरा बचपन मेरा बोझ लेकर मेरे कमजोर कन्धों पर सवार होना शुरू हो गया था। बचपन मैं छोड़ नहीं सकता था और भार लेकर दौड़ नहीं सकता था। जीवन की मंजिलें आवाज दे रही थीं। रास्ते अनिश्चित और अपरिचित थे। पाली में मेरा गुजारा नहीं था। मैं यहाँ अवांछित तत्व था। बचपन के निर्वाह की जिम्मेदारियाँ जो खुद के कन्धों पर थीं।

पाली : भिकारी का वह घर जिसमें लेखक की माँ पुनर्विवाह कर गयी थी

उन दिनों उत्तम बाबू चमारों में पाली के सबसे अधिक लिखे-पढ़े युवक थे। शायद वे इंटरमीडिएट पास कर चुके थे और आगे एम.ए. तक पढ़े थे। लम्बे पतले साइकिल के कैरियर में तीन-तीन पकी खालें बाँध कर वे छर्रा की पैंठ और अतरौली का बाजार कर आते थे। खालों का व्यवसाय सभी घरों में होता था। गाँव के चमार दो हिस्सों में बँटे हुए थे। एक हिस्से के लोग चर्मकार्य करते थे, यानी मुर्दा मवेशी उठाते थे और उन्हें अपनी प्रयोगशाला में पकाते थे। सर्दियों में होन अधिक हुआ करती थी। उन्हीं में कई लोग देशी जूतियाँ भी बनाते थे। भिकारीलाल और छोटेलाल इन सभी कामों में माहिर थे। फिर भी आय बहुत कम थी।

चमारों के दूसरे हिस्से में एक-दो घर जमीन वाले थे और अधिकांश लोग भूमि हीन थे। वे वर्षात के चार महीनों में ही गाँव में रह पाते थे। बाकी सर्दी-गर्मी के आठ महीने वे भट्ठों पर ईंटे पाथने गाँव से दूर चले जाया करते थे। इसलिए इनके घर चर्मकारों से भी अधिक उजड़े हुए रहते थे। जैसे बाग की बहार को बेरहम पतझड़ खा गया हो।

एक दिन उत्तम सिंह ने अम्मा को एक समस्या सुनाई। मैं पेड़ की आड़ में बैठा हुआ सुन रहा था। उन दिनों उनके साथ एक हादसा हुआ। वे एक तरह से अपनी शादी में ठगे गये। हुआ यह कि एक सप्ताह पूर्व वे शादी करके दिल्ली से अपनी बीवी लाए। सुहागरात को ही अपनी पत्नी के साथ बिस्तर पर गये तो उन्होंने देखा कि उसका पेट कुछ बढ़ा हुआ है। उन्हें सन्देह हुआ और वे वापस लौट आये।

उनकी शंका भी सही साबित हुई। वह नव विवाहिता पहले से ही गर्भवती थी। राज धीरे-धीरे खुल गया। यूँ यह समाचार उनके परिवार के लिए बहुत ही दुखद था। उत्तम सिंह के लिए शादी की खुशी एकदम सदमें में तब्दील हो गयी थी। मुझे वह दृश्य स्पष्ट याद है। सवेरे का समय था। उत्तम ने गौहान के नीम के झुण्डों की जड़ों में बैठ कर रुआँसे ढंग से अम्मा से सारा वृतान्त कहा था—"भाभी, मेरे साथ धोखा हुआ है। मैं सोच नहीं सकता था कि कुन्ती ऐसी निकलेगी।" अम्मा समझा रही थी—"जो हुआ सो बहुत बुरा हुआ, पर तुम उसे अपनाने की सोचो।" परन्तु उत्तम इसके लिए तैयार नहीं थे। उनकी माँ का तो और भी बुरा हाल था। अम्मा ने कुन्ती से कई चक्र बात की थी। उसे अफसोस था कि शहर से ब्याह कर लाई गयी इस बिरादरी की पहली पढ़ी-लिखी बहू ऐसी थी। यूँ आगे कोई शहर की पढ़ी-लिखी लड़की से शादी करने का नाम भी नहीं लेगा बिरादरी में।

अन्ततः उत्तम सिंह उसे उसके माँ-बाप के पास छोड़ आये। उसके बाद वे चन्दौसी से शादी करने के लिए अम्मा से मध्यस्थता का आग्रह करते रहे। एक-दो लड़कियों के बारे में बात चली भी, पर अन्त में रिश्ता नहीं हो सका। क्योंकि अम्मा को ही पाली छोड़नी पड़ी थी।

भूख में ढड़ायन

बहन मायावती की शादी से एक ही माह पहले की घटना है। अम्मा पाँच-छह महीनों से नदरोली में ही थी। बरसात के दिन थे। किसान धान काट लेते थे तो उसके बाद खेतों में दरारें पड़ जाती थीं। उन दरारों में थोड़े-बहुत साटी धान फँसे रह जाते थे। उन्हें हम बटाई पर बीनते थे। तेजसिंह को मेंड़ पर सुला या बिठा कर अम्मा हम दोनों बहन-भाइयों को लेकर सिला बीनती थी। मिट्टी की दरारों से दाने निकालना, खेत-भर में झाड़ू लगा कर पुआल और खाली धानों को हवा में उड़ा-उड़ा कर थोड़े से दाने निकाल पाते थे। एक तरफ थोड़ा लाल और पकने के बाद भी लाल बने रहने वाले चावलों को हम 'साटी' कहते थे।

जब तक सिला-साटी का सिलसिला चला, हम लोग बीनते-खाते रहे। भविष्य के लिए जोड़ा-जमा दस-पन्द्रह दिन में समाप्त हो गया और अब हम दिन में खेतों का चक्कर लगाते घूमते थे। परन्तु सेर-दो सेर से ज्यादा धान साटी नहीं निकाल पाते थे। यह क्रम भी अधिक दिन नहीं चला और जमा किया धान चन्द दिनों में समाप्त हो गया। अब हम क्या खाएँ? बाकी चमारों के घरों में एक तो बड़े आदमी कमाने वाले थे, दूसरे, डोरी ताऊ के घर को छोड़ कर सभी के पास थोड़ी बहुत उपजाऊ जमीनें थीं। तीसरे, हर घर से करीब एक सदस्य राज मिस्त्री बन चुका था। परम्परागत धन्धा छोड़ दिया गया था। जूती-कारीगर ही सबसे पहले राज बने थे। विकल्प के तौर पर यह पेशा अपनाया था। डोरीलाल का परिवार लम्बा था, लेकिन प्यारे, गंगासाय और

डोरीलाल तीनों कमाने वाले थे। इनमें डोरी ताऊ के ही बीबी बच्चे थे, बाकी दोनों विधुर थे। प्यारे के तो कोई बच्चा भी नहीं था और गंगासाय की एक बेटी थी जो धुर्रा प्रेमनगर में मेरी 'छोटी' बुआ की देवरानी थी। हमारे घर में कोई कमाने लायक बड़ा व्यक्ति नहीं था। बब्बा और ताऊ अँधे होने के कारण जैसे-तैसे गाँव-भर की बेगार करके अपना पेट भरते थे। चूल्हे सबके अलग-अलग थे। कोई किसी और के पेट पालने की जिम्मेदारी नहीं सँभाल रहा था। बाल वृद्ध सभी को अपनी रोटी का इंतजाम खुद ही करना होता था।

अब जब कोई खाद्य पदार्थ घर में उपलब्ध नहीं हो रहा था तो मैं और अम्मा एक बार फिर 'रिवाडे' की करकवाय (अस्थायी प्रवाह वाली नदी) की ओर निकल गये, परन्तु सवेरे से दोपहर तक एक सेर भी धान हम नहीं बीन पाए। इसी बीच मैंने देखा कि खेतों में ढड़ायन के पेड़ खड़े हैं। उनका बीज 'ढेंचा' जैसा होता था। वह बड़ी मात्रा में खेतों में पड़ा हुआ था। मेरे दिमाग में एक बात आयी जिसे मैंने सिला खोज रही अपनी माँ से कहा—"अम्मा हम जाइ ढ़ड़ाहन वटोरि लै चलें और रांधि (पका) कें खायें, तो एक तो जो मुफ्त की है और हैऊ बहुत। आज अजमाइ लैं, अच्छी लगेगी तो कल तें एकाद गठरिया भरिलै चलंगे।"

अम्मा का ध्यान मेरी ओर गया और वह बोली—"कह तौ ठीक रओ है, पर कोई और तो खातु नाँय है ढड़ायन। जो खाने की चीज होती तो जे ऐर (यादव) देवता काहे कूँ खेतनु में छोड़ि देते।" अम्मा ठीक कह रही थी। पर मैंने फिर आग्रह किया—"का मालुम जो बात हमसे पहले काऊ के दिमाग में आयी नाँइ होई और जो का जरूरी है कि जिन पै जमीनें हैं, उन पै अकल हू होइ। अजमावन लेन में का बुराई है?" मैंने खुद को चतुर समझा था, "हाँ पहले काऊ तें सलाह लै लें, तब खांगे।" अम्मा ने आगे कहा—"सलाह लेनों ठीक नाँइ है जो सला देगो सो हमें खान कूँ ढड़ायन काए कूँ छोड़ेगो? अकलमंदी जे है कि काऊ कछु मत बताओ, पहले खाइकें देखि लेऊ, फिर सोचो।" "मेरी राय अम्मा की समझ में आ गयी और हम ढड़ायन बटोर कर घर लौट आये। आते ही अम्मा ने एक पतीली-भर कर खौलते हुए पानी में ढड़ायन डाल दी और भूखे बैठे भाई-बहन को कहा—"थोड़ो और सबुर करो बेटा, फिर खइयौ पेट भरि कें।" कुछ देर में वह ढेंचे की तरह उबल कर पक गयी। मैं, माया और रामभरोसे बेसब्री से पतीली के इर्द-गिर्द मंडरा रहे थे। मैं निश्चित तो नहीं था, कि मेरी नई खोज से हमारी मूलभूत खाद्य समस्या का समाधान हो जायेगा, पर ऐसा सोच जरूर रहा था। रात घर में चावल नहीं थे इसलिए हम चारों भूखे सोए थे। अम्मा के लिए यह भूख और अधिक कष्टकर थी, क्योंकि उसकी गोद में पाँच-छह महीने का बच्चा था। उसे बच्चे को दूध भी पिलाना पड़ता था।

सीटी-सीटी सी बेस्वाद वह अभोज्य ढ़ड़ायन जिसमें धान के खेत में उगने के बावजूद चावल जैसा भी कुछ नहीं था। स्वाद तो जरा भी नहीं लेकिन तेज भूख के

कारण शीघ्र ही पेट में उतर ली।

ढड़ायन विषाक्त होती है, हमें इस बात का ज्ञान नहीं था। उसका शतांश भी चावल के साथ उदर में उतर जाता है तो अपना असर दिखाए बगैर नहीं रहता जबकि हमनें तो निरी ढड़ायन यानि शुद्ध विष खा लिया था।

गर्म-गर्म ढड़ाइन पेट में उतरी और जिसके शरीर में विष से लड़ने की प्रतिरोधी क्षमता जितनी कम थी, उतनी ही जल्दी वह होश खोने लगा था। एक-एक करके थोड़ी ही देर में हम चारों प्राणी जहाँ-तहाँ जमीन पर गिरे पड़े थे। वैसे भी घर में दूसरी खाट न होने के कारण हम सब अदल-बदल कर पताई बिछा कर जमीन पर सोते थे। मैं आँगन में पड़ा था। अम्मा दूध पिलाते हुए तेजसिंह के साथ ही खाट पर धीरे-धीरे बेहोश होने लगी थी। 'माया' खाट के पास ही औंधे मुँह जमीन पर पड़ी थी। ताई का घर सटा हुआ था, बल्कि एक ही घर का हिस्सा था। बीच में तालाब की चिकनी मिट्टी से बनी सिर ऊँची दीवार की दूरी थी। इस कारण ताई को सबसे पहले पता चला। वैसे उसे हमसे कम ही मतलब रहता था। अम्मा और ताई की आपस में पटरी कम ही बैठ पाती थी। परन्तु यह कोई गहरी दुश्मनी नहीं थी। जब उसने देखा कि हम सब लोग जहाँ-तहाँ लुढ़क गये हैं तो हमें उठा कर बैठाया और हमारी बेहोशी का कारण पूछा। अम्मा ने लड़खड़ाते स्वर में बता दिया कि "हम सबने ढड़ायन राँधि कें खाइ लई है।" ताई को ढड़ाइन के बारे में इल्म था। वह विचलित होकर बोली—"हाय रे बंगाली बाबा, इननें तो संखिया राँधि कें खाइ लओ।" "जा सौराज ने मेरी एक नाँइ चलन दई। अब तो हम सब मन्न ही वारे हैं।" अम्मा को पूरी तरह लगने लगा था कि हम कुछ ही देर के मेहमान हैं, आज हम सबके दिन पूरे हो गये हैं।

मैं इस घटना के लिए जिम्मेदार था। गुनाह मेरा ही था। मेरी ही गलत सलाह से घर के सभी सदस्य मौत के मुँह में थे। मृत्यु के करीब होने की भयाक्रांतता के वशीभूत हम चारों बच्चे अम्मा से चिपक गये थे। हमारी मौतें भूख से हो रही थीं या अभक्ष्य भक्षण के कारण? आखिर भूख ही ने तो हमें मजबूर किया था। मेरे मन पर दोहरी मार पड़ रही थी। एक तो विष की, दूसरी गलत सलाह देने के अपराध-बोध की। तेजसिंह ने अम्मा का दूध पी लिया था। इसलिए वह भी नशीली नींद में था। नेत्रहीन गंगी बब्बा अन्दाजे से हमारे पास दरवाजे पर आकर बैठ गये थे। वे घबरा कर बोले—"अरे कोई वैज्जी (वैद्य जी) कूँ बुलाइ देउ, कोई नाँइ जाइगो। मेरी लठिया देउ, मैं लावतूँ उन्हें बुलाइ कें।" बोलते-बोलते हाय-तौबा करते हुए वे गाँव में चले गये। ढड़ायन के असर के साथ-साथ जब सभी ने उसे जहर कहा तो हम सब पर जहर खाने का मनोवैज्ञानिक असर और अधिक गहरा हो गया। घर में सन्नाटा था। गोया मौत हमारे सामने खड़ी थी और हमें बचाने वाला कोई नहीं दिख रहा था। हम मरने ही वाले हैं। विषाक्त भोजन का यह असर इतना गहरा था कि उलटियाँ

करते-करते हमारे चेहरे पीले पड़ गये थे। मौत को पास से देखने वाला व्यक्ति ही उसे जान सकता है। वह वेदना वर्णनातीत थी।

अम्मा तेजसिंह को गोद में लेकर हमारे पास बीच में जमीन पर आ गयी थी। वह अपने चारों बच्चों को आखिरी बार एक साथ गले से लगा लेना चाहती थी। एक-एक कर वह सभी के चेहरों पर हाथ फेर रही थी। वह रोते-घबराते हुए लड़खड़ाते स्वर में कह रही थी—"मैं इकली मर जाती तो ठीक रहती। हे भगवान मेरे बालक कैसे मारि रए हौं।" मैंने कहा था—"अम्मा एक बात अच्छी है कि हम सब एक संग मरि रए हैं। कोई रोवन और दुख उठावन कूँ जिन्दो नाँय बचैगो।" बब्बा सुन रहे थे। वे अपनी उपेक्षा महसूस कर दुःखी मन से बोले—"जा घर में सबकी मरिनु में ही गिनती है। तुम बिना मौति ही मर गये हो और हमारी तो जिन्दिनु में गिनती नाँइ है। मौत ससुरी नाँइ आवति सो किड़िरि (घिसट रहे हैं) रहे हैं। हम तो न जिन्दिनु में, न मरिनु में। तुम हो तो कछु दिन हम और जियते। अब घर ही मरघट बनि रओ है तो।" बब्बा अपनी भाषा में अपना दुःख बयान कर रहे थे। अपनों की असमय मृत्यु होने का शोक क्या होता है यह उनसे अधिक और कौन जान सकता था? उनके वृद्ध कन्धों ने तीन सालों के अन्दर ही दो सगे बेटे, जवान भतीजे, दो भाई, और तीन नातियों की लाशें उठाईं थीं। एक अँधे बुजुर्ग की प्रकाशहीन आँखों के सामने सारा परिवार मर्मांतक पीड़ा से गुजर रहा था।

"अरे इन्हें पानी पिवाओ और हलकटे में उँगरियाँ डारि-डारि कें कै कराइ देउ जैहर लिकरि जाइगो।" अड़ोस-पड़ोस के लोग कह रहे थे। रघुनाथ शास्त्री वैद्य जी या तो वास्तव में घर पर नहीं थे या वे नहीं हैं, ऐसा बहाना कर दिया गया था।

साँझ ढल रही थी। एक-एक कर सभी को उल्टियाँ करा दी गयीं। पेट खाली हो गये थे। घर-आँगन उल्टियों से सना पड़ा था। किसी दूसरे ने मदद करने में इतनी रुचि नहीं दिखाई थी कि हमें उठा-बिठा कर सहारा देता, क्योंकि जाटवों में भी यह एक चमार का घर था, जो मौहल्ला-बस्ती में एकदम छिका हुआ (बहिष्कृत) था। इस घर के बाहर हमारा अपना वहाँ और कौन था?

अभी तक प्राण नहीं निकले थे। रात को सब बस्ती सो रही थी और हम सब भूख के मारे व्याकुल थे। बब्बा ने अपने पास जमा आध सेर चावल की गाँठ दी। बोले—"लेउ बेटा, जे गर्म करि कें पेटनु में डारि लेउ।" ताई के चूल्हे में आग जिन्दा थी, इसलिए अम्मा ने मरी-मरी आवाज में कहा था—"जावित्री, जे पतीली नेंक अपने चूल्हे पै धरि दै।" ताई ने चावल गर्म कर दिये थे। नमक डाल कर हमने थोड़े-थोड़े बाँट खाए थे। पेट पूरी तरह खाली होने के कारण यह भोज्य गर्म तवे पर पानी छिड़क देने जैसा था, यानी भूख और अधिक तेज हो गयी थी।

रात बढ़ती गयी। पूरी कौम-बस्ती नींद की आगोश में सोती गयी। गाँव में बिजली नहीं थी। चिराग भी सई-साँझ बुझा दिये जाते थे। अब हम मौत के मुँह से

तो वापस आ ही गये थे। यही काफी था। ताई-ताऊ भी अपनी किवाड़ें बन्द करके सो गये थे। तभी एक और संकट पैदा हुआ। 'तेजसिंह' को बुखार हो गया। देखते-देखते वह बेहोश हो गया। दिन-भर हम सब मौत से जूझते एक दुर्घटना से गुजरे थे। पेट पूरी तरह भरे नहीं थे। इसलिए नींद भी आस-पास नहीं थी। नेकसिंह मेरा छोटा भाई दवा के अभाव में चार दिन पहले ही मृत्यु को प्राप्त हो चुका था।

अगले दिन सुबह जान बचने की खुशी थी और जिन्दा रहने के लिए घर में खाने को कुछ भी नहीं था। जब हम मरते-मरते बचे तो हमारे जैसे छिके डोरीलाल के घर के लोग सहानुभूति के लिए उपस्थित हो गये थे। लेकिन उनके पास सूखी सहानुभूति थी। दूसरे दिन भी हम उठते ही कहीं अन्न-धान की तलाश में निकल सकें, इतनी सामर्थ्य जुटा पाना सम्भव नहीं था।

अगले दिन शाम तक हम सब भूख और अस्वस्थता के कारण बेहद पस्त हो चुके थे। मौहल्ला-बस्ती में उधार वैसे भी हमें कम ही मिलता था। एक तो हम बिरादरी-भर में अलग थे और दूसरे हमें कोई उधार दे भी दे तो हम वापस कैसे करेंगे, ऐसा देने वाला यही सोचता था। हाँ, बिरादरी वालों के घरों में कमेरे पुरुष होने के कारण वे कमा खा-भर सकते थे। उनकी माली हालत हमसे थोड़ी अच्छी तो थी। परन्तु वे गरीब ही थे। वे उधार देने की स्थिति में ही नहीं थे।

कैसा संयोग था कि शाम ढले सौतेले पिता भिकारीलाल अप्रत्याशित ढंग से गाँव आ पहुँचे, जबकि वे पिछले सात-आठ महीनों से न तो अम्मा को लेने आये थे और न अपने नवजात बेटे तेजसिंह की कोई फिक्र की थी। उस दिन वे अम्मा को अपने साथ ले जाने के लिए आये थे। परन्तु, उन्होंने घर में आते ही देखा कि हम सब बेहद बुरे हाल में हैं तो हकबका कर रह गये। और फिर हमारा हाल देख तुरन्त गाँव में बनियों की दुकानों की ओर चले गये। सेर-दो-सेर मक्का का आटा और मसूर की दाल लेकर लौट आये। उस रात रोटी का जो स्वाद था, वह भूला नहीं जा सकता। अमृत यदि कहीं रहा होगा तो वह उस दाल के पानी जैसा रहा होगा। माँ की विवशता थी। मुझे अकेला छोड़ जाने के अलावा उसके पास कोई विकल्प नहीं था। सो वह दो दिन नदरोली रह कर मेरे छोटे भाई-बहन को लेकर भिकारी के साथ पहले की तरह पाली-मुकीमपुर चली गयी। वह जब-जब मुझे अकेला छोड़कर जाती, मैं कई दिनों तक अनमना, उदास और परेशान सा घूमता रहता था। मैं जानता था कि अम्मा मजबूरी में छोड़कर जाती है। अगले ही दिन मुझे अपने पेट की खातिर काम-बेगार की तलाश में निकलना पड़ता।

भिकारी जब भी गाँव आते थे तो बस्ती के लोगों की नकारात्मक प्रतिक्रियाएँ होती थीं। मेरे गाँव-बस्ती के लोग उन्हें हुक्का-पानी नहीं देते थे। बल्कि कोई उनके पास भी नहीं बैठता था। सभी लोग दूरी बना कर बैठते थे, जैसे ब्राह्मण-बनिये के गाँव भंगी-चमारों से दूर हटकर बैठते-खड़े होते थे। इसलिए कि उनके हाथ-पाँव के

नाखून कस्से से रंगे होते थे। कस्सा जैसे चमड़े को पका कर लाल कर देता वैसे ही नाखूनों को भी पका देता था। इस कारीगरी के लिए अपेक्षित दस्ताने उनके पास नहीं होते थे। वे चमड़ा पकाते थे। मवेशी उठाते थे। नारे-सांटे पर मुंडा (देशी जूते) बनाते थे। वे रंगइयाँ हैं। लाल नाखूनों के कारण दूर से ही पहचान लिये जाते थे। वे भी हमारी तरह छिके हुए थे। कई लोग गंगी बब्बा को यह कह कर चिढ़ाते थे—"गंगी तेरो दामाद आइ गओ, अब बेटी कब विदा करि रए हो।" उन्हें मेरे पिता की असमय मौत का हादसा याद हो आता। वे रुआँसे होकर कहते—"जो चाहो से कह लेउ, भैया परमात्मा ने नाँय राधे उठाओ होतो और नाँय तुम हँसी उड़ाते। दुए चार बीधा धत्ती इन बालकन्नु के नाम होती तो जो बिचारी इनें गाम में रह कें पालि लेती।" संयोग यह भी था कि भिकारी इस बस्ती के वास्तव में दामाद भी रहे थे। उनकी पहली पत्नी डोरी, गंगासाय की सगी बहन थीं। तब बब्बा भी उन्हें भतीज दामाद कहते होंगे। पर अब दामाद शब्द द्विअर्थी था, जिसमें उपहास का भाव छिपा था। अम्मा भिकारी से परेशान भी रहती थी और कई बच्चों की अशिक्षित माँ होने के कारण उन पर निर्भर भी थी। अम्मा ताऊ, ताई, बब्बा आदि सभी चाहते थे कि मैं भिकारी को गाँव से तुरन्त भगा दूँ और कहूँ कि वह आइंदा फिर कभी इधर न आये। पर मैं भगाता कैसे? वह व्यक्ति एक तो मेरी माँ का पति था। दूसरे वे दोनों एक-दूसरे की इंसानी जरूरत भी थे। मैं इस स्थिति को समझता था। एक दिन रात मैं बब्बा के पास सो रहा था। भिकारी चौपाल पर था। चौपाल पास ही थी। मैंने अपनी माँ के पास भिकारी की मंद आवाज सुनी थी। सुबह जब बस्ती की देखा-देखी अम्मा भी कहने लगी—"इसे भगा क्यों नहीं देता? पर भगावे कैसे तू बेशर्म है? गाँव बस्ती कछू कहे तो पर असरु कहाँ होतू है?" मुझे गुस्सा आया और बोला—"भगाना ही था तो क्यों आने दिया अम्मा ने आक्रामक मुद्रा छोड़ कहने लगी—'का माँ-बाप की ऐसी बातें सुनत-देखत हैं अच्छे बालक?' अम्मा उनके साथ न जाती तो खाती क्या? मैं कुछ अधिक कमाने लायक नहीं। स्त्रियों के लिए उस समय मेरे गाँव में कोई काम नहीं था। हमारे ग्रामीण जीवन में भूमिहीनता से बड़ी गुलामी और दूसरी नहीं थी। जो भू-स्वामी है उसका जुल्म, ज्यादती, आतंक, अन्याय सब जायज थे। फसल कटने या शकरकंदी खुदने के समय तो पेट भरा जा सकता था, अन्यथा रात खाते तो सुबह भूखे और सुबह खाते तो शाम को भूखे रहना होता था। अम्मा पाली में भी परेशान रहती थी। सबसे दुखद यह कि भिकारी अम्मा को लाठी-डण्डे, कलाबूत या फरहे से मारा-पीटा करता था। वह मेरे और मेरी बहन के बारे में क्यों सोचती है, इस बात को लेकर भी परेशान की जाती थी। दो-चार महीने पाली रहती तो दस-पाँच दिन के लिए नदरोली लौट आती बहन से मिलने के लिए। वह हमें साथ लेकर पैदल ही चल पड़ती थी। मेरी बहन का गाँव नदरोली से करीब तीस-चालीस कि.मी. की दूरी पर था। संयोग से, बीच में ताई की बहन बुद्धो का गाँव 'अहमदपुर' पड़ता था। रात को अहमदपुर रुक कर

'मिर्जापुर' पहुँचते थे। या 'मिर्जापुर' से लौटते थे तो एक रात वहाँ रुक कर हम दो दिन में गाँव आते थे। बुद्धो के घर में और उसके जेठ देवर के घर मुर्दा मवेशी उठाने और चमड़ा पकाने का काम होता था। वे मुर्दा पशु का मांस सुखा-सुखा कर खाते थे। घरों की कुठिया की अरगनी पर कच्चा मांस सूखता रहता था। शायद अभी तक स्थिति यथावत है। चमार-भंगियों में दो की ही हालत में सुधार हुआ है। एक जिन्हें जमीन मिल गयी, दूसरे जिन्हें अच्छी सरकारी नौकरी। बल्कि सरकारी नौकरी भी जमीन-धन वालों को ही मिली। बुद्धो-मलखान को दोनों में एक चीज भी नहीं मिली।

'नदरोली' में मेरे अकेले रहते समय की भी बहुत-सी घटनाएँ मेरे स्मृतिपटल पर अंकित हैं। मसलन, रोटी मैं आज तक बहुत अच्छी नहीं बना पाता, लेकिन बना लेता हूँ। उन दिनों भी मैं खाना खुद बनाता था। इसलिए मजूरी करके रोटी खाता और रात को चौपाल पर बैठ कर फुटपाथी किताबों में छपने-बिकने वाले गीतों को लयस्वर के साथ गाता। कबीर, रैदास के लोक प्रचलित भजन कण्ठस्थ थे।

मुझे स्पष्ट याद है, उन्नीस सौ उनसठ-सत्तर के आस-पास एक बार मैं अपनी बहन के गाँव से आ रहा था। रास्ते में एक आदमी मिला जो एक लोक-गीत गा रहा था। यह 'मलुआ' नामक लोक प्रेमकथा का गीति रूपान्तरण था। मैं उस व्यक्ति के साथ करीब चौबीस कि.मी. पैदल चल कर अपने गाँव आया था। रास्ता-भर उसने मलुआ गाया था। मैं सुनता आया और गाँव तक पूरा कण्ठस्थ कर बिरादरी के लोगों को सुनाया।

कथा कुछ इस प्रकार थी। एक धनी-सामन्त के यहाँ मलुआ नामक नौकर काम किया करता था। सामन्त की बेटी का दिल इस नौकर पर आ गया और उसने उसे प्रेम-प्रस्ताव दिया और बहुत सारे प्रलोभन दिये, परन्तु उसने कहा कि मेरे स्वामी की बेटी हो, मैं तुम्हें बहन के समान मानता हूँ। तुमसे शारीरिक सम्बन्ध नहीं जोड़ सकता। तब वह भड़क गयी और धमकाने लगी—"खाल कड़ाइ, तो में भुस भरवाय दिउँगी। भुस में दिलाइ दुँगी, आग मलुआ रे!"

मेरे लिये मलुआ चारित्रिक आदर्श की सीख था।

बगुला भगती

वह दृश्य मेरी स्मृति में स्पष्ट कौंध रहा है, जब हम अपने गाँव से जा रहे थे। लत्ता-कपड़ा और थोड़े-बहुत बर्तन-भांडे सब कुछ इतना कि एक पोटरी में अम्मा के सिर पर रखा था। दो दिन पहले छोटा भाई नेक सिंह दिवंगत हुआ था। रामभरोसे गोद में था। मैं और मायावती साथ थे। लम्बी यात्रा पैदल की थी। गंगी बब्बा के खेत के पास बंजर पर ताऊ बब्बा ने पहुँच कर अम्मा को समझाया था—"बऊ बासन और चीज कहूँ मति लै जा। दूसरे आदमी का का भरोसा राधे की बेटी-बेटा जे बड़े है गये तो इन को ब्याह कैसे होइगो?" अम्मा से बरहा छोड़ पौंचा, परात, बेला, पीतल-का-पतीला कुल पाँच-छह बर्तन रखवा दिये थे। बुरा तो लगा उस वक्त अम्मा को पर इतनी ही चीज में बहन का ब्याह हुआ था। वे ही बर्तन दिये गये थे और उतनी चीज बेच कर शादी पर खर्चा किया गया था। लगता है कई दिन से तैयारी होती रही होगी। इसलिए जिस दिन हमें बुआ के घर से पाली ले जाया गया, माँ को नई धोती-कमीज, मुझे कमीज-पाजामा और बहन को छोटा लहंगा-कमीज पहनाया गया था। पाली धुर्रा से मात्र छह-सात कि.मी. की दूरी पर है। अतः दोपहर के बाद हम सबने पाली की ओर प्रस्थान किया था। हम एक तीसरे आदमी के पीछे-पीछे जा रहे थे। भिकारी नामक पतला लम्बा आदमी हमारे आगे-आगे चल रहा था। मन में तरह-तरह की कल्पनाएँ उठ रही थीं—'नया घर कैसा होगा। दूसरे बाप के साथ और नये लोगों में पहुँच कर हमें कैसा लगेगा। उस गाँव के लोग हमारे साथ कैसा व्यवहार करेंगे?" मानो बुआ उसी गाँव में थी। यही हमारे लिये एक अच्छी बात थी। अम्मा समझाती थी कि 'वहाँ तुम्हें दोनों छाक-भर पेट रोटी मिलेगी। तुम वहाँ खूब काम करे करियो। बड़े भाई 'रूपा' को कहनो मानियो' इत्यादि।'

अब हमें भिकारीलाल को 'दादा' यानी अपना बाप कहने और महसूस करने का अभ्यास कराया जाने लगा। इस गाँव में पिता को दादा कहने का प्रचलन है। सो हम भी उसे दादा कहने लगे। सहज नहीं, परिस्थितिवश, क्योंकि हम यह जानते थे कि पिता बदले नहीं जाते। कालान्तर में भिकारी ने यह साबित कर दिया था कि

पिता का कोई विकल्प नहीं होता। किसी भी बच्चे का जीवन पिता-हीन हो जाना एक ऐसी रिक्ति है जो फिर कभी भर नहीं पाती। पर हमारे सामने था हमारे नये पिता का नया हुलिया, जिसे हमें भीतर तक स्वीकार करना था। न करने के लिए हमारे पास कोई विकल्प नहीं था और स्वीकार करने में मेरे बाल मन को मानसिक द्वन्द्व से गुजरना पड़ा था। उस अनुभव को शब्दबद्ध कर पाना सम्भव नहीं, क्योंकि भिकारी ने हमें सगे जैसा कभी नहीं समझा, बल्कि हमेशा हमारा अहित-चिंतन ही किया। वह मरते दम तक हमारे अकल्याण की कामना करते रहे।

उस रात जब हम उस घर में पहुँचे थे तो हमें लगा था, शायद यहाँ कुछ अच्छी तरह जीवन शुरू होगा। रूपसिंह उनका पहली पत्नी से बेटा था। मुझसे दो-तीन साल बड़ा रहा होगा। मुझे उससे हुई पहली मुलाकात स्मरण है। पाली पहुँचने के पहले दिन ही वह मुझे तुरन्त घर से बाहर खेलने ले गया था। उसकी जेबों में मूँगफलियाँ भरी हुई थीं। उसने बिना कंजूसी किए मुझे भी मूँगफलियाँ दी थीं और दोस्ती शुरू हो गयी थी। यह वाकया किस सन् का है, इसकी सही खोज मुझे करनी है। अनुमान से यह समय उन्नीस सौ छियासठ के आस-पास का होना चाहिए। "भिकारी नई बहू लैके आयौ है" कानों-कान इस चर्चा के फैलने के कारण देर रात तक देखने वालों का ताँता लगा रहा। बस्ती और गाँव के स्त्री-पुरुष हमें अजीब नजरों से देखते रहे। कोई कहता—भिकरिया की नई घरवाली के ये बच्चे भिकरिया कूँ पले पलाए मिल गये। मुलाकातियों में हमारी बुआ 'मानो' भी थी जो इसी बस्ती में ब्याही थी। कोई कहता—ये सौतेले हैं। हमें भी सम्बन्ध कृत्रिम लगे। स्वाभाविकता कभी नहीं आयी।

भिकारी हर रविवार को गंगा-स्नान करते थे। दूसरी ओर वे अम्मा पर जुल्म भी ढाया करते थे। अम्मा उनके व्यवहार और कर्म-काण्ड में गहरा विरोधाभास देखती थी। वह कहती थी—"भिकरिया बन्दे तू सुरग चाहतु है तो अपने करम संभारि। हर इतवार गंगा में डुबकी मारन तें तेरी बगुला भगति ते तेरे मन के पाप नाँय धुल जांगे।"

पाली पहुँचे कुछ ही दिन बीते थे कि रामलाल ने पुलिस के साथ इस घर पर धावा बोल दिया। जमींदारों जैसे समृद्ध ब्राह्मण गोस्वामी उन दिनों गाँव में प्रधान थे, पुलिस प्रधान की इजाजत के बिना गाँव से किसी को पकड़ कर ले जाए, यह सम्भव नहीं था। गाँव के सेवक होने के नाते अछूत चमार भी वरिष्ठ जातियों के अंग थे। भले ही हम कृत्रिम अंग जैसे हों। यूँ दलितों की समस्याएँ भी गाँव की प्रतिष्ठा के प्रश्नों से जोड़ ली जाती थीं। पुलिस से बचा लेते कर्ज देकर या पुलिस को घूस पकड़ा कर सवर्ण जातियाँ इसी तरह चमारों और अहेरियाओं को पकड़वाते-छुड़वाते रहती थीं फिर भी इस एहसान का भुगतान उनसे कई गुना श्रम करा कर लिया जाता था। चमारों में ऐसे अनेक लोग थे जो ब्याज पर ही गुसाइंयों का काम किया करते थे। मूल पूर्ववत बना रहता था। शोषण की प्रवृत्ति में थोड़ा बहुत अन्तर अब जरूर आ गया है परन्तु बुनियादी स्थितियाँ बदली नहीं हैं। दलितों पर कर्ज का बोझ और

सवर्णों की समृद्धि बढ़ती जा रही है। जाति-भेद के साथ-साथ अर्थ-भेद की खाई गहरी हो रही है। वह भी समतामूलक संविधान लागू होने के उपरान्त। विज्ञान, तकनीक और लोकशाही के इस युग में, बीसवीं सदी के उत्तरार्द्ध में हमारे परिवार आज भी सोलहवीं सदी का जीवन ढो रहे हैं।

गाँव प्रधान के लम्बे-चौड़े, अहाते (घेर) में पंचायत हुई। पता चला, 'पुलिस भिकरिया की बहू को पकरिवे कूँ आयी है।'

भिकारी लाल : जिनके साथ लेखक की माँ का पुनर्विवाह हुआ

इस खबर से दर्शकों एवं तमाशबीनों की भीड़ उमड़ पड़ी थी। जाट-ब्राह्मण चारपाइयों और तख्तों पर बैठे थे। चमार, भंगी, अहेरिया, धोबी सब जमीन पर जमा थे। भारी भीड़ थी। मैं दूर कोने में खड़ा अपनी बहन के साथ डरा-सहमा सारा घटनाक्रम देख-सुन रहा था। अम्मा अपराधी की मुद्रा में, पर्दा किए और सिर झुकाए बैठी थी। उससे ऊल-जलूल सवाल किए जा रहे थे। कुछ के सवाल और व्यंग्य-बाण अम्मा के मानस पर बराबर बरस रहे थे। 'विधवा क्या हुई, दो-दो खसमों के संग रहने के मजे ले रही है, चमरिया जो ठहरी।' अम्मा के पास न तो कोई जवाब था और न कोई जवाब सुनने वाला था। पुलिस को घूस देना और निर्णय गाँव के पक्ष में दिया जाना, पहले से ही तय था। गरीब रामलाल अपनी जेब खाली कर हताश ठगा सा बैठा था। हमारा भविष्य अपनी अम्मा से बँधा था। पंच गाय-भैंस की तरह जिसके हवाले करते, हम माँ के पीछे-पीछे चले जाने को मजबूर थे।

प्रधान के अनुसार अन्तिम फैसला 'मुखी' की हाँ या ना पर था। माँ से पूछा गया तो उसने रामलाल के साथ जाने से इन्कार कर दिया। प्रधान ने कहा—"अब जबरदस्ती तो हम ले नाँइ जान देंगे। हमारे गाँव की इज्जत कौ सवाल है। यह अब चमार की बहू तो है, पर हमारे गाँव की बहू है।" फैसला सुन कर रामलाल का दुखी, होना स्वाभाविक था। उसने तो पुलिस को सौ रुपये इसी बात के लिए दिये थे कि वह अम्मा को वापस ले जाना चाहता था। अतः उसने प्रधान से कहा—

"प्रधान जी, मैंने एक-एक रुपया जोड़ कर सौ रुपया बड़ी मुसीबत से कमा कर रखे, सो पुलिस को दे दिये। प्रधान ने उसकी पुकार सुनी और अन्त में पचास रुपये भिकारी से उसे दिलवा दिये। पुलिस के जाने के बाद रामलाल भी चले गये। रामलाल साल दो-साल में एक-दो चक्कर लगा लेते थे। जब कभी उन्हें मवेशियों के सींग खरीदने होते तो वह इस ओर जरूर आते। बाद में मवेशियों के अस्थिपंजरों के बीच सींग बटोरने वाला वह गरीब चमार दिखाई नहीं दिया। उसका घर बसा या नहीं, यह भी पता नहीं।

करीब बीस-इक्कीस साल बाद उन्नीस सौ पिच्चासी में मैं एस.एम. कॉलेज, चन्दौसी में छात्र और पूर्णकालिक सामाजिक कार्यकर्त्ता था। मैं प्रायः सभा, गोष्ठियों में कविताएँ पढ़ता और भाषण देता था। कॉलेज ग्राउण्ड में दलितों की एक विशाल चुनाव सभा हुई थी, जिसमें बाबू जगजीवनराम को पहुँचना था। मैं सभा का संचालन कर रहा था। नौरा-बौरा के कुछ छात्र वहाँ मौजूद थे। उन्होंने मुझे रामलाल के बारे में बताया। सभा के बाद मैं मंच से उतर कर उनसे मिलने गया तो छात्रों ने बताया कि 'वह बूढ़ा तुम्हारे भाषण पर बड़ी तालियाँ बजा रहा था। पर कहाँ गया पता नहीं।' कई बार सोचा उनके गाँव मिल कर आऊँ, पर आज तक नहीं जा सका। विवशता कहूँ, बदली हुई प्राथमिकताएँ कहूँ, साहित्यिक जिम्मेदारियाँ, रोजी रोटी की विवशता अथवा आगे बढ़ने की महत्वाकांक्षाएँ। जो भी हो, मैं उनसे फिर कभी नहीं मिल सका।

भिकारीलाल अब मेरे सौतेले पिता थे। उन्हें बाप बनाने वाला मैं नहीं था। दोनों के पुनर्विवाह माँ की मजबूरी ने उन्हें हमारा पिता बनाया था। मैं, मेरी बहन और मेरा भाई उन पर बोझ थे। यह बोझ उन्हें पाँच-छह महीनों में ही खलने लगा था। यों वे समाज में अपने को सच्चे पिता के रूप में दिखाना चाहते थे, किन्तु उनके मन में सौतेला भाव गहरे तक बैठा था जो उनके क्रिया-कलापों से समय-समय पर प्रकट होता रहता। मैं बच्चों और बैठकों में अपने को हीन महसूस करता था। कई लोग अपनी बातों और व्यवहार से मुझे एहसास कराते रहते मानो मेरी माँ ने कोई अपराध किया हो। हम उम्र और कुछ बड़े लोगों के हाव-भाव और व्यवहार से मुझे भी लगता कि हर नजर में मैं कुछ कम हूँ। इसलिए मैं बराबर झेंपता और कटता रहता था। मेरी उम्र के बच्चे मेरे साथ बराबरी का व्यवहार नहीं करते थे।

रूपसिंह अच्छा लड़का था। शुरू में मेरी उससे निभ जाती थी। बच्चों की कुश्तियों में मैं उसे हाथ मिलाते ही पटक देता था, जबकि वह मुझसे दो-तीन साल बड़ा था। इससे भिकारी, 'छोटे' और डल्ला को लगता कि रूपा को अतिरिक्त खुराक दी जाए। अतः वे उसे भैंस का दूध, पेड़ा आदि छिपा-छिपा कर खिलाते और मैं सब सदस्यों की तरह ही सामान्य खाना खाता था। मैं अपने साथ के लटूरी के अलावा एक भी लड़के से कुश्ती नहीं हारता था। हाँ, 'लटूरिया' जिसका चौड़ा सीना, गठीली देह थी, उसके बाबा और चाचा भी अखाड़े में पहलवानी करते थे। उसे मैं चित्त नहीं कर पाता था, परन्तु उससे चित्त भी नहीं होता था। बच्चों की कुश्तियाँ कराने वालों को मुर्गा भिड़ंत जैसी कुश्तियाँ देखने का शौक था। लटूरिया के साथ मेरी कुश्ती प्रायः बराबर पर छूटती। लटूरिया कभी मुझे गिरा देता तो मैं उठ कर उसे फिर चुनौती देता और अगर गिरता तो तब तक लड़ता, जब तक फिर मुझे गिरा न देता। बचपन के उन दिनों का लटूरिया ही एकमात्र मेरा अच्छा यार था। वह बाकी बच्चों में अपवाद था। उसके साथ मैं व्यावहारिक बराबरी महसूस करता था। लटूरिया का घर भी मेरे लिये अपवाद था। उस घर में चमड़े

का काम नहीं होता था, पर उसकी माँ मुझे बड़ा स्नेह देती थी।

रंगइया, चर्म-शोधक या चर्मकार और भट्ठे पर जाने वाले जाटव भूमिहीन थे। जो थोड़ी-बहुत जमीन के मालिक थे, वे न चमड़े का काम करते थे न भट्ठों पर जाते थे। सिर्फ खेती और मजूरी करते थे। यहाँ भी चमारों के दो अलग-अलग मौहल्ले थे। आज भी अलग ही हैं। इनके अलग-अलग कुएँ थे। बारातें भी अलग-अलग ठहरती थीं। वैसे दैनिक जीवन में सब साथ बैठते-उठते थे। इनमें परस्पर खान-पान नहीं होता था। परन्तु गैर-दलितों की दृष्टि में वे सब चमार थे। सब एक थे। हम रंगइया थे, इसलिए रंगइयों के कुएँ से ही पानी लेते थे। ऊँची चौकोर के 'मनि' (कुएँ की जगत) पर जब हम नहाते तो मैं देखता मेरी उम्र के बच्चों को उनके पिता नहलाते थे। भिकारी के सामने समस्या रहती कि वह अकेला रूपसिंह को नहलाये तो कोई यह न कह दे कि सगे बेटे को नहला रहा है, सौतेले को नहीं। इसलिए वे मुझे भी नहलाते, बल्कि नहलाते कम दर्शाते ज्यादा थे। उस वक्त वे दाँतों की बत्तीसी दबा कर बार-बार मेरी देह पर ऐसा रगड़ा लगाते, जिससे मैं तिलमिला उठता। उनका सौतेला भाव रगड़ के आक्रोश में मेरी देह पर उतर आता था। वे इतनी निर्दयता से मसलते थे मानो बढ़ई लकड़ी पर रंदा फेर रहा हो। मैं छूट कर भाग रहा होता तो उन्हें इसी बहाने मेरे मुँह पर तमाचा मारने का मौका मिल जाता।

अम्मा भैंस के लिए घास खोदती थी। हम दोनों बहन-भाई को भी लताड़ कर खुर्पी 'झुरिया' (घास की झोली) पकड़ा कर जंगल में भगा दिया जाता। असल में वे मुझे बोझ समझते थे। उन्हें मेरी परवरिश में कोई रुचि नहीं थी। मैं अवांछित था, पराया था। मैं अध नहाया भाग छूटता और अम्मा को बताता तो वह भिकारी से लड़ बैठती थी। यह क्रम कई मामलों में दोहराया जाता। भिकारी चमड़ा उतारने, उसे रंगने, जूतियाँ बनाने, चमड़े के नारे-सांटे और 'पुरहे' (एक बड़ा ढोल-सा, जिसमें भरकर बैल या भैंसे की मदद से कुओं से पानी निकाला जाता था।) आदि बनाने में व्यस्त रहते थे। उन दिनों दूध के लिए प्रायः हर घर में भैंसें पाली जाती थीं। उनके लिए हम बच्चों से घास खुदवाई जाती थी। बहन माया मुझसे दो-तीन साल। बड़ी थी। इसलिए वह लड़कियों के साथ घास खोदने जाती थी और मैं लड़कों के साथ।

पाली जाने के डेढ़-दो साल बाद माँ की कोख से एक बेटा और पैदा हुआ था। उसका नाम रखा गया तेजसिंह। इससे घर में अम्मा का थोड़ा महत्व बढ़ गया। रामभरोसे मुझसे दो ढाई वर्ष छोटा था। उस बस्ती में स्कूल जाने वाले बड़े लड़कों में मुख्य थे नरोत्तम सिंह, भीमसेन, बदन सिंह, कालीचरण, कोमल प्रसाद और ओमप्रकाश आदि। भिकारी और छोटे से प्रायः लोग कहते—"रे भाई बच्चों को कुछ पढ़ाओ" यह बात गाँव के सुधरे हुए गैर-दलित लोग भी कहते थे। चमारों, अहेरियों,

और धोबियों में पढ़ाई के प्रति रूझान बहुत कम था। ये तीनों जातियाँ एक साथ गाँव के हाशिए पर रहती थीं। धोबी-चमार अब घुल-मिल गये थे और अहेरिया उजड़ चुके थे। बाल्मीकियों में जो थोड़े पढ़े-लिखे थे, उनमें से कई बम्बई-दिल्ली नौकरी करते थे। वर्षों में गाँव लौटते, लेकिन शिक्षा-प्रसार इन दलित जातियों में नहीं था। भविष्य के आसार भी नहीं थे, क्योंकि इनकी मुक्ति की जिम्मेदारी कोई लेता दिखायी नहीं पड़ता था। मैं इन्हीं के बीच खेलता-झेलता और महसूस करता था। पर जब उपेक्षा के अन्दाज में मुझे सुनने का मिलता कि—"सौराज भिकारी की दूसरी बऊ कौ है।" मेरे आत्म-सम्मान को स्वजाति बन्धुओं का ऐसा व्यवहार होता था तो बात चुभती थी। इन अछूतों में भी मैं बाल अछूत था। अक्सर मुझे लगता कि इसी के कारण मेरी उम्र के लड़के मुझसे कट रहे हैं। अछूत होने के नाते तो सवर्ण कटते थे और 'दूसरी का बेटा' कह कर चमार, भंगियों, धोबियों के बच्चे मुझे कम दर्जे का समझते थे। मेरी उम्र स्कूल जाने, पढ़ने-खेलने की थी। परन्तु पढ़ने का तो अवसर ही हाथ से निकल गया था। मैं यदि पढ़ने-लिखने में भी थोड़ा कमजोर होता या रूपसिंह थोड़ा तीव्र बुद्धि होता तो शायद स्कूल में कुछ दिन और रह पाता। मेरी तीव्र बुद्धि से भिकारी को ईर्ष्या थी, और इसी ने मुझे स्कूल से बाहर करा दिया था।

उन दिनों कोई भारी काम तो मैं कर नहीं सकता था, लेकिन फसल कटने के समय बालियाँ बीनना, घास खोद लाना, कटरा-कटिया को रूपा के साथ मिल कर उठाना और जो बाल-असम्भव कार्य थे वे भी मुझे परिस्थितिवश करने पड़ते थे। इस घर में लड़ाई झगड़ा, तू-तू, मैं-मैं, गाली गलौज, और कलह इतना अधिक होता था कि ऐसे माहौल में कोई भी परिवार प्रगति करना तो दूर रहा, चैन से वक्त नहीं गुजार सकता था। इसी तरह रुक्मनी और उसका पति मुन्नी चमार रात-दिन लड़ते-झगड़ते रहते थे। वे आपस से ज्यादा अपने घर के झगड़े गाँव बस्ती को ज्यादा सुनाते थे। स्त्री, पुरुष पर हाथ नहीं उठा सकती थी। पति से पिटना मर्यादा थी। रुक्मनी पिटने के बाद बुदबुदाती हुई गली से गुजर जाती थी तो मुझे वह अम्मा का ही प्रतिरूप लगती थी। यह रुक्मनी भी मुन्नी की ब्याहता नहीं थी और यह उसे कौन समझाता कि जब वह सब कुछ छोड़ कर भट्टा पर से मुन्नी के साथ आ गयी थी तो अब सात फेरे न पड़ने का क्या पश्चात्ताप करना था। वह उसे ब्याहता नहीं मानता था। पूरे मौहल्ले में रुक्मनी की वेदना सुनने वाली मेरी 'माँ' थी, जो खुद उसके साथ अपने दुख बाँटती और मैं गौर से सुनता था। परन्तु भिकारी तो रुक्मनी के आदमी से भी ज्यादा निर्दयी, मतलबी और लड़ाकू प्रवृत्ति का था। वह जल्दी गुस्सा हो जाता। गुस्से में वह कुछ भी कर गुजरता और लोगों के समझाने पर घण्टे दो घण्टे में जब उसके गुस्से का पारा ठण्डा होता तो अपनी गलतियाँ मानता। दूसरे दिन फिर वही बखेड़ा खड़ा करता।

अस्थियों के अक्षर *

लेखक की माँ

सामाजिक दबाव के माहौल में भिकारी ने एक अच्छा काम हम बच्चों हक में जरूर किया। उसने हमें स्कूल में दाखिल करा दिया। मैं पाली-मुकीमपुर के प्राथमिक विद्यालय में सौतेले भाई रूपसिंह के साथ पढ़ने जाने लगा था। कुछ ही दिनों में मैं पहली किताब के सारे अक्षर पहचान गया था। रूपसिंह मुझसे बड़ा था, लेकिन हम दोनों का दाखिला एक साथ एक ही कक्षा में किया गया था। साल भी नहीं गुजरा होगा, एक और मोड़ इस यात्रा में आया। हुआ यह कि रूपसिंह पहले दर्जे की किताब के अक्षर भी याद नहीं कर पाया और मैं किताब का काफी हिस्सा समझ गया। उसका ध्यान पढ़ाई से अधिक स्कूल से बाहर की चीजों में रहता था, वह स्कूल से चोरी-छिपे खिसक जाता, तो चाचा छोटेलाल और डालचन्द उसे कभी पेड़ा, कभी मूँगफली, कभी जलेबी या दूसरी खाने की चीजें खरीद कर दे देते थे। अगर मास्टर ने मारा है, इमला नहीं लिख पाने के जुर्म में तो वे उसे प्यार से घर ही रोक लेते थे। परन्तु मैं स्कूल में ही रहता, क्योंकि दादा, चाचा का सान्निध्य और स्कूल के बाहर का वातावरण मुझे आकर्षित नहीं करता था। माँ के अलावा मेरा कोई आत्मीय नहीं था। अतः मैं कभी भी कक्षा छोड़ कर नहीं भागता था। इमला हो या जोड़ घटाना, मैं सीखने की कोशिश करता था। रूपसिंह का स्कूल से उखड़ते जाना और मेरे जमे रहने का अंजाम रूपसिंह के साथ-साथ मेरे लिये भी अच्छा नहीं हुआ। हुआ यह कि अध्यापक महोदय हरप्रसाद जी अहेरिया जाति के स्थानीय व्यक्ति थे। वे भिकारीलाल और उनके भाइयों को व्यक्तिगत रूप से भी जानते थे। एक दिन रास्ते से गुजरते हुए भिकारीलाल द्वारा यह पूछे जाने पर कि, 'मास्टर साहब, हमारे बालक कैसे चल रए हैं?' उन्होंने स्पष्ट कहा—''सुनो भाई भिकारीलाल सच्ची, बात तो यह है कि तुम्हारा यह बड़ा लड़का रूपसिंह तो पढ़ाई में कोई रुचि नहीं लेता और ना ही किसी विषय में मेहनत करता है। छह-सात महीने में उसे पूरे अक्षर तक याद नहीं हो पाए हैं। वह ज्यादा समय कक्षा से गायब रहता है, परन्तु तुम्हारा यह छोटा बेटा श्यौराज, पढ़ने में अच्छा है। यह पढ़ सकता है। आप इसे पढ़ाओ। यह होनहार है। आगे चल कर कुछ-न-कुछ अवश्य बन जायेगा।''

शिक्षक की यह अप्रत्याशित रिपोर्ट सुन कर भिकारी सहित तीनों भाई बहुत दुखी हुए। शिक्षक का अनुमान उन्हें प्रतिकूल भविष्यवाणी जैसा लगा। जैसा कि मैं बता चुका हूँ, छोटेलाल व डालचन्द अविवाहित थे। इनमें छोटेलाल तो आजीवन

* सम्पादक राजेन्द्र यादव, हंस, फरवरी-1996

अविवाहित ही रहे। उस दिन हमारे अध्यापक के बयान ने घर में विकट परिस्थिति पैदा कर दी थी। शिक्षक की राय सुनने के बाद तीनों भाइयों को खाने-पीने की चिन्ता से कहीं अधिक इस बात की चिन्ता ने झटका दिया कि उनका रूपसिंह पढ़ने में कमजोर है। वे इस अवांछित खबर को कुछ हद तक झेल भी लेते, यदि यह निर्णय दोनों के बारे में होता। रूपा को ना और श्यौराज को हाँ। यह राय उनकी इच्छा के विरुद्ध थी।

भिकारीलाल अजीब धर्मसंकट में फँस गये। जिसे पढ़ाना चाहते हैं, वह टीचर की नजर में न पढ़ने वाला है और जिसे बेमन से दिखावे के लिए स्कूल भेजते हैं, वह सब सीख रहा है। वे तीनों भाई शिक्षक के पास गये और बोले—"मास्टर साहब, गे भला कैसे हो सके है, बड़ौ चार हरफ हू न पढ़े और छोटौ पूरी किताब पढ़ि जाइ?" शिक्षक ने समझाया—"देखो भाई भिकारी, आपका बड़ा लड़का बुद्धि से बड़ा नहीं है, उम्र से बड़ा है। पढ़ तो वह भी सकता है, लेकिन उसकी सीखने की गति बहुत कम है। यह श्यौराज तीव्र बुद्धि है। इसे पढ़ाओ, शिक्षक ने अपना मूल्यांकन पुनः दोहरा दिया। तब भिकारी ने अपनी मनःस्थिति का रहस्योद्घाटन किया, कि—"मास्टर साब, असल बात तो गे है कै श्यौराज हमारौ सगौ बेटा नाँय हैं। गे तो जा मारे भेजनो पड़ो, जाकी अम्मा लड़ती।" इस विचार के पीछे छिपी भिकारी-बन्धु की निहित मंशा को भाँपते हुए शिक्षक ने उन्हें थोड़ा दिल बड़ा कर लेने की सलाह देते हुए कहा—"पढ़ा दोगे तो यह तुम्हारा ऋणी रहेगा। बड़ा होकर किसी लायक बन गया तो इसकी आँखों में जरूर फर्ज की शर्म आयेगी, बुढ़ापे में तुम्हारा भी थोड़ा बहुत ख्याल रखेगा। पर रूपा को तो अभी एक ही कक्षा में चला पाना सम्भव नहीं है। वैसे तुम स्कूल भेजते रहना चाहते हो, तो शौक से भेजो, पर इस वर्ष तो अगली कक्षा में श्यौराज ही जा पाएगा, रूपसिंह नहीं।"

यह सुनकर तीनों भाई काफी दुःखी हुए और बुदबुदाते हुए घर लौट आये। जाने क्या-क्या मन्त्रणाएँ कीं। वह दिन उन्होंने शोक का दिन बना लिया था। रूपसिंह के भविष्य को लेकर चिन्तित होना अच्छी बात थी, लेकिन वे ज्यादा दुखी थे। श्यौराज की सम्भावनाएँ सुन कर। भिकारीलाल और अम्मा में अक्सर झगड़ा होता था। वे पति-पत्नी एक-दूसरे की जरूरत और मजबूरी थे, किन्तु उनके स्वभाव और संस्कारों में कोई मेल नहीं था। न तो वे एक-दूसरे को समझ पा रहे थे और न समायोजन कर पा रहे थे। सप्ताह में छह दिन उनमें झगड़ा ही होता था। भरण-पोषण कर्ता होने, घर का मालिक और पुरुष होने के नाते भिकारी माँ को तिहरे अधिकार से मारता था। उस दिन भी वह बुदबुदा रहा था—"ससुरी, गे (यह) कलक्टर बनैगो, मास्टर की हूँ निघा (निगाह) में ससुरी को तेज है, होनहार है, सारे सबद याद कर लए या ससुर ने। याकौ पेट मैं भरूँ और पढ़ गयौ तो सुख दैगो मैहतारी कूँ। गै बिलौटा, खाइवे मैं नाको है और पढ़िवे मैं तेज है, कमाइवे कूँ मरी परे है या पै। ऐसो 'हनुआ' लै आयी, जो मेरे लड़के से ज्यादा होशियार है।" वे मेरा-तेरा का फर्क

बहुत ज्यादा करते थे। हम सब उन्हें दादा कहते थे। पाली में फादर को दादा कहा जाता है। लेकिन उन दिनों वे आधुनिक शहरी अर्थ में भी दादा ही थे, पर उनकी दादागिरी माँ पर ही ज्यादा चलती थी और वह दादागिरी चला भी उसी पर रहा था–"छोड़ो आज तें काउ कोई पढ़वे-वढ़वे की जरूरत नाँइ है। ला किताबे ला, इन दोनों की। डल्ला तू मोइ पट्टी दै।"

छोटेलाल की असहमति के बावजूद दोनों भाइयों ने मिल कर नकारात्मक योजना को कार्यरूप दिया। भिकारी ने तमतमाते हुए उठ कर सिलौटी उठायी और दोनों पट्टियाँ (तख्तियाँ) चौखट पर रखकर एक-एक कर सिलैटी मार क़र तोड़ीं और स्कूल के थैले से किताबें निकाल कर जब फाड़ना चाहा, तो अम्मा ने लपक कर झटके से किताबें छीन लीं। तब भिकारी ने उछल कर माँ की छाती पर एक लात जमा दी और वह चौखाने चित्त गिर पड़ी। उस वक्त ऐसा लग रहा था जैसे कोई भयंकर भूत या जिन्न भिकारी पर सवार है। मिट्टी के तेल की डिब्बी चूल्हे के ऊपर ताक में रखी थी। भिकारी ने किताबों पर तेल उड़ेल कर माचिस की तीली दिखा दी। किताबें जल उठीं। पट्टियों ने भी आग पकड़ ली। इस काम को अंजाम दे उन्होंने सन्तोष की साँस ली। ऐसा करके उसने सोचा कि चलो हमने सौतेले श्यौराज के विद्यार्जन का मार्ग हमेशा के लिए बन्द कर दिया। लेकिन सच तो यह है कि किताबें जलाकर उन्होंने मेरी मेधा और जिज्ञासा की देह पर अंगारे भले ही फेंके हों, लेकिन दग्ध आत्मा मरी नहीं। सुरक्षित ही रही। यह और बात है कि इस अज्ञानता ने कलेजा मुँह को ला देने वाले अनुभवों का सामना हजारों बार कराया है। अड़ोस-पड़ोस से कोई उनका विरोध करने नहीं आया। आता भी कैसे? मार-पीट और गाली-गलौज करना तो भिकारी का रोज का धन्धा था। किन्तु अम्मा चीख-चीख कर कह रही थी–

"जो कारे पेट को आदमी है, जा को बेटा फेल है गओ तो मेरो सौराज न पढ़ जाय, जा मारें दारीजार ने किताबें जराई दईं। पर मैं मन मसोसि कें कह रही हूँ, बँदे याद रखिये, जो सौराज जरूर पढ़ैगो। भगवान के घर देर है अँधेर नाँय है, और तू कितनोऊँ जल मरि, तेरे चाहिवे तें रूपा नाँय पढ़ि पावेगो।"

दोनों एक-दूसरे के बेटों के लिए बद्दुआये भरी अकल्याणकारी भविष्यवाणियाँ करने लगे। शायद वे सोचते थे कि वे जो कुछ मुँह से निकालेंगे, भविष्य में वह सब शब्दशः घटित होगा। बस्ती के कुछ लोगों को भी बुरा लगा।

"नहीं पढ़ाना था तो न पढ़ाता, मगर किताबें-पट्टियाँ चूल्हे पर रख कर जला देना कहाँ की समझदारी है? पर ये है ही बुरौ आदमी।" कह कर बस्ती के लोग अपने-अपने घर चले गये। दो-तीन दिनों तक मुझे अक्षरों के दर्शन नहीं हुए। बस्ती के कुछ और लड़के स्कूल में मेरे साथ के थे। मैं दब-छिप कर उनकी किताबों में बने क से कबूतर, ख से खरगोश, ग से गदहा इत्यादि पढ़ आता था। सौ तक गिनतियाँ भी याद कर ली थीं। परन्तु भिकारी को यह भी सहन नहीं हुआ। जब उसे

पता चला कि मैं दूसरों के घर जाकर बच्चों से पढ़ाई के बारे में पूछता हूँ तो साँप की पोटली की भाँति उसके मन में दुमायत और सौतेले भाव का विष उसे परेशान करने लगा। वह शिकारी की भाँति मेरी मासूम जिज्ञासा का शिकार करने के मौके साधता।

मैं हर दिन यह जुगाड़ देखता रहता था कि कहीं से चार-छह आना हाथ लगें, तो मैं कोई एक किताब खरीद लूँ और उसे लटूरी या किसी अन्य साथी के घर में छिपा कर रख दूँ। लटूरिया और बादशा नामक दो भाइयों में लटूरिया मेरा हमउम्र लँगोटिया यार था। इसकी माँ के पास मैं मार-पीट के डर से प्रायः छिपा रहता था। यह एक जाटव का घर था, यानी चमार से कुछ सुपर। इस कारण भिकारी इसमें स्वेच्छा से अन्दर नहीं आ सकता था। कई बार तो मैं रात में भी वहीं सो जाता था। सोते समय बिस्तर पर पेशाब निकल जाना मेरी बड़ी समस्या थी। उस रात लटूरी के पास सोते हुए मेरा पेशाब निकल गया था, परन्तु उसकी माँ बड़ी उदार, समझदार और मुझसे पुत्रवत लगाव रखने वाली महिला थी। उसने मुझे कोई सजा नहीं दी, बल्कि बिस्तर सुखा लिया और घर शिकायत नहीं भेजी।

समय इसी तरह गुजर रहा था। दीपावली के आस-पास पाली में जुआ बहुत खेला जाता था। भिकारीलाल का छोटा भाई डालचन्द छोटी-मोटी चोरी करने, जुआ खेलने और कुश्तियाँ लड़ने के अलावा लोगों पर अपनी शारीरिक शक्ति और गुण्डा प्रवृत्ति का रौब जमाए रखता था। वह लोटा-भर भैंस का दूध रोज पीता था। उतने ही दूध में बाकी छह-सात सदस्यों का परिवार चलता। उस वर्ष के बाद दुधारू भैंस शायद नहीं रही। सभी लोग साथ रहते थे। संयुक्त परिवार में छोटे लाल बेहद कमेरे व्यक्ति थे। कोल्हू के बैल की तरह जुते रहना ही उनकी नियति रही। बगैर कृषि के दुधारू पशु पालना (चारे की दृष्टि से) कठिन होता था। इसलिए भैंस के लिए कहीं से भी घास खोद लाना माँ, बहन और मेरी जिम्मेदारी थी। उन दिनों छोटेलाल गाँव से बाहर 'खैर' में शायद बी.पी. मौर्य (छठे-सातवें दशक के मशहूर दलित नेता) द्वारा स्थापित चमड़े के कारखाने में सत्तर-अस्सी रुपये महीने पर नौकरी करके जो बचा पाते। वह घर भेज देते थे। छोटे लाल की कमाई का जो पैसा घर आता उसमें से आधा तो डालचन्द खुद पर खर्च करते, आधे में परिवार का खर्च चलाने में मदद मिलती। गेहूँ महँगा था। भिकारीलाल मुर्दा मवेशी उठाने, रंगे चमड़े से मुंडा (जूते), जूतियाँ, नारे-सांटे बनाने का काम करते थे। वे फसल पर किसानों को नारे-सांटे (चमड़े की वस्तुएँ) बाँटते थे। मुझे स्कूल जाने से रोक दिया गया था। फिर भी मुर्दा पशु खींचने, कटरा आदि उठाने और खेतों से अन्न बटोरने के काम में अक्षम होकर भी हाथ बटाने के बहाने घसीट लिया जाता था। बहन माया और अम्मा भी हर फसल पर काम पर जाती थीं। चमारियों का झुण्ड का झुण्ड उन दिनों जाटों और बामनों के खेतों पर काम करने जाता था, क्योंकि गाँव की ये सवर्ण जातियाँ ही भूमि आदि

उत्पादन के साधनों से सम्पन्न थीं और दलित पूर्णतया भूमिहीन थे। निचले दर्जे के काम, बेगार, गुलामी आदि करने के अलावा इनके पास जीविका चलाने का कोई दूसरा चारा नहीं था। डालचन्द शरीर को कष्ट देने वाला काम प्रायः नहीं करता था। वह चोरी भी नियमित नहीं कर पाता था। वैसे वह बड़ा चोर था भी नहीं। लुटिया चोर ही उसे कहा जाना उचित है। हाँ, घर-बस्ती में अपना भय बनाए रखने के लिए बड़ा बदमाश होने की हवा वह जरूर बाँधता रहता था। कभी-कभी वह आटे के जहरीले गुल्ले बनाकर भैंस-बैलों को जहर देने की बातें भी किया करता था। ऐसा मुझे सन्देह हुआ था। मवेशियों को आटे का गुल्ला फेंकने वाले और भी एक-दो लोग थे। यह काम बहुत खतरे का और आपराधिक कोटि का था। गाँव में लगातार पशु मर रहे हों तो गाँव के लोग सतर्क हो जाते थे। वे फरइयों पर सन्देह करते। परन्तु पशुओं के मालिक जाट, ब्राह्मण और लोधी जब मनुष्य से छुआछूत मानते थे तो अपने वफादार पशु की अकाल मौत होने पर उसके जिश्म को छूकर भी कैसे देखते कि मौत प्राकृतिक है या नियोजित? फरइया ही इस काम में अधिक रुचि लेते थे, क्योंकि उन्हें इसमें अच्छी आमदनी होती थी। मारे गये पशु का मांस भी ज्यादा निकाला जाता था और उसकी चर्बी कनस्तर में भरकर कसाई के पास अतरौली पहुँचाई जाती थी। कोई मांस न खाये, जहरीला है, यह गुप्त मन्त्रणा की जाती। फिर भी चर्बी निकालने के लिए पशु का मांस बड़े-बड़े टुकड़ों में काटकर कड़ाह में डालकर पिघलाया जाता था। चर्बी निकलने के बाद मांस निचुड़ कर छोटे-छोटे, काले-काले बताशे जैसे टुकड़े बन जाते थे। उन्हें हम चिर्रियाँ कहते थे और गर्म-गर्म खूब खाते थे। लटूरी को मैंने ही चिर्रियाँ खाना सिखाया था। जमीन या उत्पादन के अन्य कोई साधन पाली के चमारों के पास न तो तब थे, न आज हैं। न तब वहाँ शिक्षा थी, न आज हैं। गाँधी प्रचारक चमारों-भंगियों की बस्तियों में आकर प्रायः कहते थे कि कुछ समय के अन्तराल में आजादी दलितों तक पहुँच जायेगी। उसमें समय लगेगा। पर ज्यों-ज्यों स्वतन्त्रता की उम्र बढ़ रही है, दलितों का दालित्य, दरिद्रता और सवर्णों की समृद्ध-सवर्णता और जातीय विद्वेष की भावना बढ़ती जा रही है। दोनों के बीच रिश्ते तनाव और द्वेष पूर्ण हैं। सामंजस्य के आसार कम हैं, गृह युद्ध के खतरे पनप रहे हैं। जाति भेद के साथ-साथ अर्थ-भेद गहरा होता जा रहा है। इधर के दशकों में लगने लगा है कि गाँधी जी झूठे साबित होते जा रहे हैं और डॉ. अम्बेडकर की कई शंकाएँ सच होती जा रही हैं, जिसमें से एक यह कि 'अंग्रेजों जाने के बाद दलितों पर गैर-दलितों का राज होगा।' भागीदारी के सिद्धान्त पर अमल के बगैर स्वतन्त्रता दलितों पर महान् आपदा नहीं होती जा रही है क्या?

डालचन्द उन दिनों धुन से जुआ खेल रहे थे। दीवाली से एक दिन पहले उनकी जीत हुई थी। इससे वे बहुत खुश थे और मिठाई लेकर आने वाले थे। मैं घर में घुसा। खूँटी पर उनका कुर्ता टंगा था। मैंने आगे बढ़ कर इधर-उधर देखते हुए कुर्ते की जेबें

टटोलना शुरू की। दोनों ओर लटकी हुई जेबों में कुछ नहीं था, किन्तु सीने पर एक गुप्त जेब बनी थी। उसमें नोट भरे हुए थे। मैंने नोटों की गड्डी को सहजता से निकाला और उसमें एक का नोट ढूँढा। एक रुपया निकाल कर बाकी रुपये पूर्ववत जेब में रख किवाड़ बन्द करके मैं बाहर निकल गया। माँ उस समय घर में नहीं थी। घर में घुसते-निकलते, रुपया चुराते मुझे किसी ने नहीं देखा। मैं जल्दी पैंठ-बाजार से गुजरता हुआ बनियों की दुकानों की ओर चला गया। इतने सारे रुपयों में से एक रुपया चुराया है। चाचा को पता भी नहीं चलेगा कि उनकी जेब में कितने रुपये थे और पता भी होगा तो जुए में जीते हुए रुपयों में से एक रुपया की परवाह वह क्यों करेंगे? इस प्रकार सोचता हुआ मैं चला जा रहा था। पैंठ से आगे बनियों की छः-सात दुकानें क्रमशः एक के बाद एक थीं। मैं दुर्गा बनिये की बीच की दुकान पर पहुँचा और उतावलेपन से पूछा—

"लाला जी, पहली से थोड़ी ऊपर वाली वह किताब कै पैसा की है?"

धड़े से उचकते हुए लाला ने जवाब दिया—

"चार पैसे की"

"एक पेंसिल?" मैंने मूल्य जानना चाहा, तो लाला झुंझलाते हुए बोला—

"कछु खरीदै गौउ कै भाव-ताव ही करतौ रहेगौ? निकाल जेब से पैसा। पेंसिल दो पैसा की है और कॉपी दो आने की।"

लाला का मूड़ बिगड़ने वाला ही था, तब तक मैंने कहा—"एक रुपया में तो सब हो जायेगा।" यह सुन कर लाला प्रसन्न हुआ। चोरी किया हुआ रुपया मैंने माँ की खाली पड़ी (काजल की) डिब्बी में मोड़ कर रख लिया था। जिस वक्त मैं लाला से पाठ्य-सामग्री का मोल-भाव कर रहा था, तभी मुझे पैंठ के दूसरे छोर पर घर से आ रहे छोटेलाल चाचा दिखाई पड़े। उन्हें देखते ही मैं सहम गया। जरूर कुछ गड़बड़ है। बात टालने की मंशा से तुरन्त बोला—

"लाला जी, देखो सामने मेरे चाचा किताब खरीदने के लिए आ रहे हैं, वेई आपको पैसा देंगे।" लाला की त्यौरियाँ बदलीं और झुंझलाकर बोला—"तो वोई खरीद लेगौ, तू काहे कूँ सवेरे-सवेरे बोहनी खोटी करिबे चलौ आयौ है?"

लाला का गुस्सा कम करने के इरादे से नम्र शब्दों में मैंने कहा—

"कितनी कीमत है गे पतौ करिवै आयो हूँ।"

कह कर मैं त्वरित गति से दुकान से नीचे उतरा। जिधर से चाचा छोटेलाल आ रहे थे, उसी ओर लौटते हुए श्रीनिवास गोस्वामी की कोठी के सामने, शास्त्री जी के मकान के पीछे पतली नाली में मैंने वह रुपये वाली डिब्बी फेंक दी और आगे बढ़ गया। अनुमान था कि वह मुझे बाद में खोजने पर मिल जायेगी।

छोटेलाल दोनों भाइयों में अपवाद थे। उन्होंने गलती पर भी हम किसी बच्चे को कभी मारा पीटा नहीं था। डाँट फटकार शाब्दिक ही रखते थे। आजीवन कुँवारे,

निःसन्तान रहने पर भी उन्हें मनुष्य की रचना यानी बच्चों से बेहद प्रेम था। उनका स्वभाव मधुर और व्यवहार उदारतापूर्ण था। इस कारण उनके पास जाते समय हमें डर नहीं लगता था। अब जैसे ही मैं चाचा छोटे लाल के करीब से गुजरा, उन्होंने पकड़ कर मेरी जेबें, पाजामा और घुटन्ना (कच्छा) के नाड़े का घोट (नेफा) देखा और पूछा—

"का तू डल्ला को रुपया चुराइ कें लायौ है?"

मैं तुरन्त झूठ बोला—

"नाँइ तो" उन्होंने अगला सवाल किया—

"तो दुकान पै का करबे गयौ हो?"

"किताब के दाम पूछन।" मैंने भीतर के डर पर काबू करते हुए जवाब दिया।

वे तुरन्त अपनी तसल्ली करने के लिए दुकान पर गये। कुछ पूछने से पहले ही लाला ने शिकायती अन्दाज में कहा—"छोटेलाल, बोहनी-बट्टा के वक्त बिना पैसा के बालकों को भेज कें क्यों दुकानदारी खोटी कराते हो? भई भेजे ही करो तो सेवेरे-सवेरे इनके हाथ पै चार पैसा धरि कें ही भेजे करो।"

चाचा ने तुरन्त मेरा हाथ पकड़ा और घर की ओर वापस हुए चलते-चलते वे बता रहे थे—"डल्ला कह रयौ है कै काउ ने वा की जेब से एक रुपया निकाल लयौ है या कारन उवा ने घर में उधम मचाइ रखौ है। तेरी माँ पै बे मतलब ही शक करि रयौ है। वाने जबसे घर में आयी है। घर की हालत सुधार दई है। डल्ला पागल कहाँ समझतु है गे घर-गृहस्थी की जिम्मेदारी की बातें।"

वे बोलते जा रहे थे और मैं सुनता हुआ साथ-साथ चलता जा रहा था। घर से रुपया चुरा कर जाने, दुकानों पर किताब की तलाश करते घूमने और फिर छोटेलाल चाचा के साथ वापस लौटने में आधा-पौन घण्टा तो लग ही गया होगा।

घर आम रास्ते से थोड़ा भीतर गली में था। उससे पहले केवल एक घर था। आम रास्ते पर छप्पर के नीचे पिता भिकारीलाल की जूतियाँ बनाने की छोटी-सी दुकान थी। इसमें राँपी, सुतारी, कठौती, फरहा, मोम, सूत और चमड़े का सामान काठ की पेटी में रखा रहता था। उन दिनों कई घरों में मवेशी उठाने और रंगाई करने के साथ-साथ जूतियाँ भी बनाई जाती थीं और इतवार को पैंठ के दिन सब लोग अपनी कारीगरी-स्पर्धा के साथ लाइन से उन्हें बेचने के लिए कायदे से पेश किया करते थे।

उस दिन वे बाहर बैठे सुबह से ही नई जूतियाँ तैयार कर रहे थे। जब मैं रुपया चुराकर गया था, उन्हें काम करते छोड़ गया था। छोटेलाल चाचा के साथ लौटा तो देखा, मेरी माँ कसाई द्वारा काटी जा रही गाय की तरह चीख रही थी। माँ की चीख मुझे कुछ दूर से सुनाई पड़ गयी थी। मैं दौड़ कर उसके पास पहुँचा। उस समय माँ गलियारे में पड़ी कराह रही थी। उसकी कमर पर भिकारी ने पहला वार फरहे (वह लकड़ी जिस पर रख कर चमड़ा काटा जाता था) से किया था। उसके बाद डालचन्द ने भी माँ के शरीर पर लाठियाँ बरसाई थीं। उसने सिर बचा कर माँ का सारा शरीर

तोड़ दिया था। माँ चीखते-कराहते बेहोश हो गयी थी। बीरबल बाबा की घरवाली ने मुँह में पानी डाला था। पूरी बस्ती के स्त्री-पुरुष, बच्चे और रास्ते से गुजरने वाले जाट, बनिये, बामन, धोबी, अहेरिया और वाल्मीकि सबके सब झुण्ड जमा हो गये थे। कुछ कह रहे थे–

"डल्ला तो राक्षस है, भिकरिया, तूने तो अपनी बऊ मारी ही, डल्ला तें काहे पिटवाई?"

भिकारी अपनी मर्दानगी प्रदर्शित करते हुए नाटकीय भाषा में बोला–"अरे साब ससुर की कूँ खाइवे पैरिवे की कोई कमी नाँइ है। हम तीन भाई रात-दिन कमाइ कें याइ और या के बिझारनु की नादें दिन में दुए-दुए टेम भत्त हैं। बिना कछु उम्मीद के याकी औलाद को जिमावत हैं। इतने पै हू या निकम्मी ने एक रुपया पै नीयत डिगाय लई। जरूरत हती तो माँग लेती।"

भिकारी पाशविक व्याख्यान दे रहा था और डल्ला विजयी योद्धा की मुद्रा में चारपाई पर तन कर उकड़ूँ बैठा था। डल्ला अखाड़े का पहलवान भी था और चोर-जुआरी तो था ही। बस्ती-भर में उसकी गुंडई का खामोश आतंक था। अपने सुरक्षित दायरे में वह शेर-सा दहाड़ कर बोला–

"ससुरी ने एक रुपया चुराइ कें अपनी चौट्टई शुरू करी है। अरे ससुरी मैं सारे बड़े से बड़े तुर्रम खाँ की आँख में धूल झोंकि कें उवा के हलकटे में ते हाथ डारि के पैसा लिकारि लायौ और तूने मेरी जेब में हाथ डारौ। कसाई कौ माल बकरिया खाइ जाइ।"

"मत उठाओ दारी कूँ। पड़ी मन्न देउ गरियारे में।" डल्ला और भिकारी ने घोषणा की।

छोटे लाल का दिल पसीज रहा था, वे बोले–

"डल्ला, बन्दे तेरो नाश जाइगो। अरे ऐसी का बात हती? तोइ रुपिया ही लेनो हो तो मैं तोई एक के बदले दस दे देतौ। तूने जा बिचारी की सब हड्डियाँ तोड़ दईं।" छोटेलाल कदाचित् माँ के प्रति कृतज्ञ थे। पिछले साल जब वे गम्भीर रूप से बीमार पड़े थे, तो उन्हें खून चढ़ाने के लिए घर में पैसा नहीं था। डल्ला कमाता नहीं था। उसकी आय का स्रोत जुआ-चोरी और एकाध मरे पशु की खाल उतार लाना था। छोटे लाल को बगैर खून चढ़ाए बचाया नहीं जा सकता था और खून खरीदने के लिए पैसे नहीं थे। ऐसे में अम्मा डॉक्टर के पास खुद अतरौली पहुँची थी।

"मेरो खून चढ़ा देउ डॉक्टर साहब! मैं बहुत तगड़ी हूँ।" अम्मा का शरीर वाकई मजबूत था। यह नियामत उन्हें वंशानुगत थी। नानी-नाना बहुत लम्बे-तगड़े थे। इसलिए उनकी सन्तानें यानी पाँच बेटियाँ और दो बेटे भी शरीर रचना की दृष्टि से काफी हृष्ट-पुष्ट थे। अम्मा का खून छोटे लाल के खून से मेल नहीं खाया था तो मोल खरीदने के लिए माँ ने भिकारी से कहा था। भिकारी के पास पैसे नहीं थे। तब

मेरे दिवंगत पिता राधेश्याम द्वारा बनाए हुए खड़ुओं पर अम्मा का ध्यान गया था जिन्हें वे मृत पति की बतौर यादगार सँभाल कर रखे थीं। मुसीबत में काम आने के लिए उनके पास वही जमा पूँजी थी। बराह गाँव से आते वक्त ताऊ ने जो गहने उतरवा लिये थे वे बहन की शादी में काम आये थे। पर इस यादगार को विपन्नता और इस संकट में बचाए रखना मन को सन्तोषकारक एवं औचित्यपूर्ण नहीं लगा था। माँ ने कहा–

"एक जान बच जाए यही अच्छो होइगौ।" उसने भिकारी से कहा था–"तुम इन्हें गिरवीं रख देउ।"

सर्राफ ने कहा–"ये एक सौ पचास रुपये में गिरवी नहीं रखे जा सकते। इन्हें एक मुस्त बेच दो।"

छोटे के इलाज के लिए सौ रुपये के करीब तत्काल जरूरत थी। करीब अस्सी रुपये में खड़ुआ बिके थे, औने-पौने दामों। पर अम्मा के पैसे इलाज में लगे थे, तब कहीं छोटे लाल स्वस्थ हुए थे। अस्पताल से छुट्टी होने पर भी वे काफी दिन परहेज दवा पर रहे। माँ ने उनकी सेवा की थी। वह अच्छी-खासी नर्स थी। बड़ी मौसी बताया करती थी कि जब उनके बड़े बेटे नत्थूलाल का जन्म हुआ था तब वह लम्बे समय तक बीमार रही। उस समय नत्थूलाल को अपना दूध पिला कर माँ की तरह ही पाला था 'मुखी' ने। छोटे लाल की सेवा में भी अम्मा ने कोई कमी नहीं की थी। इस कारण वे माँ के एहसानों को महसूस करते थे।

उस दिन घर में चूल्हा गर्म नहीं हुआ था। रात में कराहते हुए अम्मा ने बहन से कहा था–

"बेटा कछु दाने भूँजि कें चबि लेउ और भइयन कूँ दे देउ।"

मैं अपराध-बोध से ग्रस्त था। उस एक रुपये के लिए चोर तो था मैं और सजा पाई निर्दोष माँ ने। वह भी इतनी सख्त कि जिन्दगी-भर भुलाई नहीं जा सकती थी। यह चोरी की सजा नहीं थी, बल्कि डल्ला के कारनामों से माँ के निरन्तर विरोध, पुरुष के अहं का शारीरिक बल-प्रदर्शक प्रतिवाद था।

माँ का मुँह सूज गया था। होंठ भारी हो गये थे। उससे बोला नहीं जा रहा था। किसी तरह बोली–"दारीजार की रोकड़ मैंने चुरानी तो दूर देखी तक नाँय, पर जा कसाई ने मेरी सब देह तोड़ दई।"

मैं अपना अपराध कबूल करूँ, यह उसी वक्त से सोच रहा था जबसे माँ को बुरी तरह पिटते देखा था। परन्तु माँ की पिटाई की जा चुकी थी। डल्ला का गुस्सा ठण्डा पड़ चुका था। अब मैं भी अपना जुर्म कबूल कर लूँ तो जैसा बुरा हाल माँ का हुआ है, वैसा ही मेरा भी होगा। इस डर से मैंने चुप रहना ही बेहतर समझा। पर माँ रो-रो कर कहती थी–"मैंने चौहन्नी ऊ वा की कमाई की कबऊ नाँय छुई तो आज एक रुपया क्यों चुराती?" वह अपने बच्चों में स्वयं को चोरनी समझी जाने

के डर से रोते-कराहते हुए सफाई पेश कर रही थी। 'माया' ने कहा था–''अम्मा तूने एक रुपया काए को चुरायौ? पूरे गाम में लोग तोइ चोरनी समझ रए होंगे।''

वह ईश्वर की अज्ञात सत्ता में यकीन करती हुई बोली–''जो चाहे समझें–बेटा, मेरो भगवान गवाह है। चोर कौन है, मैं नाइ जान्ति, जो चोर होइगो, भगवान वाके शरीर में कीड़ा डारेगो।''

और भी न जाने वह क्या-क्या बोल रही थी। शरीर ठण्डा होने के बाद देर रात तक उसकी चोटों का दर्द बढ़ गया था। बस्ती वालों ने भिकारी को गालियाँ दीं। गुस्से का भूत उतरने के बाद आत्मग्लानि में आकर भिकारी ने कहा था–''बालको जाकी देह पै हल्दी पोत देउ, एक गिलास दूध में फिटकरी डाल के पी लेगी।''

पीठ पर हल्दी पोतते हुए मुझे ऐसा लगा, मानो माँ की देह पर मेरी किताब के अक्षर छपे हैं और माँ पूरी की पूरी किताब हो गयी है। छाती पर लात मारी थी डल्ला ने। माँ के स्तनों का आधा भाग नीला पड़ गया था। मैं और मेरी बहन कमर, मुँह और छाती पर हल्दी पोतते रहे। मैं समझ गया। माँ के गुप्तांगों पर भी गहरी चोटें लगी थीं। मैं बाहर निकल गया, तब बहन ने वहाँ हल्दी पोती और मैं थोड़ी देर बाद फिर घर में आया। माँ की चारपाई के पास तसले में कण्डों की आग सुलग रही थी। छोटे, डल्ला सब सोने चले गये थे। सिकाई कराते-रोते हुए माँ ने पूछा–

''बेटा, तू किताब की जिद्द कर रओ, जो काम कउँ तूने तो नाँइ करो?''

एक पल को मुझे जैसे साँप सूँघ गया। सच बोलने की मेरी हिम्मत न हुई।

पर माँ तो माँ थी, सच भी जान गयी होगी शायद।

''नाइ अम्मा, मैंने नाइ करो।'' मैं साफ झूठ बोल गया और फिर माँ की पीठ के निशानों को सेकने लगा। देह पर उभरे निशान और चोरी के रुपये से आने वाली किताब के अक्षरों में मुझे अजीब-सी समानता लगी। दूसरे दिन सुबह नाली में फेंकी गयी काजल की डिब्बी खोजने गया, पर वह नहीं मिली। शायद मेरे जैसा कोई और उसे उठा ले गया होगा। या वह कीचड़ में दब गयी होगी।

भूचाल जैसा गुजर जाने के बाद के हालात पर मैं बैठा सोच रहा था। माँ को सच बताना चाहिए या नहीं? उसे इससे स्वास्थ्य लाभ होगा या नहीं, पर मुझ स्वार्थी को माँ की कराहों में भी किताब की याद आ रही थी। पढ़ने के प्रति ऐसी दीवानगी सवार थी दिमाग पर। उस रात मैंने सूखी चिर्रियाँ गर्म करके चबाई थीं। माँ ने फिटकरी पड़े दूध के अलावा शायद और कुछ नहीं खाया-पीया था। डल्ला ने खुद खाना बनाया था। हम सभी बहन-भाइयों को चटनी से एक-एक रोटी दे दी गयी थी।

वह प्रसंग और वे हालात क्या थे, जिनके कारण भिकारी और डल्ला हताश, झुंझलाए हुए अश्लील भाषा बोलते थे। पीढ़ियों से वे लोग शिक्षा, संस्कृति, विचार और भरण-पोषण के साधनों से वंचित थे। वे गाँव की उन्नत सवर्ण जातियों से दूर बाहर रखे गये थे। यह ध्यान देने की बात है कि इन असभ्य, असंस्कृत भाइयों ने

हमें उस बुरे वक्त में सहारा दिया था, जब उन्नीस सौ बासठ-चौंसठ के बाद देश में अन्न का अकाल पड़ चुका था। आस्ट्रेलिया से लाल गेहूँ आया था। पैसे की कमी के कारण घर महँगाई की चपेट में आ गया था। जब दूर तक कोई सहारा नहीं था, ऐसे समय में इन्होंने हमें आधे पेट ही सही, खिलाया और रोटी की व्यवस्था की थी।

झण्डा प्यारा

स्कूल से बाहर हुए कई महीने बीत गये थे, परन्तु स्कूली आकर्षण बना हुआ था। एक दिन मैंने देखा बच्चों की लम्बी कतारें साफ-सुथरे वस्त्र पहने, हाथों में छोटे-छोटे झण्डे लिये रास्ते से गुजर रही हैं। बादशाह ने इशारा करके मुझे भी कतार में शामिल कर लिया। उसने अपनी जेब से निकाल कर एक झण्डा भी मुझे दे दिया। मैं अभी बहुत दूर उनके साथ नहीं चल पाया था। जैसे–पुराण कथाओं में समुद्र मन्थन के बाद निकले अमृत के वितरण में देवताओं के बीच जा बैठे केतु की तरह। मलिन वस्त्रों में होने के कारण मुझे तुरन्त पहचान लिया गया। उस वक्त मैं जोर-जोर से नारे लगा रहा था–

'विजयी विश्व तिरंगा प्यारा, झण्डा ऊँचा रहे हमारा।' मास्टर जी ने डण्डी दिखा कर मुझे पंक्ति से बाहर कर दिया और भिकारी दादा ने लपक कर पकड़ लिया। गुस्ताखी करने की सजा मिलना तय थी। लात-घूँसे, थप्पड़, गालियाँ और चमड़े के बने नाड़े से मेरी पीठ पर मार पड़ी। मेरी चीख निकल गयी। ''जब स्कूल जाना बन्द है, तो स्कूल के पढ़इन से तेरो रिस्ता का है?'' इन सवालों के साथ कान ऐंठते हुए मुझे अम्मा के सामने पेशकर दिया गया। अपराध बताया गया कि यह पढ़ाई का मोह नहीं छोड़ रहा है। अम्मा ने मुझे डाँटा–'फेंक दे झण्डा और कान पकरि कें कसम खा अब पढिवे वारिनु के संग नाइ जाइगो। इनकी सौहवति छोड़ि देगो।' इस प्रकार कुछ देर मुझे डाँट कर बिठा दिया गया। मौका मिलते ही मैं निकल भागा। भिकारी ने मुझे ढूँढ़ लिया। इस बार छूटकर भागा तो फिर पूरे दिन घर नहीं आया। रात को भीमसेन की माँ ने कुठरिया में छिपा दिया। दिन की बची हुई मटराकी आधी-एक रोटी भी खिला दी। मैं डरता-रोता वहीं सो गया। खोज खबर लेती देर रात अम्मा वहाँ आ गयी। उसने मेरा सिर पकड़ कर उठाया। आँसुओं से भीग कर रूमाल-सा हो गया झण्डा अलग रखा और कहने लगी–''जो तू पढ़नो चाहत है तो पहले अपने मर गये बाप को वापस बुला। बाप नाँय लावत तो पहले अपने खान कूँ रोटी पहन्न कूँ लत्ता और फीस किताबन कूँ पैसा ला। तब तू स्कूल जइये और तू झण्डा गीत गाइये।''

''का तू जानत नाँय है कै तू भिकरिया को सगो बेटा नाँय है। जो तोय चों पढ़ावेगो? तू पढ़िवे की जिद्द नाँय छोड़ेगो तो जे तेरे संग-संग हम सब को मारि-मारि के घर तें बाहर निकार देगो।''

करता? कहाँ से पैसा लाता और कहाँ से अपने दिवंगत बाप को लौटाता। पढ़ाई तो पहले ही छूट गयी थी। अब बचा था पढ़ायी का मोह जो छूट नहीं रहा था। मुझे रूप सिंह की साइकिल के पीछे-पीछे मुँह अँधेरे जंगल भेजा जाने लगा। किसी मरे हुए लबारे/कटरा-कटिया की तलाश में। उनकी खालें काढ़ने और बढ़े भाई रूपसिंह की सहायता के लिए।

इस घटना के करीब बारह साल बाद तक छात्र के रूप में मैंने किसी भी विद्यालय का मुँह नहीं देखा। जो कुछ थोड़ा-बहुत पढ़ा, वह बालश्रम करते हुए अनौपचारिक रूप से अभिरुचि के अनुसार पढ़ा था। हम बहन-भाई माँ के पास से अपने पैतृक गाँव नदरोली सात-आठ वर्ष की उम्र में बब्बा के पास चले आये थे और यहाँ मजूरी, बेगार वगैरह करके पेट पालते रहे। परन्तु मेरे बाल मन से पढ़ने की इच्छा नहीं मरी। बल्कि विपरीत परिस्थितियों में भी वह प्रबल से प्रबलतर होती गयी। मुझे इधर उधर की अच्छी-बुरी, गाने-बजाने, धार्मिक-सामाजिक लोक-गीत आदि की किताबें हाथ लगतीं तो पढ़ता रहता। 'रहट' की मजूरी से खुद एक-एक पैसा बचा कर पैंठ-बाजार से फुटपाथी साहित्य खरीद लाता था। हमारे गाँवों में पुस्तकालय आज भी नहीं है।

करीब बीस साल बाद जब मैंने पोस्ट ग्रेज्युएशन कर लिया था तो जल्दी नौकरी पाकर माँ को वह रुपया चुराने वाली घटना बताने की उत्सुकता मन में थी। माँ भुखमरी, मेरी बेकारी और भयंकर गरीबी के कारण बीमार रहती थी। पाली इस उम्मीद में छोड़ आयी थी कि अब उसके बेटे उसका पेट-भर सकेंगे। हालाँकि वह पाली से दसियों बार आयी और गयी, क्योंकि उसके तीन बच्चे वहाँ भी मौजूद थे। बेटे उन लोगों ने रोक लिये और बेटी राजमाला (मनोरमा) माँ के साथ थी। शरीर टी.बी. से जर्जर हो चुका था। माँ को लेकर हमेशा मेरा मन अपराध-बोध से भरा रहा। मैं मजबूर था कि कुछ नहीं कर सकता था, फिर भी चाहता था कि मरने से पहले माँ सच सुन ले और मेरी किताब की तमन्ना को जान सके, और हो सके तो मेरे गुनाहों के लिए मुझे माफ कर दे। मेरा एक गुनाह यह भी था कि गाँव की मजूरी छोड़ मैं पढ़ाई करने निकल गया था। लेकिन वह दवाई, रोटी व परहेज के अभाव में अपनी मौत और मेरी नौकरी मिलने से पहले ही मर गयी। भुखमरी से उसका शरीर क्षीण हो रहा था। वह दो वक्त के खाने को तरस रही थी और मैं सब जानते हुए भी मजूरी पर जाने के बजाय अक्षरों की तलाश में गाँव से भाग रहा था। वह सोचती थी कि जब मैं दस दर्जा पास कर गया तो नौकरी क्यों नहीं कर लेता? राजघाट वाली मौसी का बेटा श्रीराम नवीं पास कर पी.ए.सी. (मुरादाबाद) में भर्ती हो गया था। वह मुझे वैसा ही सिपाही बनाना चाहती थी, जबकि मैं मार्क्स-अंबेडकर जैसे महान क्रान्तिकारियों से प्रेरित देश-स्तर पर बड़े काम करने के सपने देख रहा था। वह भी सचमुच का सर्वहारा होते हुए एक घोषित अछूत का बेटा! शहर में रहकर आगे पढ़ाई करने के

लिए अपनी तात्कालिक आवश्यकताओं की पूर्ति के प्रति कैसा निर्मम रहा हूँ मैं? जबकि खुद मेरे पास अपनी पढ़ाई के लिए कोई आर्थिक स्रोत नहीं था। शहर में दाखिला तो पा लेता, उत्तीर्ण भी हो जाता, पर अपनी किताबों-कॉपियों, रोटी-कपड़ों की व्यवस्था और रहने का कोई प्रबन्ध नहीं था। माँ की मौत के समय उसकी लाश भी नहीं देख पाया। गया तो चिता की राख भी ठण्डी हो गयी थी। कई दिन तक मैं माँ की राख के पास जाकर बैठा था। अब अम्मा नहीं, मेरी कृतघ्न स्मृतियाँ मेरे साथ थीं। सोचता हूँ कि क्या यह फर्ज-अदायगी बाँझ नहीं थी? माँ के प्रति वफादारी और फर्ज-अदाई का इतना ही एहसास था तो उसका पेट भरता, इलाज कराता। मर गयी तो रोने से क्या होगा? पर मैं कितना विवश था, इसे मेरे सिवा कौन जानता है? हाँ, गाँव की मेहनत-मजूरी-राजगिरी या मोचीगिरी करता रहता तो अम्मा का पेट जरूर भरता रहता। हो सकता था वह दस-पन्द्रह साल और अधिक जी जाती। परन्तु तब मैं मर रहा होता, जिसे वह देख नहीं पाती। पढ़ करके भी मैं नौकरी नहीं कर रहा हूँ, यह उसका भ्रम था। असल में, मैं चौकीदारी से लेकर दफ्तरी, क्लर्की सभी के लिए कोशिशें कर रहा था। जिस दिन मुझे बी.एड. में प्रवेश मिलने का पत्र में तेजसिंह के जरिये मिला था, उस वक्त मैंने डी.टी.सी. में परिचालक बनने के लिए फस्ट एड पास किया था। मैं बिहारी कालोनी में भाई साहब डॉ. नत्थूलाल के किराए के मकान पर था।

अब एक ओर अम्मा की स्मृतियाँ हैं, जिनमें वह केवल चाचा के जीते जी एक स्त्री थी। एक सम्मानित महिला थी। बाद में उसे इतने कष्ट मिले कि कोई सहृदय इंसान लावारिस गाय-भैंस को भी यातनाएँ और अपमान नहीं देगा। वह उतनी ही निर्वाक थी। बराबर काटी जा रही गाय-सी वह केवल चीख सकती थी। उसके पास और कोई भाषा न थी, न कोई उसको समझने वाला था। वह कानून नहीं जानती थी। तलाक से परिचित न थी। वह पुरुष पर निर्भर थी। दुष्ट पुरुष ही उसका ईश्वर था, जो उसे मजबूरी में मिला था। दूसरी ओर मैं था। क्या मैं अपनी माँ से अलग था? मैं उन हालात से मुक्त होना चाहता था। मेरा जीवन मेरे लिये एक पहाड़ था, पर उसी में से रास्ता निकालना था। गिरते-पड़ते, लहूलुहान होते, अपमानों के घूँट पीते और अभावों का जीवन जीते जब मैं चौरस जमीन पर खड़ा हुआ तो भी माँ से कहाँ अलग रहा। हम दोनों अपनी-अपनी स्थितियों में विवश थे, फिर भी मेरा मन मुझे हमेशा धिक्कारता रहा। किस तर्क से अपने नैतिक बल को ऊँचा रखूँ। क्या यह मान लूँ कि मैं मजूरी छोड़ कर यदि न पढ़ता तो हमारे खानदान में पढ़ने-लिखने की शुरूआत न होती? या कहूँ कि मैंने जो किया, यदि वह न करता तो न स्वयं बचता न माँ को बचा पाता। माँ को मरते हुए छोड़कर मैं जो कुछ बना और आज अपने बहाने जो कह रहा हूँ, उस 'चमार जीवन की व्यथाकथा' को कहने का गौरवबोध लूँ और मान लूँ कि मेरी माँ के जीवन-भर के कष्टों और अपने मन की

इन फाँसों के सहारे ही पूरी चमार जाति के जीवन को इस सदी में एक अनुत्तरित सवाल बनाता जा रहा हूँ मैं?

पाली के आस-पास के गाँवों में भिकारीलाल भू-स्वामी जाट-बामनों को खेतों पर नारे साँटे पहुँचाता था। उसके बदले फसल कटने पर गेहूँ की पूलियाँ माँगते फिरता था। उस प्रक्रिया को उगाही करना कहते थे। एक पूली या दो मुट्ठी बालें पूड़ी टूटी हुई होती हैं। मैं माँ के पास एक-दो-दिन के लिए भी जाता था तो भिकारी मुझे साथ ले जाता और गधे की तरह मेरी पीठ पर वजन लाद कर चलता था।

फसल के दिनों में कुछ लोग 'सिला' बीनने का ठेका ले लेते थे। ठेकेदार मर्द ही नहीं, औरतें भी होती थीं। रामफूल की अम्मा भी ठेका लेती थीं। हम उन्हें दादी कहते थे। उनका घर मेरी मानो बुआ के घर के एकदम पास था। मानो बुआ बहुत गरीब थीं। उनका छप्पर का छोटा-सा घर था। वह आज तक छप्पर का ही है। हालाँकि उनका परिवार उस जमाने में भी सीमित था। दो बेटियाँ और एक बेटा था। फूफा दिन-भर काम करते थे। भिकारी की ज्यादतियों के विरुद्ध जब कभी बुआ हमारा पक्ष लेती थी तो उसे भी बहुत-सी गालियाँ सुनने को मिलतीं थीं।

मेहनत-मजूरी से गरीबी नहीं हटती। असंगठित मजदूरों के लिए सरकारी वेतन नीति तो गाँव में आज तक लागू नहीं है। इसलिए उनकी हारी-बीमारी, स्वास्थ्य और उनके बच्चों की शिक्षा की कोई व्यवस्था नहीं। उनकी मूलभूत न्यूनतम आवश्यकताएँ पूरी नहीं होतीं। भूमिदार सवर्ण ही होते थे। वे पचास रुपये का काम कराते और पाँच रुपया देते। फूफा जैसे करोड़ों दलितों का खून आजाद भारत में आज भी कम नहीं चूसा जा रहा। मैं जब समझने लगा तभी से यह सब देखता सोचता था तो मन विद्रोह कर उठता था। अपनी और अपने लोगों की युगों-युगों से चली आ रही सामाजिक गुलामी का अहसास मुझे आज और अधिक शिद्दत के साथ महसूस होता है। मैंने आज तक किसी भट्ठे पर किसी ब्राह्मण-बनिये को ईंटें पाथते नहीं देखा। गाँव-शहरों की सफाई का काम वे भंगी समाज से अपने हाथों में लें, इसकी तो कल्पना भी नहीं की जा सकती। कोई भंगी-चमार किसी मठ-मंदिर का पुजारी नहीं देखा। अछूतों को मुक्त कर सम्मानित पेशों में आने के वे कितने खिलाफ हैं, हमारे प्रति उनकी भाषा और व्यवहार देखने पर सहज ही मालूम हो जाता है।

पाली-मुकीमपुर (अलीगढ़) के ज्यादातर दलित भट्ठों पर ईंटें पाथने जाते थे और आज भी जाते हैं। आठ महीने कमाते थे और बरसात के चार महीने पेशगी लेकर कर्ज खाते थे। पथेरों में सर्वाधिक संख्या चमारों की होती थी और यह स्थिति आज भी बदली नहीं है। अट्ठारह-उन्नीस नवम्बर दो हजार सात को फोर्ड फाउण्डेशन की ओर से दलित प्रचारक ए.के. अकेला के सम्मान में अलीगढ़ में एक आयोजन किया था। शिमला एडवांस स्ट्डी से मुझे बुलाया गया था। बीस को मैंने पाली का दौरा किया। यहाँ से भट्ठे पर गये लोगों की सूची तैयार की। ये एक सौ चार जाटव सदस्य हैं। जब मैं यह

भट्ठे पर गये लोगों की सूची तैयार की। ये एक सौ चार जाटव सदस्य हैं। जब मैं यह लिख रहा हूँ, उत्तर-प्रदेश में सर्वजन से पूर्व दलितों- पिछड़ों की सरकारें भी आ-जा चुकी हैं। पर वे भी इन्हें जीविका का आधार नहीं दे सकी हैं। भट्ठों पर ईंटें पाथने वाले सबके सब भूमिहीन और सर्वहारा जाटव हैं। उनके बच्चों के लिए स्कूल नहीं, अस्पताल-दवा नहीं, यहाँ तक कि बहुतों की शादियाँ तक नहीं हो पाती हैं। पथेरों के एक समूह की लड़की दूसरे समूह के लड़के के साथ भाग न जाए तो क्या करे? ठेकेदारों द्वारा बलात्कार करने की घटनाएँ भी होती रहती हैं। कई पथेरे जो भट्ठों पर से लड़कियाँ लाए, बड़े अच्छे स्वभाव की थीं। वे लड़कियाँ भागी हुई बदनाम थीं। पर मुझे तो डोली-मौनी से ब्याह कर लाई बुरे स्वभाव की दुल्हनों की अपेक्षा भाग कर आईं ये लड़कियाँ ज्यादा अच्छी लगीं। कई को मैं चाची कहता था। चन्द्रपाल चाचा के घर में भट्ठे से आयी चाची आज भी मौजूद है। दोनों अच्छे पति-पत्नी हैं। चन्द्रपाल मेरे यार लटूरिया के सबसे छोटे चाचा हैं, जिन्होंने पहलवानी बीच में छोड़ दी थी। वे चार-पाँच दर्जा पढ़े हुए थे। रागनी, ढोला और आल्हा की किताबें बड़े ही सुमधुर कण्ठ से पढ़ते थे। अम्मा उनके स्वर की फेन थी और मैं उनका अनुसरण करता था। चन्द्रपाल के पिता, दो बड़े भाई और खुद चन्द्रपाल सब पहलवान थे। सन् दो हजार में लन्दन जाने से पूर्व मैं पाली गया था। चन्द्रपाल चाचा की बेटी ने ग्रेज्युएशन किया है, यह जानकर मेरी खुशी का ठिकाना नहीं रहा। परन्तु इनके मधुर कण्ठ की लय तथा शरीर की शक्ति ईंटें पाथने में खप गयी, जबकि जिन सवर्ण पहलवानों को वे प्रायः पछाड़ देते थे, वे अपनी घरेलू सम्पन्नता के कारण खाते-पीते लड़ते रहे। पीढ़ियाँ गुजर गयीं। शेष पहलवान अपने बच्चों को पढ़ा तक न सके।

पाली के जाटवों में दो फाड़ थे। एक हिस्सा रंगइया चर्मकारों का, दूसरा उन लोगों का जो न तो मुर्दा-मवेशी उठाते थे और न चमड़ा रंगने का काम करते थे। जिनके पास थोड़ी-बहुत कृषि योग्य जमीन थी, वे बारहों मास गाँव में रहते थे। जो पूर्णतया भूमिहीन थे, वे भट्ठों पर पथेरई करते ही थे। चर्मकारी न करने वाले स्वयं को जाटव कहते थे जबकि गाँव की दूसरी दलित, गैर-दलित, सभी बिरादरियाँ दोनों को चमार ही कहती थीं। आज भी चमार ही कहती हैं। हाँ, सरकारी कागजों में रंगइयों के बच्चे भी प्रायः जाटव लिखाते हैं। हरियाणा, पंजाब में बनने वाले जाति प्रमाण-पत्रों में चमार रैदसिया नाम प्रमुख होते हैं।

मवेशियों में जब कभी बीमारी फैलती तो चमारों के लिए ऐसा जश्न होता मानो फसल पक गयी हो। वे कहते, अबकी होन अच्छी हुई। हालाँकि उन दिनों न तो खाल इतनी महँगी थी न पशुओं की चर्बी। फिर भी रंगइया-फरइया, जाटवों की अपेक्षा कम मेहनत करते। मजदूरी तो वे और भी कम करते थे और अपेक्षाकृत ठीक-ठाक गुजारा कर लेते थे। इन दोनों में बच्चे वही पढ़ा पाए जिनके पास थोड़ी-बहुत जमीनें थीं जैसे ओमप्रकाश और बदनसिंह पढ़ लिख सके। रंगइयों में

तक पढ़े और वे माल बाबू बने। बरेली में घर बना कर सैटिल्ड हो गये। परिवार बढ़ा लिया चारों बेटियाँ एक से बढ़कर एक विदुषी, कलाकार और बेटा फस्ट क्लास, और क्या चाहिए। बाकी सब भूमिहीन बदहाल थे और आज तक वैसे ही हैं। जहाँ एक ओर जाट, गुसाईं भू-स्वामियों की समृद्धि आसमान छू रही है। गाँव में ट्रैक्टर-ट्रालियाँ ही नहीं जीपें-कारें आ रही हैं, वहीं चमारों, भंगियों, अहेरियों और धोबियों का भविष्य घोर अँधकारमय होता जा रहा है। उनके पुश्तैनी पेशे छिन चुके हैं या बिक चुके हैं और नये विकल्प बन्द हैं।

उस वर्ष भी पशु कम मरे यानी 'होन' नहीं हुई। अनाज महँगा था। भिकारी का लम्बा परिवार था। डालचन्द कुछ करते नहीं थे। कुल मिलाकर मुश्किल से परिवार का गुजारा चल पा रहा था। परेशान भिकारी को हमारी जिम्मेदारी उठाना बहुत भारी पड़ रहा था। गलती-बगैर गलती उनका गुस्सा मुझ पर उतरता था। बात-बात पर मेरे गाल पर तमाचा जड़ दिया जाता। पिटाई बहन की भी कम नहीं होती थी, पर छोरी पर हाथ उठाता है निर्दयी, कीरा पड़ेंगे, जैसे वाक्य सुनकर डर जाते। मैं खेलने के लिए बाहर निकलता तो दादा न देख लें, हर वक्त इस खतरे से आतंकित रहता था। पिटते रहने के कारण मेरे मन में इस क़थित पिता के प्रति दूर के किसी अजनबी के बराबर भी आदर नहीं रह गया था। जैसे ही भिकारी देखता कि मैं अब खाली होने वाला हूँ, तभी वह दूसरा काम गिना देता। जैसे ही सुनता कि सौराज किसी कोने में बैठा कुछ पढ़ रहा है तो वह परेशान हो उठता। उसे मेरी पढ़ाई की दिशा की मामूली कोशिश भी नाकाबिले बर्दाश्त होती थी। वह विघ्न जरूर डालता। कहता—"बैठ गयौ, सासु के डिब्बी पजारि कें। का पढ़ि रयौ है? अब स्कूल छूटि गयो तौउ पढ़िवौ नाँइ छूटो तेरौ। डिब्बी के तेल के पैसा का तेरो मरौ भयौ बाप हमें दे गयौ है? भैंसे कौ गोबर नाइ डारि आवैगो।"

भैंस पालने की चमारों में स्पर्धा-सी थी। कर्ज लेकर भी ये लोग भैंस पालते थे। मैं कई बार कुछ सोचने लगता तो मेरे गाल पर तमाचा आ पड़ता और सारा ख्याल हवा हो जाता। किसी तरह की कोई गलती न हो, इसके लिए हर वक्त सतर्क रहता। फिर भी मुझे प्यार जैसी चीज नसीब नहीं थी। माँ हमें भिकारी के आतंक की धूप से बचाना चाहती थी, पर दूर तक नाते-रिश्तेदारी में मदद के लिए कोई साया नहीं था। भिकारी इसलिए भी अधिक सताता था कि किसी तरह तंग आकर हम बच्चे कहीं चले जाएँ, तो उसके सिर से जिम्मेदारी की बला टले। बस्ती के कई लोग हमारे हमदर्द थे। गनपत बाबा की पत्नी, लटूरी की माँ, मानो बुआ और डंबर की माँ हमारी मदद करती थीं। वे हमारी पिटाई करने और पढ़ाई रोकने को अच्छा नहीं कहती थीं। इसके बावजूद भिकारी दुष्टतापूर्ण व्यवहार करता था। वह हमें प्रायः रोज ही मारता-पीटता था। कभी-कभी तो थप्पड़-मुक्का ही नहीं बल्कि डण्डे बरसाता था।

आँख फूटी पीर गयी

मैं करीब सात साल का रहा होऊँगा और बड़ी बहन माया मुझसे दो-तीन साल बड़ी थी। भिकारी ने अम्मा से बिना सलाह किए भट्ठे के एक ठेकेदार से पेशगी यानी एडवांस रुपया लेकर हम दोनों बहन-भाइयों को भट्ठे पर भेजना तय कर दिया था। अम्मा इस फैसले से बहुत परेशान थी। वह चाहती थी कि या तो सारा परिवार भट्ठे पर जाए या बच्चे परिवार के साथ रहें, पर भिकारी चाहता था कि हमारी माँ और उसके सगे बेटे रूपसिंह, तेजसिंह और भूरे लाल तो घर रहें और हम सौतेले बच्चे माया-सौराज भट्टा पर जाकर मिट्‌टी काटें और पैसा कमाकर उसे दें। भट्ठों पर मिट्टी के लौंदे बनाने, मिट्टी काटने, सुखाने, चट्टा लगाने, ईंटें एक के ऊपर एक पंक्ति से लगाने के लिए बच्चों के श्रम का बहुत उपयोग होता था। ठेकेदारों का फायदा था। आधी मजदूरी देनी पड़ती थी। इससे बच्चों का स्वास्थ्य चौपट हो जाता था। भारी श्रम और दौड़-भाग करने से बच्चे थक कर चूर हो जाते थे। पर कई अभिभावक बच्चों की कच्ची उम्र की कमाई खाते थे। खुदगर्जी के नशे में धुत्त भिकारी भी और कुछ सुनना ही नहीं चाहता था। कोई राय देता कि बच्चों को अकेला मत भेजो तो वह सीधा सवाल करता–"खाइवो तू दे दै। जो कोई और हिमायती हो सो इनको खाइवौ देइ, नाँय तो मैं या माया-सौराज तें ही वसूल करूँगौ।"

अम्मा उन दिनों मानसिक रूप से बेहद परेशान थी। उसे हमारी चिन्ता थी। हमारा उजड़ता हुआ भविष्य उसे साफ दिखाई दे रहा था। जिस भिकारी को उसने सहारा देने के लिए चुना था, वही उसके बच्चों का भविष्य चौपट करना चाहता था। उसे बस एक स्त्री की जरूरत थी, बच्चों की नहीं। पर बच्चे माँ से जुड़े थे। इस कारण हमारा दुख माँ का दुख था। जब भिकारी अपनी कमाई रोटी खिलाने से मना करता तो उसका विकल्प अम्मा के पास नहीं था।

पाली के पथेरे ठेकेदारों से भट्ठे की पेशगी ले रहे थे। भिकारी ने डल्ला से मशविरा करके माँ की इजाजत के बगैर मुझे और मेरी बहन माया को आठ महीने के लिए भट्ठे पर जाने की पेशगी बतौर कुछ रुपये (संख्या तो ज्ञात नहीं) ले लिये थे। बरसात में वह रुपये खर्च करने के बाद, सर्दियों में हमें भट्ठा पर पथेरों के साथ जाना ही था। जब माँ और बुआ को यह पता चला तो वे बेहद परेशान और दुखी हुई कि ये बच्चे अकेले भट्ठे पर कैसे जाएँगे? इनकी देखभाल कौन करेगा? लड़के के लिए खास खतरा नहीं, पर 9-10 वर्ष की लड़की किसकी देख-रेख में रहेगी? वैसे भी भट्ठों पर लड़कियों की सुरक्षा कहाँ है। ऐसे अनेक सवाल माँ और बुआ ने भिकारी से पूछे। परन्तु भिकारी को इसकी कोई परवाह नहीं थी। वह कहता–"गे अवही तें कमाइवे की आदत नाँइ डारंगे तो बड़े होके कैसे कमावेंगे? मैंने जिन्दगी-भर कमाई-कमाई के खवाइवे कौ का ठेका लै रखौ है। अब गे दूध चौंखते बालक तौ है नाँय।"

दूसरी ओर मेरा स्कूल छूटने के कुछ दिन बाद रूपसिंह को पुनः स्कूल भेजा जाने लगा था। परन्तु वह बार-बार फेल होतां रहा। ''भट्ठा पर ईटें पाथने माया-सौराज संग वह काहे नाँय जाइ रयौ'' अम्मा ने भिकारी से सवाल किया था। आगे पुनः उन्होंने कहा—''घर में कंगाली है और बालकों की कमाई से ही वह दूर होनी है, तो सौराज और माया ही काहे काम करें? हम सब भट्ठा पै क्यों नाँय चलैं?'' पर भिकारी पूरा तानाशाह था। उसने जो फैसला कर लिया सो कर लिया। वह हर इतवार रामघाट गंगा-स्नान करने जाता था, किन्तु कथित धार्मिक उपक्रम करने के बाद भी अपनी बुरी आदतों, गंदी जुबान और दुर्व्यवहार में कोई कमी नहीं की। अम्मा व्यंग्य में प्रायः कहती थी—''तोइ जैसे मगरमच्छइ कूँ जरूर सुरग देगी गंगा मइया?' अम्मा आधी रात से ही चाकी का कौर डाल देती थी। लम्बे परिवार को पै-पै कर रोटी खिलाना, सब तरह के संकटों में भी गाना। उत्सव हुआ तो नाचने में भी पूरी कलाकार थी। लेकिन वह आदमी ही अजीब ढंग का था। उसे सुधारने का कोई विकल्प न तो अम्मा के पास था और न और किसी के पास। ऐसी स्थिति में जो काम आयी, वह थी पाली में ही ब्याही 'मानो' बुआ। उसका घर मौहल्ले के दूसरे पूर्वी कोने पर था। यद्यपि वह काफी गरीबी और परेशानी में थी। उसे जब पता चला कि उसकी भतीजी और भतीजे को भट्ठे पर मिट्टी काटने को बेचा जा रहा है तो वह दुखी और बेचैन हो गयी। भट्ठों पर बचपन की होने वाली बर्बादियों का उसे आभास था। इस प्रसंग में माँ और बुआ की मुलाकातें छिप-छिप कर हुईं, जिसमें हमारी मुक्ति की गुप्त युक्तियाँ सोची गयीं। भट्ठे पर जाने का दिन जैसे-जैसे करीब आ रहा था, माँ और बुआ की परेशानी बढ़ती जा रही थी। वहाँ हमसे हाड़-तोड़ काम तो लिया जायेगा, पर भरपेट खाना भी मिल पाएगा ऐसी सम्भावना नहीं थी।

बुआ ने जैसे-तैसे किराये-भाड़े का प्रबन्ध कर चुपचाप फूफा के जरिए मेरे पैतृक गाँव नदरोली खबर भिजवा दी। ताऊ और बब्बा को सन्देश मिला—''जैसे बैठे हो वैसे ही पाली चले आओ। अपने भतीजे-भतीजी को भट्ठा पै जाने से रोको, नहीं तो बालक तुम्हें फिर कभी देखन को मिलंगे या नहीं। भट्ठा से कौन लौटेगो कौन नाँय?'' आँखों से पूरी तरह अँधे गंगी बब्बा और अँधे ताऊ बाबूराम को यह खबर बर्दाश्त नहीं हुई, वे तुरन्त हरकत में आये। उन्हें लगा कि सौराज और माया को इसी समय नहीं लाया गया तो उन्हें फिर कभी गाँव नहीं ला पाएँगे। पर कमाई के लालच के वशीभूत भिकारी आसानी से हमें बच्चे नहीं लाने देगा। यह सोच कर उन्होंने अन्य सम्बन्धियों को बुलाया। उस वर्ष माया की शादी की बात चल चुकी थी। ब्याह नहीं हुआ था। उसकी भावी ससुराल डूँगर-मिर्जापुर (मुरादाबाद) से मेरे गंगावासी, उनके चचेरे भाई रामचन्दर, आदमपुर से ताई के बहनोई हरीचन्द और चन्दौसी से मामा अमर सिंह 'खलीफा' भी एक-दो-दिन बाद पाली-मुकीमपुर आ पहुँचे थे। भट्ठे पर जाने में अभी एक सप्ताह का समय बचा था। ताऊ ने भिकारी से सीधे बात की

तो उसने कहा—"गे बालक अब मेरे हैं। अब इन्हें कसाई से कटवाऊँ या इन्हें घर में बैठारि कें जिमाऊँ, मैं मालिक हूँ। तुम कौन? मैंने आठ छटाँक को आटो दारि खवाइ कें पाले हैं। तुम भतीजा-भतीजी समझते तो पहले ही इन्हें गाम में काहे नाँय रोका? अब गे भट्टा पै जांगे और अपने खाये गयी रोटी-दाल कौ बदलौ चुकाएँगे। अँधों तुम अपने घर लौट जाओ। तुम खुद अपनो पेट नाँइ भर सकते। इन्हें कैसे पालोगे?" ताऊ ने विवेक से काम लिया। उन्होंने फूफा की मदद से जात-बिरादरी वालों की पंचायत बुलवाई। पंचायत में भिकारी से कहा गया कि वह इन छोटे-छोटे बच्चों को अकेले भट्टा पर न भेज कर पूरे परिवार के साथ खुद भी भट्टा पर जाए और अपने सगे बेटे को भी ले जाय। और यदि वह इन बच्चों का भरण-पोषण नहीं करना चाहता है तो इन्हें ताऊ और बाबा के साथ जाने दे। पंचायत में बहुत सारी बातें हुईं जो मेरे मानस पटल पर अब नहीं हैं। निर्णय यही हुआ कि माया-सौराज को ताऊ के साथ पाली से नदरोली जाने दिया जाए। बड़ी हीला-हुज्जत के बाद भिकारी ने फैसला माना, पर इस शर्त के साथ कि ये दुबारा पाली रहने नहीं आयेंगे।

अम्मा के लिए यह कुछ आत्मसन्तोष का विषय था। पर वह यह भी जानती थी कि नदरोली में भी हमारे पेट के लिए कोई प्रबन्ध नहीं है। ताऊ, ताई आर्थिक रूप से समर्थ नहीं हैं। बाबा अंधे होने के कारण लगभग पराश्रित हैं। ऐसे में उसके बच्चों का गुजारा कैसे होगा? पर भट्टा पर जाने से तो, बचे। बाकी हार-बेगार कर खाएँगे। उसने मन को समझा लिया। वह दृश्य मेरी स्मृति में कौंधता है, जब पंचायत के फैसले के बाद हम अपनी माँ से बिछड़ कर अपने पैतृक गाँव लौट रहे थे। उस समय पाली-अतरौली के बीच आठ-दस कि.मी. लम्बा कच्चा रास्ता था। दो-तीन मील दूर बगिया और पुलिया के पास एक प्याऊ थी। वहाँ तक भिकारी हमें वापस लेने आया था। वहाँ आकर खूब तू-तू, मैं-मैं हुई थी। वह बार-बार कह रहा था, 'लै जाइ रए हौ तो इनकौ खाइवौ दैकै जाउ। मैंने भट्टा की पेशगी लई है। मैं कहाँ ते लौटाँगौ?' अम्मा को इसके लिए उसने जरूर क्रूर यातनाएँ दीं। सच तो यह है कि अम्मा अपने बच्चों से एक पल भी जुदा नहीं रहना चाहती थी। यदि वह पाली छोड़ कर हमारे साथ आये तो पेट भरने और गोद में जो भिकारी का बेटा तेजसिंह और मेरा छोटा भाई रामभरोसे (जो अभी नादान ही था) है, उन्हें कैसे पाला जाए, इसका कोई रास्ता अम्मा के पास नहीं था। फिर भी वह पाली से कभी छह महीने बाद, कभी वर्ष-भर बाद हमारे पास नदरोली आ जाती थी।

नदरोली में भी हमारी हालत बदतर थी। चमड़े का काम करने के बाद दावत न दे पाने के कारण एक तो हमारा घर बिरादरी ने छेक रखा था, दूसरे आय का कोई निश्चित साधन न होने के कारण हम आते ही भूखों मरने लगे थे। ताऊ हमें पाली से ले तो आये थे, लेकिन एक वक्त का भी खाना दे पाना उनकी सामर्थ्य से बाहर था, क्योंकि वे नेत्रहीन थे। जमीन का टुकड़ा एक तो बहुत कम था और वह भी बंजर

कस्सी-फावड़े से खोदते थे। किराये से सिंचाई-बुआयी कराते थे। बीज भी नहीं लौटता था। उसमें की गयी मेहनत भी वापस नहीं हो पाती थी। क्योंकि सिंचाई के लिए रहट-बैल कुछ भी हमारे पास नहीं थे। ढेंकली का एक प्रयोग मैंने ताऊ के साथ जरूर किया था। वह भी ईंटें पाथने के लिए। भट्टा की पथाई से हमारी मुक्ति हो गयी थी, परन्तु यह खिजाँ से निकल कर बहार में जाना नहीं था। कुआँ से बचकर खाई में जाना था। आखिर गाँव में पैतृक विरासत का माल-मत्ता हमारे लिये कहाँ था? अगले दिन से ही हमें कमाना-खाना था। घास खोद कर बेचने का काम बहन करने लगी और मैं उसे लेकर शहर चला जाता था। राहत यह थी कि हम अपने सगों के बीच थे और परेशानी यह कि यहाँ माँ से दूर थे।

कौम के ठेकेदार

वाकया उन्नीस सौ छियासठ-अड़सठ का होगा। अम्मा हमें गाँव से लेकर चन्दौसी आ गयी थी। उसने लाला नन्दराम की चक्की पर अनाज साफ करने का काम शुरू कर दिया था।

'भूरी' जिसे हम मौसी कहते थे। रिश्ते में वह अम्मा की भतीजी लगती थीं। उसका बेटा फूलसिंह मुझसे मात्र छह माह छोटा था। गाँव में कोई काम नहीं था, इसलिए भूरी भी माँ के साथ चन्दौसी आ गयी थीं। उसका भाई साधू राम गेरुए कपड़े पहन कर सड़क पर बैठ कर जूते गाँठने का काम करता था। बड़ी मौसी दिल्ली में थी। नाना-नानी ने दो कमरों के बराबर जगह बेटियों को देना तय कर लिया था। सो सभी बहनों ने रजामंदी देकर बड़ी मौसी को यह जगह छोड़ दी थी।

मौसी-मौसा जल्दी दिल्ली छोड़ने की स्थिति में नहीं थे। उनके बनाए हुए मकान में हमें रहने की इजाजत मिल गयी। किराया दिये बगैर हम मौसी के घर में ही रह सकते थे। बाकी रोटी के लिए हमें अपने शरीर से काम करना ही था। किराया देने के बजाय घर-आँगन की सफाई करना हमारी जिम्मेदारी थी। सो यह घर हर दिन साफ करना पड़ता था, क्योंकि बाहर से खुला होने के कारण कुत्ते हर दिन विष्टा कर जाते थे। इस घर की चारदीवारी खड़ी करने की हमारी क्षमता नहीं थी। शौच और पानी के लिए बाहर दूर जाना पड़ता था, जंगल या सामूहिक बम्पुलिस* में।

मेरे लिये काम तलाशा गया था। मैं छह-सात वर्ष का बालक किसी तरह के कठोर काम करने में समर्थ नहीं था। अतः फूलसिंह और मैंने बूट-पॉलिश करना सीखा। यह काम चन्दौसी के दलित बच्चे आज भी करते हैं। हम रेल में इधर बहजोई, बबराला तक, उधर बिलारी, कुंदरकी तक और बरेली लाइन पर अम्बाला तक बूट-पॉलिश करते हुए चले जाते थे।

शहर में हम आढ़तियों और दुकानदारों के बूट-पॉलिश किया करते थे। एक जोड़ा दस पैसे में और दो जोड़े पन्द्रह पैसे में, पॉलिश कर दिया करते थे। हमें गाँधी

---

* बम्पुलिस = सामूहिक शौचालय

चौक पर मजदूरों में बैठने के लिए कहा गया, परन्तु फूलसिंह मुझे वहाँ से उठा ले जाता और शहर के सिनेमाघरों, स्टेशनों, होटलों और दुकानों में लगी अच्छी-अच्छी तस्वीरें देखते-घूमते दिन गुजर कर हम शाम को घर लौट आते थे। पर चूँकि फूलसिंह के पिता भी काम करते थे। वे राज मिस्त्री थे पर उन्हें काम न मिला तो जूते गाँठने लगते थे। इसलिए अच्छे काम की हसरत बनी रह जाती। वह कुछ भी नहीं कमाता तो भी रोटी मिल जाती थी, जबकि मेरे घर में कई सदस्य थे और कमाने वाली अम्मा और बाल-मजदूर मैं था। नहीं कमाता तो दाल-आटे में कमी हो जाती।

एक दिन का वाकया है। चुन्नी मौहल्ला में रहने वाले हरिश्चन्द्र के पिता श्री दीपचन्द ठेकेदार उन दिनों भवनों के निर्माण कार्य का ठेका लिया करते थे। उन्हें मौहल्ले से बेलदार औरतों बच्चों की जरूरत थी। अम्मा उस दिन बुखार में पड़ी थी। सो मुझसे काम को कहा गया। बीच शहर में इलाहाबाद बैंक का निर्माण कार्य चल रहा था। मैं बजरी-रोड़ी सीमेण्ट, पानी इत्यादि मशीन में डालने का कार्य किया करता था। इसके लिए हमें एक-एक रुपया रोज की मजदूरी मिला करती थी। कपड़ा नहीं होता था, इसलिए ऊपर नंगी खोपड़ी पर भारी तसला होता था और नीचे पाँव रेत, बजरी व सरियों पर चल रहे होते थे। एक दिन टूटे हुए तसले ने मेरी हथेली काट दी। गहरा चीरा लग गया, तो मुझे काम से हटना पड़ा। खून को रोक कर कपड़ा बाँध लिया। ठेकेदार ने घर लौटा दिया। जब मैं लौटा, तब शाम के करीब चार बजे थे। उसके बाद मैं कई दिन हाथ से काम करने में असमर्थ रहा। पूरे एक सप्ताह मेरे हाथ में पट्टी बँधी रही। अम्मा ठेकेदार के घर मेरी मजूरी माँगने गयी तो उन्होंने यह कह कर टाल दिया कि दुबारा काम पर आयेगा तब नया-पुराना हिसाब कर दिया जायेगा। परन्तु जब बार-बार माँगना पड़ा तो एक घण्टे के आठ आना काट कर बाकी आठ आना दे दिये। अम्मा ने कहा एक घण्टा के चार आना काट लो, बारह आना दे-दो। चार आना दे दो की गुहार उन्हें चौदह दिन लगानी पड़ी, वे चार आना आज तक मेरे पास नहीं आ पाए। करीब बीस साल बाद मैं छात्रवृत्ति के लिए अपना खाता खुलवाने इलाहाबाद बैंक में गया था। वहाँ मुझे जयपाल सिंह (छात्र नेता) ने कहा कि हरिश्चन्द्र नेता जी ने आपको रात्रि के खाने पर बुलाया है। नेताजी विधायक पद के लिए चुनाव लड़ चुके थे। थोड़ी-बहुत सामाजिक कार्यों में रुचि लेते थे। उनकी स्पर्धा नये दलित नेताओं से चल रही थी।

तब मैं दलितों का लोकप्रिय वक्ता और पत्रकार बन गया था। वे मेरी प्रतिभा का उपयोग अपने पक्ष में करना चाह रहे थे। व्यक्ति सज्जन हैं, पर मैं स्मृतियों को क्या करूँ? घटना को याद कर, भोजन से उठकर चला आया।

पुरखे

बचपन से देखता-सुनता आ रहा हूँ कि पिछली दो-तीन पीढ़ियों से मोहल्ले-भर के

किसी भी घर में आने वाली नवविवाहित वधू को सबसे पहले दयाराम चच्चा के घर-आँगन में बिठाया जाता है। उसके बाद ही वह अपनी सास के घर जाती है। मैं सोचता था, इस प्रथा का कोई कारण होना चाहिए। मैंने दयाराम चच्चा से एक प्रश्न किया था कि क्या हमारे पूर्वजों का भी कोई इतिहास है? मैं तो अपने बाबा के बाप का नाम भी नहीं जानता, जबकि लिखे-पढ़े लोगों को तो अपनी कई-कई पीढ़ियों का इतिहास ज्ञात होता है। हाँ, ताऊ और बब्बा ने जो टुकड़ों में घटनाएँ बतायीं उनकी कतरनें जरूर दिमाग में हैं। हम सामान्य लोगों को भी अपना अतीत कुछ तो पता होना चाहिए। उन्होंने बताया था, "भाई सब कुछ मालूम है।" "क्या मालूम है?" मैंने पूछा तो वे बताने लगे (और साथ डोरी ताऊ, छोटे चच्चा वगैरह भी हाँ-हाँ करते रहे थे)–

बुलंदशहर जिले में अनूपशहर और जहाँगीराबाद के बीच में 'भोपुर' नामक गाँव था। (इस गाँव का जिक्र मैं भोपुर की चामुण्डा के पूजन में सुनता रहा हूँ।) वहाँ जवहर (जवाहर) नामक एक चमार परिवार रहता था। जवाहर के बक्शी, नन्हें, चितई और सनेही आदि पाँच लड़के थे (पाँचवें का नाम ज्ञात नहीं) वे उनकी छठी सन्तान एक लड़की थी। भोपुर उन दिनों एक जमींदार की जमींदारी में था। हमारे सभी पूर्वज जमींदारों की टहल (गुलामी) करते थे। उनके पास पेट भरने के लिए अपने हाथ-पाँव की मेहनत के अलावा कोई साधन नहीं थे। उनमें से एक बेटे की ससुराल नदरोली में थी। एक बार जमींदार का आदमी (जिल्लेदार) जवाहर के घर आया और उसने बेगार पर जाने के लिए कहा। वे उस समय खाना खा रहे थे।

"खानो खाइके आऊँगो।" ऐसा उन्होंने जबाव दिया तो जिल्लेदार ने सुनते ही उनकी पिटाई शुरू कर दी। शाम को जवाहर के बेटे बक्शी, नन्हें, चितई और सनेही को घर आने पर पता चला कि जिल्लेदार उनके बाप की पिटाई कर गया है। जवाहर ने इस अपमान को सह लेना चाहा। परन्तु बेटों को यह गम्भीर अपमान की बात लगी। उन्होंने बदला लेने की योजना बनाई। इन पाँचों भाइयों में बक्शी भीम की तरह पहलवान थे। नन्हें शरीर से हल्के पर बुद्धि से तेज थे। सनेही और चितई भाइयों की हाँ में हाँ मिलाने वाले थे। बक्शी ने जिल्लेदार को मार आने की बात कही, जबकि चितई और नेही ने कहा कि इस गलती की शिकायत जमींदार से करके हमें प्रार्थना करनी चाहिए कि वह आगे कभी हमारे बाप पर हाथ न चलाये। लेकिन नन्हें का कहना था कि 'हमें अपने तरीके से बदला लेना चाहिए।'

युक्ति यह निकाली गयी कि हम पहले चुपचाप जाकर जिल्लेदार को दुआ-सलाम करें, फिर उससे अपमानित करने की वजह पूछें। सन्तोष न हो तो उसे वहीं मारकर जमीन पर बिछा दें। वे पाँचों भाई अपनी योजना के मुताबिक जिल्लेदार के पास पहुँचे। दरवाजे पर ही उससे भेंट हो गयी। बजाय गलती कबूल करने के जिल्लेदार ने वही अपमान-सूचक व्यवहार दर्शाया तो बक्शी ने ताव में आकर लाठी उठाई और उसकी खोपड़ी फोड़ दी। वह भरभरा कर जमीन पर गिर

पड़ा। बाकी चारों भाइयों को हाथ उठाने की जरूरत ही नहीं पड़ी। वह मर चुका था। ऐसी स्थिति में उसे छोड़ कर वे लोग अपने घर लौटे। अंग्रेजों का जमाना था। जमींदारों की उनसे साँठ गाँठ होती थी। इस डर से पाँचों भाई अपनी बहन को साथ लेकर अज्ञातवास में चले गये। चार-छः महीने जहाँ-तहाँ जैसे-तैसे गुजार कर वे कालान्तर में अपने भाई की ससुराल नदरोली आये। वे यहाँ एक अस्थायी ठिकाना बना कर दिन काटते रहे। बाद में जवाहर और जमींदार के बीच अंग्रेजों ने सुलह कराई। वे पाँचों भाई-बहन सहित नदरोली में ही बस गये। इन पाँचों की सन्तानों में बक्शी के दो बेटे हुए, इनमें एक थे बिहारी। बिहारी के तीन पुत्र हुए—दुर्जन, टुंडी और लौकी। दुर्जन के गंगा सहाय, डोरी और प्यारे तीन बेटे हुए। नन्हें के भी तीन बेटे हुए—भागीरथ, विधाराम और गंगाराम। चितई के दो बेटे थे—लछमन और कल्लू। लछमन के सहाय तथा भजनी दो बेटे हुए और कल्लू सन्तानहीन रहे। सनेही के चार बेटे थे—खमानी, खरगी, कालू और उत्तम। खमानी के हुए दयाराम और खुशालो (बेटी)। खरगी के छब्बी और छब्बी का कोई नहीं। कालू के तुस्ती, खूबी और पीतम्बर हुए। इनमें तुस्सी की चम्पा। खूबी के रामचन्दर, मुंशी, लीलावती और चन्द्रवती। टीकाराम के नरायन और हरप्यारी (बेटी) हुए। पीताम्बर की नैकसिया। उत्तम के पैमी हुए और पैमी का कोई बच्चा नहीं हुआ। हमारा मूल भोपुर गाँव है। इसे प्रमाणित करने के लिए आज तक जारी भूत-पूजा मौजूद है। जब हमारे यहाँ छोटे, मक्खन और खचेरी पर देवी चढ़ती है और जब दूसरा भूत मजबूत होता है तो अन्ततः भोपुर की चामुण्डा को याद किया जाता है। वह आती है, और प्रतिद्वन्द्वी को मात देकर झाड़-फूँक में सफलता का श्रेय पाकर चली जाती है।

अब नव ब्याहुली बहू को टोड़ी या जानकी के घर उतारने वाली प्रथा भी समझ में आयी। मेरा घर छिका* होने के कारण इस प्रथा से बाहर रहा। यह प्रथा इस तरह चालू थी कि नई बहू के पहली बार मान के घर उतरने से उसकी आमद अशुभ नहीं होती। टोड़ी और जानकी मान की वंश बेल हैं। उन्हीं के यहाँ हमारे पुरखों ने शरण ली थी। वे पूर्वजों की बेटी की ओर से ज्यादा नजदीक हैं।

पाँच-छह पीढ़ियों यानी दो सौ-चार सौ साल के इस जीवनक्रम का कोई इतिहास नहीं है। अपनी पृष्ठभूमि से जुड़ी अपनी जड़ों को देखने-समझने की आवश्यकता से मैंने अपनी यह जानकारी यहाँ सार्वजनिक की है। इसमें नाम और क्रम थोड़ा-बहुत गड़बड़ हो सकता है, पर कुछ अतिरिक्त जुड़ा नहीं है। चूँकि जवाहर नामक पूर्वज की सन्तानें उन्हीं की तरह उत्पादन के साधनों से वंचित थीं, इसलिए वे दूसरों के खेतों, क्यारों, घर और दूसरे क्षेत्रों में काम करते थे। इस पृष्ठभूमि के क्रम

---

* छिका हुआ घर = जाति से बाहर

को जाने बगैर मेरी जिन्दगी के संघर्ष को नहीं जाना जा सकता। जीविका के स्रोत जैसे आजादी से पहले इन लोगों के पास नहीं थे, वैसे ही मेरे परदादा नन्हें के मझोले बेटे विधाराम के दोनों बेटों बाबूराम और राधेश्याम और इनकी तीन बहनों (कलावती, मानो और छोटी) के पास जीविका के आधार के तौर पर उपजाऊ भूमि से लेकर व्यापार तक के कोई भी साधन नहीं थे। वे दलित-सर्वहारा थे। सवर्ण समाज की तुलना में आज भी मानवीय गरिमा पाने से दूर हैं। मेरे ताऊ बाबूराम और पिता राधेश्याम दोनों की ससुराल चन्दौसी के चुन्नी मोहल्ला में थोड़े से फासले पर है। दुर्जन के पुत्र डोरीलाल की शादी भी चुन्नी मौहल्ले में ही हुई थी। मौहल्ले के रिश्ते से मेरी माँ, मेरी ताई और डोरीलाल की पत्नी सियामनिया (भूरी) की बुआ लगती थीं। परन्तु ये तीनों लगभग बराबर की थीं। इस कारण आपस में इनका व्यवहार मित्रवत था और एक-दूसरी को नाम लेकर सम्बोधित करती थीं।

मांसाहार हम सबका प्रमुख पसन्दीदा भोज्य था। पिता की मौत से पहले हमने मुर्दा मवेशी का मांस कभी नहीं खाया था। उन दिनों बकरों के सिर और पैर खाए जाते थे। जितना मुझे स्मरण है, उसके अतिरिक्त माँ ने मुझे बताया था। चमारों का मौहल्ला दो भागों में बँटा था। दोनों मौहल्लों के बीच एक रास्ता था। रास्ते की ओर दोनों के पिछवाड़े थे। उसी तरह वे एक-दूसरे से पीठ किए रहे। दोनों के देवी-देवता भी बँटे हुए थे। दोनों मौहल्लों से दर्जनों लोग दुनिया से जा चुके हैं, पर देवता अभी नहीं मरे हैं। परले यानी रास्ते के दूसरी ओर वाले मौहल्ले में, रामसाय बब्बा, हप्पू चच्चा, होती ताऊ के पुत्र केदारी और रामचरन मास्टर के मुख्य देवता हैं 'जाहरवीर'। और हमारे उल्ले यानी रास्ते के पहली ओर वाले मौहल्ले में, जिसमें एक छिका हुआ मेरा घर भी शामिल है, इधर 'सैय्यद बाबा', 'बंगाली बाबा', 'भोपुर की चामुण्डा', 'करनवासवाली' और 'बेलोनवाली' देवियाँ पूजी जाती हैं। प्रायः दोनों मौहल्लों के आपसी झगड़ों के साथ-साथ देवी-देवताओं का शक्ति प्रदर्शन भी होता था। इधर जन बल अधिक था, इसलिए भूत बल भी इधर ही अधिक था। मक्खन, खचेरू डोरी ताऊ के पिता दुर्जन आदि हर तीसरे-चौथे दिन भूत-पूजा का अखाड़ा जमा देते। कभी कमोरे पर थाली झनझनाती तो कभी सैय्यद आकर अपनी कुहनियाँ जमीन में गाड़-गाड़ कर अपनी बलिष्ठता की धाक जमा देते। उस्ताद शागिर्द के सिर पर हाथ रख कर बुदबुदाते और फिर देवता उनके शरीर पर सवार हो जाता। हर बीमारी का शर्तिया इलाज झाड़-फूँक से किया जाता था। पूजा-पाठ का उपक्रम बड़ा ही मनोरंजक संगीतमय होता था। सामूहिक रूप से भूत के लिए गान(छंद) होता। एक बानगी देखिए–

"आवन-आवन कह गये रन छतरी रे
तोइ बीते बारह मास सूरमा जुल्मै रे।
अरे रन छतरी माँ तेरी बरजे,

बहन तेरी बरजे रे बहन तेरी बरजे रे।
तू रन जूझन मत जाइ भाई रे ॥
अरे सूरिमा-धरती चले न आकाश चले न आकाशै रे।
तेरी मंझ लोक में गैल भाई रे ॥
अरे सूरमा तू न तो धरती पर चलता है और न आकाश में चलता है
तेरा रास्ता मध्य लोक में है।
अरे सूरमा धुर बंगाले से गुरे हैं लँगड़े, धुरे हैं लँगाड़े रे
कोई पश्चिम वरसन हार सूरमा गजवै रे
अरे बंगाली बाबा बाहर विद्या आगे,
बारह विद्या पाछे रे कोई बीच में
करै शिकार भाई रे।"

छन्द कहीं टूटता या गायक भूलता तो उसकी पूर्ति मेरे ताऊ बाबूराम करते थे। वे अँधे थे, पर उन्हें दर्जनों कथाएँ कण्ठस्थ थीं। मैं उनकी बगल में बैठ कर सुनता-सीखता था।

हमारे देवी-देवता भी कम मांसाहारी नहीं थे। पर उन्हें ताजा मांस पसन्द था। वे मुर्दा मवेशी का मांस नहीं खाते थे। सैय्यद को मुर्गा, बंगाली बाबा को बकरा या भेड़ का बच्चा जिसे मेंढ़ा बोला जाता था। मरीज ठीक होने पर निश्चित तिथि को मेंढ़ा-बकरा लाया जाता था। एक ओर हाण्डी में मांस पकाया जाता था तो दूसरी ओर भूतों का अखाड़ा जमता था। पकने के बाद पहले देवता खाता, फिर घर-घर बोटियाँ व शोरबा बाँट दिये जाते। बँटवारा उम्र में बड़े होने के नाते पैजू (बैजनाथ) ताऊ करते थे और वे कभी भी निष्पक्ष बँटवारा नहीं करते थे। वे मुँह देखकर बोटी और शोरबा देते थे।

उन दिनों चमारों के दोनों मौहल्लों में शायद ऐसा एक भी घर नहीं था जो मछलियाँ नहीं मारता-खाता हो। गाँव के पूरब और उत्तर में दो तालाब थे और दक्षिण में करकवाइ नामक अस्थायी जलवाली नदी थी। दूर पश्चिम की ओर भी तालाब था। गर्मियों के दिनों में कभी किसी एक में तो कभी किसी दूसरे तालाब में मछलियाँ पकड़ने चमार, भंगी और मुसलमान (फकीर और तेली दोनों) मिलकर जाते थे। दो घरों को छोड़कर सभी के घर कच्चे मिट्टी के थे। चमारों के दोनों ओर भंगियों के घरों की छतें जुड़ी हुई थीं। हम एक छत पर चढ़ते और सभी पर घूमते-कूदते थे। हर छत पर सरकण्डों से निर्मित नीचे चौड़े और ऊपर पतले आकार के 'खोंच' रखे रहते थे। इनमें ऊपर हाथ डालने और बड़ी मछली का भी मुँह निकल सकने लायक आकार होता था। कौन बड़ा खोंचबाज है। मछलियाँ पकड़ने में कौन चतुर है, इसकी प्रतियोगिता होती थी। डोरी ताऊ, मेरे चाचा राधेश्याम, खचेरू और मक्खन लगभग

बराबर की दक्षता वाले खोंचवाज थे। यादव दिन में मछलियाँ नहीं पकड़ने देते थे। तालाब उनके कब्जे में थे। वे किसी पर भी हाथ चला देते थे। गाली-गलौज करना तो उनकी आदत थी। रात को जब सारा गाँव सो जाता तो चोरों की तरह सभी इकट्ठे होकर तालाबों पर छापे मारते। गृहणियाँ रात में ही पतीले भर-भर कर मछलियाँ पका लेती थीं। गर्मियों के दिनों में यह एक जश्न की तरह चलता था।

मेरी पैदाइश के समय मेरे तीनों बाबा, ताऊ, मेरे पिता मुर्दा पशुओं को गाँव से उठाते थे। उनकी खाल उतार कर उसे गाँव के बाहर बनी रंगाई की कुठरिया में रंगते थे। चमड़ा उतार कर रंगनें तक की प्रक्रिया बड़ी जटिल और कष्टसाध्य थी। संक्षेप में—मुर्दा पशु को उल्टा कर उसको चारों पाँव दो-दो एक साथ करके रस्सी से बाँध दिये जाते और उसमें बड़े-बड़े मोटे दो बाँसों को, जिन्हें संगेटे कहते थे, डाल कर चार लोग अपने कन्धों पर उठाते थे। आज इक्कीसवीं सदी में भी स्थिति केवल इतनी बदली है कि मेरे गाँव के पास सेंजना कस्बे के मुस्लिम लोग इस काम का ठेका लेते हैं। चमार जब इस पेशे को करते थे तो बनिये, तेली और यादव आदि जातियाँ थू-थू करती थीं, क्योंकि इन जातियों का उत्पादन के संसाधनों पर पूरा कब्जा था और अब मुसलमानों ने मवेशी धन्धे से काफी आमदनी की है। काम मूल रूप में आज भी चमार ही करते हैं। पिछले दस-बारह साल से ठेकेदार के बतौर नौकर ठेला ट्राली में मुर्दा मवेशी ढोने, खाल उतारने का काम करते हैं। गंगुरा (जरीफनगर) के चमार मेरी मौसी के देवर, जेठ और उनके बच्चे, पाली के कौमिल सिंह के भाई और नेकसिंह (मेरी मौसी के छोटे दामाद) ये लोग ठेकेदार के नौकर हैं। कितने पशु उठाए, कितनी खालें उतारीं, इस हिसाब से उन्हें केवल मजदूरी मिलती है, जो अल्पतम होती है। इसलिए इन लोगों के जीवन में कोई सुधार या बदलाव नहीं आया है। पढ़ाई-लिखाई जैसी चीजों से ये आज भी अपरिचित हैं। मतदान ये अपनी इच्छा से नहीं कर पाते, इसलिए सरकार बनाने या न बनाने में इनके विवेक की कोई भूमिका नहीं होती।

मेरे तीनों बाबा मुर्दा मवेशी उठाने का काम करते थे। पहली पीढ़ी तक पूरे मौहल्ले में यही काम होता था। लेकिन मैंने जब होश सँभाला, तब केवल दो-तीन घरों में यह काम रह गया था। एक तो डोरीलाल, गंगासाय और प्यारे तीनों भाई मवेशी का काम करते थे और इनके अलावा मेरे ताऊ, बब्बा यह काम करते थे। रंगइया-फरइया करने वालों की आमदनी बाकी मजूरी करने वाले चमारों की अपेक्षा कुछ बेहतर थी। जिनके पास दो-चार बीघे जमीन थी, उनका भी गुजारा ठीक से नहीं होता था, क्योंकि कृषि उत्पादन उस समय काफी पिछड़ा हुआ था। रंगइयों की आमदनी अच्छी थी, इसलिए ये लोग कुछ अच्छा खाते थे। उन दिनों रंगइया अपनी बेटी की शादी रंगइया के घर में ही करना पसन्द करता था। एक ओर चार बीघा जमीन हो और दूसरी ओर लड़का रंगइया हो तो प्राथमिकता रंगइया को ही दी जाती

थी। रंगइया फरइया में इतना अन्तर था कि रंगइया चमड़ा रंगता था और फरइया केवल खाल उतारता था।

मेरे नाना नर्रे (मोटे) के परिवार की जीविका भी मुर्दा मवेशियों की खालों की दलाली पर निर्भर थी। उनके पास न तो चमड़ा रंगने का कोई साधन था और न कोई गाँव जिसके मवेशियों के मरने पर उनकी आमदनी निश्चित होती। फिर भी वे खालों की खरीद-फरोख्त में अच्छी आमदनी कर लेते थे, जिससे उनका परिवार ठीक से चल जाता था। परिवार लम्बा था। स्कूल का मुँह न तो मेरे बाबा दादाओं में किसी ने देखा था और न मेरी ननिहाल में किसी ने। सबके सब पीढ़ियों से निरक्षर थे, जिनमें जिन्दा बचे सदस्य आज भी साक्षर नहीं हैं।

नाना सड़क के किनारे बैठे लालची बनिये की तरह देखते रहते थे कि कोई बकुचिया में खाल लेकर आये और वे खरीद कर मुनाफे से बेचें। खालें नमक लगा कर सुखा लेते थे। मजबूरियों में भिन्न स्तर के प्रेम-सम्बन्धों की बात भी छोड़ दें तो शादियाँ सजातीय ही होती थीं और आज भी समान स्तर के लोगों में ही होती हैं। यही कारण था कि मेरे बाबा (बब्बा) और नाना में शादी सम्बन्धों के लिए पटरी बैठ गयी थी। पिता जी में जो एक अतिरिक्त खूबी मेरे नाना ने देखी थी, वह उनके कुशल कारीगर होने की हुनरदारी थी। उनकी पीढ़ी के लोग बताते हैं कि नदरोली में उन्नीस सौ इकसठ-बासठ के आस-पास जब अलीगढ़, आगरा में रिपब्लिकन पार्टी का आन्दोलन जोरों पर था तब जो लोग गाँव के बाहर बह रही सुधार की आबोहवा से प्रभावित थे, वे मुर्दा मवेशी के काम को बेइज्जती का काम मानने लगे थे। अपने काम को लेकर हीन भावना घर कर गयी तो बात बिगड़ती चली गयी। गंगी बब्बा, मैं, ताऊ बाबूराम और डोरीलाल परिवार के साथ पुश्तैनी काम करते थे। यानी मुर्दा मवेशी उठाना, खाल उतार कर प्रयोगशाला में पका कर शुद्ध करना। रंगाई बन्द हुई तो खाल उतार कर गुन्नौर ऊधो के हाथों बेचना इत्यादि मेरी ही बस्ती के लोग करते थे। पुश्तैनी पेशों से ही चिपके रहना कोई समझदारी नहीं थी। मगर अन्य कोई बेहतर काम करने के मौके हमें नहीं थे। परन्तु बड़ा काम यदि न हो तो छोटा काम हम कर सकते थे। उसे भी न करना खुद को बर्बाद करना था। उन दिनों जूतियाँ बनाकर जब पैंठ बाजार जाते थे तो वापसी में मीट-मछलियाँ, बकरे का सिर, जिसे हम सीरी कहते थे, वगैरह अवश्य लाते थे। घर में हर पैंठ का दिन त्यौहार जैसा मनाया जाता था। इसी जानकारी के कारण मेरे नाना ने मेरे पिता से माँ की शादी की थी। रंगइया यानि जो लोग मुर्दा मवेशी का चमड़ा उतार कर उसे कार्यशाला में रंग-पका कर शुद्ध कर लेते थे, उन्हें रंगइया कहते थे। चमड़ा रंगने के बाद उसी की जूतियाँ तथा कृषि के उपयोग की—नारे सारे, पुरहे वगैरह बहुत-सी वस्तुएँ बनायी जाती थीं। आमदनी अच्छी होती थी। ऐसे घर में कोई भी चमार अपनी बेटी की शादी करना खुशी की बात समझता था, क्योंकि लड़की सुखी रहती थी और घर में ही रहती थी। उसे बाहर

जाना नहीं पड़ता था। ताऊ दो चार साल बड़े थे। वे खाल उतारने, चमड़ा रंगने-बेचने का काम तो करते थे, पर जूतियाँ बनाने में या तो रुचि नहीं लेते थे या दक्ष नहीं थे। धीरे-धीरे नेत्र ज्योति कम होते जाने के कारण उनको कारीगर कहलाने का श्रेय नहीं मिल पाया था। इसीलिये उनकी शादी अपने छोटे भाई के बाद हुई थी वहीं चन्दौसी के चुन्नी मौहल्ले में। ताई के भइया-भतीजे आज भी चन्दौसी की सड़कों पर बैठे जूतों पर पॉलिश करते हुए मिल जाएँगे। उनकी माली हालत में कोई सुधार नहीं हुआ है। उन दिनों की जो स्मृतियाँ मेरे मानस-पटल पर शेष हैं और चीजों की जो परछाइयाँ मेरे जेहन में मौजूद हैं, उनके आधार पर कहूँ तो उस समय तक चूँकि सभी लोग एक साथ मिल कर एक जैसा काम करते थे और परस्पर एक-दूसरे से सहयोग का आदान-प्रदान करते थे, इस कारण आत्मीय भाईचारा, एकता और प्रेम बहुत था। पर स्पृश्य जातियों की तुलना में जीवन-स्तर निम्न ही था। एक-दूसरे के सुख-दुख में वे लोग पूरी हमदर्दी से शामिल होते थे।

मेरे बचपन को मेरे पिता के स्नेह का साया बहुत कम मिला। इसलिए उनसे जुड़ी अधिक स्मृतियाँ मेरे जेहन में बाकी नहीं बची हैं। कुछ धुँधली और अस्पष्ट होती जा रही हैं और कुछ का आभास-भर ही रह गया है। तब ताऊ के कोई बच्चा नहीं था। बड़े बब्बा (भागीरथ) के दोनों बच्चों की मृत्यु हो गयी थी। यानी मेरे चाचाओं की असमय मौत हुई थी। उसी तरह छोटे बब्बा (गंगी) की न केवल दो सन्तानों की अकाल मृत्यु हुई थी, बल्कि उनकी जीवन-संगिनी भी असमय चल बसी थीं। मैं अपने माता-पिता की दूसरी सन्तान था। मुझसे बड़ी मेरी बहन माया है। सवर्णों की तरह दलितों में भी लड़के को वंश चालक माना जाता था। इसलिए मुझे अतिरिक्त प्यार और दुलार मिलता था। तीन बाबा और दो दादी-माएँ, ताई, माँ और तीन बुआये, साथ ही एक बहन। इनमें मैं अकेला लड़का था। इसलिए हाथों-हाथ मेरा लाड़ दुलार चल रहा था। उस समय एक तो मेरी उम्र कम थी, दूसरे आज कल की तरह छोटे बच्चे को स्कूल भेजने की परम्परा न थी और उतावलापन तो कतई नहीं था। अतः स्कूल में मेरा दाखिला नहीं हो सका था। बस्ती के लड़के उलफत, रामसिंह और श्यामलाल का दाखिला हो गया था। उन दिनों सारे गाँव के यादवों में कुछ सुधरे हुए अध्यापक थे, जिनमें स्वतन्त्रता सेनानी और आर्यसमाजी अध्यापक अस्पृश्य वर्ग के बच्चों को स्कूल भेजने की व्यक्तिगत सलाहें देते थे। बच्चों का दाखिला करने के लिए वे चमारों की बस्ती में भी आते थे। स्कूल से भाग आने वाले बच्चे को घर से पकड़-पकड़ कर बुलाया जाता था। मैं स्कूल का औपचारिक छात्र नहीं था। स्कूल जाने वाले छात्रों से मैं छोटा था। इस कारण स्कूल-छात्र न होकर भी मैं यदा-कदा छात्रों के पीछे-पीछे स्कूल चला जाता था। मेरा दाखिला नहीं हुआ है, कह कर शिक्षक स्कूल से बाहर कर देते थे। मैं स्कूल लगने तक बाहर खेलता रहता। छुट्टी हो तो साथी मिलें। फूलसिंह मुझसे छह महीने छोटा था, और वह भी स्कूल से बाहर था।

इसलिए वह खेल में प्रायः मेरा जोड़ीदार बना रहता। तब तक स्कूल से इतना ही वास्ता था मेरा। इस पर भी मैं स्कूल से एक कलम चुरा लाया था। पता चलने पर मेरी माँ मेरा कान पकड़ कर सीधे अध्यापक के घर जा पहुँची थी।

नीम हमारा

बब्बा जितने बूढ़े थे, उनसे ज्यादा बूढ़ा था उनका नीम। वे कहते थे कि हमने होश सँभाला तब से नीम ऐसा ही देखा है। वैसा बूढ़ा, विशाल ऊँचाई लिये बड़े घेरे की पिंडली वाला वह नीम हमारी जातीय पहचान था। चार कि.मी. दूर सेंजना की सड़क और गोठना बंजर जमीन से वह नीम स्पष्ट दिखाई पड़ता था। रास्ता पैदल का हुआ करता था। नीम दिखा और बढ़ गयी हिम्मत। संयोग से चमारों का मौहल्ला बीच गाँव में था और ऊँचे टीले पर था। गाँव के बीच में इस कारण हो गया था, क्योंकि बाहर की जमीन पर यादवों और मुसलमानों ने घर-घेर बना लिये थे। 'वो देखो हमारो नीम दीख रओ है। अब पहुँचे घर।' अब आया घर, अब आया घर हम बार-बार कहते जाते और नीम जैसे पीछे हटता जाता, हमें घर पहुँचने में घण्टों लग जाते थे। न जाने वह किस बात का गर्व था हमें कि गाँव-भर में केवल हम ही नीम वाले हैं, बाकी किसी जात के पास हमारे जैसा नीम नहीं है। वह हमारा नीम बब्बा के बनाये पुश्तैनी घर के पिछवाड़े सटा खड़ा था। इतना विशाल और इतना बूढ़ा उम्र-दराज नीम मैंने अब तक के जीवन में दूसरा कहीं नहीं देखा। अन्त सभी का होता है। उसे सूखा रोग लगने लगा, उसकी सूखी शाखाएँ कभी चमारों के आँगनों में तो कभी भंगियों के आँगन में और यदि हवाएँ पूर्व की हुईं तो मुसलमानों के आँगन में जा गिरतीं। हमें उससे अनजाने में ही गहरा लगाव था। वह हमारे पूर्वजों की विरासत था। उसकी शाखाएँ हमारे आँगन तक फैली हुई थीं। रुकमनी चाची और खचेरा ताऊ के घर को बीच में छोड़ कर मटरू भंगी का घर था, जिन्हें मैं ताऊ कहता था। वे बम्बई में सफाई किया करते थे, उनकी बम्बइया ड्रेस मुझे आकर्षित किया करती थी। मैं उनसे काम दिलाने की बात करता तो वे कहते—"ले तो चल सकता हूँ पर क्या तू सड़कें साफ करेगा? छोड़ सकेगा जा नीम की बयार? तू ही का, कोई चमार नाइ जायेगा सफाई करने।"

यह जगह टीले जैसी-जैसी ऊँची थी जिस पर भंगी और चमार साथ-साथ रहते थे। हम चमार जानें क्यों खुद को ऊँचा और भंगियों को नीचा समझते थे। दस जने एक नीम के नीचे बैठकर भी भेद दर्शाने के लिए चमार मिट्टी के ऊँचे टीले पर और भंगी निचली जगह पर बैठकर लम्बे-लम्बे किस्से-कहानियाँ सुनाया करते थे। बीच में कोई यादव या मुसलमान आ जाता तो भंगी-चमार दोनों अपनी खाटें या ऊँचा टीला छोड़ नीचे जमीन पर बैठ जाते थे। यह सब सहज था। बराबरी के लिए किसी का कोई संघर्ष, तनाव या द्वन्द्व नहीं था। आर्य-समाजी होने से पहले मैं भी इस भ्रम में था कि मैं भंगियों से कुछ ऊँचा हूँ, जबकि हमारे घर की आर्थिक स्थिति भंगियों

की स्थिति से ज्यादा खराब थी। पता नहीं वह नीम हमारी कितनी पीढ़ियों की विरासत था। उसके क्षरण की ओर हमारा ध्यान नहीं था। हम उसे हमेशा खड़ा देखते रहना चाहते थे। एक समय ऐसा आया, कुछ हवाएँ ऐसी चलीं कि आँधी आयी और उसी नीम का एक डुग्गा टूट कर मेरे घर की छत पर गिरा। उसका कोहनी जैसा कूबड़ रोड़ी-सीमेण्ट ईंट और साल की तीन कड़ियाँ तोड़ता हुआ घर के भीतर तक चला गया था। उस रात मैं प्यारे चच्चा की ससुराल में डोरी ताऊ और फूलसिंह के साथ एक ब्याह की दावत खाने गया था। सुबह होते ही गाँव से आने वाले किसी व्यक्ति ने यह खबर दी थी कि नदरौली के चमारों का वह नीम टूट कर गंगी के घर पर गिर गया है। इतना सुनते ही मैं अशुभ की आशंका से घिर गया था। मैं तुरन्त गाँव की ओर भाग छूटा और पाँच-सात कोस का रास्ता तय करके जल्दी ही गाँव पहुँच गया। नीम दूर से दिखाई नहीं पड़ रहा यानी गिर गया। गंगी बब्बा तो अँधे हैं और, अगर सोते में गिर गया होगा तो। घर पहुँचा तो दृश्य देख कर आश्चर्यचकित रह गया। नीम की कुहनी छत की कड़ियाँ तोड़ कर बब्बा की टाँगों के बीच होकर जमीन पर आ टिकी थी। बब्बा को रंच मात्र खुरच तक नहीं आयी थी।

बाद में नीम के पत्ते झड़ गये। उसकी हरियाली सूखेपन में बदल गयी। बिरादरी वालों ने उसके डुग्गे कटवा दिये। भैंसा गाड़ियों में भर-भर कर उसका ईंधन शहर चला गया। अच्छी कीमत भी वसूली गयी, पर उसमें से हमारी छत-दीवार बनवाना तो दूर, हमारा सामान्य हिस्सा भी नहीं दिया गया। तर्क दिया गया कि नीम तो किसी उस पुरखे ने लगाया होगा जो सबका एक था और चूँकि इसकी शाखाएँ गंगी-राधे के घर की छत-आँगन को जादा सीरक (छाँव) देती रहीं तो अब पैसा में हिस्सेदारी कैसी। दूसरा तर्क कुछ पैसा पंचायती बैठक में लगेगा। थोड़ा-बहुत लगा भी, पर जल्दी ही वह चमारों की चौपाल भी बिक गयी। हमें उसमें से भी हिस्से का पैसा नहीं मिला। अबकी बार तर्क दिया गया कि तुम गाँव छोड़-छोड़ कर शहर भागते रहते हो, इसलिए अब गाँव में तुम्हारा है क्या? नीम की जड़ों का स्थान पैजू ताऊ के लड़के रामचरन ने कब्जा लिया। इस सबके बावजूद वहाँ बहार नहीं है। बस्ती खाली होती जा रही है। यादवों को अपने घर बेच कर भंगी-चमार दोनों गाँव भीतर से बाहर आ रहे हैं, और दोनों ही बाहर साथ-साथ बस रहे हैं, बाकी शहरों को पलायन कर चुके हैं।

बब्बा के बचपन में भी वह नीम खड़ा था। सौ साल से तो अधिक पुराना रहा ही होगा। हमारे घर बहुत छोटे-छोटे थे। एक घर में भीतर सिर ऊँची पतली चिकनी मिट्टी की दीवार बनाकर दो घर बना लिये थे। कुल स्थान पच्चीस-तीस वर्ग मी. रहा होगा, परन्तु मकान पक्के थे, अव्वल ईंट के।

एक समय चमड़े की रंगाई का काम लाभकारी और इज्जत का काम था। बब्बा के जमाने में तब गंगी और बीधे दोनों भाइयों ने एक जैसे कशीदाकारी वाले दरवाजे,

अव्वल ईंटों की दीवारें, साल की कड़ियाँ, उन पर भी एक फुट मोटा लैंटर डाल रखा था। चमारों में दो ही जनों के घर पक्के थे। एक हमारा, दूसरा टोड़ी ताऊ का। दोनों के स्रोत चर्मकारी ही थे।

मेरे पिता की मृत्यु होने, ताऊ, गंगी बब्बा और बड़े बब्बा के अँधे हो जाने तथा बीधे बब्बा की टाँग टूटने से अपाहिज परिवार में अब घर की ईंटें, दीवारें, कड़ाई और मजबूत छतें क्या कर सकती थीं? जब उसके बुनियादी बासिंदे ही टूट गये तो छतें कैसी? दीवारें ऐसी हिलीं कि आज तक नहीं जमीं।

बात उन दिनों की है जब मैं और नीम ही छत पर रहते थे। डुग्गे छत से होकर जाते थे। बहुत से हिस्से सूख गये थे। नीम चमरियाने पर चारों ओर छितरा गया था। रामचरन मास्टर की छत वाला हिस्सा, उस पर वह कब गिर जाये, इसलिए कटवा दिया गया था। काटने वाले बड़े उस्ताद थे। छोटे-छोटे हिस्से रस्सों की सहायता से उतार लिये गये थे।

नींम पर गिद्धों, चीलों, कौओं की फौज की फौज आती रहती थी। उनकी बींट से छत-आँगन गंदे होते रहते थे।

नीम के कुछ लाभ थे। छत पर छाँव में सोया जा सकता था। यदा-कदा नीम की सूखी लकड़ियाँ तोड़ कर मैं खाना बना लेता था। कई बार हवा चलती तो आँगन में खुद ब खुद सूखी लकड़ी आकर गिर जाती। बाकी समय मैं मौहल्ले की चाचियों, ताइयों के साथ घास काटने या शकरकंद खोदने को जाता था। जिन्हें डर था, उन्होंने नीम के डुग्गे कटवा दिये। अब हमारी ओर का हिस्सा बचा था। उसका प्राकृतिक संतुलन बिगड़ गया था, इसलिए एक दिन वह हादसा हो ही गया।

नीम टूट गिरने के बाद हमारे घरों की दीवारें दिख गयी थीं। छतों पर दरारें पड़ गयी थीं। अब नई छतें और दीवारें बनाना बस की बात नहीं थी।

ताऊ ने आधी कड़ियाँ बाँट लीं फिर किसी से पुरानी कड़ियाँ खरीद कर नीम की लकड़ी और फूस मिट्टी से एक काम चलाऊ छत बना ली।

मेरे हिस्से में आधी ईंटें आईं। टूट से बचीं दो-तीन कड़ियाँ और किवाड़ का एक हिस्सा और दो चौखटों में से ऊपर की एक साइड वाली एक चौखट। अब मैंने क्या किया। चौखट को चिरवा कर एक के दो हिस्से किए। यूँ दो-दो हिस्से कर चौखट की पूर्ति हुई और कड़ियों की मजबूती भाँपकर दो-तीन की दूरी पर कड़ियाँ बिछा दीं।

असली बात दीवारें भी पतलीं थीं, सो उसके लिए भी टूट-फूट के बावजूद आधी ईंटों से पतली दीवार खुद मैंने चिनी और कामचलाऊ घर बना लिया। सीमेंट की कमी रही, इस कारण दीवारें बरसात का पानी नहीं बचा सकीं। स्मृतियों की पूँजी कागज पत्तर और मेरी तस्वीरें गल गयीं। वे मुझे आज तक खलती हैं।

पिता को हुनरमंदी की सजा

जैसा कि मैंने कहा, जूतियाँ बनाने में मेरे पिता को विशेष महारत हासिल थी। उन दिनों टोड़ी ताऊ ने अपने दालान में सबकारीगरों को एक साथ बैठकर जूतियाँ बनाने के लिए जगह मुहैया करा दी थी। साथ ही उन्होंने एक समस्या और ह़ल कर दी थी। वह यह कि पैंठ (बाजार) वाले दिन सभी कारीगर पैंठ में जाकर एक ओर लाइन से अपनी-अपनी दुकानें लगाते थे। इससे सप्ताह में दो तीन पैंठों में प्रायः सभी जाते। तब काम रुक जाता। टोड़ी ताऊ ने व्यापार शुरू किया। वे कुछ कम दामों पर सभी से जूतियाँ खरीद लेते और सप्ताह में दो-तीन बाजार खुद करते। मुनाफा लेते थे और कारीगरों का समय बचा देते थे। उन दिनों एक समस्याग्रस्त ग्राहक की भेंट टोड़ी ताऊ से हुई। उसने समस्या रखी कि पिछले दो-तीन महीने से वह परेशान हैं। उसके पाँव की जूतियाँ नहीं मिल रहीं हैं। पुरानी जूती को वह एक ओर से कटवा कर अँगूठा बाहर निकाल लेता था, जिससे उसका पाँव आराम में नहीं रहता था। टोड़ी ताऊ चूँकि विभिन्न तरह की जूतियाँ और मुंडा (देसी जूता) रखते थे। एक डेढ़ दर्जन कारीगरों से वे काम लेते थे। इन कारीगरों में एक सदस्य मेरे पिता भी थे। वे एक कुशल कारीगर थे। टोड़ी ताऊ को उम्मीद थी कि राधे इस चुनौती को स्वीकार करेगा। वह ऐसा जूता बखूबी बना सकता है। उन्होंने पेशगी ली और जूती बनवा कर दी। इससे दक्षता के मामले में मेरे पिता का सिक्का जम गया था। मेरे पिता अनपढ़ होकर भी तीव्र बुद्धि वाले व्यक्ति थे। इस घटना से यह साबित हो गया था। मैं सोचता हूँ उन्हें पढ़ने का मौका मिला होता तो वे निश्चय ही और अधिक प्रतिभाशाली साबित हुए होते। एक बार तो अपनी इस महारत के चलते वे पुलिस के चक्कर में पड़ गये थे। उन्होंने एक बार, एक पाँव में दो अँगूठे तथा टेढ़े पंजे वाले व्यक्ति की जूतियाँ बनाने की चुनौती स्वीकार कर ली थी। जो काम किसी अन्य ने अपने हाथों में नहीं लिया, उसे उन्होंने बखूबी अंजाम दिया था। उनके द्वारा बनाए गये 'मुंड्डा' (आम जूतियों से अलग प्रकार, कुछ-कुछ जूतों की आकृति के) बेहद खास होते थे। अपनी इसी विशेषता और अपने जाति-समूह में कारीगरी को लेकर अलग पहचान बनाने के कारण उन्हें काफी नुकसान व मुसीबतें उठानी पड़ीं। माँ इस घटना को प्रायः सुनाया करती थी।

एक बार हुआ यह था कि रायपुर नामक गाँव में डाकुओं ने डकैती डाली थी। ग्रामीणों के जाग जाने के कारण डकैत तो भाग गये थे, परन्तु उनमें से किसी एक का मुंड्डा (जूता) वहीं छूट गया था। पुलिस तहकीकात करने गयी तो वह मुंड्डा (नोंक रहित देसी जूता) मिल गया। पुलिस ने तहसील-भर के कारीगरों का पता लगाया और सुराग लगाते-लगाते वे मेरे गाँव नदरोली आ गये। स्वतन्त्रता सेनानी सरदार सिंह यादव के पिता सिपाई सिंह यादव की चौपाल पर पुलिस ठहरी। चाचा की पेशी

हुई। थानेदार ने पूछा—"राधे चमार तू ही है?"

"हाँ हुजूर!" वे बोले

"यह मुंड्डा तूने बनाया है?" थानेदार ने सवाल किया।

उन्होंने स्वीकारोक्ति में कहा—"हाँ बनाओ है साब।"

"किस आदमी को बेचा?" फिर सवाल किया।

चाचा ने जबाव दिया, "हर पैंठ (बाजार) में बेचत हूँ और इकट्ठे टोड़ी भैया कूँ बेच देतु, हूँ और कौन-कौन खरीदतु है, जा कौ का हिसाब। जो बात में कैसे बताऊँ?"

उन्होंने असमर्थता व्यक्त की तो थानेदार क्रुद्ध होकर बोला—"नहीं बताएगा स्साले, चोरों-डाकुओं को जूतियाँ पहनाता है, हिस्सा खाता होगा...।"

इशारा पाते ही सिपाहियों ने उन्हें कारीगरी के इनाम देने शुरू किये। देह पर दो-चार डण्डे पड़ते ही वे कराह उठे। लात घूँसों की बरसात होते ही उन्होंने मदद के लिए पुकार की—"बचाओ लम्बरदार!" कहकर वे सिपाई सिंह यादव के पैरों में गिर गए।

"पतो होई तो नाम बताइ दै राधे।" यादव जी ने कहा। तब चाचा ने स्पष्टीकरण देने का प्रयास करते हुए कहा—"नाँय लम्बरदार मोइ कछु मालुम नाँइ।"

आखिर चाचा को डेढ़ रुपये का जुर्माना देना पड़ा और ऊपर से मार खाई सो अलग।

हमारे घरों की महिलाएँ भी अत्यधिक काम करती थीं, परन्तु परिवार चलाने के तौर-तरीके पुरुषों के ही चलते थे। वे किसी दबाव से नहीं, बल्कि स्वतः स्फूर्त ढंग से अपनी-अपनी जिम्मेदारियाँ सँभालते थे। पिता जिन्दा थे तब तक घर में एक भैंस या गाय दूध के लिए पाली जाती थी। भूमि कम होने के कारण कस्सी (फावड़ा) से खोद कर बीज डाले जाते थे या किराये पर किसी से बुवाई करवा ली जाती थी। सिंचाई का पानी ढेंकली या रहटों से दिया जाता था। ढेंकली अपनी होती और रहट का पानी किराए का होता था। वह भी 'गलुआ' अलग-अलग थे। चमड़ा रंगने के लिए एक 'कुइया' थी, बाकी दो पर पानी के साधन नहीं थे। अतः इस नाममात्र की कृषि में श्रम ज्यादा लगता था और उत्पादन बहुत कम होता था। कम जमीन होने के कारण बैल हम कभी पाल नहीं पाए। जुताई भी होती तो किराए पर। पशुओं का चारा काटना, उन्हें खिलाना, दूध दुहना तथा गोबर-कूड़े का सारा काम प्रायः महिलाएँ ही करती थीं। कूड़ा हम घर के पीछे जमा करते रहते थे। आठ-दस दिन बाद उसे बोरे या पल्ला (बड़े टोकरे) में भर कर ले जाते थे। गंगी बब्बा बड़े मजबूत व्यक्ति थे। मेरे पिता जीवित थे तो स्वेच्छा से सामर्थ्यानुसार काम करते थे। काम भी किस प्रकृति के थे? किसी की गाय-भैंस मर गयी तो उसे चार कन्धों पर लाद कर गाँव के बाहर ले जाने वालों में एक कंधा उनका भी होता था। गंगी बब्बा तो अँधे होने के कारण बेजुबान पशु की तरह जोत दिये जाते थे। हजारों साल की अशिक्षा, तिरस्कार और उपेक्षा ने उन्हें पशुओं से भिन्न छोड़ा ही कहाँ था—"साहित्य संगीत, कला विहीना साक्षात् पशु पुच्छ विषाण हीना" उक्ति उन पर लागू होती थी।

उनका उपयोग बस बोझा उठाने के लिए होता था। लेकिन पिता जी की अकाल मृत्यु के बाद दोनों बब्बा और ताऊ पर और भी संकट के पहाड़ टूट पड़े। मेरा बचपन तो सीधे प्रभावित हुआ ही था। बब्बा काफी वजन ढो सकते थे। उन दिनों डोरी ताऊ और हमारे दो घरों में मवेशी का काम होता था। काम क्या था? मुर्दा मवेशी उठाने, उनकी खाल पकाने (रंग कर) बेचने या कच्ची खालें गुन्नौर ले जाकर 'ऊधो' (जो बाद में स्थानीय नेता बन गये थे) को बेचने का काम था। मेरे पिता शरीर से स्वस्थ होने के साथ-साथ आँखों से भी ठीक-ठाक थे तो वे अपने अँधे भाई और अँधे चाचा को भी साथ ले लेते थे। अब 'डोरीलाल', 'गंगासाय' और 'प्यारे, तीनों भाई यही काम करते थे। वे पूर्णतया भूमिहीन थे, इसलिए जीविका का एकमात्र साधन मुर्दा मवेशी उठाना ही था। गंगासहाय, डोरी के बड़े भाई थे, और 'प्यारे' छोटे। इन दोनों की बीबियाँ मर चुकी थीं, जबकि डोरी का परिवार बड़ा, बीबी स्वस्थ और सुन्दर थी। बब्बा और मैं उन्हीं के साथ मुर्दा मवेशी उठवाने जाते थे। खाल उतारने के बाद उसमें से सेर दस सेर मांस भी निकाल लिया जाता था। झटका मीट की तुलना में वह मुर्दा मांस एकदम बेस्वाद होता था, परन्तु पेट की आग बुझाने के लिए वही भोज्य था। डोरीलाल के घर पतीले भर-भर कर मुर्दा मवेशी का मांस पकता था। खाल उतारना खास हुनरदारी थी। बब्बा यह नहीं कर पाते थे, जबकि ताऊ अँधे होकर भी बगैर कहीं 'खोंत' लगे खाल उतार देते थे। प्यारे तो बहुत ही दक्ष और बलिष्ठ थे। परन्तु बब्बा आँखों के बगैर ही संकल का पलँग बुन लेते थे। उसे देखकर आँखों वाले भी चकित होते थे। मैं आँखों का होते हुए भी उनके कई हुनर नहीं सीख पाया। हाँ, मैंने छोटे-छोटे कटरे-बछड़ों की खाल उतारने का हुनर ताऊ से सीख लिया था।

उन दिनों गाँव में अनाज पीसने की चक्कियाँ नहीं थीं। अनाज पीसने का काम हर घर में महिलाएँ ही करती थीं। दलितों में भी, मुसलमानों में भी और पिछड़ी जातियों में भी। गंगी बब्बा भी आटा पीसते थे। लेकिन अपने पेट लायक। ताई और माँ पूरे परिवार के आटे के साथ-साथ गाँव वालों का अनाज भी पीसती थी। चूल्हे सबके अलग-अलग थे। मेरी माँ और ताई में अक्सर लड़ाई होती थी, जबकि ये दोनों चन्दौसी के एक ही मौहल्ले की थीं। बस्ती के रिश्ते में फुफेरी-ममेरी बहनें लगती थीं। प्रातः मुँह अँधेरे घर-घर चक्कियों में कौर पड़ जाते थे। मैं अपने भाई-बहनों को गोद में डाले माँ को चाकी पीसते देखता था और गाते सुनता था। बहुत से गीत तो मुझे कण्ठस्थ हो गये थे। अन्य महिलाएँ भी तरह-तरह के गीत गा-गा कर आटा पीसती थीं। हमारे यहाँ बब्बा कई घरों में और स्थायी रूप से रामसिंह प्रधान के घर की चाकी पीसते थे।

रामसिंह यादव (प्रधान) की माँ पर बब्बा को अपार विश्वास था। बब्बा मेहनत की कमाई का पैसा-पाई उन्हीं के पास जमा करते थे। वे उनकी सच्ची बैंक थीं। उनका खाता संख्या जुबान और विश्वास था। हमारे घर की कहानी अलग थी। क्या

मैं उस जीवन को अघोषित कारावास का जीवन नहीं कह सकता। बच्चे सँभालने का काम महिलाएँ करती थीं। ताई और माँ घर का काम सँभालती थीं। वे घास खोदने, सिला बीनने और निराई-कटाई के काम भी करती थीं। मेरे पिता की मौत से पहले ताई या माँ, बाहर दूसरों के खेत-क्यार की मजूरी करने नहीं जाती थीं। इसलिए मुर्दा-मवेशी उठाने व जूतियाँ बनाने के काम से अच्छा गुजारा हो जाता था। बबूल को काट कर कस्सा तैयार करना तथा चमड़ा पकाने योग्य बनाने में वे आगे थीं। वे अपने मोर्चे पर पुरुषों के कार्यों में पूरा सहयोग करती थीं। एकाध दुधारू पशु अवश्य पाला जाता था। गाय या भैंस की देखभाल महिलाएँ करती थीं।

जहाँ तक धार्मिक आचार-विचार का प्रश्न है। हमारे निजी देवी-देवताओं की पूजा-अर्चना होती थी। कबीर-रैदास अलौकिक लीलाओं के साथ थे। सीना चीर जनेऊ दिखाना, कठौती से कंगन निकालना, रानी को शिष्या बना कर उद्धार करना आदि ने लौकिक यथार्थ भुला दिया था। घालमेल इतना कि कबीर, तुलसी, सूर, रैदास साकार-निराकार सब गड्ड-मड्ड थे कौम के परिवेश में।

बेग़ार-मजूरी

पिता की मृत्यु के बाद रंगाई-फराई दोनों काम हमारे घर से बन्द हो गये थे। मुर्दा पशु को उठाने, खाल उतार कर रंगने आदि की प्रक्रिया में अधिक शारीरिक शक्ति और अधिक सदस्यों की जरूरत होती थी। पिता जी की अकाल मृत्यु हो जाने और ताऊ बब्बा इत्यादि के लँगड़े होने और अँधेपन के कारण पूरा घर चरमरा कर बैठ गया था। आय की दृष्टि से हमारे घरों में स्त्रियाँ सबकी सब पुरुषों की कमाई पर ही आश्रित थीं। इलाज के लिए न पैसे थे न जानकारी, बल्कि आँखों के डॉक्टर आँखें निकाल लेते हैं, ऐसी भ्रामक धारणा सभी की थी। नीम की निबोलियाँ इकट्ठी करके गड्ढे में डाल कर और उनका छिलका गलाने-धोने के बाद बोरियों में भरकर चन्दौसी ले जाने का काम हम बरसात में करते थे।

भैंस या गाय के लवारे की खाल ताऊ डोरी का बेटा फूलसिंह और मैं उतार लेते थे और गाँव से तीन कोस दूर गुन्नौर में 'ऊधो' रंगइया ठेकेदार को बेच आते थे। ऊधो वर्षों पहले से माल (चमड़ा) खरीदते आ रहे थे। उनकी रंगाइशाला गुन्नौर से बाहर जंगल में थी। हम खेतों की राह चल कर वहाँ जाते थे। इस व्यवसाय से उन्होंने अपनी आर्थिक स्थिति अच्छी कर ली थी। बाद में वे नगर पालिका गुन्नौर के मेम्बर भी चुने गये थे।

गाँव में किसी बुजुर्ग यादव की मौत होती तो उसका मृत्युभोज कार्यक्रम यज्ञ जैसा होता था। उसी तरह वे शादियों में होड़ से खर्च करते। सौ-सौ, दो-दो सौ फिरके, बैलगाड़ियाँ बारातों में आतीं। दहेज भर-भर कर गाड़ियाँ जातीं। परन्तु लड़कियों को पढ़ाने-लिखाने में कोई रुचि नहीं लेते। काम-बेगार के लिए हम लोग आधी रात को

भी तलब कर लिये जाते थे, मुर्दे के साथ गंगा घाट तक जाने पर वहाँ उपस्थित होने वालों के नाम एक कापी में लिखे जाते थे। दाह-संस्कार के बाद स्नान करने और गुड़-चना खाकर कापी में नाम लिखकर लोग वापस होने लगते थे। दूर बैठे वाल्मीकि वहाँ कफन का कपड़ा और दान माँगने चले जाते। मृतक के निकट सम्बन्धी बाद में लौटते थे, तब मृत्युभोज में उन सबको दावत देकर बुलाया जाना निश्चित हो गया होता था। अन्यथा न्यौता आने में शंका बनी रहती थी। ऐसे अवसरों पर पेट-भर खाने का जुगाड़ होता था। मैं बब्बा के साथ लाठी पकड़ कर वहाँ जाकर खड़ा हो जाता था। हमारे बैठने की जगह जूठन उठाने वाले हमारे पड़ोसी वाल्मीकि परिवारों के साथ होती थी। वहाँ कपड़ा नहीं बिछाया जाता था। जूठे कुल्हढ़ पत्तलों का स्थान होने के कारण कुत्ते आपस में भिड़ते रहते थे। परन्तु चमार जूठन नहीं लेते थे। मैं जूठा नहीं खाता था। जाने क्यों मुझे जूठन के स्मरण से ही उल्टी आ जाती थी। यह चमारों के संस्कार में नहीं था। परन्तु लोग हिकारत से कहते थे–

"अँधे को बुलाओ दो जने (व्यक्ति) आवें! जो गंगी लौंडा तेरो नाती काए आओ, है?"

वे रिरियानी भाषा में बोलते थे–"लम्बरदार, मैं लठिया पकरिवान कूँ लै आओ हूँ। मैं एकाद पूरी कम खाइ लिंगो, जोउ दुए पूरी खाइ जाइगो। तुम्हारे का कमी है? वैसे लम्बरदार जाकी खुराक भौत कम है।"

बब्बा बहुधा ऐसी याचक भाषा बोलते रहते, जबकि मैं को एक बार उनका हाथ पकड़ कर पत्तल पर आने वाली पूड़ी-सब्जी से लगा देता। फिर वे आराम से खाते रहते। दावत में जाने के लिए वाणी से भी दयनीय दिखना जरूरी था। ऐसी उनकी अपेक्षा रहती थी। एक बार मास्टर मोहकम सिंह यादव के आँगन में पाँत जेम रही थी। मैंने रेय (बंजर जमीन में बर्फ-सा सफेद रेय कपड़े धोने के काम आता है। यह नमक जैसा नमकीन होता है और फसल के लिए हानिकारक होता है। पूर्वी उत्तर प्रदेश में इसे 'रेह' कहते हैं और गाँव के धोबी इसी से कपड़े धोते हैं।) मैंने कमीज धोकर बालों में तेल डाला और नीलाम से खरीदे अपने जूते चमका कर बन-ठन कर जब बब्बा के साथ पहुँच गया तो उन्होंने कहा–

"तू का चमार सो लगि रओ है? सजि-धजि कें नवाब बनिकें आओ है। आँगन में घुसनो चाहत है। जा उठि जा।" मैं उठकर घर आया। धीरे-धीरे मुझमें आत्मसम्मान जागने लगा।

यादवों की दावतों में चमारों, मुसलमानों (तेलियों) के कुछ सम्पन्न लोगों को न्यौता जाता था। वाल्मीकियों को सफाई का आदेश दिया जाता था और हमारा एवं डोरी का घर दावत के लिए अक्सर छोड़ दिया जाता था। हाँ, लिपाई-पुताई कराई जाती तो बदले में न्यौता जाता था। यह एक तरह से बदला भी था। इनके अलावा तेली और कुछ जाटव जब दावत करते तो यादवों को भी कच्चा चावल और बूरा

घर-घर पहुँचाते थे। हम इस स्थिति में ही नहीं थे। शादी वगैरह की दावतों के लिए तो मैं बारात के बैलों को भूसा डालने, गोबर उठाने जैसा फुटकर काम किया करता था, जिसके बदले दावत खाने को मिल जायेगी, यह आशा बनी रहती थी। यह निश्चित हो जाता और बराती-घराती सबके बाद हमारा भी नम्बर आ जाता था।

मृत्युभोज की कुछ यादें हैं। मैं देखता कि मुर्दे के साथ बहुत से लोग गंगाघाट के श्मशान तक जाते हैं। गरीब मरता तो वह गाँव के बाहर बँगरिया (मरघट) में गाड़ दिया जाता अमीर मरता तो सौ-पचास की संख्या में लोग उसके पीछे गंगाघाट तक जाते। कई लोग जरूरी काम छोड़कर लोक-रीति के कारण भी जाते थे। मृतक के परिवार वालों को दिखाने हेतु ज्यादा लोग मुर्दे के पीछे जाते। गुड़ मुरमुरे और चने खाते एक दिन कट जाता और एक आदमी वहाँ पहुँचने वालों के नाम जाति सहित कॉपी में लिखता। जब मृत्युभोज यानी तेहरवीं खिलाई जाती तो उन दर्ज किए नामों को अनिवार्यतः दावत में बुलाया जाता था। उससे दो-तीन दिन कट जाते। जिस दिन पूड़ियाँ मिलतीं, उस दिन सुबह से ही व्रत शुरू हो जाता था। कब बुलावा आये और हम जाएँ। छत पर चढ़ कर देखते कि सब लोग खा चुके हैं या नहीं। तब तेलियों की बारी आती थी। बाद में चमार और भंगी एक साथ बुलाए जाते थे। शुरू में चमार-भंगियों के घर गाँव से बाहर थे। यादवों और तेलियों ने बाहर की जमीनें खरीद कर जब घर-घेर बाहर बना लिये तो ये दोनों जातियाँ गाँव के बीच में आ गयीं। छुआछूत की भावना रखने के कारण गाँव के यादवों को चमारों और खास कर वाल्मीकियों को गाँव के अन्दर रहने से आपत्ति होती थी। उनके सुअरों को रास्ते नहीं मिलते थे। खुद वाल्मीकियों को अपने जानवर पालने में कठिनाई होती थी। अतः अपने घर-आँगन यादवों को बेच कर आजकल सभी वाल्मीकि और चमार फिर गाँव से बाहर आ बसे हैं। हाशिए से बाहर। तब ये भूमिहीन थे। आज भी भूमिहीन हैं। सरकारी पट्टे कागजों पर ही रह जाते हैं। हालाँकि गाँव में आर्य-समाज के विशेष प्रभाव के कारण छूत-छात की भयंकरता कम थी, लेकिन खान-पान तक में भेद-भाव कायम था। यहाँ तक कि तेली चमारों से और जाटव भंगियों से भेद करते थे। लालच में रुकमणी चाची और टोड़ी ताऊ की छत से मैं मटरू ताऊ के घर पहुँच जाता था। उनको कोई बेटा नहीं। वे बम्बई में रह कर सफाई का काम करते थे। जब भी बम्बई से आते तो उनके यहाँ एक-दो दिन मीट-मछलियाँ बनतीं। मैं सूअर का गोश्त उनके पास जाकर खाता, तो मुझे गन्दगी खाते सूअर की कल्पना हो आती थी। जब उन्होंने जब घर बनाया तब जो थोड़े खाते-पीते जाटव थे वे चूँकि भंगियों के घर खा नहीं सकते थे, इस कारण राजगिरी करने से भी कतराते थे। जबकि मटरू ताऊ यादवों से भी ज्यादा मजूरी देते थे। ऐसे में सीधे गरीब, चमार थे मुंशी चच्चा। वे सरल व्यक्ति थे। मुंशी चच्चा और मैंने दो-तीन सप्ताह काम करके उनके घर बनाए थे। मैं तब ईंटे पकड़ाता था। अजीब स्थिति थी। मटरू ताऊ की चाय तक हमें छिप

कर पीनी पड़ती थी। हम भरपेट कुछ जाटव तो यादवों से भी कहीं ज्यादा कट्टर थे। गाँव की कौम उन्हें चमार कहती और वे खुद को जाटव। मैं इतना छोटा था कि उन दिनों कोई भी राजमिस्त्री मुझे ईंट-गारे पर नहीं ले जाना चाहता था। चमारों में भी छिके हुए घर से था। इसलिए कोई परवाह नहीं करता था। गारे का भरा हुआ तसला मैं उठा नहीं सकता था। लेकिन ईंटों को कौली में भर-भर कर ढोता था। अपनी ठोड़ी तक ईंट के ऊपर ईंटें रखकर वजन उठाता था। ऊपर चढ़ना होता तो ईंटें सिर पर रखकर चढ़ता था। सुबह से शाम तक काम से थक कर आता तो गहरी नींद आती। मटरू ताऊ ने अपनी बम्बई की कमाई में से अच्छी मजूरी दी थी। कहा था बेटा एक चमकती कमीज बनवा ले। पर दिन निकलने पर जब सब बच्चे सो रहे होते तो मेरा कोई-न-कोई मालिक किसी-न-किसी काम के लिए मुझे जगा रहा होता था। खुद मकान बनवाने वाले भी मुझे छोटा देखकर काम नहीं देना चाहते थे, परन्तु मेरा श्रम बहुत सस्ता था—भरपेट रोटी और दो-चार आना पैसा। पहले दिन जब 'पुरावली' में खचेरू ताऊ के साथ में ईंटें देने गया था तो वहाँ सभी ने मुसटिया (चुहिया) कह कर मेरे बच्चा होने का मजाक उड़ाया और इस बात की विशेष निगरानी की थी कि मैं चार आने का काम भी कर पाऊँगा या नहीं। मुझे कोई अस्वीकार न कर दे, इसलिए मैं जी-जान से जुटा रहता था। बहुधा मैं बड़ों से ज्यादा काम करता था क्योंकि काम न मिलने की स्थिति में मेरा निर्वाह सम्भव नहीं था। मटरू वाल्मीकि भी मुझसे खूब काम लेते। मेरे लिये काम के घण्टे निर्धारित नहीं थे। भोर का प्रकाश होने से लेकर रात के अँधेरे तक मुझे काम-ही-काम करना होता था।

उदयभानपुर के वाल्मीकि परिवार का वह खेत गंगी बब्बा के खेत से पहले और आम रास्ते पर था। इस परिवार की पास चमारों से अधिक जमीन थी। लेकिन उन दिनों जमीनें उपजाऊ नहीं थीं। मेरे गाँव की अस्सी फीसदी से ज्यादा जमीनें बंजर थीं। वह वाल्मीकि परिवार बम्बई की नौकरी करने के बाद खेत सुधारने की बात भूल गया था। बम्बई से आने के बाद जब उन्होंने भी घर बनाया तो राज-बेलदार लेने के लिए वे भी नदरोली हमारे गाँव आये थे। नदरोली में ज्यादातर चमार राज मिस्त्री थे।

इस प्रसंग को देने का केवल इतना कारण है कि उदयभानपुर में जब मैं ईंट गारा देने गया था, तो घर से रोटी बना कर नहीं जा सका था। वैसे मैं गाँव में ऐसे कामों पर कम जाता था, जहाँ रोटी न मिले। यादवों के घरों से जो मट्ठा मिलता था, उससे तो मेरी अन्तरात्मा तृप्त हो जाती थी। परन्तु दाल में पानी ज्यादा होता था और नमक-मिर्च भी।

उस दिन मैं बगैर रोटी साथ लिये काम पर गया था। मुंशी चच्चा राज थे और मैं बेलदार। वे अपना खाना लेकर गये थे। दोपहर को उस अधूरे मकान में उस वृद्धा वाल्मीकि महिला द्वारा सेंकी गयी रोटियाँ मुझे वह चमार की या अपने हाथ की रोटियों से अलग नहीं लगी। चाहे एक पैसा मजूरी कम मिले पर रोटी मिले, यह मेरी इच्छा

रहती थी। दोपहरी में मुंशी चच्चा जब घर का खाना खा रहे थे। तब वह वृद्धा कहने लगी–

"लल्ला तू छूत न माने तो रोटी दाल मैं परस देऊँ।"

इस पर मैं मुंशी चच्चा का मुँह देखने लगा।

"खइलै मैं काऊ ते नाँइ कंह रओ और वैसे तेरो घरू तो छिको भओ है। छिको चमार, भंगी के बराबर।" उन्होंने कहा।

जब मैं रोटी खाने लगा तो चच्चा बता रहे थे कि इनके हाथ गन्दगी साफ करते हैं। ऐसा दृश्य मेरी कल्पना में सामने उपस्थित हो गया और मेरा मन भी खराब होने लगा। परन्तु भूखा था। दाल रोटी खा ही गया। शाम को घर आने पर टोड़ी के दालान में बैठकर सब लोग प्रायः दिन-भर के अपने-अपने अनुभव सुनाते थे। उस शाम मुंशी चच्चा ने कहा–

"सौराज ने तो आज भंगिन की रोटीऊ खाइ लई।"

उनका इतना कहना था कि पूरे दालान में जैसे सनसनी फैल गयी। वहाँ बीसियों बच्चे, बूढ़े और जवान मौजूद थे। उनमें से ऐसा कोई नहीं था जो यह कहता कि-भंगिन के घर की रोटी खाना कोई गुनाह नहीं है। या वर्षों से जाति बाहर कर रखे श्यौराज के प्रति हमने अच्छा नहीं किया है।

परन्तु वे सजा मुझे क्या देते। भंगियों जैसा व्यवहार तो वे मेरे बाप-दादा के साथ पहले से ही करते चले आ रहे थे, जबकि ये सब मेरे अपने थे, अपने हैं और अपने रहेंगे। परम्परा की दृष्टि से मैं आज भी छिका हुआ हूँ। कोई भी चमार मेरे रिश्तेदारों के साथ हुक्का नहीं पी सकता था। हुक्का मैं पीता नहीं था जो वे बन्द करते। हाँ, आठ से अट्ठारह वर्ष की उम्र में काम से सुस्ताने के लिए जरूर बीड़ी का सुट्टा लगाने बैठ जाता था। उस पर भी जब कहा जाने लगा कि 'बीड़ी मुँह में दो और काम करते रहो' तो मुझे वह भी कम करनी पड़ी। धूम्रपान मेरी आदत नहीं बन पाया। पानी के लिए जो सामूहिक कुआँ था उसे खोदने, बनाने व जगह देने का काम खासकर मेरे बब्बा और श्यामलाल के बब्बा ने किया था। जिसे ऐतराज हो वह अलग कुआँ बना ले। ऐसा हम कई बार कह चुके थे। इस कारण यह प्रसंग आगे नहीं बढ़ा। यह घटना मैं इसलिए नहीं भूल सका, क्योंकि हम अछूतों के भीतर का यह अछूतपन ही हमें बाँट कर कमजोर करता रहा है। फिर भी हम सब अछूत-अन्त्यज एक हैं। वर्णव्यवस्था के हाशिए पर शूद्रों के करीब। पर सवर्ण समाज की दृष्टि में दलित।

जसराम यादव

स्कूल खुलने से पहले इस वर्ष ही मैंने राज मिस्त्री जसराम यादव के साथ काम करके कुछ पैसे बचा लिये थे। उन्हीं पैसों से अपने नये कपड़े बनाये थे। जसराम चार

बेटियों के पिता थे और मैं बालक, परन्तु मैनें उन्हें मजदूरी से हटाकर मिस्त्रीगिरी सिखा दी थी। उनके पास मात्र दो बीघा बंजर भूमि थी।

यादवों में से वे अकेले पहले और आखिरी यादव राज थे जो किसी जाटव या तेली से ही राजगिरी सीखना चाहते थे। पर वे इन दोनों कौमों से बढ़कर एक अच्छे व्यक्ति थे। वे उम्र में मुझसे दस-पन्द्रह साल बड़े थे, पर काम सीखने में उन्होंने मुझे अपना गुरु मान लिया था। मेरी दृष्टि में वे मेरे मित्र थे, पर चमारों में जो दिल्ली, नरौरा आदि बाहर जाने लगे थे, वे नामी राज हो गये थे। जसराम सामान्य काम-चलाऊ मिस्त्री बन पाए थे। पर वे इतने से ही खुश थे। बेलदारी से बचने के लिए इतना हुनर काफी समझते थे। मेरी उनसे मित्रता गाँव-भर में मशहूर हो गयी थी। यादवों की खुरापाती आदतों में उनकी आदतें अपवाद थीं। यादव चमारों की बस्ती में आते थे तो कभी किसी को दुआ-सलाम करना तो दूर, चमारों के किसी भी झगड़े में स्वयंभू जज बन कर बैठ जाते थे। आते ही चारपाई के सिरहाने बैठते थे और चमारों से जुहार यानी 'जयराम जी की लम्बरदार' कराते थे। बोलचाल में भी अपने उजड्डपन और सूखे स्वभाव का परिचय देते थे। इनके उलट चमार-भंगी यादवों में जाते तो दूर जमीन पर बैठ जाते थे। यहाँ तक कि चमारों के रामचरन और उलफत मास्टर तक को मैंने अनपढ़ यादवों के आगे जमीन पर बैठे देखा। चमार-भंगियों के झगड़े आपस में सुलझते ही नहीं थे। उन्हें एक गैर दलित की जरूरत बनी रहती थी। ये उनसे पिटते, गालियाँ खाते और फिर एक हो जाते। पर जसराज बड़े नम्र और सीधे-सच्चे व्यक्ति थे।

गर्मियों में एक दिन वे हमारे कुएँ के पास आकर बोले—''भाई हमें जोड़ीदार बनाने को एक मिस्त्री की जरूरत है। मिस्त्री थोड़ो हुशियार होइ जाते, हम पक्की ईंट्नु की राजगिरी सीखें चाहत हैं।'' अभी तक वे कच्ची ईंटों का ही काम किया करते थे। 'काम तो महीना-भर का है। तनुखा तो ज्यादा नाँय हैं पर आदमी अच्छे हैं। खातिर अच्छी होगी और मजूरी में बेईमानी नाँय होगी। इतनो विश्वास है।''

सभी को जोड़ीदार मिल चुके थे। मैं अकेला खाली था। ताई ने कहा—''सौराज से बात करो, वो खाली है।'' जसराम ने मुझे देखा और बोले—''अरे जो तो बालक है।'' टोड़ी ने कहा—''जो देखन को बालकु जरूर है। काम में भौतु हुसियार है। कछु सीखनो है तो जाइ लै जाउ...।''

जसराम मुझे साथ लेकर नगली गये। वहाँ एक यादव का मकान बन रहा था। इस घर की मालकिन बहुत सुन्दर और चालाक थी। करीब चालीस दिन काम किया। जसराम रोज शाम को मुझे गाँव भेज देते और खुद वहीं रुक जाते। अपने हिस्से के पैसे भी छोड़ देते। उनके घर में पैसे की भारी कमी थी। एक शाम उनकी पत्नी ने मुझे अपने घर बुलाया उन्होंने छोटी-छोटी बच्चियों का पेट उघाड़ कर मुझे दिखाया—''देखो दो दिन से इनके पेट में अन्न नाँय गओ है, बालक पैदा करि कें छोड़ दए। अब

घर नाँय आवत। का खवाऊँ इन्हें।'' मैं उनकी गरीबी देखकर द्रवित हो गया। तुरन्त घर लौटा, पर घर में अन्न नहीं था। आखिर इसी पैंठ से खरीदी गुड़ की दो भेलियाँ उठाकर ले गया और उन्हें दे आया–मिस्त्री के आने तक तुम मिठाई खाओ, मैं उनसे हिसाब कर लूँगा। अम्मा गाँव आयी हुई थी। बोली–''अन्न के बदले तो मिठाई लाओ। अब का मैं खाऊँ और का तू खावैगो। अब जसराम तें यातो भेली लइये या कीमत।'' अम्मा ने मुझे हिदायत दी और मैं वापस नगली चला गया।

हम लगातार काम करते रहे। जब पूरा मकान बन गया और हिसाब हुआ तो मेरी मजूरी जो एक रुपया प्रतिदिन थी, मिल गयी। परन्तु जसराम को कोई पैसा नहीं मिला। मैंने पूछा–''तुम्हारे हाथ?'' बोले–''पहले ही मिल गये?'' ''मिल गये तो घर क्यों नहीं भेजे? तुम्हारे बच्चे परेशान हैं।'' मैंने कहा। ''फिर बताऊँगा।'' कह कर वे मेरे साथ लौटे। गाँव से बाहर होते ही वे बच्चे की तरह रोने लगे। मैंने साइकिल रोक कर उनका हाल पूछा। सामने चल रही रहट पर ले जाकर उनसे मुँह धोने, पानी पीने को कहा। पानी पीकर हम पेड़ के नीचे बैठ गये। तब मैंने पूछा–''क्या राज है, क्यों छिपा रहे हो, बताते क्यों नहीं? तुम्हें मेरी और तुम्हारे बच्चों की कसम है।''

अब वे खुलने लगे–''का बताऊँ सौराज, जा औरत ने मोइ लूटि लओ। जा ठगिनी नें सबकाम मुफत में कराइ लओ?''

''क्यों मुफत में क्यों कराइ लओ?'' मैंने जानना चाहा। तब उन्होंने बताया–''काम शुरू करत ही पहले ही दिन तोह तोई गाँव भेजि दयो और जाको आदमी घेर पै सोवन चलो गओ और जो मेरी खाट पै आइ गयी। मेरे हूँ मन गिरि गओ। अब जाने कही, तुम मेरो घरु बनावत देउ, मैं तुम्हारो मन बहलावति रिउँगी। सो भइया मैं तो बाई कूँ काम कत्तु रओ...।'' ''अब बच्चों को क्या खिलाओगे? मैं दो भेलियाँ देकर आया हूँ। चलो उस औरत से मैं बात करूँगा? कुछ रुपया तो देगी।'' ''नाँय श्यौराज कह रही कै अगर कछु कही तो मैं अपने आदमी तें कहुँगी मिस्त्री की नीयत खराब है।'' हार कर हम घर लौट आये।

पुरखों के घर

मेरे हिन्दी प्रकाशक श्री अरुण माहेश्वरी ने सलाह दी कि आत्मकथा में मेरे घर की तस्वीर छपनी चाहिए तो मैं शब्दों में पुश्तैनी घरों की यह तस्वीर बना रहा हूँ। आप यदि मेरे गाँव नदरोली जा रहे हैं, तो सफेद चूना में पुता मकान दूर से ही दिखाई पड़ जायेगा। इस मकान के वर्तमान मालिक रामसिंह लेखपाल हैं। उन्होंने यह घर डोरीलाल से खरीदा है। कभी यह मेरे बड़े बब्बा भागीरथ का घर हुआ करता था।

मकान का किस्सा यहाँ खत्म नहीं होता, बल्कि आप जानना चाहेंगे कि यह डोरीलाल ने किससे खरीदा था? मैं इससे भी आगे की बात बताना चाहूँगा कि उन्होंने

इसे कैसे प्राप्त किया था।

मैं बता चुका हूँ कि मेरे बब्बा (ग्राण्ड फादर्स) तीन भाई थे। सबसे बड़े थे भागीरथ बब्बा और दादी सौद्रा थीं। दूसरे विद्याराम और दादी रनिया (रानी) थीं। वे ध्यौरे-हसनपुर की थीं। उन्हीं से मेरे चाचा (पिता) का जन्म हुआ था। पिता की मृत्यु के बाद भी तीनों भाई जीवित थे। परन्तु दो की नेत्र ज्योति जा चुकी थी। खेत उनका बंजर हो चुका था और मवेशी उठाने, पकाने की उनकी सामर्थ्य नहीं बची थी। उनके बेटे चाचा के जीते जी दिवंगत हो गये थे। दो वक्त की रोटी के लाले पड़े रहते थे। दादी 'रुदायन' गाँव की रहने वाली थीं। उनका मायका अपेक्षाकृत आर्थिक रूप से थोड़ा समर्थ था। इससे भी बड़ी बात यह थी कि वह सहयोगी भी था। बूढ़ी होने पर भी दादी को मायके में जगह थी। इस कारण दादी हर महीने अपने भाई-भतीजों के पास चली जाती थीं और दस-बीस दिन लायक दाल-आटा ले आती थीं। वे बब्बा पर जोर डालती रहती थीं–"अब जा गाँव में तुम्हारो का धरो है? मेरे संग चलो, बुढ़ापो भयी मेरे मायके में ही काटि लइयौ।" परन्तु बब्बा को अपने संकट का समय अपनी जन्मभूमि पर ही काटना था। उनका आत्मसम्मान ससुरालियों की सम्पन्नता के आगे घुटने टेकने को तैयार न था। बाकी सब मंजूर है पर गाँव छोड़कर जाना मंजूर नहीं।

एक बार जब दादी रुदायन गयी हुई थीं, बब्बा से डोरीलाल ने कहा–"ताऊ देखो तुम्हारे कोई औलाद तो है नाँय, तुम्हारो भतीजो राधे हू मरि गओ बाके बालक हू गाम में नाँय रिंगे। बबुआ रहत है सो वाके लायक एकु घरु भौतेरो है। तुम ऐसो करौ, अपनों घरु मोइ बेचि देउ। जो रुपया मैं तुम्हें दिंगो उन्हें खर्च करि लइयौ और जब तक जियौ तब तक मेरे पास जाई घर में रहियौ। मैं कबऊ बाहर नाँय लिकारंगो। पर तुम सरकारी कागजनु में घर मेरे नाम कराइ देऊ।" बब्बा ने बहुत सोचा। दादी के लौट आने तक इन्तजार भी करना चाहा, परन्तु डोरीलाल को अपनी योजना को अंजाम देना था। सो उन्होंने सौ-सौ के नोटों की साइज के तीन कागज काटे और भोले भागीरथ (बब्बा) से कहा–"ताऊ जे सौ-सौ के तीन नोट हैं तुम इन्हें संभारि के रखौ, काऊ पतो नाँय चले...और तुम जल्दी चलि के तहसील में घर के कागज मेरे नाम कराइ देऊ। ताई आइकें रुपिया देखि कें खुश है जाइगी..." वगैरह-वगैरह।

बब्बा बरगला लिये गये। उन्होंने सौ-सौ के तीन नोट समझकर तीन कागजों के टुकड़े सँभालकर रख लिये और जब तहसील जाने लगे तो रजिस्ट्रार को दिखाने के लिए साथ ले जाने लगे। तब डोरी ने समझाया–"ताऊ तुम रुपिया लैकें जाउगे कोई छीन लेगो या कहूँ तुम ही तें खोइ गये तो का करोगे।"

आँखों के अँधे और मन के साफ बब्बा ने विश्वास कर लिया डोरी पर और वही कागज के टुकड़े घर में रखकर चल पड़े। यह उन्होंने इसके बावजूद किया कि

वह घर तहसील से लौटने के बाद उनका नहीं रहेगा।

रजिस्ट्री के वक्त पूछा गया—भागीरथ जी, क्या तुमने अपने मकान की पूरी कीमत वसूल पायी है? "जी हजूर, पूरे तीन सौ रुपया मिल गये सरकार।"

अब गाँव लौटे तो आदतन अपने घर में जाने लगे। "ताऊ आजु ही तो बेचो है। आजु ही घर में घुसि रए हो? तुम ऐसो करौ गंगी चच्चा की कुठरिया में उनके संग रह ले करौ। जो घरु तो मैंने बालकनु कूँ खरीदो है।"

बब्बा को सदमा लगा कि जिन्दगी-भर घर में रखने की बात करने वाला डोरीलाल पहले ही दिन घर से निकाले दे रहा है? आखिर में कै महीना खाउँगो तीन सौ रुपया?

अगले ही दिन दादी वापस आ गयी। उन्होंने देखा कि बब्बा घर के बाहर बैठे हैं और घर में डोरीलाल का परिवार घुसा हुआ है।

"का बात है? घर तें बाहर चौं बैठो हो।" दादी ने आते ही पूछा तो वे बताने लगे—"घरु तौ बेचि दयो!"

"बेचि दयो!"

"हाँ, बेचि दयो!"

"चौं? बेचि चौं दओ?"

"बेचतो नाँय तो का कत्तो? तू तीसरे दिन मायके भाजति है। मैं कमावन लाक नाँय अब घरु बेचि के कछु दिन तो खा सकंगो।"

"घर खाओगे तो तुम रहोगे कहाँ? और मैं कहाँ रहुँगी? और वे रुपये कहाँ हैं?" दादी ने पूछा।

"रुपया हैं, समारि कें धरे हैं।" अपनी अंटी पर हाथ रखते हुए बब्बा ने दादी को आश्वस्त किया।

"तो मैं हू तो देखूँ वे तीन सौ रुपया?" बब्बा ने अंटी से निकाल कर वे कागज के टुकड़े दादी की ओर बढ़ा दिये। दादी को देखते ही बिजली-सा झटका लगा। परन्तु उन्होंने अपने आपको सँभाला और कहा—"जे रुपया हैं कै कागज हैं? उल्लू बनाए हो डोरिया ने तुम। ठगे गये हैं।" कहते हुए दादी बब्बा का हाथ पकड़ कर डोरी के पास तक आयीं। परन्तु डोरी ने साफ कह दिया—"इन्होंने तो रजिस्ट्री ही तब कराई जब तीन सौ रुपया मिल गये। इसने सरकार के सामने कबूल करे। अब कहाँ गये, किन्ने रुपया चुराइ, के कागज कहाँ से आये मैं का जानूँ?" दादी चिल्लाईं पंचायत बिठाई पर आपस में बिखरे चमारों में अँधे बुजुर्ग की पैरवी किसी ने नहीं की। दो-चार दिन रोटी खवाइ दइ। यादवों ने समझा-बुझाकर यथास्थिति कायम कर दी।

बब्बा को अपने भोलेपन पर पछतावा हुआ। वे भीतर-भीतर टूट गये। गंगी बब्बा की कुठरिया में आकर पड़ गये। चाचा के मरने के बाद गंगी बब्बा उस घर में आ गये थे, जिसमें अम्मा रहती थी। रहना क्या था, वे खाट पर ऐसे गिरे कि उठे

तो चार भाइयों के कन्धों पर सीधे श्मशान जाने के लिए उठे। अब दादी के बुढ़ापे का सहारा कोई नहीं था। वह जल्दी ही अपने मायके चली गयीं। जाते-जाते डोरी से बोल कर गयीं। देखिए डोरी, एक दिन तू जा घर में फलि-फूलि नाँय पावैगो।''

कोई दुआ-बद्दुआ जैसी अतार्किक-अवैज्ञानिक बातों पर यकीन करे न करे, पर आज उस घर में डोरी का परिवार नहीं है। रामसिंह का भी ताला ही लगा है इस पर, परिवार उसका भी नहीं रह पाया इस घर में। आस्था की भाषा में, यह किसी को लेनो-फवनों नाँय भयौ। हमारी पाँचवीं पीढ़ी भी बब्बा की ठगी की कहानी भूली नहीं है।

बब्बा की शादी : एक घातक मजाक

गंगी बब्बा का विवाह बड़नौमी से गुलाबो देवी के साथ हुआ था। उनके दो बेटे थे। दोनों दो साल के भीतर मृत्यु को प्राप्त हो गये थे। दादी जरूर चार-पाँच साल उनकी जिन्दगी में रही। परन्तु वे भरी जवानी में विधुर हो गये थे। उन दिनों उनकी आँखें ठीक-ठाक थीं। चमड़े का कारोबार चल रहा था। बब्बा का रंग-ढंग, रूप-यौवन सब कुछ आकर्षक था। ऐसे में कभी तो घर में उनकी एक जीवन-संगिनी होती ही। सो पैंठ बाजार में बात चलायी गयी कि कोई गरीब-गुरबा विधवा या कुआँरी लड़की मिले तो गंगी का पुनर्विवाह कराया जाए। हमारी जात में विधवा और विधुर का विवाह सर्वमान्य था। गंगी बब्बा की आमदनी अच्छी थी। कमाई खूब होती थी तथा सबको जाहिर था, सो एक दिन बेदराम नाई ने कहा—''गंगी भइयो, एक लड़की मेरी नजर में है। पर वाको बाप बहुत गरीब है। दोनों ओर का खर्चा उठा सको तो तुम्हारा ब्याह तो मैं करवा सकतूँ।''

''करवायो भइया, खच्चा उठावन की क्या बात है। जो तुम कहौगे उठाइ लिंगो।'' वांसनी (कमर में बाँधी थैली) में चालीस चाँदी के रुपया भर कर वे 'पूँठरी' नामक गाँव को निकले, जो गुन्नौर के पास है। गुन्नौर की पैंठ में उन दिनों चमड़े की अच्छी बिक्री होती थी। चमड़े के कारोबार पर चमारों का पुश्तैनी अधिकार था। 'ऊधों' चमड़ा के बड़े व्यापारी थे। वे विदेशों तक चमड़ा सप्लाई किया करते थे। आमदनी थी, इसलिए रोटी-कपड़े खुशहाली भी थी।

जैसा कि पीछे बताया गया, युवा गंगी ने ऊधों से सलाह की। चाँदी के कुछ रुपये अग्रिम लिये और वे वेदराम की योजना के अनुसार लड़की वालों से बात करने चल पड़े।

पूठरी पहुँच कर उन्हें लड़की पक्ष के जिन लोगों से मिलाया गया, उन्होंने कहा—''हम चाहते हैं आप अपने साथ ही लड़की को लेते जाएँ। अब दूसरी शादी है तो ज्यादा दिखावा करने की जरूरत क्या है? सारी रस्में हाथों-हाथ पूरी कर देंगे।''

युवा गंगी ने भी यह उचित माना और उसी वक्त गुन्नौर से कपड़े-लत्ते खरीद

लिये और शाम होते ही विदा कर दी गयी। देर होना रात होना था। उत्साही गंगी ने केवल दुल्हिन के बारे में सोचा। उसने किसी डर और शक-सुबाह के बारे में नहीं सोचा। वैसे भी वेदराम नाई, हालाँकि, उनके कभी बाल नहीं बनाता था, पर था उनका पूर्व परिचित ही।

आनन-फानन में विवाह हुआ और दुल्हिन को पीछे-पीछे घूँघट करके भेज दिया गया। गाँव बाहर तक विदा किया गया।

"अब तो बाग-झूंड़ के बीच दिन कहीं डूब गया है। तुम दूर-दूर क्यों चल रही हो? तुम्हें ठण्ड लग सकती है। लो दुतई (सूती कंबल) ओढ़ लो।" गंगी ने अपनी भावी पत्नी की ओर दुतयी* बढ़ायी।

इतना ही कहा था कि झूण्डो और बाग में से चार-पाँच जवान निकल आये। दुल्हिन खुद एक डण्डे के साथ गुण्डे में बदल गयी। पर वह कौन था, जिसने दूर से आवाज दी—"गंगी भाग, ये तोइ मार डालेंगे, ब्याह नहीं धोखा है। ये तेरी मौत के सौदागर हैं।"

गंगी गाँव के बजाय वापस पूठरी की ओर भागे। गाँव के सरनाम यादव की बेटी का घर उनका देखा हुआ था। सो उसके घेर में छलाँग मारकर कूद गये। घर वालों को पूरा वाकया बताया। वेदराम की खोज की गयी। इस तरह गंगी बब्बा के पुनर्विवाह का मजाक पूरा हुआ। लोग अब उनसे यह वाकया चटखारे से सुनते और रस लेते थे। बब्बा पूठरी वाले अपने चर्मकर्म के सहयोगी भवानी भंगी का एहसान नहीं भूले थे। उसी ने उन्हें एन वक्त पर आगाह किया था। पर उसे सब पता कैसे था? बब्बा सोचते थे। कहीं वह भी...।

गंगी बब्बा की कुठरिया (घर)

गंगी बब्बा वृद्ध हो रहे थे। उन्होंने गाँव के यादवों से उधार-कर्ज ले लिये थे। वे मेरी पढ़ाई में भी कुछ मदद करना चाहते थे, पर पैसा कहाँ था? मैं एक बार स्कूल से लौटा तो पता चला गंगी बब्बा को साथ लेकर छोटे चच्चा गुन्नौर तहसील पर पहुँच गये हैं। मैं तुरन्त वहाँ गया। बब्बा क्यों आये हैं यहाँ? छोटे ने कहा—"तू मनें मत करिए गंगी चच्चा अपनी कुठरिया बेचि रए हैं। छह सौ रुपया में।"

लिखत-पढ़त हो रही थी। तभी डोरीलाल उरमान सिंह यादव को लेकर आ गये। उरमान सिंह प्रेमपाल सिंह यादव के चाचा हैं और प्रभावी व्यक्ति हैं। लोग उन्हें सरपंच भी कहते हैं। उन्होंने कहा—"मुझे तो डोरी लै के आये हैं। यह कह के कि गंगी कुठरिया बेच रहे हैं। तुम कुछ रुपिया लै कें पचास-चालीस मोउ दिवाइ देउ। गंगी की कुठरिया की पिछली दीवार मेरे घर की पिछली दीवार से चिपक रही है। मैं नाँय विकन दिंगो। बेचनो है तो छह सौ में से तीन सौ रुपया मोइ देउ।"

---

* दुतयी = मोटे सूत की चादर।

केवल दीवार के पीछे होने के कारण वे आधी कीमत माँग रहे थे। एक यादव की सरासर दादागिरी थी यह। नहीं दिये तो वे बिकने नहीं देंगे। मैंने दूर तक नजर दौड़ाई। वहाँ मुझे मास्टर खुशीराम यादव दिखे। खुशीराम को न्यायप्रिय समझा जाता था। वे गाँव के प्रमुख व्यक्ति थे। स्कूल में हेडमास्टर थे। कभी उनके अहाते में हाथी झूमा करता था। इन्हीं दिनों उन्होंने अपना एक बहुत बड़ा तीन मंजिला भवन बनवाया था। मिस्त्री चन्दौसी से आये थे। पूरे डेढ़ साल काम चला था, मैं उनके यहाँ बाल-मजदूर रहा था।

"मास्साब आप, सरपंच से कहो कुठरिया से उनका कोई मतलब नहीं है।" परन्तु मैंने देखा मुंशी जी तो पूरी तरह असहाय हैं। उन्होंने कहा–"देख बेटा, उरमान कह तो सोलह आना गलत रओ है। वाको कोई हक नाँय बन्तु आधे दाम लेन को, पर बेटा, तुम ही मानो। दे देओ, लड़ाई-झगड़े में का धरो है, और जाय लाओ तो तुम्हारी विरादरी को डोरी ही तो है। जोऊ सौ-पचास चाह रओ होइगो उरमान तें।"

आखिर नेत्रहीन गंगी बब्बा की कुठरिया बिकी। आधी कीमत उरमान ने लपक ली और मैं कुछ नहीं कर सका था।

बहन माया का ब्याह

पाली में रहते हुए अम्मा को अब बहन माया के भविष्य की चिन्ता थी। अतः उसकी शादी यथाशीघ्र बचपन में ही करा देना उचित समझा। ग्यारहवाँ साल लगते ही विवाह तय कर दिया गया। गाँव में मेरी जाति के लोग बाल-विवाह करते थे। आज भी वहाँ बाल विवाह होते हैं। मेरी बहन के विवाह के लिए जो लड़का ढूँढ़ा गया था, वह बहन से दस-पन्द्रह साल बड़ा था। वे तीन कारणों से अब तक अविवाहित रह गया था। प्रथम तो उसके पिता की टाँग टूट जाने के बाद गाँव के एक चौधरी रामसहाय जाट ने उसकी माँ फूलवती को अपने घर में ले लिया था। दुनियादार वह रिश्ता जान चुके थे। यह अवैध सम्बन्ध खुले रूप में भी चल रहा था और लड़के के पिता मटरूलाल ने भी अपनी शारीरिक विकलांगता और विवशता के कारण यह सब स्वीकार कर लिया था हाँ, अन्दर-अन्दर वह पीड़ित थे। गाँव ब्राह्मणों और जाटों का था। जाट को समर्थन देकर सबने चमार का घर बर्बाद करा दिया था। इस कारण उनके बेटे की शादी नहीं हो पा रही थी। तब एक भी दलित ऐसा नहीं था जिसका घर ईंट या मिट्टी का हो। गाँव भी छोटा था। ब्राह्मण, जाट और चमार संख्या में करीब-करीब बराबर थे। एक घर भंगी का था। चमारों के ठीक बीच में। परन्तु पूरे गाँव पर दबदबा ब्राह्मणों का ही था, क्योंकि लिखे-पढ़े होने के साथ-साथ वे जमीन वाले भी थे। सारा गाँव उन्हें महाराज पाँयलागन बोलता और आज भी वे ऐसा कराते हैं। जीजा जी के पिता पैंठों में जूतियाँ गाँठते थे। वह अपनी टाँग टूटने से पहले के दिनों की याद करके प्रायः रो उठते थे।

एक बार वे अपने खेत में काम कर रहे थे। अचानक गाँव की ओर देखा कि घर में आग लग गयी है। तब चमारों के छप्परों के ही घर थे। गाँव के नजदीक ही उनके पास रेतीली मिट्टी का खेत था। पानी के साधनों के अभाव में उपजता कुछ नहीं था। वह आग बुझाने के लिए खेत से भागे तो किसी चूहे के बिल में उनका एक पाँव फँस गया। मोच आ जाने पर घरेलू इलाज में कुछ माह बिता दिये और आखिर में पता चला कि हड्डी टूटी हुई है। तब उन्हें पाँव कटवाना पड़ा। जिस दिन से उनका पाँव कटा, उस दिन से उन्होंने अपने आपको मानसिक रूप से अपूर्ण

व्यक्ति मान लिया। शारीरिक विकलांगता पर हावी होने वाली बौद्धिक सम्पन्नता उनके पास नहीं थी, पर वह अपने बेटे गंगावासी को शादी करके पूर्ण बना देना चाहते थे। उनकी पत्नी ने करीबन आठ-सात साल पहले एक और लड़के को चौधरी रामसहाय के घर में जन्म दिया था, जिससे सारे जाट उससे नाराज थे। एक चमारी फूलवती को खुले आम घर में रखना उन्हें पसन्द नहीं था, जबकि रामसहाय की पहली पत्नी घर में मौजूद थी, जिससे उन्हें कोई बच्चा पैदा नहीं हुआ। कुछ दिन बाद जब वो दलित रखैल अचानक भगवान को प्यारी हो गयी तो रामसहाय जाट तथा मटरू चमार ने इस बच्चे को संयुक्त लाड़-प्यार से पाला। असली बाप जाट पर दिखाया, वही पिता मटरू चमार। यह भेद न केवल गाँव वाले जानते थे अपितु पड़ोस के गाँवों में भी जाहिर था। दूसरा कारण मटरू के बड़े बेटे गंगावासी का कम आकर्षक होना था। थोड़ी चौड़ी और चपटी पहाड़ी लोगों जैसी नाक होने के कारण वे थोड़े असुन्दर लगते थे। रंग भी गोरा नहीं था। बहन की सुन्दरता की तुलना में वे काफी पीछे थे। पर यह दैहिक मूल्यांकन था। हृदय से वे काफी अच्छे इंसान थे। यह बहन ने और मैंने महसूस किया। प्रसंगवश अभी असुन्दरता का जिक्र इसलिए करना पड़ा, क्योंकि यही दूसरी बाधा थी, उनकी जल्दी शादी न होने में। तीसरा कारण अथवा कमी जो मिर्जापुर के सभी चमारों में मौजूद थी, वह यह कि यहाँ के हर घर के युवा-बच्चे गाँव के तीन से दस कोस तक पैंठ-बाजारों में जाकर जूतियाँ गाँठने का काम करते थे। यहाँ आज भी हरेक घर के बच्चे पैंठों-बाजारों में जाकर जूतियाँ गाँठते हैं।

मेरे जीजा गंगावासी के पिता श्री मटरूलाल के पास करीब पच्चीस बीघे रेतीली जमीन थी। चमारों में इतनी जमीन वहाँ मिर्जापुर में एक नाम पर किसी के पास नहीं थी। उनकी उक्त कमियों के कारण ही हम जैसे अत्यन्त गरीब परिवार को वह मिल पाये। बहन बहनोई की तुलना में सुन्दर बहुत थी, पर पूर्णतया निरक्षर थी। जबकि जीजा जी एक-दो दर्जा पढ़े हुए थे। बहन की शादी कराने में ताई की बहन बुद्धो की बड़ी भूमिका रही। बुद्धो की ननद मिर्जापुर में गंगावासी के तहेरे भाई बाबूराम को ब्याही थी। उसी के जरिये जुड़ कर बहन के लिए लड़का मिला था। ताऊ चूँकि नेत्रहीन थे इसलिए उनके साथ डोरीलाल लड़का देखने गये थे। अम्मा पाली से आ गयी थी। उसकी इच्छा थी कि वह लड़के को खुद देखे, पर यह सम्भव नहीं हो सका था। बारात आने पर दूल्हा की मुखाकृति कल्पना में बनी छवि के अनुकूल नहीं। कुछ भारी, बीच में नाक कुछ चपटी, उम्र ज्यादा। यह सब पहली नजर में देखकर घर और बस्ती में खुसफुसाहटें हुईं थीं। माँ ने डोरी से पूछा था—

"रामसुमन्नी के बापू का तुमनें हू लड़का देखो नाओ? अब बताओ सब बस्ती के लोग कह रए हैं कै लड़का की नाक चपटी है। उमर ज्यादा है। माया के ताऊ तो अँधे हैं, फिर तुम तो आँख बारे हौ। तुमने नाँय देखो। अब मैं का करूँ दरबज्जे पै बारात आयी है। लड़की को बाप जिन्दो नाँय है, और मैं वइयरवानी जात हूँ। बब्बा

ताऊ अँधे हैं। का ऐसी हालत में मनें करि देंउ ब्याह कन्नतें?"

माँ की शिकायत सुन कर वे अकड़ कर खड़े हो गये और कड़क आवाज में बोले—

"देख सूरजमुखी! सुनि हमने खूब देखो, पर बिना बाप की लड़की तें कौन सुन्दर लड़का शादी करेगो? घर में खाने को दाने नाँय शादी में दान-दहेज कहाँ से खर्च करेगी? फिर लड़का के बाप पै पच्चीस बीघा जमीन है। पूरो जमींदार है और तुम्हारे पास साझे की डेढ़ बीघा, बोऊ बंजर जमीन। तुम अपनी औकात तो देखो। रिश्ता बराबरी में होते हैं और फिर लड़का पसन्द नाँय है तो छोड़ो। मैं अब ही बारात वापस कराइ देतूँ। अबई कछु नाँय बिगड़ो है। जब तक सात भाँवरे (सप्तपदी) नाँय पड़ीं तब तक ब्याह काहे को?"

डोरी ताऊ ने चुनौती दे दी। यहाँ यह बात भी स्मरणीय है कि चमारों के इस दो दर्जन घरों की इस बस्ती में डोरीलाल का घर अकेला ही हमारा साथ दे रहा था। वह इसलिए कि इन्हीं के घर में चर्मकारी होना बाकी रह गया था। बाकी चमार यह काम छोड़ चुके थे, इसलिए छिके हुए इन दो घरों में हम और डोरीलाल ही थे। अब उनका व्यक्तिगत सहयोग छूट जाने पर माँ के लिए बहुत मुश्किल था बेटी का ब्याह करना। ताऊ-ताई का सहयोग भावनात्मक था। आर्थिक मदद करने की स्थिति में वे भी नहीं थे।

एक तो जैसे-तैसे जोर गाँठ कर शादी हो रही थी। उस पर भी नापसन्दगी का सवाल उठा कर अवसर को जाया करना हमारी परिस्थिति के अनुकूल नहीं था। परम्परानुसार इस सबके बारे में मेरी बहन की तो कोई राय ही नहीं थी। मेरे पिता की मृत्यु के बाद माँ जब सारे बर्तन-भांडे पोटली बाँधकर सिर पर मेरी ननिहाल या दूसरे घर ले जा रही थी तो बब्बा और ताऊ ने खेत से आगे बंजर में लड़-झगड़ कर तीन चार पीतल के भारी पुस्तैनी बर्तन छीन लिये थे। उन बर्तनों को उन्होंने सँभाल कर रखा था। बाकी माँ गाँव से जो भी चीज ले गयी, लौटा कर नहीं ला सकी। शादी में खींचतान कर पाँच बर्तन और धोती कपड़े दिये थे। ननिहाल से बतौर भातई अमर सिंह मामा आये थे। उसने पहले तो आकर गुपचुप माँ से पैसे लिये, फिर उन्हीं पैसे से माँ और ताई को एक-एक धोती और ताऊ को अँगोछा देने का दिखावा करके सार्वजनिक रूप से भात पहनाने की रस्म पूरी की।

मैं उत्सुकतावश बारात में अपने जीजा को देखने आया था। बारात गाँव के बाहर टोड़ी ताऊ के खेत में रुकी थी। बारात को बाहर रोकने की यह प्रथा बारातियों को नापसन्द थी, क्योंकि वे बहुत सीमित लोग थे। शायद कुल पन्द्रह-बीस लोगों की बारात थी। हमारे यहाँ बारात बाहर रोकने का रिवाज था। इसलिए सब वहीं रुके। जीजा जी के पिता की एक टाँग कटी हुई होने के कारण वे अपनी सवारी के रूप में अपने साथ छोटे कद की घोड़ी रखते थे। घोड़ी पर सवार होकर ही वे शादी में आये

थे, जबकि सारी बारात बस से आयी थी। बारात में बाजे वाले नहीं थे। उनका प्रबंध हमें करना था। ऐसा नहीं हो सका था तो बारात चढ़ाई नहीं गयी थी। बस यूँ ही गाँव के बाहर खेत में बीस-पच्चीस आदमी चुपचाप आ बैठे थे। डोरी ताऊ ने मुझे बारात में घूमते देख जीजा जी के पिता जी से मिलवाया। उन्होंने बड़े प्यार से पास बिठाया। घर के बारे में पूछा।

नई उम्र के बाराती कह रहे थे–''यह देखो बहू का छोटा भाई आया है। बहू भी ऐसी ही होगी।'' उन दिनों मुँह देखने का रिवाज हमारे यहाँ नहीं था। मेरी बहन को देखने कोई नहीं आया था। बस मध्यस्थों ने ही सब तय कर दिया था। देर रात तक सारी औपचारिकताएँ पूरी होती रही थीं। सुबह बगैर कुछ खिलाये बारात विदा कर दी गयी थी। दूर की बारात और बगैर कुछ खिलाए। इस बात पर कइयों ने आपत्ति व्यक्त की तो कइयो ने–विधवा की बेटी है, गरीबन माँ कहाँ से लाए बारात को खाना–कह कर सहानुभूति प्रकट की। जीजा जी के पिता ने कहा था–''चलो भाई, बबराला में मैं खुद सभी को नाश्ता करा दूँगा।''

बहन की शादी के समय भिकारी नहीं पहुँचा था। उसने दो-चार रुपये देकर छोटेलाल को भेजा था। उन्होंने वे रुपये कन्यादान में दिये थे। बाकी रिश्तेदारों में तीनों बुआएँ शामिल थीं, जबकि माँ सोच रही थी कि पाली से भिकारी की ओर से शायद कुछ मदद जरूर मिल जाए।

मुझे मालूम था बहन की शादी के बाद माँ पाली लौट जायेगी और रिश्तेदार अपने-अपने घर चले जाएँगे। मैं गाँव में बब्बा के पास अकेला रह जाऊँगा। मुसीबतों एवं स्वयं पर निर्भरता ने मुझे आम बच्चों से अधिक सोचने-समझने लायक तथा जिम्मेदार बना दिया था।

मेरे पिता नहीं हैं। माँ भी मेरे पास नहीं रहेगी। वह पाली चली जायेगी। मेरे साथ एक बहन थी। वह भी जा रही है। मेरा आत्मीय कौन रहेगा यहाँ? मेरा हृदय अपने अकेले होने की आशंका से डर गया था। बहन के घर से जाने का विशेष दुख मुझे ही था। हालाँकि, हमारे यहाँ विवाह के समय लड़की के ससुराल न जाने की प्रथा थी। परन्तु मेरी बहन को शादी के समय ले जाना जीजा जी के बहनोई और उनके पिता जी ने ताऊ से तय कर लिया था। इसलिए सुबह जब बारात विदा हुई तो मेरी आँख भर आयीं।

पक्की सड़क गाँव से करीब चार कि.मी. दूर सेंजना गाँव से शुरू होती थी। बाराती पैदल थे। दुल्हिन को पैदल ले जाना बेइज्जती की बात थी। बारातियों और घरातियों को भी ऐसा महसूस हो रहा था। बस्ती में जाटवों के पास एक-दो फिरकें थीं, परन्तु कोई भी घण्टे दो घण्टे को गाड़ी देने को तैयार नहीं था। किराया वे नहीं ले सकते थे और मुफ्त पहुँचाना नहीं चाहते थे। इसका कारण घर छिका हुआ होना था।

"मेरे जीते जी नातिन पैदल जायेगी। जो नाँय है।" कहते हुए गंगी बब्बा ने अपनी हाथ की ओर से घिसी हुई टेढ़ी लाठी किवाड़ के पीछे कोने में से उठाई और गाँव के अन्दर यह कहते चले गये–

"रुको तुम, मैं दस साल से ऐरियों (महिला यादवों) की चाकी पीस रओ हूँ, और कुटी काटि रओ हूँ। का इत्ते बड़े गाम में उनके घर ते कोई मोइ सेंजना तक लड़िया फिरक नाइ देगो? अरे मैं काम करकें बदलो चुकाइ दिगों, इत्ते भरोसे पै हू नाँइ मिलो तो अपने कन्धा पै बैठा के छोड़ि आंगों पर मैं माया बेटी कू पैदल नाइ जान दिगो। बबुआ (बाबूराम) तू नेंक बरात रुक बइए मैं लम्बरदार के घर जाइ रओ हूँ।"

इतना कह कर वे जल्दी-जल्दी लपके। दो चार घर उन्होंने मुँह डाला। रामसिंह प्रधान की माँ पर वे बहुत विश्वास करते थे। निपट सौ फीसदी अँधे थे वे, परन्तु गाँव की गली-गली का उन्हें अन्दाजा था। कहाँ नाली है, कहाँ कीचड़ है, कहाँ भैंस बँधी है और कहाँ किसका घेर और दालान है, उन्हें सब पता था। वे दैनिक जीवन में नियमित चाकी पीसते, कुट्टी काटते और बदले में दो रोटी का आटा और एक लुटिया मट्ठा प्राप्त करते थे। साल दो साल नहीं, दसियों वर्ष उन्होंने चक्कियाँ पीसीं।

अन्ततः उस दिन बब्बा सेंजना बस अड्डे तक एक बैलगाड़ी किराये पर करने में सफल हो गये। लम्बरदार ने फिरक में मेरी बहन को पहुँचाना तो तय किया किन्तु मेरे जीजा जी तक को उसने फिरक में नहीं बिठाया। वे सब बारातियों के साथ पैदल गये। फिरक का किराया भी दिया गया और यह एहसान भी हुआ कि तुम्हारी बेटी सड़क तक पहुँचा दी। आँखों में आँसू भर कर माँ-मौसियाँ व ताई-चाचियों ने करीब मील-भर तक विदाई दी थी। सब लौट गये थे। मैं सेंजना से लौट आऊँगा। यह कह कर मैं बहन के साथ खाली फिरक में सेंजना तक गया था। लेकिन वहाँ बहन को छोड़कर अकेला लौट नहीं पाया। लेकिन बहन जैसे ही बस में चढ़ी, उसने रो कर मेरी कौली भरी तो मैं भी बस में चढ़ गया। बारातियों ने मुझे उतारा नहीं और मैं उतरा भी नहीं। ज्यादा सोचने के लिए समय नहीं था। बस चल पड़ी और मैं साथ ही चला गया। बबराला रेलवे स्टेशन पहुँच कर सभी ने देखा कि मैं भी उनके साथ चला आया हूँ।

देर रात बारात बबराला-बहजोई होकर सम्भल के रास्ते 'दैपा' नामक स्थान पर पहुँची और बस से बहन उतरी। उसके साथ-साथ मैं भी उतरा था। 'दैपा' से मिर्जापुर करीब छः-सात कि.मी. दूर था। इस रास्ते में कोई सवारी नहीं चलती थी। रेत के ऊँचे-नीचे टीले चकूनी महमूदपुर के रास्ते में थे जो अब कम होते जा रहे हैं। बहन के ससुर मटरू लाल ने बबराला से सीधा 'गवाँ' होकर शार्टकट रास्ता लिया था। घोड़ी से वह पहले पहुँच गये थे और पास गाँव के किसी जाट चौधरी से बैलगाड़ी की व्यवस्था कर ली थी। मिर्जापुर में तब किसी चमार के पास बैलगाड़ी नहीं थी।

सोने के समय बारात वापस पहुँची। चूँकि सुबह का खाना नहीं दिया जा सका था, इसलिए रास्ते में तरबूज-खरबूजे खरीदते, खाते बारात भूखी-प्यासी गाँव पहुँची थी, कई लोग कह रहे थे—'ऐसी भी क्या गरीबी कि एक वक्त का खाना तक नहीं दिया।' दूसरा कहता—'चलो गंगावासी की शादी हो गयी, यह क्या कम है?'

बहन घर में गयी। दो छप्परों का घर था। कुछ दिन पहले किसी ने इनके घरों में आग लगा दी थी। कहा जाता था कि कम मजूरी देने के कारण चमारों ने जाट बामनों के खेतों पर काम करना बन्द कर दिया था, इसलिए चमारों के घरों में आग लगाने का काम उन्हीं बड़ी जातियों ने किया था, परन्तु डर इतना ज्यादा था कि बताने वाले बताते ही, 'किसी से मत कहना' भी कह देते थे। यह गाँव काफी छोटा था। कुल चार घर चमारों के, चार ब्राह्मणों के, पाँच जाटों के और केवल एक घर भंगी का था जो चमारों के साथ था। 'बल्लेसिंह' चमार के पास एक मकान पक्का था, जो उन्होंने मुर्दा मवेशी उठाने से खालें बेचकर बनाया था, किन्तु उनका परिवार बहुत बड़ा था नौ लड़के और दो लड़कियाँ उनके आज तक जीवित हैं। जिनमें एक को भी वे अक्षर ज्ञान नहीं करा सके। गाँव के आस-पास कोई स्कूल भी नहीं था। वहाँ स्कूल आज भी नहीं है। बहन की सगाई के समय चमारों के घरों में लगाई गयी आग से चमारों और भंगियों के सभी घर जल गये थे। बल्लेसिंह का मात्र एक मकान ही पक्का होने के कारण बचा था। बहन की शादी के समय बरसात से पहले छप्पर छा लिये गये थे। इस नये छप्पर में मेरी बहन दुल्हिन बनकर आयी। गाँव देखकर मुझे पहली बार धक्का लगा। नदरोली में चमारों के घर छप्परों के नहीं थे, कुछ के कच्चे और कुछ के पक्के थे, लेकिन बाद में मुझे ये छप्पर के घर अपने गाँव के खासकर अपने घरों से अच्छे लगे, क्योंकि इनके पास खेत होने के कारण कुछ अन्न, दालें इन घरों में आ जाती थीं। घर छप्पर का हो और उसमें दाल-रोटी मिल जाती हो तो वह ईंट के उस घर से अच्छा जिसकी महज चारदीवारी और छत पक्की हो और अन्दर अभाव ही अभाव भरा हो। मिर्जापुर के ये चमारों के चार घर रोटी-दाल के लिए दुखी नहीं थे बल्कि दो भाइयों पर चौबीस बीघे जमीन भी थी। रेत के टीलों जैसी यह जमीन उन दिनों बेशक कोई खास उत्पादन नहीं देती थी। सिंचाई के पानी का संकट होता था। मेड़ पर पण्डित जयप्रकाश शर्मा जी की रहट थी। बाद में किराये पर मिलती थी। जीजा के पास बैल नहीं थे। वे भी किराये के होते थे। रेते में पानी बहुत कम आगे रेंग पाता था। बीस-पच्चीस दिन में बीस बीघे जमीन की सिंचाई हो पाती थी। चमारों में जमीन रखने वाला दूसरा घर बल्ले का था, पर उनका परिवार बहुत लम्बा था। साइट वर्क इनकी जीविका का आधार था, वह यह कि प्रत्येक घर से पन्द्रह से पच्चीस वर्ष तक के सभी युवक सबके सब गाँव में लगने वाली पैंठों में जूता गाँठनें जाते थे। आज करीब तीस साल बाद भी मिर्जापुर में बच्चे यही काम कर रहे हैं और माँ-बाप को कमा कर देने के लालच में स्कूल नहीं जा रहे। मैं वर्ष

दो वर्ष में उधर पहुँचता हूँ तो उन्हें बकुचिया लटकाये पैंठ को जाते या आते और कभी-कभी रास्ते में पैंठों में ही कतार बनाकर बैठे काम करते देखता हूँ। ठीक है काम तो काम है, पर ये पढ़ाई लिखाई के बारे में नहीं सोचते। इनका भविष्य मोची से ज्यादा कुछ नहीं। हाँ, गत वर्षों सपा-बसपा सरकार में आरक्षित श्रेणी में आने के कारण मेरा भानजा विनोद ग्राम प्रधान जरूर बन गया है, परन्तु वह करता वही है जो सबल जातियाँ कराती हैं। विगत पच्चीस-तीस साल से मेरी आँखें देख रही हैं, कि इस गाँव में दाल-रोटी और मुश्किल हो गयी है। शिक्षा और स्वास्थ्य की दृष्टि से कोई खास सुधार यहाँ नहीं हुआ है। ब्राह्मणों-जाटों में से आठ दस बच्चे स्कूल जाते हैं और चमारों के दस साल से चौदह साल तक के बच्चे गाँव के आस-पास की नगली ढवाड़ासी, आदमपुर, उझारी आदि बाजारों में जूतियाँ गाँठने जाते हैं। गाँव के जाट-बामनों की गन्दगियाँ साफ करते हैं। मेरी बहन के तीन बेटे जूतियाँ गाँठते हैं। बहनोई (जो जीजाजी की मृत्यु से पहले बहन का देवर था) नियमित थैली की शराब पीता है। उसने शराब के लिए ही बच्चों को पढ़ने से रोक कर कमाई के लिए भेजा। ऐसा ही हाल मेरे गाँव में मेरे भाई रामभरोसे का है। वह मजदूर है। चार बच्चे हैं। उसे भी बच्चों के भविष्य की चिन्ता नहीं। सलाह उसे भी नहीं चाहिए। माया बहन के घर के पास कुआँ था। कुएँ के पास से रास्ता गुजरता था। बरसात के झड़ लगे थे, कुएँ की जगत न होने के कारण रास्ते से जाता बारिस का पानी कुएँ में भर गया था। बिरादरी के सभी लोग मिल कर जाटों और बामनों के ऊंची जगत वाले सुरक्षित कुओं पर गये। याचकों की मुद्रा में पानी के लिए रिरियाए। पर अस्पृश्यता का आलम ऐसा था कि एक बूँद भी पानी किसी जाट बामन ने उन्हें नहीं दिया था। मजबूरन सभी चमारों ने गन्दा पानी पिया। वाल्मीकि का एकमात्र घर भी चमारों में ही शामिल था। नतीजा किसी को उल्टी, किसी को दस्त, किसी को बुखार, हर घर हर बच्चा बीमार। देखते-देखते कईयों की मौतें हो गईं। मेरे हाथ-पाँव और मुँह पर सूजन आ गयी। यही मेरी गठियाबाय की बीमारी में बदल गई। जीजाजी के गले में इन्फेक्शन हुआ और वही उनकी मृत्यु का कारण भी बना।

बहन के ससुराल जाने के बाद नदरोली में मैं अब अकेला था। उन्हीं दिनों की यह घटना, अर्थात् सन् उन्नीस सौ छियासठ-सड़सठ की है। 'अम्मा' छोटे भाई सहित पाली में थी। बहन शादी होने के बाद से ज्यादा समय अपनी ससुराल में रहती थी।

उन दिनों जो समर्थ जाटव थे, वे लोग भी मुझसे बेगार या मजूरी कराते थे। काम पूरे दिन का नहीं होता तो रोटी खिला कर या एक-आध भोलुआ मट्ठा पिलाकर छोड़ दिया जाता था। मैं किसी के घर जाता। मेरे साथ खाने के लिए अपना कटोरा रहता, बर्तन न कोई यादव देता न बनिया न मुसलमान। छुआ-छूत सब मानते थे।

रामसिंह प्रधान के भाई यादव के घर तो मेरा भोलुआ रखा ही रहता। रहट हाँकता तो उसे चाक के बीच में रख आता और घर का काम करता तो भुसरे की

दीवार में रख देता। जब कभी भोलुआ और कटोरा नहीं होता तो सूखी सब्जी रोटी पर रखकर खाता था। पतली-सी रोटी का भोलुआ बनाकर और मट्ठा हाथों की लप (करतल) में पीता।

जगह-जगह थेगरी लगे मैले-कुचैले भरे कमीज-पजामा होते थे। रहट हाँकने के काम में हाथ-पाँव का मैल छूट जाता था, बाकी कामों में जैसे किसी घर के लिए मिट्टी ढोना, किसी को ईंट गिलाया देना, खेतों में काम करते वक्त मेरे हाथ-पाँव पर ढेरों मैल जमा हो जाता। शायद सप्ताह में एक-आध दिन ही मैं नहा पाता था। सर्दियों में जुएँ मेरे कपड़ों में भर जाती थीं। उन दिनों ताऊ बब्बा और मैं अलग-अलग रोटियाँ बनाते। एक चूल्हे पर बब्बा और मैं, दूसरे पर ताऊ-ताई अलग।

अधपकी मिठास का दर्द

बहन माया के घर में चन्दरो मन्दरो नामक उसकी दो ननदें थीं। सास नहीं थी। ननदें शादीशुदा थीं। अमरोहा में उन दोनों की ससुराल थी। मैं जब पहली बार बहन के साथ वहाँ गया था तो मैंने पाया था कि वहाँ मुझे अच्छा-खासा अपनापन मिल रहा है। मिट्टी की कुठिया-कुठला उन दिनों घरों में बहुत होते थे। कुठिया के अन्दर छोटे-छोटे आले (खाने) बने होते थे, जिनमें अलग-अलग चीजें रखी होती थीं। शादी के कार्यक्रम के कारण घर में खाने-पीने की काफी चीजें भरी हुई थीं। मैं घूम-फिर कर आता तो कभी चन्दरो, कभी मन्दरो लड्डू आदि कुछ मीठा खाने को दे देती थीं। मेरे लिये मिष्ठान्न और अच्छा खाना दुर्लभ था। शायद पिता की मृत्यु के बाद पहली बार बिना काम किए ऐसी चीजें खानें को मिल रही थीं। मैं खाली समय में खेलता-कूदता, परन्तु खाने की ओर मेरा ध्यान अधिक रहता था।

घर के पास ही बहन के ससुर का रेतीला चौबीस-पच्चीस बीघा खेत था। पूर्व की मेड़ पण्डित जयप्रकाश शर्मा के रहट वाले खेत से जुड़ती थी। दक्षिण में रेत के टीले और उत्तर में मिर्जापुर गाँव। सबसे पहले भंगी-चमारों के छप्पर, फिर जाटों-बामनों के पक्के मकान थे। खेत की पश्चिमी मेंड़ आम के एक बड़े बाग से जुड़ी थी। करीब पचास बीघा के क्षेत्रफल में यह बाग फैला हुआ था। उन दिनों बाग में खूब आम आ रहे थे। उनमें पके कम और अधपके ज्यादा थे। किन्तु उनमें भी काफी मिठास आ चुकी होती थी। बहन को ससुराल में पहुँचे करीब दो-तीन दिन हुए होंगे। नाते-रिश्तेदार प्रायः अपने-अपने घर जा रहे थे। चन्दरो-मन्दरो को साथ ले जाने की इच्छा के कारण जीजा जी के दोनों बहनोई अभी घर पर ही थे। मीठी दाल और पूड़ी के बाद एक दिन बकरे के गोश्त की दावत जरूर चला करती थी। उस दिन मीट पक रहा था। बाहर साफ-सुथरी पर सस्ती-सी दरियों पर बैठने वाले मेहमानों में मैं भी शामिल था। शादी में लड़की को ससुराल से जल्दी वापस ले आने की प्रथा है,

परन्तु माँ ने जीजा से कहा था–

"मैं कैसे बुलाऊँगी बेटा, तुम महीना दो महीना में मों दिखाइ लै जाइयौ, नाइ लाओगे तो मैं खुद देख आऊँगी।"

अतः बहन की ससुराल से माँ के घर विदाई की कोई योजना नहीं थी। इसका मुख्य कारण यह था कि अम्मा को मजबूरन पाली लौटना था। बहन या मेरे लिये वहाँ जगह नहीं थी। शादी के बाद नदरोली में मेहनत-मजूरी करने के लिए बहन को छोड़ने की इच्छा नहीं थी। बहन का यह मायका अभावों का अघोषित कारावास था, जिसे मुझे तो काटना ही था। मेरे बचपन को तो बार-बार इस कारागृह में जाना ही था। बब्बा यहाँ जेल-सी जिन्दगी काट ही रहे थे।

अम्मा कहती थी–"सौराज खान-पियन में थोड़ो बेसबर है।" ऐसा मुझे भी लगता है। मैं कभी यह नहीं कहता था कि सब्जी अच्छी नहीं बनी या आज नमक कम है अथवा ज्यादा है। शायद इसकी एक खास वजह यही थी कि शैशव काल से ही हमें भरपेट भोजन नहीं मिलता था। बचपन से ही गाँव में यादवों के घरों-खेतों में यथाशक्ति काम करता था और ये लोग बेस्वाद सब्जी खाते थे। मिर्च-मसालों से तो ऐसे दूर रहते हैं, जैसे किसी मरीज का परहेज चल रहा हो। इन्हीं के घरों की सब्जियाँ खाते-खाते बेस्वाद खाने का आदी हो गया था। उस दिन जब मैं बहन के घर में था, तो बच्चों के साथ कच्चे-पक्के आम भी मैं बेसब्री से खाता रहा था। कुछ देर बाद मेरे पेट में दर्द होना शुरू हुआ, दर्द लगातार बढ़ता गया और मैं ऐंठन और मरोड़ से तड़पने लगा। बहन मुझे देख कर रोने लगी। गाँव में कोई दवा-दारू करने वाला नहीं था। न डॉक्टर न वैद्य। परिणामस्वरूप मेरे कारण बहन बहनोई, और उनके पिता और रिश्तेदार सब परेशान हुए। 'सकतपुर' में डॉक्टर है। जल्दी इसे डॉक्टर को दिखाओ। किसी रिश्तेदार ने कहा था। वे शायद जीजाजी के बड़े बहनोई छिद्दालाल थे। वे मुझे अपने कन्धों पर बिठा कर बड़ी तत्परता के साथ सकतपुर ले गये थे। जून की गर्मियों का समय था। धूप तेज थी और रास्ता रेतीला था। बालू नीचे से जल रहा था और ऊपर सूरज तप रहा था। दर्द ऐसा कि दम निकला जा रहा था। मेरे लिये वह जीवन-मरण की घड़ी थी। उनके साथ कोई एक-दो व्यक्ति और भी गये, परन्तु मैं उन्हीं से लिपटता था। मुझे लग रहा था मेरी जान वही बचा सकते हैं। सकतपुर में जो डॉक्टर मिला, वह झोलाछाप था, फिर उसने तुरन्त दवा दी। दवा काम कर गयी। एक-दो घण्टे मुझे वहीं रखा। शाम को जब दोपहरी ढल गयी तब मुझे वापस लाया गया। ग्यारह साल की बच्ची, मेरी बहन जो दो-तीन दिन पहले यहाँ दुल्हिन बन कर आयी थी, मेरे लिये बुरी तरह रो रही थी। वह बार-बार मेरे पास आती थी। उसे पर्दा और परम्पराएँ सिखाई जा रही थीं। यहाँ लौटने से पहले पता नहीं उसने 'सकतपुर' डॉक्टर के पास जाकर मुझे देखने के लिए कितने आग्रह किए होंगे। वह शादी के समय की लाल रंग की नई साड़ी पहने करीब डेढ़ फुट का

घूँघट निकाले अपनी ननदों के साथ तपते हुए रेत पर पीछे-पीछे चल कर मुझे देखने आ रही थी। हालाँकि, उसे रिश्तेदारों द्वारा तसल्ली दी गयी थी कि 'सौराज की जान खतरे से बाहर है, दर्द रुक गया है, दवा काम कर गयी है।' फिर भी वह मुझे देखने को तड़प रही थी। वापसी में भी मैं कुछ दूर कंधों पर ही लाया गया था, गाँव के पास आकर पाँव पर चलने लगा था, बल्कि मुझे चलाया गया था ताकि बहन मुझे अपने पाँव पर आता देखे। वह मुझे स्त्रियों के झुण्ड में गाँव से बाहर मिली थी, और देखते ही फफक पड़ी थी। पर मैं अब राहत महसूस कर रहा था। उस दिन अगर मुझे डॉक्टर तक ले जाने में जरा भी ढील दी गयी होती या दर्द का कारण कोई बाहरी हवा समझ लिया गया होता, झाड़-फूँक कराई गयी होती तो मैं भी अपने पिता की तरह दुनिया में नहीं रहा होता। चूँकि जीजा जी के बहनोई अमरोहा के रहने वाले शहरी व्यक्ति थे, इसलिए वे झाड़-फूँक के बजाय डॉक्टरी में यकीन करते थे।

उस घटना के बाद मैं एकाध सप्ताह बहन के घर रुका। फिर ताई के बहनोई मलखान सिंह के साथ अहमदपुर होता हुआ पच्चीस कोस की दूरी पैदल तय कर अपने गाँव लौट आया।

बहन के घर

बहन मायावती को ब्याह में ही विदा कर दिया गया था। आज सोचता हूँ बहन की विदाई को लक्ष्य कर जो चाची-ताइयों ने मार्मिक गीत गये थे, उनकी अर्थवत्ता क्या थी?

भैया को दीने महल अटरियाँ रे/हम को दिया परदेस, अरे बाबुल मेरे!
हम तो बाबुल तेरे आँगन को कूड़ों रे/भोर भए फिंक जाएँ बाबुल मेरे!
हम तो बाबुल तेरे कोठे की चिड़िया रे दूर देश उड़ि जायें बाबुल मेरे!

विडंबना की स्थिति पिता पक्ष की और दुखद थी। पिता तो जीवित ही नहीं थे और भैया को महल-अटारी क्या, दो वक्त की रोटी तक मयस्सर नहीं थी। हालाँकि यह परम्परा के विरुद्ध था। चलन यह था कि ब्याह के एक-दो साल बाद 'गौना' होता था। ब्याह के बाद लड़की अपने मायके में तब तक रहती थी जब तक उसका 'गौना' नहीं होता था। परन्तु मायावती को बारात के साथ विदा किया गया, क्योंकि उसकी जिम्मेदारी सँभालने वाला मायके में कोई नहीं था।

एक भंगी के बेटे की बहू किसी चमार की बेटी थी उसने प्रेम विवाह किया था। वह मैला उठाने का विरोध करती थी। इस कारण घर में कलह बनी रहती थी। घर पास था, इसलिए वह रोज मेरी बहन को अपनी व्यथा सुनाने आ बैठती थी। धीरे-धीरे वह जंगल में सूअर चराने का काम करने लगी। बहन की शादी उन्नीस सौ सत्तर के आस-पास हुई होगी और मैं अस्सी-बयासी के पहले की बात कर रहा हूँ। इस बीच शायद कुछ और तरक्की हो गयी और अब वह मैला भी उठाने लगी।

बामन और जाटों के सभी मकान पक्के और बड़े-बड़े थे तथा गाँव के अन्दर थे। बीच गाँव से गुजरते आम रास्ते के एक ओर स्पृश्य, दूसरी ओर अस्पृश्य रहते थे। विभाजन रेखा स्पष्ट थी। यह ब्राह्मण परिवार थोड़ा सज्जन था। पण्डित संस्कार कराते और उनकी पत्नियाँ खेतों में कृषि कर्म करतीं थीं। ब्राह्मणियाँ अनपढ़, असभ्य थीं। ज्ञान के नाम पर उन्हें बस इतना आता था कि वे ऊँची जात हैं। उन्हें सबसे छुआछूत बरतनी है। जीजा के पास बैल नहीं थे। वे भी किराये के होते। कई बार तो पानी के अभाव में फसल पूरी तरह सूख जाती और कई बार वे 'नगरी' में जाकर अपनी बुआ के बैल ले आते थे, जो खाली होने पर ही मिल पाते थे। सिंचाई-बुआयी-कटाई के काम में मैं उनका साथ देता था।

गठिया-बाय : सयानों की शरण में

मैं गठिया-बाय के दर्द से परेशान था और जीजा की आवाज गायब थी। घर में आय का कोई जरिया नहीं था। अम्मा की कोख से पैदा हुए दोनों बेटे उसे बेहद प्यारे थे, परन्तु अपनी बेटी को पालने को भिकारी कतई तैयार नहीं थे। अनपढ़ अम्मा ने उन्हें बुला तो लिया, पर क्या करती? संकट बढ़ा। पर ऐसे हर संकट में हमारे पास एक ही हल होता था—पुटरिया (पोटरी) में लत्ता-गूदड़ (कपड़े) बाँध कर गाँव छोड़ कर चले जाना। माँ भिकारी के पास रहती तो पिटती-प्रताड़ित होती रहती थी। उसका उत्पीड़न असह्य हो जाता था तो साल-छह महीनों के बाद वह नदरोली लौट आती। हमें साथ लेकर वह कभी चन्दौसी, कभी बाजपुर, नैनीताल और कभी दिल्ली पहुँच जाती थी। भिकारी अपने बच्चों को अपने पास रख लेता था। अम्मा मेहनत करने जाती तो हमें भी साथ ले जाती थी। जीजा की बीमारी और मेरे जोड़ों के दर्द की खबर सुन कर वह गाँव आ गयी थी। वह हम दोनों के इलाज के लिए ऐसे छटपटा रही थी जैसे उसके दिल के दोनों हिस्सों में कुछ हुआ हो। वह कहती थी—हम दिल्ली, चन्दौसी कहीं कमा-खाएँगे। पाली जाकर मार-अपमान कब तक सहेंगे? लेकिन बीमार लोग क्या काम करते और कैसे करते? जिनके पास पुश्तैनी जमा पूँजी है, अर्थात् बाप-दादा की भूमि है और विरासत में आवासीय भवन मिले हैं, उन पर काहे का संकट? कमाकर तो उन्हें कोई और खिलायेगा ही। पर हमारी स्थिति ठीक उलट थी, जिसके सुधरने के कोई आसार नहीं थे।

जीजा अपने गाँव से कर्ज ले कर अपना इलाज कराने के उद्देश्य से खेत गिरवी रख सौ-दो सौ रुपये का इन्तजाम करके लाए थे। उनके गाँव की दो जातियाँ वामन तथा जाट चमारों को सूद-ब्याज पर रुपये देकर मनमाना ब्याज वसूला करती थीं। अम्मा ने एक दिन कहा—"तुम गाम में रहो, मैं चन्दोसी जाइकें बड़ी बहन सुखदेयी तें नत्थूलाल कूँ चिट्ठी डरवाइ आऊँ। मेरो बहनौत दिल्ली में डॉक्टरी की बहुत बड़ी पढ़ाई करि रओ है।" उसी बीच मक्खन, खचेरू और पैजू ने आँगन में आकर

कहा—"राधे की बहू, जब अपने गाँव में हम इतने बड़े सियाने मौजूद हैं। तो तू दिल्ली और कलकत्ता की बातें काए कूँ कर रही है, का जो हमारी बेइज्जती नाँय है? दूर-दूर के मरीज यहाँ आवत हैं और तू अपने दामाद कूँ बाहर लै जाइगी? तू चाह रही है तो आज ही साँझ कूँ खचेरा के घर में बैठक होइगी। बंगाली बाबा, सैयद बाबा और भोपुर वारी चामुंडा आवेगी। गंगावासी की बीमारी बताइ दिंगे और देवता सब ठीक करि दिंगे।"

"करि देखो बड़े (ज्येष्ठ) जो करि सको तौ, नाँइ तो मैं, देश-पद्देश लै ही जाऊँगी। अब मेरो तो जो सौराज हाथ-पाउन तें मजबूर है गओ है। नाँय तो जो चार पैसा कमाइ लेतो और इलाज पै खर्च कर देतो। अवई तो जाके ठीक है बे कौ इन्तजार कन्नो पड़ैगौ। नाँय तो जो कल ही दिल्ली लै जातो।" अम्मा ने उत्तर दिया।

उस रात सयानों की बैठक बैठी। लय-स्वर में देवताओं के छन्द गाए गये। भूलने पर ताऊ बाबूराम टूटे छंद की कड़ी पूरी कर देते थे। उन्हें दर्जनों लोक-कथाएँ, रामायण, महाभारत सब कण्ठस्थ थे। जरूरत होने पर वे सस्वर गा-गा कर सुना देते थे। मुझ पर उनकी संगति का गहरा असर था। रैदास का ब्राह्मणों से हमेशा शास्त्रार्थ रहा था। इसे वे परम्परा मानते थे कि चमार ब्राह्मण से ज्यादा ज्ञानी होता है। ब्राह्मण केवल पोथी बाज होता है। उसके पास व्यावहारिक ज्ञान नहीं होता। उसे अहंकार ज्यादा होता है। बराबरी की इंसानियत उसमें सिरे से नहीं होती। ताऊ की ऐसी मजबूत धारणा थी। जहाँ भी ब्राह्मण से बहस होती थी, वे बहस में भिड़ जाते थे। पर व्यवहार में ब्राह्मण को मिलते ही पाँय लागन महाराज करते। तो मुझे उनका सारा विरोध थोथा लगता। उनसे जब भी कहा जाता, "बबुआ जो छंदु कैसे है, नेंक शुरू करिए," तो वे पूरी पिटारी खोल देते। गजब की स्मृति थी उनकी। न जाने कितनी लोक कथाएँ फीड थीं उनके दिमागी कम्प्यूटर में? अँधे थे, पर स्मृतियों के अतीत में दूर तक देखते थे। हमारे सारे देवता नॉनवेज थे और आते ही दारू माँगते थे, जबकि चमार-भंगी दारूबाज कौमें नहीं थीं।

मक्खन के सिर पर सैय्यद खेल रहे थे। 'सैयद बाबा आ गये। गाओ रे छन्द गाओ, बबुआ तें कहो शुरू करे।' ताऊ गाते—'ले धुर बंगाले तें घुरे हैं लंगाड़े-घुरे हैं लंगाड़े रे। कोई पश्चिम वरसन हार सूरिमा गजवै रे।'

हड़बड़ी के साथ खचेरी ताऊ ने कहा—"बुलाओ राधे की बऊ कूँ 'पैजू' ने जल्दबाजी की।

"मैं आयी बड़े, कहो मुखी।"

"पूछि सैयद बाबा तें का पूछनों चाहती है, जल्दी पूछि?"

"अरे जो बाइयरबानी (स्त्री) का पूछेगी?"

"बबुआ तू पूछि ले।" रमचन्दी ने दखल देते हुए कहा। ताऊ और बब्बा को कम उम्र के चमार भी ऐसे ही बोलते थे। गरीबी और कमजोरी में सभी सम्बोधन

मान रहित और बिगड़े हुए थे। खैर, ताऊ दीवार पर हाथ फेरते आगे बढ़े और मखनी पर सवारी गाँठ रहे सैयद को सम्बोधित करते हुए बोले–

''हाँ महाराज, हमारे दामाद की आवाज बन्द है गयी है। का इनकी गर्दन काऊ बड़ी हवा ने पकड़ लई है? महाराज, का दुनिया में तुम से हू बड़ों कोई देवता है?''

प्रशंसा सुन मक्खन ने ताल ठोंकी और कच्ची जमीन में पूरे जोर से कुहनियाँ गड़ाईं–''कोई माई को लाल मोतें बड़ों है जाइगो? बोल मेरे सच्चे दरबार की जै।''

सभी 'जय महाराज की' 'जय महाराज की बोल' पड़े।

मक्खनी ने दुबारा कुँहनियाँ जमा दीं और खुद ही बोला–

''मोइ सब मालूम है, राधे की बऊ (बहू) के लौंडा (लड़का) की देह मै हू पिशाचनी लगी है और गंगावासी पै बंगाल की हवा है।''

''और सौराज कूँ का भओं?''

''भओ का? सौराज कूँ किताबें-अखबार पढ़ने बन्द करने पड़ंगे...''

यह सुनते ही एकदम सभी घबरा गये। 'पर महाराज गंगावासी तो बंगाल सपने में हू नायँ गये।'

''तो क्या हवा कहूँ आने से रुकती है?'' और एक स्वर में पूछने लगे–

''कोई उपाय महाराज?''

''उपाइ तो अब हैई जाइगो। अब सैयद बाबा आइ गये तो फिकरि की का बात है?'' 'पैजू' ने उनके मध्यस्थ की तरह उनकी ओर से आश्वस्त किया।

मक्खन, छोटे और 'खचेरू' की देह में भूत आना मुझे कुछ-कुछ शंकित और ढोंगजन्य आडम्बर लगने लगा था। परन्तु अम्मा विश्वास कर रही थी और मैं भी अपना विरोधी स्वर मुखर नहीं कर पा रहा था। मेरे पास इस तर्क का सन्तोषजनक जवाब नहीं था कि–'कोई ऊपर की हवा-डवा नहीं है तो मैं उठ कर खड़ा क्यों नहीं हो जाता?'

यह सब आयोजन संगीतात्मक ढंग से चल रहा था, गोया कोई जश्न मनाया जा रहा हो। महाराज बोले–

''जितनी जल्दी भेंट।'' परसाद उतनी जल्दी इलाजु।''

सैयद बाबा की घोषित भेंट मुर्गा थी। इसलिए खचेरी ने कहा–

''महाराज! अबई मंगावत हैं एक मुर्गा।''

''एक नहीं कम से कम दो।'' मक्खन ने सिर हिलाकर तेज स्वर में कहा।

''राधे की बऊ, करि जल्दी इंतजाम करि कूँ मैंढ़ा (भेड़ का बच्चा) मुर्गा मँगाई लेइ, सब ठीक है जाइगो।''

बरसात के दिन थे। गाँव के फकीर एक-दो मुर्गियाँ पालते थे। उस समय उनके पास मुर्गियाँ तो थीं, किन्तु कोई मुर्गा नहीं था। मेंढ़ा लाने के लिए तो तब भी बाहर जाना ही था। अम्मा फकीरों की बस्ती में भाग-दौड़ आयी। उनमें कई औरतें

अम्मा की मित्र थीं। मित्र क्या थीं, असल बात यह थी कि फकीर भीख माँगने का काम करते थे और वे माँगा हुआ घर-घर का मिश्रित आटा कुछ सस्ता बेच देते थे। कभी-कभी उधार भी दे देते थे। अम्मा उन्हीं से आटा अनाज लिया करती थी, इसलिए घनिष्ठता बढ़ गयी थी। परन्तु मुर्गा नहीं मिलने पर माँ बड़ी निराश हुई।

"आज ही मुर्गा-मेंढ़ा नाँय आऔ तो देवतऊ नराज होंगे और मेरे दामाद की आवाज नाँय लौटेगी। हाय भगवान मैं का करूँ?" अम्मा ने हाय-तौबा की।

भूत-पूजा का यह कार्यक्रम प्रायः रात में ही सम्पन्न होता था। उस समय की वह रात कठिन रात थी। घनघोर चौमासे लगे हुए थे। बरसाती बादलों का अँधेरा घिरा हुआ था। उफनती हुई करकवाय (बरसाती नदी) पास के गोठना गाँव से लेकर रिवाड़ा गाँव तक फैली हुई थी। गंगा की तलहटी में खादर का-निचले तल बाला यह गाँव चारों ओर से पानी से घिरा हुआ था। 'रिवाड़े' में बहुत लोग मुर्गे-मुर्गियाँ और कुछ मेंढ़ा बकरा पालते थे। वहाँ से अंडा, मुर्गा कभी भी खरीदा जा सकता था। पर बरसात की अँधेरी रात में तीन-चार कोस चल कर जाए कौन? रिवाड़े से पहले करकवाय को पार करना होगा। पानी गर्दन तक होगा ही। कहीं गर्दन से ऊपर भी हो सकता है। बिना तैराकी जाने जोखिम कौन और क्यों ले? सब एक-दूसरे का मुँह ताक रहे थे। रमचन्दी आगे बढ़कर बोले–

"सौराज है तो सही। जाइ भेज देउ, मुर्गा लै आवैगो। जाई के बहनोई कौ इलाज तो है रओ है। जो बहन के हक में इतनौ नाँय करेगौ का?"

जबकि वे जानते थे कि गठिया-बाय ने मेरे पाँव जकड़ रखे हैं। महीनों लाठी के सहारे चला हूँ। अब भी चलता था पर धीरे-धीरे और परेशानी के साथ। मेरे साथ भेंट लेने मौहल्ले का कोई आदमी जायेगा?

अम्मा सिर पर हाथ रखकर रुआँसी मुद्रा में बैठ गयी। मैं उसकी विवशता समझ रहा था। जीजा जी चल सकते थे, परन्तु न तो उन्होंने रिवाड़ा गाँव देखा था और न ही उन्हें तैरना आता था। करकवाय में पानी बढ़ जाने पर तैर कर उतरना पड़ सकता था। इसके लिए तैराकी भी आनी चाहिए। 'करकवाय' रिवाड़े के पास जाकर काफी गहरी हो गयी थी, क्योंकि कच्चे घरों के लिए गाँव के पास से मिट्टी खाद-खोदकर लोग गहरा कर देते हैं। उसे पार करने के अलावा रिवाड़े गाँव में पहुँचने का दूसरा कोई मार्ग नहीं था। कोई विकल्प नहीं दिखा तो मैंने कहा था–

"मैं जांगो अम्मा।" जैसे ही मैंने कहा तो वह बोली–"तू कैसे जाइ पाइगो? कहूँ दर्द के मारे परिया पकरि के बैठि रओ तो बस्स।"

"सब चलौ जाउँगो उठि-बैठि कें, थोड़ी देर सही पर पहुँच जांगो और भेंट लैके हूँ आंगो तू तैयारी करा।"

मैंने कहा तो अम्मा को एक ओर तो उम्मीद बंधी दूसरी ओर मन में शंका भी बनी रही। अतः वह बोली–

"अरे आधी रात में लौटैगो, कोई थप्परु मारेगो और मुर्गा छीन लेगो।"

"सैयद बाबा को मुर्गा कौन छीन लेगो।" कह कर मैं उठा। जीजा जी अपने इलाज की खातिर कर्ज के अलावा घर के पीतल के बर्तन बेच अपना रेतीला खेत गिरवी रख कर रुपये का इन्तजाम कर लाये थे। छोटे भाई को वहीं छोड़ आये थे। कुछ ही दिनों पूर्व उनके पिता मटरूलाल की मृत्यु हुई थी।

अम्मा ने बड़ी मौसी से मिल कर डॉ. नत्थूलाल के पास दिल्ली एक चिट्ठी भेज दी थी। वह दुविधा में थी कि सियाने नाँय करि पाए तो डॉक्टर ही सही।

मैं इस डर से लाठी, झोला लेकर निकला कि मुर्गा रास्ते में न छिन जाए। मुर्गे के मांस की प्रतीक्षा करते आपस में कानां-फूंसी हुई–

"अरे काऊ ने रत्ता में मुर्गा छीन लओ या जो कहूँ पानी-कींच में रपटि गिरो तो का होइगो? कोई एक जनों और जाके संग जाउ। मुर्गा के संग-संग मेंढा हूँ आजु ही मँगाइ लेउ?"

तब आखिर में श्यामलाल उठ कर बोला–"मैं जांगों सौराज के संग।"

श्यामलाल जोखिम लेने और दुस्साहस का प्रदर्शन करने में मुझसे भी कहीं आगे था।

अन्ततः जब हम दोनों घर से निकले तो बरसाती बादल घिर तो रहे थे, पर वर्षा नहीं हो रही थी। भादों माह का अँधेरा यानी कृष्ण पक्ष होने के कारण काफी डरावना वातावरण था और हवा में कँपकपा देने वाली सर्दी थी। परन्तु हम लोग अपने-अपने शरीर में खुद थोड़ा बहुत देवता प्रविष्ट हुआ समझते थे, इसलिए अति उत्साही भी थे। हालाँकि मैं आर्य समाज के सम्पर्क से भूतों पर शक तो करने लगा था परन्तु प्रबल विरोध करने की स्थिति में अभी नहीं था। कारण एक तो मैं प्रतिकूल वातावरण में था, दूसरे खुद अस्वस्थ था।

श्यामलाल स्वस्थ था इसलिए वह आगे निकल जाता था। कुछ देर चलने के बाद मेरे पैर के जोड़ों की जकड़न खुल जाती थी। चलने से ज्यादा दर्द चलकर रुकने पर होता था। रुकने पर ही सूजन बढ़ जाती थी।

बरसात होने लगी थी। सई-साँझ से ही अँधेरा घिरने लगा था। जिस वक्त हम रिवाड़ा गाँव में पहुँचे, तब लोग सोने लगे थे। भौं-भौं कर हमारे ऊपर कुत्ते भौंके तब जाकर लोग उठे, सतर्क हुए। उन्होंने लालटेन और टार्च जला कर हमारे चेहरे देखे, परिचय लिया। हमने आने का कारण बताया।

मुँह माँगे रुपये देकर। एक भारी-सा देसी मुर्गा खरीदा और उसके पाँव बाँध कर झोले में डाल लिया। मेंढ़ा कन्धा पर चढ़ा लिया। श्यामलाल और मैं हुए उत्साह के साथ गाँव की ओर लौट रहे थे कि बरसात तेज हो गयी।

"रुकि जाउ भैया, आज रात यहीं रुकि जाउ।" वे सब बोले।

हमने कहा–"नाँय साब हमें जरूरी जानों है, हम नाँइ रुकंगे।"

"थोड़ो मेह (मेघ) थमिजान देउ, भले मानसौ। कऊँ करकवाय (नदी) में बाढ़ न आइ गयी हो।"

देखने, रुकने और गाँव से निकलने के क्रम में देर हो गयी थी। गाँव से बाहर हुए कि बारिश फिर होना शुरू हो गयी। हमें करकवाय तक आने में आधा-एक घण्टा लग गया होगा। इस बीच करकवाय में एक-दो फुट पानी और बढ़ गया था। खैर, हम दोनों तैराक थे। इसलिए श्यामलाल ने कहा–

"तू आगे तैर, मैं पीछे मुर्गा की एक-एक टाँग अंगोछा से बाँधि लेंउ। मेंढ़ा के टेंटुआ में रस्सी बाँधि लै पैराइकें चलो जाइगो जो तौ।।"

हम दोनों ने योजना बनाई।

"तू अपने मुर्गा की टाँग लठिया में बाँध लै।"

वह बोला–

"लठिया पानी में पैरि आवैगी। छोर मैं रस्सी बाँधि कें कमर तें छोर कसि लै।"

धीरे-धीरे हम नदी के भीतर उतर रहे थे और पानी हमारी गर्दनों के ऊपर चढ़ रहा था। नीचे चिकनी मिट्टी प्र से पाँव उखड़ रहे थे। ऊपर से बारिश के थपेड़े पड़ रहे थे।

खुद को सँभालें या मेंढ़ा-मुर्गा को?

भेंट को छोड़ कर घर लौटना कैसा? पूरी बस्ती हमारे इन्तजार में बैठी होगी।

फिर क्या था, पाँव उखड़ गये और बहाव के साथ हम दोनों अलग-अलग दूर-दूर बहने लगे। ऐसे में मेंढ़ा हाथ से छूट गया। वह तेज लहरों के साथ दूर जा पहुँचा। "तू मुर्गा सँभाल श्यामलाल, मैं मेंढ़ा पकड़ तूं और सुनि अब मेरी फिकरि मति करिए मैं आइ जांगो। तू पहुँच सके तो जल्दी घर पहुँच।

वर्षा का पानी मूसलाधार मेरे ऊपर पड़ रहा था। बिजली की तेज कड़क और बारिश से भीग कर मेंढ़ा भी सिमट गया था।

हम दोनों इस तरकीब से नदी पार कर आये और भीगते-भागते अलग-अलग रास्ते से आधी रात होने के करीब घर लौट आये। मिर्च-मसाला पहले ही से तैयार था। सयानों का रतजगा चल रहा था। देसी घी टोड़ी ताऊ के घर से कर्ज में लिया गया था।

कण्डों (उपलों) की छोटी-सी अग्यारी प्रज्वलित की गयी थी। खचेरी ताऊ ने जैसे ही मुर्गा की गर्दन काटी और रक्त की धार जमीन पर आयी कि मक्खन के सिर पर सैय्यद आ गये। उसने अपनी भेंट स्वीकार की। दो घूँट खून पिया और 'जल्दी पकाओ' बोल कर मक्खन चला गया। हर देवता के लिए अलग-अलग भेंटें दी जाती थीं।

हमारी बस्ती में इन भूत-पिशाचों की तुलना में राम, कृष्ण और शिव तक को न तो कोई पूजता था न किसी की इनमें आस्था थी। बल्कि निःसन्तान सवर्ण दम्पतियों की भीड़ चमार सियाने के घर लगी रहती थी।

पैजू ताऊ की देख-रेख में मुर्गे और मेंढ़े का गोश्त खचेरी ताऊ के घर में

पकाया गया था। हमारे घर का एक भी बर्तन नहीं छुआ गया, क्योंकि हमारा घर तो जाटवों से छिका हुआ चमार-घर था। यह हम अछूतों के भीतर की छूआछूत थी, जिसके शिकार मेरे अपने परिवार के सभी सदस्य थे। पण्डित को सीदा और कौम को दावत देकर जात में पड़ते हैं, सो वह मैंने नहीं की।

जैसी कि परम्परा थी, एक बड़ी परात में उड़ेल कर सभी को बोटियाँ और शोरबा बाँटने का काम उम्र में बड़ा होने के नाते पैजू ताऊ ने किया था। हर एक घर को एक हिस्सा दिया जाता था, लेकिन कोई लड़की है तो उसे कन्या कह कर थोड़ा अतिरिक्त दिया जाता था। किन्तु उस समय पैजू ताऊ ने ऐसा बन्दर-बाट किया कि अपनी दोनों बेटियों को बराबर हिस्से दिये और बोटियाँ भी हर एक का घर, और मुँह देख कर बाँट दीं। वे पक्षपाती पंच थे। उन्होंने इस बात की परवाह नहीं की कि दो घर राधे-बाबू के भी हैं। मरीज मेहमान भी हैं। पैसा उन्हीं का खर्च हुआ है। परात में थोड़ा-सा खाली शोरबा छोड़ा। खैर, हम सब देखते रहे कि शायद अब जीजा का गला खुले, कि अब वे बोलने लगें। दो-तीन सप्ताह गुजरने पर भी रंच मात्र आराम नहीं हुआ। बल्कि पानी में भीगने, तैरने और रात में अधिक चलने से सवेरे तक मेरे घुटनों के जोड़ और अधिक सूज गये थे। हाथों और पाँवों का दर्द और बढ़ गया था। मैंने अम्मा से नाराजगी में कहा था—

"है गओ इलाज, इन लोगों ने मजे से मेंढ़ा—मुर्गा खाए और हमें एक बोटीऊ नाँइ छोड़ी और जीजा के पैसा बेकार गये।"

"ऐसे मत बोल बेटा! सैयद बाबा, बंगाली बाबा नाराज है जांगे। वे भेंट ले चुके हैं। कल से ही गंगावासी बोलन लगंगे, देर क्यों है रही है? मैं मखनी से पूछउँगी कि आवाज खुलन में का देर है?" अम्मा बोली।

एक ओर दावत-बोटियों-शोरबा का प्रसाद और दूसरी ओर गागर पर औंधी रखी थाली बजाते हुए छनन-छनन स्वर के साथ मुग्ध कर देने वाली धुन में बाबू ताऊ भूत-पिशाचों के आह्वान गीत गा रहे थे। बाकी लोग उन्हें दोहराते थे। गीतों व साज में ऐसी मादकता कि मन करता मैं भी उठूँ और नांचूं, उनके साथ गाऊँ। शरीर में फुरेरी उठने लगती।

भूत-सयाने और दर्शक लोग खा-पी कर उछल-कूद करके चले गये।

मेरा इलाज सब तरह से चल रहा था। बहन के गाँव में राख-भभूत झाड़-फूँक से लेकर गाँव में आकर लुहामई के लुहार से लोहे का कड़ा पहनने तथा सैयद और बंगाली को प्रसाद देकर भी मैं स्वस्थ नहीं हो पा रहा था।

अब मैं डॉक्टर की दवा भी ले रहा था। गाँव में आयुर्वेद का प्राथमिक चिकित्सालय था। डॉक्टर जाति से ठाकुर होकर भी मरीजों से वैसी छूआछूत नहीं रखते थे, जैसी कि आमतौर पर ठाकुर लोग रखा करते हैं। दवा क्या थी? कुछ औषधियों के साथ 'कुचला' विष फाँकना होता था और 'विष-गर्भ' तेल की मालिश

करनी पड़ती थी। गाँव में यह दवा महीनों चली थी। बाद में 'छोटे' चच्चा के ससुर ने घर पर कटहली के फल कुचल कर, उसमें अफीम गठिया लसुन धतूरे के बीज आदि मिला कर दुँआ के तेल को गरम करके एक कड़ाहे में जलाया था। चौथाई तेल रह जाने पर उसमें अन्य विषैली चीजें और कुछ अंश शुद्ध विष का मिला कर बोतल भर दी थी। दस-पन्द्रह दिन सेवन करने से राहत मिली थी। परन्तु रोग गया नहीं था। मैं शुरू में दो-तीन महीने बगैर लाठी टेके चल नहीं पाया था।

संकट में बहन का सुहाग

मायावती बहन की शादी हुए बमुश्किल तीन-चार साल हुए होंगे, जीजा जी की बीमारी बढ़ती जा रही थी। अम्मा सैयद बाबा के असर का इन्तजार कर रही थी। गाँव के कुछ समझदार लोगों ने डॉक्टर को दिखाने की सलाह दी थी। स्थानीय डॉक्टर ने स्पष्ट कहा था—

"इन्हें दिल्ली, अलीगढ़ या लखनऊ कहीं बड़ी जगह दिखाओ। बीमारी गम्भीर है। भूतों-पिशाचों के चक्कर में रह कर इन्हें घरे बैठे मत मारो।" बात माँ की समझ में आ गयी। संयोग से तब तक मौसेरे भाई डॉ. नत्थूलाल की चिट्ठी भी आ गयी। नत्थूलाल उन दिनों मौलाना आजाद मैडिकल कॉलेज, दिल्ली में एम.बी.बी.एस. का कोर्स पूरा कर इर्विन हॉस्पिटल (लोकनायक जयप्रकाश नारायण अस्पताल) में हाऊस-जॉब करते थे। यह उनका शायद अन्तिम साल था।

अम्मा के नाम आये पत्र में उन्होंने लिखा था—

"मौसी, तुम पच्चीस तारीख तक गंगावासी जी को लेकर दिल्ली आ जाओ। अपने ठहरने और खाने की व्यवस्था खुद कर लेना। झुग्गियाँ तुम्हारी जान पहचान की होंगी। पहुँचते ही मुझे चिट्ठी लिखना या सौराज को मेरे पास भेज देना। तब तक मेरे ऑपरेशन के टाँके कट जाएँगे।"

उस समय उन्होंने खुद अपने पेट का ऑपरेशन करा रखा था। माँ जीजा जी का इलाज कराने के इरादे से नदरोली आयी थी, इसलिए छोटे बच्चे पाली ही छोड़ दिये थे। नदरोली के लाला खुशीराम और रामस्वरूप यादव से पाँच रुपया सैकड़ा की दर से ब्याज पर तीन सौ रुपया कर्ज मिलते ही मैं, अम्मा और जीजा जी दिल्ली गये। राजौरी गार्डन के पास उत्तम रोड की ओर झुग्गियाँ पड़ीं थीं। अम्मा ने कई साल

डूंगर मिर्जापुर : बहन माया अपने घर में

पहले भी वहीं रहते हुए कुछ काम-धन्धा किया था। एक झुग्गी भी संयोग से खाली थी, जिसे कोई कुछ दिन के लिए अस्थाई तौर पर छोड़ गया था। यहाँ के रहमदिल लोगों ने माँ के परिचय कहा—

"जब तक वह न आये तुम बगैर किराया दिये भी इसमें रह सकती हो। जब तक इलाज चले, तुम वक्त काटो।"

कुछ महिलाएँ भी वहाँ माँ की पूर्व-परिचित निकल आईं थीं। वे पूछ रहीं थीं—

"कैसे आयी हो सूरजमुखी?"

"विपता में आये हैं भैना! दामाद को इलाज करानों है और जा लड़का कूँ गठिया है। जाऊ डॉक्टर कूँ दिखाइ दिउँगी। पहले तो दामाद कूँ ठीक करवानों है।" अम्मा ने उत्तर दिया।

झोंपड़-पट्टियों में रहने वाले ये लोग जाहिरा तौर पर गरीब थे। पर अच्छे लोग थे। कुछ दिन के लिए झुग्गी मिल गयी और डॉ. के पास चिट्ठी डाल दी। चिट्ठी मिलते ही डॉ. नत्थूलाल आये। एक तो वे पहले ही दुबले-पतले थे। दूसरे, खुद पेट की पथरी का ऑपरेशन करा लेने के बाद और हल्के हो गये थे। ढीला-ढाला पैंट-शर्ट पहने। लम्बी-पतली आकृति वाले नत्थूलाल झुग्गी की ओर आते दिखाई दे रहे थे। मैंने माँ को बताया—

"अम्मा, देख सामने कौन आ रहा है?"

नत्थूलाल माँ का चेहरा देखते ही खिल उठा, जीजा जी को भी स्वस्थ होने की उम्मीद जागी। मैं उठ कर दौड़ कर उनके पास तक गया।

"नत्थू ठीक-ठाक आइ गओ बेटा।" माँ ने उनके सफल ऑपरेशन के लिए खुशी जाहिर की।

"गंगावासी, अब तुम चिन्ता छोड़ो। भौत बड़ो डॉक्टर बनि गओ है नत्थू। सब बीमारिनु की दबा जानतु है। बड़े-बड़े डॉक्टरनु के संग रहतु है।" माँ न जाने क्या-क्या अपेक्षाओं के पुल बाँधने लगी। डॉक्टर ने पूछा—

"कहो मौसी कैसी हो?"

मेरी चिन्ता तो छोड़ बेटा, "तुम इतने पतरे कैसे है गये? अब पहले अपने इलाज की बात बताओ।"

माँ ने सवाल-दर-सवाल किए। हाल-चाल का आदान-प्रदान हुआ। माँ ऑपरेशन का नाम सुनकर चौंकी।

डॉक्टर ने हँसते हुए अपना पेट दिखाया—

"देख मौसी, अभी टाँके निकाले हैं।"

"टांके निकालने में दद्दु नाँय भयो?" माँ ने पूछा तो वे मुस्करा कर बोले-

"कैसा दर्द, और आनन्द आता है टांके निकलते वक्त।"

"अरे पर बेटा जो इत्तो बड़ो चीरा, जामे कित्तो दद्दु भओ होइगो!"

''कुछ नहीं, मौसी! इंजैक्शन लगाकर बेहोश कर देते हैं। पता भी नहीं चलता कि ऑपरेशन कब हो गया।''

माँ के लिए ऑपरेशन के बारे में कई तरह के सन्देह थे। वह नत्थूलाल के ऑपरेशन पर चर्चा करते हुए जीजा जी के सम्भावित ऑपरेशन की कल्पना से उसे जोड़कर परेशान हो रही थी। डॉक्टर साहब भाई दिन-भर हमारे पास ठहरे और रात को अपने हॉस्टल चले गये।

जीजा जी अस्पताल में

निश्चित दिन मैं जीजा जी को साथ लेकर इर्विन अस्पताल गया। भाई साहब वहाँ मौजूद थे। उन्होंने साथ रहकर डॉक्टरों से जीजा जी के गले की जाँच कराई। मैं लाइन में लग कर दवाइयाँ लेने लगा। कुछ दिन दवा खाने के बाद उन्हें गले का ऑपरेशन करने के लिए भर्ती कर लिया गया। भर्ती होते ही अस्पताल में अम्मा उन्हें देखने आयी। वे उदास थे। उनकी आँखों में आँसू भर आये। उन्हें अपने स्वस्थ होकर घर लौटने की तीव्र इच्छा थी, चिकित्सा से डर बहुत था पर उम्मीद थी, माँ ने धीरज बँधाते हुए कहा था--

''अरे बेटा तुम रोइ रए हो? मैं जिन्दी हूँ। तुम्हें ठीक कराइके लै जाउँगी। एक दिन तुम्हारो और हमारो सिगरो (पूरा) गाम देखेगो कि मुखी के दामाद की आवाज लौटि आयी। तुम भगवान पै भरोसो करौ। डॉक्टर के हाथ में भगवान के हाथ होत हैं बेटा!'' और वे असहाय निःशब्द देख रहे थे। माँ ने तुरन्त दूसरा सवाल किया–

''नत्थू बेटा, का कछु और जरूरत पड़ेगी?''

उन्होंने बताया–''हाँ मौसी, ऑपरेशन के वक्त ब्लड भी माँगा जा सकता है।''

''बिलड?''

''हाँ मौसी खून।''

''खून मैं दिउँगी बेटा।''

भर्ती करने के बाद उनकी हुक्का सूँघने जैसी उपचार प्रक्रिया की गयी, मुझे रात को बाहर कर दिया। उस रात मैं डॉक्टर के हास्टल के रूम में उनके साथ रुका। सवेरे जीजा जी से मिल कर मैं अम्मा के पास लौटा, तो 'माँ' ने पूछा–

''ठीक तो है जांगे तेरे जीजा, लल्ला, आवाज लौटि आवेगी? तोइ डॉक्टरनु पै विश्वास है, पूरो होइगो तेरा विश्वास?''

मैंने कहा–''हमारे देश के डॉक्टर बड़ी-बड़ी बीमारी दूर कर देते हैं। गले का इलाज़ भी कर देते हैं।''

कुछ दिन में ऑपरेशन की डेट निश्चित हुई तो मैं बतौर अटेन्डैंट उनके साथ रहने लगा। मैं रात में कभी उनके पलंग के पास नीचे कपड़ा बिछाकर सो जाता, कभी पाँय पर ही लेट जाता था। कभी वार्ड के बाहर रुक जाता।

पूर्व निश्चित दिन जीजा जी का ऑपरेशन हुआ। ऑपरेशन कक्ष के बाहर मैं और अम्मा मौजूद थे। ऑपरेशन के बाद जब वे एस्ट्रेचर पर लिटा कर बाहर लाये गये तो हम दोनों लपक कर एस्ट्रेचर के पास पहुँच गये। बैड पर लिटा कर नर्स चली गयी। उनके गले में एक छेद किया गया था। उसमें नली डाली गयी थी। नली से ही उनके पेट में चाय या दूध पहुँचाया जाता और उस यान्त्रिक प्रक्रिया से उनका कफ, खाँसी, बलगम भी निकाला जाता था। उस वार्ड में इस तरह कई मरीजों के गलों के ऑपरेशन हुए थे। उनके गले में सीटियाँ डाली गयी थीं। कई मरीजों को मैंने गलों से सीटियाँ लगाये देखा, परन्तु बोलता हुआ एक भी नहीं देखा। इस कारण जीजा जी की आवाज लौटने के प्रति मेरा मन डर और संशय से भरा हुआ था। अब मुझे हर वक्त जीजा जी के पास रहने की इजाजत मिल गयी थी। प्रतीक्षा हो रही थी कि जख्म सूखेगा और जल्दी ही गले से सीटी निकाल दी जायेगी और इस तरह उनके गले का इलाज पूरा हो जायेगा। तब कहीं जाकर वे पुनः बोल पाएँगे।

नर्सों के बावजूद जीजा जी को उठाना-बिठाना, पेशाब-शौचादि कराना मेरा काम था। डॉक्टर की इजाजत से अब खाना बदल गया था। खाद्य पेय नली से पेट में जाता था। उन्हें खाँसी होती तो मैं तुरन्त नर्स को बुलाता। डॉक्टर के पास भागता। तबियत में जरा-सा फर्क लगता तो मैं सिस्टर को बोलता। डॉक्टर और नर्सें समय-समय पर मुआयना करते थे। डॉ. नत्थूलाल भी सुबह-शाम, जब भी समय मिलता, इधर आते और हाल पता करके चले जाते।

अस्पताल में रहते हुए मुझे करीब दस-पन्द्रह दिन बीत गये थे। एक बार आधी रात के बाद जीजा के पैरों की ओर बैड पर सिर रख कर बैठे-बैठे थक जाने के कारण मुझे झपकी आ गयी, और लेटते ही आँख लग गयी। कुछ देर में जीजा जी को खाँसी आयी खाँसी रुक नहीं रही थी। उन्होंने मेरे ऊपर पैर रख कर मुझे जगाया। मैं हड़बड़ा कर उठा तो देखा कि जीजा जी के गले से खून की तेज धार निकल रही है। रक्तस्राव से वक्षस्थल काफी सन चुका था। मैं घबराया। भाग कर सिस्टर को बोला। वहाँ ड्यूटी पर एक भी डॉक्टर मौजूद नहीं था। नर्स डॉक्टर को बुलाने भागी। मैं इधर-उधर भाग कर जीजा जी के पास लौट आया। उन्हें भारी रक्तस्राव से मौत होने का अन्देशा हुआ और साँय-साँय की ध्वनि के साथ अन्तिम स्वर में उन्होंने संकेत की भाषा में मुझसे कहा—"अब जा रहा हूँ।"

मैंने समझा वे अपने नवजात शिशु और अपनी पत्नी, मेरी बहन के भविष्य के बारे में कुछ कहने की कोशिश कर रहे हैं। सिर हिलाते हुए उन्होंने अस्पष्ट फाँय-फाँय के स्वर में मुझसे कहा—"अब नहीं बच पाऊँगा।" मैंने उनकी आँखों में मौत से पहले की जो बेबसी देखी, वह भुलाई नहीं जा सकती। जीजा जी की उस अन्तिम विदाई की मुद्रा में अपने पिता की असमय हुई मृत्यु का दृश्य दिखने लगा। पिताजी और जीजा जी की शक्लें गड्ड-मड्ड होने लगीं। उनकी मूक भाषा कह रही थी।

अपनी बहन का भविष्य देखना।

"नहीं जीजा जी। आप घबराओ मत। डॉक्टर तुम्हें बचा लेंगे"

बोलकर मैं फिर इधर-उधर भागा-दौड़ा। जिस दिन जीजा जी अस्पताल में भर्ती होने दिल्ली आये थे। उसी दिन गाँव में मेरी बहन ने अपनी पहली सन्तान (विनोद) को जन्म दिया था।

"अभी डॉक्टर आ रहे है।"घबराओ मत जीजा। खून और चढ़ जायेगा।" मैं हिम्मत दिला रहा था। हाथ के इशारे से उन्होंने मुझसे कहा—विनोद छोटा है। (करीब एक माह का) फिर उनकी दोनों आँखे डबडबा आईं। मेरा धीरज टूटने लगा था। पाँच-छह वर्ष की उम्र में एक दिन इसी तरह मैंने अपने पिता को असमय तड़प-तड़प कर मरते देखा था। परन्तु वे झाड़-फूँक में और अस्पताल की सुविधा के अभाव में मरे थे और ये मर रहे हैं देश की राजधानी के एक बड़े अस्पताल में—नर्सों, डॉक्टरों के बीच। अम्मा के वैधव्य के परिणाम मैं भोग चुका था और अब बहन का जीवन बर्बाद होता दिखाई दे रहा था।

मैं परेशान हो डॉक्टर के रूम तक भागा, हड़बड़ाया-सा बोला—

"सिस्टर जल्दी करो। डॉक्टर साहब, मेरे जीजा जी की जान बचा लो।"

पर डॉक्टर बहुत देर में आ पाए। वह भी उपकरण रहित। इस विलम्ब और लापरवाही से जीजा के शरीर में रक्त की भारी कमी हो गयी। मैं तुरन्त रूम से बाहर कर दिया गया। पर झाँक कर देखता-सुनता रहा था। ऑक्सीजन का सिलैण्डर वहाँ उपलब्ध नहीं था, दूसरे कक्ष से लाकर डॉक्टर ऑक्सीजन लगा भी नहीं पाए कि जीजा जी के प्राण पखेरू उड़ गये। करीब दस-पन्द्रह मिनट में डॉक्टर दल वार्ड से बाहर निकल आया। मैं बेड की ओर लपका—

"डॉक्टर साहब मेरे जीजा कैसे हैं?"

डॉक्टर कुछ नहीं बोले। एक के बाद एक तीन-चार डॉक्टर चले गये। कोई कुछ नहीं बोला। वार्ड के ऑन ड्यूटी डॉक्टर ने अन्त में पास बुला कर कहा—

"वैरी सॉरी बेटा। हम तुम्हारे जीजा को नहीं बचा पाए। तुम अपने आप पर काबू रखो।"

तभी मुझे नर्स अपने रूप में ले गयी और उसने दुःख से पूछा—

"तुम अकेले इनके साथ हो?"

"हाँ।"

"क्या लगते हो?"

"साला।"

उसने फिर पूछा—

"और कौन है तुम्हारे साथ?"

मैंने बताया—"अम्मा है। वह राजौरी गार्डन के पास एक झुग्गी में है।"

नर्स बोली—"यहाँ पास में कोई है तेरा।" मैंने बताया—"मौसेरे भाई हैं। पीछे मौलाना आजाद मैडिकल कॉलेज के हास्टल में।" वह चौंक कर बोली—

"पहुँच सकते हो उनके पास तक?"

"हाँ, पहुँच जाऊँगा।"

उसने डॉक्टर को बताया नत्थूलाल के बारे में। शायद उन्हें यह रिश्ता हमदर्दी का लगा, खून का नहीं। फिर भी सहानुभूति बतौर समझाया। बोलते ही मैं झटके से अन्दर गया। लाश में बदल गये जीजा को देख कर मेरी आँखों से एक भी आँसू नहीं निकला। मुझे नहीं लगा कि वे मर गये। जाने क्यों इस सदमें से मेरी आँखें नहीं भीगीं। नर्स-डॉक्टर ने मुझे मौलाना आजाद मैडिकल कॉलेज के छात्रावास-होस्टल तक छोड़ने एक हैल्पर मेरे साथ भेजा। शायद इसलिए कि नत्थूलाल उनके पेशे के व्यक्ति थे। डॉक्टर रात बारह-एक बजे तक जागते थे। वह हॉस्टल के बाहर कुछ खाते-जागते मिले। मेरी अचानक उपस्थिति देख कर उन्होंने पूछा—"सौराज, क्या हुआ?" मैंने घबराए हुए लड़खड़ाते स्वर में कहा—

"भाई साहब, जीजा जी गुजर गये।"

डॉक्टर को अप्रत्याशित खबर पाकर धक्का लगा बोले—

"क्या कहा सौराज? कल शाम ही तो उनका ऑपरेशन हुआ था। ऐसा कैसे हो सकता है। खतरे का वक्त तो गुजर गया था।"

मैंने फिर कहा—"हाँ, वे नहीं रहे।"

भाई साहब नत्थूलाल तुरन्त मेरे साथ वापस चल·पड़े। दो और ट्रैनीज डॉक्टर मित्र उनके साथ हो लिये। वे कहते जा रहे थे।—

"रियली यह तो बहुत ही बुरा हुआ। अभी तो मैं हाऊस जॉब भी पूरा नहीं कर पाया हूँ। डॉक्टरी पेशे की दुनिया के पहले कदम पर ही मौसेरे बहनोई की मौत? धब्बा लग गया कैरियर पर। मौसेरी बहन माया क्या सोचेगी? किस उम्मीद से तुम लोग उन्हें मेरे पास दिल्ली लाए थे?"

इस तरह भलाई करते हुए भी डॉक्टर स्वयं को जिम्मेदार मान रहे थे। मैंने बताया—

"डॉक्टरों की लापरवाही ने मारा है उन्हें। वे खून न रुकने से मरे हैं। बल्कि उन्हें वक्त पर न तो ऑक्सीजन मिली और न खून चढ़ाया गया। पर इसमें आपका क्या दोष? अपना हो या गैर-मरीज से तो आप का रिश्ता रहेगा ही।"

भाई नत्थूलाल दो छात्र डॉक्टरों एवं मुझे साथ लेकर सीधे वार्ड में गये। जीजा जी की लाश देख कर दुखी हुए। उसी वक्त तुरन्त लाश को स्थानांतरित किया गया। भाई साहब पैंट की जेब से रूमाल निकाल कर आँखे पोंछते हुए तुरन्त डॉक्टर के कक्ष में जाकर बोले—

"सर, आपने देखभाल नहीं की मरीज की। कोई एड नहीं मिलने से मौत हुई

है। यह मामला पूरी तरह लापरवाही का बनता है। मैं कम्पलेंट करना चाहूँगा और बॉडी का पोस्टमार्टम कराऊँगा'' इत्यादि।'' काफी देर तक विवाद हुआ। डॉक्टरों की टीम उन्हें खून के छींटे लगे अपने कपड़े दिखा कर यह सिद्ध करना चाह रही थी कि हमने अपनी फर्ज-अदायगी में कोई कमी नहीं की। फिर उन्होंने अंग्रेजी में समझाया। आशय था कि आप भी डॉक्टर बन रहे हैं। आप ही सोचें, क्या हम किसी मरीज को मारना चाहते हैं? क्या हमारे पेशे में हमें यह सिखाया जाता है? हाँ, जब कोई मर जाता है तो अफसोस होता है। देखो हमारी शर्ट, खून के छींटे देखो! हमने बहुत कोशिश की। ब्लीडिंग ज्यादा हो गयी थी। बचाते कैसे? उपकरणों का भी अभाव था आखिर बात शान्त हो गयी।

माया : विवाह की उम्र से पहले विधवा!

भाईसाहब डॉ. नत्थूलाल ने अपने साथियों से कहा–

''तुम रेलवे स्टेशन–जी.पी.ओ. जाओ और ये दो-तीन तार-टेलीग्राम करके आओ। एक तार मेरी बहन मायावती के नाम मिर्जापुर को, दूसरा मेरे गाँव नदरोली में ताऊ को और तीसरा चन्दौसी में नानी-नाना और मामा को।'' तीन तार कर दिये गये ताकि कोई आना चाहे तो गंगावासी के शवदाह से पूर्व मुँह देखने के समय आ जाये।

गंगावासी नहीं रहे। बहन विधवा हो गयी। अभी उसकी उम्र बीस भी नहीं थी। इसी सप्ताह उसने अपने बेटे विनोद को जन्म दिया था। पिता ने उसकी शक्ल तक नहीं देखी और संसार से चल बसे। लाश हास्पीटल के पीछे बने लाश-घर में भूमिगत रास्ते से पहुँचा दी गयी। लाश स्थानान्तरित करने की अस्पताल की अपनी व्यवस्था थी, ताकि किसी दूसरे मरीज को पता न चले। मरीजों के बीच से लाशें इसी तरह चुपचाप हटाई जाती थीं। जीजा जी की लाश भी चार दिन तक शवगृह में रखी रही। अब भाई नत्थूलाल के साथ हॉस्टल लौट आने के बाद रूम में बैठते ही मेरे आँसू फूट पड़े। उस रात भाई साहब ने मुझे बिस्तर से दूर जमीन पर लिटा दिया था। मुझे रात-भर नींद नहीं आयी। मैं अब रो भी नहीं रहा और सामान्य भी नहीं था। मैं वैरागी-सा हो रहा था। यह क्या घटित हो गया? ऐसा हृदय विदारक हादसा सहने के लिए तो मानसिक तैयारी बिलकुल नहीं थी। अधिक-से-अधिक यह था कि डॉक्टर उन्हें ठीक नहीं कर पाएँगे तो वे इसी तरह दस-पाँच साल और जीवन खींच जाएँगे। इतने तक हमारी पराजय की कल्पना थी। अब बहन का क्या होगा? बच्चा महीने-भर का भी नहीं है उसका। अम्मा क्या-क्या सपने दिखाती, मुझसे कहती थी–

''तेरे जीजा तोइ किताबें लाइ दिंगे, पढ़नु कूँ मन कत्तु है तो घर में पढ़ि ले करि। एक दिन तेरे जीजा तेरे ब्याह में जिम्मेदारी सँभालेंगे। तेरे बाप नहीं है तो क्या जीजा को सहारो तो है।''

प्रातः जल्दी ही हम दोनों डी.टी.सी. की पहली बस से माँ के पास राजौरी गार्डन, सुभाष नगर झुग्गी में पहुँचे। भाई साहब समझाते आ रहे थे–

"मौसी को जाते ही जीजा की मौत की खबर नहीं देना। उसे सदमे से हार्टअटैक हो सकता है और वहाँ रोना भी नहीं। पहले ऑपरेशन की बात बताएँगे, फिर तबियत खराब है कहेंगे, फिर ज्यादा खराब है। इस तरह कहेंगे और फिर बाद में बता देंगे कि वे नहीं रहे। अब जो हुआ सो हुआ। जो जीवित हैं, उन्हें सम्भलना चाहिए। श्यौराज, तुझे हिम्मत से काम लेना है। नहीं तो तेरी माँ भी सदमे से मर जायेगी।"

सुभाषनगर राजौरी गार्डन की झुग्गी में रहकर अम्मा हर समय गंगावासी के स्वस्थ होने की कामना कर रही थी। वे इलाज करा कर कब अस्पताल से निकलें और कब हम गाँव लौटें, बस इसी की चिन्ता थी उसे। यहाँ उनके लिए तुरन्त कोई काम नहीं था। सौ-दो सौ रुपये का जो कुछ इन्तजाम घर से करके लाए थे, वह खत्म हो चुके थे। आये थे तो सोचा था बीच में आराम मिलते ही गाँव लौट कर कुछ और प्रबन्ध करेंगे। घर बेचना पड़ा तो घर भी बेच देंगे, पर माँ को कई अफवाहों का डर था कि शहर के डॉक्टर गरीबों का इलाज नहीं करते, वे चीर-फाड़ करके गरीबों के शरीर से अंग निकाल कर, अमीर लोगों के शरीर में लगा देते हैं। वे अपने तजुर्बे बढ़ाने के लिए मेंढ़क या बड़े जानवर की तरह गरीब मरीजों पर प्रयोग करते हैं। कुशलता बढ़ा कर दक्षता हासिल कर सेवा करते हैं समर्थ-सम्पन्न लोगों की। मतलब यह कि सफल डॉक्टर सभी के लिए नहीं होते।

डॉक्टरों के बारे में गाँव के लोगों की इस धारणा में दम हो न हो, लेकिन जीजा जी की मौत से जो हादसा पेश आया था, उसके मद्देनजर अम्मा की आशंकाएँ सही साबित होने से कौन रोकता? इसके उलट आदर्श मान्यता कि डॉक्टर के लिए अमीर-गरीब, छोटा-बड़ा, नीच-ऊँच कुछ नहीं होता। मरीज बस मरीज होता है, झूठी साबित हो गयी थी।

हम दोनों अब झुग्गी के दरवाजे पर आ पहुँचे थे।

"गंगावासी की तबियत कैसी है?"

अम्मा ने देखते ही पहला सवाल पूछा था। हमारे चेहरों पर उदासी थी। माँ कुछ तो भाँप रही थी। परन्तु हमने धैर्य रख कर कहा–

"हाँ, तबियत तो खराब है, पर ऑपरेशन ठीक ठाक है गओ।"

"तो तू अकेलो छोड़ कें काए चलो आओ?"–माँ ने मेरी ओर मुखातिब होकर पूछा। तभी नत्थूलाल ने कहा–

"मौसी जी, गंगावासी की तबियत कुछ ज्यादा ही खराब है?"

"ज्यादा, कितनी ज्यादा? तुम बताई चों नाँइ रहे पूरी बात? गंगावासी की बीमारी डाकटन्नु की समझ में आइ रई है या नाँई?"

अब क्या था, कब तक रोकते भीतर के गुबार को। मैं फफकी भर कर रो पड़ा–

"अम्मा, जीजा चले गये, मरि गये जीजा। खून बहुत लिकरो, टेंटुआ के छेद में तें, डॉक्टर नाँइ आइ पाए। उनकी देर के कारन मरि गये जीजा।"

मैं रो-रो कर बता रहा था। माँ पछाड़ खाकर ऊँचे स्वर में विलाप करने लगी। पड़ोस की सारी झुग्गियों के स्त्री-पुरुष आकर जमा हो गये। माँ रोते-रोते चुप हो जाती और अतीत के दुख सुनाने लगती, भावी दुखों से आशंकित होती। नत्थूलाल देर तक उदास बैठे रहे। बाद में बोले–

"मौसी तीन-चार दिन तक माया के आने का इन्तजार कर लेउ तब तक लाश, लाश-घर में रखी है।"

माँ सुन कर सिसकते हुए गीले कण्ठ से बोली–

"अरे बेटा, लाश जल्दी दफनाई जाति है। किरया-करम में देर कन्न ते खराब है जाइगी।"

"नहीं मौसी, लाशें वहाँ बर्फ में रखी जाती हैं, लाशों के लिए इन्तजाम है।"

देर शाम डॉक्टर लाल चले गये। तीन-चार दिन लाश शवगृह में रखी रही। गाँव से आने वालों का इन्तजार करना व्यर्थ गया। शवगृह में रखी लाश का भी पैसा लगता था। वहाँ की फीस और लाश दफनाने के लिए विद्युत शव दाह का खर्चा हमारे ध्यान में था, उस सबके लिए हमारे पास सौ-डेढ़ सौ रुपये मात्र का प्रबन्ध करना था। दूसरे दिन आकर डॉक्टर लाल के एक मित्र डॉक्टर ने कहा था कि "लाश अस्पताल के डॉक्टरों को स्टडी यानी प्रयोग करने के लिए दे दी जाए तो कोई खर्चा नहीं लगेगा। बल्कि अस्पताल से कुछ पैसे मिलते हैं।" भाई साहब ने असहमति व्यक्त करते हुए कहा–

"अपने करीबी रिलेटिव का यह पहला केस मेरी मार्फत इलाज के लिए आया। मुझे सेवा करने का मौका मिला था। पर ऐसा मिला कि मरीज की जान ही चली गयी। पेशे पर धब्बा लग गया।"

सुन कर माँ ने एक बार फिर साहस दिया, कहा–

"बेटा नत्थू, तू काहे कू निराश होत है। जे हमारी बेटी की तकदीर को लेखो है। बेटा, भगवान को मन मोइ विधवा करि कें नाँइ भरो, अब मेरी बेटी की दुनिया उजाड़ि के खुश होइगो भगवान। बेटा, मैं जानती हूँ एक गरीब विधवा की जिन्दगी कैसी होति है। बिना केवट की नाव-सी। पर तैने तो भलाई करी, मदद करी। हम उन्हें बचाइ तो नहीं पाए, अब हम उनकी लाश चीर-फाड़ को दें ठीक नाँय होएगा।"

मरीज की देह परीक्षण-निरीक्षण को छोड़ दें, ऐसे हमारे संस्कार नहीं थे। डॉक्टर को यह आभास था। आज सोचता हूँ, जलाने से तो अच्छा था वह लाश तजुर्बे के लिए अस्पताल को दे दी जाती तो उनके रोग को समझ कर डॉक्टर आगे किसी दूसरे

की जान बचाते। पर उनकी मौत का कारण तो डॉक्टरों की देरी थी। शायद लापरवाही भी रही हो। यह बात दिमाग से आज भी निकली नहीं है।

डॉक्टर के घर से जाने के बाद हम दो दिन तक और अपने गाँव नदरोली से या बहन के गाँव मिर्जापुर से किसी के आने की प्रतीक्षा करते रहे। यद्यपि निष्प्राण हुए गंगावासी अस्पताल के शवगृह में सो रहे थे, परन्तु उनका न जागने का दुख हमारे दिलों में जिन्दा था। मातम ऐसा था, गोया लाश हमारे सामने रखी हो। जैसे हमने उन्हें अस्पताल लाकर अच्छा नहीं किया। अधिक नहीं तो वह साल दो साल ऐसे ही जी लेते। या अपने घर मरते तो उनके बहन-भाई आदि यह तो नहीं कहते कि सास और साला मारने शहर ले गये। दिनों का हर क्षण शोक में बीत रहा था।

चन्दा से कफन

अब गाँव लौट जाने के लिए हमें यात्रा के किराये और गंगावासी के शवदाह की क्रिया के लिए कुछ रुपयों की जरूरत थी। कोई तो कहीं से आयेगा? उसी की जेब से खर्च कर गाँव लौट जाएँगे। लाश-घर में रखी जैसी स्थिति में हम चार दिन तक गमगीन बने रहे। माँ ने अपने विधवा जीवन के दुख भरे सफर से समझा था कि एक अनपढ़ और गरीब स्त्री के लिए विधवा होने के क्या-क्या परिणाम होते हैं? उसके बच्चे कैसे पलते हैं? समाज की भूमिका कैसी होती है? उस सबको याद कर-करके माँ का सन्ताप और गहरा हो रहा था। हमारे अड़ोसी-पड़ोसी झुग्गियों वाले हमें रोटी बना कर खिलाते, पर ऐसे शोकमय वातावरण में क्या दिलासा देते?

आखिर चौथे दिन की सुबह आ गयी। कहीं से भी कोई नहीं आया। अब शवगृह का खर्चा, लाश को ले जाने वाली गाड़ी का खर्चा और लौट कर घर जाने का किराया। कहाँ से आये इस सबके लिए पैसे? माँ के करुण क्रन्दन में जीजा जी की मौत के साथ-साथ लाश को कफन-दफन के लिए पैसे न होने की चिन्ता भी शामिल हो गयी थी। पर रोते रहने से ही क्या होता? आखिर झुग्गी के कोने में बैठे, हम माँ-बेटों ने इस संकट से उबरने के कई उपाय सोचे, पर सब बेकार।

हमारे दुखों में यह आर्थिक विपन्नता कदम-कदम पर बढ़ोत्तरी कर रही थी। हम शोकमग्न हुए सोच रहे थे कि जाना तो है ही। डॉक्टर लाल ही कहीं से इन्तजाम करेंगे। फिर मन में विचार आया—नहीं, हम कफन-दफन के खर्चे के लिए डॉक्टर से नहीं कह सकते। हम इस बात से बखूबी परिचित थे कि नत्थूलाल किसी के कर्ज से या थोड़ी बहुत छात्रवृत्ति से अपनी डॉक्टरी की पढ़ाई पूरी कर रहे हैं। उनके माँ-बाप की माली हालत खराब थी। अन्ततः हम उन पर बोझ नहीं डाल सकते थे। किराया नहीं है तो दिल्ली से बिना टिकट चले जाएँगे। बता देंगे अपनी हालत। पर बिना पैसे लाश को कहाँ और कैसे दफनाएँगे दिल्ली जैसे बड़े शहर में?

एक पुराने कपड़े में बर्तन-भांडे बाँध कर पोटली बना ली। सामान कोई खास

था नहीं। उस पर यहाँ एक पत्थर की सिलौटी अम्मा को पसन्द थी, क्योंकि गाँव में वर्षों से सिलौटी नहीं थी। पर पत्थर तो पत्थर था। उसका वजन सबसे ज्यादा। मैंने कहा—"अम्मा जाइ छोड़ि दे।"

वह बोली—"तोइ का मालुम 'सिलौटिया' कितने साल तें घर में नाँइ है। कब तक माँग-माँग के बटती रहूँगी हदूद-मिच्चे?"

रोटी रात पड़ौसियों के घर से आयी थी। भूख बढ़ने पर पेट में उतार ली थी और जो बच गयी थी, उसे कपड़े में बाँध कर पोटली में रख लिया था।

फिर अचानक चलने से पहले अम्मा भाग्य को कोस कर जोर से रोई। वह रोते-रोते कह रही थी—

"एक दिन अस्पताल में देखन गयी थी। बतियायि के आयी और आजु लाश देखन जा रही हूँ। कैसी कर्म हेटी हूँ मैं। मैंने भगवान को का बिगारो जो मेरी और मेरे बच्चनु की जिन्दगी में लगातार ऐसे दुख भेज रओ है?"

झुग्गी के बाहर रखी पोटली से आस-पास के लोग समझ गये कि अब हम जा रहे हैं। सूखी-सी काली देह वाले 'बन्दे' नामक पड़ोसी ने पास आकर पूछा—

"चच्ची, कोई समस्या हो तो बताओ। अब जो भगवान को मंजूर था सो हुआ आप लोग ठीक-ठाक अपने घर जाओ।"

माँ सुबकते-सुबकते चुप हो गयी थी।

किसी परेशानी होने और मदद करने की बात उसने पुनः दोहराई तो माँ ने पैसे न होने की बात कही—

"बेटा बन्दे जा घड़ी हमरी जेब में फूटी कौड़ी नाँय है। गाम तो हम बिना टिकट चले जांगे, पर अस्पताल में लाश को दफन करने का खर्चा कहाँ से उठाएँ?"

बन्दे ने एक-दो को कानों कान और कहा, बात फैल गयी। मजबूरी सार्वजनिक हो गयी। मुँह खुल गया तो एक-दो स्त्रियों को आखिर माँ ने बता ही दिया—

"बेटा, जाएँ कैसे? हमारे तो लाश पै कफन डालने तक को पैसा नाँइ हैं। बहनोत बताइ रओ कै लाश बिजली से जरावन के, बर्फ में रखन के और गाड़ी में लैं जान के सबके अलग-अलग पैसा लगंगे।"

डॉक्टर को आते-जाते झुग्गी वालों ने देखा था। कई दिन से हम यहाँ हैं। डॉक्टर हमारा अपना सम्बन्धी है। यह जान कर कुछ लोगों के लिए तो यह आश्चर्य की बात थी कि बहनोत डॉक्टरी पढ़ रहा है और मौसी के पास कफन तक के लिए चार पैसे नहीं हैं। कुछ लोग वास्तविकता भी जानते थे। हमारा गरीबी का हुलिया उन्हें सच बता रहा था। यदि पैसा ही होता तो झुग्गी में क्यों रहते? गरीबों में सहृदयता अधिक होती है। अतः वे हम पर आयी मुसीबत वाकिफ थे। हमारी मदद करना उन्होंने अपना कर्तव्य समझा। कई लोग मदद करने के लिए मन से आगे

आये। हम जैसे कपड़ा डाल कर भीख ही माँग रहे थे। कोई एक-रुपया, कोई दो रुपया और कोई चार रुपया करके झुग्गी से बहुत लोगों ने पैसे दिये। साठ-सत्तर रुपये के करीब जमा हो गये। अठन्नी चवन्नी तक लोगों ने दी और कहा–

"चिन्ता मत करो। और जरूरत हो तो बोल दो, हम और चन्दा कर देंगे। दामाद की लाश इज्जत-सम्मान के साथ दफनाई जाये।"

उनकी मदद से अभिभूत हुआ मैं सोच रहा था कि क्या कभी इनका यह एहसान उतार सकूँगा। इन्हीं जैसी जिन्दगी जीने वाला मैं कहाँ से यह मौका पाऊँगा। कितने मिलनसार लोग थे वे। आते वक्त महिलाओं की आँखों में आँसू थे। प्रेम-लगाव से सम्पन्न वे सब झुग्गियाँ दलितों की ही थीं। क्या आज मैं उन जैसे तमाम दलितों से उऋण होने के लिए उनके दारिद्रय उन्मूलन के लिए कुछ सार्थक काम कर पा रहा हूँ?

पिछले तीन दिनों कुछ खा नहीं पाया था, इसलिए मुझे तीव्र भूख लगी, पोटली में बँधी-रखी सूखी रोटी खाने को माँगने लगा।

"तू बड़ों बेसबुर है सौराज, मौत गमी में हूँ रोटी खानों चाह रहो है? द्वै दिन और नाई खाइगो तौ मरि जाइगो का?" माँ ने डाँटा। तब मैंने कहा–

"अम्मा बँधी-बची रोटी खराब है जाइगी? और मेरे नाँय खान तें जीजा जान लौटि कें नाइं आइ जाइगी।"

माँ ने मोटी आधी रोटी पर नमक रख कर मुझे पकड़ा दी। पर खुद कुछ नहीं खाया।

अम्मा और मैं बातें कर रहे थे। तब तक हॉस्टल से निकल कर नत्थूलाल आते दिखाई पड़े। वे आकर मुझे अपने साथ अन्दर ले गये। शवगृह वालों से बोले–बर्फ में रखे अमुक नम्बर का शव निकाले। जीजा का मादरजात नंगा शरीर देख कर मुझे शर्म लगी। लाश बिल्कुल नंगी थी। गुप्त अंग भी नहीं ढकते ये लोग? ऐसा प्रश्न किया था मैंने डॉक्टर से। बर्फ पानी फ्रिज से निकालने पर फिर भी वे ऐसे लग रहे थे, जैसे अभी उठेंगे, साँय-साँय के स्वर में कुछ बोलेंगे और साथ चल पड़ेंगे।

शव कफन से ढक दिया गया। मुँह उघाढ़ कर माँ ने चेहरे पर हाथ फेरा। गर्दन का वह छेद देखा जो ऑपरेशन के दौरान काटा गया था। अब वह रक्त से सना नहीं था। उसे साफ कर दिया गया था। माँ ने रोते-रोते कहा था–

"तुम चले गये बेटा! हम कछु नाँइ करि पाए। बेटा, हमारो कोई वसु नाँइ चलो। माफ करिओ हमें। सुरग में भगवान तें हमारी मजबूरी कहिओ बेटा! हम पूरी आत्मा से दुआ माँग रहे हैं कि भगवान अगली बेर तुम्हें अच्छे घर जन्म देइगो।"

कहते-कहते माँ धरती पर गिर पड़ी। हाथ का सहारा देकर डॉक्टर लाल ने माँ को उठाया।

"मौसी धीरज रखो।"

जैसे-तैसे अम्मा ने अपने-आपको सँभाला था।

वाहन में शव रखवाकर डॉक्टर ने बताया कि यह गाड़ी आपको लेकर राजघाट जायेगी। वहाँ लाइन में लगना पड़ता है। आप लोगों को नम्बर लेना है, मैं हॉस्टल में एक-दो साथी को बोल कर आता हूँ। इस बीच कोई रिश्तेदार आ जाएँ तो उसे विजय घाट के पास बने विद्युत शवदाह ग्रह ले आयेंगे। हम दोनों अम्मा-बेटे लाश के साथ गाड़ी में बैठ गये। माँ ने झुग्गियों के चन्दा के पैसे गाड़ी का किराया देने और दाह की फीस अदा करने के लिए नत्थूलाल को पकड़ा दिये।

लाश एक ओर उतार कर गाड़ी चली गयी। दाह की फीस अदा कर दी गयी थी और नम्बर आने तक प्रतीक्षालय में बैठना था, जो शवदाह गृह के साथ ही था। मैं अम्मा की बगल में बैठ गया था। फोटोस्टेट की मशीन में जैसे कागज जाता है, उसी तरह स्टैचर पर रखे शव मशीन में अन्दर जाते और बटन दबाते ही राख हो जाते थे। वहाँ शवों के साथ लोगों की भीड़ लगी थी। जीजा का नम्बर आने वाला था। उसी बीच मैंने देखा कि कीमती लकड़ी के चमकदार बड़े-से बक्स में एक शव लाया गया था। बक्सा फूल मालाओं से सजा था। साथ में बारात की तरह के सजी-धजी पोशाकों में सैकड़ों स्त्री-पुरुष गाड़ियों से आये थे। वे देखने से ही बहुत सम्पन्न लग रहे थे। मेम साहिबाएँ मर्दों जैसे बाल कटाए थीं और कीमती कपड़े पहने हुए थीं। आपस में अंग्रेजी बोल रही थीं। वे मर्दों के साथ प्रतीक्षालय में आईं तो उन्होंने कुर्सी पर सबसे आगे बदहाल बैठी मेरी अम्मा से घृणा और हिकारत के साथ कहा–

"चलो-चलो, तुम लोग बाहर जाकर बैठो।"

मैं आगे बढ़ा और बोला–"बीबी जी हम भी लाश दफनाने आये हैं नम्बर आने वाला है।"

तब तक दूसरी बोल पड़ी–"ठीक है बाद में आ जायेगा नम्बर। अभी यहाँ हम लोग हैं, निकलो बाहर।"

माँ उठ खड़ी हुई, जबकि मैं नम्बर को हक समझ कर रुका और बोला–

"आप बाद में आये हैं। आपका शव हमारे बाद लगा, आपका नम्बर भी बाद में आयेगा।"

तब तक साहब लोग आगे बढ़े और मेरा हाथ पकड़ कर धकियाते हुए बाहर करने लगे। इसी बीच डॉक्टर नत्थूलाल आ गये। वे शायद ड्यूटी से सीधे आ रहे थे। सफेद कोट पहने थे। वह मेडिकल स्टूडेंट्स की ड्रेस में थे। वैसे उनकी एम.बी.बी.एस. तक की पढ़ाइ पूरी हो गयी थी। हाउस जॉब का अन्तिम सत्र चल रहा था। उन्होंने 'माँ' को बाहर देखते ही आश्चर्य से पूछा–

"मौसी तुम बाहर?"

माँ बोली–"हाँ बेटा, हमें बाहर लिकारि दए हैं लत्ता देखि कें।"

डॉक्टर ने मेरी ओर देखते सवाल किया तो मैंने बताया हाँ, हम बाहर निकाल दिये गये हैं। हमारे शरीर जो उन जैसे साफ नहीं थे। मैं पजामा-कमीज पहने था और अम्मा देहाती कमीज में थी। वेशभूषा से गरीबी साफ दिख रही थी। इन दो महीनों में हमारी हालत और भी खराब हो चुकी थी। फटी-सी शर्ट, मैला पाजामा और पुरानी चप्पलें इन सबके बावजूद हम वहाँ बैठने के हकदार थे। इसीलिए बाहर डॉक्टर ने उन अभिजात्य वर्ग के शहरियों से जोरदार अंग्रेजी में संवाद किया। उस वक्त डॉक्टर लाल का चेहरा गुस्से से लाल हो गया था। आखिर मेम और साहब ने जब—

'सॉरी डॉक्टर साहब' कहा—तब कहीं कर्मचारियों ने जीजा जी का शव स्ट्रेचर पर रखा, बटन दबा और फिर उनका शरीर सैकिण्डों में राख हो गया। 'फूल, यानी भस्म हुई राख हड्डियाँ लेने हैं तो बता दो कर्मचारी ने पूछा था। यहाँ किसके फूल किसे मिलते होंगे, एक के ऊपर एक लाश फूँकी जा रही है। हमें नहीं चाहिए। बोल कर हम चले आये।

रात की गाड़ी से हम दिल्ली से वापस हुए। डॉक्टर स्टेशन तक छोड़ने आये। विदा होते माँ ने कहा—

"बेटा, तू लौट जा। हम सब चले जांगे। तू अपनी पढ़ाई को हर्जा मत कर। हमारी खातिर तैनें परेशानी उठाई। जाको हमारे ऊपर तेरो कर्ज है, अब जा बेटा—'लौटि जा।'

अम्मा ने समझा कर डॉ. लाल को वापस कर दिया। हम रात की रेल से गाँव वापस हुए।

एक दिन घर से गये थे तो डॉक्टरों पर विश्वास करके गये थे, यह अरमान लेकर कि गंगावासी की आवाज लौटा लाएँगे, लेकिन आवाज लौटाना तो दूर, उन्हें हम तो सशरीर ही खो चले। हम माँ-बेटा रास्ते भर यही दुख भरी बातें करते आये। माया सुनेगी तो क्या सोचेगी, मिर्जापुर के लोग क्या कहेंगे, उनकी बहनें क्या मानेंगी और अब हाल ही में दुनिया में आया उनका बच्चा कैसे पलेगा, इत्यादि प्रश्नों की उधेड़ बुन करते हुए हम अगले दिन मिर्जापुर पहुँचे। बुरी हालत, कपड़े-लत्ते खराब और मन भी खराब। पाँव रख तो आगे को रहे थे, लेकिन लगता था जैसे पीछे जा रहे हैं।

बहन माया के पास एक-सवा महीने का बच्चा था। वह हम दो के साथ जीजा को न देखते ही इससे पहले कि सवाल करती—"अस्पताल में भर्ती कर आये हो क्या?" अम्मा बहन से लिपट कर रोई, तो इसी के साथ फूट पड़े करुण क्रन्दन ने सारी कहानी बस्ती-भर को सुना दी। अब चार दिन बाद दिल्ली से मौत का तार मिर्जापुर पहुँचा

सिल्लू

बहन माया और भज्जन के बेटा की नव प्रेम-विवाहित पत्नी रानी शर्मा की यह

शिकायत मुझ तक पहुँची है कि—सिल्लू ने उससे झूठ बोल कर प्रेम विवाह किया है। सिल्लू ने उसे बताया था कि वह जाट है। लेकिन दिल्ली आने पर रामभरोसे की बेटी ने पूछा—'भाभी तुम कौन जात हो? हमारी जात की तो लागत नाँय हो।' तो उसने बताया—मैं तो ब्राह्मण हूँ, पर हम तो ब्राह्मण नाँय हैं।' उसने कहा जानती हूँ। मैं जाट सोच कर आयी थी।' 'पर हम तो जाट नहीं—जाटव हैं।' 'क्या जाटव जाटों से बड़े होते हैं?' 'पता नहीं, पर अलग होते है। जाटव मायने क्या? चमार।

चमार! चमार को तो हमारे यहाँ कोई पास तक नहीं बैठने देता, तो सिल्लू ने मेरे साथ धोखा क्यों किया?

इससे पहले कि सुनील की बीबी उसे जाटव होने के कारण छोड़ कर जाए मुझे बताना चाहिए कि वह सच बोला है। यह एक त्रासद सच है। इसकी जड़ों में लौटना होगा। मुझे रानी शर्मा को सच बताना है, जो इस प्रकार है—मेरी बहन के देवर भज्जन के पिता चौधरी रामसहाय जाट गाँव में बहुत समृद्ध बुजुर्ग थे। आखिर सौ-डेढ़ सौ एकड़ जमीन की मिल्कियत उनके पास थी। गंगावासी की मृत्यु के बाद उन्होंने कहा था कि भज्जन गंगावासी का भाई है। यह पालेगा बच्चों को। तुम चिन्ता मत करो, माया बेटी जब तक मैं जिन्दा हूँ घर की रक्षा जी जान से करूँगा। वाकई उन्होंने दुख-बीमारी, तंगहाली में इस घर की खुल कर मदद की। वे बहन के ससुर की भूमिका निभाते थे। उनके जाट भाई बन्द उनकी आलोचना भी करते थे। पर वृद्धावस्था में भी उनका दबदबा था। उनके पास और कोई बच्चा भी नहीं था। अवगुणों से भरपूर भज्जन को अपनाते हुए बहन ने यह कह कर सन्तोष किया था—'सूकी सार ते मरखनों बैल अच्छौ है।'

रामसहाय जाट ने जीजा जी के पिता के रहते उनकी माँ फूलवती को अपने घर में रख लिया था। उन्हीं के घर जिस बच्चे का जन्म हुआ था, उसका नाम 'हरिजन' रखा गया था। बाद में हरिभजन और अब भज्जन। किन्तु सामाजिक दबाव और सवर्ण स्वभाव के कारण उन्होंने उन्हें छोड़ दिया था। वे रखैल को पत्नी का दर्जा नहीं दे सके थे। उसके बाद भज्जन की माँ फूलवती की असमय मृत्यु हो जाने के कारण यह दोस्ती या जार-कर्म का सिलसिला वहीं समाप्त हो गया था। पर खून में उतर जाने वाले रिश्ते क्या ऐसे समाप्त होते हैं?

यह प्रसंग दूर-दूर तक जाहिर हो गया था कि भज्जन मटरू चमार का नहीं, रामसाय जाट का बेटा है। इस दिली लगाव को निभाते हुए रामसहाय अटक भीड़ में मदद करते थे, बल्कि उनके संरक्षण से यह परिवार बाकी सवर्णों के आतंक से भी कुछ बचा रहा था। हालाँकि, वे चाहते तो फूलवती के बाद इस घर से वास्ता समाप्त कर सकते थे। जो भी हो, हालात ये बने कि यही भज्जन बहन का वास्तविक सहारा बने, यद्यपि इनमें उपद्रवीपन, आवारगी, गैर जिम्मेदार स्वभाव, काम न करने की आदतें पड़ चुकी थीं। वे शिक्षा को निहायत फालतू चीज मानते थे। पर वही आज

मेरे बहनोई हैं। विधवा-विवाह हमारे यहाँ मान्य है, यह सहर्ष होता है। मैं माँ-बहन दोनों के जीवन का साक्षी हूँ। यह बात दीगर है कि यह आदमी भी निकला बिगाडू ही। माँ के जीवन में आये भिकारी से कुछ कम बच्चों की शिक्षा का विरोधी ही थैलीबाज शराबी और झगड़ालू। अपने व्यसनों से नियंत्रित इस व्यक्ति ने जमीन बेची जरूर खरीदी नहीं। मैं बच्चे पढ़ाने की बात करता था तो वह तपाक से कहता था–

''मैं अपनी जिन्दगी का सुख देखता हूँ। इसलिए बच्चों को पढ़ाने के बजाय उनसे जूते गँठवाना ठीक समझता हूँ। तू सुधार करे तो ले जा दिल्ली। पढ़ा-लिखा शादी, कर और नौकरी पर लगा इन्हें।''

माँ की मजबूरी और रोटी की समस्या उसे जल्दी ही अपने छोटे बच्चों में पाली ले गयी थी। बहन की जिन्दगी पतझर के पेड़ की तरह उजड़ गयी। वह खेत का काम मर्द की तरह करती थी। मैं अपना घर छोड़ कर कहीं नहीं जाऊँगी, उसने माँ को फैसला सुना दिया था। माँ के वैधव्य के अनुभवों से वह परिचित थी। वह भज्जन के समर्थ होने की प्रतीक्षा करती रही। इस बीच उसने अपनी मेहनत और हिम्मत से खुद को, बच्चे को और भज्जन को भी सँभाला। ऐसा फैसला माँ कभी नहीं ले पाई थी। पर यथार्थ यह भी था कि मेरे पिता की मृत्यु के समय माँ के नाम एक बीघा भी जमीन नहीं थी, जबकि कम उर्वर ही सही, जीजा की मृत्यु के बाद बहन के पास चौबीस बीघा भूमि थी। माया को सच्चा सहारा जमीन ने ही दिया और यह जमीन बच पाई रामसहाय जाट के अप्रत्यक्ष संरक्षण से, अन्यथा बहन, उसके बच्चे और भज्जन की क्या गति हुई होती।

जब हम माँ, बेटा मिर्जापुर से नदरोली जाने लगे तब गंगावासी की मृत्यु के समाचार वाला तार वहाँ पहुँचा। तब मैंने डाक विभाग को गाली दी थी। बाकी तार भी बाद में ही पहुँचे। काफी दिन बाद डॉक्टर लाल से पता चला कि उसके ऊँची जात डॉक्टरों ने वे तार उस रात किए ही नहीं थे। बाद में किए, बाद में पहुँचे।

हरिभजन उम्र में छोटे हैं, बहन के देवर हैं। स्वभाव संस्कार किसी से मेरा उनके साथ मेल नहीं, परन्तु बहन ने उन्हें जीवन के सहारे का विकल्प चुन लिया। अम्मा द्वारा पूछे जाने पर स्वीकृति दी कहा कि मैं अकेले घर में रहूँ, उससे अच्छा है इस बुरे के साथ ही रह लूँ।

मैं उन्हें दिल से आदर देने लगा। द्वन्द्व पर काबू पाया। रिश्ते की मर्यादा पालन करने का अभ्यास किया, परन्तु वे आज तक सामान्य नहीं रह पाते। न मेरे साथ और न पूरी बिरादरी के साथ। उनकी वेदना कौन जाने सिवाय किसी दूसरे अक्करमाशी के। पर भज्जन ने तो शरणकुमार लिंबाले की तरह अपने पिता का नाम पाने के लिए भी संघर्ष नहीं किया। रामसहाय के कोई सन्तान नहीं थी। फिर भी उन्होंने जीते जी चौबीस बीघा जमीन तो दी। पूरी जमींदारी और बाकी संपत्ति उनके नाम नहीं की। अब भज्जन हमेशा असामान्य और असहज ही रहते हैं। हमारे साथ

आखिर वे अपनी घुटन, अपनी वेदना कब तक बोतल में डुबाते रहेंगे। वे शिक्षित होते तो शरणकुमार लिंबाले होते और यदि शरण कुमार लिंवाले निरक्षर रह गये होते तो वे भज्जन जैसे ही होते। ऐसा विरोधाभासी साम्य देखता हूँ उन में।

हाथ में कड़ा

दिल्ली इलाज कराने सें पहले एक भेली (ढाई किलो गुड़) लेकर मैं और जीजा जी लुहामई गाँव गये थे। पाँच-छह कोस पैदल का रास्ता और जोड़ों में दर्द...कितनी कष्टदायी थी वह यात्रा! धीरे-धीरे जाना है, इसलिए मुँह अँधेरे अंगोछा में रोटी बाँध कर हम चल दिये थे। काशीपुर गाँव तक का रास्ता मैंने देखा था। सोचा आगे पूछ-पूछ कर पहुँच जाएँगे। ऐसा ही किया। थोड़ी दूर चलते कि मेरे पैरों की सूजन बढ़ जाती और दर्द तो यथावत् बना ही रहता था।

गंगा नदी के खादर में एक पिछड़ा हुआ गाँव था लुहामई। कड़ा डालने वाले लुहार को लोग दूर-दूर तक जानते थे। उसकी ख्याति कोई चमत्कार नहीं थी। दूसरे उपचारों से कालान्तर में कुछ दर्द कम हो ही जाते हैं और इसका श्रेय उसे मिलता था। पूछते-पाछते हम लुहामई पहुँचे और उसके झोंपड़ीनुमा घर के बाहर जा कर बैठ गये। उसके पास मरीज आते रहते थे, इसलिए ज्यादा कुछ बताना नहीं पड़ा। नाम, गाँव व रोग का परिचय दिया और उसने अपने उसूल के अनुसार तुरन्त लोहे का एक खडुवा जैसा लाकर मेरे सीधे हाथ में डाल दिया।

"जब ठीक हो जाओ तो जो चाहो दान कर देना।" अन्त में लुहार बोला। भेली उसके हाथों पर रख कर हम उसी स्थिति में वापस गाँव की ओर लौटे और बैठते-चलते देर रात तक घर वापस आ पहुँचे।

उस दिन थकान और बीमारी दोनों ने मिल कर मुझे इतनी पीड़ा पहुँचाई कि मैं जिन्दगी से नाउम्मीद हो गया। थोड़ा चल कर जब विश्राम करता तो गाँठें और अधिक सूज जाती थीं। चार-पाँच दिन तक गंगी बब्बा की कुठरिया में पड़ा रहा। बस्ती के कई लोग जो बाद में मेरे अपने बनने लगे, उन दिनों मेरा मजाक उड़ाते थे।

"अब नाइ ठीक होइगो। जो खानदान ही ऐसो है। जामें कोई अँधो, कोई लँगड़ो ही होत है। सही सलामत होत ही कौन है? और जो होत है सो मरिजातु है। राधे मरि गओ, गंगी और भागीरथ के बेटा मरि गये। बबुआ पूरन, रोशन के दोनों बेटा मरि गये, जा घर में तो पहले जन्मनु को बैर है।"

उन दिनों मुझे बोझ बनी अपनी जिन्दगी को कन्धों पर ढोते रहने का कोई अर्थ नहीं मिल रहा था।

जीवित बचा स्वराज *

अम्मा को भिकारी ने यह कह कर घर-बदर कर दिया था—"तू रहती-खाती यहाँ है और नाम रटती है अपने श्यौराज का तो तू उवाई के गाँव चली जा और वहीं खुद कमा और खा।" मारा-पीटी करना तो उनका रोज ही का सिलसिला था। सो एक दिन तंग आ कर अम्मा नदरोली मेरे पास आ गयी थी। रोटी के साधन यहाँ भी नहीं थे। न खेती और न कोई काम। मजबूरन मुझे अपने साथ लेकर वह अपने मायके चन्दौसी पहुँची। रामभरोसे तब छोटा था और राजमाला (मनोरमा) दूध पीती बच्ची थी।

अम्मा की कोख से जन्मे भिकारी के अपने बेटे तेजसिंह और भूरा को उसने अपने पास रोक लिया था। वे लड़के थे और उनके सगे थे। उन्हें खुशी-खुशी पालने में उनकी गहरी रुचि थी। पुत्री में नहीं जबकि वह भी उन्हीं की औलाद थी। अतएव उन्होंने अपनी बेटी राजमाला को अम्मा के साथ जाने से नहीं रोका। सौतलेपन से भरी भिखारी की भावना ने ही मुझे पाँच-छह साल की उम्र में अम्मा से दूर, दर-बदर कर दिया था।

चन्दौसी में भी नाना के अलावा कोई पुरुष काम करने वाला नहीं था। नाना के छह बेटियाँ थीं। कोई न कोई हमेशा बच्चों के साथ आती रहती थी। दो-चार दिन से ज्यादा वे किसी को खिला-पिला नहीं सकते थे। उनकी आय बहुत सीमित थी। अतः वहाँ में भी अम्मा को कुछ न कुछ काम तलाश करना ही पड़ता था। स्थायी काम यहाँ भी मिल नहीं पाता था। विरासत की तो गाँठ में जमा कौड़ी होती नहीं थी। इसलिए यहाँ भी रोज कुआँ खोदना, रोज पानी पीने वाली स्थिति थी। परेशान होकर अम्मा हमें चन्दौसी से भी कहीं बाहर ले जाने की सोच रही थी। अब ले देकर दिल्ली वाली बड़ी मौसी का घर बचता था। पर वह मुझे वहाँ नहीं ले जाना चाहती थी। उसे डर था कि गोद लेने के बहाने उसके बेटे को वे निःसन्तान सरदार दम्पती उससे छीन लेंगे। दूर रखने की मजबूरी और खाली रूखी-सूखी रोटी की दुर्लभता के बावजूद अम्मा मुझे उन्हें देने को तैयार न थी। दूसरे, उन्नीस सौ सत्तर-इकहत्तर के आस-पास मौसा जी दिल्ली लौट आये थे। चन्दौसी में सीता आश्रम रोड पर उन्होंने

---

* वाक्, सम्पादक सुधीश पचौरी, अंक-3, वर्ष 2007

किराए पर दुकान लेकर जूतों की कारीगरी का काम शुरू कर दिया था। बरसात शुरू होते ही वहाँ नये लैदर शूज नहीं बनते थे, बल्कि बूट-पॉलिश का काम भी स्थगित हो जाता था। बारिश अधिक दिन होती तो आढ़तियों के यहाँ अनाज की सफाई का काम भी हमें नहीं मिल पाता था। तब ऐसे विकट समय में हमें अम्मा के चचेरे भाई रामस्वरूप मामा की बेटी 'रामा' मिली। उसकी शादी रसूलपुर (बदायूँ) में हुई थी। उसका पति बाबूराम भी भूमिहीन चमार थे। वे रामा से शादी कर रोटी-रोजी की तलाश में वहाँ बंधुआ कृषि मजदूर बन कर सपरिवार बाजपुर में रहने लगे थे।

रामा ने देखा कि हम कोई भी काम करने को तैयार हैं, लेकिन हमारे लिये काम नहीं है। अम्मा ने रामा से बाजपुर में काम की प्रकृति और सम्भावनाओं के बारे में पूछा, तो उसने बताया–"बुआ काम तो है, पर बहुत ही हाड़तोड़ मेहनत का है। खेतों में इन दिनों बारिश में धानों की रोपाई, ईखों की छिलाई, मक्का की कटाई और निराई जैसे काम वहाँ बारहों महीना चलते रहते हैं। वहाँ कमेरों को रोटी की कोई कमी नहीं है। पेशगी पर गेहूँ, चावल मिल जाता है। लस्सी (मट्ठा) तो सरदार बाल्टी भर-भर कर यूँ ही दे देते हैं। दर्जनों भैंसें-बैल पलते हैं उनके, कोई लस्सी पीने वाला नहीं मिलता। वे मट्ठे को पशुओं की सानी में मिला देते हैं या नाली में फेंक देते हैं।"

इतनी सम्पन्नता, मट्ठे की अधिकता मुफ्त वितरण की उदारता सुन कर मैं सुखद आश्चर्य अनुभव कर रहा था। हमने अपने गाँव के अहीरों के यहाँ एक-एक लोटा मट्ठा के बदले पूरे-पूरे दिन कुट्टी काटने वाली मशीनें खींची थीं। बब्बा तो अहीरनु की चाकी पीसते ही थे। जिस दिन से मुझे कारागार में कैदी से चक्की पिसवाए जाने का ज्ञान हुआ, उस दिन से बब्बा की छवि में कैदी की छवि देखता हूँ परन्तु उनका गुनाह क्या था जान नहीं सका हूँ। हम तो गाँव से भाग-भाग कर जहाँ तहाँ संकट काल काट आते थे, परन्तु बब्बा तो नेत्रहीन होने के कारण गाँव में ही खटते-खपते रहते थे। "बेटा मैं अपने बालक कैसे पालूँ? तू बताइ तेरो फूफा भिकरिया तो अपने खून से पैदा सगिनु के अलावा काउ पसंदि नाँय कत्त हैं। अब मैं खुद कमाइ कें बालकनु पालनों चाति हूँ।"

रामा ने अम्मा की स्थिति पर गौर किया और कहा–"बुआ, तुम बाजपुर आ जाओ जितनो जल्दी हो तुम वहाँ आ जाओ।" पता। निशान बताकर रामा तो बाजपुर लौट गयी और अम्मा नदरोली लौट आयी। यहाँ से एक-दो कटोरा, ग्लास, सिलौटी, चकरा, बेलन, कच्छली वगैरह बाँधे-उठाये और चल पड़ी। कीमती बरतन घर में थे नहीं। पिता ने मृत्यु के बाद जो बर्तन छोड़े थे, उन्हें अम्मा पाली जाते वक्त साथ ले जा रही थी तो गाँव के सिमियाने वाले बंजर में अम्मा को रोक कर ताऊ-ताई और बब्बा ने वे बर्तन अम्मा से रखवा लिये थे। बर्तन लेने का ढंग सही नहीं लगा था उस वक्त। लेकिन नहीं छीन लिये होते तो भिकारी के घर से उनमें से एक भी

बर्तन वापस नहीं आता। बहन माया की शादी में कुल मिला कर ये पाँच बर्तन ही तो दिये गये थे। यही तो मेरे दिवंगत पिता की छोड़ी गयी विरासत थी।

रामा द्वारा कही गयी बातें अम्मा के जेहन में घूम रही थीं। रामा ने जीविका का जरिया बताया था—"बुआ, बाजपुर में न काम की कमी है और न रोटी की। मेहनती इंसान की खूब कदर होती है वहाँ। तेरे बालक और तू धान रोपेंगे, ईख काटेंगे। मक्का नुकाएँगे। ऐसे सब काम किसानी के हैं। तू तो गाँव में रहती है। जैसे काम गाँव में होते हैं वैसे ही काम बाजपुर में होते हैं। अरी बुआ, कच्चे इलाका के का कहने।

"रामा तू का बात कत्ति है गन्ना हम का चूसंगे, वे जमींदार ही हमारो खून चूसि लिंगे। मेरे नन्हे-नन्हे बालक रात-दिन काम कत्त हैं। सरदार पै जैसे जमीन है दुए बीघा हमारी हू उपजाऊ होती तो हम काए कू गुलमई करते?"

"सोच लै बुआ, मैं तो आज रात कूँ जाइ रई हूँ। पतो अम्मा के पास है। याद कर ले, मुरादाबाद से सीधी छोटी लेन की गाड़ी में बैठि जइये।"

मैं अम्मा के साथ ही था सो रामा ने जैसा बताया मैने एक पर्ची पर लिख लिया और अम्मा ने अपने दिमाग में। रामा से पता लेकर अम्मा मुझे, मेरी बहन और छोटे भाई रामभरोसे को साथ लेकर तराई के इस कच्चे इलाके में बाजपुर पहुँची। रेल वहाँ भोर होने से पहले जा पहुँची थी और बाजार दोपहर को लगती थी। यह इलाका हमारे लिये एकदम नया था। प्राकृतिक रूप से सुन्दर और भौगोलिक रूप से भिन्न था। शायद इसीलिए लोग इसे कच्चा इलाका कहते थे। हरियाली और गीलापन यहाँ अधिक था। मौसम में चौमासा जैसी नमी थी। प्राकृतिक छटा मन को मोहित करने वाली थी। स्टेशन जंगल में था। अम्मा ने हमें पास बिठा कर प्लेटफार्म पर ही दिन निकलने का इन्तजार किया था। भोर होने के साथ ही बूँदाबादी शुरू हो गयी थी। "गरीबी ने देश छुड़ाइदयो। मिली होइगी बड़ी जाति कू आजादी, हमें तो काम करि केंऊ रोटी नाँय दई। छुआछूत नाँय होती तो मैं कहूँ चाय-बीड़ी की दुकान ही खोल लेती।" वह बोलते-बोलते रोने लगती। बाहर बारिश का पानी होता और भीतर अम्मा की आँखों में आँसू।

स्टेशन पर ही हम शौचादि से फारिग हुए थे। पूछने पर पता चला कि पास ही सामने आधा फर्लांग चल कर बाजार मिल जायेगा। स्टेशन पर कोई भीड़-भाड़ नहीं। गाड़ियों की आवा-जाही बहुत कम। सोमवार को वहाँ बाजार लगता था। यह कैसा निराला इलाका है। घटा घिर आयी। तेज बारिश शुरू हो गयी। बादल खुले तो लगा, सामने नैनीताल-मंसूरी का पहाड़ बहुत ही पास आ खड़ा हुआ है।

हम यहाँ आनन्द लेने नहीं आये थे हम आये थे, अपना शारीरिक श्रम बेचने और बदले में पेट की आग बुझाने। इससे ज्यादा हमारी कोई ख्वाहिश नहीं थी। यह हमारी गरीबी और मजबूरी की यात्रा थी जिसमें विस्थापन का दर्द भरा हुआ था। यदि

गाँव में दो-चार बीघा उपजाऊ जमीन होती तो हम यहाँ कदापि नहीं आते। हमारी भूमिहीनता ही हमें इस इलाके में ले आयी थी।

अम्मा ने कपड़े में से निकाली और नमक मिर्च खटाई की चटनी से एक-एक रूखी पानी के हाथ की रोटी हमारे हाथों पर रख दी। 'खाइ लेउ बेटा, फिर रामा के बताए बजार में चलंगे।' भूख ने बासी रोटी में ताजी-सा स्वाद भर दिया था। चटनी से बासी रोटी खा कर भी हमें कोई विशेष स्वाद की इच्छा नहीं थी। 'कहाँ बताई रामा ने मिलने की जगह। तीन पेड़ जहाँ एक साथ खड़े हैं, आपस में गुँथे हुए, जड़ें मिलाए। पीपल में नीम, पक्की पहचान है। देखो बेटा, कहाँ हैं तीन पेड़ एक संग लिपटे-चिपटे?' अम्मा ने कहा और हम बाजार लगने से पहले ही बताए गये स्थान को ढूँढ़ने में सफल हो गये। इधर ही से आने-जाने का रास्ता है। बाजार और कस्बे में ट्रैक्टरों के मालिक सभी पंजाबी सरदार थे और काम करने वाले मजदूर। ये सभी हिन्दी बैल्ट के लोग थे। ज्यादातर बदायूँ, शहाजहाँपुर, पीलीभीत, बरेली और मुरादाबाद के आस-पास के गाँवों के लोग थे। ये भूमिहीन अपने-अपने गाँव से आकर इस इलाके में कृषि मजदूर के रूप में काम किया करते थे। सौ में नब्बे चमार भंगी होते थे और दस प्रतिशत गरीब मुसलमान थे। कोई बनिया, ब्राह्मण, अहीर, गूजर, जाट, लोध मैंने इन मजदूरों में न देखा था न सुना था। एक वाक्य में कहूँ तो कच्चे इलाके की जमीन जोतने-खोदने बाजपुर में हमारे इलाके के लोगों की भरमार थी। मजदूरों की भाषा देहाती हिन्दी और सरदारों की भाषा पंजाबी थी। सरदारों के शरीर हाथियों की तरह फूले हुए थे और मजदूरों के चेहरे चूस कर फेंके गये आम जैसे सूखे हुए और गाल गड्ढों में धँसे हुए थे। हम इन्हीं मजदूरों में से थे जिनमें अपने पुरुषों के साथ स्त्रियाँ और नाबालिग बच्चे भी शामिल थे। सरदार धवला बाँधते, कुरता पहनते, पगड़ी बाँधते, कृपाण धारण कर घूमा-फिरा करते, उनकी स्त्रियाँ चमकती सलवारें पहना करतीं, पंजाबी बोलतीं और घर-बाहर का कोई काम नहीं करती थीं। यहाँ बाजार में दो अलग-अलग संस्कृतियों का मिश्रण दिखा। कामगार स्त्रियाँ धोती कमीज पहनतीं। पुरुष धोती-कमीज या पाजामा-कुर्ता पहनते थे। जिस तरह भूस्वामी सरदारों के चेहरे चमकते और भरे-भरे थे उसी, तरह उनकी स्त्रियों के चेहरों पर चमक होती थी। मैं अपनी कौम की मजदूर महिलाओं के चेहरों से उनकी तुलना करता। दुखों-सुखों का फर्क साफ दिखता। मालिक-दासों और शोषकों-शोषितों का रिश्ता था। चार-पाँच फार्म हाउसों के बीच सिखों ने एक गुरुद्वारा भी बना लिया था। गुरुओं के जन्मदिन पर हम बच्चे भी गुरुद्वारा जाते थे। काम से छुट्टी और भरपेट स्वादिष्ट भोजन-प्रसाद मिलता था। बाजार में भी दो देश, अलग-अलग दिखते थे। एक मालिकों-भूस्वामियों का देश, दूसरा मजदूरों-भूमिहीनों बंधुआ-गुलामों का देश। भूस्वामी पढ़े-लिखे कायदे-कानून जानने वाले प्रायः सिख धर्म वाले थे और मजदूर प्रायः अनपढ़ और हिन्दू धर्म के लोग थे। हिन्दू धर्म में हमारी जगह क्या थी, कहाँ

थी? थी भी या नहीं, यह बात अलग है। जमीन-जायदाद वालों में ऊँची जात के सिख थे, और अल्पभूमि या भूमिहीनों में रविदासी और मजहबी सिख होते थे। ये छोटी जोत वाले होते थे और अपनी किसानी का काम खुद ही करते थे। इनका रंग ज्यादातर काला होता था। शादी-विवाह उनमें भी भौतिक हैसियत के अनुसार ही होते थे। सिखों में भी जात-पाँत थी पर हिन्दुओं जैसी छुआछूत वहाँ हमारे साथ नहीं थी। किसी प्रकार अतार्किक कर्मकांड व पाखंड भी वहाँ नहीं था। मजदूरों की महिलाएँ पुरुषों के कन्धों से कन्धा मिला कर काम किया करती थीं, बल्कि वे खेतों से हारी-थकी झुग्गियों में आ कर खाना बनाती थीं, कपड़े धोती थीं और उनके बच्चे साथ-साथ काम किया करते थे। न उनके लिए कोई अवकाश था न बच्चों के लिए स्कूल, और न कोई दवा-दारू का इंतजाम। कुल मिलाकर अच्छे भविष्य की कोई तैयारी नहीं। जो था सो वर्तमान। मालिक वर्ग केवल ट्रैक्टर चलाता था। बाकी उनके ढोर-डांगरों की टहल हम मजदूर ही किया करते थे। वे भैंसों-गायों का दूध तक काढ़ कर मालिकों को दिया करते थे। बीबी जी खड़े होकर दूध-दही बिलोतीं औटतीं, तंदूर पर रोटियाँ सेंकतीं। अच्छे-अच्छे साबुन तेल इस्तेमाल करतीं। खातीं और कूद-कूद कर नाचतीं-गातीं, बल्ले-बल्ले करतीं और हमारी माँ-बहनें उनकी सेवा करतीं। वे नई रानी, ये नई दासियाँ। अम्मा अपने देहाती नृत्य और गायन की बेहद शौकीन थीं। परन्तु वह इन मालिकिनों के झुण्ड में शामिल नहीं हो सकती थी। अतः वह मुझे साथ ले जाकर उत्सवों में खड़ी हो जाती थी। हम वह सब देख सकते थे, देखने पर कोई किसी तरह की पाबन्दी नहीं थी। इस सबके बावजूद ब्राह्मणों जैसी छुआछूत, इंसान से जन्म के आधार पर नफरत जैसी नीचता इन लोंगों में नहीं थी। ये हमारे श्रम के जितने शोषक थे, मान-सम्मान के उतने नहीं; हम सरदारों में उनके चौके तक जा सकते थे और उनके बर्तन धो देने के बाद भी छू सकते थे।

बाजार में सूअरों के गोश्त की दुकानों पर सरदारों की भीड़ लगी रहती थी। कई तो कच्चा गोश्त तक कुतर-कुतर खा जाते थे। दारू पीते और पचा जाते थे। मजदूर यहाँ बकरा, मछली का गोश्त खरीद पाते। नदियों के किनारे गन्ने के रस से ये सरदार कनस्तर भर-भर कर दारू बनाते-पीते थे। कच्ची अवैध दारू निकालने के लिए वे दूर जंगल में झाड़-झंखाड़ के बीच ड्रमों में रस औटाते थे। पानी-ईंधन ढोने और बर्तन धोने का काम हम बच्चों से मुफ्त लिया करते थे। वे खेती के काम ठेके पर दे देते थे, जमीनें सरकारी थीं। सरदारों ने पट्टे करा लिये थे या अवैध कब्जे कर रखे थे। जमीनों पर मालिकाना हक सरदारों की शक्ति थी और भूमिहीन मजदूर होना हम सब दलितों की कमजोरी।

मुझे याद है आज भी वह दृश्य। रामा ने हमें बाजार के नियत स्थान पर पाया था। वे दोनों गले मिलीं, भावुक होकर रोने लगी थीं और पल्लू से जल्दी आँसू पोंछ खैर-सल्ला पूछी। अम्मा की एक पुटरिया में पूरा घर, पूरी विरासत थी, जिसे सिर पर

रख कर हम देश-परदेश कहीं भी चले जाते थे। वे आपस में बतिया रही थीं। मुझे मौका मिला और मैंने सोचा कि क्यों न घूम फिर कर बाजार का मुआयना कर लिया जाए। सो मैंने पूरा बाजार देखा। रोजमर्रा की जरूरत की चीजें यहाँ मिलती थीं। सप्ताह में एक ही दिन बाजार लगता था। इसी में यहाँ के मजदूरों को पूरे सात दिनों की जरूरत की चीजें एक ही साथ खरीदनी पड़ती थीं। उसके बाद तो फार्मों पर निरन्तर काम करने के लिए चले जाते थे। फार्म हाउस जंगल में बने थे। मीलों तक धानों, ईखों और मक्का के खेत हरियाते दिखाई पड़ते थे। हमारा इन खेतों से श्रम और अन्न का रिश्ता था। सप्ताह-भर काम से अवकाश नहीं मिलता था। मैंने घूमते-फिरते देखा कि बरसाती टैंट लगा कर एक बूढ़ा दुकानदार बाजार में किताबें बेच रहा है। मेरी खुशी का ठिकाना नहीं रहा। मेरे लिये बाजार में सबसे महत्वपूर्ण चीज यही किताबें दिखीं, जिनकी मुझे शौकिया तलाश थी। यहाँ किताबें पंजाबी, उर्दू और हिन्दी में खूब थीं। उस वक्त तो मेरे पास पैसे नहीं थे। पर मन में इरादा बना लिया कि कुछ कमा कर यहाँ से अपनी पसन्द की किताबें जरूर खरीदा करूँगा।

बाजार का मुआयना करके मैं जल्दी ही लौट कर अम्मा और रामा के पास आ गया।

रामा हमें अपने साथ 'क्षेत्रीय कृषि फार्म' पर ले गयी। यह फार्म पंजाब से आये जट्ट सरदार डॉ. करतार सिंह का था। उन्होंने ने करीब तीन-सौ एकड़ सरकारी जमीन मजदूरों से तुड़वा रखी थी। सरकारी जमीनों पर यहाँ मीलों सरदारों के कब्जे थे। सरदार कहा करते—"जंगल से शेर तो भाग गये अब यहाँ के हम ही शेर हैं।" हम इन शेरों के शिकार थे।

सरदार बाजपुर की जमीन पर उसी तरह बाहरी लोग थे, जैसे भारत की जमीन पर मुगल, अंग्रेज, डच और पुर्तगाली थे। ये अति भक्षण की अपच को नशे की लत से नियंत्रित करते थे और हम पर्याप्त भोजन की कमी के सताये थे। उस समय हम में अपने श्रम-शोषण का बोध या शोषकों के प्रति विद्रोह जैसी मानसिकता नहीं थी, परन्तु इतना तो अम्मा लगातार कहती थी—"बेटा, तेरे बाप के पास दो-चार बीघा हू उपजाऊ जमीन होती तो मैं एक डग हूँ गाम तें बाहर नाँय धत्ती। आदमी की नाँय मोइ तुम्हारे पेट कूँ रोटी की जरूरत है।" फिर अचानक रोने-सुबकने लगती—"बेटा आदमी नाँय होत तो कौन छोड़तु हैं खेत कूँ? तेरे ताऊ बब्बा अंधे उनके गलुआ (लघु खेत) कूँ ऐर (यादव) फसल काटि लेत हैं। अन्न चुंगाइ लेत हैं, भरी फसल में अपने जानवर छोड़ि देत हैं। तो, हमतें जमीन नाँय छीन लेते जैसे गाम के ऐर तैसे बाजपुर के जे सरदार।"

जमींनी असरदार-सरदार

तराई क्षेत्र की ये जमीनें सरदारों को दो तरह से मिली थीं—एक तो उन्होंने ने पंजाब से आकर जंगल की जमीनों के नाममात्र की कीमत पर पट्टे कराये थे। दूसरे, यहाँ

के मूल निवासी भुकसा जाति के आदिवासियों से कौड़ियों के भाव सस्ती जमीनें खरीदी थीं। परन्तु जमीन तोड़ने, फसलें बोने, काटने, धान रोपने-काटने और ईखें खोदने के सारे काम पूर्वी उत्तर प्रदेश के चमारों से कराए जाते थे। जैसे अंग्रेजों ने भारतीयों से कठोर काम लिये उसी तरह से सरदारों ने हम दलितों से लिये। धार्मिक अल्पसंख्यक एकता के नाम पर संगठित होकर भूमि वितरण रोका। अवैध भूमि हड़पने और दलितों में बँटने से रोकने के लिए खास कर जाट सिखों में गहरी एकता थी, जबकि दलित मजदूर उपजातियों और धर्मों में बँटे हुए थे। जो भूमिहीन मजदूर आवाज उठाने लगे, उन्हें काम देना बन्द कर दिया। उत्तर-प्रदेश के बजाय बिहार के दलित-मजदूर बुलाए जाने लगे। अभी जब मैं विश्व हिन्दी सम्मेलन में सूरीनाम गया और वहाँ के गिरमिटिया दलितों के बारे में जाना तो इधर गुजरे बंधुआ बाल जीवन पर तुलनात्मक दृष्टि से सोचने लगा कि वे हमारे पूर्वज देश की आजादी से करीब सौ साल पहले गिरमिटिया मजदूर बनाकर सूरीनाम आदि समुद्र पार के देशों में ले जाये गये थे और मैं आजादी मिलने के करीब दो-ढाई दशक बाद ही बाजपुर में वैसा ही बाल-श्रमिक बनकर गया था। न भी जाता तो गाँव में भी मुझे उससे भी बुरी स्थिति में रहना था।

बुक्सा नामक आदिम जनजाति यहाँ की मूल निवासी जाति थी। उसकी जीवनशैली परम्परागत थी। बुक्सा मछलियाँ पकड़ते और सुखाकर छह-छह महीने खाते। धान और ईख यहाँ की मुख्य पैदावार थी। भुकसाओं ने अपनी जमीनें कोड़ियों में बेचीं और सरदार विस्तार करते हुए खुशहाली का आनन्द लेने लगे वे ड्रामों में रस भर-भर कर टिन के टिन देशी अवैध-शराब निकालते-पीते थे। शराब तो भुकसा भी पीते थे। दारूबाजी दोनों में बराबर थी। पर उसमें अनपढ़ भुकसाओं की जमीनें कौड़ियों में बिकीं और पढ़े-लिखे दारूबाज सिखों ने खरीद लीं। भुकसा पुरानी पद्धति से कृषि करते थे। वे कृषि के वैज्ञानिक तरीकों का इस्तेमाल करना नहीं जानते थे। ट्रैक्टर किसी के पास नहीं था। इन्हें जमीन के स्वामित्व की चिन्ता भी कम थी। जमीन की कोख में कितने रत्न छिपे हैं, उन्हें कोई बोध नहीं था। ये सांस्कृतिक रूप से अत्यन्त पिछड़े हुए लोग थे, किन्तु वे हमारी तरह सिखों के गुलाम नहीं थे। इसलिए कि ये अपनी जमीनों के स्वामी थे, जबकि हम बाहर से पहुँचे भूमिहीन कृषि मजदूर थे। वे तो अपनी स्त्रियों के साथ डाम के आस-पास नदी में मछलियाँ और पानी के साँप पकड़ते रहते थे, जबकि सरदारों की दृष्टियाँ उनकी जमीनें हड़पने और नाम मात्र की मजूरी दे कर काम कराने पर लगी रहती थीं। भुकसा साँप का फन और पूँछ काट कर दूर फेंक देते थे और बाकी बीच का भाग पका कर खा लेते थे। छोटी 'भूर' मछलियाँ सुखा कर भविष्य के लिए सम्भाल कर रख लेते थे। उनके बच्चे व स्त्रियाँ निरक्षर थीं। उनमें स्वास्थ्य, शिक्षा और पहनावा आदि के बारे में कोई आधुनिक चेतना नहीं थी। मैं खुद यहाँ नदी के डाम में कूदता, तैरता और काँटा

डालकर मछलियाँ पकड़ा करता था। खेतों के लिए कट कर आने वाले पानी में से केकड़े पकड़ता था। यही काम कुछ ज्यादा समय से भुकसा लोग किया करते थे। कुल मिलाकर भुकसा जंगल काट कर जमीनों का विस्तार करने के बजाय सरदारों को अपनी जमीनें बेच रहे थे।

'रामा' अपनी बेटियों के साथ सरदार करतार सिंह के फार्म पर पूरे दिन काम किया करते थे। उसके पति बाबूराम करतार सिंह का मासिक मजूरी पर बंधुआ थे। सरदार ने उनकी शादी में कुछ पैसे कर्ज दिये थे। सो दसियों वर्ष से बाबूराम ब्याज उतार रहे थे। वे पशुओं के लिए गाड़ी भर-भर कर चारा काटते-खिलाते थे। जहाँ ट्रैक्टर नहीं घूमता छोटी जोत में, वे वहाँ भैंसों से जोता करते थे। वे मुझे काम सिखाना चाहते थे, परन्तु मैं बहुत छोटा था। शहरों के लिए जाने वाले, गन्ने, गेहूँ धान की लदाई-उतराई में हम सब एक साथ जोर-शोर से लगते थे।

डॉ. करतार सिंह के परिवार में उनकी पत्नी 'प्रीतो', बेटे 'निर्मल' कुमार और 'गुरुवीर' थे। बेटियाँ हरजिंदर कौर और परविन्दर कौर बाहर शहर में शायद कानून पढ़ती थीं। निर्मल सिंह ट्रैक्टर चलाकर मिल पर गन्ना छोड़ते थे। खेतों की जुताई में भी वह कभी-कभी टैक्ट्रर चलाते थे।

रामा की झुग्गी की बगल में 'छतारी' के रहने वाले लाल सिंह के साथ झुग्गी बना लेने को बोल दिया था। लाल सिंह कुष्ठ रोगी थे। सभी उनसे बचते थे, खुद उनकी पत्नी उन्हें छोड़कर चली गयी थी। लाल सिंह के हाथ-पाँव की उँगलियाँ क्षीण हो गयी थीं। फिर भी वे अपने और अपने चार-पाँच साल के बेटे किशनलाल के लिए काम किया करते थे। लाल सिंह उसे पढ़ाना चाहते थे, परन्तु वह जैसे-जैसे समर्थ हो रहा था, वैसे-वैसे सरदार की नजर उससे शारीरिक श्रम लेने को ललचा रही थी। उसका पनपना ठीक वैसे ही था जैसे बकरे को कसाई के लिए तैयार किया जाता है। वही क्यों, फूलसिंह और रामा के बच्चों में मैं भी शामिल था, कसाइयों के बकरे ही तो थे। देश के करोड़ों बच्चों की तरह। हमारे पास न एहसास था और न विकल्प।

अम्मा और मैं रामा के साथ धान रोपने चले गये थे। धान का काम करते चावल खाने को मिलने लगे। सरदार के पास भैंसें बहुत थीं। इसलिए मट्ठा मुफ्त में बाल्टी भरकर मिल जाता था। बेगार आदि से मट्ठे का मूल्य चुका दिया जाता था। पर जाने क्यों वह मट्ठा बेस्वाद होता था। सरदार उसे लस्सी कहते थे। इस तरह हम धान के समय धान काटना-रोपना, ईख के समय ईख काटना-छीलना और गेंहू के समय गेहूँ का काम करते थे। करीब एक साल बाद डोरी ताऊ की पत्नी 'भूरी' ने अम्मा से सम्पर्क किया और वह भी अपना परिवार लेकर बाजपुर आ गयी। सरदार ने उन्हें भी एक झुग्गी डालने को हमारी तरह अस्थायी जगह दे दी और वे भी यहाँ के कामों में मशगूल रहने लगे। आस-पास चार छह झुग्गियाँ और थीं, जिनमें हमारे प्रदेश के अन्य जिलों के संयोग से सभी दलित लोग थे। दर्जनों फार्म हाउसों से हमारा

परस्पर परिचय था।

फूलसिंह के पहुँचने से मुझे जोड़ीदार मिल गया था। इसलिए मेहनत करते हुए भी आनन्द था। आनन्द की मेरी वजह और थी। वह यह कि मुझे पढ़ने का बेहद शौक था। उसमें मुझे एक समर्थक चाहिए था। मैं हर सप्ताह बाजार जाता था।

पैंठ से मैं अम्मा द्वारा पर्ची पर लिखा दिया गया सौदा लेने से पहले कोई गाने की या इतिहास-कथा की किताब या पत्रिका अवश्य खरीदता था। उसके बाद बाकी चीजों में थोड़ी-थोड़ी कटौती करता था उस समय मैंने एक किताब खरीदी थी। नाम था 'पृथ्वीराज चौहान की आँखें'। मैं किताब की वास्तविक कीमत बताता तो अम्मा मुझे बाजार नहीं जाने देती। किताब करीब दो रुपये की थी और मैंने एक रुपया बताया था। अम्मा को वह भी बहुत लगा था। पर जब मैं गाकर सुनाता तो वह पैसा वसूल हो गया समझती थी। वह रागात्मक स्वभाव की संगीत-प्रिय महिला थी। खुद पहल करके मजदूर-महिलाओं के साथ बड़े अच्छे प्रेरक लोकगीत गाती और नृत्य में तो वह दूसरों के शादी-विवाह में भी कमी नहीं करती थी। कई बार संगीत की किताब मेरे हाथ में पकड़ा कर कहती—"लल्ला, पाली वाले चन्द्रपाल जैसी लय में गाइ कें सुनाइ।"

बाजार से खरीदी उस किताब की ये पंक्तियाँ मैं अभी तक नहीं भूला—

खाट-खटोला तोड़ न डाला,
धिक गाना, धिक गाने वाला।

हालाँकि, इसी किताब में यह मिथ या कहावत दर्ज थी कि अँधे पृथ्वीराज चौहान ने अपने दरबारी मित्र कवि चन्दबरदाई द्वारा सांकेतिक भाषा में यह कहने पर कि—

साठ हाथ बत्तीस गज,
अंगुल चौदह जान।
ता ऊपर सुलतान है,
मत चूके चौहान ॥

किताबों के शौक ने मुझे अम्मा से फिर झूठ बुलवाया, हालाँकि, अम्मा की कमाई में मेरी भी कमाई शामिल थी। मेरा झूठ और जानकारी का रहस्य फूलसिंह बखूबी जानता था। आखिरी दिनों में उसने अम्मा को बताया भी। पर तब तक अम्मा को किताबों के गीत सुनने का चस्का लग गया था और मेरे प्रति उसका विश्वास गहरा हो गया था।

बुरी खबर

वह प्रसंग मैं कभी नहीं भूल पाऊँगा। हुआ यह था कि काम ठेके पर होता था इसलिए जब-जब खेलने का समय मिलता हम पास ही बह रही नदी के डाम पर चले जाते

थे। डाम पर कभी नदी के पानी को रोक लिया जाता था तो कभी छोड़ दिया जाता था। रुका हुआ पानी ऊपर तक चढ़ जाता था। गर्मियों में हम यहाँ बार-बार नहाते थे। समय इसलिए निकाल लेते थे, क्योंकि काम ठेके पर होते थे।

उस दिन फूलसिंह, खुशीराम, मैं और भाई रामभरोसे सहित कई लड़के डाम पर स्नान कर रहे थे। पानी का प्रवाह तीव्र गति से छूटा हुआ था। हम कूद कर नहाने का आनन्द ले रहे थे। जनाब इस्लाम अली उर्फ तुल्लन खाँ डाम की व्यवस्था की देख-रेख के लिए बतौर सरकारी मुलाजिम वहाँ स्थायी तौर पर तैनात थे। चूँकि नदी पर वह डाम जंगल में था। इसलिए इनके ठहरने की व्यवस्था उनके विभाग की ओर से डाम के पास ही की गयी थी। वे दो मंजिली ऊँची इमारत पर ऊपरी मंजिल पर रहा करते थे, ताकि रात-बिरात कोई जंगली जानवर हमला करे तो उन तक पहुँच न पाए। पानी खोलना-बन्द करना, जल-स्तर घटने-बढ़ने का रिकार्ड रखना, इतनी ही उनकी ड्यूटी थी।

इस्लाम अली बड़े कुशल तैराक थे। वे अक्सर नदी में हमारे साथ नहाया करते थे। संयोग से उस समय वे भी नदी में मौजूद थे। मैं कभी सीधा तैरता, कभी उल्टा कूद कर नहाता और कभी पानी के अन्दर ही अन्दर तैरता। इस तरह नहाते हुए मेरे दिमाग में दुःसाहसपूर्ण खुराफात सूझी। मैंने रामभरोसे को पास बुलाकर कहा—"तू मेरी पीठ पर बैठ, मैं तोइ बैठारि कें तैरंगो।" वह मेरी पीठ पर बैठ गया। आसपास नहा रहे लड़कों का ध्यान मेरी ओर गया। इस्लाम अली तो सख्त नाराज हुए पर वे जब तक हमारे पास आते, मैं पानी की तेज धार में बह कर आगे चला गया। मैंने जैसे ही आगे तैरने का प्रयास किया, भाई के भार से दब कर नीचे बैठने लगा। ऐसे में मेरी पीठ पर बैठे रामभरोसे ने बजाय मुझे छोड़ देने के डर कर और सख्ती से मेरी कौली भर ली। पीठ पर लदे भार के कारण मेरा उबरना असम्भव था। इधर मेरे हाथ भी उसने जकड़ लिये थे। सैकिण्डों में मेरे होश फाख्ता हो गये। मैं रामभरोसे सहित नदी में डूब गया। इस्लाम अली जाने कितनी फुर्ती से पानी में कूदे और हाथ पकड़ कर दोनों को किनारे पर खींच लाए। तब तक आस-पास से भुकसा, उनकी औरतें सभी भाग आये और हमें उठा कर बाहर मैदान की घास पर औंधे मुँह उलटा डाल दिया। इस्लाम अली पूरी तरह प्रशिक्षित व्यक्ति थे, इसलिए डूबे हुए को बाहर लाकर पेट से पानी निकाल देने की सारी प्रक्रियाएँ वे बखूबी जानते थे। सो वे हमें बचाने के प्रथम उपचारी उपक्रम करने लगे।

जिस समय हम डूबे थे, उसी वक्त कुछ बच्चे भाग कर झुग्गियों में गये और उन्होंने अम्मा को यह बुरी खबर दी। फूलसिंह की माँ ने आवाज दी—"मुखी! तेरो डूब मरो सौराज।" तो वह वहीं से रोती-चीखती चिल्लाती डाम तक आई। देखा तो हम दोनों मैदान में उलटे औंधे मुँह पड़े थे, अम्मा ने देखते ही पछाड़ खाई। उसे लगा हमारी जीवनलीला समाप्त हो गयी है। वह हमसे लिपट कर रोने लगी—"मेरो और

कौन सहारो है?" पानी मुँह से बाहर निकला, साँस के साथ हम दोनों के प्राण वापस लौट आये। अम्मा ने भी इस्लाम अली की भूरि-भूरि प्रशंसा की।

हरियाली भरे प्रकृति के मनोरम दृश्य देखते रहने को जी करता था। कल्पना करता कि उछलकर पहाड़ पर जा पहुँचूँ। नदियाँ पहाड़ पर से स्वच्छ जल लेकर आती थीं। कई दिनों की लगातार बारिश के बाद अचानक बादल छँटते तो दूर हिमालय की शिवालिक श्रेणी का पहाड़ साफ दिखायी देता। हम बच्चे झुग्गियों से निकल कर उछल-कूद किया करते थे। पहाड़ धुले-चमकते परन्तु मजदूरी में ही रोटी निहित थी। अतः फुर्सत के क्षण कहाँ थे और कहाँ था मेरा बौद्धिक अस्तित्व जो मैं वहाँ प्रकृति चित्रण की कविताएँ करता। उस दिन के बाद अम्मा ने मेरा डाम पर नहाना-जाना बन्द करा दिया। अब मैं धान रोपने, ईख काटने, मक्का नुकाने आदि के कामों में अम्मा के साथ लगा रहने लगा। ट्राली में गन्ना भरने और शुगर मिल पर जाकर ट्राली खाली कराने का काम मैं और फूलसिंह निर्मल सिंह के साथ करते थे। खाली ट्राली लेकर लौटते हुए हम ट्रैक्टर पर दोनों ओर बैठ जाते थे। ड्राइविंग करते थे सरदार निर्मल सिंह। रास्ते में वे मजदूर औरतों को बातों से छेड़ा करते थे। परन्तु हमारी माँएँ-बहनें मजदूरी करते हुए भी अतिरिक्त सावधान रहती थीं। अपना शील उन्हें प्राणों से भी बढ़ कर था, पर सरदार जवान लड़कियाँ देख कर चटकारे लेता था—"वेख ए दे मम्मे वेख, एनू उठा कर गन्ने बिच (ईख में) ले चलें क्या?" हमें बुरा लगता था। क्योंकि ये सब मजदूर लड़कियाँ हम मजदूरों के परिवारों की ही होती थीं। कई बार तो उसने रामा की बेटी पर भी बुरी नजर डाली जो उसकी बीसियों साल से सेवा करते आ रहे थे। हम झुग्गियों में जाकर ये सब हरकतें अपनी माँओं को बता दिया करते थे। वे सब झुण्ड बना कर मिस्कुट करतीं—"ये अगर इज्जत पै हाथ डारें तो हम सब रात कूं इकट्ठी हो कैं गड़सा-हँसिया तें एक-एक के नन्हे नन्हे, टुकड़ा करि चलंगीं। जेल होइ या उमर कैद।" कभी शिकार करने या रात को ट्रैक्टर से जुताई करने जाते तो सरदार बन्दूक मेरे हाथों में देकर ट्रैक्टर पर बिठा देता। ट्रैक्टर स्टार्ट होने की आवाज सुनते ही मैं और फूलसिंह झुग्गियों से निकल कर सीधे ट्रैक्टर के पास पहुँच जाते थे।

जंगल खतरों से खाली नहीं था। करतार सिंह तो वहाँ शेर के रहने की बात भी कहा करते थे, पर हमें भेड़िये, गीदड़, लोमड़ी, जंगली सूअर, जंगली मुर्गे आदि मिला करते थे। यदि शेर मिलता तो यह लेखक कहाँ मिलता। खेत जोतते तो रात में ट्रैक्टर की रोशनी के आगे खुद-ब-खुद ईखों-झूँडों में से निकल कर कई तरह के शिकार सामने आ कर खड़े हो जाते थे। निर्मल सिंह ट्रैक्टर रोकते और मेरे हाथ में से बन्दूक लेकर निशाना साध कर गोली दाग देते थे। उसके बाद बन्दूक लादने का काम फिर मुझे सौंप देते थे। मैं देखता कि जानवर तेज प्रकाश के सामने आकर ऐसे खड़ा हो जाता, गोया वह आया ही मरने के लिए हो। ट्रैक्टर की तेज रोशनी से उसकी

आँखें ऐसी चुंधियातीं कि उसे इधर-उधर का कुछ भी दिखाई नहीं देता था। सरदार निर्मल सिंह कहते—स्वराज सिंह देखता क्या है, उठा बन्दूक, लगा निशाना। पर मेरे हाथ ऐसे कांपते जैसे जूड़ी ज्वर चढ़ आया हो। "ला डरपोंक कहीं के"—वे बन्दूक झटकते और निशाना साध कर गोली दाग देते। निशाना भी क्या साधना था, ट्रैक्टरों की तेज रोशनी के सामने से जानवर इंच-भर भी नहीं हिलता था। गोली लगते ही ढेर हो जाता वे कहते—"स्वराज नीचे उतर और कन्धे पर उठाकर ले आ।" मैं शिकार को उठाकर ट्रैक्टर के पीछे रस्सी से बाँधकर लटका देता था।

वैसे तो हमारे काम के घण्टे निश्चित नहीं थे। दस से बारह घण्टे भी हो सकते थे। उस पर भी रात को किसी भी समय हमें सोते से जगाया जा सकता था। एक बार सरदार ने कहा कि 'स्वराज' तू ट्रैक्टर चलाना सीख। फूलसिंह और मैं ट्रैक्टर सीखने के उद्देश्य से रात को ईख के खेत में गये। फूलसिंह सेहत की दृष्टि से मेरी अपेक्षा काफी मजबूत था, पर बुद्धि से उतना प्रखर नहीं था। सरदार ने कहा था कि दिमाग से तो स्वराज काफी तेज है, पर वह हैरों का मुंढा तक नहीं उठा पाता। फूलसिंह शरीर से मजबूत है। पहले ही दिन फूलसिंह ने कुंदा में उँगली फँसा ली थी। करने से कपड़े खून से सन गये थे। उसके बाद हम दोनों की ट्रैक्टर चालक बनने की योजना हमेशा के लिए रद्द हो गयी।

रामा के पति बाबूराम चमार सरदार के स्थायी बंधुआ थे। इनको साठ रुपये महीने पगार मिलती और ड्यूटी चौबीस घण्टे की थी। बीस भैंसें उन्हीं के दम पर पल रही थीं, जिनके मालिक सरदार थे। चारा, पट्ठा काटना, गोबर-कूड़ा करना, फिर भैसों का हल भी कीचड़ में चलाना। यह केवल बाबूराम की जिम्मेदारी थी। रामा की बेटी भगवान देई अब शादी लायक हो रही थी। उसके लिए सरदार कर्ज देने को तैयार थे ताकि बंधुआ की अगली पीढ़ी भी अग्रिम गुलाम हो सके। दूसरे बच्चे धर्मपाल, किशन और चन्द्रवती माँ-बाप के साथ सरदार की सेवा में लगे रहते थे।

वैसे तो सरदार खुद को निडर शेरदिल बताया करते थे, परन्तु उन्होंने फार्म हाउस के चारों ओर बाहर झुग्गियाँ डलवा रखी थीं। इसलिए कि किसी भी बाहरी हमले के पहले शिकार ये झुग्गी वाले मजदूर ही हों। बाहरी जानवरों एवं आग-तूफान किसी से कोई सुरक्षा नहीं थी और न हमारी जिन्दगी का किसी को कोई मोल था। हारी-बीमारी में कोई दवा-दारू नहीं। किसी भी बच्चे के लिए कोई तालीम का प्रबंध नहीं। हर घर से चार-पाँच बाल मजदूर काम किया करते थे। सरकार का कोई कानून वहाँ नहीं। आजादी का कोई आभास नहीं। फूलसिंह आज भी याद दिलाता है कि मैं किस तरह आल्हा छन्द बनाया करता था। एक व्यंग्यात्मक तुकबन्दी याद है—

मरी मुसटिया नाँय जीवन-भर, सिक्ख जी ताने फिरें किरपान।
खून गरीबन को पीवत हैं, ये क्या हैं गुरुअन की सन्तान ॥

मेरी तुकबन्दी सुनी और फूलसिंह नाचने लगा—वाह! सरदार को मैंने अपना नाम सौराज बताया था और उन्होंने अपने बंधुआ मजदूरों के हिसाब-किताब की अपनी डायरी में मुझे 'स्वराजसिंह' दर्ज किया था। मैं उनमें सबसे छोटा बाल-मजदूर था।

मुझे नदी किनारे के झाड़-झंखाड़ दिखाकर सरदार करतार सिंह कहते—"देख स्वराज सिंह, यूँ मेरे नाम को एक बड़ा अर्थ-संदर्भ दिया था उन्होंने। पर नाम से मेरी कार्य-प्रकृति पर क्या फर्क पड़ता? मैं था तो कृषि बाल-मजदूर ही।) जब हम लोग इस जंगल विच आये सी तब इदरों बड़े खतरनाक जानवर रैंदे सी। हम दोनों मियाँ-बीबी रात को बन्दूक लेकर पेड़ पर चढ़ कर रात गुजरा करें देसी। इस जंगल में भेड़िये-गीदड़ ही नहीं, शेर भी रहते थे। हम उनसे बचने के लिए रात को आग जलाते थे और बन्दूकें लोडिंग करके रखा करदे सी।" मैं मन-ही-मन कहता, सरदार जी शेरों के शिकारी आप रहे हों न रहे हों, पर हमारे मेहनतानों के शिकारी तो आप हैं ही। फिर भी हमारे अन्नदाता हैं आप?

क्षेत्रीय फार्म, जनता फार्म या इस इलाके के अन्य बहुत से फार्म मेरी कौम के कमेरों की कमाई से आबाद थे। हर फार्म हाउस पर हमारे आस-पास के जिलों के, खासकर चमारों के परिवार मिल जाते थे। ये आपस में शादी-विवाह भी करके वहीं बस जाते थे। ज्यादातर पुश्तैनी चमड़े का काम छोड़ने के कारण सरदारों के बंधुआ मजदूर हो गये थे, क्योंकि भूमिहीन होने के कारण गाँव में इनका गुजारा नहीं था। ये जमींदार सरदार आजादी के बाद के बेताज बादशाह थे और हम घोषित रूप से आजाद होकर भी गुलाम।

मालिक-मजदूरों के हितों-स्वार्थों और शोषण-मुक्ति के द्वन्द्व का यह आलम हर मौसम में और हर फार्म हाउस में था। सरदारों के बच्चे सुबह ही नहा-धोकर अपने जूड़े बाँध कर स्कूली ड्रेस और रंगीन पगड़ी पहन नई साइकिलों या छोटी मोटर साइकिल पर बाजपुर की ओर स्कूल जाते दिखाई पड़ते थे। हम बच्चे मैले-कुचैले कपड़े पहने उनके खेतों पर काम करने जा रहे होते थे। करतार सिंह की बेटियाँ हास्टल में रह कर पढ़ रही थीं। वे किसी उत्सव में आतीं और भंगड़ा करतीं, जबकि हमारी बहनें किसी-न-किसी शारीरिक श्रम में मशगूल रहती थीं।

हम उन्हें नाचते-गाते-खुशियाँ मनाते, जिन्दगी के आनन्द लेते देखते और हम जैसे मजदूर उनके ट्रैक्टर और पानी से पतली कीचड़-सी मिट्टी में धान रोपने, मक्का काटने, ईख छीलने, धान झाड़ने, अपनी कूव्वत से सवाए काम करने में जुट जाया करते थे। न अच्छे कपड़े और न उन जैसा भोजन। यूँ हम गुलाम थे, जबकि देश उन्नीस सौ सैंतालीस में ही आजाद हो गया था। जिन्दा हैं तो मालिक के लिए शरीर धुनो, बीमार हो तो कहीं और भाग जाओ। अपने गाँव या शहर। मर रहे हो तो उनकी बला से। कल मरने वाले हो तो आज मरो, कोई और चंगा बन्दा आ जायेगा। बालक हो बूढ़ा हो, या बीमार, रोटी तभी मिलेगी जब कमाएगा।

पाताल तोड़ कुएँ और पनचक्कियाँ

हम गाँव में अपने बब्बा के छोटे से खेत (जिसका अस्सी फीसदी भाग बंजर था) की छोटी-छोटी क्यारियाँ सींचने के लिए रहटों और ढेकलियों से खालों में पानी भरने के लिए बनाए गये कुओं से पानी निकालने के कष्टसाध्य उद्यम किया करते थे। गाँव में जबकिसानों के खेतों को रहटों से पानी मिला करता था, हमारे पास न रहट थी न रहट के लिए कुएँ और बैल। अमरसिंह यादव के कुआँ का पानी हमें मजूरी के पैसो से खरीदना पड़ता था। जुताई-बुवाई, सिंचाई और कटाई तक का खर्चा कभी-कभी उपज की कीमत से भी ज्यादा हो जाता था। लेकिन बाजपुर में मैंने देखा कि सिर से ऊँचे पाइप जगह-जगह जमीन में गड़े हैं और उनमें से पानी स्वतः निकल रहा है। बिना बिजली, बिना मोटर के जमीन से पानी निकलना मेरे लिये चमत्कार था। धान, ईख और मक्के की फसल यहाँ खासकर पैदा हुआ करती थी। पाताल तोड़ कुओं से स्वतः पानी आने का रहस्य मैं काफी बाद में भूगोल की किताब में पढ़ पाया था?

प्रकृति का मनोरम सौन्दर्य यहाँ की हरियाली और जल-प्लावन के कारण ही विशेष था। बाकी उनकी तो मौज ही मौज थी, जिन्होंने इस इलाके की सैकड़ों एकड़ जमीनें कब्जा रखीं थीं जो मूल वासियों से उनकी जमीनें, ठगने, छीनने या सरकारी जमीन के पट्टे करा लेने की विधियाँ जानते थे। वे वास्तव में साधन-सम्पन्न आत्मनिर्भर आजाद लोग थे। किसी कवि ने मानो हमारी ही स्थिति इन शब्दों में लिखी हो–

जाको धन-धरती हरी, ताहि रख्यौ नहीं संग,
पै जो रखनो हू पड़यौ तो करि रख्यौ अपंग।

शहीद भगतसिंह के भाइयों ने भी सरनाम की जमीन बन्ना फेंड़ा सन्तोखपुर क्षेत्र में तोड़ रखी थी। फूलसिंह आग्रह किया करता था–"तू भगत सिंह के भाइयों को देखने चल। वे कितने तगड़े पट्ठे हैं।" मैं पूछता–"वे क्या करते हैं?" वह कहता–"करते क्या सभी जट्ट सरदार हैं। हमारे-तुम्हारे भाई-बहनों से खेती कराने का प्लान करते हैं, और क्या करेंगे सरदार? क्या वे हमें आजाद करेंगे?"

डामों पर अन्न पीसने के लिए लगी पनचक्कियाँ मेरे विशेष आकर्षण का कारण होती थीं। गाँव में देखता था, गंगी बब्बा कितनी मुश्किल से और कितनी कम मजूरी पर अहीरियों की हाथ-चक्कियाँ पीसा करते थे। दो रोटी का आटा और एक लोटा मट्ठा यही तो मेहनताना हुआ करता था उनका। उसी में पेट भरते और थोड़ा मुझे भी दे दिया करते थे–तब जब मैं काम पर नहीं जा पाता था। वैसे मैं खुद बाल मजदूर के रूप में 'चार-आना' रोज की पगार पर उपलब्ध रहता था। परन्तु मैंने यहाँ जो पनचक्कियाँ देखीं, उनसे मेरे मन में कुतूहल पैदा हुआ। पानी की तेजधार को बाँध कर कैसी तकनीक से चक्की तैयार की गयी है। उसी तरह चारा काटने वाली

मशीन ने मेरा ध्यान खींचा था। बब्बा जब यादवों की कुट्टी काटने के लिए चारा मशीन खींचते थे, तो मुझे भी उनके साथ जुटना पड़ता था, जबकि हत्थे तक मेरा पूरा हाथ भी नहीं पहुँच पाता था। हाँफाते हुए उचक-उचक कर उनकी मदद किया करता था।

बिजली या दूसरे इंजन की चक्कियों की तुलना में पनचक्की की गति बेहद धीमी थी। पिसने वाले अन्न में समय और हमारा बेहद सस्ता श्रम कुछ ज्यादा ही लगता था। पर पानी पहाड़ों से इधर निचले इलाके में रात-दिन बहता रहता था, इसलिए चक्कियाँ धीरे ही सही पर लगातार चलती रहतीं थीं। बिजली जाने या इंसानी हाथ थक जाने वाली स्थिति कभी पैदा ही नहीं होती थी।

अमरूदों की चोरी

कई दिनों से लगातार बारिश हो रही थी। झुग्गी में खाद्य-सामग्री समाप्त हो चुकी थी। बाहर निकलकर कहीं आना-जाना नहीं हो पा रहा था। सप्ताह-भर में एक दिन मौसम थोड़ा बदला था। मैं और फूलसिंह बाजपुर कस्बे से क्षेत्रीय फार्म यानी जंगल की ओर आ रहे थे, जहाँ हमारे परिवार रहते थे। रास्ते में सरदार चन्दासिंह का अमरूदों का एक बाग दिखाई दिया। फूलसिंह ने कहा—"सौराज यार सपड़ी (अमरूद) बड़ी लग रई हैं। मेउ (मेघ) परि रओ है बगिया में कोई नाँय है। चल सपड़ी तोड़ि कें खाएँगे। ऐसे तेज पानी में कौन रखवारी करि रओ होइगो?"

हम दोनों अमरूद के बाग में घुस गये। तोड़ने की जरूरत नहीं पड़ी। टूटे हुए ढेरों अमरूद पेड़ों के नीचे पड़े थे। हम दोनों ने पहले तो पेट भर कर खाए। उसके बाद के उपयोग के लिए बोरियाँ काट कर बनाए गये थैलों में भरने लगे। बारिश की बूँदा-बाँदी अभी भी हो रही थी। हमने जल्दी-जल्दी अमरूद बटोरे कि "बहुतेरे अमरूद पड़े हैं। हमारे एक-दो थैला-भर बटोर लेने से का कमी आ जायेगी। ले चलो घर पै अम्मा कूँ खववंगे?

अब हम अपनी-अपनी पीठों पर अमरूदों के थैले लाद कर कुछ भागते कुछ तेज चलते खेतों-खेतों क्षेत्रीय फार्म की झुग्गियों की ओर लपके। करीब आधी दूरी तय कर पाए होंगे कि हमें हमारा पीछा करता हुआ व्यक्ति दिखा। अब हमने और तेज भागने की कोशिश की। परन्तु पीठ पर अमरूद का थैला लदा होने और मैं थोड़ा कमजोर तथा रास्ता कीचड़ भरा होने के कारण ज्यादा तेज भाग नहीं पा रहा था जबकि फूलसिंह झुग्गियों में दाखिल हो चुका था।

अभी दो-तीन खेतों की दूरी तय करने को बची थी कि तभी झपट्टा मार कर जैसे शेर हिरन को दबोच लेता है उस बाग के रखवाले 'अली' ने मुझे धान रोपने के लिए तैयार कीचड़ भरे खेत में दबोच लिया।

आव देखा ना ताव, उसने मेरे ऊपर लात-घूँसे-थप्पड़ जो भी बना, मारा-मारी कर दी। मैं पिटने-रोने के अलावा माफी माँग रहा था और वह कह रहा था "चल

उठा ये अमरूद, बाग में छोड़ कर आ।'' मैं आगे-आगे और वह पीछे-पीछे। मैं धीरे चलता तो वह लात मारता। मैं जमीन पर औंधे मुँह गिर चुका हूँ। वह उठाता है और कान पकड़ कर धैं चाटें धैं चाटें तब तक मारता है, जब तक थक नहीं गया।

वह बाग में ले जा कर और मारेगा, इस डर से मेरी पिण्डली काँप रही थी। तभी देखा अचानक फूलसिंह वापस आया और उससे भिड़ गया—''तेरी ऐसी-तैसी मेरे यार कूँ मारो मैं तेरो दम लिकारि दिंगो।''

फूलसिंह दोहरी देह का था और यह रखवाला भी मालिक नहीं था। हमारे ही इलाके का रहने वाला सरदार का नौकर था। फूलसिंह ने उसे पहचान लिया था। इस तरह वह मुझे छुड़ा ले गया। अगले दिन सरदार के कानों तक शिकायत पहुँची। मेरी ओर से अम्मा उनसे हाथ जोड़ माफी माँगने गयी। अम्मा से मुझे चोरी की पिटाई में कोई सहानुभूति नहीं मिली। बल्कि सख्त हिदायतें मिलीं—''का मैं चोरी सपड़ी (अमरूद) खातिर इहाँ आई हौं। चोरी ही कन्नी होती तो हिंया सिखनु की गुलमई कन्न चौं आवती? खबरदार आइंदा...''

शिकार

धीमी गति से धान रोपने या ईख काटने, मक्की नुकाने, घास-चारा काट कर लाने इत्यादि में तत्परता से अधिक कार्य क्षमता का विशेष महत्व था। हम माँ-बेटे हर दैनिक मजूर के एक दिन का काम तीन-चार घण्टों में कर देते थे। काम निबटा कर नदी पर बने डाम पर जाकर कूद-कूद कर नहाने का वक्त मिल जाता था।

डॉक्टर साब कहते थे—''निर्मल पुत्तर, तुसी स्वराज को ट्रैक्टर चलाना सिखाओ, बाबूराम के बाद इसे ही डेली वेज पर या ईयरली सौ दो सौ पर रख लिया जायेगा। इसके होते ठेके पर नौकर क्यों रखेंगे? इसे क्षेत्रीय फार्म से वापस नहीं जाने देना है। लड़का समझदार लगता है। थोड़ा-बहुत पढ़ा हुआ लगता है। कुछ-कुछ पढ़ता रहता है।'' परन्तु मैं शरीर से हल्का, उम्र से बारह-चौदह, इतना कम था कि ट्रैक्टर की स्टेरिंग ब्रेक तक मुझसे नहीं दब पाते थे। भारी चीजें मेरी क्षमता से बाहर थीं। दिन में धान रोपना और रात में ट्रैक्टर पर जाना अम्मा के लिए परेशानी का सबब था। वह तब तक जागती मेरा इन्तजार करती, जब तक मैं झुग्गी में सही-सलामत लौट नहीं आता था। अम्मा जागी बैठी हुक्किया गुड़गुड़ाती मिलती। इस रात की ड्यूटी के बदले हमें मिलता कुछ नहीं था। यह मुफ्त की बेगार थी और काम से इनकार करने का अधिकार हमें था नहीं।

हाँ, हर तीसरी रात हम कोई शिकार मार कर लाते थे। ला कर हम सीधा सरदार के घर पहुँचाते और बीबी जी को सौंपकर लौट आते। सबेरे कुछ पाँव, सिर या बचा हुआ मीट फूलसिंह की माँ और अम्मा बीबी जी से माँग कर लाती थीं। या वे छटौन देने के लिए खुद झुग्गियों में खबर भेजा दिया करती थीं।

स्वराज, नहीं छोड़ेंगे

अम्मा मेरे दुःसाहसपूर्ण कार्यों से परेशान रहती। एक बार साँप ने काटा तो मरते-मरते बचा। दूसरी बार डाम की नदी में छोटे भाई को साथ ले डूबा। एक दिन अम्मा का मन उखड़ गया। ऐसा साल-दो साल बाद अक्सर होता था। इस बार भी बर्तन-भांड़े पोटली में बाँध कर अम्मा बोली "चलो बेटा गाँव कूँ चलें।"

"अचानक, का बात है?"

"बात तो है यहाँ रुको तो सौराज जरूर एक दिन बे मौत मरि जाइगो।"

सरदार ने कहा—"हमने इसे इसलिए काम पर रखा था कि स्वराज बड़ा हो जायेगा तो बाबूराम की जगह पेशगी लेकर नब्बे रुपये महीने पर हमारे ढोर-डंगर पालेगा। अब पाँच-दस साल बाद जब बाबूराम बूढ़ा हो जायेगा तो हम दूसरा नौकर कहाँ से लाएँगे।" सरदार ने समझाया भी और धमकाया भी कि मैं पुलिस को बोल कर तुम्हारे हाथ-पैर तुड़वा दूँगा। वरना लौटकर जाने का कभी नाम नहीं लेना, समझे स्वराज। यहाँ तुम धान रोपो, ईख छीलो, मक्की नुकाओ, जो चाहो सो काम करो असी तुआनू पूरी आजादी देवंगे। खूब खाओ, सेहत बनाओ पर, काम तो तुम्हें बारह-चौदह घण्टे करना ही होगा।" अम्मा ने कहा—"तुम हमें गोली ते मार देउ, सरदार, हम पै कर्ज नाँय है। हमारो हिसाब साफ है।" अब हम लोग झोंपड़ी से निकल कर दस कदम चले ही थे कि सरदार के बेटे ने मोटर साइकिल हमारे सामने लाकर रोक दी। वह जगह छोड़ते मोह हमें भी हो रहा था। इसलिए कि झोंपड़ी बनाने के लिए कच्चे बाँस सात-आठ मील दूर जंगल से काटकर लाए थे हम। बारिश कम हो तो यह काम हो, इसलिए हम उनके आभारी थे। चोरी-चोरी भी जाना है तो लाल सिंह को विश्वास में लेकर बता कर जाना पर है। यदि उसी ने हमें पकड़वा दिया तो?

बाजपुर छोड़ते वक्त सरदार ने फिर कहा—सूरजमुखी तुम वापस गाँव जाना चाहती हो तो जा सकती हो। तुम्हारे और भी बच्चे हैं, पर स्वराज को मत ले जाओ। इसे यहीं रहने दो। हम इसकी पगार तेरे गाँव में भिजवाते रहेंगे। इसे हमेशा काम दिया करेंगे। यह कभी खाली नहीं रहेगा। इतना यकीन हम दिलाते हैं। बड़ा हो जायेगा तब यहीं किसी लेबर लड़की से गुरुद्वारे में इसकी शादी भी करा देंगे। तुम बिलकुल फिक्र मत करो।

अम्मा को यह प्रस्ताव मंजूर नहीं था। उसने कहा था—"मैं अपने दस-बारह साल के जीवाक कूँ कहाँ अकेलो छोड़ि कें जाऊँगी? मरि जाऊँगी पर छोड़ि कें नाँय जाऊँगी? मैंने कोई कर्ज नाँय बढ़ाओ है अपने ऊपर।"

"यह अभी छोटा है। बड़ा होने पर ट्रैक्टर चलाना सीख जायेगा। ज्यादा कमाएगा। तुम खुशी से छोड़ जाओगी तो अच्छा होगा, नहीं तो स्वराज को तो हम जबरजस्ती भी रोकेंगे।" उस रात हम झुग्गी में बैठकर बतियाते रहे—"बाजपुर को

काम छूटा तो 'खांगे' का? गाम में तो एक सेर अन्न नाँय देति बब्बा की बंजर धत्ती? तो तू बेटा दिल्ली लौटि जइये। भैना (मौसी) चन्दोसी लौटि आवेगी तो तू वहीं बूट पालिस कर खइये। मैं तो पाली जाउँगी तेरे छोटे भैया-भैन हू कूँ तो देखउँगी जाइ कें?' अम्मा की कोई राजनैतिक विचारधारा थी, ऐसा मैं नहीं कह सकता। लेकिन उसके पास अपनी अनुभव दृष्टि जरूर थी। वह मेरे सौतेले पिता भिकारी से दुखी हो कर अक्सर बार-बार सवाल किया करती थी–"बेटा सौराज तैंने किताबें पढ़ी हैं तू जो तो बताइ कै जे मर्द इन्दिरा गाँधी के राज कूँ सब औरतनु को राज काहे कूँ कहत हैं? कोई ईमान-धरम वारो सच्चो इंसान कहूँ मिलै तो बेटा मैं जरूर पूछंउँगी कै मो गरीबिनी चमारी कूँ इन्दिरा ने कौन सो राज-पाटु दै दओ है भैया?" मैं निरुत्तर रह जाता था।

"सरदार मोइ नाँय छाड़ंगे अम्मा! लगता है जैसे रामा के आदमी और बेटा-बेटी उमर भर कू बंधुआ हैं तैसे ही मैंऊ हमेशा कूँ बंधुआ रहंगो, कबऊ छूटि नाँय पाउँगो।" "बेटा छूटि तो तू जाइगो, फिर छूटिकें जाइगो कहाँ? गाम में हू तोइ मजूरी कन्नी है, शहर में हू। शहर में करि या गाम में, है तेरे हिस्सा में गुलामइ ही। पर यहाँ दूर इकलो कैसे रहेगो" रोजी-रोटी का यह समाधान मुझे जम नहीं रहा था। "तू छोड़ि जा अम्मा।" "नाँय मैं इकलो नाँय छोड़उँगी तोय।" "तू चली जाइगी तो मैं रात-बेरात भागि आउँगो।" "सरदार गोली मरवाइ देगो। मारि के फेंकि देगो जंगल में, तेरी लाश। जो मत समझि के जे जमीन-जायदाद बारे जानबन्नु को ही शिकार कत्त हैं। असली शिकार तो इनके हम मेहनती मजूर हैं बेटा!" अम्मा अनजाने में मुझे शोषक-सामन्तों का चरित्र समझा रही थी। अनुभव का मार्क्सवाद। "काउ दिन जब निर्मल मेरे कन्धा पै बन्दूक धरैगो मैं ईख-ईख भाग जाउँगो डाकू-चोर की तरह।" मैंने कहा। मैंने डाकुओं के ढेरों किस्से-कहानियाँ थीं।

मैं चार-पाँच वर्षों के बाद तीसरी बार फिर बाजपुर गया। तब मैं हाईस्कूल का छात्र था और एक बार फूलसिंह के बहनाई की समस्या लेकर गया था। फूलसिंह के पिता जी ने अपनी दूसरी बेटी की शादी एक लड़के को तय करके इन्कार करना शुरू कर दिया था तो लड़के की माँ और लड़का मेरे पास आकर बोले कि–"तू हमें डोरीलाल के पास बाजपुर ले चल।" मैंने कहा था "पहले मैं बात करके आऊँगा। तब आप बाद में चलना।" उन्होंने मेरे किराए की व्यवस्था करके बाजपुर भेज दिया। उस समय फूलसिंह का परिवार बाजपुर के 'जनता-फार्म' पर सरदार कुन्दन सिंह के खेतों पर काम किया करता था। वे झुग्गियों में रहते थे और धान, ईख, मक्की, गेहूँ आदि की फसलों पर काम करते थे।

पहला लेखकीय अनुभव

सरदार कुन्दन सिंह के दो बेटे 'नीटे' और 'टीटू' सातवीं और आठवीं में पढ़ते थे।

सरदार जी वामपंथी रुझान के थे। शहीद भगत सिंह के परिवार से उनके अच्छे सम्बन्ध थे। भगत सिंह के भाइयों का फार्म हाउस नजदीक ही था। वे शायद अँधश्रद्ध सिख नहीं थे। वे सिख धर्म की दी हुई परिवार-व्यवस्था की चिन्ता छोड़ परिवार नियोजन की बातें किया करते थे। पर मजदूरों का परिवार सीमित हुआ तो सस्ते कामगार कहाँ से मिलेंगे? यह बात भी वे बखूबी जानते थे।

मैं फूलसिंह की माँ 'भूरी' के पास फार्म हाउस के कोने वाली झुग्गी में रुका हुआ था। मुझे हर समय पढ़ता देख कर सरदार जी की बीवी ने परिचय जानना चाहा। सो मैंने उन्हें अपना नाम, पता और संप्रति हाईस्कूल का छात्र बता दिया था। अगले दिन सरदार जी ने बच्चों की ओर से एक समस्या मेरे सामने रखी, कि नीटे के स्कूल में एक नाटक में भाग लेना है। करीब आधा घण्टे का नाटक हिन्दी में होना चाहिए। और वह नया होना चाहिए। छात्रों की और टीमें भी नाटक करेंगी। तेईस मार्च भगतसिंह की शदाहत के दिन यह नाटक प्रस्तुत होगा। तुम यदि लिख सकते हो तो एक कोई छोटा-सा नाटक लिख दो। मैंने कहा—मैं पूरा प्रयास करूँगा। आप मुझे कुछ कागज और थोड़ा वक्त दें, एक पैन की व्यवस्था कर दें और दो दिन बाद मुझसे बात करें।

सरदार जी को वचन देकर मैं लघु नाटिका तैयार करने में जुट गया। जोड़ तोड़ कर मैंने आखिरी क्षण उनके कहने से पहले ही नाटिका लिख कर सरदार जी को सौंप दी थी—'शहीदों की सीख'। संवाद बच्चों को समझा दिये और भाषा का सहज सरल प्रवाह भी ठीक-ठाक कर दिया। यह मेरे लेखक जीवन की पहली नाटिका थी, जिसे मैंने उतना गम्भीरता से सृजित नहीं किया था। यह तो कल्पनातीत था कि मेरा कोई साहित्यिक भविष्य भी होगा। भगत सिंह, राजगुरु और सुखदेव की शहादत के बारे में जो पढ़ा था, वही नाटक के रूप में लिखने की कोशिश की थी, बल्कि 'डायर पर फायर' करके एक दृश्य उसमें ऊधम सिंह पर भी, दिया था।

नाटिका देकर मैं उसी दिन घर चला आया। करीब महीने-भर बाद फूलसिंह की बहन की शादी के सम्बन्ध में मुझे बाजपुर जाना पड़ा तो सरदारनी ने बताया कि 'नीटे' और 'टीटू' द्वारा स्कूल में हुए कल्चरल प्रोग्राम में नाटिका पेश की गयी थी। तुम्हारी लिखी नाटिका पर बच्चों को पहला पुरस्कार मिला। इस सूचना ने मेरे मन में अपार प्रसन्नता भर दी। मैं तो लिख कर भूल ही गया था। पांडुलिपि की प्रति तक मेरे रिकार्ड में नहीं। सरदार जी ने खुश हो कर एक कीमती कुरता और पाजामा मेरे लिये वनवा दिया था। इतना कीमती वस्त्र शरीर पर पहली बार आया था। यह कुरता मैंने दो-तीन साल तक चलाया। पाजामा चला गया तो कुरता पैंट के ऊपर ही नवीं क्लास से बारहवीं करने तक पहनता रहा। बगैर माँ-बाप, बगैर भाई-बहन के सहयोग के अपनी मेहनत के दम पर मैं पढ़ रहा हूँ। यह जान कर सरदार जी प्रभावित थे। उसके दो-तीन वर्ष बाद सरदार जी, जब मैं जुनाबाई विद्यालय में पढ़

रहा था तब वे मुझसे मिलने वहाँ से मेरे साथ गाँव गये थे। कारण फूलसिंह के पिता जी बतौर पेशगी कुछ कर्ज ले आये थे और काम करने नहीं जा रहे थे। सरदार कुन्दन सिंह जी के पास मेरे स्कूल का पता था। सो वे मुझसे स्कूल में ही आकर मिले थे। वहीं से मेरे साथ गाँव आये थे। विपन्नता भरे मेरे घर में ही ठहरे। मैं उनके लिए पलिका (पलंग) और बिछौना माँग कर लाया था।

रज्जू के पिता की ढूँढ

तीसरी बार 'बाजपुर' जाने वाला वाकया यहाँ बयाँ कर रहा हूँ।

हुआ यह था कि मेरे गाँव के रज्जू (ओमी) मछेरे के पिता चुन्नी उर्फ अंगन मुराव पिछले चार महीनों से लापता थे। मैंने उन्हें यादवों के शादी-विवाह या कथा-आदि के वक्त मसक से पानी छिड़कते देखा था। वे पारिवारिक कलह से तंग आकर गाँव छोड़ कर कहीं अज्ञात स्थान पर चले गये थे। बेटा ओमी उन्हें जहाँ-तहाँ तलाश कर चुका था। वह उम्र में मुझसे लगभग चार-पाँच साल बड़ा था। लापता हुए पिता की खोज-खबर की प्रक्रिया में उसे किसी ने सलाह दी कि बाजपुर नैनीताल की तराइयों में ढूँढ़ा जाए तो अंगन अभी भी मिल सकते हैं। अब रज्जू को ऐसे व्यक्ति की आवश्यकता थी जो तराई इलाके से वाकिफ हो और उसके बाप की खोज में रुचि लेते हुए उसके साथ जा सके। गाँव में बहुत लोग जानते थे कि सौराज बाजपुर रह कर आया है।

उन दिनों गाँव में मैं गंगी बब्बा के साथ अकेला था। अम्मा पाली में थी। ओमी हमारी बस्ती की चौपाल पर आकर रुँआसे स्वर में बोला—"कोई मेरे संग चलो। मेरो बाप बाजपुर की तराई में गओ है।" बस्ती वालों ने कहा—" 'डोरी' और राधे के बालक 'बाजपुर' में रह कर आये हैं। इन्हीं में से कोई संग जाए तो कुछ पता लग सकता है। बाकी हमने तो गाँव ते बाहर निकल कर कुछ देखा नहीं है।" ओमी ने डोरी ताऊ से बात की तो उन्होंने साफ कह दिया—"काम-धन्धों छोड़ि कें जांगो तो मेरे बालक का खांगे? हाँ तू कम से कम आधी मजूरी, पूरो किरायो और खाने को खर्चा उठाइ लेइ तो मैं संग चलनकूँ तैयार हूँ।"

रज्जू के घर की माली हालत अच्छी नहीं थी। जीविका चलाने का जरिया केवल हरी सब्जी उगाना-बेचना था। डोरी ताऊ के बाद उसने मुझसे बात की। मैं उन दिनों चार आना रोज पर रामसिंह प्रधान के छोटे भाई 'स्वामी' यादव की रहट हाँका करता था। रात को मैं जब घर आया तो ओमी गंगी बब्बा के पास बैठा मिला। वह कहने लगा—"गंगी तुम कह देउ तो सौराज मेरे संग जाइ सकतु है। डौरी तौ मंजूरी माँगि रए हैं। सो मो पै मजूरी कहाँ से आयी, किराए को इंतजाम कन्नों तो मुश्किल है रओ है।"

बब्बा ने मुझसे कहा—"लल्ला तू जाके बाप कूँ ढूँनवाइ ला तैनें तो सब जगह

देखी हैं। दुए। चार दिन को काम हज्जा होइगो सो देखी जाइगी। जा गरीब के बाप को पतो चलि जाइ तौ अच्छी बात है।" ओमी बोला—"देखि सौराज भैया, तेरे बाप कूँ तौ भगवान ने छीन लओ और मेरो बाप मोइ छोड़ि कें चलो गओ। कहाँ गओ, चौं गओ, कोई चिट्ठी, पत्री तक नाँय भेजी। तू ढुंनवाई देइ तो एकाद दिन की मजूरीउ मैं दै दिंगो।"

मजूरी मैं माँग नहीं रहा था और जाने की मेरी इच्छा नहीं थी। पर जब उसने मेरे बचपन में मेरे बाप की अनुपस्थिति की याद दिलाई तो मैं भीतर-भीतर हिल गया था। यही तो मेरी सबसे दुखती नस थी। पिता की कमी मैं बाल-मजदूर के रूप में भोग ही रहा था। अतः हाँ की और तुरन्त चलने को तैयार हो गया।

अगले दिन हम दोनों गाँव से निकले और सीधे बाजपुर पहुँचे। सबसे पहले मैं उसे क्षेत्री फार्म पर ले गया। डॉ. करतार सिंह से मेरी भेंट हुई और कामगारों की झुग्गियों में नये आदमी की पूछताछ की। उसके बाद पूरे दिन फार्म से फार्म उन्हें पूछते—खोजते दिन गुजर गया। रात काटने हम रेलवे स्टेशन की ओर बढ़े। पेट की भूख दूर करने के लिए आटा खरीदा और एक टीन का बड़ा टुकड़ा रगड़ कर, धुलाई करके ईंटें रख कर चूल्हा बनाया और एक गढ्ढा बना कर उसमें कागजों पर कपड़ा बिछाकर उस पर आटा गूँदा, नमक डालकर मोटी-मोटी चार रोटियाँ सेक कर खाईं। रात को स्टेशन के प्रतीक्षालय में जाकर सो गये। सबेरे फिर ढूँढ़ने के अभियान पर निकल पड़े। हमने नये कट रहे जंगल में कई दिन तलाश किया और असफल हुए। पस्त होकर पूर्व परिचितों की झुग्गी में आ पड़े। इस तरह हर फार्म हाउस पर गये। करीब सप्ताह-भर खोजते रहे, रूखी-सूखी रोटियाँ खाते रहे और हर दिन नई जगह जाते रहे। आखिरकार असफलता लेकर वापस लौटे।

लगभग आधी रात के समय मुरादाबाद रेलवे स्टेशन पर गाड़ी रुकी। बाजपुर वाली छोटी लाइन की गाड़ी मुख्य प्लेटफार्म पर नहीं आकर अलग ठहरती थी। गाड़ी रुकते ही हम भीड़-भाड़ के कारण प्लेटफार्म के ठीक विपरीत दिशा में डिब्बे से नीचे उतरे। उधर कुछ अँधेरा था। इक्का-दुक्का सवारियाँ ही उस ओर उतर रही थीं। हमारा हुलिया खराब हो रहा था। संदिग्ध छोकरे मान कर रेलवे का एक सिपाही भी हमारे पीछे-पीछे उतर आया। उसने अपने पुलिसिया अन्दाज में हमसे आकर कहा—"अबे ओ गठकटे, किस फिराक में घूम रहे हो?" उसने हमें जेबकतरे या उठाईगिरे समझा। हम रुके और सिपाही ने आ कर हमारी जेबों की तलाशी ली। फिर उसने थैले में डण्डा मारकर पूछा—भो...के इसमें क्या है? दिखा। मैंने थैला आगे बढ़ा दिया। थैले में मेरे हाथ की बनी मोटी-मोटी चार रोटियाँ थीं, एकाध कापी-कागज और एक अंगोछा। बस। सिपाही की शंका का समाधान नहीं हुआ। वह रज्जू को अलग ले कर गया। पता ठिकाना पूछा तो रज्जू ने डर कर सब कुछ गलत-सलत बता दिया। यहाँ तक कि गाँव का नाम भी गलत बताया। सिपाही का शक और गुस्सा बढ़ता

गया। परन्तु रज्जू ने अपनी जाति यादव और मेरी जाति जाटव-चमार बताई। सिपाही उसी तरह फिर मुझे अलग ले गया और बोला—तेरा नाम?—सौराज। बाप का नाम?—राधेश्याम, गाँव? नदरोली। जिला? बदायूँ। तेरी जात—जाटव चमार। और यह बड़ा लड़का कौन है? किस जात का है? कहाँ रहता है? मैंने बताया—यह रज्जू है। धींवर का बेटा है। इसके बाप लापता हैं, उन्हें ही खोजने आये थे हम। सिपाही ने आखिरी सवाल किया-इसकी जात क्या है?—वही जो मैंने बताई। मौर्या भी कहते हैं कुछ लोग इन्हें, क्योंकि मछली पेशा के अलावा ये सब्जी उगाने-बेचने का काम भी करते हैं। सिपाही मेरे पास से फिर ओमी की ओर मुखातिब हुआ। पूरे आक्रामक तेवरों के साथ कहा—"मादर चो...यादव बताता है खुद को। है मौर्या। उसके पैरों की हड्डियों में उसने पूरी ताकत से डण्डों के प्रहार किये तो वह चीख उठा। वह रो रहा था और मैं रिरिया रहा था—सिपाही साहब छोड़ि देउ, हम चोर नाँय हैं। सिपाही ताव में था। उसने पुलिसिया शब्द भंडार खोल दिया था। वह भद्दी-भद्दी गालियाँ दे रहा था और जानवर की तरह बेरहमी के साथ मारामारी किए जा रहा था। रज्जू की धुनाई कर रेल की कंकरीट पर डाल दिया था। थक गया तब वह वहाँ से गया। पर वह मुझे क्यों नहीं मार रहा था? यह बात मेरी समझ में नहीं आयी। आखिरी बार उसने हमारी जेबों की तलाशी ली थी और चवन्नी-दो अन्नी निकाल कर चलता बना। रज्जू ने कहा था—"सौराज सिपाही शायद तेरी जाति का होगा। दिन से आज तक सिपाही का व्यावहारिक मतलब मैं लुटेरा ही ज्यादा समझता रहा हूँ।

कन्धे का सहारा देकर मैं रज्जू को प्लेटफार्म पर लाया। वहाँ वह रात-भर कराहता रहा। मैंने प्लेटफार्म पर अंगोछा बिछाकर उसको बैठने की व्यवस्था की। 'रज्जू' पर बैठा नहीं जा रहा था। वह औंधे मुँह गिर पड़ा। रात को ठण्डी हवा चलने लगी और बाहर हल्की-हल्की बूँदाबाँदी होने लगी थी। वह पीड़ा से कराहने लगा था और मैं उसका दर्द बाँटने में समर्थ नहीं था। वह कराह-कराह कर सिपाही को गाली दे रहा था—"भगवान वाकी वर्दी में आग लगावे। हरामी ने मेरी सब हड्डियाँ तोड़ दईं।" वह कराहता-चीखता और मैं परेशान होता। चन्दौसी की ओर से आने वाली गाड़ी जैसे ही आकर लगी, मैं उसे सहारा देकर डिब्बे में ले गया। अब हम दोनों बेटिकट यात्री थे। बिलारी के पास किसी गाँव में उसकी कोई रिश्तेदारी थी। वह मुझसे बोला—"रेलवे लाइन के पास ही वह गाँव है। यहीं उतर लो।" रात में ही मैं रज्जू की इच्छानुसार उसे वहाँ लेकर पहुँचा। हम जिनके घर गये थे वहीं पड़ोस की एक लड़की उसकी हालत देखकर बहुत दुखी हुई। वह शेष रात उसकी देह पर हल्दी पोतती रही। फिटकरी डाल कर गर्म दूध पिलाया। दो दिन बाद जब हम गाँव को रवाना हुए तब रास्ते में रज्जू ने बताया कि वह लड़की उसकी सम्भावित बीवी है और उसे प्यार करती है। पर शादी तो सम्भव ही नहीं है। "क्यों?" इसलिए कि करीबी रिश्ते की है। पर जब भी उससे कहूँगा तभी वह मेरे साथ भाग जरूर आयेगी।

बहुत वायदे कर चुकी है'', इत्यादि। वर्षों बाद मिला तो मैंने पूछा—''पिता को खोज पाया तू या उस लड़की के साए में सिमट कर रह गया?'' तो बताने लगा—''बाप को तो नहीं पा सका, पर खुद बाप जरूर बन गया हूँ उसी की बेटी का।''

संखिया

'प्यारे' डोरी और गंगासाय के छोटे भाई थे। सुन्दर सुडौल बदन, नाटा कद, ललाट पर चमक और 'हँस-मुख' चेहरा था उनका। जिन दिनों मैं अपने गंगी बब्बा के साथ मुर्दा मवेशी उठवाने जाता था, प्यारे चच्चा ज्यादातर भार अपने कन्धे पर ले लिया करते थे। खाल उतारने, चमड़ा पकाने (रंगने) या फिर गाँव की भट्टियों पर ईंटें पाथने में उनकी सारी दैहिक उर्जा खपा करती थी।

प्यारे चच्चा का बाल-विवाह हुआ था और जब तक वे बीस-इक्कीस वर्ष के वास्तविक युवा हुए होंगे। उनकी पत्नी की अकाल मृत्यु हो चुकी थी। वे चढ़ती जवानी में विधुर हो गये थे। छोटे-मोटे कार्यों में अक्सर मैं उनके साथ रहा करता था। भट्टा पर गोंदा डालने या मुर्दा मवेशी की खाल उतारना आदि कई काम मैंने उनसे भी सीखे थे। यहाँ उनसे जुड़ी दो घटनाओं का उल्लेख करना चाहूँगा।

वाकया दर्दनाक है। हुआ यह था कि उस दिन 'प्यारे' की तबीयत खराब थी। फूलसिंह ने मुँह अँधेरे मुझसे आकर कहा था—''सौराज तोइ चच्चा बुलाइ रओ है।''

''क्यों, क्या बात है?'' मैंने जानना चाहा तो उसने कहा—''चच्चा की तबीयत खराब है।''

मैं तुरन्त उनके पास गया। यद्यपि वे संयुक्त परिवार के सदस्य थे, परन्तु वे संकरी गली में भीतर वाले छोटे से कच्चे कोठे में टूटी खाट पर बेहाल अकेले एकान्त में पड़े थे। मैंने तबीयत जाननी चाही तो बोले—''तू थोड़ी मिठाई (गुड़) और प्याज लाइ दै मोइ। फिर दो आने पकड़ा मैंने गुड़-प्याज लाकर उन्हें दी और देकर बाहर चला आया। फूलसिंह की 'माँ' 'भूरी' मौसी से मैंने कहा—

''मौसी, प्यारे चच्चा बीमार हैं। अचानक उन्हें का है गओ? और तू उनकी खबरि तक नाँय लै रई।''

वह बोली—''दाढ़ीजार को मरेगो। मरि जान दै। मैंने कह दई है कै मैं तेरो मरे को ही मौं देखउँगी।''

अब मैं क्या करता। फूलसिंह के पिता गाँव से दस-बारह कोस दूर दानपुर में राजगिरी कर रहे थे। तो मैं गाँव से दूर बने खालें रंगने वाले कारखाने पर गया। गंगासाय ताऊ को बुलाने। जब तक मैं उन्हें साथ लेकर लौटा प्यारे की हालत और खराब हो गयी थी। अब मैं उनसे वजह जानने, उनके करीब गया तो उन्होंने बताया कि गुड़ और प्याज के साथ उन्होंने एक खुराक संखिया (विष) खा लिया है। पहले वाली खुराक से न वे मर पा रहे थे और न ही वे जी पा रहे थे। पर अब वे मरने

जा रहे हैं।–क्यों चच्चा तुम मर क्यों रहे हो, मैंने पूछा और गंगासाय रोकर उनके सीने से लिपट गये तो वे मात्र इतना बोले–

"मैं अब बड़े भैया कूँ मौं दिखावन से पहले दुनिया से जानो ही चाहतूँ? मैं खुद कूँ सजा दे रओ हूँ, मौत की सजा।" क्यों यों जानना चाहा तो उन्होंने कहा–"मेरे मन में पापु आइ गओ हो। तू भौजी तें कह कें मोह माफ कराइ दइये सौराज, जो वो माफ नाँय करेगी तो मैं नर्क में चलो जांगो। मैंने कोई जबर जत्ती नाँय करी।" बस्स और उन्होंने इतना कहने के बाद उलटियों के हिचकोले ले-ले कर दम तोड़ दिया। थोड़े ही समय में एक अच्छा-खासा सुन्दर, भूल को महसूस कर लेने वाला शरीफ नौजवान लाश में तब्दील हो गया। मेरे देखते-देखते। मुझे सदमा-सा लगा। मैं गम्भीर हो गया। तुरन्त भूरी मौसी के पास गया। वह घर में मौजूद थी। मैंने घबराती हुई आवाज में कहा–

"मौसी-मौसी...चच्चा मरी गओ, मौसी! तो वह अविश्वास के लहजे में बोली–"वो दाढ़ीजार नाँइ मरेगो, तू अपने घर जा, और मरि जाइ तौ ठीक।" "चौं? मौसी?" "रात मेरी खाट पै आइ कें रिरियावन लगो। कै भौजी नैंक मेरो हू काम चलाइ दै। अब मेरो ब्याह नाँय होइगो। सो मैंने मारी दाढ़ीजार कें जोर की लात, और कही कै कल तक तू कहूँ चुल्लू-भर पानी में डूब मरिये। नाँय तो तेरे भैया तें कह कें तेरी खाल उतरवाइ लिउँगी, पापी-अधर्मी कहीं के।"

मुझे अपने आप पर ग्लानि इस बात की हुई कि यदि मुझे पता होता कि गुड़-प्याज जहर खाने के लिए मँगाया गया है तो मैं प्यारे चच्चा की माँग कभी पूरी नहीं करता। यों वह तो बिना मिठाई भी कुछ तो जहर खा ही चुके थे। पर भूरी मौसी ने सहानुभूति बरती होती तो शायद यह नौबत न आती। पर तब क्या वह देवर का काम निवेदन स्वीकार लेने से अपने चरित्र की रक्षा कर पाती?

तलब बुझी तब जाति याद आयी

दूसरी घटना तो यह हुई कि गाँव के दक्षिण में बाग के पास एक यादव की 'भटिया' लगी हुई थी। उस पर ईंटें पाथने का काम प्यारे चच्चा और गंगासाय ताऊ ने ले लिया था। मैं और फूलसिंह मिट्टी के गोंदा देने के लिए उनके साथ मौजूद थे। मिट्टी काट कर पानी छोड़ दिया था और हम काम शुरू करने जा रहे थे। यह जेठ की दोपहरी ढलने के बाद का समय था। उसी वक्त मैंने देखा कि एक अधेड़ उम्र के राहगीर ने आकर नारियल का दूर रखा हुक्का उठा लिया, चिलम गर्म है छू कर देखा और बिना कुछ पूछे–गछे, गुडुर-गुडुर घूँट भरने लगा। तसल्ली से हुक्का पीने के बाद तलब बुझी तब उसने पूछा–

"कौन ठाकुर हो भैया तुम लोग?" यानी किस जाति के हो? "अपने जात भाई यादव ही हो नाँ? अपने ही घर कूँ पाथि रह हो?"

"ठाकुर-यादव, अरे नाँय भैया। हम तो चमार हैं। तुम कौन हो, लम्बरदार।" प्यारे चच्चा बोले। सुनते ही जैसे उसे करंट लगा हो वह चौंक कर बोला—'का कही? का तुम बिरादरी के नाँय हौ?"

कैसी बिरादरी लम्बरदार? तुम ने कछु मालुमात करी?" प्यारे ने पूछा। तो उसने फिर कहा—"का तुम सच में यादव नाँय हो?" "हम काए कूँ होंगे यादव? हम तो चमार हैं, नकद चमार।" प्यारे ने दोहराया। "चमार? चमार तो मवेशी उठावत हैं।" "हाँ, मवेशी हूँ उठाइलेत हैं।" अब वह तमतमा उठा और प्यारे से भिड़ गया। "साले चमट्टों की औलाद, बताओ चौ नाँय। मेरो धर्म भ्रष्ट करि दओ।"

आर्य समाजियों के अलावा ज्यादातर यादव ब्राह्मणों से भी अधिक कर्मकांडी, अँधविश्वासी और सबर्ण संस्कृति के वाहक थे। अब अकेला वह और तीन हम गुत्थम-गुत्था। आखिर उसे मुँह की खानी ही थी। गुस्सा ठण्डा होते ही बोला—"भओ सो भओ, काऊ बतइयौ मति कै मैंने चमारनु को हुक्का पी लऔ है।" फिर क्या था, मुँह लटकाता हुआ वह यादव अपने गाँव की ओर चला गया और हम देर तक सोचते रहे...।

दो रोटी-भर चून की चोरी और पेशी प्रधान के

ताई की शिकायत पर मुझे प्रधान का बुलावा आया। मैं गया और दालान पर पड़े सरकण्डों के मूढ़ा पर बैठ गया। यह बात उन्नीस सौ सड़सठ के आस-पास की रही होगी? प्रधान रामसिंह यादव ने घर के भीतर से निकल कर मुझे देखा और अप्रत्याशित स्थिति में बैठा पाया, तो वे अन्दर ही अन्दर जल उठे। "सौराज, तैनें बबुआ की बऊ को चून चुराओ?"

हाँ साव, ताऊ होते तो माँग लेतो। ताई तें मिलन की उमीद नाँई। भूखो बहुत हो। सो चुराइ लओ। काम मिल जाइगो तो लौटाइ हू दिंगो।"

"अच्छिया तो तू भूखो है ससुरी के, चून चुराई कें रोटी खातु है, तो जूतियाँ और खा!" कहते हुए प्रधान ने मूढ़ा मैं ठोकर लगाई। मैं उलटा गिर पड़ा। अपने पाँव से जूती उतार कर प्रधान ने मेरे सिर पर दे मारी—"चमरू, धत्ती पै नाँइ बैठि कें मूढ़ा पै आइ बैठो।"

"प्रधान जी मैं बीमार रओ हूँ। गठिया की बीमारी से परिया सूजि गई हैं। धत्ती पै बैठन तें दर्द होतु है। ताई को चून जरूर लौटाइ दिंगो, तुम्हारी रैहट हाँकि कें या कछु और करिकें।" मैं रिरिया रहा था और प्रधान जी भड़क रहे थे। तभी माया की अम्मा बाहर निकली—"गंगी हमारो काम कत्तु है जो लौंडा हू सीख रओ है मशीन खींचनों कल कूँ जो हमारोई काम करेगो, जाइ मारे मत। जा रे तू उठि जा।"

बुढ़िया के शब्दों से बल मिला और मैं उठ कर रोता हुआ घर लौट आया। शाम को ताऊ घर आ गये। सारा वाकया सुनकर उन्होंने ताई को बहुत डाँटा—"ससुर की कौन-सी जागीर चुराइ लई। अब जाके माँ-बाप नाँय हैं तो बीमारी में एक रोटी तू ही दै देगी तौ का कंगाली आइ जाइगी।"

आज तीस साल बीत चुके, ताऊ दुनिया से जा चुके हैं। स्मृतियों में सबकी सब घटनाएँ मौजूद हैं। बाद में ताई अकेली रही। खेत से एक-दो क्विंटल अन्न मिल जाता है। मैंने कभी एक भी दाना अपने घर से प्राप्त नहीं किया। एक दिन रामभरोसे ने मौजपुर (शाहदरा) विजय पार्क से फोन किया था। वह सोहनलाल के मकान में किराये पर छोटे से मकान में रहता था। चार बच्चे, पति-पत्नी और साथ में ताई

सहित सात सदस्य उसकी राजगिरी पर निर्भर थे, वह किसी डॉक्टर की क्लीनिक से वह फोन पर बोला—''ताई बीमार है। बोतलें चढ़ी हैं तुम देखि जाउ। तीन अप्रैल को ताई ने तुम्हें टी.वी. में बोलते देखो तब से मिलन कूँ बहुत कह रही है।''

मैं अपने बीबी-बच्चों सहित उसी शाम मौजपुर पहुँचा। ताई को ग्लूकोज चढ़ा था और वह स्वस्थ हो गयी थी। ताई को अन्तिम दिनों में अपराध बोध हुआ और वह विरासत का एक काँसे का बेला देकर गयी।

कुछ दिन बाद उसकी मृत्यु हुई मैं छोटे भाई के साथ रात के तीन बजे गाँव पहुँचा। मैं उसका दाह-संस्कार गाँव के उसी श्मशान में करना चाहता था जहाँ माँ का हुआ था। तब मौजूद नहीं था और ताई का शव भाई बस्ती के आग्रह पर राजघाट नरौरा गंगाघाट ले या था?

बाल-पथेरा

जिस छोटी बुआ के घर मेरे पिता की मृत्यु हुई, उसी के पति बीधे फूफा माघ पूस के महीने में गाँव आये।

और ताऊ से बोले—''बाबूराम, सौराज यहाँ लावारिस सौ घूमतौ है, अपने में अकेलो सौ रहवे है। मेरो सालो तो भगवान ने उठाइ लओ। अब हमारे होते गे बालक दर-दर दुए रोटिन, कूँ बेगारि करतो घूमैं, गे बात अच्छी नाइ है।''

''तो का करें?'' ताऊ ने पूछा।

वे बोले—''जहाँ मेरे दो बालक हैं, वहाँ एक सौराज और सही। मैं याइ अपने संग लै जाइवे करूँगो।''

''तुम कहाँ ते खवाओगे, धत्ती (भूमि) ठौर तो तुम पै है नाँइ। ताऊ ने कहा, हाँ भट्ठा पै ईंटे पथवावोगे जा पै।''

''गे बात तो सही कै मैं पथैरो हूँ, ईंटे पाथिकैं ही गुजारो करूँगो। अब मैं वाइ कंजड़पने कूँ तो छोड़ चुको हूँ, मरे पौए (पशु) तो मैं अब नाइ उठातु, सौराज मेरो हाथ बटावैगो तो मैं याको ख्याल रखूँगो। चार पैसा बचावेगौ तो जाईके काम आवेंगे। मैं तो याई दै दुँगो। यहाँ कौन तुम जाइ घर बैठाइकै खवाओगे।'' इत्यादि बातें हुई।

मैं फूफा जी के साथ चला गया। वहाँ कुछ कम परेशानी होगी कम भारी काम होगा। ऐसी मेरी कल्पना थी। लेकिन फूफा की समस्या यह थी कि भट्टा के लिए ईंटें पाथते वक्त उन्हें मिट्टी का गोला पकड़ाने वाले एक व्यक्ति की जरूरत थी। बुआ की गोद में छोटा बच्चा था, इसलिए वह पूरे समय मिट्टी नहीं पकड़ा पाती थी। वह बच्चों के साथ पथाई के काम में मदद नहीं कर पा रही थी। किसी दूसरे व्यक्ति को साथ लगाने का मतलब था वह आधे पैसों का हिस्सेदार हो जाता, जबकि बच्चे की मजूरी कम और मदद एक आदमी के बराबर थी।

फूफा जी के साथ जाने के अगले दिन ही मुझे काम पर जाना पड़ा। मेरे लिये

नाते-रिश्तेदारी कोई खातिर की चीज नहीं थी। फूफा जी के साथ मिट्टी कटवाता गुल्ले बनाना सीखता और फिर दोनों हाथों से अपनी गोद में भर कर उसे फड़ में डालता जाता। पीछे-पीछे फूफा खटा-खट साँचे से ईंटें निकालते आते। मैं जल्दी-जल्दी अपना काम करता। पूरी पंक्ति के गुल्ले डालकर अगली पंक्ति के लिए जगह साफ करता। बुआ रोटी लेकर पहुँचती। तब तक हम हजार-पाँच-सौ ईंटें पाथ चुके होते। यह क्रम हर दिन दोहराया जाता। मिट्टी से लगे रहने के कारण मेरे हाथ-पावों की त्वचा जगह-जगह से फट गयी। पैरों में विवाइयाँ फट गयीं। सर्दियों के तीन-चार महीनों में मेरा हुलिया बिगड़ गया। आखिर बीमार पड़ गया। मेरे हाथ-पाँवों और मुँह पर सूजन आ गयी। यहाँ दवा-गोली की कोई व्यवस्था नहीं थी। मरीज का इलाज झाड़-फूँक भगवान भरोसे ही होता था। पिता की मौत के रूप में परिणाम मैं देख ही चुका था।

मैं जब मिट्टी के गोले उठाने में पूरी तरह अक्षम हो गया और मुझे स्वास्थ्य लाभ की अधिक आवश्यकता हुई तो फूफा को बुरा लगा। कहा—"चार महीना भए नाइ कै तू बीमार है गयौ। अवई पन्द्रह-बीस हजार ईंटें पाथनीं हैं। तू तो हमारी जान कू मुसीबत बनि गयौ।" चार छै दिन तो उन्होंने सहन किया, फिर किसी जाने वाले के हाथों ताऊ के पास खबर कर दी कि सौराज बीमार है, बस! ताऊ ने लठिया उठाई, रोशन (अपने बड़े बेटे) को साथ लिया और रात तक 'धुर्रा' प्रेमनगर आ धमके। मैं बाहर खाट पर पड़ा था। शरीर पर सूजन बाकी थी। ताऊ ने पास आकर पूछा—"लल्ला सौराज, का बात है?" "सूजन है ताऊ।" मैंने कहा और उन्होंने हाथों के स्पर्श से और मन की आँखों से मेरे शरीर की सूजन को समझा। मेरी अस्वस्थता को महसूस किया।

'मानती' गंगावासी और धुर्रा के स्त्री-पुरुषों ने ताऊ को बताया—"बाबूराम तुम्हारौ भाई तो यहाँ शादी में आइके मरि ही गयौ, तुम भतीजे को या कच्ची उमरि में भट्टा की मट्टी कटवाइ कें जाइ मट्टी में मिलाइ देनो चाहतो, याइ जान—पूछि के क्यों मर वाइ रए हो।" ताऊ को जब गुस्सा आता था तो चेहरा लाल हो जाता था और देह काँपने लगती थी।

उस दिन भी उन्हें जो गुस्सा आया, उस गुस्से का रूप मुझे आज तक याद है—"बीधे तू है, तो मेरो बहनोई पर तू है कसाई। तैने एक तो राधे मारिलओ, अब जा जीवाक कूँ काए कूँ हनि रओ है। तू कहकें तो लाओ कै मेरे घर थोड़ो बहुत काम पै हाथ बटावैगो, पर तूने तो जाई जानवर की तरह जोति दओ। मैंने तेरे घर न आवन की कसम तो वाई दिन खाइ लई जा दिन जा को बाप मरो हो। अब कसम तोड़ी तो सौराज की खातिर। सौराज मेरो राधे है। अब मैं जाइ लै जाइ रओ हूँ। तेरे घर को पानी नाइ पिअंगो।"

उन दिनों बुआ का घर अन्दर गाँव में था बाहर कुछ और चमारों के घर थे,

सभी घरों से लोग भट्ठों पर जाया करते थे। ताऊ मुझे साथ लेकर इन्हीं घेरों की ओर आये। कई महिलाओं ने ताऊ को रोका—"साँझ भए कहाँ जाओगे भैया! तुम्हारौ गाँव पन्द्रह कोस है।" मानती बोली—"चच्चा, तुम बुआ के घर रुको या मत रुको मैं रोकउँगी तुम्हें।" घेर पर ही लोगों ने चारपाई डाल दी और हमें वहीं बिठा लिया।

ताऊ ने बुआ के घर खाना नहीं खाया। रात जैसे-तैसे गुजारी। सवेरे जाने से पहले फूफा ने बस्ती वालों के दबाव से मेरे लिये एक कमीज-पाजामा का कपड़ा खरीदा और हाथों-हाथ सिलवाया।

वापस गाँव

ईंटें पाथने के काम में जब मैं फूफा जी के साथ रह कर मिट्टी के गुल्ले देता था। तब उनके हाथों को गौर से देखा करता था। बिना सिखाए भी मैं ईंटें पाथना सीख रहा था। इस सीख का उपयोग आगे चल कर मैंने अपने बब्बा के बँगरिया वाले पौने दो बीघा खेत को सुधारने में किया था, जिसका अन्न मेरी ताई और भाई के बच्चे खाते थे। वह छोटा-सा खेत जिसे हम 'गलुआ' कहते थे 'रेह' हो गया था। अन्न का एक दाना इसमें नहीं उगता था। इस तरह की बीमार भूमि का इलाज था, जमीन को गहरा कर दो। यदि पानी भर जाए तो 'रेह' मर जाता है।

मैंने ताऊ को सलाह दी कि जो हम अपने खेत में ईंटें पाथ दें तो ईंटें बिक जाएँगी और खेत गहरा हो जायेगा। इससे बंजर खत्म हो जायेगा। एक-दो महीने की बात है।

संयोग से पँछाए खुशीराम यादव के भाई निरंजन लेखपाल ने अपनी दूसरी बीबी के आने पर पहली बीबी के लिए एक कच्चा घर बनाने की सोची। लेखपाल हमारे यहाँ बहुत बड़ा पद था, क्योंकि इसमें दो नम्बर की कमाई बहुत थी। मास्टरों से ज्यादा यहाँ लेखपाल ही हैं। उन्होंने हमें पेशगी में कुछ अनाज और पैसे भी दे दिये। खेत में मिट्टी से अट चुका। कुआँ मौजूद था, हमारा इलाका खादर कहलाता है। पानी काफी ऊपर था। चार-पाँच गज जमीन खोदने पर पानी निकल आता था। हमने कुआँ साफ किया। ताऊ चूँकि अँधे थे, सो मैं अन्दर से खुर्पी से खोदकर बाल्टी में मिट्टी भरता जाता और ताऊ बाहर से खींचते जाते। इसी उपक्रम से हमने कुआँ खाली कर पानी निकाल लिया था। यह कुआँ बीद्याराम बब्बा ने अपने चमड़े रंगने के काम के लिए खोदा था। बराबर में कभी एक कुठरिया थी। यह रंगाई का कार्यशाला थी। इन दिनों उसके अवशेष मात्र थे। मेरे पिता की मौत के बाद चर्मकार्य रुक गया था।

कुआँ से पानी खींचने के लिए हमने छप्पर के डण्डे गाड़े और दो बाँस जोड़ कर ढेंकली बना ली थी। इसके बाद ताऊ और मैं ईंटें पाथने लगे। ताऊ मिट्टी खोदते और मैं पानी चलाता। फिर वे गुल्ला बनाते जाते और मैं पाथता जाता। हर दिन शाम

को हम बाल्टी साँचा के साथ-साथ ढेंकली का बाँस भी कंधे पर उठा कर लाते। यह क्रम हर दिन दोहराना पड़ता। कभी पाँच सौ कभी चार सौ, और फिर धीरे-धीरे हजार के करीब ईंटें हम पाथने लगे। लेखपाल ने गधों से ढुवाई शुरू की। करीब दस हजार ईंटें जा चुकी थीं और आठ-दस हजार हमने और तैयार की। डेढ़-दो महीने काम किया। लेखपाल से मात्र दो-तीन हजार के पैसे आये थे। एक रात जोर की बारिश हुई। और सारी ईंटें मिट्टी के ढेर में बदल गयीं। लेखपाल ने एक-दो दीवारें खड़ी करा ली थीं, इसलिए वह बच गयीं। किन्तु उन्होंने घर पहुँची बाकी ईंटों का कोई पैसा हमें नहीं दिया। दीवार में लगी ईंटों का कुछ पैसा देने का उसने वायदा किया था, लेकिन वह आज तक पूरा नहीं हुआ। बल्कि तीन-चार साल बाद किसी रंजिश में लेखपाल का कत्ल हो गया।

खेत से कुछ मिट्टी उठाने का लाभ यह हुआ कि वहाँ गड्ढा हुआ और वह हिस्सा उपजाऊ हो गया। हालाँकि गाँव छोड़ देने के कारण इस खेत की उपज का एक दाना मैंने नहीं खाया और यह आत्मकथा छपने से पहले ही वह खेत भाई के हाथों बिक गया है।

श्यामलाल का घर मेरे घर के ठीक सामने था बल्कि आँगन जुड़ा हुआ था। आँगन में जो एक मिट्टी का ढूला था, उसकी मिट्टी अपनी ओर से कुतरकर हमारे घर की ओर लगा कर उसने अपना आँगन एक-दो फुट बड़ा कर लिया था। नकारात्मक कार्यों में उसकी बुद्धि तेज थी। माँ-बाप को ननिहाल में जमीन मिल गयी थी, इसलिए वे 'शाह सहावर' चले गये थे। श्यामलाल अकेला था। उसका लम्बा कच्चा घर था। पढ़ाई के लिए उसके पिता हर महीने चावल, दाल, गेहूँ देकर या खरीद कर जाते। तिल का तेल वह सर्दी-भर खाता और खिचड़ी में डाल कर पीता। ईंधन भी वे खरीद कर दे जाते थे, किन्तु मैं जंगल से ईंधन बीनकर लाता था। ढाक उन दिनों बहुत ज्यादा था। ढाक की जड़ें मैं बस्ती की चाची-ताइयों के साथ जंगल से खोद लाता था।

सर्दियों के महीने में मैं यादवों की रहटें हाँक कर देर रात घर आता था, तो उसके चूल्हे पर आँच सेंकता था। कभी-कभी उसके चढ़े हुए चूल्हे पर कम ईंधन में अपना खाना बना लेता था। मैं सर्दियों में श्यामलाल के घर में सोता था। वह अकेला था, इसलिए बुला लेता और मेरे पास सर्दियों में ओढ़ने के लिए रजाई नहीं होती थी। गद्दा ही मैं ओढ़ता था।

रात को कभी-कभी उसी के घर सोता तो उसकी किताबों में से कुछ चीजें पढ़ता था। मेरी परिस्थिति हर दिन मजूरी पर मुझे भेजती और ये मित्र स्कूल जाते थे। ये मुझसे चार-पाँच साल बड़े थे।

श्यामलाल, रामसिंह और उलफत आपस में बातें करते तो मैं ध्यान से सुनता। ये सभी आठवीं में फेल हुए थे। इनमें रामसिंह के बाप की माली हालत बहुत दयनीय

थी। बड़ा परिवार और एक-दो बीघा जमीन वे अच्छे राज होकर भी पतरइया गाँव के राजा सूरजपाल सिंह के यहाँ दैनिक मजूर के वेतन पर उनके महल की टूट-फूट ठीक करते रहते थे।

श्यामलाल और रामसिंह एक साथ आठवीं की परीक्षा की तैयारी कर रहे थे, उन दिनों रामसिंह के घर में जगह कम थी। वह सामूहिक पंचायती, बैठक के एक कोने में खाट डाल कर पढ़ने के बाद डिब्बी वहीं छोड़ देता था, इसलिए कि उसे रात को नियमित पढ़ना होता था। एक दिन इस ईर्ष्या से कि वह पास हो सकता है और मैं नहीं हो पाऊँगा श्यामलाल ने खाली चौपाल देख डिब्बी के तले में हल्का-सा छेद कर दिया ताकि धीरे-धीरे तेल जल्दी खत्म हो जाए। हुआ भी यही। रामसिंह तेल से डिब्बी भरता और वह खाली हो जाती। आले में दरारें थीं। इसलिए तेल का पता भी नहीं चलता था। मैं श्यामलाल ने धमका दिया था–"जो बतावैगो गौ तोइ नाँइ छोड़ंगो।" एक-दो दिन बीते मैंने दयाराम चच्चा और नरायन से कहा–"डिब्बी बदलवाई देउ जा मैं छेदु है।" रामसिंह के कान में सच्चाई डाल दी और डिब्बी बदल दी गयी। उस वर्ष रामसिंह के अलावा सब लड़के फेल हुए और आठवीं ही नहीं, बल्कि रामसिंह ने बी.ए. पास किया, लेखपाल बना उसने चार-पाँच मकान बनाए।

श्यामलाल को किसी तरह भनक लगी कि यह बात मैंने बताई है। दूसरे दिन मैं अपने बर्तन माँज-धो कर तशला (लोहे की परात) में बर्तनों का पानी लेकर थोड़ी दूर गली के नाले में डालने गया। श्यामलाल उठा और लकड़ी के कोने से अपनी चाची के बच्चे की विष्ठा (टट्टी) मेरी पतीली में डाल दी। वह जल्दी में पतीली उसी कोने पर टिकाना भूल गया, इसलिए मेरा ध्यान तुरन्त उस पर गया। मैंने गौर किया, लकड़ी कूड़े की ओर पड़ी थी और बच्चे की विष्ठा भी दिखी। मैं श्यामलाल की इस हरकत पर परेशान हुआ।

ऐसा कोई लड़का नहीं था, जिससे वह झगड़ता नहीं और अपनी जीत बनाकर न रखता हो। पर श्यामलाल की पढ़ाई में एक बाधा थी। वह अपनी एक निकट सम्बन्धी महिला (नाम रोक रहा हूँ) के चुंगल में फँस गया था, या खुद फँसाया गया था, यह मैं नहीं जानता, किन्तु कच्ची उम्र में जो सेक्स का चस्का उसे लगा था, उससे उसकी पढ़ाई तो बाधित हुई ही उसके स्वभाव में भी अन्तर आया और सेहत भी कुप्रभावित हुई। माँ-बाप के संरक्षण के अभाव में वह गलत सोहबत के कारण आत्मघाती रास्ते पर चलने लगा। हालाँकि वह सुधरा। शादी-विवाह के बाद जिम्मेदार बना और हम सबके साथ अच्छा व्यवहार करने लगा।

बालश्रम मेरे होश सँभालते ही पिता की मौत के बाद मेरे पीछे बीमारी की तरह लग गया था। मेरे श्रम और शोषण का लाभ गैर-दलितों खासकर यादवों ने तो उठाया ही, थोड़े समर्थ जाटवों और मुसलमानों ने भी कसर नहीं छोड़ी। फर्क इतना था कि जाटव काम के साथ वैसी छूत-छात नहीं बरतते थे जैसी यादव और मुसलमान वरता

करते थे। असल में यहाँ के मुस्लिम तेलियों का भी हिन्दूकरण हो गया था।

यों मैं किसी जगह अधिक दिन तक स्थायी नहीं रहा। जीविका के लिए मैंने कई जगहें बदलीं। इसलिए मेरे अनुभव जगह-जगह के हैं। तरह-तरह के लोगों के सम्पर्कों और प्रभावों में मुझे रहना पड़ा है। मैं महीने, दो महीने और साल-छह महीनों के अन्तराल से एक जगह से दूसरी जगह जाता-आता रहा। मजूरी और रोटी के लिए मेरी जगहें बदलती रही हैं। अतः मैं एक साथ एक जगह का वर्णन नहीं कर सकता। मेरे हाथों अनेक काम हुए हैं। जब से होश सँभाला, तब से आज तक मुझे चाहे बहन का घर हो, या सौतेले बाप का घर, अपने पूर्वजों का गाँव या फिर दिल्ली में मौसी का घर अथवा बाजपुर (नैनीताल) वगैरह में किए गये तरह-तरह के काम, मैंने काम करके ही रोटी खाई है और इतनी कीमतें चुकाई हैं कि समाज मेरे बाल श्रम का भुगतान कर दे तो मैं आज से ही शेष जीवन बगैर कमाए खाने का हकदार हूँ, जबकि हमारे देश में ज्यादातर बच्चे माँ-बाप की विरासत में मिली सम्पत्ति के कारण बड़े बनते हैं। उनका खुद का कमाया अंश उसमें नहीं होता। आजकल यही सब शहरों में भवनदारों और गाँवों में जमींदारों के सपूतों में देख रहा हूँ।

गाल में चीरा

अम्मा घास खोदने गयी थी और मैं घर से बाहर था। रामभरोसे खाना खाने में काफी बेसब्र था। उसका पेट निकल गया था। हाथ-पाँव कमजोर हो गये थे। उस दिन वह घर में रखी रोटी खा रहा था। भिकारी भैंस उठाकर आये थे। साइकिल खड़ी की। उसके कैरियर पर बँधी खाल उठाकर कोने में रख दी और हाथ-मुँह धोने को बाल्टी की ओर बढ़े तभी सामने बासी रोटी खा रहे रामभरोसे पर उनकी नजर पड़ी। देखते ही वे आग-बबूला हो उठे। हाथ धोना भूल गये और—यह कहते हुए कि "सास के बिजार (बैल) हम दुपैरी-तिझैरी खाल काड़ते घूम रहे हैं और तूँ हर घड़ी नाँद में ढूँसतो रयौ है उस पर टूट पड़े" भिकारी गुस्सा में पागल कुत्ते जैसा व्यवहार करते। उनके शरीर पर दौरे जैसे पड़ते। उस दिन भी उनके साथ वैसा ही हुआ। रामभरोसे को जमीन पर गिराकर उसके एक गाल में किसी धारदार औजार से चीरा लगा दिया। "तेरे गाल नाय भरत ससुर, मैं तेरे गाल ही काट दूँगो," ऐसा बोलते हुए भिकारी ने एक झटके में यह क्रूर हरकत कर दी। तब तक घास का गट्ठर सिर पर रखे माँ और बहन भी आ गयीं। मैं भी बाहर से नहीं आ पाया था। रामभरोसे के मुँह से खून की धार बह रही थी। पास-पड़ौस के लोग इकट्ठा हो रहे थे। अम्मा ने रामभरोसे का हाल देखते ही जोर से चीत्कार किया "हाय मेरो बेटा मार डारो, जा कसाई ने।" बस्ती-भर में लोग उसे थूक रहे थे। उसका गुस्सा ठण्डा हो गया था। वह खुद ग्लानि महसूस करने लगा था। रामभरोसे का गाल स्थानीय डॉक्टर को दिखाया गया और यह भेद भी छिपाया गया कि गाल में भिकारी ने खुद चीरा लगाया है। कहा कि भूल से किसी धार दार हथियार

से कट गया है। असल में भिकारी का वश चलता तो वे मुँह सिल देते।

पुरुष होने के अहंकार में वे माफी तो माँ से नहीं माँग सके, पर उन्होंने अपनी गलती कबूल की थी। इलाज भी कराया था। परन्तु अम्मा उनकी क्रूरता से काफी डर गयी थी कि यह गुस्से में कभी भी किसी की भी जान ले सकता है। ऐसा वह सोचने लगी थी और हमारी सुरक्षा को लेकर गहरी चिन्ता से घिर गयी थी। भिकारी दो-तीन दिन शान्त रहते और फिर वही वहशियाना हरकतें करना शुरू कर देते। वह बेड़-बखेड़ा पैदा किए बगैर एक दिन भी खाना नहीं खाने देते। "मैं अपनी कमाई काऊ दूसरे की औलाद कू काहे कूँ खवाऊँ। गे ससुरो मेरे कौन हैं।" वे घर के बाहर बैठे देसी चाप की जूतियाँ बनाते रहते और गालियाँ देते रहते। दर्जनों बार उन्होंने चूल्हे पर से पकी हुई दाल सब्जी नाली में फेंकी होगी। पचासों बार गुँथा हुआ आटा अम्मा के हाथ से छीन कर फेंका होगा। वे देखते कि खना खाने वाले बच्चों में उसके दो सगे और तीन सौतेले हैं तो वे जल-भुन जाते। उनका स्वभाव इतना बिगड़ चुका था कि खुद से पैदा तेजसिंह को भी, जब वह दो साल का था; माँ की गोद से छीन कर सिलौटा पर दे मारा था। संयोग से उसका सिर सिलौटा पर नहीं लगा था, अन्यथा वह उसी वक्त मर गया होता। हमें उनका यह रूप वैसा ही लगता, जैसा कंस का बताया जाता है कि कंस देवकी के हाथ से बच्चे छीनकर मार दिया करता था। अम्मा बहुधा गालियाँ तो सह जाती और मैं जवाब देता तो उसके बदले में वह जो हाथ लगता, वही दे मारते। अनगिनत बार उन्होंने अम्मा को मार-मार कर आँगन में बिछा दिया था। कितनी ही बार अम्मा के मुँह में पानी डाल-डाल कर उसे होश में लाया गया था।

इन सब बुराइयों के बावजूद भिकारी दादा में कुछ गुण भी थे। एक तो वे कभी जुआ नहीं खेलते थे और शराब नहीं पीते थे। जबकि पूरे मौहल्ले में जुआ होता, दारू पी जाती। चोरी-चकारी भी वे नहीं करते थे। किसी पराई बहन-बेटी की ओर उन्होंने कभी गलत नजर नहीं डाली। वे हर इतवार गंगा नहाने जाते थे। वह पैसा बचा कर आवासीय भूमि अपने बेटे के लिए खरीदना चाहते थे। इसके लिए पेट काट कर पैसा बचाना चाहते थे। चमारों में गोश्त खाने का ज्यादा शौक था। गोश्त तेज मिर्च-मसालों के साथ बनता था। बकरे का महँगा होता, इसलिए कई घरों में भैंसे का गोश्त खासकर 'मुन्ना' कसाई से लाया जाता। भिकारी बकरे के अलावा भैंसे आदि का गोश्त खाने के सख्त खिलाफ थे। लेकिन इस लालच में कि अनाज बचेगा वह हमें मुर्दा पशु का मांस भी खाने देते। पर जिस पशु की वे खाल उतारते खुद उसका मांस लाकर नहीं देते। अम्मा किसी दूसरे से चुपचाप कहती थी। ऐसा नहीं कि भिकारी इससे बेखबर रहते, परन्तु वे उसके समर्थक नहीं थे।

वे हमें इसलिए भी तंग करते थे कि ये बच्चे अपने बाबा के पास ही रहें। हम कभी नदरोली और कभी पाली आते-जाते थे। अम्मा के पास रहने की हमारी बड़ी इच्छा

थी। कई बार भिकारी घर में खाना न बनने का आदेश देते और रूपसिंह को छिपकर कुछ न कुछ खिलाते-पिलाते रहते थे। कई बार भैंस का दूध दुहते वक्त उसे कच्चा ही पिला देते थे। कभी-कभी अम्मा कुछ चतुराई करती थी। वह चूल्हे में पानी गर्म रखने के बहाने कभी लोटा रख देती तो कभी उसमें सेंमरी, कभी दलिया या चावल डाल देती और देर रात हम सोते रहने का बहाना करते-करते खाटों पर पड़े जागते रहते। पेट की भूख नींद नहीं आने देती तो भिकारी के सोने पर लोटा की सिमई गिलास आदि में लाके हमें बाँट देती। इससे कोई देखे तो लगे पानी पी रहे हैं। यह चोरी शायद कभी पकड़ी नहीं गयी।

हमारे घर में दो-तीन दिन से रोटी नहीं बनी है। यह चर्चा अम्मा मौहल्ले की औरतों में फैला देती। लोगों का दबाव पड़ता तो भिकारी अनाज पिसवा लाते। कई बार कर्ज लाते। उनकी आय का कोई खास स्रोत नहीं था। कई दिन बाद सब्जी रोटी मिलती तो स्वाद और बढ़ जाता। आज सोचता हूँ वैसी भूख, वैसा स्वाद कहीं गायब होता जा रहा है।

रायपुर : टोड़ी ताऊ का न्याय

रायपुर किसी राय साहब राजा या नवाब का कोई गढ़ नहीं, बल्कि यह एक दलित बहुल गाँव था। अच्छी बात यह थी कि यहाँ के सभी दलितों के पास थोड़ी-बहुत जमीनें थीं। मैं भूमिहीन बाल-मजदूर था। दस-बारह साल की उम्र में महीनेदारी पर बाल-मजदूर बनकर रायपुर गया था।

टोड़ी ताऊ मूलतः रायपुर के ही रहने वाले थे। वे देसी जूतियों की खरीद-फरोख्त का काम किया करते थे। इसी धंधे से नदरोली में आकर कुछ जमीन खरीद ली थी। यहाँ वे जूतियाँ खरीदते और बेचते थे। इसलिए सब लोग उन्हें लाला भी कहने लगे थे। पचास साल की उम्र तक उनके घर कोई लड़का पैदा नहीं हुआ था। एक बेटी जरूर थी जिसे वे वंश चलाने में शुमार नहीं करते थे। रायपुर में उनकी बीस-पच्चीस बीघा जमीन थी। उनका भांजा नरायन नदरोली आकर हर फसल का काम कर जाता था। बैल साथ लेकर आता था और काम होने के बाद वापस ले जाता था। रायपुर की जमीन भी वही जोतता-बोता और काटता था। बेटा न होने पर अलिखित रूप से रायपुर की जमीन टोड़ी ताऊ ने अपनी बहन दूधा को दे रखी थी। संयोग से करीब पचपन वर्ष की उम्र में बेटे के रूप में उनके औलाद हुई। तब ताई बहुत वृद्ध थीं, कोई कल्पना नहीं करता था कि इस उम्र में भी वे माँ बन सकती हैं। सिर के सफेद बाल सन जैसे लगते थे। चेहरे पर गड्ढे पड़ गये थे। पर बेटा पैदा होने से उन्हें अपना जीवन सफल लगने लगा था। इस के बाद ताऊ ने अपनी विधवा बहन 'दूधा' को जो जमीन देना तय कर रखा था, बल्कि आठ-दस साल से उसी का बेटा उसे जोत बो रहा था, वह इरादा उन्होंने बदल दिया। बाद में जमीन का चौथा

या पाँचवाँ हिस्सा ही उन्होंने बहन को दिया था।

मैं उस समय की बात कर रहा हूँ जब उनकी सारी जमीन दूधा का बेटा सँभालता था और अन्न का कुछ हिस्सा बैलगाड़ी द्वारा नदरोली लाया जाता था। उस वर्ष फसल अच्छी हुई थी। नरायन मेरे गाँव आया था।

''मामा, एक आदमी से इतनी फसल नहीं सँभाली जायेगी। कटाई और दाँय चला कर उठाई को बहुत काम है। मैं अकेले कैसे करंगो।'' नरायन ने टोड़ी ताऊ से आकर कहा था।

इधर मेरे गाँव नदरोली में डोरी को छोड़ सभी के पास थोड़ी-बहुत जमीन थी। इस कारण वहाँ फसल की कटाई और उठाई के समय ढूँढ़ने पर भी नौकर नहीं मिलता था। किसी की मजूरी करनी होती तो गाँव के यादवों के खेतों पर करता था।

टोड़ी ताऊ की नजर मेरे ऊपर गयी। मैं सस्ता और सहज-सुलभ बाल-मजदूर था। वर्षों से मैं रहटें-दाँय हाँक रहा था। मेरी एक दिन की मजूरी चवन्नी से बढ़कर अठन्नी हो गयी थी। एक मुश्त दोगुनी पगार लेखपाल मलखान सिंह यादव, ने की थी फसल की कटाई और उठाई के कामों में मुझे कभी-कभी बारह आना और कभी एक रुपया तक खेत काटने और दाय हाँकने का मिल जाता था। उसके अलावा फसल पर खेत काटने की मजूरी बीस पूलियों पर एक पूली मिलती थी। यानी पूरे आदमी से आधी 'लाई' मुझे मिलती थी। मैं काम पूरे आदमी से भी अधिक करता था, क्योंकि बैलों के पीछे कोई बच्चा आदमी से कम नहीं चलता। सुबह सूरज निकलने से पहले उठा लिया जाता था और साँय अँधेरा होने तक खटाया जाता था।

उस दिन टोड़ी ताऊ ने मुझे अपने घर बुलाया और बोले–

''सौराज, तू रायपुर चलो जा। तोइ एक रुपया रोज कटाई की मजूरी एक महीना के तीस रुपया मिलेगी। कटाई के बाद पौएनु को घास-कूड़े को काम करि दे करिये। उवा के बदले दोनों वक्त की रोटी खइयो। दस-पन्द्रह दिन की कटाई है और दस-पन्द्रह दिन दाँय हाँकनी होइगी। कुल मिलाइ कें करीब एक महीने को काम है। उसके बाद गाँव लौट अइए। यहाँ तेरो कौन है।''

मैंने बब्बा से राय ली। तो उन्होंने कहा–

''चलो जा भैया! तोइ तो हियाँऊ (यहाँ भी) मजरी कन्नी है। रायपुर ऊ कन्नी है। हियाँ ऐर (यादव) तेरी देह तोड़ काम लेत हैं। रायपुर मैं तोइ दूधों तीमन तें (सब्जी से) दोनों छाक रोटी तो देई देगी। तेरो जेठ-बैसाख कटि जाइगो। फिर तू लौटि अइए। हम जैसे कटि रए हैं दिन और काटि लिंगे।''

मुझे निर्णय लेना था। मैं अपने बचपन का खुद मुख़्तार था। वैसे भी मेरे घर में कोई किसी का पेट पालने की स्थिति में नहीं था। न मैं अँधे बब्बा का, न वे मुझ बालक का। हर सदस्य को अपने पेट के लिए काम करना पड़ता था। ताऊ-ताई से कम वास्ता था। उनके दोनों बेटे तब जिन्दा थे। आखिरकार मैं नरायन के साथ

रायपुर को रवाना हो गया। दो हम थे और दो बैल हमारे साथ थे। कुल पच्चीस-तीस कि. मी. की यात्रा थी। दस-बारह कि.मी. दूर दानपुर जाकर हमने नदी में स्नान किया, बैलों को नहलाया और बाग में दोपहर का विश्राम किया। धूप कम होते ही हम फिर चल पड़े। देर रात रायपुर पहुँचे। दूधो बुआ को बता दिया गया कि मैं क्यों आया हूँ। बस्ती के भतीजे के रूप में उसने मुझे स्नेह से रखा। काम के लिए तो मैं गया ही था। इसलिए अगले दिन की भोर से ही हंसिया लेकर हम दोनों खेत काटने निकल पड़े। करीब पन्द्रह दिन तक यह क्रम चला। फिर पेड़ों के पास जहाँ कई और लोगों के 'लाँक' (कटी हुई फसल के ढेर) क्रम से जमा थे, हमने भी सिर पर ढो-ढो कर लाँक जमा किए। फिर दाँय चलाना शुरू हुआ।

दस पन्द्रह बैल लांक पर घुमाए जाते थे। चार पाँच दिन लगातार दाँय चलानी पड़ती थी। तब जाकर घआई होती थी। रायपुर में जाटवों की संख्या काफी बड़ी थी। उस वर्ष पूरे जेठ-बैसाख वहाँ एक-के बाद एक लड़के-लड़कियों की शादियाँ होती रहीं। यह सिलसिला लगभग रोज का था। मुझे इस दौरान दो दर्जन से अधिक दावतें खाने के अवसर मिले।

बेटी की बारात आये अथवा बेटे की बारात जाये, दोनों स्थितियों में लोग दावतें दिया करते थे। लड़की की बारात में खाना खाना महँगा पड़ता था, क्योंकि उसके बदले कन्यादान में रुपया-आठ आना देना आवश्यक होता था। ऐसी परम्परा थी। पर लड़के की दावतों में ऐसा नहीं था। बारातों में मैं काम की वजह से प्रायः नहीं जाता था, परन्तु दावतों में जाता था। हाँ, एक बारात में भी गया। मेरी ताई की एक बहन उसी गाँव में थी। उसके परिवार की जीविका जमीन से जुड़ी थी, इस कारण वह कुछ ठीक-ठाक हालत में थी। उसके बेटे श्यामलाल की शादी रायपुर से चार-पाँच कोस की दूरी पर हुई थी। उस दिन हम सब लोगों ने दोपहरी-भर दाँय हाँकी थी, नरायन ने कहा था—"सौराज हम साँझ कूँ एक घण्टा पहले दाँय मुकराइ कें चलंगे और बारात में शामिल है जांगे।"

अतः पूरे दिन का काम हमें पहले ही कर लेना था। यही हुआ। मैंने अपने कमीज पाजामा एक रात पहले ही साफ करके रख दिये थे।

बारात जब पूरी तरह तैयार हो गयी तब नरायन ने मुझे आवाज दी—"सौराज दाँय मुकराय दै और बदियनु कूँ पानी पिवाइ कें फिरक में जोरि लै। मैं लत्ता बदल के आइ रओ हूँ।"

नदरोली से साथ ले गये दोनों छोटी-छोटी नटियों को (नाटे नस्ल के बैलों को हम नटिया कहते थे) मैंने फिरक में जोड़ दिया और नरायन को बिठा कर हाँक दी। "अरे तुम्हारी मुसटियाँ जैसे (चूहे जैसी) नटिया का चलेंगे?" रामदास ने हमें चुनौती दी। मैं जानता था कि बड़े बैलों की अपेक्षा ये छोटी नटियाँ ज्यादा दौड़ सकते हैं, जबकि उनमें अधिक भार वहन करने की क्षमता कम थी। गाँव में भी मैं उनके सम्पर्क

में था और रायपुर में भी मेरे हाथ के स्पर्श से उन्हें राहत मिल रही थी। नटियों की हाँक-जोत पर मुझे कुछ ज्यादा ही नाज था।

गाँव के सिमयाने तक की दूरी तय हुई। बधियाँ मेरे हर संकेत को समझतीं और पैनी लगने से आहत हो जातीं तो पीठ पर हाथ फेरते ही मानो मेरी हाँक में प्रयुक्त मार के व्यवहार को वे माफ कर देतीं। ''और भजावैगो सौराज?'' एक बड़ी जोड़ी वाले ने प्रश्न किया तो मैंने नरायन की ओर देख कर कहा–

''मैं तैयार हूँ। हो जाए होड़-दौड़।''

वह बोला–''जिताइ उ देइगो? होड़ तो करि रओ है।''

''जीतेंगे भैया! तुम विश्वास करो।''

मैंने नरायन को आश्वस्त कर बधियों को आवाज दी। उन्हें दौड़ाने के तरीके मैं जानता था। पूँछ के नीचे गुलगुलाया, रस्सियाँ ढीली कीं और पूँछ उठाकर बधियाँ भाग छूटे। लीक काट कर खेतों में होकर मैंने फिरक आगे निकाली। करीब दो-तीन कि.मी. तक सीधे चलने पर गाँव आ चुका था। अचानक घूरे से उतरते हुए फिरक के एक पहिए की कील निकल गयी और पहिया चलती फिरक से बाहर हो गया। फिरक महाभारत के कर्ण के रथ की तरह घूरे पर जा कर उलट गयी। यद्यपि हमारे हाथ-पाँव सलामत रहे, पर हमारे पास धुरी में पहिया डाल पाने का वक्त नहीं था। नारायन फिरक से उछल कर दूर खेत में गिरा और मैं बैल की पीठ पर जा टिका। फिरक काफी दूर तक घिसटती गयी। मैंने सावधानी से रस्सियाँ खींची, तब कहीं दूर जाकर बैल रुके। प्रतिस्पर्धी मन में खुश थे, पर ऊपर से हमदर्दी व्यक्त करने लगे।

मैं डर गया था कि कहीं नरायन को ज्यादा चोट तो नहीं लगी है। घर जाने पर ऊधो बुआ क्या कहेगी? गाँव वाले क्या सोचेंगे? 'मजूरी पै आया है और दखल इतना कि बधियाँ भगावन की होड़ करने लगो। लड़के की ये हालत कर दी।' पर गनीमत कि उसे कोई गम्भीर चोट नहीं पहुँची थी, बल्कि वह मिट्टी में से उठकर बोला–''शाबास सौराज! हम होड़ जीत गये।''

''बड़े बद्‌ध हार गये और छोटे बधियाँ पहले नम्बर पै आ गये। अब तू छोटी मोटी चोट-चाट की परवाह मत कर।''

हम जीत इसलिए गये कि होड़ गाँव के सिमयाने तक की थी और हम गिरे थे सिमयाने की सीमा में। जैसे इंच-भर में पाला जीता जाता है।

रायपुर से काम पूरा होने के बाद मैं डेढ़ दो महीने बाद गाँव लौटा। हर दिन तेज धूप में काम करते रहने के कारण रंग जरूर काला पड़ गया था, किन्तु दावतों में बूरा-शक्कर, दही-मट्ठा खाते रहने के कारण सेहत बन गयी थी। पर वहाँ पढ़ने-लिखने को कुछ भी नहीं था। इन दिनों मैंने एक भी अक्षर के दर्शन नहीं किए थे। यह कमी मुझे खलती थी।

गाँव लौटते ही टोड़ी ताऊ ने पूछा–''सौराज ठीक-ठाक रओ, रायपुर के काम

में और गाम के काम में कछु अन्तरू है?"

"खूब मौज में रओ ताऊ।"

"तौ तू काम को अपनो हिसाब करि लै।"

करीब चालीस दिन के चालीस रुपये मेरे हाथ पर रखते हुए उन्होंने पूछा—

"खान-पीन की कोई कमी तो नाँइ रही?"

"कमी कैसी ताऊ, रायपुर में तो मैंने रोज न्यौता (दावतें) खाए। वहाँ तो एक-दो दिन छोड़ के रोज ही काज्ज होते। खूब बूरा-चामर खाए। शक्कर, दाल, रायता और कबऊ-कबऊ तो आलू पूड़ी हू मिले।" मैंने जबाव दिया।

सुन कर उन्होंने रुपये मेरी हथेली पर से उठा लिये और चालीस में से पन्द्रह कम करके पच्चीस पुनः रख दिये। "जो का करि रए हो ताऊ? मैंने सवाल किया। तो वे बोले—"पाँच रुपये बूरा-चावल के और आलू पूड़ी जब रोज खाईं तो आठाना रोज की तो रही ही होइंगी। मैं चार आना काटि कें बारह आना रोज के तोइ दै रओ हूँ।" मैं ताऊ का मुँह देखता रह गया। क्या करता, अपनी बाल-मासूमियत और स्पष्टवादिता का फल मुझे मिल चुका था। जिन दिनों काम नहीं किया, वे दिन मेरी मजूरी में नरायन ने ही शुमार नहीं किए थे। "तोइ तो सादा रोटी पै भेजो हो। मजूर का कहूँ बूरा-पूड़ी खात हैं?"

समय गुजरता गया। वह चार आना रोज की कटौती मैं भूला नहीं, क्योंकि गाँव से बाहर जाने का वह लाभ मैं समझ रहा था। इसलिए कि वहाँ अतिरिक्त समय में भी काम करता था। रायपुर में मजूरी भी नदरोली की अपेक्षा अधिक थी।

कटोरा

एक दिन श्यामलाल, रामसिंह और मैं बँगरिया अर्थात शमशान के पास मही लाल बढ़ही (कारपेंटर) की रहट के गोलाकार चक्कर पर खेल रहे थे। तभी हम में से किसी एक की नजर चक्र के बीच में रखे कांसे के कटोरे पर पड़ी। कटोरे में चक्र पर लगाने के लिए रहट का काला तेल भरा था। यह तेल चक्र के दाँतों में लगाया जाता था। कटोरा देख कर हम तीनों ने एक-दूसरे से कहा—

"जो कटोरा तो रुपया-डेढ़ रुपया में जरूर बिक जाइगो। पर कोई दूर से देखि न रहो होइ। यदि महीलाल को खबर लग जाइ तो वह कटोरा छीन लेगो और ऊपर से हमें पीटैगो ब्याज में।"

रामसिंह हम तीनों में सबसे ज्यादा डरपोक था, तो श्यामलाल बेहद दुःसाहसी और ऐसे नकारात्मक कामों में तो वह और भी सवाया हो जाता था।

"चलो मैं उठाइ रओ हूँ। हम तीनों बराबर के साझीदार रहेंगे। ठीक है। दुपहरी मैं कौन देखि रओ होइगो, और देख लेगो तो कह देंगे—हमें तो कटोरा खेत में मिलो है। हमने चुराओ नाँइ है।"

आखिर उसे कमीज के नीचे पेट से सटा-छिपा कर श्यामलाल ने रखा और हम दोनों साथ-साथ घर आये। घर आकर शुरू में बताया कि—"कटोरा हमें खेत में पड़ा हुआ मिला है।"

अब बँटवारे की समस्या आयी। कटोरा एक, हिस्सेदार तीन। कटोरा किसको मिले, किसे नहीं मिले, फैसला कौन करे?

सबसे पहले हम रामसिंह के घर रुके, क्योंकि बस्ती में उसी का घर पहले पड़ता था। उसकी माँ ने कटोरे की कीमत आँकी बारह आना और कहा—

"जो एक जना कटोरा ले वो दुए जनिनु कूँ चार-चार आना दै देइ। या तो तुम मै से कोई लेउ और या मैं खुद तुम्हें चार-चार आना देऊँ।"

श्यामलाल ने फैसला नहीं माना। वह कटोरा अपनी माँ के पास ले गया। मिला नहीं है, हम उठा कर लाए हैं—यह भेद भी खोल दिया। तब उसकी माँ ने कहा—

"कटोरा मैं लिउँगी और तुम दोनों को तीन-तीन आना दिउँगी।"

"तो तू चार आना लै लै।" हम दोनों ने कहा। पर वह नहीं मानी।

"कटोरा मेरे बेटा कूँ पाओ है और उमरि में हू तुम दोनों तें बड़ो है। पकड़े जाते तो जोही बचातो तुम्हें।" ऐसा उसका तर्क था।

बेईमानीपूर्ण बँटवारे के प्रश्न पर विवाद होना ही था, सो खूब हुआ। इस विवाद की भनक जावित्री ताई के कानों में गयी। फिर क्या था, हम लोग आपस में ही झगड़ते रहे। तब तक ताई गाँव में गयी और महीलाल को उसके घर से बुला लाई।

फिर हंगामा हो गया। सारी बस्ती, कुछ पड़ोसी मुसलमान (तेली), और कुछ वाल्मीकि भाई जमा हो गये। कटोरा तो लौटा ही, हमारी पिटाई ऊपर से हुई और सार्वजनिक रूप से जलील हुए सो अलग से। उन दोनों के साथ तो उनके माँ-बाप खड़े थे, मैं लावारिस था, सो हर कोई मेरे गालों पर चाँटे मार रहा था और मैं रो रहा था।

ताई : अँधेरे में लौटती रोशनी

अन्धे होते ही ताई ने ताऊ का साथ छोड़ कर सम्भल में पुनर्विवाह कर लिया था। उन्हें वहाँ बेटी पैदा हुई, किन्तु उसके जन्म के कुछ समय बाद ही उसके पति की मृत्यु हो गयी और ताई पुनः अपने मायके चन्दौसी लौट आयी। किन्तु उनके भाई-भाभी उसका और उसकी बेटी का पालन-पोषण नहीं कर सकते थे, इसलिए ताई ने एक बार फिर नदरोली आकर ताऊ की खबर ली।

बड़े फूफा रघुवीर ने ताऊ को जूते सीने, पॉलिश करने और साइकिल के टायर उतार कर सिलाई करना सिखाया था।

औपचारिक ट्रेनिंग देकर उन्होंने ताऊ को कसेर (डिबाई) के रेलवे क्रासिंग के पास सड़क के किनारे एक निश्चित जगह पर बिठा दिया। महीने छै-महीने में वे

काफी कुशल हो गये। रेलवे फाटक बन्द होने पर दूर-दूर के यात्री उनसे मोचीगिरी का काम कराने पहुँचते थे। ग्राहकों को जब पता चलता कि मोची अँधा है तो वे चकित होते और काम पर सन्देह करने लगते। परन्तु पोरुओं से टटोल-टटोल कर ताऊ बेहतर काम करते, पर उनकी गति धीमी थी। वे पॉलिश ज्यादा लगाते, और ब्रश बहुत रगड़ते थे। जूता चमचमा जाता था। पर उनके हाथों पर पॉलिश अधिक लग जाती थी। हाथ स्याह हो जाते थे। कपड़े सड़क की धूल और पॉलिश से काले हो जाते थे। फिर भी खाली समय में वे तन्मय होकर गाते थे।

अपने गुनाहों के लिए क्षमा माँग कर पुनः अपना लेने की विनती करने लगी। ताऊ भी बेसहारा थे। उन्होंने ताई को अपना लिया और बाकी जीवन एक साथ गुजार दिया। अब ताऊ दुनिया से जा चुके हैं।

उन दिनों हमारे चूल्हे अलग थे, परिवार संयुक्त था। धीरे-धीरे ताऊ की नेत्र-ज्योति पूरी तरह चली गयी थी। अंधे होने का उनके मन पर भी नकारात्मक प्रभाव पड़ा था। ताई उन्हें सहयोग नहीं कर पा रही थी। वह लड़-झगड़ कर अपने मायके चली गयीं। झगड़े में ताऊ का अँधा होना प्रमुख कारण था या अब रोटी न मिलने की चिन्ता, पर ताई की बात यही फैली कि–''मैं अँधे अपाहिज के नाँई रहुँगी''

अंधा आदमी बीबी का पेट कहाँ से भरेगा, इसलिए ताई के भाइयों ने चन्दौसी बुलाकर ताई का दूसरा विवाह करने की योजना बनाई। यह समाचार पाकर ताऊ, बब्बा और अम्मा को दुख हुआ। ताऊ का हृदय पहले ही नेत्र ज्योति जाने के कारण आहत था, उस पर जीवन साथी का साथ छोड़ना। उन पर तो जैसे मुसीबतों का पहाड़ टूट पड़ा। इस घर में जितने भी सदस्य थे, उन सभी के हृदय कहीं न कहीं से टूटे हुए थे। कुछ असहाय थे और कुछ विकलांग। शारीरिक विकलांगता की दशा में जीविका पाने में सब अक्षम हो गये थे। सामाजिक संरचना में तो यह घर अछूतों का घर था ही, प्राकृतिक प्रकोपों ने इस के संकट और अधिक बढ़ा दिये थे। ताऊ की परेशानी भाँप कर अँधे बब्बा ने कहा था–

''बबुआ, तू सौराज कूँ संग लै के चन्दौसी चलो जा। जो लै जाइगो लठिया पकड़ कै, तू बिरादरी में कह सुनि के जावित्री कूँ घर लिवाइ ला।''

अगले दिन ताऊ मुझे साथ लेकर गये। बबराला स्टेशन तक पैदल ही गये। मैं छोटा ही था। चलना मुश्किल था, इसलिए हम कई बार रास्ते में बैठ-बैठ कर सुस्ता कर चलते थे। मैं उनकी लाठी का एक सिरा पकड़ता, दूसरा वे खुद थाम कर चलते। मैं बोल-बोल कर उन्हें रास्ता बताता। ताई के भाइयों से उन्होंने शिकायती प्रार्थना की थी। ''तुमने मेरे संग अच्छो नाइ करो, मोइ एक फेरा जावित्री तें बातें करने देऊ। मेरे घर पै भगवान की बुरी नजर है। मेरो जवान भैया मरि गओ, मेरे बाप की टाँग टूट गयी, मेरे चाचा, ताऊ और मैं तीनों अँधे है गये। ऐसे बुरे समय में जावित्री मेरी

लठिया है। मेरो सहारो मत छीनो भैया, जावित्री मेरी आँखें बीनो। मत बिगाड़ो मेरो आगो।'' ताऊ की वह दयनीयता, वह अभिव्यक्ति कितनी कारुणिक थी, उसे शब्दों में पूरी तरह व्यक्त नहीं किया जा सकता। महसूस ही किया जा सकता था। ताई को भरमाया गया था कि 'अँधे गरीब के संग तू जिन्दगी-भर भीख ही माँग सकती है, या साल-छह महीने बाद फिर हमारे दरवाजे पै लौट कर आवैगी। अभी मौका है। लड़का मिल रहा है। उसकी बीबी मर गयी है। अच्छी खासी शहर के पड़ोस में चार बीघा जमीन है। सब्जियाँ होती हैं, गेहूँ, मक्का भी।' जन्म-जन्म के बन्धनों का आदर्श भूलकर सात फेरों के सात वचनों की ऐसी-तैसी कर वह अपने नये पति के घर चली गयी।

हम वहाँ सवेरे से शाम तक रहे। पास ही मेरे नाना-नानी का घर था। ताऊ मेरे साथ नानी के घर गये। वहीं खाना खाया और समस्या नाना के सामने व्यक्त की। नाना दूसरे मौहल्ले के मामलों में दखल नहीं देते थे। देते भी कैसे? वे प्र लड़कियों का ही पक्ष लेते थे। अपनी ओर की लड़की की वे अँधी तरफदारी करते थे। किसी लड़की ने ससुराल की शिकायत की तो वे उसके बाप से कह कर लड़की को ससुराल जाने से रुकवाते और लड़के को बुला कर सख्त हिदायतें देते। कइयों को तो उनके सामने हाथ जोड़ कर वायदा करना पड़ता कि ''आइंदा मैं इसे कोई दुःख नहीं दूँगा।'' वे लड़की की झूठी शिकायतें भी मान लेते थे, जबकि लड़के का सच्चा पक्ष भी नहीं सुनते थे। पंचायत में बैठते तो यह पहले ही मान लिया जाता था कि सजा लड़के को ही मिलेगी। मिलती भी क्यों नहीं? लड़की का बाप तो उनके लिए गोश्त और स्प्रिट का प्रबन्ध करता। गोश्त और स्प्रिट उनके निर्णय को प्रभावित करते थे। पर लड़की का पक्ष ही वह प्रायः लेते थे। लड़के से मटन-स्प्रिट लेकर भी उसका साथ नहीं दे पाते थे। हाँ, रुख थोड़ा नर्म जरूर कर लेते थे। ऐसे ही अपनी तरह के नारीवादी थे नाना।

ताऊ के रोने-धोने पर नाना ने उनके सालों को अपने पास बुलवाया। उन्होंने यह कह कर पल्ला झाड़ लिया कि—''हम तो कह रहे हैं। जावित्री ही नहीं जा रही। असल में इनके पास उसको खिलाने को दो वक्त की रोटी का इन्तजाम नहीं है। अब ये अँधे आदमी अपना पेट भरने को मोहताज हैं। इस लड़की को कहाँ से पालंगे? सच पूछो बाबा, ये तुम्हारे धेवते सौराज को लाठी पकड़ा के कहीं रेल-बस में भीख माँगेंगे?'

रोटी पैदा करने में पति के साथ पत्नी की भी कोई भूमिका होनी चाहिए, इस प्रश्न की कल्पना तक उनके जेहन में नहीं थी। शादी की है तो जीवन-निर्वाह की सारी जिम्मेदारी लड़के की ही थी। ताऊ को उम्मीद थी कि ताई उनको रोता-सिसकता देखकर जरूर उनके साथ चली आयेगी। वे चाहे जिस हाल में रहें, जावित्री साथ देगी। आखिर वह उनकी पत्नी है। सुख-दुख में जीवन-भर साथ निभाने का संकल्प

लिया है उसने उनके साथ। इस उम्मीद में वे बोले–"बाबा तनक मेरी एक फेरा उवातें बात करवाइ देउ।"

नाना मौहल्ले में प्रभावशाली व्यक्ति थे, हालाँकि माली हालत उनकी भी नंगे फकीर ही की थी। उनके पास एक कच्चे मिट्टी के मकान के अलावा कुछ नहीं था। नानी और मौसियाँ सब शहर और पास के गाँवों में तरह-तरह की मंजूरी करती थीं। मैं, माँ और पड़ोस की मामियों के साथ उनके छोटे-मोटे कामों पर जाता था। परन्तु बिरादरी में नाना के व्यक्तित्व का दबदबा था। नाना ने ताई के भाइयों से सवाल किया–"जाबित्री से पूछो, बाबूराम के संग जाइगी या नहीं?"

"बाबा आप ही पूछ लो।" ताई के भाइयों ने कहा।

बस्ती के रिश्ते में नाना उनके बाबा लगते थे। नाना की पहल पर रात को पाँच-दस लोग पंचायत की शक्ल में बैठे थे। यह पंचायत ताई के घर के पास ही हनुमान मूर्ति वाली बैठक में सम्पन्न हुई थी। सामने आदमकद हनुमान की मटियल मूर्ति दीवार में उभारी गयी थी। मेरा ध्यान उसकी ओर था। मैं मन-ही-मन मूर्ति से प्रार्थना कर रहा था कि–'हे बजरंग बली, ताई को वापस भिजवा दो।' वह आकृति मुझे बाद के कई वर्षों तक आकर्षित करती रही थी। पंचायत की गम्भीरता समझने की मेरी उम्र नहीं थी, इसलिए मैं बातों से ऊब कर इधर-उधर हो आता था तो ताऊ मुझ पर नाराज हो उठते।

अन्ततोगत्वा ताई पंचायत में आयी। वह न चारपाई पर बैठी न पंचों के सामने। बस दीवार से सटकर खड़ी हो गयी और दो टूक शब्दों में अपना फैसला सुना गयी–

"भइया, कैदेउ जो अपने घर जाइ। मेरी लाश हू वाँ नाँइ जायेगी।"

पंचों ने कहा–"बाबूराम सुना, जावित्री क्या कह रही है?"

नाना ने भी उसके निर्णय में अपना फैसला जोड़ते हुए कहा–"लल्ला, अब हम कुछ नहीं कर सकते।" ताऊ लाठी का एक छोर पकड़ कर बोले–"लल्ला सौराज चली भैया, स्टेशन कूँ चल।"

उन्हें स्त्रियों की कृतघ्नता से सम्बद्ध अनेकों कहावतें, कहानियाँ याद आ रही थीं। हृदय पर लगे आघात को सहन करने का उनके पास और कोई विकल्प नहीं था, सिवाय इसके कि वे समूची स्त्री जाति को ही गद्दार मान कर सन्तोष करें।

बबराला के रेलवे स्टेशन पर उन दिनों एकदम जंगल था, जहाँ आज फैक्ट्रियाँ, दुकानें और भवन खड़े हैं। वहाँ रात को विरला ही यात्री स्टेशन पर रुकता था। ताऊ को तो वैसे भी बहुत कम दिखता था। ऐसा नहीं था कि उनकी आँखों की रोशनी एक साथ गायब हो गयी हो। वे शनैः-शनै पूर्णतया अँधे हुए थे। परन्तु किसी नेत्र चिकित्सक को दिखाने के लिए न तो उनमें जागरूकता थी और न दवा के लिए आर्थिक स्थिति। उन्हें दीये की रोशनी और बिजली के बल्ब चमकते थे। वे मुझे

अपनी गोद में लिये रात-भर बैठे रोते रहे थे। दिन निकलने का आभास हुआ, पहली गाड़ी भी आयी। जिधर से सूर्य की किरणें आ रहीं थीं, उधर से घोड़ा-तांगे भी आने लगे।

किराये के लिए पैसे न होने के कारण ताऊ प्रायः लम्बी-लम्बी यात्राएँ भी पैदल ही तय किया करते थे। उन दिनों मैं ज्यादा दूर पैदल नहीं चल पाता था, इसलिए हम ताँगे में बैठे। उनकी गाँठ में दो-चार आना रहे होंगे। जब वे ससुराल से अप्रत्याशित निराशा का भार हृदय पर लेकर घर लौटे तो बस्ती-भर में स्त्री-पुरुषों ने तरह-तरह की प्रतिक्रियाएँ व्यक्त कीं। लाख अनुनय विनय के बावजूद उनकी पत्नी उनके संग नहीं आयी और अब आयेगी भी नहीं। इस कटु सत्य से टकरा कर उन्होंने आते ही खाट पकड़ ली। तीनों बब्बाओं को लगा, उनकी वंश बेल का भविष्य अँधेरे में है। वे दुख-दारिद्रय के दिनों में भी अपने पेट काट-काट कर घर और जमीन के टुकड़े अपने बेटे-बहुओं और उनके बच्चों के लिए बचाए रखने का प्रयास कर रहे थे। पर कुदरत या व्यवस्था का यह कैसा प्रकोप था कि छोटा बेटा चल बसा और बड़े बेटे के अँधे होते ही बहू भी साथ छोड़ गयी।

कुछ दिन बाद पता चला कि जाबित्री ताई के भाइयों ने उसे सम्भल में पूर्व निश्चित एक नव विधुर के घर बिठा दिया है। इस उम्मीद के साथ कि वहाँ उसे भरपेट रोटी मिलेगी। उसके पास शहर के पास की उपजाऊ जमीन है। वह छोटा किसान है। चमड़े का काम नहीं करता है, इत्यादि।

जिस दिन ताई के दूसरे आदमी के घर बैठ जाने का समाचार मिला, उस दिन ताऊ औरतों की तरह फूट-फूट कर रोए। घर में मौत जैसा मातम छा गया। वह दिन स्मरण है जब ताऊ का नहाना-धोना-खाना-गाना, हँसना सब एकदम बन्द हो गया था। उन्हें यह हादसा अपनी मौत के समान लगा था। वे भगवान से शिकायत कर रहे थे—''हे ईश्वर, मैंने कौन से पाप करे जो मेरी घरवाली को दूर कर, मेरा घर उजाड़ दिया मैं अब कैसे जिउँगो।''

''लल्ला! तू अपने ताऊ को लेकें सम्भल चल। मैं कुछ कोशिश करूँ। सम्भल में तेरी एक मौसी है। तेरे मौसा जात पंचायत को दबाव डरवाइ के जाबित्री को वापस भिजवाइ दिंगे।'' हम सब सम्भल गये थे। मौसी के घर रुके थे। मौसा जी की मदद से बमुश्किल केवल इतना हो पाया कि ताई की एक और पेशी पंचायत में हो गयी परन्तु वह भरी बैठक में एक बार फिर ताऊ के साथ जाने से इन्कार कर गयी, और हम लुटे-पिटे-से चेहरे लेकर घर लौट आये।

नाना का डर

अम्मा हमें लेकर चन्दौसी चली गयी थी। उन दिनों यहाँ स्त्री सुलभ एक काम और हुआ करता था या कहें कि प्रायः स्त्रियाँ ही इसे किया करती थीं। मक्के के भुंटों से दाने अलग करना। यहाँ राँपियों की मूँठों पर कपड़ा बाँधकर दस-दस बीस-बीस

महिलाएँ मक्का नुकाने जाती थीं। बच्चे साथ में होते थे। मेरी कच्ची हथेलियों पर छाले पड़ जाते थे। यह काम हमारे गाँव में केवल पुरुष ही कर पाते थे। वहाँ मक्का निकालने की प्रक्रिया अलग थी। एक बड़े भारी लट्ठ से भुट्टे कूटे जाते थे। इसे केवल पुरुष ही करते थे।

चन्दौसी में मुझे बूट पॉलिश करने की ट्रेनिंग दी जा रही थी। परन्तु उस समय मैं इतना छोटा था कि अम्मा मुझे शहर या रेल में बूट पॉलिश करने के लिए अकेला भेजने से डरती थी। इस के काम में फूलसिंह मेरा जोड़ीदार बन गया था। वह अपने बाप की तरह अम्मा काम चोर और आलसी था, पर था तन्दुरुस्त। 'गाँधी-चौक' पर मजदूरों में बैठने को जब हम दोनों सवेरे-सवेरे जाते थे तो फूलसिंह अड्डे से उठा ले जाता था और शहर की गलियों में घूम-घूमकर सिनेमा घरों की दीवारों पर तस्वीरें देख कर वापस लौटा लाता था। बहाना यह कि काम मिला नहीं। तब हम दोनों की माँओं ने पॉलिश ब्रुश पकड़ा कर हम भेजे थे। 'शहर में कहीं जाओ और चार पैसे कमा कर लाओ।' यह सब करते हुए भी परिवार नहीं पल रहा था। मजूरी के कार्य स्थायी नहीं थे। बरसात के दिनों में बूट पॉलिश का काम रुक जाता था। साथ ही नानी का घर छोटा था। मौसियाँ भी एक के बाद एक आती रहती थीं। सबसे छोटी मौसी मोतिनी की उन दिनों शादी नहीं हुई थी। वह मेरी बड़ी बहन माया से मात्र दो साल बड़ी थी। नाना हमारे संकटों का स्थायी हल चाहते थे। वे हमारे पालन-पोषण की समस्या को लेकर परेशान रहते थे। वे खर्चे के अतिरिक्त बोझ से झुँझलाने लगते थे। उनका डील-डौल भारी था। बड़ी-बड़ी मूँछों के कारण चेहरा और डरावना लगता था। गुस्से में जब भी दहाड़ते तो मेरी पिण्डली काँप जाती थी।

एक दिन का वाकया है, मैं पतली-पतली दाल से रोटी खा रहा था। उन दिनों मैं कच्छा नहीं पहनता था। नाना जी ने किसी गलती पर मुझे दूर से ही डाँटा तो मेरा पेशाब निकल गया। पेशाब की पहली धार सीधी दाल के बर्तन में गयी। मूतता हुआ उठा और उठ कर सामने नाली में बाकी पेशाब करके आया। लेकिन मैंने डर के मारे किसी को यह नहीं बताया कि दाल खाने लायक नहीं रही है। बल्कि भूख की तीव्रता में मैं वही पेशाब मिश्रित दाल खाता रहा। दाल खाना नाना की डाँट खाने से अच्छा था।

गर्लफ्रेंड का चलन नहीं था

जबसे होश सँभाला अच्छी लड़कियाँ लड़कों से भी अच्छी लगीं। बचपन में दूसरी जात की लड़की से कोई वास्ता नहीं होता था। ग्रामीण परिवेश में लड़के अलग और लड़कियाँ अलग रहती थीं। परिचित तो अपनी जाति-बिरादरी, गली-मुहल्ले की ही होती थीं। हमारी जात में लड़के-लड़कियों की मित्रता जैसी कोई परम्परा नहीं थी। जिस तरह सम्पन्न वर्ग के बेटे-बेटियों के लिए गर्लफ्रेंड, बॉयफ्रेंड, ड्रीमगर्ल, स्यूटेबल

बॉय जैसों का फैशन है, हमारे यहाँ कतई नहीं था। यहाँ हाथ मिलाना, गले लगना-लगाना, चुम्बन-आलिंगन तक आम बात है, परन्तु हमारे यहाँ न तब कुआँरी लड़की के अंग का स्पर्श कर सकते थे न अब। यहाँ तक कि शादी से पहले तो लड़का अपनी भावी पत्नी तक की झलक नहीं देख सकता था।

मुझे याद है रामचरन ने अपनी असुन्दर 'बीवी' को छोड़ दिया था और उनके पिता पैजनाथ जाटव ने उसकी बिल्सी से सुन्दरता के आधार पर दूसरी शादी की थी। जुनाबई सड़क से गाँव तक बैलगाड़ी में उसे बिठाकर लाने का काम मुझे सौंपा गया था। लौटते वक्त उलफत ने कहा था–"सौराज, तू कैसेऊ घूँघट उघड़वाइ कें भौजाई को मौं (मुँह) दिखवाइ देइ, तो तोइ चार आना को इनाम देउँ।" मैंने त्वरत युक्ति सोची और कहने लगा–"हमारे यहाँ मीलों बंजर जमीन पड़ी है। इसका यही फायदा है कि हमारे यहाँ, हवाई जहाज, हैलीकाप्टर बिना शोर-शराबा किए उतरते रहते हैं–अरे देखो, देखो वो उतरि गओ!" और नवेली दुल्हिन उत्सुकतावश घूँघट ऊपर करके देखने लगी, और मैं भौजी के चेहरे की ओर इशारा करके कहने लगा–"देख ले उलफत, कितनों सुन्दर है हवाई अड्डों। चन्दा में से चमकि रओ है विमान!"

एक बार हम चार लड़के जुनाबाई इण्टर कॉलेज से निकले। सड़क पर ताँगे में एक दुल्हिन बैठी जा रही थी। मेरे साथी जयवीर यादव ने कहा–"चलो जा को मौं देखें। पहले कौन देखेगो?" होड़ लगी। मैं और गुप्ता जी का मौनू बेटा सेंजना तक गये और हम दोनों ने पन्द्रह-बीस कि.मी. तक साइकिलें दौड़ाईं पर दुल्हिन का मुँह देखने को नहीं मिला। बबराला रेलवे स्टेशन पर जब उसके ससुराली उसे ले गये तब हम लौट कर बुद्धू घर को आये।

इस मामले में मैं चाहे पाली-मुकीमपुर की लड़कियों की बात करूँ, नदरोली की लड़कियों का जिक्र करूँ, धुरा (प्रेमनगर) की याद करूँ या अपनी ननिहाल की लड़कियों का सीमित व मर्यादित संवाद होता था। हमारी जाति में परम्परागत रूप से लड़के-लड़कियों में दूरी रहती थी। वह दूरी और पवित्र भावना बनाए रखते हुए लड़के-लड़कियों की भेंट हो ही जाती थी। खेलने-कूदने, घास खोदने आदि कामों के लिए किसी भी मोड़ पर इनका मिल जाना स्वाभाविक था। यूँ गाँव बिरादरी की सब बहनें या बड़ी बुआ वगैरह ही होती थीं।

पाली प्रवास के दौरान जब मैं बच्चों में खेलता था, तब हम बच्चे वही सब करने की नकल करते जो समाज में बड़े लोग किया करते थे। पीपा और भैंस-बैल की खाल की झिल्ली से ढक कर भोलुआ की ढपली बना लेते थे। कभी-किसी एक की तो कभी दूसरे की बारात निकाला करते थे। उन दिनों मौहल्ले के पिछवाड़े ईंटें पड़ी थीं। उनमें हम खेला करते थे। ईंटें ठीक से रखकर घर बना लिया करते थे। हमारी बारातें उन अस्थायी घरों में आया करती थीं। एक दिन मैं दूल्हा बनाया गया और उत्तम की बहन जो बुआ लगती थीं और मुझसे दो-चार साल बड़ी थीं, उन्हें

दुल्हिन बनाया गया। बारात में तो वह रही। किन्तु जब बनाए गये घर में जाने को उनसे कहा तो वे मुकर गयीं। उसके लिए मलूकी तैयार हुई और मेरे साथ ईंटों के चारों तरफ के घेरे में घुसाकर ऊपर से लकड़ी रख कर कपड़ा डाल दिया। अब 'मलूकी तू नीचे सोजा और सौराज तू ऊपर', कह कर सब बच्चे ताली पीटते हुए इधर-उधर भाग गये। हम घुसे ही थे कि पाँव लगते ही ईंटें हमारे ऊपर गिर गयीं।

शाम को उसके बड़े भाई को पता चला तो उसने सभी लड़कों को गाली दी—'साले गन्दे काम करते हो। मेरी बहन को नीचे क्यों सुलाया?' मेरी शिकायत हुई तो अम्मा ने डाँटा। दोनों कान पकड़ और सौ फेरा उठक-बैठक लगवा कर कहा—''बोल कै अब कबऊ काऊ छोरी तें ब्याह की बात नाँय करैगो।'' बाकी बुजर्गों ने कहा—''कोई बात नहीं बच्चे हैं, इनका कोई काम नापाक नहीं।'' हालाँकि, हम इतने छोटे थे कि हमारे बीच कुछ भी अनैतिक घटित होने का प्रश्न ही नहीं था।

नदरोली में गैर-जात की लड़की से तो बात भी नहीं कर सकता था। मक्खन की जलधारा बाप की तरह घमण्डी थी, इसलिए उनसे बात नहीं करता, सब बहनें लगती थीं, इसलिए उनके प्रति कभी कोई दुर्भाव मन में नहीं आने दिया जाता। परन्तु लड़कों की तरह वे साथ खेल-कूद नहीं सकती थीं। अमितिया मेरी उम्र की थी। उससे बतियाने का अवसर मिल जाता था। सर्दियों में उसकी माँ चूल्हे पर बिठा लेती थी और कहानियाँ सुनाती रहती थी। अमितिया के पास बैठा मैं सुनता रहता। परन्तु कभी उसके हाथ को उँगली ने भी छू लिया तो खुद लगता कि भारी पाप हो गया। लड़के लड़कियों के दिलों में अज्ञात डर भरा रहता था।

जब मैं प्रेमनगर पढ़ने गया था तो मैंने 'सीतो' की बड़ी बेटी से केवल इतना कह दिया था कि—''तू मेरी रोटी सेक दे तो मैं तुझे बदले में सकरकन्दी खिलाऊँगा,'' तो वह तुनक गयी—''अम्मा तें कहुँगी कै सकरकन्दी खवाइवे कूँ कह रयौ है।''

इसके लिए मुझे दोनों हाथ जोड़ कर उससे प्रार्थना करनी पड़ी—''भागवान, मेरी बदनामी मत करिए। मैं यहाँ पढ़ने आया हूँ, सकरकन्दी खा या मत खा। खाना तो मैं खुद बना लेता हूँ।'' दो दिन बाद बोली—''बस्स डरि गयौ नेंक-सी धमकी तें...मैं तो तेरी हम्मति अजमाई रई।''

इसी तरह का एक प्रसंग पाली का उस समय का है जब मैंने पढ़ना शुरू किया था। चाचा की बेटी दस-ग्यारह साल की रही होगी। बड़े प्यारे स्वभाव की थी। तब शाम का वक्त था। छोटे चाचा की खाट के पास चारपाई लाकर लेट गयी। होली गयी ही थी। मैंने प्यार से उसके गालों पर खाली हाथ फेर दिया। अगले दिन उसने अपनी माँ से कहा कि—''सौराज ने मेरे गालनु कूँ हाथ लगायौ।''

फिर क्या था, माँ गुस्सा में तनी आयी और मुझे उल्टी-सीधी गालियाँ देने लगी। मैं डर गया। जबकि छोटे चच्चा कह रहे थे। ''लाड़-प्यार में हाथ फेरि दओ। बड़ों भैया लगतु है। बेमतलब बात को बतंगड़ बनाइ रए हो। लल्ली मेरे ढिंग ही तो सोइ

रंही। मोह पतो है।" अम्मा खामोश थी। अब डर था कि कहीं लालचन्द ने आते ही आक्रमण कर दिया तो क्या होगा? परन्तु हर मामले में सख्त रहने वाले लालचन्द ने घर आने पर अपनी पत्नी की बात सुनी। बेटी से पूछा। उसके बाद अपनी पत्नी को इतना जोर से फटकारा कि वह कोने में घुस गयी। "बेवकूफ कहीं की! गाल पर हाथ फेर दओ, कौन सो पाप कर दओ। भाई है वह। बहन के गाल पर हाथ का फेर दओ। वह पुचकार सकतु है। जो बात तुम सोचत हौ सो तुम्हारे मन में है जा मन पै नाँय है। जा में चाहे मैं वाइ कितनो हूँ डाँटू पर मैं जानतूँ चरित्तर में सौराज हीरा है। गे बड़ो हैके ग्यानी महात्मा बनेगौ।

उनके इस रुख ने एक गँवार आदमी के मन में छिपी प्रगतिशीलता और स्पष्टता ने मुझे संबल दिया। उनका पक्ष सुनकर अम्मा की आँखों में चमक आ गयी, अन्यथा वह मेरे प्रति चिन्तित थी। उसने एक बात कही—"देख सौराज कान खोल के सुन और मेरी बात गाँठ बाँध ले तू बिगड़न वानिकी होड़ कबऊ मत करिए। उनके घर धन है। लोग हैं। तेरो तो बाप हूँ जिंदौ नाँय है। तेरी हिमात कोई नाँय लेगो। तू जो करेगो सो खुद भरेगौ।"

बचपन गुजरता रहा, वक्त आगे बढ़ता रहा। लड़कियाँ मिलती, बिछुड़ती गयीं विषयालिंगी आकर्षण अपनी सीमा और मर्यादा में बना रहा। मैं पढ़ रहा था। गाँव में एक लड़की आयी रिश्तेदारी में। अक्षर-ज्ञान उसे था। साफ सलीके से रहती थी। गाँव की स्त्रियों व लड़कियों की तुलना में वह आकर्षक थी। रामचरन उसके आगे-पीछे लगा रहता था। हालाँकि, वह शादीशुदा थी। पर उसके बारे में भी फिर कहीं...।

पढ़ने की दीवानगी

पढ़ने का शौक पहले से था। जरूरत बाद में महसूस हुई। मेरा निर्माण अध्ययन की निरन्तरता में हुआ। पर यहाँ मैं बहुत आरम्भ की झलक दे रहा हूँ। जब भी, काम जो भी करता, लेकिन एक मैली पतली-सी किताब मेरी जेब या थैले में अवश्य रहती थी और जिन्हें मैं पढ़ सकता था। स्कूली बच्चों की वे सब किताबें मैं पढ़ता था जो मुझे अच्छी लगती थीं। मेरा कोई निश्चित कोर्स और गुरु नहीं था। किसी स्कूल का छात्र मैं नहीं था। शिक्षा के क्षेत्र में मेरा कोई भविष्य दिखाई नहीं पड़ता था और शायद इसीलिये मैं लिखने का अभ्यास भी नहीं करता था। मिर्जापुर में जीजा के चचेरे भाई बाबूराम स्वाँग, आल्हा, ढोला, रागनियाँ आदि पढ़ने-गाने के शौकीन थे। मेरठ के गुरु बख्शीदास रचित 'रैदास रामायण' मैंने पहली बार उन्हीं से लेकर पढ़ी थी। उनसे मेरी बहुत अच्छी छनती थी। वे भी जूतों का काम करते थे। ताई की बहन की ननद बुद्धो उनके घर में थी। इसलिए वे कभी फूफा बनते थे तो कभी जीजा कहलवाते। आदमी नेकदिल थे, पर थे बर्बाद। गाँव में जमीन नहीं थी, पैंठों में जूतियाँ गाँठते फिरने के अलावा आय का कोई स्रोत नहीं था। उनके पिता सुमेर सिंह का लम्बा परिवार छप्पर

के नीचे रहता था। घर सभी के छप्परों के ही थे।

नदरोली में रहते पैंठ-बाजार से गानों की फुटपाथी किताबें मेरे ज्ञान का स्रोत थीं। 'रामचरितमानस', 'राधेश्याम रामायण', 'रैदास रामायण', 'लैला-मजनू', 'रोहतास', 'वीर हकीकतराय', 'सत्यवादी हरिश्चन्द्र', 'आल्हा', 'ढोला', किस्सा हातिमताई आदि मैं वहीं से खरीदता था। उन दिनों 'हमारे पूर्वज' नामक किताब में 'दधीचि' की कहानी ने बहुत प्रभावित किया था। बाद में पता चला कि यह आठवीं के कोर्स की किताब है। किताबें जुनाबाई और गुन्नौर की पैंठों में मिलती थीं। अम्बेडकर को जब अपने गैर-दलित शिक्षकों द्वारा जाना तो उन्हें अंग्रेज-भक्त, समझौतावादी और केवल थोड़ा-सा दलितों का हितैषी ही समझा। यही मुझे पढ़ाया भी गया था। इसके विपरीत गाँधी जी केवल बनिया, ब्राह्मण मात्र के नेता नहीं थे वे दलितों के भी राष्ट्रपिता थे। उन्होंने हरिजन सेवा का व्रत लिया था। वे खुद भंगी बन गये थे। ऐसा पढ़ने-सुनने को खूब मिलता था। मुझे गाँधी जी का अधनंगा हुलिया आकर्षित करता था। मैं समझता था, वे मेरे बब्बा की तरह गरीब आदमी थे। इस कारण पूरे वस्त्र उपलब्ध नहीं कर पाते होंगे।

पढ़ाई में रुचि बढ़ने और किताबों के लिए पैसा न होने के कारण मैं जितनी किताबें खरीदता लगभग उतनी ही चुरा कर लाने लगा था। किताबें चुराने का मेरा अपना तरीका था। किताबें पतली होती थीं, जिन्हें प्रायः चार आने की दो खरीदता था और ऊपर का कवर मोड़ कर एक किताब उसके अन्दर छिपा लेता था। इस तरह आधी खरीदी हुई और आधी चुराई गयीं लोक-साहित्य की मेरे पास दस-बीस किताबों के तीन-चार संकलन हो गये थे। गाँव में आर्यसमाज के भजनोपदेश चलते रहते थे। उनसे प्रभावित होकर मैं भी इतिहास की गेय शैली में रचित कथाएँ गाता रहता था। मेरे पक्के सहयोगी-श्रोता थे दयाराम भगत जी। उन्हें इतना शौक था कि देर रात तक वे मेरा इन्तजार किया करते थे। कैरोसिन के तेल से भरी डिब्बी भी वे खुद ही लाते थे। टोड़ी ताऊ के दलान में बैठ कर मैं खुले कण्ठ से गा-गा कर पढ़ता था और वे सुनते थे। श्रोता और भी थे, पर दयाराम नियमित और पक्के श्रोता थे। साथ ही वे मेरे विचारों के समर्थक भी थे। वे मुझे शाकाहारी, ब्रह्मचारी और स्वामी दयानन्द सरस्वती का अनुयायी बनाना चाहते थे। वे यदुनाथ शास्त्री के पास से 'सत्यार्थ प्रकाश' ले आये थे। शास्त्री जी घोषित व अनुशासित गाँधीवादी थे। वे जाति से यादव थे किन्तु चमारों-भंगियों में अधिक आया-जाया करते थे। वे छुआछूत मिटाने के लिए मुझ सहित कई चमारों-भंगियों को हवन पर बिठाया करते थे। मैंने उनके पास से लेनिन की दो किताबें पढ़ी थीं। कहते थे जेल में किसी कामरेड ने दीं थीं। हाँ, विश्व को आर्य बनाना है, यही उद्देश्य था शास्त्री जी का। पुस्तकें मैंने पढ़ी जरूर थीं पर मेरा बौद्धिक स्तर उनके निहितार्थों को समझने लायक नहीं था। जब मैं नहीं समझता था तो भगत जी क्या समझे होंगे। पर आर्यसमाजी जलसों ने ही मेरे मन में

मुसलमानों की छवि क्रूर और अमानवीय बनाई थी। असल में आर्य के नाम पर हिन्दू श्रेष्ठता के गीत गाए जाते थे, जिसके चलते मैं हर मुसलमान को बाबर और मौहम्मद गोरी के रूप में देखता था और खुद को हिन्दू मान कर गर्व करता था। अपने यादव ग्रामीणों के साथ मुस्लिम तेलियों को 'कटल्ला' तक बोल देता था। कितना गुस्ताख था मैं? यह ज्ञान ही नहीं था कि यह हिन्दुत्व ही हमारी अस्पृश्यता का पोषक और जनक है। हिन्दुत्व ने ही वर्ण-व्यवस्था, जन्मना विभेद का सिद्धान्त लागू किया है।

करीब एक दशक बाद मैं प्रेमपाल सिंह यादव के साथ चिरौली स्कूल से गाँव लौट रहा था। मैंने गुन्नौर की पैंठ में उसी बुजुर्ग को किताबें बेचते देखा। शायद वह अभी भी बेच रहा हो। मैंने जेब से दस रुपये का नोट निकाल कर उसे दिया तो उस बुजुर्ग ने जानना चाहा कि यह रुपए मैं क्यों दे रहा हूँ। मैंने कहा—यह आपके ऋण का छोटा मुआवजा है। अर्थात् मैंने कभी किताबें ली थीं। आप उधार नहीं देते थे, तो मैं चोरी करता था। इस पर उस बुजुर्ग को विश्वास ही नहीं हुआ। इसका एक कारण यह भी था कि मैं स्कूल के साफ कपड़े पहने था। मैं किसी सम्पन्न घर का लग रहा था। मैंने फिर कहा—

"आप भूल गये हैं।"

खैर, यकीन कराने पर बुजुर्ग ने पैसे रख लिये तो मुझे कुछ सन्तोष हुआ।

विरासत

मेरे जन्म के समय मेरा घर-परिवार कैसा था, उसका गुजारा कैसे होता था, इन सवालों पर गौर करता हूँ तो थोड़ी हैरत और दहशत से भर जाता हूँ। इन तमाम सालों में दुनिया कहाँ-से-कहाँ पहुँच गयी। हम अपने घर-परिवार के साथ वहीं-के-वहीं रह गये। आज भी स्थिति कमोबेश वैसी है, जैसी मेरे जन्म के समय थी। गाँव में आज भी मेरे घर में आसानी से रोटी नहीं जुटती है। रोजगार का कोई साधन नहीं है। गैर दलितों की तुलना में हालात बद से बदतर हो चुके हैं चमड़ा कमाने बनाने का धन्धा तो दशकों पहले बन्द ही हो गया था। डेढ़-दो बीघे पुश्तैनी जमीन के तीन टुकड़ों गें से एक बचा है। भला मेरे इस सर्वस्वहीन चमार घर को क्यों कोई इज्जत दे? और सवर्ण भी कौन हैं मेरे गाँव में? मेरा गाँव यादव बहुल गाँव है। यहाँ अहीर सछूत शूद्र कहलाते हैं। वैसे तो चमार स्वयं को वाल्मीकि भाइयों से थोड़ा ऊपर समझते हैं, लेकिन चमार से ऊपर भी गैर चर्मकार जाटव और जाटवों से ऊपर गैर-दलितों में अहीर, बनिये, तेली आदि जातियों के लोग गाँव में रहते हैं। चूँकि मुस्लिम हिन्दू समाज के अंग नहीं हैं, इसलिए उनके साथ यादवों का व्यवहार बराबरी का होता है। 'पशुओं में गधा', 'पक्षियों में उल्लू' और 'जातियों में चमार'—ये कहावतें हमारे प्रति सवर्णों की दलित विरोधी मानसिकता को उजागर करती हैं। यह एक दिन में तैयार नहीं हुई। ये ज़ख़्म इतने गहरे हैं कि हम दर्द से तड़पने के बजाय सहन करने के अभ्यस्त हो गये हैं सब कुछ स्वाभाविक लगता है। बर्दाश्तगी ही हमारी नियति बन गयी है। ये अपशब्द हमारे टोले के हर घर में लगातार सुनने को मिलते हैं। सवर्णों की जुबान पर चढ़े ये शब्द चमार कैसे बर्दाश्त करते रहे, यह आश्चर्यजनक है। दुनिया में कहीं मान-सम्मान और मनुष्य की गरिमा जैसी भी कोई वस्तु होती है, यह चमार नहीं जानते? इतना सीमित कर दिया गया उनकी बुद्धि विवेक का दायरा कि वे अपने क्रान्तिकारी स्वरूप को पहचान ही नहीं पाए। गोया प्यार हो गया हो उन्हें इन कुशब्दों से। 'गधेराज चमार', 'चमार की औलाद', 'क्या चमार-पंचायत लगा रखी है', ऐसे मुहावरे लोगों ने बनाए और बार-बार प्रयोग में लाकर स्थापित कर दिये। पूर्वी उत्तरप्रदेश में चमार जाति के उभार पर आश्चर्य के गीत बन गये। उन्नीस सौ सत्तर-बहत्तर के समय जब

मेरी उम्र दस-बाहर साल थी, मेरे आसपास ऐसे जाति गीत गूँज रहे थे–

चप्पल पहन चमाइन चले,
सेंडल पहन धोबनिया,
हाय मोरे रामा बदल गयी दुनिया ॥

इस गीत से जाति द्वेष और ईर्ष्या भाव भरा सामाजिक अलोकतन्त्र का बिम्ब उभरता है। पर राजनीति में इसी वर्ग की बहन मायावती का मुख्यमन्त्री होना एक चमत्कार था। डॉ. अम्बेडकर ने जैसे आगे बढ़कर कहा था कि मैं महार-अछूत हूँ, उसी तरह कांशीराम ने मीडिया में कहा कि मैं पंजाब का चमार हूँ और मायावती उत्तरप्रदेश की चमारी हैं। लेकिन सात के दशक में हम बिना ऐतराज किये इन शब्दों को सुनते-सहते रहे और अभ्यस्त हो गये। जैसे पिटते-पिटते शरीर सुन्न पड़ जाता है, वैसा ही हाल हमारी चेतना का रहा। जाटवों ने भी हमें छेक-बाँध कर रखा। उन्होंने भी हमें अपने से हमेशा नीचा समझा। यह तो जब मैं लिख पढ़ कर थोड़ा समर्थ व चर्चित हुआ तो आज सब मुझे अपना कहने लगे हैं। पर मुझे अब यह कहते कतई संकोच नहीं कि मैं नेत्रहीन गंगी और विकलांग विद्याराम चमार का नाती हूँ, जो हाड़-तोड़ बेगार मजूरी करने के उपरान्त भी न पूरा जिस्म ढक पाते थे न पेट भर पाते थे।

बड़े बब्बा भागीरथ और छोटे बब्बा गंगाराम के मकान पहले कच्ची मिट्टी के बने थे। बड़े बब्बा ने बाद में मुर्दा मवेशियों की खाल उतारने, उसे पकाने (रंगने) से हुई आमदनी और अपनी मेहनत-मजूरी से अपने घर का रूप थोड़ा अच्छा कर लिया था। मेरे बब्बा, बन्धु, पिता और ताऊ केवल चमड़ा उतारने में ही कुशल नहीं थे, बल्कि वे गाँव से एक कि.मी. दूर बाहर अपनी रंगाई की कार्यशाला में बबूल के कस्से पानी में चमड़ा भी पकाते थे। प्रक्रिया लम्बी और होशियारी की होती थी। कस्सा तैयार करने को ही लें। बबूल पर हथौड़े मार-मारकर बक्कल उतारा जाता था। फिर उसे सुखाकर बारीक टुकड़ों में काटा जाता था। तब जाकर पानी के साथ खालों में भरा जाता था। मूँज के धागों से चमड़ा पुनः सिल दिया जाता था। कस्सा और पानी-भर कर पेड़ के गुद्दों की मोटी लकड़ी पर लटका दिया जाता था। कई जोड़ी खालें लकड़ी के वड़गे पर टँगी बड़ी सुन्दर लगती थीं। पन्द्रह दिन तक उनका पानी बदलते रहते थे। तब जाकर चमड़ा पककर लाल रंग का, शुद्ध हो पाता था। उसके बाद वह सार्वजनिक उपयोग का बन जाता था। बदबू जैसी चीज उसमें नहीं होती थी। इस कार्य में हाथ-पाँव के नाखून रंग जाते थे, इस कारण लोग देखते ही पहचान लेते कि ये रंगइया चमार हैं। एक समय रंगइया लोगों की माली हालत अच्छी थी। बाद में मुसलमानों के इस व्यवसाय में आ जाने पर और रंगइयों द्वारा बच्चों की शिक्षा पर ध्यान दिये बिना पुश्तैनी काम छोड़ने और वैकल्पिक रोजगार नहीं मिलने से स्थिति बद से बदतर होती चली गयी।

गंगी बब्बा की 'कुठरिया' बहुत छोटी थी। मेरे मझले बब्बा, जिनकी सन्तान मेरे पिता और ताऊ थे, उनका मकान था तो बहुत छोटा, पर पक्का अव्वल ईंटों का था। उसमें मामूली नक्काशी वाले दो दरवाजे थे। उन दिनों चमारों में दो लोगों के ही घर पक्के थे और ये दोनों चमड़े के व्यवसाय की आय से बने थे। बब्बा के अलावा टोड़ी ताऊ के पिता ने पक्का घर बनाया था। उनके दो घर काफी बड़े थे और दालान भी पक्का था। उठने-बैठने व शादी-विवाह के मौके पर दालान का उपयोग पूरी बस्ती करती थी। ये दो ही घर पक्के क्यों थे और बाकी सभी चमारों के घर कच्ची मिट्टी के क्यों थे कारण स्पष्ट था। टोड़ी ताऊ के पास सात-आठ बीघा उपजाऊ जमीन थी। इसके अलावा जूतियों की खरीद-फरोख्त वाला उनका धन्धा भी अच्छा चलता था। उन दिनों किसान देसी जूतियाँ ही पहनते थे। प्लास्टिक के शहरी जूते गाँव के बाज़ारों में तब नहीं पहुँचे थे। उस समय 'फरहिया' और 'रंगइया' अथवा चमार और जाटव का भेद नहीं था। खान-पान और सम्बन्धों में सब एक थे, क्योंकि सभी मरे जानवर उठाते थे और सभी गैर दलितों द्वारा 'चमार' शब्द से ही सम्बोधित किए जाते थे। छुआ-छूत तब भी थी और आज भी है। टोड़ी और पैजू ताऊ की माँएँ और मेरी बड़ी दादी आपस में सगी बहनें थीं।

मेरे बब्बा विद्याराम ने अपने दोनों बेटों की फरयाई और रंगाई की कमाई से उपर्युक्त घर बनाया था। छत ऊँची, मोटी दीवारें और साल की कड़ियों पर बजरी कुटी मजबूत। यही हुलिया था उस मकान का। बाबा अपने दोनों बेटों के लिए एक-एक मकान बनवाना चाहते थे, दोनों की शादी के बाद दो परिवारों के रहने के लिए। यह न केवल आवश्यक था, बल्कि खुद बब्बा और दादी को भी बेटे-बहुओं से अलग एक घर की आवश्यकता थी, सो उनके लिए बाहर एक कोने में झुग्गीनुमा ठिकाना बनाया गया था और ताऊ-ताई और मेरे माँ-बाप के लिए एक ही घर के बीच में चिकनी मिट्टी की गर्दन-भर ऊँची पतली-सी दीवार खड़ी कर एक में दो कुठरियाँ बना दी गयीं। इसी घर में, जिसमें कुल स्थान दो खाटों का था, मेरा जन्म हुआ था। आज मेरे कुछ शहरी सवर्ण मित्र कहते हैं कि शहरों में रहने के लिए जगह कम होती है, इसलिए दलितों को गाँव में जाकर रहना चाहिए। वहाँ वे अपने मनमुआफिक पर्याप्त जगहों मे घर बना सकते हैं। पर हकीकत यह है कि दलितों के पास गाँवों में भी छोटे घर हैं और शहरों में भी वे तंग जगहों में रहते हैं और सम्पन्न सवर्ण पूरे इलाके घेरे हुए हैं। चाहे वे शहरों की पॉश कालोनियों में फ्लैट्स हों, फार्म-हाऊस हों या गाँवों की बखरियाँ, जो दलितों की पूरी बस्ती जितनी जगहों मे फैली रहती हैं।

जब मुर्दा मवेशी की खालों का काम, जोरों पर था, उसकी आय से बब्बा वगैरह ने थोड़ी-थोड़ी जमीन खरीदी थी। बड़े बब्बा भागीरथ ने साढ़े तीन बीघा, छोटे बब्बा गंगी ने सवा दो बीघा और विद्याराम बब्बा ने पौने दो बीघा जमीन खरीदी थी। इसे खरीदने में न केवल उनकी सारी जमा पूँजी समाप्त हो गयी थी, बल्कि अम्मा, ताई

और दादी के हँसुली-खड़वे भी गिरवी चले गये थे। इन तीनों भाइयों ने अलग-अलग जमीन लेकर भी सबके नाम संयुक्त रूप से लिखवाए थे। इसका मतलब यह था कि यदि भगीरथ की मृत्यु हो जाती है तो उनकी जमीन के वारिस उनके दोनों भाई होंगे। यही बात बाकी दोनों ने भी लिखाई थी। किसी भी भाई को किसी पर शंका नहीं थी। बाद में बड़े बब्बा की पूरी और बीच वालों की एक तिहाई जमीन बंजर हो गयी थी। बड़े बब्बा की जमीन पैजू, छोटे चमार और मास्टर सरदारसिंह यादव (स्वतन्त्रता सेनानी) की मेंड़ से जुड़ी थी। इन्होंने तीन तरफ से काट-काट कर अधिकांश जमीन अपनी जमीन में मिला ली। बाकी बीस-पच्चीस साल तक खाली पड़ी रही। कई बार पैजू ताऊ ने पूरी जमीन पर कब्जा जमाने के प्रयास किए और विफल होने पर उसे लावारिस बता कर ग्राम सभा की जमीन घोषित करा कर हमें बेदखल कर दिया था। उस समय वे ग्राम-सभा सदस्य थे। डोरी ताऊ ने उन्हीं का साथ दिया था।

हम तीन भाई और एक बहन अपने पिता को 'चाचा' कहते थे, क्योंकि उनकी उम्र बहुत कम लगती थी और उनकी देह दुबली-पतली थी, जबकि सेहत की दृष्टि से अम्मा दोहरी देह की थी और पिता जी से भारी लगती थी। यह फर्क आनुवंशिक था। मेरे नाना-नानी शरीर-रचना की दृष्टि से बड़े डील-डौल वाले थे। उन्हीं के अनुसार मेरी सभी मौसियाँ और दोनों मामा लम्बी-चौड़ी देह के थे। ताऊ बताते थे—"बाईस साल को होन से पहले ही राधे (मेरे पिता) चार बालकनु को बाप बन गओ और पच्चीस साल को होन तें पहले ही हमें छोड़ि कें चलो गओ।" वह कहते-कहते बच्चों की तरह रोने लगते थे।

इस घर में पिता जी के जीते जी भी कई हादसे हो चुके थे। बड़े बब्बा के सभी बच्चों की मृत्यु हो गयी थी। दोनों बब्बा बुजुर्ग हो चुके थे और उनके सामने अपने गुजारे का संकट पैदा हो चुका था। बड़े बब्बा कमजोर ही नहीं, अँधे भी थे। गंगी बब्बा पहले से ही नेत्रहीन थे और ताऊ मेरे जन्म से पहले ही अँधे हो चुके थे। कहा जाता है चमड़ा रंगने की कलई के धुएँ से इनकी आँखों की रोशनी चली गयी थी। हालाँकि, इस पेशे में लगे सैंकड़ों लोगों को मैं जानता हूँ। वे अँधे नहीं हैं। बब्बा और ताऊ की नेत्र-ज्योति धीरे-धीरे गयी, परन्तु अशिक्षा, अज्ञान, भाग्य, भगवान, भूत-पिशाच, देवी-देवताओं में अँधश्रद्धा और गरीबी के चलते इनका समय पर उपचार नहीं हुआ और एक-एक कर इस घर रूपी आसमान के सारे सितारे प्रकाशहीन हो गये और घर अभावों के अँधकार में डूब गया। इसी अँधेरे में मैं जन्मा और पला। पिता जी की मृत्यु के बाद मेरे 'बीधे' बब्बा के साथ एक और दुर्घटना हुई। हमेशा की तरह वे गंगा-स्नान करके लौट रहे थे। रास्ते में 'रिवाड़े' गाँव के एक पण्डित की फिरक*

* फिरक—केवल सवारी वाली बैल गाड़ी

के पहिए के नीचे आने से उनकी एक टाँग टूट गयी। ताऊ को तब दिखाई पड़ता था। उन्होंने मुझे बताया था कि–'टाँग तोड़ने का बदला लेने मैं 'रिवाड़े गया था और क्रोध में आकर पण्डित के बेटे का सिर फोड़ आया था।' इसके बाद मुकदमा चला था। अन्त में समझौता हुआ था। तब घर के पाँच सदस्यों में एक मेरे पिता की मृत्यु हुई, एक की टाँग टूटी और तीन अँधे हो गये। परिणामस्वरूप घर घर नहीं रह गया। वीरान हो गया था। ताऊ महाभारत की कहानी सुनाते हुए कहते थे कि अँधे तो धृतराष्ट्र भी हुए थे, किन्तु अँधे होकर भी उनके सिर से मुकट नहीं उतरा था, क्योंकि वे राजा थे। हमें विरासत में बेगारी, चमरई और गुलामी के सिवाय और क्या मिला है? बब्बा जैसे कर्म की पूजा करने वाले एक गरीब चमार की किसी राजा से उनसे क्या तुलना?

महाभारत की मैं नहीं जानता, लेकिन यह देखा है कि अँधे होकर भी सम्पन्न रहे मुंशी जी नाम से मशहूर श्यामलाल यादव की स्थिति बहुत अच्छी थी। वे मेरे पिता की उम्र के रहे होंगे। जवानी में अँधे हुए किन्तु उनके नाम चालीस-पचास बीघा जमीन थी, जमा रुपया-पैसा था, सो तीन रुपया सैकड़ा का ब्याज चैन से खाते थे। मैंने छात्र जीवन में कम से कम पाँच-सात बार उनसे ब्याज पर रुपया कर्ज लिया था। पर हमारे घर में ऐसा क्या था–जिससे रोटी पैदा की जाती। बाकी जरूरतों और विकास की बात सोचना तो दूर था। हमारे देश में अँधा व्यक्ति पराश्रित होता है। शिक्षित व सम्पन्न वर्ग का व्यक्ति आजकल विकलांगता के आरक्षण का लाभ उठाकर थोड़ा-बहुत रोजगार पा जाता है। मेरे निरक्षर परिजन रोज की मेहनत पर ही आश्रित थे। एक समय हालात भिखारियों से भी बदतर हो गये थे। पर खुद्दारी थी कि काम करके ही खाना है, भीख या रहम का निवाला नहीं। फिर यह घर कैसे चलता?

आसपास के गाँवों में हमारे घरों को अँधों का घर कहा जाता था। आज भी पड़ोसी गाँव के बुजुर्ग जब यह सुनते हैं कि मैं गंगी चमार का नाती हूँ तो तुरन्त आश्चर्य चकित होकर अंधों के घर की बर्बादी की कहानियाँ सुनाने लगते हैं। कई मुझे चमत्कार का परिणाम मानते हैं और बहुत से किसी पूर्वजन्म का फल बताते हैं, पर कई जब मुझे पूर्वजन्म का ब्राह्मण बताते हैं तो मुझे क्रोध आ जाता है। गाँव के अहीरों (यादवों), तेलियों और बनियों के छह-छह सात-सात साल तक के बच्चे भी 'गंगी इतै आ हमारी खाट बुन दे', 'हमारी कुटी काट दे', 'नाज (अनाज) पीस दे', इत्यादि सेवा कार्य कराने के लिए उन्हें अनादर के साथ बुलाते थे। ऐसा कोई बच्चा मुझे याद नहीं आ रहा जो उनका नाम लेकर न बुलाता हो या इंसान की तरह व्यवहार करता हो। बदहाली का आलम यहाँ तक था कि यादव और तेली (मुसलमान) या बनियों की तो बात छोड़िए थोड़ी ठीक-ठाक रोटी खाने के बाद अपने ही वंश के पैजू ताऊ के बेटे रामचरन और उलफत तक उन्हें बब्बा कहने के बजाय 'गंगी' कह कर सम्बोधित करने लगे थे। मैं बब्बा की लाठी पकड़ कर इस खेत से

उस खेत या इस पैंठ से उस पैंठ जाया करता था। वैसे उनके पाँव रास्ते को अधिक पहचानते थे। एक-दो बार गुजर जाने के बाद वे रास्ते पर भटकते नहीं थे। सप्ताह-भर का कूड़ा पल्ला (डलिया) में भर कर उन्हें यदि अकेले भी जाना होता था तो वे घर से करीब डेढ़ कि.मी. दूर खेत पर पहुँच जाते थे।

गाँव में वे यादवों की हाथ-चाकी पीसते थे और चारा-ब्मशीन खींच कर कुट्टी काटते थे। जब वे चाकी पीसते थे, तब उनके हाथ से छूने पर अन्न अछूत नहीं होता था, पर पीसने के बाद बतौर मेहनताना एक-दो रोटी का आटा भीख के अन्दाज में दूर से उनकी झोली में डाला जाता था या मुट्ठियों से सूखा अनाज कमीज के पल्लू में डाल दिया जाता था। पीसने के बाद यादव महिलाएँ उन्हें आटे को हाथ भी नहीं लगाने देती थीं। बब्बा के अद्धा की गाँठ में उनका कटोरा बँधा रहता था। देहतोड़ मेहनत करने के बाद वे एक कोने में बैठ जाते। मैं अक्सर उनकी बगल में होता था। कई बार वे मुझे भारी काम से बचाने के उद्देश्य से घर भेज देते थे। ''गंगी मठा पिएगो या रोटी खाइगो।' कोई स्त्री ऐसी रहमत दर्शाती तो वे गाँठ से कटोरा निकाल कर बैठ जाते। एक पीतल की लुटिया भी उनके पास रहती थी, जिसमें वे मेरे लिये आधा लोटा मट्ठा लाना कभी नहीं भूलते थे। कई बार वे आधी लुटिया मट्ठा पीकर आधा मेरे लिये रख लेते थे। उनकी मूँछों में मट्ठा फँस जाता तो मैं पीने को मना करता परन्तु मेरी भूख और उनका प्यार कहाँ रुकने देता था। दो रोटियाँ मिलतीं तो एक खाते और एक सब्जी पर लपेट कर साथ ले आते। मेरी बस्ती के लोग इस मेहनत के खाने को भी भिखारियों जैसा मानते थे। पर किसी के पास हमारी जीविका के लिए विकल्प नहीं था। रामजीत प्रधान बोलचाल की दृष्टि से अविस्मरणीय हैं। वे मेरे पिता की उम्र के रहे होंगे। परन्तु वे मुझे भी आप कह कर ही संबोधित करते थे। वे प्रेमपाल सिंह के चाचा थे। पूरा परिवार उरमान सिंह की कुछ हरकतों को छोड़ कर, बोलचाल-व्यवहार में अति सभ्य था। स्वयं प्रेमपाल सिंह का दर्जा मेरे जीवन में बहुत ऊँचा है। उन्होंने मुझसे बिना मजूरी दिये कई वर्ष काम जरूर लिया, परन्तु पढ़ने का जो मौका दिया, उसका ऋण मैं कभी नहीं चुका सकता। उनके बिना मैं पढ़ नहीं पाता। गाँव में बेगार-मजूरी करते कब का मर-खप गया होता। हालाँकि, वे आर्यसमाजी होने के साथ-साथ हिन्दूवादी मानसिकता के व्यक्ति हैं, परन्तु वैचारिक मतभेदों के बावजूद मेरे रिश्ते उनसे आज भी अच्छे हैं।

मैं आपको शैशव काल में ले जा रहा हूँ। मेरे पिता मुंडा (देसी जूतियाँ) बनाते थे। वे भी पूर्ण निरक्षर थे। उनकी जूतियाँ बनाने की कारीगरी ठीक-ठाक चल रही थी। इसलिए ठीक-ठाक रोटी मिल जाती थी। जूतियों की कारीगरी में आस-पास उनका काफी नाम था। यह बात उनकी पीढ़ी के सभी लोग बताते हैं। यह दक्षता उन्होंने पन्द्रह-बीस वर्ष की उम्र में हासिल कर ली थी। ताऊ और बब्बा नेत्रहीन होकर भी खेत की जमीन खोद लेते थे और साँकलदार पलंग बुन लेते थे। शरीर

बलिष्ठ था। मुर्दा मवेशियों को उठाने में वे अपने पुष्ठ कन्धों का उपयोग करते थे। इस हाल में भी मेरे पुरखे बिना मेहनत की कमाई का एक निवाला तक खाना पसन्द नहीं करते थे। उनकी खुद्दार जिन्दगी मेरे लिये सबक है। किसी का मुफ्त दिया मत खाओ, जो खाओ उसका मूल्य अपनी मेहनत से चुकाओ। यही उनका अघोषित और अलिखित सिद्धान्त था जो उनके स्वभाव और व्यवहार से प्रकट होता था। भीख या मुफ्तखोरी के प्रति वही तिरस्कार मेरे बाल व्यक्तित्व में समाहित हुआ।

गंगी बब्बा ने अपने साथ रखकर मुझे चक्की पीसने, कुट्टी काटने, रहट हाँकने गोबर उठाने जैसे कामों का अभ्यास कराया था। बचपन का एक हिस्सा इन्हीं कार्यों में बीत गया। आज मैं हँसता हूँ तो कहता हूँ कारागार में ही तो था मैं बिना गुनाह किए।

पेट के बाहर-भीतर आग

बब्बा के साथ गुजरे दिनों का एक वाकया सुना रहा हूँ। यह बहन माया की शादी से पहले का है। एक बड़े से कड़ाह में खौलते हुए गन्ने के रस की सतह पर जो झाग, कूड़ा और मैल तैरने लगता, उसे हम अपने गाँव की भाषा में 'मैली' कहते थे। 'रस' का त्यागा हुआ मैल होने के कारण ही इसका नाम मैली पड़ा होगा। हम लोग इसे 'लदोई' भी कहते थे।

खौलाने-उबालने की लम्बी प्रक्रिया के तहत, गुणात्मक परिवर्तन से गुजर कर गन्ने का रस गुड़ बनने की स्थिति तक पहुँचता था। यह प्रक्रिया लगभग वैसी ही होती है, जैसी दूध को जला कर खोया बनाया जाता है। रस जलते-जलते लाल पड़ता जाता है, और लोहे की कड़ाह शनैः-शनैः खाली होती जाती है। रस में मिठास बढ़ती जाती है। निश्चित स्थिति में पहुँचने पर सारा माल कड़ाह से बाहर खींचकर गोलाकार मिट्टी के थाल जैसे चाक में फैलाकर ठण्डा किया जाता है। उस्ताद अपने हुनर व कुशलता से उसे गुड़ बना देता है।

अपने बचपन में बाल-मजदूर रहते समय मुझे यह सब देखने-समझने का मौका मिला। मैंने रस पिलाई के बर्फीली सर्दियों के दिनों में कोल्हू हाँके और भट्टियाँ झोंकी। उन दिनों की कितनी ही घटनाएँ मेरे मानस-पटल पर अंकित हैं। यहाँ ऐसी ही एक घटना लिख रहा हूँ। उस समय मेरी उम्र सात वर्ष थी, अर्थात् उन्नीस सौ छियासठ-सड़सठ का समय होना चाहिए। उस समय की वह घटना मेरे बदतर अतीत की काली परछाई की तरह मेरा पीछा करती रही है। ऐसी स्थितियाँ आज भी दलित जीवन में अनगिनत हैं। किन्तु वर्तमान में मिलने वाले दिखावी मान-सम्मान की चमक में अतीत के सच को झुठलाने या छिपाने का उपक्रम हमारे दलित बंधु बड़ी संख्या में कर रहे हैं। मैं यह सत्योद्घाटन इसलिए नहीं कर रहा हूँ कि कोई मेरी पीठ ठोंके कि वाह, क्या हिम्मत की? या कोई मेरी अभिव्यक्ति पर थूके और सवाल करे कि क्या कुत्ते-सूअरों

जैसी जिन्दगी को बेपर्दा कर दिया। लोग जानेंगे तो तुम्हें किस नजर से देखेंगे? इत्यादि।

बात उस रात की है जब गाँव के पश्चिम में 'बड्डे' यादव के यहाँ मैं कोल्हू चला रहा था। मैं और मेरे बब्बा धोवना लदोई (मैली) जैसे मामूली मेहनताने पर वहाँ काम किया करते थे, मिलने वाला मेहनताना इतना कमतर होता था कि गुजारा करने के लिए लदोई खानी पड़ती थी। यूँ न्यूनतम मजदूरी कानून का पालन तो गाँव में आज तक नहीं होता। उस रात बड्डे ने बब्बा को कड़ाह के नीचे खोई-पाती झोंकने और मुझे कोल्हू हाँकने पर लगा दिया था। रात का समय था। उस वक्त मेरी उम्र के बच्चे अपने माता-पिता व परिवारों के साथ गहरी नींद सो रहे होते थे और मैं कोल्हू हाँकता था। घर पर मेरा कोई नहीं था। न माँ, न बाप, न भाई और न बहन। ताई उन दिनों मेरे दुख-सुख और जरूरतों से कोई सरोकार नहीं रखती थी। ताऊ गाँव से बाहर रहते थे। मेरा कोई अपना था तो पूरी तरह अँधे मेरे गंगी बब्बा ही थे, जो उस समय कड़ाह के नीचे खोई-पाती का झोंक लगा रहे थे, यानी हम दो की जोड़ी थी—एक नाबीना वृद्ध बुजुर्ग और दूसरा नाबालिग बच्चा। मैं कोल्हू के बैलों के पीछे-पीछे उन्हें हाँकता चल रहा था। एक अधेड़ उम्र का आदमी कोल्हू में गन्ना दे रहा था। हालाँकि, हमें रोज रात को काम करने की आदत पड़ गयी थी, फिर भी नींद कई बार अपना दबाव बनाती और मैं चलते-चलते ऊँघने लगता था। आखिरी कड़ाह मुँह-अँधेरे सूर्योदय से पहले उतरेगा, तब मैली मिलेगी। लम्बरदार (यादवों को बब्बा लम्बरदार या सरकार कहते थे) के मन में आया तो थोड़ा-बहुत धोवन भी दे देंगे, नहीं देंगे तो लदोई तो हमारी पक्की है। वह कुत्ते-सुअरों या बैल-भैंसों को नहीं दी जायेगी। मजूरी हमारे लिये गौण चीज थी।

मैली में कुछ अंश रस भी चला जाता था। साथ में रस-धोवन मिलता तो कहने ही क्या थे? थोड़ा पानी मिला कर घर में हम उसे किसी परात या तसले में छानते थे। पहले तो एक-दो गिलास ऐसे ही पी जाते। फिर थोड़ा-बहुत अन्न डाल कर पका लेते। कभी बाजरा डाल दिया तो कभी मक्का। चावल डालने का अवसर तो जश्न जैसा होता था। उन अभावों के दिनों में इस थोड़े में भी स्वाद था और सन्तोष मिश्रित मजबूरी भी। ज्यादा कुछ पाने की न तो कोई सम्भावना थी और न कोई महत्वाकांक्षा ही जागी थी। हमें भी मनुष्य होने के हक मिलें, यह लालसा जन्मी ही नहीं थी तब। चमरियाने में हमारा ही घर ऐसी मजबूरी में था। वैसे अधिसंख्य चमार-भंगियों की स्थिति बेहद खराब थी। परन्तु राजगिरी सीख लेने के कारण और जिनके पास आधा-एक एकड़ जमीन थी, वे लदोई खाना पसन्द नहीं करते थे। जो खाते थे, वे छिप-छिप कर अपराधी की तरह खाते थे। यादवों में धोवन या लदोई कुत्तों या बैल-भैंसों को खिलाई जाती थी।

ढेरों सवालों के साथ आज मेरी स्मृति में वह भयावह अतीत कौंधता है।

कितनी लम्बी संघर्ष यात्रा क्रम में जिन्दगी इस मुकाम पर पहुँची है, कहा नहीं जा सकता। जो सोने लायक नहीं था, वहाँ सोया, जो पहनने लायक नहीं था उसे पहना और जो खाने लायक नहीं था, उसे खाया। कैसी-कैसी मजबूरियाँ झेलनी पड़ीं, यह सवाल मेरे भीतर लावे की तरह आज तक जल रहा है। मैं अपनी विरासत को समझूँ, अपनी औकात को न भूलूँ, अपने हकों और जिम्मेदारियों को पहचान लूँ, इसके लिए जरूरी है कि अतीत को किसी चमकते लिबास में न लपेटूँ। बेशक गुलामी के दिनों का स्मरण वर्तमान का थोड़ा-बहुत सम्भावित चैन खोना है, परन्तु जो भूला नहीं गया, उसकी हत्या कैसे और क्यों की जाय? अपनी विरासत में गरीबी, जाति-अपमान और मानवीय हकों से वंचित रहना पड़ा। आजाद देश में मेरी विरासत सामाजिक गुलामी के बोझ से लदी रही। क्या मेरे परिजन और मैं आज भी बेघर, भूमिहीन और शरीरी-अशरीरी तिरस्कार के शिकार नहीं हैं?

जिन गुजरे दिनों की मैं बात कर रहा हूँ, उन दिनों गन्ने की बुआयी, ईख की खुदाई, फिर गन्ना छीलने, ढोने, कोल्हू चलाने, भट्टी में खोई-पाती झोंकने यानी हर स्थिति में हमारा श्रम शामिल था, लेकिन मिलता क्या था? कभी सेर आधा सेर अन्न, कभी दो वक्त की रोटी तो कभी धोवन या लदोई। रस या गुड़ इसलिए नहीं दिया जाता था कि यदि आदत बिगड़ गयी और रस मुँह लग गया, तो काम के बदले आने-दो आने व लदोई-भर मेहनताने से संतुष्ट नहीं रह पाएँगे ये चमार। अतः हमारी दशा बद से बदतर होती रही और सुधार के लिए राज्य या समाज की ओर से कभी कोई प्रयास नहीं हुआ। आजादी मिलने के बाद राज्य ने दलितों के लिए क्या कल्याणकारी काम किये, अकल्याण की पराकाष्ठा में रहते हुए मैं नहीं जानता। मेरे बब्बा, मेरी अम्मा, मेरी बहन, मेरे भाई तक एक किरन भी नहीं पहुँची सुधार और समृद्धियों के सूरज की।

विडम्बना यह है कि जहाँ गैर दलित जातियाँ स्वयं को केवल जन्म के आधार पर श्रेष्ठ मानती रही हैं, हम दलित खुद को जाति के कारण अछूत-नीच और खुद को कम दर्जे का इंसान मान आत्महीनता के शिकार बने हुए थे। समाज के लिए दी गयीं अपनी सेवाओं और कुर्बानियों का न तो हमें ज्ञान था और न उनके प्रति गौरव का अहसास। हम मनोवैज्ञानिक रूप से अपने आप के अधिक मारे हुए हैं। उन दिनों हमारे मृत पशु उठाने, लदोई खाने जैसी हीन जीवन-शैली को देखते हुए स्वजाति जन भी काफी नकारात्मक प्रतिक्रियाएँ करते थे। बहुधा वे चौपाल की चर्चाओं में कहते थे कि जाति की बेइज्जती अकेले 'राधे' के घर के कारण है। 'राधे' यानी मेरे पिता, परन्तु मैं कहता भी था कि 'जैसे ही मेरी हालत सुधरेगी, मैं बड़ो है जांगो तो कोई दूसरा काम करि लिंगो, अवई तो बचपन के दिन काटि लेने दो।' पर किसी को हमारी बदहाली से वास्ता नहीं था। 'बस गुलामी करनों छोड़ि देउ, जात की नाँक ऊँची करो।' यही उनकी रट होती थी। क्या काम करें, क्या खाएँ, पुश्तैनी

धन्धों से निकल कर किधर जाएँ, इसका विकल्प किसी के पास नहीं था। दिन में घरों के काम और रात को कोल्हू पर। यही सिलसिला उन दिनों चल रहा था। रात-भर के थके हारे, मैले-कुचैले कपड़ों से शरीर ढके हम दोनों बब्बा-नाती (दादा-पोता) सामने से आते दिखते थे तो दूर से ही लोग घृणा का भाव प्रकट करते थे। मीठा लगने के कारण कई बार मक्खियाँ भी कपड़ों पर भिनकती थीं। हाथों-पाँवों पर मैल की काली परतें जम जाती थीं। कपड़े बदलने के लिए दूसरी जोड़ी नहीं होते थे। बंजर खेतों में से बटोर कर लाए गये 'रेह' को मैं साबुन की जगह इस्तेमाल करता था। कोल्हू से लौटते वक्त हम बाल्टी लाठी के कुन्दा में डाल कर लदोई लाते थे। कभी मैं और कभी बब्बा अदल-बदलकर उसे हाथों में भी लटका लाते। जिस हाथ में लदोई की बाल्टी होती थी, उस ओर का मेरा पाजामा और बब्बा का अद्धा काला और गीला हो जाता था। दाग ऐसे जैसे कुत्ता ने काली-काली विष्टा कर दी हो। खैर, वे कपड़े भी क्या थे, निरे लत्ता-गूदड़ होते थे और हम साधनवान लोगों की नजरों में इंसान भी कहाँ थे? मनुष्य की शक्ल में हम जानवरों से भी गये गुजरे थे।

आजकल नौकरशाहों, समृद्ध लोगों के घरों में कुत्तों को मिलने वाली तवज्जो को देख कर अपनी गुजरी हुई जिन्दगी पर दुःख होता है। कई बार क्रोध भी आता है और कई बार अपने आपसे घृणा होने लगती है कि क्यों नहीं किया कोई विद्रोह उन दिनों मैंने? क्यों नहीं गया आजाद देश की किसी योजना का ध्यान हमारी ओर। मैं कोई अकेला नहीं, हजारों-लाखों मे से एक हूँ। मैं उन्हीं में से हूँ जो आज भी बदतर जिन्दगी जी रहे हैं। उनकी अस्मिता के लिए आजादी भी कितनी कम और कितनी सीमित है कि हमारी मेहनत का फल हमें नहीं दिला सकती। सामाजिक गुलामी की कारा में पड़े हमारे लिये स्वयं को आजाद कहना क्या बेमानी नहीं है? क्या दलितों की आर्थिक, सामाजिक और शैक्षिक बदतरी तुलनात्मक विकास की दृष्टि से बढ़ती नहीं जा रही? जिन पिछड़े उत्पादन क्षेत्रों और अविकसित समाज के सम्पर्क में मैं था, वैसी ही मेरी सोच-समझ थी। पर कोई चेतना थी जो दबे रूप में मुझे नई जिन्दगी प्राप्त करने के लिए प्रेरित करती थी।

वह लगभग उन्नीस सौ सड़सठ की कोई एक बर्फीली रात का आखिरी पहर था। हम दोनों कोल्हू पर काम कर रहे थे। उस वक्त बब्बा गन्ने की खोइयाँ और पाती कड़ाही के नीचे भट्टी में झोंक रहे थे। कड़ाही के नीचे आग की तेज लपटें चल रही थीं। एक छिद्र के रास्ते बब्बा भट्टी में ईंधन पहुँचा रहे थे। वर्षों का अभ्यास और अनुभव होने के कारण वे अँधे होकर भी अपने काम को ठीक से अंजाम दे रहे थे। उस्ताद के आदेश-निर्देश के अनुसार वे झोंकने की प्रक्रिया कम या ज्यादा तेजी से करते रहते थे। जब तक रस खौल कर चाशनी में बदल नहीं जाता था, तब तक तो 'झोंके जा गंगी' कह कर लोग अपने काम में लगे रहते थे। बब्बा झोंकते जाते, आग प्रचण्ड रूप से दहकती रहती और रस शनैः-शनैः अधिकाधिक गर्म होता जाता।

मैं कोल्हू हाँक रहा था। जब चक्कर कड़ाही की ओर आता तो कभी-कभी गड्ढे में बैठे झुँकाई कर रहे बब्बा पर भी नजर डाल लेता था। वे मुस्तैदी से अपने काम में जुटे रहते। इस बीच उन्हें मेरी जरूरत तभी पड़ती थी जब वे पेशाब करने जाना चाहते या उन्हें प्यास लगती। अन्यथा रस-चाशनी पक कर मिठाई (गुड़) बनने तक वे झुँकाई करने में मशगूल रहते। काम ज्यादा और प्रतिफल नाममात्र का होने के कारण मैं अपने विरोध की प्रतिक्रिया में कभी बैलों को पैनी आर (हाँकने वाले डण्डे की कील) ठोंक देता, कभी जोर से मारता, और इसके सिवा कर भी क्या सकता था? आधी रात गये क्या हुआ कि बब्बा जोर से चिल्लाए—'जरिगओ लम्बरदार, बचाओ, लल्ला सौराज!' आवाज जैसे उनकी मूँछों में फँस कर रह गयी हो। मैं हड़बड़ाया भाग कर गया, तब तक पताई में आग फैल गयी थी और बब्बा के अद्धा (आधी धोती ही उन्हें हमेशा पहनने को मिल पाई थी इसे अद्धा कहा जाता था) का कोना पकड़ कर आगे बढ़ रही थी। अतः उन्होंने तुरन्त अद्धा उतार फेंका था और अन्दाजे से उस गड्ढे जैसी जगह से बाहर निकलने का प्रयास कर रह थे। नीचे से वे काफी कुछ झुलस गये थे। मैं उनसे लिपट गया। अच्छी बात यह थी कि उस वक्त तेज हवा नहीं थी और गड्ढे की पताई का सिरा बाहर के ईंधन से अलग था। यदि आग झोंपड़ी में चली जाती तो वह बेकाबू हो जाती और बहुत कुछ स्वाहा हो जाता। वहाँ जितने लोग मौजूद थे, सभी ने मिट्टी-पानी की मारा-मारी कर आग तो बुझा दी, किन्तु उन लोगों ने हमें बहुत बुरा-भला कहा। माँ-बहन की गालियाँ ऐसी कि मैं उद्धृत नहीं कर सकता।

जब वे जाति को बुरा कहते थे तो बब्बा को गुस्सा आता था, पर उस वक्त तो वह मादर जात नंगे शर्मसार हुए सिमट कर दूर बैठे थे। जैसे अस्मत लुटी कोई सद्चरित्र स्त्री सहमी-डरी बैठी हो। बेहद डरे-डरे से। उनका वह डर, वह कातर धड़कता हृदय मेरी स्मृति में आज भी उसी तरह धड़क रहा है और उनका डरा-सहमा शरीर तथा नेत्रहीन चेहरा लगता है, अभी मेरे सामने मौजूद है। वह दृश्य मेरे ध्यान में आते ही मैं विचलित हो उठता हूँ और ऐसा लगता है, सब कुछ आज रात ही घटित हुआ है। रात का वह पहर बर्फीली सर्दी और आग की तपिश के विरोधाभास से भरा था। हालाँकि, भट्टी झोंकते वक्त सर्दी दूर थी, परन्तु अब दूर, नंगे बैठे बब्बा काँपने लगे थे। "लम्बरदार, एकु छोटो सो लत्ता दै देऊ, मैं अपनो आगो-पीछो ढाँकि लेंऊँ।" बब्बा ने रिरियाते हुए स्वर में कहा था। गनीमत यह थी कि रात थी और वहाँ कोई महिला उपस्थित नहीं थी, तथा कोल्हू भी गाँव से कुछ दूर था, अन्यथा अश्लीलता प्रदर्शित करने के आरोप में उनकी मार-पीट भी सम्भव थी। फिर भी लोग सहानुभूति और सहयोग के बजाय गुस्सा ही अधिक दिखा रहे थे। 'अनेगी' यादव ने कहा था—"जब तेरी आँखें ही फूटि गयी हैं तो झोंकने कूँ काए आवतु है अपनी ऐसी-तैसी करावनु कूँ? तू घर बैठे करि, जो लौंडा तौ अँधों नाँई है? तू जाइ झोंकन कूँ भेजि दे करि।" बड्डे यादव ने भी कहा—"इन कमीननु की आदतें ही खराब हैं। दावत में

बुलाओ तो अँधा लठिया पकरिवाई नाती कूँ संग लै आवतु है' कोल्हू पै बुलाओ तो लौंड़ा के संग अँधा आवतु है। सारी दुनिया की कंगाली हमारे गाँम के इन ससुरे चमरनु पै ही आयी गयी है।'' इस तरह जो जिसके मन में आ रहा था, हमें भला-बुरा कह रहा था।

रस गाढ़ा होकर शनैः-शनैः गुड़ में बदलता जा रहा था और उदित होता सूरज हमें उदासी और कड़वाहट से भरता जा रहा था। कैसी विरोधाभासी स्थिति में थे हम। गुड़ बनने की करीबी दशा में पहुँचे रस को शीघ्र ही बाहर खींचना जरूरी था। जरा भी देर करने का नतीजा रस जला लेना होता था। रस जल जाता तो गुड़ में जलने की गंध आने लगती थी। इसलिए प्राथमिकता उसे खींच कर चाक पर फैला लेने को दी गयी थी। दो-चार बाल्टी पानी डाल कर कड़ाह भी धो दिया गया था और कनस्तर में धोवन खींच लिया गया था। वैसे हमें लदोई के अलावा धोवन मिलने के मौके कम होते थे। किन्तु उस रात तो ऐसा लग रहा था कि धोवन क्या, लदोई भी शायद नहीं मिलेगी। कभी कोई धोवन या एकाध कटोरा शुद्ध रस दे देता तो हमारा हृदय उसके प्रति कृतज्ञता भाव से भर जाता था। उनका काम हम और ज्यादा खुशी से और ज्यादा मन लगाकर करते थे। ऐसा नहीं कि गाँव में सभी यादव क्रूर, असभ्य या अनुदार ही हों या सब सम्पन्न ही हों। जिनके पास जमीनें थीं, उन्हीं की दशा ठीक थी। जो लोग शिक्षा और गाँव में चले 'आर्यसमाज' के सम्पर्क में थे, वे कुछ सुधरे हुए भी थे।

बब्बा की शरीरी नग्नता को ढकने के लिए मेरे पास केवल एक पैबन्द लगी फटी कमीज थी। पाजामा वह पहन नहीं पाते। वैसे मेरे पाजामे के नीचे नेकर तक नहीं होता था। इसलिए मैंने कमीज ही उतार कर उन्हें पकड़ा दी। लंगोटी की तरह उन्होंने उसे बाँध कर अपने गुप्त अंगों को ढका था। बब्बा अभी भी कोई लत्ता माँग रहे थे। ऐसा नहीं कि वहाँ किसी के पास अतिरिक्त कपड़ा उपलब्ध न हो। अद्धा या अँगोछा तो मिल ही सकता था। लेकिन संकट यह था कि एक अछूत (चमार) के शरीर से छूने के बाद कपड़ा वापस तो लिया नहीं जा सकता और बेजान होने के पहले कोई वस्त्र दान नहीं किया जा सकता। इस कारण किसी ने कोई वस्त्र उन्हें नहीं दिया था। उधर मैं कमीज के बगैर सर्दी से काँपने लगा। इसी बीच कनस्तर में भरी लदोई में कुत्ते ने मुँह डाल दिया। मैं उसे भगाने दौड़ा, तब तक वह अपनी मुहर लगा चुका था। कोल्हू में गुड़ वाले आपस में बातें कर रहे थे—'अरे जाइ कोई पूरो लत्ता दे देउ, नाइ तो दिनु लिकरे काउ बहू बेटी की नजर इन मनहूसनु पै परि गयी तो दिन-भर को काम-धन्धों खराब है जाइगो। इन चमरनु लदोई दै देउ, थोड़ी मिठास चटाइ के टालौ। इन कमीन-बच्चोदनु, (गाली) कौड़ी को सलीका नाँए है। न जाने इनें कब अकल आवैगी। इन्हें जल्दी दफा करो, मुँह अँधेरे-अँधेरे जाइ घुसें चमरियानें में।

बब्बा के विवेक की आँखें अपनी नग्नता और विवशता को देख रही थीं। वे शर्मसार थे। उन्हें इससे भी ज्यादा डर इस बात का था कि अगर गाँव में यह बात फैल गयी कै गंगी ने कोल्हू की भट्टी झोंकते आग लगा ली, तो आगे से कोई काम पर नहीं बुलाएगा। चाचा की मौत के बाद बब्बा की शक्ल में मेरे बचपन को जो विरासत मिली थी, वह कितनी दयनीय याचक स्थिति में पहुँच चुकी थी। वह तस्वीर ऐसी ही उदासी और मजबूरी से समझौता करने वाली है। उसमें मैं अपनी कल्पना से कोई विद्रोह, कोई शाब्दिक उत्तेजना भरना नहीं चाहता। वह जो स्थिति थी, सो थी। हाँ, जैसे-जैसे मेरा बौद्धिक विकास हुआ है, वैसे-वैसे अतीत की स्थितियों को लेकर मैं बेचैन रहा हूँ और देश की दलित-विषयक सामाजिक गतिशून्यता के प्रति चिन्तित भी।

"तो लम्बरदार हम जाएँ?" बब्बा ने प्रश्नवाचक मुद्रा में पूछा था। जबाव मिला—"जाइगो नाइ तौ का नौता (दावत) खाइकें जाइगो?" "लम्बरदार" नैंक धोवनु तो दै देउ। घर जाइ कें एक मुठी बाजरा डारि कें रांधि खांगे" बब्बा नर्म तो यादव जी और सख्त होकर बोले—"आज धोबुन माँगि रओ है। कलि कूँ रस माँगन लगिये और परसों मिठाई माँगिये। तुम्हारे ही ताँई तो पानी लगाइ-लगाइ कें ईख पालत हैं हम। अरे तुम्हें खवाबन तें तो अच्छों है बद्धनु (बैलों) की सानीं करि दें।" 'बड्डे ने गुस्से में तनतनाते हुए यह बात कही, तो बब्बा ने दुखी मन से मरियल आवाज में विनती की—"करिदेउ लम्बरदार, जो चाहो सो करि देउ, हम सबरु करंगे'। इतना बोलकर वे उठ खड़े हुए। "चल लल्ला चल।" तो बड्डे ने कहा—"सबरु काए को लै जा लदोई, जा में का दोषु है?।" "कुत्ता ने झूठी कर दई है।" मैंने दखल दिया। "अरे इन कमीननु कूँ धोवना देए और टालो।" उनके बेटा अनेगी ने हिकारत के साथ कहा। बब्बा को लगा, लम्बरदार गुस्सा तो हैं पर वे बगैर कुछ दिये नहीं भेजेंगे।

मैं कड़ाही से कुछ दूर बाल्टी का कुन्दा पकड़े खड़ा था इस उम्मीद में कि धोवन मिलने वाला है। लेकिन नहीं, वे तो मैली ही दे रहे थे मुझे। "मैं लदोई नाई लिंगो, कुत्ता की झूठी है।" पीछे हटते हुए मैं बोला। बब्बा के कान तेज थे। सुनते ही बोले—"लम्बरदार, जो का कर्रए हो? हम बस्सों तें तुम्हारी टहल मजूरी कत्त आये हैं, राधे के मन्न के बाद तें तो हम तुम्हारे ही आसरे पे जिए हैं। घर, खेत, बुआयी, नराई, घास, कुटी सब ही काम तो हम कत्त रए हैं। भेलिनु छटाँक-भर मिठाई (गुड़) मिल जाइगी, तो हमारी हू जीभ मीठी है जाइगी। हम भेलिनु में रह कें रस की एक-एक बूँद कूँ तरसत हैं। लम्बरदार, रात-दिन झुँकाई-हँकाई और ढुवाई के बदले बस जो लदोई सोउ लदोई हू आज कुत्ता की झूठी। जिंदी मक्खी नाँय लीली (निगली) जात लम्बरदार।"

"बाहर कड़हा चाटौ है। भीतर मौ नाँय घूंसिदओ कुत्तन ने। औकात मत भूल गंगी रस और धोवन की मत सोच, जो मिल जाए सो खुशी तें लै जाए करि और तू तो अंधा है, जा लौंड़ा तें कह आँखें मूँदि के खाइ ले करै। तैनें खेतु नाई खोदो

है, भट्टी झौंकी है और कोल्हू हाँको है, दुए गन्ना उठाई ले सौज्जा।" मेरी ओर इशारा किया, लम्बी जद्दोजहद के बाद छोटे बेटे का दिल पसीजा। वह बोला—"लै गंगी, आधी बाल्टी धोवन ले जा।" और धोवन देकर हमें टाल दिया।

आपस में बतियाते हम दोनों अपने मोहल्ले की ओर चल पड़े। चमरियाने से पहले मुस्लिमों (तेलियों) के घर पड़ते थे। उनके बीच से गुजरते हुए 'बब्बा को लोग क्या कहेंगे?' मैं यह सोच-सोच कर डर रहा था। दिन निकल चुका था। खुले में शौच के लिए लोग सवेरे-सेवेरे घरों से बाहर आ-जा रहे थे। किसी ने देखा, किसी ने नहीं देखा, फिर कमीज ही सही, कपड़ा तो शरीर पर था ही। मैं बब्बा को लेकर जल्दी घर में घुस जाना चाहता था। घर से पहले दो चौपालों और कुएँ के पास से गुजरना पड़ता था। इन तीनों जगहों पर लोग जमा होते थे। मखनी, रमचन्दी और पैजू ने देख कर पूछा—"तेरी कमीज और अँधे को अद्धा कहाँ है रे सौराज!" हालाँकि, बब्बा उनके सगे वंशज थे, रिश्ते में उनके ताऊ या चाचा थे। परन्तु दरिद्रता में घिरे बब्बा को वे 'चच्चा' बब्बा कहने के बजाय 'अँधा' या गंगी कह कर सम्बोधित करते थे। यह सम्बोधन उनका नाम नहीं, स्थिति था।

छिपाने की कोशिशों के बावजूद रात को लगी आग की बात गाँव मौहल्ले में आग की तरह फैल गयी और अगले दिन काम मिलने की उम्मीद कम हो गयी। बस्ती के लोगों ने सहानुभूति दिखाने या सहयोग देने की बजाय उल्टी-सीधी नकारात्मक प्रतिक्रियाएँ व्यक्त कीं। हमारा उपहास उड़ाने वालों में डोरी भी शामिल थे। लब्बो-लुबाव यह कि 'तुमने बिरादरी की नाक कटाईं दई, कि तुम्हारो घर मौहल्ला की देह पै एकु भद्दो दाग है, कि 'तुम तो भंगिनु तेंऊ गिर गये', इत्यादि बोलते हुए वे बब्बा को चौपाल के नीचे जमीन पर बिठाकर हिदायतें दे रहे थे। उनका व्यवहार लगभग वैसा ही था जैसा कथित उच्च जातियों के लोग दलितों के साथ किया करते थे। वे कह रहे थे—"बबुआ (मेरे ताया) ने जूता गाँठन को काम करिकें नाक कटाइ और गंगी, तूने गाम-भर में ऐन्नु (यादवों) की चाकी पीसनो, मशीनें खींचनों, खात-कूड़ों ढोवनों ऐसे काम करे हैं, जो हमारी बिरादरी की बड़ी बेइज्जती भई है। अब तू जा सौराज कूँ हू गुलामई कन्नौ सिखाइ रओ है, का उनके तुम लदोई धोवन खाइ कें कुत्ता, सुअर से मवेशी नाँय बनि गये हो, तुम्हें इंसान कौन कहेगो? तुम्हारो हुक्का-पानी तो बहुत दिन तें बन्द है। तुम बिरादरी तें तौ छिकें ही हो, अब तुम गाँव में रहन केउ लाइक नाँय हो", ...इत्यादि।

उस दिन बात ठण्डी भी पड़ जाती, लेकिन उस समय एक तो बब्बा ने कुत्ता की झूठी लदोई न लाने की बात जाहिर कर दी, दूसरे चौपाल पर आ बैठे शकूर अली तेली ने अपने व्यंग्यों के वार शुरू कर दिये थे—"अरे गंगी, तुम्हारे हिन्दू तो कुत्ता की जीभ में अमरत बतावे हैं। जहाँ कुत्ता की जीभ पहुँच जावौ है, वहाँ बड़े से बड़ा जख्म लार से ठीक हो जावै हैं। तो तुम कुत्ता के चाटने के बाद लदोई ही छोड़ आये?"

बब्बा उबल पड़े, हाथ की रगड़ से चिकनी व एक ओर से पतली पड़ गयी लाठी की मूँठ पकड़ी और तन कर खड़े हो गये बोले—"शकूरा तू जातु है कै लठिया खाइगो? आओ हमारे घावनु पै नमक छिड़कन वारो? तोइ अमिरतु लगतु है तो जा, चलो जा लै आ कुत्ता की झूठी लदोई और खाई लै।"

हर यादव बच्चे को बब्बा लम्बरदार या सरकार कहते थे, परन्तु जाने क्यों यादवों पर भरोसा करते थे और मुसलमानों को अविश्वसनीय मानते थे। चाकी पीसने, कुट्टी (मशीन) खींचने और खाटें बुनने से जो रुपया-दो रुपया बचाते, रामसिंह प्रधान की माँ के पास जमा करते थे। वही उनकी पक्की विश्वस्त बैंक थीं। न जाने क्यों वह हिन्दुओं को अपना और मुसलमानों को गैर समझते थे। हालाँकि यह उनका पूर्वाग्रह ही था। जबकि हिन्दुओं ने उनसे हाड़तोड़ काम लेने में कभी नहीं की हो या पूरी मजूरी दी हो इसके उदाहरण नहीं थे। जब कमी शहर से हिन्दू-मुस्लिम झगड़े की खबर मिलती हमारी पूरी बस्ती अपने गाँव के मुसलमानों से चौकन्ना होने लगती। जबकि मेरी स्मृति में ऐसा एक भी उदाहरण नहीं है, जिसके आधार पर मैं कह सकूँ कि सवर्ण हिन्दुओं की अपेक्षा मुसलमानों ने हम पर कोई हमला किया या स्पृश्य हिन्दुओं की अपेक्षा अधिक अस्पृश्यता का बर्ताव किया। परन्तु हिन्दू धर्म-प्रचारकों ने मुसलमानों की नकारात्मक छवि हमारे मन में बिठा दी थी। मानो वे इंसान ही न हों, जबकि इंसानियत के मामले में कुछ हिन्दू लोग तो मुसलमानों के पाँव के धोवन भी नहीं थे।

अगले दिन बब्बा ने झुँकाई के लिए बुलाने आये रसवन से कहा—"अब तुम अपने पौएनु (पशुओं) को रस खवाई दे करो, अब हम कछु और करि खाँगे।"

"सो तो ठीक है गंगी, पर तुम खाउगे का? हमारी नाइ तो काऊ और की गुलामी करोगे, रहोगे तो तुम गुलाम ही,' तुम राजा तौ नाँइ बनन वारो।"

"हाँ साहब, जो मजबूरी तो देखि लई है तुम सबने। हमने जाने किन भगवान ससुरे ने ऐसी जिन्दगी दई, हम पै जब जमीन-जाइदाद कुछ नाई है, एक अच्छरु हमारे खानदान के काऊ ने नाँई पढ़ो। गुलमई नाइ करेंगे तो और का साहबी करंगे?"

इस तरह हम दोहरी हिकारत के शिकार हो रहे थे। उन दिनों न जात-बिरादरी में हमारी कोई जगह थी और न जाति के बाहर कोई वजूद। अपने जाटवों में, चमार तेलियों, यादवों और बनियों में चमट्टा थे हम। हालाँकि, हमारे जात-भीतर के भेद अन्य जातियों के लिए नहीं थे। वे सभी को चमार ही सम्बोधित करती हैं, जबकि स्कूल गये बच्चों के पास जाति प्रमाण पत्र में जाटव लिखा है। मैं भी उसी पंक्ति में आता हूँ। पता नहीं कैसी नफरत थी हमारे प्रति लोगों की। मुसलमानों का हिन्दुकरण हो चुका था, उनकी नजरें उपेक्षा से भरी रहती थीं। जिन्हें हम 'दादी' कहते, ऐसी तेलिन जब मूड़ में होती तो अन्योक्ति के माध्यम से गालियाँ देती। कभी भैंस से कहती—'पी ले पानी पी ले, तोइ चमार चीरें।' कभी कुतिया को डण्डा मारते हुए बोलती—"कैसी

चमरिया-सी निठल्ली बैठी है। उठि, नाइ तो टाँगे तोड़ चमरियाने में फिंकवाह दिउँगी।''

मैं जब कुछ बड़ा हुआ तो शरारती लड़कों की टोली में शामिल था। हम कहते, 'अर जो तेलिन-भैंस, मरे तो हम चीरें, अरे देखो भैंस मरि गयी कै नाई? गिद्ध उड़िरए हैं या नाई?' हम व्यंग्य कसने लगे थे।

अगली रात अचानक गंगा पार से कुछ रिश्तेदार गाँव आ गये और जल्दी ही उनके कानों में हमारी स्थिति उँडेल दी गयी। शाम के खाने के बाद मैली-प्रसंग छेड़ दिया गया। हालत चाहे कितने भी खस्त हों, परन्तु शेखी मारने, स्वयं को बहौरे सम्पन्न (व्यक्ति) दिखाने का अभिनय गंगा पार अलीगढ़, बुलंदशहर के चमारों में आज भी कुछ ज्यादा ही है। छोटे चच्चा के बहनोई बोल रहे थे—''अरे साव, हमारे गाँव में मजाल है कोई अपनी बिरादरी कौ एकऊ आदमी काऊ ससुरे ठाकुर जाट की मजूरी करिवे जाए और गे मैली, धोवना...छी-छी-छी, गे तो हमारे गाँव के भंगी-कंजर तक अपने जानवरों को नाई खवावत। भई तुम्हारे गाँव के चमार बहुत बुरी हालत में हैं।' पैंजू ताऊ ने सफाई पेश की—''अजी ऐसी बात नाँय है, जो एकुई घर कंजरनु को है गओ है, जो है हमारे ही खानदानी पर खानदान की नाक कटाइ राखी है इनने। 'मुसटिया', अवई कुछ कमावन लाक नाइ है।'' उम्र में सबसे छोटा बाल मजदूर होने के कारण खचेरु ताऊ ने मेरा नाम मुसटिया (चूहे का बच्चा) रख दिया था। मेहमानों का उकसावा पाकर चौपाल पर पंचायत बैठ गयी। मैं और बब्बा वहाँ ऐसे पेश हुए जैसे अदालत में कोई अपराधी या किसी राजा के सामने उसकी रियाया पेश होती है। उस वक्त खाट पर भी किसी ने नहीं बिठाया था। निर्णय और आदेश पहले से ही तैयार थे। ''तुम कुआँ को पानी लेनो बन्द करौ और सुनो, तुम दवकि छुपकि कें मरे जानवरन को कलिया खानो बन्द करो। आइंदा खबर लगी तो तुम्हारौ कारो मौं करि कें गधा पै बैठाइ कें घुमाइ दओ जाइगो।'' ये फरमान तो हमारी अपनी चमार बस्ती के थे। सवर्णों, यादवों या मुसलमानों के व्यवहार तो कहने ही क्या थे।

जब तक बंदिशें घोषित हुईं कि तुम शादी-विवाह में, कथा भागवत में, तेरहवीं (मृत्युभोज) में संग बैठ कर दावत नाँय खा सकत, तब तक बब्बा सुनते रहे, लेकिन जब जोर देकर दोहराया कि 'तुम कुआँ को पानी नाँय लै सकत,' तो बब्बा पूरे आवेश में उठ खड़े हुए, और गुस्से से तमतमा कर बोले—''तुम्हारी ऐसी-तैसी ससुरेओ तुम कौन होतौ पानी रोकन वारे? तुम्हें खबरि है? जो कुआँ मैंने ही खोदो, मेरी ही जगह में है, अब पन्द्रह-बीस साल में मेरी पानी लेन का हकु हू चलो गओ? अरे ससुरे तुम चमार ना हौ ठाकुरों-बांभननु के चोदे हो तो खोदि लेउ अपने-अपने घन्नु में अलग-अलग कुआँ, हाँ, तुम अपने जज्ञ में मत न्यौतियों हमें, बस।'' बब्बा ने व्यंग्य में कहा।

यद्यपि आज भी मेरे पास अपना घर, जमीन या कोई और बुनियादी साधन नहीं है, फिर भी शिक्षा, आय और साहित्य में मेरी स्थिति निरन्तर बढ़ती गयी है। लेकिन मैं तकनीकी तौर पर बाहर हूँ, पर मुझे इन अट्ठाईस-तीस सालों में कभी भी यह कमी

महसूस नहीं हुई कि मुझे दावत देकर अपनी जाति में लौटना है। मैं स्वतः चमार हूँ। व्यवहार में शिक्षित पीढ़ी में अब वैसी घृणा करने के बजाय आज मेरा पर्याप्त मान-सम्मान है। वे मुझसे अपेक्षाएँ करते हैं। पूरे गाँव में मैं अपनी सामाजिक, साहित्यिक गतिविधियों के कारण लोकप्रिय रहा हूँ। स्व जाति क्या, यादवों में भी आज मुझे ऐसा घर खोजना पड़ेगा जो मुझे बर्तन में खाना न दे या खुली अस्पृश्यता का बर्ताव करे। हाँ, मेरा छोटा भाई व ताऊ तकनीकी रूप से दावत देकर जाति में लौट गये। मुझे यह मूर्खतापूर्ण उपक्रम लगता है। रही बात जुड़ने की सो मैं किसी से अलग नहीं, बल्कि मैंने आगे बढ़ कर घर में बच्चों को पढ़ाने की प्रेरणा दी है। मैंने ही दस-पन्द्रह साल टोने-टोटके, भूत पूजा और तमाम बुराइयों के विरुद्ध मुहिम चलाई थी। शिक्षित पीढ़ी यह जानती है।

प्रधान अध्यापक कुँवर बहादुर यादव गाँव से प्रस्ताव लेकर आये कि—पाँच स्कूल मिलकर 26 जनवरी पर तुम्हारा सम्मान करना चाहते हैं। वे एक सप्ताह मेरे घर पर ही रुके बिना छुआछूत के।

मैं जानता हूँ कि रस की मैली, मुर्दा मवेशी का मांस या चाश्नी का धोवन किसी का भी सामान्यतया पसन्दीदा भोज्य नहीं हो सकता, आपतकाल में तो ऋषियों तक को पशुओं का मांसाहार करना पड़ा। हिन्दी में गुरु रैदास भक्त कवि होने के साथ-साथ चर्मकार भी थे। मराठी के प्रसिद्ध सन्त-कवि चोखामेला आजीवन मृत पशु उठाते रहे और बेलदारी करते वक्त, शरीर पर दीवार गिरने से उनकी मृत्यु हुई। डॉ. अम्बेडकर ने पूछा था—अछूत कवि की कविता को पूजने वाले हिन्दुओं ने उनकी पेट-पूजा के लिए क्या किया?" आज के उन्नत समाजों में तो ताजा मांस प्रमुख भोज्य है, परन्तु मैंने जो मैली खाई, वह रस नहीं था, रस का मुर्दा रूप था और वह मांस, जो मुर्दा पशु के शरीर से निकालना पड़ा, वह भी मेरे लिये खुशी या लज्जत-भरा नहीं था। तब मैं उस बीते हुए अतीत के भोज्य को लेकर आज गर्व करूँ या शर्म? जो जिन्दगी नहीं मिल सकी, उसकी स्मृति को लेकर हँसूँ या रोऊँ? लेखक होने के नाते तटस्थ तो नहीं रह सकता। आज अभोज्य भक्षण की विवशता नहीं, इसलिए मैं पूरा भोजन लेता हूँ। यहाँ तक कि पिछले दस-पन्द्रह साल में कई बार कई देशों की बेहतर शराबें भी मैंने पी देखी हैं। रूस, चीन और दूसरे देशों के भोजन भी खाए हैं, परन्तु मैं आदी नहीं हूँ, व्यसन का गुलाम भी नहीं, तब कौन कह सकता है कि लोगों को बुरी हालत में रहने की आदत होती है और वे खुद को बदलना ही नहीं चाहते। बचपन में मैं एक मजूर के रूप में बीड़ी पीता था, बब्बा के साथ नारियल का हुक्का गुड़गुड़ाता था। परन्तु वह मेरी आदत कभी नहीं बनी। मुझे शुरू से पढ़ने और लिखने से बड़ी कोई तलब नहीं रही।

पूर्वजों के बारे में चलते रहे मेरे मंथन का नतीजा थी। रविवासरीय जनसत्ता में छपी यह कविता।

मेरे पूर्वज

मेरी
स्मृतियों में
बार-बार आ रहे
मेरे पूर्वज
मेरे अस्तित्व पर
छा रहे मेरे अग्रज
मेरे कण्ठ से
वेदना को विद्रोह
बनाकर—गा रहे—
मेरे पूर्वज
सुबह के
प्रकाश की
किरणों के साथ
तुम्हारे आँसू
ओस की बूँदों की भाँति
दूर-दूर तक
छा गये मेरे पूर्वज
तुम सामान्य
रह कर न जी सके तो
तुम्हें महान बनने के
मौके कहाँ थे?
तुम्हारा धर्म
तुम्हारे विचार
किसी के बँधुआ थे
और तुम
अपनी तरह के अनोखे
धर्मात्मा थे मेरे पूर्वज
तुमने
छिपा लिये थे
सन्तापों के
समुद्र अपनी आँखों में
और तुम
शोषित
होने के सन्दर्भों से
बेखबर थे मेरे पूर्वज
मैं तुम्हारे
जिस्म का
अंश-भर ही नहीं हूँ
तुम्हारी विवशताओं की
विरासत भी हूँ
कौन जाने कि
मेरे भीतर
तुम्हारे आँसुओं
की ताप-भाप
मेरी अभिव्यक्ति-की
सृजनकारी
आग्नेय ऊर्जा
तुम्हारी है मेरे पर्वूज
कहने को
तुम थे अछूत
पर सच तो यह भी है कि
वे तुम्हारी
निस्वार्थ सेवाओं को
छू नहीं सकते थे।
जो नीच थे आचारण से
अनैतिक थे चरित्र से
असभ्य थे व्यवहार से
और रिक्त थे प्यार से
जो मुखर थे तुम्हारी खामोशी से
तुम्हारे तिरस्कारों
की लक्षणाएँ
तलाशी नहीं जा सकतीं।
प्रतीकों में नहीं
रखे जा सकते
तुम्हारे वास्तविक संघर्ष
मैं साक्ष्य भी नहीं

परिणति जरूर हूँ
मैं तुम्हारी
विरासत की हदों में
अमानत के
एहसास से भरपूर
मेरे पूवजों!
मैं तुम्हारे
स्वीकार का
नकार हूँ।
तुम्हारे
अतीत का भविष्य हूँ।
तुम्हारे
बन्द हुए रास्तों'
खो गयी मंजिलों का
दिशासूचक हूँ
सपनों में रहते
स्मृतियों में बैठे
चित्र के चरित्र का
वास्तविक बिम्ब हूँ।
मेरे पूर्वजो!
मैंने जो कहा है
क्या उसके लिए क्षम्य हूँ?
मेरे पूर्वज!

दिल्ली : बड़ी दुनिया में छोटे कदम *

एस-3 जनता मार्किट, राजौरी गार्डन, दिल्ली में मौसा श्री देवीदासजी का दुकाननुमा एक कमरे का मकान था। किराया तीस रु. महीना। इससे पूर्व वे जे ब्लॉक में चौदह आना मासिक किराये पर भैंसों की डेरी में अपने बच्चों के साथ रहा करते थे। कमरे के बाहर बरांडे में बैठ कर मौसाजी कुरुम के चमड़ा सोल के जूते बनाते थे। दिमागी तौर पर वे उच्च कोटि के कारीगर थे, पर माली हालत कमजोर थी। मौसा सुखदेयी जी उसी में ठोंक-पीट करते रहते थे। फर्श काटकर पत्थर गाड़ रखा था। तिरपाल डालकर गरीब मुसलमानों की तरह आड़ बना रखी थी। कमरे के अन्दर अचान पर कपड़े और जूतों का सामान रखा रहता था। नीचे कोने में चमड़ा सिलाई करने वाली मशीन रखी रहती थी। और दूसरी ओर कोयले की अँगीठी। कभी-कभार स्टोव पर नहीं तो प्रायः अँगीठी पर मौसी खाना बनाती थी। अलग-से कोई रसोई नहीं थी। शौच के लिए हम नगरपालिका के शौचालय में जाते थे।

मौसीजी शरीर से काफी भारी थीं। बीमारियों में दवाओं और ऑपरेशनों के कारण मोटापा बढ़ गया था, इसलिए वे कोई भारी काम नहीं कर पाती थीं। थोड़ी-सी भी मेहनत करने पर हाँफने लगती थीं। बच्चों के कपड़े-लत्ते धोना भी उनके लिए मुश्किल काम होता था। इतवार का तो पूरा दिन कपड़े धोने में गुजर जाता था। पर वे हाँफते-हाँफते घर के सभी काम किया करती थीं। पानी दूर से लाना पड़ता था। नगरपालिका का सार्वजनिक नल घर से काफी दूर था। भाई नत्थूलाल मुझसे पाँच-छह साल बड़े थे। कद ऊँचा, लेकिन मौसाजी की तरह शरीर दुबला-पतला था। मौसीजी के घर में पानी के लिए दो बाल्टियाँ थीं, जिन्हें भरकर हम दोनों नल से एक साथ लाते थे। नत्थूलाल जल्दी हाँफने लगते थे, क्योंकि वे मेरी तरह कठोर काम करने के अभ्यस्त नहीं थे। पानी एकदम खारा होता था, लेकिन पीने की मजबूरी ने अभ्यास करा दिया था। पानी ढोते वक्त मैं अति

* आखर, सम्पादक डॉ. गोविन्द, दैनिक अमर उजाला, 17 मार्च, 2007

उत्साह दिखाते हुए दूसरे हाथ में नत्थूलाल की बाल्टी भी उठा लेता था। इससे मेरे दोनों हाथों के भार का सन्तुलन बन जाता था। पर जब मौसीजी दूर से देखतीं कि सौराम दोनों बाल्टियाँ अकेला ला रहा है तो वे नत्थूलाल को डाँटतीं थीं। वे सफाई देते थे–"मैं क्या करूँ इसने खुद ही मेरी बाल्टी ले ली है। यह पहलवान बन कर दिखाता है मुझे।"

दैनिक अखबार अमर उजाला से

उस समय की बहुत-सी यादें मेरे जेहन में मौजूद हैं। मसलन उन दिनों शाम को नत्थूलाल, नरेश और मैं यानी हम तीनों भाई घर के ठीक सामने हनुमान मन्दिर पर हर मंगलवार को बूँदियों का प्रसाद लेने जाया करते थे। जो भी स्त्री-पुरुष प्रसाद चढ़ा कर मन्दिर से बाहर निकलते, हम उनके सामने जा पहुँचते और वे हमारी हथेलियों पर थोड़ी-सी बूँदियाँ रख देते थे। बल्कि कुछ लोग दूर से बुला कर प्रसाद देते थे। उस पत्थर की मूर्ति में कोई अदृश्य शक्तियाँ विद्यमान हैं, ऐसा मेरा भी विश्वास था। इस कारण प्रसाद खाते और अपनी तरफ से प्रसाद न चढ़ा पाने के कारण यह डर बना रहता था कि कहीं हनुमानजी को एतराज न हो कि लड़के प्रसाद खाते तो हैं, पर चढ़ाते नहीं हैं। इसी तरह मैं पूजा-पाठ के लिए अपने साथ अपने गाँव से बंगाली बाबा को ले गया था। बंगाली बाबा का इतिहास मुझे आज तक पता नहीं। पर मैं हर शनिवार को प्रसाद के रूप में पाव-आधा पाव जलेबियाँ खरीद लाता और बाँटता था। मेरी जलेबियाँ खाने वाले घर के ही चन्द सदस्य थे। शायद ही कभी कोई बाहर का व्यक्ति प्रसाद खाने में शामिल हुआ हो। मौसीजी-मौसाजी और भाई नत्थूलाल मुझ पर हँसते थे, कि ये बंगाली बाबा क्या होता है? जबकि नत्थूलाल साइंस के छात्र होकर भी शुक्रवार को सन्तोषी माता का व्रत रखते और गुड़-चने का प्रसाद बाँटते थे। शायद उन्हीं दिनों सन्तोषी माता की पूजा का प्रचलन आरम्भ हुआ था। मौसाजी भी गाँव वालों को मूर्ख और शहर वालों को थोड़ा होशियार मानते थे। इसलिए इसी नजर से वे मेरे 'बंगाली पूजन' को देखते थे। पर सन्तोषी माता में उनका गहरा विश्वास था, वह शहरी सभ्य लोगों की देवी थी।

मौसाजी अपने स्वभाव में बड़े काइयाँ, बड़े मितव्ययी और स्पष्टवादी व्यक्ति थे। वे न तो किसी नाते-रिश्तेदारी में एक दो वक़्त से ज्यादा खाना खाते और न अपने पास किसी को मेहमानदारी में एक-दो दिन से ज्यादा ठहरा पाते थे। यह सब

उन्होंने अपने अनुभवों से ही सीखा होगा। दिल्ली देखने आने वालों को भी वे दूसरे दिन 'जाओ भैया कुछ काम करो' साफ बोल देते थे। अम्मा ने मुझे मौसाजी के पास उन्नीस सौ अड़सठ के शुरू में छोड़ा था। तब अम्मा से भी उन्होंने साफ कह दिया था कि मैं किसी का बच्चा नहीं पाल सकता। हालाँकि तुम हमारी मुसीबतों में मदद करती रही हो, इसलिए हमारा भी कुछ फ़र्ज है, परन्तु मैं सौराम को पालने की जिम्मेदारी नहीं लूँगा। हाँ, इसके लायक कुछ काम जरूर तलाश दूँगा। कहीं अगर कुछ नहीं मिला तो एक ब्रुश और एक पॉलिश की डिब्बी थैले में डाल कर निकाल दूँगा। अपना पेट पालने लायक तो कहीं से कमा ही लाएगा।

उस वक़्त अम्मा ने मौसाजी से कहा था—"जीजा, तुम जैसे चाहो जाइ काम में लगाइ देउ, मैं तो बस इतनो चाहत हूँ, जो कैसेंउ पलि जाइ।"

कुछ ही दिनों बाद भिकारी, छोटे और डालचन्द, तीनों भाई भी पाली-मुकीमपुर से दिल्ली आकर सुभाष नगर की झुग्गियों में रहने लगे थे। यहाँ पाली के बनिए की गोल गप्पों की छोटी-सी दुकान थी। उसी के माध्यम से वे लोग दिल्ली आये थे। वे अपने-अपने गले में काठ की पेटियाँ डाल कर गली-गली बूट पॉलिश करने और जूते मरम्मत करने के लिए घूमते फिरते थे। कभी-कभी नींबू बेचते वक्त मेरी उनसे भेंट हो जाया करती थी। भिकारीलाल, छोटेलाल तथा डालचन्द की शादी नहीं होने के कारण भी उनके साथ हुआ करते थे। अम्मा आस-पास की चक्कियों पर गेहूँ आदि साफ करने जाया करती थी। रामभरोसे उस के साथ रह कर तेजसिंह को खिलाता रहता था।

मौसा जी ने मेरे लिए उम्र के मुताबिक काम ढूँढ़ने के काफ़ी प्रयास किये थे। उनके मित्र-परिचित छोटे-छोटे काम धन्धे करने वाले सामान्य लोग ही थे। उन में कोई सब्जी वाला, कोई अण्डे वाला, कोई नाई, कोई पानवाला, कोई अखबार डालने वाला या जूतों का काम करने वाला अथवा उनके जूतों के ग्राहक होते थे।

उसी क्रम में दो-तीन दिनों के बाद शाम को काम से उठ कर मौसा जी मुझे गली में आगे चल कर एक ठेकेदार के पास ले गये। मैं उत्सुक था कि आज काम तलाशा जायेगा। काम मिलेगा तो मैं दिल्ली में रह सकूँगा, वरन् वापस गाँव आना पड़ेगा। ठेकेदार कॉलोनी की इमारतों में रगड़ाई का काम कराता था। उसके पास रगड़ाई की दो-तीन मशीनें थीं। चार-पाँच मजूर उस के यहाँ काम करते थे। ठेकेदार मौसा जी से जूते बनवाता था। मौसाजी ने बाद में (उन्नीस सौ निन्नानवे में आकर) मुझे बताया कि उस ठेकेदार का नाम बल्लू तेली था और वह बहजोई का रहने वाला था।

ठेकेदार से मुलाकात कर मौसाजी ने काम देने की बात की उन्होंने बल्लू से पूछा—

"क्या आप को बच्चे की जरूरत है?"

''हाँ है। देवीदास जी, किसका बच्चा है, क्या आप का?'' ठेकेदार ने पूछा।

''हाँ, अपना ही समझिए, सड़पूता है। यानी हमारी साली का बेटा।'' मौसा जी ने मेरा परिचय स्पष्ट किया।

''तब तो आपका ही हुआ ना?'' ठेकेदार ने मजाक किया और मुझे सिर से पाँव तक देखने के बाद वह फिर बोला–

"क्यों देवीदास, यही बच्चा है?" "हाँ, हाँ यही है, सौराम नाम है इसका''

"यह तो बहुत छोटा है, भाई इतने छोटे बच्चे के लिए तो हमारे पास कोई खास काम नहीं हो सकता। हाँ यह घिसाई की मशीन के पत्थरों पर पानी डालना, मलबा हटाना और धीरे-धीरे सीमेंट रगड़ना सीख जायेगा। पर अभी तो इस के खेलने-खाने के दिन हैं। काम पर काहे भेज रहे हो? इसे पढ़ने-लिखने भेजो।" बल्लू ने सहानुभूतिपूर्वक सलाह दी।

''भेज क्या रहे हैं ठेकेदारजी, मजबूरी है। मेरी दुकान भी खास नहीं चलती। मेरी खुद चार मैम्बरों की फैमली मेरी कारीगरी से होने वाली छोटी-सी आय पर चलती है। वैसे भी मेरे पास इसके लिए कोई काम नहीं है। खाली तो नहीं रखा जा सकता। सरकारी स्कूल में इसका दाखिला कराना चाहा था, पर इसका पेट कौन भरेगा? मैं इसे पालने की स्थिति में नहीं हूँ, और फिर मैं इस बच्चे में अभी से कमाने-खाने की आदत डालना चाहता हूँ। महीना पन्द्रह दिन मेहमानी में खिला भी दूँगा तो उससे इस की जिन्दगी नहीं कटेगी। पिता इस के गुजर चुके हैं। विरासत में सिवाय हाथ-पाँव के जमीन जायदाद कुछ है नहीं। इस की माँ मजबूरी में अपने दिन काट रही है। इसे जीना है तो कमा कर खाना सीखना ही होगा।''

"खैर, जैसी आपकी मर्जी। हम काम तो दे देंगे पर तीस रुपये महीने की पगार में इसका क्या भला होगा?" ठेकेदार ने कहा।

''तीस तो कम है। चालीस तो दो। मैं सोचता हूँ इसके खाने-पहनने और रहने पर एक रुपया रोज का खर्चा तो होगा ही। चार आना बचा सके तो आगे इसके काम आयेंगे। ''मौसाजी ने मेरे भविष्य की चिन्ता व्यक्त की।

"देवीदास जी, जमा करने की बात फिर सोचना, पहले इस के पेट भरने की चिन्ता तो दूर करो।''

''ठीक है ठेकेदार, कल तक सोच कर भेज दूँगा।''

मौसा जी वायदा करके लौट आये। शाम को मौसी को बताया कि कल से सौराम काम पे जायेगा। मैं ने इन को रगड़ाई की मशीन पर लगा दिया है। ठेकेदार जाने-पहचाने हैं। कोई दिक्कत पेश नहीं आयेगी। एक रुपया रोज की पगार मिलेगी। दो-चार महीने बाद दो-चार आना बढ़ जायेंगे तो बचा कर इसकी माँ को पहुँचा देंगे या इसके भविष्य के लिए डाक घर में जमा करा देंगे।"

दूसरे दिन मुझे सवेरे-सवेरे जल्दी उठा दिया गया। मुँह-हाथ धो कर तैयार हुआ।

पहले दिन मौसाजी मेरे साथ काम पर मुझे छोड़ने गये। मैं हर सुबह सात बजे घर से भागता था और शाम को छह बजे लौटता था। मजूरी करने से मेरे शरीर पर जल्दी-जल्दी मैल जमा हो जाता था। रविवार को मौसी डाँट-डपट कर नहलाती थीं। दूर नल से पानी लाकर घर के सामने नीचे खड़ंजे पर बैठ कर हम तीनों भाई खूब नहाते थे।

मेरा पहला प्रतिरोध *

दूसरे माह में मैं चौदह से पन्द्रह दिन ही काम कर पाया होऊँगा, तभी एक घटना घटी। हुआ यह कि मैं रगड़ाई करने वाली मशीन के नीचे का मलबा हटाने और पानी डालते-डालते सीमेन्ट रगड़ना भी सीख गया था। उस दिन मैं और मेरे मजदूर साथी भीतर के दो कमरों में फर्श पर सीमेंट रगड़ने का काम कर रहे थे। एक कमरे में मैं था, दूसरे में ठेकेदार का भाई था। उस्ताद आँगन के फर्श पर मशीन चला रहे थे।

ठेकेदार बाहर कहीं दूसरे ठेके पर गया था। अचानक उसका भाई कमरे में आया, जहाँ मैं घिसाई किये हुए फर्श पर सीमेंट रगड़ रहा था। उस ने मेरा काम देखा और बोला, "मेरा काम देख। कहीं कोई धब्बा दिखाई नहीं देता है और अपना देख, कितना फूहड़ काम है।"

मैंने जबाव में कहा, "ठेकेदार को आने दो या बाहर से उस्ताद को बुला कर पूछो कि अपने और मेरे काम में क्या अन्तर है?"

वह मेरा तर्क सुन कर क्रोधित हो गया। बोला—''मेरी बराबरी करता है! हम ठेकेदार हैं और तू नौकर! अपनी औकात नहीं जानता?''

मैं डरा नहीं, बल्कि हिम्मत के साथ खड़ा हो कर मैंने कहा, "काम देखो। मजदूर हूँ तो क्या? काम के बदले ही तो मजूरी लेता हूँ, कोई मालिक तो नहीं बनता। वैसे मेरा आप का रिश्ता काम और मजूरी का है। आप मुझे हटवा सकते हैं, पर तंग नहीं कर सकते।"

कुछ देर वाद-विवाद चला। मशीन के शोर में हमारे संवाद विलीन हो गये। उस्ताद जी कुछ भी सुन नहीं पाये थे। तब तक ठेकेदार के भाई ने आँखें तरेर कर कहा—"जुबान लड़ाता है!" और पूरी ताकत के साथ मेरे गाल पर जोरदार तमाचा जड़ दिया। वह जवान पट्ठा था और मैं आठ-नौ साल का बालक। चाँटे का जवाब चाँटे से नहीं दे सकता था। इसलिए अपनी रोटियों का थैला उठा कर, रोता, गालियाँ देता मौसा जी के पास घर लौट आया। मुझे रोता-सुबकता देख कर मौसी ने हड़बड़ा कर पूछा, "क्या बात है? रो क्यों रओ है?"

उस ने आगे बढ़ कर अपनी धोती के पल्लू से मेरे आँसू पोंछते हुए दोनों बाहें खोल कर सीने से लगा लिया।

---

* वही, आखर, अमर उजाला, 31 मार्च, 2007

''चुप होकर सब बताओ सौराम क्या हुआ?''

मौसा जी मुझे सौराम कहते थे और कभी भी तू करके किसी से भी नहीं बोलते थे। वे अपने बच्चों को भी तुम कह कर सम्बोधित करते थे।

''ठेकेदार के भाई ने मेरे गाल पर चाँटा मारा है।'' जब मैंने बताया तो वे तिलमिला कर खड़े हो गये और बोले,

''क्यों मारा है? तुम ने उस का क्या बिगाड़ा था? मैं जानता हूँ तुम कैसे बच्चे हो, तुम ने किसी का कुछ नहीं बिगाड़ा होगा।''

दैनिक अखबार अमर उजाला से

मैंने सिसकते हुए बताया, ''मेरे सीमेंट की रगड़ाई के काम में उसने दखल दे कर मेरा ठीक-ठाक काम भी खराब बताया तो मैंने कहा—'किसी तीसरे को दिखाओ। आप से खराब नहीं होगा।' इस बात पर उस ने मेरे गाल पर जोर से चाँटा मारा और कहा—'भेरी होड़ करता है। काम तेरा ठीक होना चाहिए, तू बेलदार है और मैं ठेकेदार हूँ...।'

इतना सुनते ही मौसी-मौसा दोनों गुस्से से लाल हो गये। मौसा जी दुकान से उठ कर तुरन्त मुझे लेकर काम के ठिकाने पर गये। तब तक वह वहाँ से जा चुका था। उस्ताद को पता चल गया था। मौसा जी ने वहाँ काम कर रहे अन्य मिस्त्री और बेलदारों से बात की तो उन्होंने बताया—ठेकेदार का भाई बड़ा ही उजड्ड है। आप ठेकेदार से शिकायत करना। उनका यह परामर्श सुन कर हम घर लौट आये। उस घटना के बाद मौसा जी ने मुझे रगड़ाई के काम पर फिर नहीं भेजा। बल्कि फिर कभी नहीं भेजने का इरादा मन-ही-मन उन्होंने मुझे रोता देखा था, तभी बना लिया। परन्तु वे मुझे खाली रखने की स्थिति में भी नहीं थे और न ही ऐसी मानसिक तैयारी में। वे मेरे लिए काम की वैकल्पिक व्यवस्था करने पर गम्भीरता से विचार करने लगे। दो-तीन दिन तक उन्होंने अपने आस-पड़ोस के परिचितों से मेरे लायक काम की पूछताछ की।

एक-दो दिन जब मैं काम पर नहीं गया तो ठेकेदार हमारे घर आया। उस्ताद तथा ठेकेदार के भाई ने बता दिया होगा कि मैं क्यों नहीं आऊँगा। वह अपने साथ थोड़ी-सी मिठाई ले कर आया था। उसकी मंशा रही होगी कि बालक है, मिठाई खा कर नाराजगी दूर हो जायेगी और वह फिर काम पर लौट आयेगा। वैसे वह आदमी बुरा नहीं था। मौसा जी से उसने कहा था।

''देवीदास जी, मैं शर्मिन्दा हूँ। अपने भाई की ओर से माफी चाहता हूँ। बच्चे

को मार कर उसने अच्छा नहीं किया। सौराम, चलो बेटा, अब तुम्हें कोई कुछ नहीं कहेगा। मैं उसे दूसरी जगह भेज दूँगा। मुझे उसके बारे में दूसरे लेबर से भी शिकायतें मिलती हैं।''

मौसा जी ने मेरी ओर देख कर कहा, "ठेकेदार अब छोड़ो। हम इसे किसी और काम में लगा देंगे। आप ने बच्चे की खबर ली, इसके लिए आपका शुक्रिया।" ठेकेदार ने मेरी राय चाही तो, मैंने साफ इन्कार कर दिया। मैंने कहा—

''चाहे गाँव लौट जाऊँ पर अब रगड़ाई के काम पर नहीं जाऊँगा।" मेरी राय सुन कर ठेकेदार ने मिठाई की थैली निकाल कर मेरे हाथों पर रखी। मौसी ने आँखों के संकेत से मना किया और मैंने मिठाई लौटा दी। वैसे उन दिनों मुझे खाने-पीने की मीठी चीजें बहुत प्रिय थीं। मैं मिठाई खा लेना चाहता था, पर नहीं खाना ही अच्छा हुआ। चख लेता तो शायद उसके साथ भी चला जाता।

मौसा जी बोले—''देखो भाई बल्लूजी, हम ने अपना बालक काम पर भेजा है आप मजूरी देते हैं तो मेहनत लेते हैं। इस में बच्चे को मारने-पीटने का किसी को कोई हक़ नहीं बनता। मैं ने आप को बता दिया था कि यह बच्चा मेरी साली का बेटा है। इसके पिता की मौत हो गयी है। इसकी माँ इसे पालने की स्थिति में नहीं है। दूसरा बाप इसे घर रखना नहीं चाहता। तो इसका मतलब यह नहीं कि बच्चा पूरी तरह लावारिस है, देश-दुनिया में इसकी खबर लेने वाला दूसरा कोई नहीं है। फिलहाल हम ही इसके माँ-बाप हैं, हम ही इसके संरक्षक हैं। हम भी गरीब हैं। नहीं तो इसे स्कूल भेजते। मजूरी पर क्यों भेजते, अब आप जाइए। आप के ईमान-धरम में आये तो इस महीने की मजूरी दे जाना और न आये तो मत देना। हम सब्र कर लेंगे। हमारा आप से कोई झगड़ा नहीं।''

मेरा काम छूट जाने और ठेकेदार के भाई से पिटने की सूचना अम्मा को मिल गयी थी। शायद छोटे लाल को इधर जनता मार्किट से गुजरते हुए मौसा जी ने बता दिया था। वह भागी-भागी आयी। मौसा जी से आ कर उसने पूछा तो उन्होंने अम्मा को डाँट दिया, "सुनो मुखी तुम इतनी ममता मत दिखाओ। जैसा तुम्हारा बेटा वैसा हमारा। अब यह हमारे साथ है तो इस के काम की व्यवस्था भी हम ही करेंगे। तुम अपने बाकी बच्चे सँभालो।"

माँ की ममता सभी बच्चों में बँटी थी। इधर मैं था, उधर मेरे छोटे भाई थे। बड़ी बहन माया की शादी हो चुकी थी, पर उसके बुलाने पर उससे मिलने जाने को वह प्रायः तड़पती रहती थी। भिकारी का छोटा बेटा तेजसिंह उसकी गोद में था।

ठेकेदार अच्छा आदमी था। उसने दूसरे ही दिन मेरी बीस दिन की मजूरी मौसा जी को आ कर सौंप दी थी। मौसा जी ने मुझे एक-दो दिन घर पर रखा, फिर वे मेरे लिए किसी नए काम की तलाश में निकले। वे पूरे दिन पालथी मारे गुरु रैदास

की तरह बैठे जूते तैयार करते रहते थे। शाम को पाँव सीधे करने और मेरे लिए काम का पता लगाने निकलते। जिस स्तर का उनका जीवन था, उसी स्तर के लोग उनके मित्र व परिचित थे। कुछ लोग होटलों पर काम करने वाले थे। कुछ दर्जी थे, कुछ सब्जी बेचने वाले थे। कुछ दिहाड़ी मजदूर और कुछ मोचीगिरी करने वाले थे। अतः उन्होंने अपने क्षेत्र और कार्य-सीमाओं में ही मेरे जीवन-निर्वाह और भविष्य की सम्भावनाएँ तलाशीं।

स्कूल में आउटसाइडर *

भाई साहब नत्थूलाल स्कूल से दोपहर तक घर आ जाते थे। वैसे वे खुद इतना अधिक होमवर्क करते थे कि स्कूल से ज्यादा समय वे घर पर किताबों में सिर गड़ाए रहते थे। वे विज्ञान वर्ग के छात्र थे। उनकी तल्लीनता से लगता था कि उन्हें अपने विषयों में बेहद रुचि थी। पढ़ाई पूरी कर वे मेडिकल डॉक्टर बनना चाहते थे। वह भी सरकारी स्कूल में पढ कर। उस समय शिक्षा का व्यवसायीकरण नहीं हुआ था। जीव विज्ञान के तहत नवीं कक्षा में मेंढक आदि की चीर-फाड़ वे शुरू कर चुके थे और नरेश पढ़ना-लिखना बोझ समझता था।

उन दिनों स्कूल में पढ़ने की मेरी तीव्र इच्छा थी। पर मेरे जैसे लावारिसों के लिए स्कूल नहीं होते। जिन्हें खुद रोटी का इन्तजाम करना हो, वे पढ़ने के लिए नहीं कमानें के लिए पैदा हुए होते हैं। हालाँकि, दिल्ली नगर निगम का स्कूल हमारे घर के पास ही था। हम स्कूल के नल का ही पानी पिया करते थे। ग्राहक, खासकर महिलाएँ भी मुझे पढ़ने के लिए रोज उकसाया करती थीं। मैं ताजा या बासी अखबार पढ़ने का प्रयास करता था। जहाँ-तहाँ कोई पर्चा भी रास्ते में पड़ा मिल जाता तो मैं उसे उठा कर पढ़ने का प्रयास करता था। रद्दी पत्रिकाएँ, सड़कों, दीवारों के बोर्ड मेरे लिए किताबों के खुले पृष्ठ जैसे ही थे। मैं उन्हें खूब पढ़ा करता था। मौसाजी अक्सर नत्थूलाल को बोलते थे—"नत्थू बेटा, तुम कभी-कभी सौराम को एक-दो पन्ना समझा दिया करो।" नरेश की दूसरे-तीसरे दर्जे की किताबें घर में मौजूद थीं। एकाधी स्लैट कापी-पेंसिल की व्यवस्था भी करा दी गयी थी। सप्ताह में रविवार आदि एक दो-दिन वे मुझे थोड़ा-बहुत समझा दिया करते थे और जो कुछ वे मुझे पढ़ाते, मैं सप्ताह-भर मन ही मन उसका अभ्यास करता रहता था।

यह सिलसिला प्रतिदिन चलता था। मैं हर दिन मुँह अँधेरे शुरू होता था, मेरा डी.टी.सी. की बसों का सफर, रोज नए-नए लोगों से वास्ता, नए-नए अनुभवों से गुजरना था, जाते वक्त सडकें खाली और मौसम सुहाना हुआ करता था। उस वक्त उन्नीस सौ अड़सठ में आज जैसी भीड़-भाड़ नहीं थी। मंडी जाना-नींबू लाना बेचना-लौटना यही मेरी दिनचर्या हुआ करती थी।

वही, आखर, अमर उजाला, 24 मार्च, 2007

मौसा जी खाली वक्त में कभी-कभी पड़ोस के एक सेवानिवृत बाबू जी के पास जा बैठते थे। अपने घर का हालचाल उन्हें बताते और बाबू जी भी अनुभव भरी बातें करते। उनकी उम्र बहुत थी और आँखों की रोशनी जाती रही थी। बीच-बीच में बाबू जी मौसाजी से बच्चों की पढ़ाई-लिखाई के बारे में भी पूछ लिया करते थे। मेरे बारे में भी उन्हीं ने मौसा जी से कहा था–

"देवीदास भाई, हो सके तो किसी तरह तुम सौराम को भी स्कूल भेजो। देखो भाई दिल्ली में रहते हुए रोज कमाते खाते इसका बचपन तो कट जायेगा। पर जवानी बुढ़ापा उसका क्या होगा? हमें देखो, बच्चे विदेश में सैटिल्ड हो गये। एक तो इतनी जमा पूँजी है कि बैठे खाएँ, दूसरे पेंसिन मिलती है। हम खाएँ और नौकरों को खिलाएँ, पर इस अनाथ का कल क्या होगा? तुम मौसा हो इसके बाप के दर्जे के कुछ सोचो देवीदास, कुछ सोचो कि इसका भी कोई मुस्तकबिल होना चाहिए।

"इसके पास पढ़ने के लिए समय कहाँ है बाबू जी?" मौसा जी थोड़े गम्भीर हुए, फिर मेरी ओर देखते हुए बोले–"यह नींबू बेचता है, इसके पास पढ़ाई लिखाई का वक्त कहाँ है?" "मैं जानता हूँ" बाबू जी ने जबाव दिया।

दिल्ली में सायं कालीन स्कूलों की सुविधाएँ उपलब्ध थी, बल्कि मेरे जैसे बाल मजदूरों, को प्रातःकालीन पाली में पढ़ने की अपेक्षा सायंकालीन स्कूलों में पढ़ना आसान था। बाबूजी ने सुझाया था–

"देवीदास, एफीडेविट के जरिए तुम सौराम को चौथी क्लास में दाखिल करा सकते हो।"

बाबू जी ने यह परामर्श मौसाजी को पहले भी कई बार दिया था। आखिर एक दिन उन्होंने इस परामर्श को मान लिया और अमल करना शुरू किया। अपनी दुकान बन्द करने के बाद उन्होंने स्कूल के प्रधानाध्यापक से सम्पर्क किया। पार्क के कोने में लगने वाला नगर पालिका का प्राथमिक स्कूल पास ही था। बाबू जी के आग्रह पर मुझे शिक्षक महोदय से मिलाया गया। चौथे दर्जे की किताबों के पाठों में जहाँ-तहाँ से उन्होंने कुछ वाक्य पूछे और दाखिला मिल सकने के प्रति आश्वस्त कर दिया। मौसा जी ने अगले दिन भाग-दौड़ करके घर पर पढते रहने का प्रमाण-पत्र बनवा दिया। अब कल से मैं स्कूल जाऊँगा–हर्ष और उत्साह के अनिश्चय मिश्रित ढेरों सवाल मेरे मन में उठ रहे थे। मैंने अपने कपड़े साफ कर लिये थे। चौथे दर्जे की कुछ पुरानी किताबें आधे मूल्यों पर खरीद ली थीं। उस घड़ी की तीव्रता से प्रतीक्षा थी, जब मुझे स्कूल में नियमित पढ़ाई करने का मौका मिलने वाला था। मैं दिल्ली में रह कर और काम करते हुए बखूबी देख-समझ रहा था कि किस तरह पढ़-लिख कर ही लोग बड़े आदमी बनते हैं। मैं भी दूसरों की तरह साफ-सुथरे कपड़े पहनूँगा और आगे चल कर बड़े-बड़े काम करूँगा। पिछड़ गया हूँ। बाकी के साथ चल भी पाऊँगा या नहीं? पढ़ाई में रात-दिन एक कर दूँगा। ऐसी बाल-सुलभ रंगीन कल्पनाएँ

मेरे हृदय में कुलबुला रही थीं।

अगर मैं स्कूल में पढ़ूँगा तो रोटी कहाँ से आयेगी, कपड़े कौन खरीदेगा, साबुन तेल का मेरा खर्चा कौन उठाएगा। मौसा जी पर बोझ क्यों बना जाए। वैसे भी चूमड़ा सोल (तली) वाला उनका काम रबर सोल के बाटा ने पीट दिया था।

दैनिक अखबार अमर उजाला से

अब भोर होते जागने-उठने की आदत पड़ चुकी थी। इस कारण मुझे जल्दी जागने में अब कोई कष्ट नहीं होता था। बल्कि मुझे सुबह-सुबह भागते-दौड़ते जाने में आनन्द आता था। उस दिन सब्जी मंडी से आकर जैसे ही मैं नींबू बेचने निकला, मौसी ने रोक कर कहा—''सौराम आज जल्दी लौटना। याद है आज से स्कूल भी जाना है।'' ''हाँ मौसी, अच्छी तरह याद है मैं जल्दी लौटूँगा।''

इतना बोल कर मैं आगे बढ़ गया था। मेरे नींबू खरीदारों के लिए मेरी आवाज का समय निश्चित था। जिन्हें खरीदने होते वे दरवाजे पर खड़े हो कर-नींबू वाले भाई पुकार कर बुला लेते थे।

एक कोठी से निकल कर हाँक लगाता तो गली के आखिरी छोर तक आवाज पहुँच जाती। उस दिन मैंने रुक-रुक कर अपने कई ग्राहकों को अपनी सम्भावित खुशी का पूर्व इजहार किया था। खास कर उन महिला ग्राहकों को नींबू देने के साथ-साथ यह सूचना मुफ्त बाँटता जा रहा था, जो प्रायः मुझे पढ़ने को कहा करतीं थीं कि मैं स्कूल जाने वाला हूँ।

''बीबी जी, आप कहतीं थीं के काम के साथ-साथ पढ़ूँ भी। सो आज से मैं स्कूल जाऊँगा। शाम के स्कूल में मेरा दाखिला हो रहा है। अब हर दिन मैं दोपहर तक नींबू बेच कर उसके बाद स्कूल जाया करूँगा।''

मैं नींबू बेच कर घर बारह-साढ़े बारह बजे तक प्रायः घर लौट आया करता था। यही मेरी दिनचर्या थी। पर उस दिन अपने ग्राहकों से खुशी का बयान करने में इतना समय गुजर गया कि बारह तो कहीं रास्ते में ही बज गये। बदकिस्मती से उस दिन न तो समय से मेरे नींबू बिक पाये और न मुझे बिलम्ब होने का अन्दाजा रह पाया। मैं करीब एक बजे के बाद घर लौट पाया। शायद मौसा जी पहले से ही मेरा इन्तजार कर रहे थे। देर से आता देख कर वे बोले—

"सौराम, अब आ रहे हो, डेढ़ बजे? क्या यही तुम्हारे घर लौटने का टाइम है? तुम्हें पता था कि स्कूल जाना है और स्कूल साढ़े बारह बजे लगता और उससे पहले तैयार होने में भी थोड़ा-बहुत समय लगता है। अभी तुम्हें खाना भी खाना है। क्या वक्त होगा तब तक? ऐसे कैसे जाओगे तुम? स्कूल कोई घर की खेती तो है नहीं कि जब चाहो तब बोलो और काट लो।"

मौसा जी बोले जा रहे थे और मैं खामोश था। उनकी चिन्ता जायज थी। वे समय के पाबन्द थे। मेरे होश में एक भी ऐसा दिन नहीं होगा, जब उन्होंने नत्थूलाल को समय से स्कूल न भेजा हो, या बिना खास कारण के कभी स्कूल से छुट्टी कराई हो। मैंने घर में लटकी दीवार घड़ी में समय देखा तो मेरा दिल धक से हुआ। अब स्कूल ही चला जाऊँ, पर बगैर खाना खिलाए न तो मौसी भेजेगी न मैं शाम तक भूखा रह कर पढ़ पाऊँगा। यह सोच कर खाना खाने बैठ गया। प्रतीक्षा कर मौसी ने रोटी पहले ही सेक कर रखी थी।

मैं खाना जल्दी-जल्दी खाने का आदी था। बल्कि जल्दी खा लेने पर अक्सर टोंका जाता था। भाई नत्थूलाल स्कूल में सीख कर आये थे कि रोटी का हर एक निवाला कम-से-कम अट्ठाईस बार चबाया जाना चाहिए, जबकि मैं रोटी हाथ में आयी नहीं कि त्वरित समूची रोटी उदर में उतार लेना चाहता था। सप्ताह में एक दिन हर रविवार को हाथ पैरों के नाखून काटे जाने चाहिए। रोज स्नान करना चाहिए इत्यादि बातें वे घर में आकर हमें भी बताते थे। वे मेरी आदतें बदलने का परामर्श देते थे। इस तरह वे मेरे प्रेरक थे। समय से भरपेट रोटी न मिल पाने के कारण मेरी यह उतावलेपन की आदत पड़ गयी थी।

पर उस दिन मैं किसी की कोई राय मानने वाला नहीं था। जल्दी-जल्दी एक दो रोटी गले से नीचे उतार लेना चाहता था। मौसा जी चुपचाप सिर नीचा किये अपने काम में लगे थे। वे नाराज हैं, यह उनके चेहरे के हाव-भाव से झलक रहा था। उनके गुस्से की शाब्दिक मार करारी और असरदार होती थी। मैं भी समझ रहा था कि मौसा शायद अब इस पक्ष में नहीं हैं कि मुझे स्कूल भेजा जाए। फिर भी मैंने मौसा के डर पर काबू पाते हुए आज्ञा माँगी—"मौसा जी, क्या मैं स्कूल जाऊँ?"

इस पर उन्होंने क्रोध और दुःख के स्वर में उन्हीं पहले वाली बातों को दोहरा दिया और काम रोक कर चश्मा हटा कर कुछ देर शान्त भाव से मेरी ओर देखने लगे, मानो वे कह रहे हों—कैसा बेवकूफ-बदकिस्मत लड़का है तू सौराम, अब पढ़ने का मौका मिला तो, मौका खो रहा है। जैसे स्टेशन पर आकर गाड़ी छूट रही हो। गाड़ी तो दूसरी भी मिल जाती है, कल और आती है, पर तेरे लिए? वे बोले—

"टाइम देख रहे हो? क्या बजा है? अब टीचर स्कूल में घुसने देंगे तुम्हें? तुम्हारे भाग्य में स्कूल नहीं है सौराम, अब तुम स्कूल जाने का विचार छोड़ दो। तुम्हें तो हर दिन नींबू बेचने जाना ही है। टाइम-बे-टाइम घर आओगे। स्कूल को तुमने अपनी

मौसी का घर समझा है क्या जो जब चाहे पर्दा उठा कर घर में घुस जाओगे और मौसी मुँह पर हाथ फेर कर कहेगी—आ जा बेटा, कहाँ था अब तक। पता नहीं कि स्कूल खुलने और बंद होने का वक्त मुकर्रर होता है? तुम जैसे बच्चों की कोई मदद भी करना चाहे तो कैसे करे? भूल जाओ स्कूल जाना, तुम्हारे बस की बात नहीं है वक्त पर स्कूल पहुँचना। अब तुम घण्टे-दो घण्टे घर पर ही किताब देख लिया करो। तुम्हारी किस्मत में होगा तो ज्ञान मिल जायेगा।"

मौसी सुन रही थीं। वह बोलीं—"एक बार साथ जा के देख तो लो। इतनी भाग दौड़ की है तो थोड़ी और सही और रोज लेट थोड़े ही होगा। स्कूल में दाखिल हो जाए तो शायद इसकी बाकी जिन्दगी सुधर जाए। आखिर तुम अपने बच्चों की भी तो चिन्ता करते हो?"

"नरेश की माँ, तुम बेमतलब की बातें कर रही हो। मैंने दाखिला दिलाने की मिन्नतें की कोशिशें की। अब लेट जाने पर कबूल करने को हाथ जोड़ूँ? तुम चाहती क्या हो? सौराम की जिन्दगी सुधरनी होगी और भगवान चाहेगा तो बिना स्कूल जाए भी सुधर जायेगी, ऊपर वाले को पढ़ाना होता तो इस के बाप को क्यों उठा लेता? और फिर हमारे चाहने से सौराम नहीं पढ़ सकता। ऐसे लाखों-करोड़ों बच्चे हमारे देश में पढ़ नहीं पाते। बेचारे काम करके पेट भरें या स्कूलों में जाकर पढ़ें? किस्मत खराब न होती तो क्या पहले ही दिन लेट होता? अब मौका गया तो गया। एक समय में एक ही काम हो सकता है। या तो बच्चा पढ़े या कमाए। हमने कोशिश की, पर क्या करें, मजबूर हैं।"

अन्ततः फैसला यही हुआ कि सौराम को अब स्कूल नहीं भेजा जायेगा। दो-तीन बार नरेश से मिलने के बहाने स्कूल की कक्षाओं में मैं घूम जरूर आया था। परन्तु मुझे छात्र बनने का अवसर नहीं मिला। चूँकि एक बजे के बाद मेरा समय खाली रहता था। नरेश का दाखिला इस स्कूल में था। सो मैं कई बार उससे मिलने स्कूल में घुस जाता था। ऐतराज होने लगा तो मैं स्कूल की बाहरी दीवार से सट कर खड़ा हो जाया करता था। तब मैं खिड़की रहित जंगले से सट कर स्कूल में होने वाली पढ़ाई लिखाई देखा करता था। श्यामपट की ऊँचाई और बाहर खुलती खिड़की की ऊँचाई लगभग बराबर थी। इस कारण मैं पीछे से उचक-उचक कर देखता तो सामने श्यामपट होता और शिक्षिका की पीठ। यह कुछ दिन चला। लेकिन एक दिन किसी छात्र ने मुझे देख लिया और शिकायत कर दी। टीचर ने बुला कर डाँट लगाई। पर उस दिन से खिड़की थी बन्द होने लगी। बच्चों की चें-चें और टीचर की मधुर आवाज के बीच में खिड़की का पर्दा आ गया। अब मैंने नरेश के साथ स्कूल में सीधे घुसने का प्रयास किया तो टीचर ने पास बुलाकर कहा—देखो तुम नरेश के भाई जरूर हो पर हमारे स्कूल के छात्र नहीं हो। तुम कभी खिड़की पर लटकते हो, कभी अन्दर आकर बैठ जाते हो। यह सब बन्द करो, नहीं तो तुम्हारे घर शिकायत भेजी जायेगी।

ऊपर से तुम नरेश का भी नुकसान करोगे। कहने से मानो नहीं तो तुम स्कूल के छात्रों से ही पिटोगे। ध्यान रखो, तुम स्कूल के लिए एक आउट साइडर हो।

इस अवसर के छूटने का मुझे बेहद दुःख हुआ। रोया, सिसका, पर क्या करता। रोटी पढ़ाई से भी पहली आवश्यकता थी, जिसका इन्तजाम मुझे खुद कमा कर ही करना था। मौसा-मौसी के पास सही मायनों में मैं अघोषित पेइंगगैस्ट था। मुझे उन्होंने अपने पास रख लिया था। यही मेरे ऊपर उनका उपकार था।

अब मेरा स्कूल न जाना तो निश्चित हो गया था। पर उस रात मुझे नींद नहीं आयी। नींबू बेचने न जाने वाले मजदूरी से मुक्ति पाने का कोई विकल्प मेरे पास नहीं था। अगले दिन मुँह अँधेरे से मेरी दिनचर्या पूर्ववत् जारी हो गयी। सवेरे निरुत्साहित थैला उठा कर मैं सब्जी मंडी की ओर निकला। अनिच्छा और उदासीनता के साथ नींबू ले आया। मौसी जी को लौकी पकड़ा कर एक कप चाय पीने के बाद अपने काम पर निकल गया। उस दिन पाँव हर दिन जैसे हल्के नहीं उठ रहे थे। आवाज में पहले जैसी कड़क नहीं थी। जिन ग्राहकों को बोला था कि मैं स्कूल भी जाऊँगा, उनमें से कइयों ने पूछा था—"क्या तुम स्कूल जाने लगे, कैसे हुआ तुम्हारा एडमीशन?" मैं उपहास का पात्र बन गया था। कैसा लग रहा है स्कूल जाना? हमदर्दी भरे शब्द ऐसे लगने लगे मानो सीने में आकर व्यंग्य वाण लग रहे हों। दोष किसी का क्या? मैंने तो खुद ही इन सभी को बता-बता कर यह मौका दिया था। अब वे मेरे स्कूल न जा पाने की स्थिति का मजाक उड़ाते हुए-से क्यों लग रहे हैं?

स्कूल के प्रति मेरे मन के आकर्षण और लगाव का अन्दाजा इस बात से भी लग सकता है कि उस समय नत्थूलाल की पढ़ाई राजौरी गार्डन के मुख्य मार्ग के पास ततारपुर राजकीय वरिष्ठ बाल विद्यालय में चल रही थी। वे हर दिन गणवेश (खाकी स्कूल ड्रेस) में स्कूल जाया करते थे। वे घर से अकेले निकलते और रास्ते में अपने साथियों की भीड़ में शामिल हो जाते थे। मैं कुछ दूरी से उन्हें देखता रहता था। स्कूली बच्चों की पोशाकें मेरा मन खींचतीं थीं। नत्थूलाल की ड्रेस तो सभी छात्रों जैसी होती थी। पर जूते अधिक अच्छे कुरुम चमड़े के होते थे, क्योंकि मौसा जी बहुत मन लगा कर अपने हाथों से बनाते थे। मौसा जी बहुत बड़े कारीगर थे। यदि माली हालत खराब न रही होती तो वे अपने हुनर का इनाम जरूर पाते। वे जूते कदम-कदम पर चर्र-चर्र करते और सोल के नीचे ठुकी लोहे की नालें सड़क पर खट-खट की आवाज करती जाती थीं। नत्थूलाल का पाँव जमीन पर टेढ़ा पड़ता था। जूते की ऐड़ी एक ओर को घिस जाती थी। पर उसे मौसा जी ऐसा दुरुस्त करते कि लगता नहीं, मरम्मत कर दी है। आगे चल कर मैं गलियों में फेरी के लिए निकल जाता और बहुधा आधी छुट्टी के वक्त स्कूली खेल के मैदान की ओर निकल आता था। बच्चों की भीड़ और एक जैसे ड्रेस में नत्थूलाल को पहचान पाना मुश्किल होता था। पर मैं कोशिश करता था। मैं स्कूली बच्चों में क्यों नहीं हूँ, इस बात का खेद

मुझे बराबर बना रहता था। कई बार तो मैं मैदान के एक ओर रोने लगता था। दोपहर को साढ़े बारह बजे छुट्टी होती थी। उस वक्त तक मेरे नींबुओं की टोकरी खाली हो जाती थी। नींबू समाप्त होते ही मैं स्कूल के पास आ जाता। छुट्टी की घण्टी बजते ही भेड़ों की तरह बच्चों की भीड़ बाहर निकलती थी और मैं ताकता रहता था। नत्थूलाल जैसे ही भीड़ में आगे बढ़ते दिखते, मैं उचित दूरी से उनके जूतों की आवाज के पीछे-पीछे चला आता था। उनके साथियों की वजह से मैं सामने नहीं पड़ता था। घर पर आगे पीछे साथ-साथ आते तो मौसा जी पूछते–

"क्या तुम साथ आये हो?" मैं कहता–"नहीं, यहीं घर के पास भेंट हो गयी है।"

"तो ठीक। देखो सौराम, स्कूल के लड़के तुम्हें नत्थूलाल का भाई समझेंगे तो वे नत्थूलाल का मजाक उड़ा सकते हैं। इसलिए तुम साथ-साथ कभी भी मत आया करो।" मौसा जी ने व्यावहारिक हिदायत दी थी।

"ठीक है मौसा जी, मैं अलग रहूँगा।" मैने उन्हें आश्वस्त किया।

नत्थूलाल मुझे खुद भी अपने साथियों की नजर से दूर रखना चाहते थे। इसके कई उदाहरण मेरी स्मृति में मौजूद हैं। जब नींबू का काम चलने लगा था और मौसा जी चाहते थे कि नत्थूलाल भी कुछ कमाए तो उन्होंने छुट्टियों के दिन मुझ से एकाध किलो अधिक नींबू मँगाने शुरू कर दिये और नत्थूलाल को मेरे साथ भेजना शुरू किया। जब हम दोनों नींबू बेचने जाते तो परिचित मित्रों एवं सहपाठियों के घर से वह बच जाते थे कि कहीं स्कूली छात्र उन्हें देख-पहचान न लें।

नींबू वाला

अगले दिन शाम को मौसा जी बोले, 'नरेश' की माँ थैला दो। सब्जी ले आयें और सौराम के लिए कोई काम भी तलाश करें। खाली बैठे दो-तीन दिन हो गये हैं। अगर दिल्ली में काम नहीं मिला तो इस बेचारे को अपने गाँव लौट जाना पड़ेगा। वहाँ जा कर काम ज्यादा करना पड़ेगा, मजूरी कम मिलेगी और इसकी रोटी-कपड़ा की फिक्र करने वाला भी वहाँ कोई नहीं है। वहाँ इसकी सेहत का नुकसान होगा। यहाँ मौका मिला तो घर पर रह कर भी कुछ अक्षर ज्ञान कर लेगा। गाँव में भूख-प्यास से मरना होगा।

चाय वाले ने चाय की दुकान पर काम करने की सलाह दी। जूते वालों ने बूट पॉलिश करने की और किसी दूसरे ने होटल पर बर्तन धोने का काम दिला देने का आश्वासन दिया। जो जैसा काम करता था, मेरे कैरियर का स्कोप वह अपने दायरे में ही बताता था। मैंने दिल्ली में ऐसे सभी काम किये जो मेरी उम्र और सामर्थ्य से सम्भव थे। वैसे उस दिन भी मौसा जी मेरे लिए होटल में बर्तन साफ करने के काम को प्राथमिकता दे रहे थे, क्योंकि वहाँ मेरे दो वक्त रोटी की समस्या का हल दिख

रखा था। होटल में काम करने वाले बच्चे भूखों नहीं मरते। ऐसी उनकी समझ थी। परन्तु मौसी खिलाफ थीं। वे नहीं चाहती थीं कि उनकी बहन का लड़का दूसरों के जूठे बर्तन धोए। इसके साथ दूसरा प्रश्न यह था कि मौसा जी ने अम्मा से वायदा किया था कि यहाँ सौराम को खाली समय में थोड़ा-बहुत पढ़ने का मौका मिलेगा। मौसेरे भाई नत्थूलाल नवीं कक्षा में पढ़ ही रहे थे। दूसरा भाई नरेश कुछ मंद बुद्धि था, इसलिए वह चौथी कक्षा में ही बड़ा हो गया था। मौसा जी बच्चों की पढ़ाई जरूरी समझते थे। हालाँकि वे डॉ. अम्बेडकर के जमाने में युवा थे, परन्तु शिक्षित बनो नारे से अनभिज्ञ थे। उनकी प्रेरणा तो दिल्ली के पास-पड़ोस के वे बच्चे थे, जो उन की आँखों के सामने पढ़-लिख कर साहब बन गये थे। वे अपने माहौल से सीखे थे। उन्होंने गाँधी-अम्बेडकर, दोनों को दिल्ली में करीब से देखा था। वे इनके विचार संघर्ष की बारीकियाँ नहीं जानते थे। आजादी बनियों की है, क्योंकि गाँधी बनिया थे। वे दलितों के हितों के विरोधी थे और अम्बेडकर मसीहा थे, हमारी कौम के थे। बस इतना ही उन का विश्वास था। स्वामी अछूतानन्द की सभा में उन्हें साक्षात् देख पाने वाले वे मेरे सम्बन्धियों में पहले व्यक्ति थे। वे दिल्ली और उसके आस-पास हर दलित नेता का भाषण सुनने जाया करते थे। सन्तों में रैदास-कबीर और नेताओं में बी.पी. मौर्य और बाबू जगजीवन राम के वे प्रशंसक थे। वे अपने बच्चों को ज्यादा से ज्यादा दारोगा या स्कूल मास्टर बनाने तक की बात सोचते थे। इससे आगे नहीं। इसलिए नहीं कि वे बच्चों को और ऊँचे स्थानों पर देखना नहीं चाहते थे, बल्कि इसलिए कि अच्छी ऊँची पढ़ाई के लिए अधिक पैसा चाहिए। अतः जिस के पास धन नहीं, उस के लिए ऊँचे स्थान नहीं। वे मुझे ढेरों किस्से-कहानियाँ सुनाया करते थे कहते थे अभिमन्यु ने पेट में ही धनुर्विद्या सीख ली थी। इसका मतलब जानते हो सौराम? नहीं मौसा जी? आप बताएँ, मैं उन से ऐसे सवाल करता जैसे कोई जिज्ञासु छात्र अपने शिक्षक से करता है।

"माँ-बाप पढ़े-लिखे हों तो उनके बच्चे कम समय में ज्यादा शिक्षा ग्रहण कर लेते हैं और अनपढ़ हों तो कम सीख पाते हैं। क्यों? क्योंकि गँवार अनपढ़ फालतू की बातें करते हैं, पढ़े-लिखे माता-पिता ज्ञान-ध्यान की बातें करते हैं।

मैं मौसा जी की बातें बहुत गौर से सुना करता था, क्योंकि वे मेरे अटूट विश्वास के व्यक्ति थे, अभिभावक भी थे और गुरु भी। उनकी सलाहें आज तक मेरी राह रोशन कर रही हैं। मेरी माँ निरक्षर थी, मेरे पिता मेरी पाँच वर्ष की उम्र में गुजर गये थे और मेरा बचपन बाल-मजदूरी करते हुए गुजर रहा था।

उस दिन मौसा जी एक सब्जी वाले के बेटे को बोल कर आये थे, "बेटा तुम्हारे पिता जी से मिल कर हमें एक समस्या पर बात करनी है। मेहरबानी करके शाम को मिलने भेज देना।"

दूसरी शाम वे मिले। पूछने पर उन्होंने सब्जी विक्रेता को मेरी समस्या बताई।

उन्होंने पड़ोस में रह रहे एक अन्धे बाबू जी की राय अपने शब्दों में दोहराई कि बच्चा छोटा है। बेलदारी का भारी काम नहीं कर सकता। इसे रगड़ाई की मशीन पर भी व्यर्थ भेजा। इससे इसकी बढ़वार भी रुकने की आशंका है। वैसे तो इसकी उम्र खाने-खेलने और पढ़ने-लिखने की है, पर यह स्कूल नहीं जा सकता तो किसी ऐसे रास्ते पर तो चले, जिस से इस के आगे की जिन्दगी बर्बाद न हो। थोड़ा-बहुत अक्षर-ज्ञान तो भी इसे होता रहे।

सब्जी वाले हर दिन की तरह कतार से दुकानें लगाए हुए बैठे सब्जियाँ बेच रहे थे। वे खुद अपने बच्चों के बारे में सोचते होंगे, ज्यादातर बीवी बच्चों को अपने साथ ही थे। वे काम की सम्भावनाएँ भी अपनी क्षेत्र सीमा में ही बता सकते थे।

सब्जी विक्रेता ने राय दी—देवीदास जी आप अपने इस सड़पूता को साथ ले जा कर आजादपुर सब्जी मंडी दिखा लाइए। सुबह जल्दी उठकर पहली बस पकड़नी होगी। आप इसे किलो-दो किलो नींबू खरीदवा दीजिए और इससे कहिए कि दरवाजे-दरवाजे हाँक लगा-लगा कर नींबू बेच आया करे। हमें उम्मीद है यह काम इस बच्चे की उम्र और अक्ल के हिसाब से सही रहेगा।

अब पहली बार यह नया काम शुरू करने की मेरी तैयारी की गयी। लैदर सिलने वाली मशीन पर मौसा जी ने खादी के पुराने कपड़ों के टुकड़ों को जोड़ कर मेरा थैला सिल दिया। भाई साहब नत्थूलाल के घुटनों से फटे पेंट को काट कर मेरे लिए हॉफ निकर बना दिया गया था, और पैसे रखने के लिए एक थैली अलग से सिल दी गयी थी, जिसका लंबा नाड़ा मेरी गर्दन में पड़ा रहे।

अगले दिन मुँह अँधेरे मौसा जी ने मुझे जगाया, "सौराम उठो। मुँह-हाथ धो कर तैयार हो जाओ। थैला उठाओ और चलो सब्जी मंडी चलें।"

मैं दोनों हाथों से आँखें मलता हुआ उठा। क्योंकि इतनी जल्दी सुबह उठने का पूर्व अभ्यास नहीं था। इसलिए पहले दिन बड़ा कष्ट हुआ। पर उठा, और बैठ कर झींकने भी लगा, पर दिमाग, पर दबाव था कि यदि काम नहीं मिला तब या तो दिल्ली छूटेगी, या किसी अन्य भारी काम में जाना पड़ेगा। अतः मैं उठा। पहले दिन पहली बस से मुँह अँधेरे मौसा जी मुझे आजादपुर सब्जी मंडी ले गये। डेढ़ दो किलो नींबू खरीदे और घर के लिए लौकी (घिया) आदि सब्जियाँ भी खरीदीं। अरबी और घिया मौसा जी की पसन्दीदा सब्जी थी।

घर लौट कर नहाने का आदेश हुआ। पहले से धो कर रखी कमीज-पजामा पहन कर मैं फेरी पर जाने को तैयार हो गया। मौसी ने कोयले की अँगीठी पर डबल रोटी और एक-एक कप चाय सभी को दे दी। जाते वक्त मौसाजी ने कहा—

"जाओ बेटा सौराम, हमारा आशीर्वाद तुम्हारे साथ है। तुम इस काम में जरूर कामयाब होंगे।"

उन दिनों मौसी जी का सन्तोषी माता के भूत-पिशाचों में विश्वास बना हुआ

था। इस कारण उन्होंने सन्तोषी माता से भी प्रार्थना की और मौसा जी ने भी विश्वास के साथ कहा–

"मुझे भरोसा है सौराम, तुम कोठियों के सामने बेझिझक आवाज लगा-लगा कर नींबू बेच सकते हो। जाओ और पहले दिन काम पर जाना कैसा लगा, लौट कर बताना। कल से तुम्हें सब्जी मंडी भी अकेले ही जाना है।"

यातायात के नियम-क़ायदे भी मौसा जी ने मुझे समझाए। वे ज्यादातर बातें काम करने वाली पत्थर की शिला पर नक्शा खींच कर समझाते थे। पानी का भीगा कपड़ा लिया और पत्थर पर सड़क बना दी–

"देखो यह दायाँ है और वह बायाँ है। इधर बस चलती है। उधर तुम चलोगे। लौटोगे तो इधर चलना है। हमेशा बाएँ रहो।"

पहले दिन मौसी ने अपनी पुरानी टोकरी धोकर साफ कर दी थी। मैं उस में नींबू भर कर ले गया था। संकोच और अनभिज्ञता के साथ मैं गलियों के सामने से हाँक लगाता हुआ गुजरता तो कोई पुकार कानों में आ जाती–

"नींबू वाले भाई इधर आओ। नींबू वाले, तुम्हारे नींबू कैसे हैं, किस भाव दे रहे हो?" नींबू मैं दस पैसे के दो और पन्द्रह के दो, देता था। टोकरी के बीच में कपड़ा लगा कर दो हिस्सों में वर्गीकरण कर लिया था। कुछ बड़े कागदी पन्द्रह पैसे के दो, और छोटे दस के दो बेचा करता था।

पहले दिन करीब एक बजे तक यह काम सम्पन्न हो चुका था। मैं अपने मन में अपनी पहली कमाई की प्रसन्नता ले कर घर लौटा था। आते ही मौसा जी की शिला पर थैली में से सारे सिक्के उड़ेल दिये थे। नरेश ने कहा, "भाई (मेरे मौसेरे भाई अपने पिता को 'भाई' कहते थे) क्या सौराम ये पैसे माँग कर लाया है?" मौसा जी ने डाँटा "पगले, ये इसने खुद कमाए हैं। वह बोला, पाँच पैसे मुझे दिला दो।" मौसी ने कहा कि ये पैसे सौराम के हैं। इन्हें जमा करना है। तू घर से ले ले। तब तक मैंने पाँच पैसे का सिक्का उठाकर उसे दे दिया था।

"नहीं सौराम, इसकी आदत बिगड़ जायेगी। पैसा कभी मत देना।"

नरेश मंद बुद्धि होने के कारण संकोची कम था। वह केवल अपनों से पाँच-दस पैसे की अपेक्षा रखता था। काफी दिन बाद तक वह मौसा-मौसी से नजर बचा कर यही मामूली-सी माँग रखता रहता था, परन्तु मौसा जी उसे डाँट देते थे।

अगले दिन मौसा जी ने नत्थूलाल के पुराने खाकी कपड़ों का एक थैला सिल दिया, और एक नई टोकरी भी नींबू बेचने के लिए खरीदवा दी। अब क्या था, हर सुबह मैं मुँह अँधेरे स्वयं जाग जाता या मौसी द्वारा जगा दिया जाता था। मैं आँखें मलता हुआ बस स्टॉप की ओर निकल जाता था। नींद या आलस्य के लिए मेरे पास वक्त नहीं था। उस वक़्त मार्किट सुनसान होता था। मेरी उम्र के बच्चे बिस्तरों में सो रहे होते। मुझे पहली बस पकड़नी होती थी। नींबू के अलावा मैं कोई एक सब्जी

साथ घर के लिए अवश्य ले कर लौटता था। ज्यादातर लौकी (घिया) की सब्जी के पैसे मौसा जी अलग से देते थे। ऐसा कभी नहीं हुआ कि उन्होंने तय हिसाब में कभी कोई बेईमानी की हो। मौसेरे भाई और मेरे मौसा-मौसी जब तक बिस्तर से सोकर उठते तब तक मैं आजादपुर मंडी से घर लौट आता था। हर दिन नियमित आने-जाने के कारण ड्राइवर-कंडक्टर मुझे ठीक से पहचान गये थे। जाते वक़्त गाड़ी प्रायः खाली होती, और लौटने वाली बस में यदि भीड़ होती तो कंडक्टर मुझे अपने पास बिठा लेता था। आधा टिकट पाँच पैसे का होता था। कई बार कंडक्टर पैसे के बजाय एक नींबू ले कर मुझे मेरे स्टॉप पर उतार देता था। सर्दियों के महीनों में यह काम कुछ मंदा हो जाता था। बाकी गर्मी-बरसात में नींबू बराबर बिकते रहते थे। मेरे जीवन-अस्तित्व का संकट था और जीने के लिए संघर्ष था। मैं नहीं कमाता तो मौसा जी मुझे अपने पास नहीं रख पाते। गाँव लौटता तो काम ज्यादा करना पड़ता। वहाँ भारी बेगार होती और भरपेट रोटी नहीं थी। गाँव में जिस दिन काम, उसी दिन रोटी। दूसरे दिन फिर पेट खाली। दिल्ली में कुछ राहत थी। नींबू बेचने वाला काम तो मुझे काफी पसन्द था। इसी क्रम में अगले दिन दो-ढाई रुपये कमा कर लाया। मैंने पूर्ववत् अपनी थैली में भरे पाँच-दस के सिक्के-रेजगारी मौसा जी के सामने पत्थर की शिला, जिस पर वे चमड़ा काटते व राँपी को धार देते थे, पर उँड़ेल दी। मौसा-मौसी के चेहरे चमके। उसी वक्त मौसा जी ने अपनी पुरानी-सी डायरी निकाली, चश्मा ठीक से लगाया, पेंसिल बनायी और तटस्थ भाव से कहा–

"देखो सौराम, आज से तुम कमा रहे हो। कभी तुम्हारी माँ आ कर हिसाब माँग सकती है। इसलिए मेरी इस डायरी में तुम्हारा हिसाब साफ-साफ लिखा होगा। तुम जो कमाओगे, घर ला कर मुझे दोगे, और हिसाब लिखवाते रहोगे।"

"ठीक है, जैसा आप चाहें" मैंने हाँ की और बेहद उसी दिन से उन्होंने अपनी उर्दू भाषा में मेरा हिसाब-किताब लिखना शुरू कर दिया। उनकी उर्दू के अक्षर मेरे लिए भैंस बराबर थे, परन्तु वे बेहद ईमानदार, अनुशासित और खुद्दार व्यक्ति थे। उनके हाथ से हेरा-फेरी करने का सवाल ही नहीं था।

"प्रतिदिन सवा रुपया खाने, रहने और तेल-साबुन आदि सबका कुल खर्च करीब पैंतालीस रुपया मासिक काट लेने के बाद जो बचेगा, तुम्हारे भविष्य के लिए होगा। ऐसे दिनों के लिए रखा रहेगा जब तुम काम नहीं कर पाओगे। तुम्हारी पाई-पैसा पूरी तरह महफूज रहेगा।"

उन दिनों मैं दो-ढाई रुपये प्रतिदिन कमाने लगा था। यह काम मुझे अच्छा लग रहा था, क्योंकि इसमें एक तो शरीर थकता कम था, दूसरा कोई तिक-तिक कर हाँकने वाला नहीं होता था। अपनी मर्जी और अपने अनुशासन से काम करना होता था। कुल आठ-नौ घण्टा काम कर दोपहर के बाद मैं खाली हो जाता था। नींबू बेचने की फेरी में ही मेरी पहली तुकबंद कविता का जन्म हुआ था। वे शब्द मुझे आज

भी स्मरण हैं–

रस के भरे, रसीले नींबू, दस के दो, पन्द्रह के दो।
हँस के लो भाई, हँस के लो ॥

लयात्मक हाँक लगाता हुआ मैं महीनों राजौरी गार्डन के आलीशान भवनों के दरवाजों पर दस्तक देता रहा, खूबसूरत गलियों में घूमता रहा। आगे चल कर जब मैं लोक शैली में भी तुकबंदियाँ करने लगा और छोटा-मोटा कवि बन गया, तो मैंने अपनी पृष्ठभूमि में काम के साथ श्रम की परम्परा में जन्मी उस तुकबंदी को अपनी कविता का बीज माना। दूसरों से अच्छी बातें सीखना, लोगों से प्रभावित होने और प्रभावित करने की प्रक्रिया मेरे व्यक्तित्व का निर्माण करती रही। मैं स्कूल में नहीं था, परन्तु समाज-रूपी स्कूल से कुछ-न-कुछ निरन्तर सीख रहा था। मेरा हृदय तटस्थ व निरपेक्ष नहीं रह सका। सहृदयता मुझे किसी की ओर ले जाती थी और किसी की ओर से हटा भी देती थी। आसक्ति-विरक्ति मेरे व्यक्तित्व के दो गुण-अवगुण आज भी कारगर हैं।

शुरू के दिनों में खाली समय में मैं अम्मा से मिलने सुभाष नगर की झुग्गियों में जरूर जाता था। वहाँ सौतेले भाई रूपसिंह से भेंट होती। रूपसिंह को यहाँ भी पढ़ाने का प्रयास किया गया था, पर वह पढ़ाई से भागता था। वह एक छोटी साइकिल चलाता मिलता था। यहाँ किराये पर साइकिलें सिखाने को मिलती थीं। भिकारी और छोटेलाल बगल में पेटी डाले गलियों में मोचीगिरी करते मिल जाया करते थे। यहीं मैं भी कभी-कभी अपने नींबू के काम में से दस-पन्द्रह पैसे बचा कर साइकिल सीखने चला जाता। एक दिन जब दोनों घुटने छिले हुए और पाजामा फटा लेकर लौटा तो मौसा-मौसी ने डाँट लगाई। पहले उन्हें लगा शायद मैं किसी दुर्घटना का शिकार हुआ हूँ या किसी ने मुझे मार-पीट कर जख्मी कर दिया है। परन्तु मैंने साइकिल से जख्मी होने की वजह बता दी। तब उन्हें गुस्सा भी आया और राहत भी मिली। उन्होंने मुझे हिदायत दी–

''तुम आइंदा कभी भी बगैर बताए साइकिल सीखने नहीं जाओगे। कब से सीख रहे थे? हम समझते थे तुम सिर्फ अपनी माँ से मिलने जाते हो। ऐसी खुराफात करोगे तो जाओ अपनी माँ के ही पास रहो। हम अपने बच्चों की फिक्र करें या तुम्हारी?''

मौसा जी ने मेरी दुःखती नस दबा दी। मैं कातर दृष्टि से मौसी की ओर देख रहा था। मौसी बहुत उदार हृदय थीं। उन्होंने मुझे अपनी ओर खींचा और पीठ पर हाथ रख कर बोलीं–''बोल अब तो कहूँ नहीं जायेगा बिना बताए?''

''नहीं मौसी, अब कभी नहीं जाऊँगा, वायदा करता हूँ। गलती माफ कर दो।''

मौसी जी मान गयीं पर मौसा जी मुझसे नहीं बोले। उनका मौन मारने से ज्यादा

मारक लग रहा था। इसलिए मैंने मौसी से विनती की–

"मौसा जी गुस्सा हैं, उनसे कहकर मोइ माफ करा देउ।"

"मैं उन्हें समझा दूँगी, तू अपना काम कर।"

ऐसा बोलते हुए मौसी ने मेरे हाथ-पैरों के जख्मों पर हल्दी-तेल लगाया। मौसी की मध्यस्थता से मौसा जी का गुस्सा भी धीरे-धीरे कम हुआ। इस तरह वर्षों उनका वह छोटा-सा घर मेरे बचपन का जरूरी आश्रयस्थल बना रहा। मैं उस घटना के बाद अम्मा के पास फिर कभी सुभाष नगर नहीं गया।

नींबू बेचने का काम लगातार करते रहने के कारण मैं अपने अनेक ग्राहकों को और ग्राहक मुझको अच्छी तरह पहचान गये थे। मैं अपना काम कर रहा था। कर्मपथ साफ-सुथरा था। जिस पर जिन्दगी अपनी गति से चल रही थी, और मैं भविष्य का रास्ता तलाश रहा था। बचपन मेरे कंधों पर था और मैं किशोर वय की ओर आगे बढ़ रहा था। कदम नन्हें थे और कल के रास्ते अपरिचित, ऊबड़-खाबड़ थे, पर उसी में दिल्ली ठहराव एक महत्वपूर्ण मोड़ था मेरी जिदगी का। नया काम करने का अभ्यस्त हो चुका था। हर नए दरवाजे पर नए चेहरे, नया स्वर सुनने को मिलता था। ज्यादातर महिलाएँ और बच्चे मेरे ग्राहक होते थे। वे नींबू खरीदते और मेरे बारे में पूछताछ करते। कई महिलाएँ मेरी निजी जिन्दगी में दिलचस्पी लेती थीं। पैसे देने के साथ-साथ सवाल करतीं कि तुम पढ़ते हो या नहीं? मैं कहता, नहीं। वे फिर सवाल करती, क्यों नहीं पढ़ते? मेरा कोई पढ़ाने वाला नहीं है (पढ़ाने वाले से मतलब यहाँ खाना खिलाने, कपड़ा पहनाने वाले से था)।

कई महिलाएँ मेरे अनाथ बचपन की कहानी सुनतीं और सुन कर करुणासिक्त हो जाती थीं। कुछ तो नमकीन, बिस्किट वगैरह खिला देतीं। कई कहतीं–तुम हमारे घर में नौकर हो जाओ। सरकारी स्कूल में दाखिला भी दिला देंगे। खाली समय में घर का काम कर दिया करना। मैं हर दिन के अनुभव मौसी-मौसा को आ कर सुनाता था। एक मेम साहिबा के लिए यह आश्चर्य की बात होती थी कि मेरे जैसा एक बच्चा पढ़ना चाह कर भी पढ़ नहीं सकता। उनकी आम धारणा थी कि जो नहीं पढ़ना चाहते, वही नहीं पढ़ पाते हैं। मुझे देख कर उनकी धारणा को आघात पहुँचता था। आजाद देश की सरकारों ने मेरे जैसे लावारिसों के लिए कौन से स्कूल खोले थे, जहाँ पढ़ाई होती, काम होते और छात्र जीवन में रोटी की अतिरिक्त चिन्ता नहीं होती?

उसी वर्ष मैंने पहली बार टेलिविजन पर एक हिन्दी फिल्म देखी थी। हुआ यूँ कि हम किराए के जिस दुकाननुमा घर में रहते थे, उसके पीछे की ओर एक बड़ा-सा शानदार घर था। उस में मालिक दम्पत्ति रहते थे। वैसे तो घर में प्रवेश के लिए घूम कर मुख्य द्वार से ही जाना सम्भव था, किन्तु हमारी दीवार के पास बाहर रास्ते की ओर एक खिड़की थी। खिड़की अक्सर बंद रहती थी। उस दिन जाने कैसे वह थोड़ी खुली हुई थी और दो-तीन बच्चे उचक-उचक कर अन्दर झाँक रहे थे। भाई नत्थूलाल

को छात्र होने और किरायेदार का बेटा होने के कारण वे दरवाजे के रास्ते से घर में बैठ कर टी.वी. पर फिल्म देखने की इजाजत दे दिया करते थे, बाकी आस-पड़ोस के मेरे जैसे अनपढ़ बच्चों को कोठी में घुसने की इजाजत नहीं थी। मैंने उन बच्चों को खिड़की पर भीड़ लगाए देखा, तो मैं भी उनमें शामिल हो गया। मैंने एक-दूसरे का कंधा पकड़ा और मुँह ऊँचा करके अन्दर झाँक कर देखा, टी.वी. के पर्दे पर तस्वीरें नाच रही थीं। पहली बार देखा यह दृश्य मुझे चकित कर गया। तस्वीरें नाचती हैं, गाती हैं, बोलती हैं, यह कमाल! ऐसा कमाल तो हमारे बंगाली बाबा, भौपुर की चामुंडा और सैयद बाबा भी नहीं कर पाये। मेरे लिए यह अभूतपूर्व आश्चर्य और कौतूहल का विषय था। फिल्म का नाम मैं नहीं जान पाया, पर उस की कहानी जरूर मेरी स्मृति में घर कर गयी। वह एक मुसलमान परिवार के आशिक-माशूक के प्यार की कहानी थी। किसी मुस्लिम शाही परिवार की लड़की ने माँ-बाप की इच्छानुसार लड़के से मुहब्बत करनी नहीं छोड़ी तो उसे दीवार में चिनवा दिया गया था।

कहानी दिमाग पर पर छा गयी। उसी समय की देखी 'मुगले आजम' फिल्म के गीत भी मुझे अच्छे लगे। खास कर 'जब प्यार किया तो डरना क्या, प्यार किया कोई चोरी नहीं की छिप-छिप आहें भरना क्या, जब प्यार...' 'मौहब्बत की झूठी कहानी पै रोए, बड़ी चोट खाई...' यदि मेरी स्मृति में कथा गड्डमड्ड न हुई हो तो उसी टी. वी. सेट पर मैंने यह निराशा का गीत भी सुना था।

दोस्त, दोस्त ना रहा, प्यार, प्यार ना रहा,
जिन्दगी हमें तेरा ऐतबार ना रहा।

अगले दिन की सुबह मैं मंडी गया। लौट कर आया तो मौसी घर पर नहीं थी। मैंने मौसा जी से पूछा, मौसी कहाँ है? वे बोले–अस्पताल में। मैंने पूछा–

''क्यों, अस्पताल क्यों गयी हैं?''

''तुम्हारा एक भाई लेने गयी हैं'' मौसा जी ने कहा।

बच्चे को जन्म देने के लिए प्रसूति अस्पताल में जाने की शहरी सुविधा से मैं तब तक अनभिज्ञ था। इसलिए मेरे ज़ेहन में उस दिन द्वन्द्व रहा। उस सुबह मौसी की तरह मौसा जी ने मुझे झकझोर कर जगाया और बोले–सौराम, ''तुम नींबू बेचने जाओ''

उन्होंने नत्थूलाल को भी तैयार कर के स्कूल भेज दिया था। दुकान-घर को ताला लगाया। एक चाबी लाल को पकड़ाई और नरेश को साथ ले कर वे अस्पताल चले गये। दोपहर बाद मैं काम से, नत्थूलाल स्कूल से लौटे और किराए की काले रंग की कार में मौसी आयीं नवजात शिशु के साथ। पड़ोस के अंधे बाबूजी से मौसा जी ने नामकरण की बात की। बाबूजी पण्डित से नाम छँटवाने की सलाह नहीं देते थे। वे कहते थे–बच्चा तुम्हारा है, जो तुम्हें रुचे, वही नाम रखो। पर नाम ऐसा होना

चाहिए जो बच्चे के मन पर प्रतिकूल प्रभाव न डाले, ऐसी उन की मान्यता थी। इसीलिए उन्होंने उस नवजात मौसेरे भाई का नाम 'जंगी' रखा। जंगी यानी जंग करने वाला, शूरवीर। व्यक्तियों और जातियों के नामों के पीछे जो सम्मान और हिकारत का भाव होता है, वह मैं बाद में समझ पाया। ब्राह्मणों ने क्यों मेरे गाँव के चमारों के नाम दुर्जना, खचेरू, खूबा, दुंडा और घुरऊ वगैरह रखे, और क्यों यादवों ने भी अच्छे-खासे नामों—बिधाराम को बीधा, गंगाराम को गंगी, राधेश्याम का रधुआ, सौराज को शौरा करके विकृत कर दिया।

उन दिनों की ढेरों घटनाएँ मेरे जेहन में बिजली की तरह कौंधती हैं। जून माह के दोपहर की तेज धूप थी। मैं आवाज लगाता हुआ नींबू बेचता कॉलोनी से गुजर रहा था। उस दिन कोई सब्जी वाला मुझ से पहले नींबू भी बेच गया था। तेज प्यास से गला सूखने लगा था। देर से कोई ग्राहक नहीं मिला था। सवेरे आठ से दस बजे तक ग्राहक मिलते थे। जून के महीने में बारह बजते तो इमारतों के खिड़की-दरवाजे बंद हो जाते थे। जब नींबू लगभग बिक चुके थे, मैं घर की दिशा में मुड़ गया था। लेकिन मेरी टोकरी में अभी कुछ नींबू शेष थे और आधा घण्टा समय बाकी बचा था। मैं सवेरे से बारह-एक बजे तक अनेक दरवाजों पर दस्तक देता हाँक लगाता सीढ़ियाँ चढ़ता था। यहाँ तक कि मेरे ज्यादातर ग्राहक निश्चिन्त रहते कि मैं समय पर आऊँगा ही। अतः वे नींबू के लिए अन्यत्र नहीं जाते थे। इसलिए हाँक-दर-हाँक लगाए जा रहा था। तभी अचानक मेरी आवाज की प्रति-आवाज एक बहु-मंजिली इमारत के दूसरे तल से मेरे कानों में आयी। मैं पीछे हटा और मैंने आवाज की ओर मुड़ कर देखा। बगुलों के पंखों-सी सफेद पोशाक में खड़ी एक सुन्दर बालिका ने मुझे बुलाया—"नींबू वाले भाई ऊपर आओ।"

जैसे ही मैं उस किशोरी के पास पहुँचा, वह अन्दर चली गयी। मुझे अजीब लगा। परन्तु तुरन्त वह बाहर आयी तो ठण्डे पानी की बोतल साथ लाई। उसने गिलास भरकर पानी पकड़ाते हुए कहा—"प्यासे होगे, पहले पानी पी लो।

"नींबू खरीदोगी?" मैंने काम की बात की।

"ले लेंगे।" उस ने जबाव दिया।

'तुम अभी ठहरो, कह कर वह फिर अन्दर गयी और अपने भाई या किसी अन्य का एक पुराना नेकर और एक पुरानी शर्ट ले आयी। मुझे दिखाते हुए उस ने प्रश्न किया—

"क्या तुम इन्हें पहनना पसन्द करोगे?"

शायद उसने देख लिया था कि मेरी शर्ट पर एक-दो पैबंद लगे हुए हैं और मेरा नेकर भी थोड़ा फटा हुआ था। परन्तु मैं मानसिक रूप से किसी पराए मनुष्य का उतरा हुआ कपड़ा पहनने के लिए तैयार नहीं था, हालाँकि मेरे शरीर पर भाई नत्थूलाल के पुराने कपड़े और पाँव में पुराने जूते मौजूद थे जिन्हें मैं खूब साफ करके

पहनता था।

तेज प्यास में पानी ने राहत दी थी। पंखे की हवा में क्षण-दो-क्षण आराम मिल गया था। यहाँ तक तो उसकी सहानुभूति ग्राह्य थी, परन्तु कपड़े कैसे लेता? मौसा-मौसी की इजाजत भी मुझे लेनी थी। यह सोच कर मैं ने कहा—

"बहन जी, आपका शुक्रिया। नींबू लेने हों तो लें, पर मुझे कपड़े न दें। मुझे मेरी मौसी डाँटेंगी।"

"क्यों भाई, इस में क्या बुरा करोगे तुम? देखो, एकदम साफ कपड़े हैं। मेरे भाई के छोटे हो गये हैं। मैं किसी फेरीवाले को देने की सोच रही थी। तुम दिखे तो लगा तुम्हें ही ये कपड़े दे दिये जाएँ। ले लो भाई, और नींबू देने हैं तो चार नींबू भी निकाल दो।"

मैं नींबू के पैसे ले कर नीचे की ओर सीढ़ियाँ उतर रहा था और वह पीछे-पीछे उतर रही थी। मन में द्वन्द्व था, कपड़े लूँ न लूँ, क्या बुराई है इन कपड़ों में? नहीं-नहीं, मुझे मौसी डाँटेंगी। पहले ही मौसा जी सख्त हिदायत दे चुके हैं। दूसरा विचार था, इस में तो कोई नुकसान नहीं, ले लेता हूँ। तब तक किशोरी ने कहा—देखो भाई, तुम्हारी आंटी मना करें तो तुम कल वापस ले आना, या किसी और फेरी वाले को दे देना। इतना कह कर वह ठहर गयी, पर अब मेरी समझ में उसकी बात आ गयी। ठीक है, ले लेता हूँ। आधी सीढ़ियों से फिर ऊपर चढ़ा और कपड़े ले लिए। फोल्ड करके बगल में दबा लिए और निकल पड़ा घर की ओर। टोकरी में थोड़े से नींबू अभी बचे थे। मुझे डेढ़-दो रुपये की कमाई होने के बाद फिर दो-चार नींबू बचने की चिन्ता नहीं रहती थी। घर जा कर सब्जी में नींबू अधिक डाल कर खाने की हम सबकी आदत-सी हो गयी थी।

उस दिन मैं कपड़े साथ लाने के कारण कुछ असमंजस में था। पता नहीं मौसा-मौसी मेरे इस फैसले से नाराज होंगे या खुश?

घर के पास आ कर मेरी चाल धीमी हो गयी थी। दुकान-घर के बाहर छोटा-सा बरांडा था। उसी में मौसा जी काम करते थे। बरांडे के द्वार पर एक पुरानी-सी बरसाती पड़ी रहती थी, जैसे गरीब मुसलमानों के दरवाजों पर पर्दे पड़े रहते हैं। बरसाती में पाँच-छह पैबंद भी लगे थे। इस घर में न नल था न बाथरूम न पंखा न रसोई और न बिजली। हालाँकि दिल्ली का यह इलाका अधिक पिछड़ा हुआ न था। मौसा जी ने स्वयं चमड़ा सिलने की मशीन पर उन्हें सफाई से सिल दिया था। फिर भी यह पर्दा दुकान-घर की तंगदस्ती का परिचय देता था। कारण यह था कि मौसा जी जो जूते बनाते थे, उनमें श्रम-कारीगरी और मैटेरियल-लागत अधिक लगती थी, किन्तु जब से रबड़ सोल आने लगे, सोल के घिसने के काम मशीनों से होने लगे तब से उनका काम पिटने लगा था। इसलिए वे दिल्ली छोड़ कर वापस अपने गाँव बकैनियाँ या चन्दौसी लौट जाना चाहते थे। दुकान काफी पहले से थी। किराया मात्र

तीस-चालीस रुपए महीना जाता था। अतः दुकान मालिक साल-छह महीने का किराया माफ कर ऊपर से हजार-पाँच सौ पगड़ी दे कर खाली कराने को तैयार था।

उस दिन मकान मालिक ने काफी दबाव डाला था, अतः वे कुछ परेशान थे। मैं तिरपाल हटा कर अन्दर घुसा था। मौसा जी सिर नीचा किये अपने काम में व्यस्त थे। मेरी आहट हुई, उन्होंने चश्मे से झाँका। कहा–

"सौराम आ गये?"

"जी, हाँ, मौसा जी। मैंने जबाव दिया।"

तभी अन्दर से मौसी की आवाज आयी–"मुँह हाथ धो कर खाना खा ले।" हर दिन की भाँति मौसी सब्जी बना चुकी थीं। वे दोपहर को रोटी बनाना मेरे घर आने के बाद ही शुरू करती थीं, क्योंकि यही समय नत्थूलाल के स्कूल से लौटने का होता था। सब लोग एक साथ खाना बैठ कर खाते थे। मौसी ज्यादा समय अस्वस्थ रहती थीं, इसलिए उन्हें खाना पकाना भी कठिन होता था। पर कराहते-कुनाहते हुए भी वे खाना बना ही लेती थीं। जब कभी कोई मेहमान आ जाता तो रोटी तंदूर पर सिकवानी पड़ती थी। मैं कुछ देर से आया था। मौसी रोटी सेंक रही थीं। उस दिन मेरी बगल में कपड़े देख कर मौसी ने धीरे से पूछा–"ये कपड़े किसके हैं?"

मैं डर कर बोला–"मेरी एक ग्राहक ने दिये हैं।"

"और तू ने ले लिए? मौसी ने सवाल किया।

"मैंने मना किया था मैंने सफाई देनी चाही।"

"तो जबर्दस्ती दे दिये?" मौसी ने नाराज स्वर में व्यंग्य किया और मौसा जी को संबोधित करते हुए बोलीं–

"सुनते हो! सौराम आज किसी से कपड़े ले आया।"

"क्या कहा?" मौसा जी ने उत्सुकता से पूछा, तो मौसी ने वाक्य दोहराया–

"हाँ, कपड़े ले आया है।"

वे उठे, और मेरी ओर बढ़े। मैंने दोनों कपड़े उनके सामने रख दिये। मौसी गुस्सा थीं। परन्तु मौसा जी गम्भीर हुए, जबकि मुझे उन्हीं से ज्यादा डर लग रहा था। वे बोले–"कपड़े रख दो। रोटी सेंको, बच्चे भूखे हैं। बाद में बात करेंगे।"

मौसी रोटियाँ सेंकने लगीं। नत्थूलाल, मैं और नरेश पंक्तिबद्ध हो पालथी मार कर बैठ गये। मौसा जी बच्चों को खिला लेने के बाद ही खाना खाते थे।

घण्टों तक कपड़ों के मुताल्लिक कोई बात नहीं हुई। मौसा जी की प्रतिक्रिया का न होना मेरे लिए आश्चर्य का विषय था। शाम के वक्त उन्होंने अपना काम रोका, हाथ-पाँव धोए, तौलिया से पोंछे और मौसी के पास आ कर बोले–"नरेश की माँ, सौराम ने कपड़े क्यों लिए, जानती हो? इसके पास एक भी ऐसा कपड़ा नहीं है जिस में दो-चार पैबंद न लगे हों। क्या हम ने कोई कमी नहीं की है इस बच्चे के प्रति? इसी की कमाई से हमें इसको एक-दो कपड़े बनवा देने चाहिए थे। सौराम ने हमारे

पास रह कर कमी महसूस की है, यह फिक्र करने की बात है। उतरे हुए कपड़े पहनना, बिना खास मजबूरी के अच्छी बात नहीं है। ऐसे कपड़े किसी बीमार के हो सकते हैं या किसी मुर्दे के भी हो सकते हैं। मुर्दों का कपड़ा पहनने से बच्चों को सपने ज्यादा आते हैं। सपनों में भूत आते हैं, भूतों से बीमारियाँ लग जाती हैं।''

ये बातें उन्होंने मौसी से कीं और मैं कोने में बैठा सुनता रहा। बाद में मौसा जी ने मुझे अपने पास बुलाकर समझाया, ''देखो सौराम बेटा, पराई चीज पर ऐसे मन मत ललचाया करो। कपड़े नहीं थे तो हम बनाते, तुम हमसे कहते तो सही।'' जब मैं कपड़े वापस करने चल दिया तो मौसा जी बोले, ''देने वाले को बुरा लगेगा, तुम इन्हें पहनो या मत पहनो, पर वापस मत करो।''

उस दिन के बाद मैं उस बँगले के नीचे से गुजरता तो समय प्रायः दोपहर का हो चुका होता था। वह लड़की मुझे बहुत सुन्दर लगती थी। उसका स्वभाव भी सुन्दर था। वह मेरी नियमित ग्राहक थी। मैंने उस का नाम 'सफेद लड़की' रख लिया था। उस के बारे में मैं ने एक अधूरी कविता की जोड़-तोड़ कुछ इस तरह की थी—

धूप तेज थी। प्यास और भी तेज ,बोतल का पानी ठण्डा सफ़ेद
लड़की और भी सफ़ेद, पानी सी वानी जैसे अमृत अनमोल।

अण्डे वाला

इस बीच जब नींबू का काम मंदा हुआ तो बाबू जी की राय पर मौसा जी ने मुझे मार्किट के अखबार एजेन्ट से बोल कर कोठियों में अखबार डालने का काम दिला दिया था। शुरू में मुझे ग्राहकों के घर इलाका दिखा दिये और मैं काम करने लगा पर मैं कोठियों के दूसरे तीसरे तल पर अखबार फेंकने में असफल हो जाता था। इस कारण यह काम भी ज्यादा दिन नहीं चल सका। एजेण्ट का पुराना हॉकर आ गया। वह दिल्ली से बाहर गया था तो काम छोड़ कर न आने के लिए था। परन्तु गाँव-घर के हालात ने उसे पुनः दिल्ली भेज दिया और मालिक ने उसे काम देकर मुझे हटा दिया। मैं फिर अण्डे उबाल कर बेचने लगा था। नत्थूलाल भी कुछ कमाए और परिवार के भरण-पोषण में उनका हाथ बटाए यह बात मौसा जी के जहन में थी जो उनके माली हालात की माँग थी। दुकान भी कम ही चलती थी। मार्किट में बड़ी दुकानें खुल गयी थीं। हाथ से जूते बनाने और चमड़े के तले वाले जूते पहनने वालों की संख्या कम होती जा रही थी। इस कारण वे दिल्ली छोड़ कर चन्दौसी लौट जाने का मन बनाने लगे थे। इसी मजबूरी में वे चाहते थे कि उनका बेटा भी कुछ कमाए और पढ़े भी। मेरा नींबू बेचने का काम मंदा पड़ा, तो उन्होंने हमें केले बेचने का काम सौंपा। पहले दिन हम एक डलिया साझा केला खरीद कर लाए। केले कुछ पके हुए थे। मार्किट के चौराहे पर हम शाम तक केलों से भरी डलिया फुटपाथ पर रखे बैठे रहे। बिक्री नाममात्र की ही हुई, इतनी कम कि मुनाफा तो दूर लागत भी

नहीं लौटी। खरीदारों की प्रतीक्षा में रखे-रखे केले काले पड़ने लगे। केले चित्ती वाले थे, बाहर से उनका रंग खराब होने लगा और अन्दर से वे पिलपिले होने लगे। कल तक और अधिक बिगड़ जायेंगे, यह सोच कर और केले खाने से वंचित रहने की प्रतिक्रिया में हम जिस केले को अधिक खराब हुआ देखते, उसी को खा लेते थे। एक-एक कर दिन-भर में कई केले हमने खाए। देर रात तक ग्राहकों का इन्तजार किया था। बाकी बचे केलों की डलिया उठा हम दोनों भाई घर लौट आये। लागत के पैसे तो लौटे नहीं, उल्टे कल तक केले और खराब हो जायेंगे, इसलिए घर के सभी सदस्यों ने कई-कई केले खाए। केले नहीं बिके तो क्या, खाने को तो मिले। हमने यह सोच कर सन्तोष किया। पर लाभ के बजाय हानि उठाकर हम इस व्यापार में नाकाम रहे, इसका हमें खेद हुआ।

इस प्रयोग में असफल होने के बाद मौसा जी ने हमें बताया कि बनिए का बेटा यदि यह काम करता तो चाहे केले सड़ जाते, खाता नहीं। वे अब एक दूसरा प्रयोग कराने लगे। उन्होंने पत्थर की शिला पर मुर्गी फार्म का रास्ता बना दिया। स्कूली छात्र होने के नाते नत्थूलाल ने शायद समझ लिया होगा। मैंने ऐसा सोचा। कहा, हाँ ठीक है। हम पहुँच जायेंगे। और हम दोनों अण्डे खरीदने चले गये, लेकिन हमें मुर्गी फार्म नहीं मिला और लौटते समय सड़क की ऊँचाई के नीचे तक उतरने-चढ़ने में कौन जल्दी कर सकता है, इस होड़ के खेल में हम लग गये, और देर तक खेलते रहे। नत्थूलाल बड़े थे पर चूँकि वह शारीरिक श्रम कम करने के कारण कुछ नाजुक थे, अतः उस ऊँचाई पर चढ़ने-उतरने की होड़ में मुझे बहुत देर तक हरा नहीं पाये। इस खेल में हमें काफी देर हो गयी। शाम के समय घर लौटे, तो खाली टोकरी देखकर मौसा जी ने पूछा–

"तुम अण्डे क्यों नहीं लाए?"

"हमें मुर्गी फार्म ही नहीं मिला।"

"तो अब तक कहाँ रहे?"

"खेलते रहे।"

धत्तेरे की। पूरा दिन बर्बाद कर आये। खैर, अब सवेरे जल्दी जाना।"

उन्होंने हमें दो-तीन चीजों के नाम समझा दिये, कि–"अमुक फैक्ट्री की गली फला गुप्ता की परचून की दुकान के पास अमुक मुल्ला की दुकान है। वहाँ जाकर मुर्गी फार्म का पता कर लेना है।"

अगला दिन अवकाश का दिन था। सवेरे हम जल्दी जगा दिये गये। आस-पास की कई चीजों के नाम लिख दिये थे, इसलिए हमें फार्म पर पहुँचना आसान हुआ। अतः इस बार हम खाली हाथ नहीं लौटे।

अब मैंने अण्डे उबाल कर बेचने का काम शुरू कर दिया। संयोग से हम ने पहले ही दिन चार-पाँच रुपये बचाए। नत्थूलाल तो स्कूल खुलते ही पढ़ने जाने लगे

और मैं टोकरी में भर कर अण्डे बेचने निकलने लगा। ठीक वैसे ही जैसे नींबू बेचने के लिए आवाज लगाता था। पर अब नींबुओं के बजाय अण्डे बेचने की आवाज लगाने लगा था इस तुकबंदी के साथ—

ताजे अण्डे, रुपये के चार,
आज नगद लो, कल उधार।
अण्डे खाएँ, हों हुशियार
जो ना खाएँ, हों बीमार

मौसा जी पूछते थे। तुम अण्डे बेचने के लिए कैसे बोलते हो। तब मैं उन्हें बताता कि मैं नींबू का गाना बना कर बेचता था और उसी तरह अण्डे भी गा-गा कर बेचता हूँ। मैंने खुद ही अपने काम के तुक्के जोड़ लिए हैं। इससे वे खुश होते। वे हर तुक्के में कविता है ऐसा समझते और मेरे इस गुण और लक्षण की चर्चा बाबूजी से करते। तो वे रैदास, कबीर वगैरह के किस्से सुनाने लगते और उनसे मेरी संगति करते हुए कहते कि—

"दुनिया में बड़ी-बड़ी प्रतिभाएँ स्कूलों के बाहर से आयी हैं।"

ऐसा कह कर वे मेरा हौंसला बढ़ा देते।

ग्राहकों से मेरी काफी अच्छी जान-पहचान हो गयी। एक ग्राहक और मुझे याद है। मोटापे के कारण उसका हुलिया मेरे बाल मन के लिए हास्यास्पद था। मैं उसके घर पहुँचता तो देखता कि उसे एक स्थान से दूसरे स्थान पर उसके नौकर ही उठाते-बिठाते थे। नौकर बताते थे कि वह स्वयं तो शौच भी नहीं कर पाता। उसे खाने-पीने की अतिरिक्त सुविधाएँ उपलब्ध थीं। वह अक्सर बीमार भी हो जाता था। परन्तु उसका वह हाथी जैसा भारी शरीर बोझ था। मैं सोचता, जो काम नहीं करते उनको सब कुछ है और मैं कमाता हूँ तो मुझे रोटी भी मुश्किल। भगवान में यकीन था उन दिनों, पर उससे शिकायत रहती थी। उसने गरीबी-अमीरी का भेद क्यों बनाया है?

एक दिन मोटे ने मुझसे सवाल किया—

"कहाँ रहते हो?"

"एस-3-ए जनता मार्किट में।" मैंने जबाव दिया।"

मोटे की बहन जो दुबली-पतली थी बोली—"तुम मेरे भाई के लिए होम सर्वेण्ट बनना चाहोगे?"

मैंने कहा, क्या दोगी?

बोली—"जो माँगोगे।"

"तो सोचकर बताऊँगा।" और फिर लौट कर उसकी ओर नहीं गया।"

मेरी एक ग्राहक अण्डे खाने और उसका कच्चा पदार्थ पीने की बहुत शौकीन थी। मुझे उसका वह दृश्य स्पष्ट स्मरण है। वह मेरी टोकरी से भाव-ताव किये बगैर

एक के बाद दूसरा, फिर तीसरा इस तरह दो तीन अण्डों का पदार्थ अपने गले में उड़ेल गट-गट कर पेट में उतार लेती थी। मैं उसका भारी चेहरा, लाल-सा मुँह देखता रह जाता। शुरू में अजीब लगा पर धीरे-धीरे सब सामान्य लगने लगा।

दिल्ली : छूटती उम्मीद

एक घटना के कारण मुझे दिल्ली छोड़ कर गाँव लौट जाना पड़ा था। हालाँकि मैं बाद में भी मैं समय-समय पर दिल्ली आता-जाता रहा। रईसों की तरह पर्यटन-व्यापार या शिक्षा-दीक्षा के लिए नहीं, अपितु अपना पेट पालने, मेहनत-मजूरी तलाश करने के लिए। लेकिन उस वक्त के लौटने ने मेरे बाल जीवन की राह पुनः निराशा, और गतिशून्य सामाजिक स्थितियों की ओर मोड़ दी।

वह घटना यह थी कि एक पंजाबी दम्पत्ति, जो मेरे नींबू, अण्डा और केला आदि हर चीज के खरीदार थे, उनके घर में कोई बच्चा नहीं था। पति-पत्नी दोनों ने किस्सों में मेरी पारिवारिक पृष्ठभूमि, माता-पिता, आर्थिक स्थिति, जाति-धर्म आदि से संक्षेप में जीवन परिचय प्राप्त कर लिया था। जाने क्यों उन दोनों की दिलचस्पी मुझ में बढ़ गयी थी और मैं भी लगाव महसूस करने लगा था। उस महिला के शब्दों में अतिशय ममता थी। शायद उसे दत्तक पुत्र के रूप में मेरी जरूरत रही हो। उनका मुलायम और मीठा स्वर कठोरता और रूखे व्यवहारों से हमेशा घायल रहे मेरे हृदय के लिए मरहम जैसा था। उन दिनों मैं गलियों में आवाज लगाता और जब भी मैं उनके मकान के सामने से गुजरता, वह महिला मुझे अपने पास बुला लेती थी। नींबू तो वह खरीदती ही थी। बतौर मूल्य पैसे भी देती और ऊपर से कुछ-न-कुछ, खाने को अवश्य देती। कभी चाय पिलाती तो कभी घर में बनी खाने की चीज हलुआ आदि खिला देती। आज यह आदत मुझे अच्छी नहीं लगती। पर उस समय मैं उस माँ तुल्य महिला के आग्रह के आगे या खाने के लालच से इनकार नहीं कर पाता था।

मुझे पता नहीं वे दम्पत्ति मेरे चले जाने के बाद मेरे बारे में क्या सोचते थे, किन्तु वे मेरे सामने मुझसे कहते—"क्या तुम हमारे घर रह सकते हो क्या तुम्हें नींबू या अण्डा बेचने से ज्यादा पैसा दिया जाए तो यह काम छोड़ सकोगे?"

मैं पूछता—"क्यों कोई ज्यादा पैसा देगा, और क्यों मैं काम छोड़ दूँ?"

ऐसे प्रश्न मेरे जहन में घर बना रहे होते थे। मौसी-मौसा की डाँट-फटकार से ज्यादा मैं इस बात से डरता था कि फिर वापस गाँव भगा दिया जाऊँगा,

मैं गाँव के अभावों से वाकिफ था। मात्र पेट भरना मेरे लिए कितना मुश्किल होता था, इसका पर्याप्त अनुभव मेरे पास था। गाँव में मेरा वर्तमान भी असुरक्षित था। भविष्य तो कल्पनातीत था। पर शहर में भी मेरा अपना क्या था? मेरी जगह किसी की दया, कृपा और स्वेच्छा तक ही सीमित थी।

राजौरी गार्डन में उस स्नेही दम्पत्ति के घर यदा-कदा प्यार से जो कुछ खाने

को मिलता मैं उस का बखान मौसा जी के सामने नहीं कर पाता था। मुझे लगता है कि अभिभावकों के डर से कुछ चीजें छिपाने की मुझे आदत पड़ रही थी।

और वह भली महिला लगभग एक-डेढ़ साल से जानकारी ले रही थी। कभी-कभी वह जूते-चप्पलें ठीक कराने के बहाने आकर मौसा जी से मेरे बारे में ढेरों बातें करती, कभी मेरे लिए पुरानी किताबें देकर लगाव पैदा करती। वह इस बात से नाखुश हुई थी कि मुझे दाखिला मिल गया था। इसके बावजूद भी मैं पेट के लिए कमाने के कारण स्कूल नहीं जा सका। एक दिन उसने मौसा जी से आकर कहा था—

"देवीदास अगर आप चाहें तो मैं इस बच्चे को अपने घर रख कर पढ़ा दूँ।"

मौसा जी को उसका यह नेक प्रस्ताव बुरा लगा। पहली बार तो उन्होंने रूखे स्वर में कहा—"आप कौन होती हैं इसे पढ़ाने-लिखाने वाली? हम जिन्दा नहीं हैं क्या? आपको क्या रूचि है इस बच्चे में?" इस पर वे महिला खामोश हो गयीं। लेकिन डेढ़ दो महीने बाद उन्होंने मुझसे फिर पूछा—

"सौराम तुम्हारा स्कूल जाना शुरू हुआ या नहीं?"

"नहीं बीबी जी मैं स्कूल नहीं जाता। मण्डी जाता हूँ बस्स।"

"तुम चाहो तो हमारे घर रह सकते हो।"

मैंने तुरन्त अपना शक जाहिर किया—

"आप मुझे नौकर बना कर रखेंगी?"

वे बोलीं—"जैसा तुम समझो। वैसे सौराम, हमारे पास कोई बच्चा नहीं है, हम सोचते हैं तुम हमारा हाथ भी बँटाओ और पढ़ो-लिखो भी। तुम जमे रहे तो घर में तुम हमारे बेटे की जगह भी पा सकते हो।"

उन महिला की बात मुझे तो अच्छी लगी, पर मेरे भविष्य का फैसला तो मौसा जी के हाथों में था। वह उनसे पुनः कैसे मिलती? अतः मैंने घर जाकर मौसी से कहा-

"मौसी, मैं उन मेम साहिबा के घर रह कर उनके घर का काम करूँ और पढ़ूँ भी तो क्या मौसा जी इस बात को मानेंगे?" मौसी मेरी बात सुन कर चौंक पड़ीं और बोली—"पढ़नौ अच्छो है, पर का पढ़ाई ऐसी बड़ी चीज है जिसके लिए तू मौसा-मौसी कूँ छोडि पराए घर जानें सोच रयौ है?"

"मौसी, मैं कैसे भी पढ़ना चाहता हूँ।"

मेरी मंशा भाँप कर मौसी के चेहरे के हाव-भाव बदल गये। वे मन-ही-मन चिंतित हुई थीं। उन्हें उस रात-भर नींद भी नहीं आयी। उनसे रहा नहीं गया तो रात को मौसा जी से इस सन्दर्भ में कहा तुम मौसी हो और वे पूतना मौसी तो उन्होंने इसका अर्थ यह लगाया कि—वह पढ़ी लिखी चतुर औरत है। उसने अपनी मीठी-मीठी बोली और फर्जी ममता का प्रदर्शन करके लड़के को भरमा लिया है। सौराम गाँव से आया है, शहरी मर्द-औरतों के बारे में इसे कोई तजुर्बा नहीं है। मुझे तो लगता है

कि वह औरत कुछ दिन इसे यूँ ही बहलाए-फुसलाएगी, खिलाएगी-पिलाएगी और एक दिन किसी कोर्ट कचहरी से कागज बनवा कर सौराम को गोद ले लेगी, और फिर इसकी माँ हम से अपना बेटा माँगेगी। उसे हम इतना बड़ा लड़का कहाँ से देंगे। घर बैठे बिठाए यह मुसीबत हमारे सिर आ जायेगी। अभी तो गनीमत है कि सौराम ने तुम से सलाह ली है। किसी दिन किसी ने पढ़ाने-बढ़ाने का लालच देकर कोई बड़ा आदमी बन जाने का सपना दिखा दिया तो यह अपनी मर्जी से किसी के साथ कहीं दूर चला जायेगा। तब उस हालत में हम क्या करेंगे? मौसा जी को इस तरह की प्रबल आशंका ने घेर लिया। अतएव अगले ही दिन बगैर मुझे बताए उन्होंने एक पत्र मेरी माँ के नाम 'पाली' भेज दिया। हालाँकि कुछ ही दिन पूर्व अम्मा भिकारी परिवार के साथ दिल्ली से पाली जा चुकी थी। चिट्ठी मिलते ही आपातकाल की तरह वह गोद में छोटे बच्चे को लेकर रात की गाड़ी से सवेरे ही दिल्ली आ पहुँची। मैं मंडी से नींबू लेकर लौटा ही था, देखा कि घर में अम्मा मौसी के पास बैठी बतिया रही है।

"तू कैसे आ गयी अम्मा?" मैंने अम्मा से सवाल किया तो वह बोली—

"अच्छा? तेरे ही कारन तो आयी हूँ और तू ही पूछि रओ है, 'कैसे आयी है अम्मा।' मैं कैसे-कैसे दुख झेलि के तुम्हें पालि रई हूँ। तू जान्तु है? बाप बिना पालि नाँइ पाइ रई, तो अपनी आँखिनु तें दूर छोड़ि जरूर गयी हूँ, पर तोइ भूलि तो नाँइ गयी। नौ महीना पेट में राखो है, मैं ही जान्ति हूँ तू...अब तू काऊ और की गोद में बैठन जाइ रओ है? बाप तो तेरो भगवान ने उठाइ लओ और बेटा कूँ कोई मैम लाए जाइ रइ है।

मेरे धोरे का धरो है मेरो कोई का लेगो और कोई मेरो का करैगो? मैं बस थोड़ो-बहुत पढ़नों-लिखनों चाहि रओ हूँ सो कोई जो है मेरी मदद करि रही है। वह भी बिना सुआरथ। तो ऐसी मदद लेने में क्या हर्ज है?" मैंने कहा।

"बात को हल्की मत करो सौराम! हम जानते हैं कि गाँव के लोग कितने सीधे-सादे होते हैं। यहाँ शहरों में औरतें बच्चे पैदा करने और पालने की मुसीबत तो लेती नहीं हैं। पले-पलाए बच्चे गोद लेने के चक्कर में रहती हैं। तुम एक बार चले गये तो कभी नहीं लौटोगे। तुम्हारी माँ आ गयी, अब बाकी तुम जानो और ये जाने। हमें कोई मतलब नहीं।"

मौसा जी ने नाराज भाव से कहा। मैं घबरा गया पाली मुकीमपुर के नारकीय जीवन में मैं फिर से लौटना नहीं चाहता था।

"तो मैं नींबू तो बेच आऊँ" मैंने इजाजत माँगी।

"हाँ बेचि आ, बेचि आ, जल्दी लौटिए, मुखी तेरो इन्तजार करेगी।" मौसी ने कहा।

उस दिन मुझे अपने काम में कोई रुचि नहीं थी। मेरा पूरा ध्यान इस बात पर

था कि कल से मैं उसी घुटन भरे वातावरण में लौट जाऊँगा, जहाँ से दिल्ली आ कर मैं कुछ राहत महसूस कर रहा हूँ। अम्मा मुझे अपने पास पाली नहीं रख सकेगी। भिकारी मार भगाएगा। दूसरे ही दिन मुझे मेरे गाँव नदरोली छोड़ कर चली जायेगी, जहाँ जाति के और गैर-जात के सभी लोग मेरी पीठ पर काम का बोझा लाद देंगे। बोझा ढुवाएँगे, मशीन पर जोत देंगे। कोल्हू के बैल की तरह फिर, वे ही काम करने पड़ेंगे। अतः उस दिन मुझे जिस महिला के घर न जाने की हिदायत दी गयी थी, मैं अदबदा कर सीधा पहले उसी के घर गया था। सब से पहले उन्हें गाँव से माँ के आने की सूचना दी और फिर कहा कि एक-दो दिन में मैं भी माँ के साथ गाँव चला जाऊँगा। यह आशंका भी व्यक्त की कि अब शायद दिल्ली की इन गलियों में दोबारा मेरा आना नहीं हो पायेगा। आपको आखिरी बार सतसिरीकाल करने आया हूँ। उन पति-पत्नी को मेरी बातें एक झटके की तरह लगीं।

मैं कुछ देर उनके पास बैठ कर गलियों में निकल गया। लागत के भाव नींबू जल्दी बेच कर घर लौटा तो देखा अम्मा-मौसी के पास वे दोनों दम्पत्ति बैठे बतिया रहे हैं। मौसा जी के हाथ अपनी कारीगरी में लगे हैं और कान उन चारों की बातों पर।

"बहन जी, हमारी प्रार्थना है, आप अपने बच्चे को हमारे पास छोड़ दें। हम इसे स्कूल भेजेंगे और घर का छोटा-मोटा काम भी कराएँगे। जितने पैसे यह नींबू बेच कर कमाता है, उतने पैसे भी हम हर महीने आपको देते रहेंगे।"

उस सहृदय महिला का नेक प्रस्ताव सुन कर अम्मा संदेह के स्वर में बोली—

"नांइ बीबी जी, मैं अपने बच्चा कूँ नाँइ छोड़उँगी। अब तो दिल्ली में हूँ नाँइ रैन दिउँगी। अब जो पलेगो तो अपने गाम में पलि जाइगो।"

अम्मा ने अपना निर्णय सुना दिया था। उस महिला ने माँ के साथ लौटने से पहले मुझे चौथे दर्जे की दो किताबें दी थीं। अम्मा जब मौसा जी के पास से मुझे लाई थी तब छोटेलाल और भिकारी लाल सुभाष नगर दिल्ली में पुनः काम की तलाश रुके हुए थे।

अम्मा मुझे उन्हीं के पास ले गयी तो वे बोले—"इतने दिन मौसी-मौसा कूँ कमाइ कें खवाई आयौ। जब गे नन्हें-नन्हें जीवाक हते तब कोई ससुरौ मौसी-मौसा पालिवे कूँ आगे नाँय आयौ। अब बड़े होन लगे तो सब हक जतावन लगे।"

अन्त में उन्होंने तय किया कि—

"अब सौराम हमारे तांई काम करेगौ और अब हम नींबू नाँय बिकवाएँगे।"

दसों उँगलियाँ तेजाब में

अगले दिन मेरे लिए दूसरे काम की तलाश की गयी। काम मिला एक निकिल कारखाने में हैल्परी का। यहाँ प्लास्टिक के ड्रमों में तेजाब मिश्रित पानी भरा रहता था। इसमें साइकिल, मोटर साइकिल और मशीनों के अन्य अनेक तरह के लोहे के

पुर्जों को डाल कर पहले तो इनकी जंग छुड़ानी होती थी, फिर उन पर निकिल की पॉलिश कर दी जाती थी। तेजाब में से पुर्जे हाथों से पकड़ कर उठाए जाते थे। उन्हें पकड़ने के लिए रबड़ के दस्तानों का इस्तेमाल किया जाता था। यहाँ सीनियर वर्कर जूनियर वर्कर को पुराने दस्ताने दे देते थे।

शरीर और कपड़े एकदम मैले हो जाते थे। मैं सबसे जूनियर हैल्पर था, इसलिए मुझे भी पुराने दस्ताने दिये गये थे। धारदार कीलें चुभने से इन दस्तानों में छोटे-छोटे छेद हो जाते थे। इन छेदों में प्रवेश कर तेजाब अन्दर उँगलियों में पहुँच जाता था। पुर्जों को उँगलियों से पकड़ने के कारण उँगलियों के पोर कटने लगते थे। आठ-दस दिनों ही में मेरे हाथों के नाजुक पोर घायल हो गये। नए दस्तानों की माँग करता तो अनसुनी हो जाती। घर लौट कर अम्मा को हाथ दिखाता तो वह दुखी होती। भिकारी को कमाई चाहिए थी। इसलिए वे कहते—दो-चार महीनों में सब आदत पड़ जायेगी। दूसरे मजूर भी तो काम करत हैं, "तू अनौखौ तों है नाँय है।"

आखिर मैंने एक-डेढ़ महीने में ही हाथ खड़े कर लिए—

"मेरे वश का नहीं है यह काम।"

अम्मा को दिल्ली से पाली जाना था। मुझे अपने साथ ले जाने के लिए उसे भिकारी से काफी झगड़ना पड़ा। कच्ची उँगलियों के कटे पोर देख कर उसने भी मुझे इस काम को छोड़ देने की सलाह दी थी।

"सौराज यहाँ काम नाँय करैगौ तो पाली हूँ नाँय जाइगौ, गे साफ बात है।" भिकारी की घोषणा सुन कर अम्मा के पास अब एक ही विकल्प था कि वह मुझे मेरे पैतृक गाँव नदरोली ही भेजे।

अम्मा पाली चली गयी। भिकारी के घर में मेरे लिए कोई जगह नहीं थी और अम्मा के पास अन्य दो बच्चे भूरेलाल और राजमाला पाली में थे। नदरोली में खाने-कमाने के लिए कुछ भी साधन नहीं था। जिन यादवों के खेत-क्यार थे व्यवहारतया वे उजड्ड, असभ्य और अशिक्षित ही थे। यूँ तो जीवन-स्तर उनका भी कोई खास अच्छा नहीं होता था। परन्तु वे मेरे जैसे सर्वहारा-रंक की तुलना में गाँव के राजा थे।

गाँव पहुँचने के दूसरे ही दिन से मैं किसी की रहट हाँकने या किसी का गोबर कूड़ा करने लगा। कभी बब्बा के साथ जुटता, तो कभी निराई, कटाई करने जाता था किसी का घर बनता तो ईंटें पकड़ाने जाता, लेकिन मैं गिलाए से भरा तसला उठा नहीं सकता था। इसलिए पूरा मजूर नहीं माना जाता था और आधी मजूरी पर काम करता था।

दिल्ली से गाँव आने के बाद से ही एक बात मन में बैठ गयी थी। अच्छी चीज किसी तरह पढ़ना है। पर स्कूल नसीब नहीं था। अक्षर तो दूर, रोटी तक दुर्लभ थी। पर शौक था, अपने हमउम्र बच्चों की पुरानी और बाजार की फुटपाथी किताबों को

मौका मिलते ही पढ़ता रहता था। कोई दिशा या स्पष्ट लक्ष्य मेरे सामने नहीं था।

सप्ताह-भर काम करके थोड़े-थोड़े पैसा बचा कर शनिवार को जुनाबई या रविवार को रिवाड़ा की पेंठ से हल्दी, मिर्च और सब्जी लाता था। सबसे पसन्द की चीज होती थी भूर मछली। बड़ी मछलियाँ महँगी होती। इसलिए मैं एक पाव भूर मछली ले आता था। गंगी बब्बा भी एक-एक पाई बचा कर आना-दो आना मछलियों के लिए जमा रखते थे। ज्वार, बाजरा, मटर आदि मोटा अन्न हम खाते थे, पर गेहूं का आटा वे सप्ताह-भर छिपा कर और सँभाल कर मिट्टी के छोटे से कुठिला में रखते थे। मछली बनती तो दो रोटियाँ गेहूँ या जौ के आटे की भी बनती थीं।

सम्भल की वह रात

उन दिनों मैं किसी भी स्कूल का छात्र नहीं था। पैंठों में बैठ कर पुराने जूतों की मरम्मत किया करता था। इस काम का अभ्यास भी बहन के गाँव में कर लिया था। यहाँ चमारों का एक भी घर ऐसा नहीं था जो जूते गाँठने का काम न करता हो या चमारों का एक भी बच्चा स्कूल जाता हो। एक बार मैं अपने गाँव नदरोली से अपनी बहन के गाँव मिर्जापुर जा रहा था। सर्दियों के दिन थे। गाँव से बबराला तक पन्द्रह कि.मी. पैदल चलने में ही आधा दिन गुजर गया। पैसेंजर द्वारा बहजोई पहुँचने तक सूरज डूब गया। स्टेशन पर उतर कर क्रासिंग से सम्भल जाने वाली बस पकड़ी। बस प्राइवेट थी, इसलिए जब पूरी ठसाठस भर गयी, तब चली। अब रास्ते में हर स्टाप पर रुकते-रुकाते अँधेरा होने लगा और सम्भल-पहुँचते-पहुँचते रात हो गयी। गाँव अभी पन्द्रह-बीस कि.मी. आगे था। आखिरी बस मिल सकती थी। लेकिन दैपा नामक स्थान पर उतरने के बाद गाँव के लिए पाँच-छह कि.मी. का रास्ता पैदल का था। वह भी भूड़-झूँड़, ऊबड़-खाबड़ और असुरक्षित था। मैं यदि सम्भल से आगे चला भी जाऊँ तो 'दैपा' उतर कर कहाँ जाऊँगा? वहाँ तो वीरान जंगल है। मैंने सोच कर कन्डेक्टर से पूछा—

"भाई साहब मुझे मिर्जापुर जाना है। दैपा उतरना था पर रात हो गयी है। अब कहाँ जाऊँ?"

"अब तो तुम्हें सम्भल में ही कहीं रात काटनी चाहिए।" उसने कहा।

"क्या कहीं रात काटने के लिए जगह मिल सकती है?"

हालाँकि सम्भल के एक मौहल्ले में मेरी 'कला' मौसी...भी थीं। लेकिन तब तक न तो उनका घर देखा था और न कभी उनकी सूरत देखी थी। केवल अम्मा के मुँह से उनका नाम सुना था। इसलिए वहाँ जाने या खोज पाने का प्रश्न ही न था।

कंडक्टर ने कहा—"अबे भैइए तू फिकर क्यों करता है, तुझे हम रुकाएँगे। कहे तो घर ले चलें।"

"मुझे तो बस रात काटनी है। तुम मेहरबानी कर इजाजत देउ तो में बस की

सीट पै लेटि के रात गुजार लूँ और सुबह पहली बस से चला जाऊँगा।"

कंडक्टर हैल्पर के कानों में कुछ फुसफुसा कर बोला—

"ठीक है, तू अभी सीट पै बैठ, सवारी उतरने दे बाद में बात करेंगे।

सभी सवारियाँ उतर गयीं। धीरे-धीरे बस खाली हो गयी।

अँधेरा बढ़ने लगा। कंडक्टर और हैल्परों ने नमाज अदा की। एक-एक कर खाना खाने गये। मैं दिन-भर का भूखा था। परन्तु एक दो वक्त भूखा रह लेने का अभ्यस्त भी था मैं।

"ऐवे तू खाना-पीना कुछ खायेगा?"

"नाँय साब मैं भूखो नाँय हूँ।"

थोड़ी देर बाद वह बोला—"खतना कराया है वालिद ने?"

"हाँ-हाँ, बहुत पहले।" मैंने तुरन्त जवाब दिया।

तो नाड़ा खोला और दिखा कि तेरा खतना है भी या नहीं।"

ड्राइवर ने पूछा था—नंगा घूमने वाले दिनों में हुई एक दुर्घटना में मेरे गुप्तांग के अग्र भाग की खाल कट गयी थी, और मैंने उसे ही खतना होना मान लिया था।

बोल कर मैं चुपचाप बैठ गया। हालाँकि पेट में जठरानल दहक रहा था। उन दिनों सम्भल में 'बसें' शहर के अन्दर रुका करती थीं। सिनेमा-घर पास ही था। ड्राइवर नौ बजे का शौ देखने चला गया और मैं आगे कोने की सीट पर लेट गया था। वे दरवाजे बन्द करके चालक द्वार से निकल कर छत पर चले गये थे। गाँव में मैं अफवाहें सुना करता था कि मुसलमान लोग मौका मिलते ही हिन्दू का खून कर देते हैं। सम्भल के मुसलमानों की ऐसी ही तस्वीर दिमाग में बिठा दी थी परम्परागत हिन्दू प्रचार ने। अछूत हिन्दू नहीं होते, ऐसी मेरी समझ उस समय नहीं थी। यह मुझे हिन्दुओं के व्यवहार, इतिहास और बाबा साहब डॉ. अम्बेडकर के साहित्य ने अब समझाया है। सम्भल मुस्लिम बहुल ऐतिहासिक नगर है। यहाँ किसी भी हिन्दू को मार कर गायब किया जा सकता है, ऐसी भ्रामक आशंका मेरे अवचेतन में बैठी थी। पर मुझे कोई क्यों मारेगा? मैं कौन-सी चोटी, जनेऊ रखता हूँ, जो हिन्दू पहचाना जाऊँ। मैं भी मुसलमान जैसा ही हूँ। कोई पूछेगा तो बता दूँगा, गाँव का मुसलमान हूँ। रोजा-नमाज के बारे में पूछा तो क्या जबाव दूँगा? ऐसे ही सवाल मेरे जहन में कौंध रहे थे। रात धीरे-धीरे बढ़ रही थी। मैं बस की सीट पर लेटा था। पर अभी नींद नहीं आयी थी। देर रात छत पर से उतर कर कंडक्टर मेरे पास आया और बोला—

"कुछ नहीं, ऊपर सर्दी है। मैं तेरे साथ सो रहा हूँ।" बोल कर वह सीट पर दूसरी ओर लेट गया। मुझे उसके मुँह से शराब की गंध आयी और थोड़ी देर बाद वह मेरे पास आ गया और मेरी टांगों पर हाथ फेरने लगा। मैं उसकी गलत मंशा समझ कर डर गया। तभी महमूद हैल्पर भी नीचे आ गया। मैंने पूछा—"तुम लोग यह क्या कर रहे हो? तो वह बोला—"इसे बवासीर की बीमारी है। तू इस के ऊपर

चढ़, नहीं तो मैं तेरे ऊपर चढ़ जाऊँगा।'' वे मुझे कब्जाने वाले ही थे कि मुझे एक युक्ति सूझी। मैं बोला–

''कंडक्टर साहब, मेरे पेट में दर्द हो रहा है। मुझे पहले हाजत के लिए जाना है।''

''सुअर के बच्चे को इसी वक्त पाखाना लगा है। महमूद तू इसे डिब्बा दे दे और इसके पीछे-पीछे चला जा सामने नाली पर बैठ आयेगा, और तू जल्दी लौट आना।''

हैल्पर बोला–''बहाना कर रहा होगा स्साला। उस्ताद, इससे कहो थोड़ी देर पाखाना रोके।''

''अबे कहीं पाखाना कर दिया तो कपड़े खराब कर देगा। इसे ले जा। गँवार है। शहर में नया है और अजनबी भी, आधी रात कहाँ जायेगा?"

अपनी कमीज, पाजामा और अँगोछा, जो मुझे बहन के गाँव के पास जाकर पहनने थे। छोड़कर बस से नीचे उतर गया। आस-पास शहर सो रहा था। रास्ते सुनसान थे। चौराहे बंद थे। कहाँ बैठूँ? पानी का डिब्बा हाथ में सँभालते हुए मैंने प्रश्न किया, तो वह बोला–

''बैठ जा सामने नाले पर। जल्दी उठना, उस्ताद इन्तजार कर रहा है।'' मैं इधर-उधर देखते हुए सोच रहा था कि अगर मैं यहाँ चीखूँ-चिल्लाऊँ तो क्या कोई मेरी मदद करने आयेगा? पुलिस से मुझे उन दिनों खुद भी बहुत डर लगता था। इसलिए पुलिस चौकी की ओर भागने की मेरी इच्छा नहीं थी। मैं समझ भी नहीं पा रहा था कि यहाँ पुलिस चौकी है किधर?"

बहाने के लिए मैं नाली पर बैठा था। जल्दी ही मुझे अगले एक्शन का फैसला करना था। भय और विवशता से मेरा रोम-रोम काँप रहा था। वे दोनों मेरे साथ जो करने वाले हैं, उस की भयावह कल्पना ने मेरा डर और अधिक बढ़ा दिया था।

सामने थोड़ी दूर पर पैट्रोल पम्प था। बिजली उस वक्त शहर में नहीं थी। पर पेट्रौल विक्रेता के पास शीशे के उस पार धीमी-धीमी लौ में एक लैम्प जल रहा था। लैम्प के पास कोई व्यक्ति जाग रहा है, ऐसा मुझे स्पष्ट दिखा। मैं पूरी ताकत के साथ उस व्यक्ति की ओर भागा। हैल्पर ने कुछ कदम पीछा किया। सहारे की उम्मीद से मैं शेर हो गया और अब मैं सड़क का पत्थर उठा कर बोला–

''आ तेरी भैन की...सारे...''

अब वह डर कर रुक गया और मैं आगे बढ़ गया। लैम्प के सामने दुकान में बैठे बुर्जुग शायद हिन्दू बनिया थे। बड़ा मकान था। दोनों ओर सुन्दर कमरे बने थे। सामने पैट्रोल पम्प था। वह मकान आज भी वहीं उसी रूप में दिखता है। मुझे हाँफता और घबराया हुआ देख कर बुजुर्ग ने पूछा–

''क्या बात है बेटे?''

मैंने डरते-डरते बुजुर्ग को सारा वाकया बताया।

"कहाँ का रहने वाला है, कहाँ जायेगा?" उन्होंने बड़ी आत्मीयता से पूछताछ की। मैंने बताया—"नदरोली से आया हूँ और अपनी बहन के गाँव डूंगर मिर्जापुर जाऊँगा। रास्ते में रात हो गयी थी, इसलिए रात काटने के उद्देश्य से बस में सो रहा था। पर कंडक्टर और हेल्पर गन्दी हरकतें करने को कह रहे थे।"

बुर्जुग को गुस्सा आया। वे लाठी उठा कर कुछ कदम बस की ओर बढ़ा कर जोर से बोले—

"अरे कौन है? कुत्ते की औलाद। एक परदेशी बालक पर जुल्म करते हो। कमीनों, बेशर्मों, शहर की बदनामी कराओगे?"

"तो तुझे रात काटनी है?" उन्होंने पुनः सवाल किया।

"हाँ बाबा।" मैंने हामी भरी।

"आ मेरे साथ"—और उन्होंने बराबर का कमरा खोल दिया। बिस्तर और चारपाई उसमें पहले से मौजूद थे।

उन्होंने कहा—"सो जा बेटा, सवेरे जहाँ जाना चाहे, चला जाना। मैं पाँच बजे जाग जाता हूँ तुझे बस में बैठा आऊँगा। आखिर तू है तो हिन्दू बालक ही।" गनीमत हुई जात नहीं पूछी। अगर पूछते तो मैं झूठ बोलता, अछूत नहीं बाताता अपने आपको।

"कोई डर तो नहीं है, बाबा?" मैंने पूछा।

"काहे का डर? अन्दर से सांकल लगा ले और बेफिक्र होकर सो जा। यहाँ किसी बदमाश की हिम्मत नहीं कि उसकी परछाईं भी इधर आये।"

"ठीक है बाबा।" बोल कर मैंने राहत की साँस ली, और साँकल बन्द कर ली। लेकिन आधी रात के बाद एक और मुश्किल पेश आयी। जब मुझे पेशाब लगा तो मैंने अन्दर की साँकल खोली। देखा कि साँकल तो बाहर से भी बंद है। अब मैं और डरा। ऐसे में मैंने पुनः चारपाई पर सोने की कोशिश की रात के आखिर पहर में जैसे ही आँख लगी और फिर जब खुली तो देखा मेरा बिस्तर मेरे पेशाब से गीला हो रहा है। रूका और बाकी पेशाब कमरे में ही करना पड़ा। भलाई करने वाले के साथ मेरा यह कृत्य डूब मरने वाला काम था। सवेरे यह देख कर शरण देने वाले भी मुझे मारेंगे। मुझे ऐसा डर लग रहा था। सोते-जागते और डरते शेष रात भी कट गयी। मुँह अँधेरे वृद्ध ने बाहर ताला खोला और अन्दर प्रवेश किये बगैर ही कहा—

"दिन निकल आया है, जहाँ जाना है जा। सामने से बस मिलती है। मैं वहाँ तक तेरे साथ आदमी भेज रहा हूँ, और सुन, यह मत सोचना कि रात-भर कैद रखा। मैंने ताला इसलिए लगाया था कि कहीं तू खुद ही बाहर न निकल जाए। या तेरा कोई गलत इरादा न हो। होशियार हर अजनबी से रहना पड़ता है बेटा! नेकी करने के साथ-साथ अपना बचाव करना भी जरूरी होता है बेटा।"

वृद्ध ने नौकर को आवाज दी–

"इस बालक के साथ जा, बस में बिठा कर आ। बस छूटने पर ही वापस आना। देखना कहीं कोई हरामी तो नहीं हैं। रात इसे परेशान किया था।"

नौकर बस स्टाप तक मुझे छोड़ने आया। मैं उससे भी कुछ दूरी बना कर चल रहा था। कहीं वह मेरे पेशाब में भीगे कपड़ों को भाँप न लें। मैं पहली बस से दैपा पहुँचा। पैदल खेतों की तरफ बहन के गाँव की सीध बाँध कर चलता रहा। कितना अच्छा होता अगर नई कमीज और पजामा पहने होता! पर उसे तो बस में ही छोड़ आया था। अब तो एक दम मैले-कुचैले कपड़ों में था। गनीतम यह थी कि बीती रात का अँधेरा अभी कुछ था। मौसम भी साफ नहीं था। कुल मिलाकर मैं सम्भल से निकल आया और ऐसे भी रिश्तेदारी में बहन के घर जाया जाता है क्या? मन में सवाल लिये बहन माया के सामने पहुँचा।

रोटी का इन्तजाम : होटल का काम

सम्भवतया यह घटना 1970-71 की है। तब हम दिल्ली की एक झुग्गी में रहते थे। अम्मा चक्की पर अनाज साफ करती थी और मैं एक होटल में चालीस रुपये महीना की पगार पर खाना खिलाता और बर्तन साफ करने का काम किया करता था। अम्मा यहाँ पास ही चक्की पर अनाज साफ करती थी। कुछ दिन से माँ के साथ बड़ी मौसी भी इसी चक्की पर अनाज साफ करने आती थीं। मौसी ऊँची पढ़ाई पढ़ रहे अपने बेटे से मेहनत करने का रहस्य छिपाती थीं। वे होस्टल में रह कर माँ-बाप के गुजारे के बारे में कम जानते थे। उस चक्की को एक पंजाबी महिला चलाती थी। वह मेरी माँ से अक्सर कहती थी कि–

"सूरजमुखी, औरत में हिम्मत होनी चाहिए।" विधवा तो मैं भी हुई थी। पर मैंने विधवा हो कर भी अपने बच्चों को डॉक्टरी और इंजीनियरिंग में भेज दिया। पर तुम गाँव की औरतें बुजदिल होती हो। हमेशा मर्द पर ही निर्भर रहती हो। अपनी खुद्दारी को पहचानती ही नहीं हो।" अम्मा कहती–"हाँ बीबी जी, आप जैसी हिम्मत वाली हम कहाँ हैं।"

परन्तु न तो वह औरत पति की छोड़ी गयी विरासत के बारे में कुछ कहती और न अम्मा सोच पाती थी। अम्मा जो कहती, उसका मतलब था कि–"जिस स्त्री के लिए जीविका के भौतिक साधन सुलभ होते हैं और जो हर तरफ से लाचार-हारी हुई होती है उन दोनों की परिस्थितियों में गहरा अन्तर होता है। वे दोनों आत्मनिर्भरता या संकट में साहस दिखाने के एक जैसे दावे नहीं कर सकतीं। भूखे बच्चों का पेट केवल हिम्मत से नहीं भरा जा सकता। बिना पैसे के बच्चा डॉक्टर, इंजीनियर तो क्या चपरासी भी नहीं बन सकता। और दलितों में तो साधनहीनता और अवसरों की शून्यता के चलते पिता के होते हुए भी बच्चे शिक्षा और रोजगार

के अभाव झेलते हैं, एक तरह से गुलामों जैसा जीवन जीते हैं। अम्मा तो संकटों का कारण अपने पूर्व जन्म के गलत कर्मों को मानती थी और स्थितियों को भाग्य का लिखा समझती थी।

मैं चक्की के ठीक सामने सड़क के उस पार होटल पर बर्तन धोता था, जबकि मेरी मौसी-मौसा भाई नत्थूलाल को मेडिकल कॉलेज में उधार-कर्ज, वजीफा, मेहनत और प्रतिभा के दम पर एक उदार-हृदय पंजाबी दंपत्ति की व्यक्तिगत आर्थिक सहायता या कर्ज लेकर डॉक्टर बनने के मार्ग पर आगे बढ़ रहे थे, हालाँकि एम. बी.बी. एस. कराने की सामर्थ्य और कल्पना मौसा जी में नहीं थी। उन्होंने तो एक बार दसवीं पास करने के बाद ही हथियार डाल दिये थे।

एक दिन मैंने मौसेरे भाई डॉ. नत्थूलाल को होटल में घुसते देखा। एकाध समोसा और चाय उन्हें लेनी होगी। जहाँ बर्तन धुलते थे, मैं वहीं छिप कर बैठ गया था। यह काम मैं अम्मा, मौसी और मौसा जी की सहमति से और डॉक्टर से छिपकर कर रहा था। पर उस दिन के बाद ऐसा अवसर दोबारा नहीं आया। उस होटल में बैरे का काम भी मुझ से जल्दी ही छूट गया। हुआ यह था कि एक तो पहले दिन ही जब मैं बर्तन धोने वाला था तो मिट्टी के दही वाले बर्तन में मैंने कुछ बचा हुआ दही देखा। तो हेड कर्मचारी ने धीरे से कहा–"यह बेकार जायेगा तू इसे साफ कर दे।" और मैं खाने बैठ गया तो मालिक सख्त नाराज हुआ। उसने मेरे दोनों कान पकड़ कर मुझे जमीन से ऊपर उठा लिया और बोला–मैं दही खाने की सजा नहीं दे रहा। होटल में बहुत सी खाने की चीजे हैं। मिठाइयाँ भी हैं। तेरी यह चोरी से खाने की आदत आज ही से समाप्त होनी चाहिए। हर नए लड़के को ऐसे इम्तहान से गुजरना पड़ता है। समझे, सौराम नाम है तेरा?

मैंने अपनी गलती मान कर खुद को मानसिक रूप से सजा पहुँचाई और आइन्दा कोई चीज बिना इजाजत या बिना दिये खाने के लिए नहीं ली।

एक दिन जब रात के करीब ग्यारह बज गये, तब होटल बन्द करके पीछे की ओर अँगीठी पर हम नौकरों के मुखिया ने चावल पकाने को रखवा दिये। चार पाँच लोग खाने वाले थे। मालिक सभी सामान को ताले में बन्द कर के चाबी अपने साथ ले कर चला गया था। उसके जाते ही एक ने चावल पकने के साथ ही किस्से चुटकले शुरू हो गये। टीम के बॉस ने तेल की शीशी निकाली और पहलवानों वाला जाँघिया पहन कर तख्त पर औंधे मुँह लेट गया बोला–"सौराम, शीशी उठा। मेरे हाथ, पैर और कमर पर तेल मालिश कर।" मैं यहाँ नया और सबसे छोटा था। इस कारण होटल में ज्यादा-से-ज्यादा दोहरा काम मुझ से ही लिया जाता था। मालिक का तो मैं नौकर था ही, अब नौकरों के लिए भी मैं बेगार में नौकर हो गया था। यह अतिरिक्त सेवा लिया जाना मेरी इच्छा के विरुद्ध था। परन्तु मैं ना कैसे करता? यदि करता तो वे अगले दिन से मुझे काम ही नहीं करने देते। होटल के काम से छूटने तक

मैं एक तो दिन-भर का थका-माँदा होता था, उस पर यह बेगार। परेशान हो गया मैं। उधर कोयले की हट्टी पर दो-तीन मजूर बैठे-बैठे एक बड़े पतीले में खिचड़ी पका रहे थे। दाल-चावल मालिक दे गया था। अँगीठी जल ही रही थी और पीने के लिए पानी का नल बाहर ही था। खिचड़ी पकने ही वाली थी कि उस्ताद ने पूछा "बुन्दे, नमक किसने डाला है? ज्यादा तो नहीं डाल दिया।" 'मैंने नहीं डाला, मैंने नहीं डाला' सभी ने जबाव दिया। आखिर में मुझसे पूछा—"सौराम, तूने तो नहीं डाला?"

इस बात से डरते हुए, एक-एक कर सभी मालिश कराते रहे तो मैं तो रात-भर यही करता रहूँगा। आखिर दिन-भर के काम का थका हारा तो मैं भी था। मैंने कहा—

"नहीं उस्ताद, मैंने तो देखा भी नहीं। वैसे भी नमक तो किसी बड़े को ही डालना होता है।"

उस्ताद उठा, भगौने से चन्द चावल निकाले, चख कर देखे और क्रोधित होकर बोला—

"अरे वेवकूफो, सब के सब खाने को तैयार बैठे हो, पर नमक तो इसमें पड़ा ही नहीं है।"

"अब रात के बारह बजे कहाँ से आयेगा नमक? होटल की खिड़कियाँ बन्द हैं। बाहर कोई भी दुकान खुली नहीं है।"

उस्ताद अब मालिश कराना भूल गया। पूछने लगा—

"एवे सौराज, तेरी झुग्गी कितनी दूर है?"

"पास ही है।" मैंने कहा। हालाँकि इतनी पास होती तो मैं रात को होटल में क्यों रुकता? मैंने तुरन्त पूछा—

"हुकुम उस्ताद?"

"जा भाग कर जा और अपने घर से नमक ले आ।"

"उस्ताद आधी रात यह सड़क पर दौड़ेगा तो कोई पुलिस वाला इसे मार-पीट कर अन्दर नहीं करेगा? बता बे, किसी को साथ भेजूँ या...।"

"बिलकुल भी नहीं, ले आऊँगा उस्ताद मैं यूँ गया और यूँ आया।"

"ठीक है।"

बोल कर मैं चल पड़ा। थोड़ी दूर धीमी गति से चला और आगे यह सोच कर कि कहीं वापस न बुला लिया जाऊँ, तेज कदम दौड़ा। दिल्ली के सुनसान इलाके में पुलिस गश्त शुरू हो गयी थी। मैं डरता-डराता गया। कुत्ते भौंकने लगे थे और मैं तुरन्त अपनी झुग्गी में घुस गया था।

अम्मा, मेरी छोटी बहन और भाई सहित झुग्गी में जमीन पर गद्दा बिछाए सो रही थी। यह झुग्गी मौसी ने एक जरूरतमंद से बहुत कम पैसों में हमें दिला दी थी। उसकी कीमत थोड़ी-थोड़ी हर माह किश्तों में चुकानी पड़ती थी। मैं अप्रत्याशित रूप से अचानक पहुँचा, तो अम्मा चौंक कर उठी और बोली—

"आधी रात, कैसे आओ? का होटल में जगह नाँइ रही?"

मैंने अपनी नौकरी की दोहरी परेशानी बताई, तो अम्मा की नींद उड़ गयी। वह उठ कर बैठ गयी। चिन्तातुर होकर बोली–

"होटल को काम छोड़ि आओ तो करैगो का, खाइगो का? गाँव में तो एक छाक उधार लैकेंउ पेट भरि लेउ, शहर में तो रोज कमानो और रोज खानों होत है बेटा। तू साल में सतरह काम बदलतु है, काहु में मन लगाइ कें हुनरमंद बनेगो कै सिगरी उमरि ऐसे ही गुजारैगो?"

"जो भी हो, मैं वापस होटल पर नहीं जाऊँगा।"

सवेरे अम्मा कब जाग गयी, मुझे पता नहीं। मुझे उसी ने जगाया था। थोड़ा दिन चढ़ने पर अम्मा ने न जाने क्या सोच कर मुझे वापस होटल पर जाने को बाध्य नहीं किया। मैं फिर कभी होटल की ओर नहीं लौटा। बल्कि अपनी मजूरी लेने भी नहीं गया। इस मोर्चे पर भी मैं नाकामयाब रहा। पलायन ही कहिए उसे, पर जो घटित हुआ, वह मेरे भविष्य की तरह नियोजित और निश्चित नहीं था।

यहाँ एक मोची रहता था *

मौसा देवीदासजी को अन्तिम विदाई देकर बारह नवम्बर की सुबह मैं चन्दौसी से डिबाई की ओर रवाना हुआ।

सुबह के साढ़े नौ बजे पर मैं कसेर कलाँ यानी डिबाई रेलवे स्टेशन पर उतरा। 1973-75 के समय की स्मृतियाँ मेरे साथ थीं। मैं प्लेटफॉर्म से बचकर पीछे की ओर से क्यों गुजरा? मेरे पास अग्रिम टिकट है। यह बचना-डरना क्या पैंतीस-छत्तीस साल पुरानी स्थितियों से कोई संबंध तो नहीं रखता? ऐसा क्या था छत्तीस साल पहले यहाँ?

तब यहाँ अक्सर एक बालक नेत्रहीन व्यक्ति की लाठी पकड़ कर रेल से उतरा चढ़ा करता था। यही तो वह कसेरकलाँ (डिबाई) का स्टेशन है, जहाँ वह पैंतीस-छत्तीस साल पूर्व नेत्रहीन ताऊ के साथ हुआ करता था। उनसे कोई टिकट नहीं माँगता था। मैले-कुचैले कपड़े पहने वह एक बालक उस नेत्रहीन की लाठी पकड़े लाइन पार कर प्लेटफार्म के अपोजिट साइड जा रहा होता था। वह मजार को मत्था टेक आगे बढ़ जाता था। वह बालक और कौन था, मैं ही तो था।

खैर, आज वह बालक जवान है और अग्रिम टिकट के साथ यात्रा करके यहाँ पहुँचा है। छत्तीस साल में यहाँ का भौगोलिक परिदृश्य काफी बदल-सा गया है।

स्टेशन के अपोजिट वह मजार वह कब्र या वह दरगाह तो आबाद हो गयी लग रही है। रेलवे लाइन कुछ ऊँची हो गयी है। क्रासिंग की ओर कुछ इमारतें खड़ी हो गयी हैं। बस्ती का विस्तार हो गया है। सड़क के इस पार गंगा की ओर तो पहले एक दो ही दुकानें थीं और इन में बाबूजी ईश्वरी प्रसाद का अकेला घर हुआ करता था। शाम होते ही तो यहाँ वीराना हो जाता था।

दूर तक दृष्टि दौड़ाकर पाँव ठिठकते हैं। दरगाह पर जो फकीर बैठा रहता था, कुछ जादू-टोना, हवा-डबा की बातें किया करता था, प्रसाद खिलाता था और पास बिठाता था, वह फकीर कहाँ गया?

कहाँ गया वह? जिन्दा भी बचा होगा या कहीं मर-खप गया होगा? यहाँ उसका कोई शागिर्द आ गया होगा।

---

* सं. राजेन्द्र यादव, हंस, जुलाई-2007

विरासत का वारिस बनकर मैं आगे बढ़ता हूँ यह सोचते हुए कि स्मृतियों के पाँव में कैसी-कैसी अदृश्य बेड़ियाँ पड़ी होती हैं, यह कौन जानता है?

बाबू राम : लेखक के ताऊ

लीजिए मैं उस दरवाजे पर आ खड़ा हुआ, जिसमें मैं छत्तीस-सैंतीस साल पहले कभी-कभी रात को ताऊ के साथ रात गुजारा करता था। ज्यादातर आम सड़क के फुटपाथ की ओर खुले बराण्डे में और कभी-कभी कबाड़ भरे ईश्वरी प्रसाद के स्टोर रूम में सोया करता था। क्यों सोया करता था, यह आगे बताऊँगा। फिलवक्त मैं दरवाजे की साँकल खटखटा रहा हूँ—रानी...रानी-रानी। मैं यहाँ रानी के अलावा किसी को नहीं जानता और रानी को छोड़कर मुझे भी कोई नहीं पहचानता। उसकी माँ और उसके पिता जानते थे मुझे सो वे दोनों तो पहले ही दिवंगत हो चुके हैं। इतनी खबर मुझे थी।

रानी नहीं दिख रही उसकी आवाज जो सैंतीस साल पहले मेरे कानों में गूँजा करती थी—"श्यौराज, बाबू भैया...आज पिता जी नहीं आयेंगे। अम्मा कह रही है रात को घर की रखवाली तुम्हीं को करनी है। सामने वाले कोठे में सोना है तुम्हें।"

हम इस घर के विश्वसनीय और बेपगार के रखवारे थे। वरन् चोर-उचक्के रोज ही वारदातें किया करते थे। यहाँ माहौल खराब था। माता जी कहा करतीं थी—"चारों ओर मुसलमान रहते हैं। हमें उनसे खतरा रहता है। पर तुम तो हिन्दू-मुसलमान दोनों का काम करते हो, दोनों का खा-पी लेते हो। तुमसे कौऊ की दुश्मनी नहीं।" जवान माँ और किशोर बेटी यही दो प्राणी रहते थे इस घर में, बाबूजी के ड्यूटी पर जाने के बाद। रही स्वभाव की बात, सो इस घर में निहायत सीधे-सादे प्राणी रहे हैं। इस लुहार दंपत्ति के बीच इकलौती सन्तान रानी बेटी थी।

रानी के पिता ईश्वरी प्रसाद लुहारगिरी के काम में दक्ष थे। वे रेलवे विभाग में सिगनल ऑपरेटर थे। वे अक्सर घर से बाहर ड्यूटी पर जाया करते थे। तब उन्हें बेटी और पत्नी की सुरक्षा की चिन्ता सताया करती थी। बाहर जाने से पूर्व माँ-बेटी की रखवाली करने की जिम्मेदारी वे हमें सौंप दिया करते थे। उनके घर की रखवाली को ध्यान में रख कर हम अपने गाँव जाने का साप्ताहिक कार्यक्रम बदलते रहते थे। उनके विश्वासपात्र होने की पात्रता हम में थी। इसके बदले वे हमें फुटपाथ के सामने वाले अपने खुले बरांडे में सोने-रहने देते थे।

रानी मिलते ही "कैसौ है भइया", बोलती थी। उसे कहानियाँ सुनने का शौक था और कथा-कहानियों का जिंदा कोष थे नेत्रहीन ताऊ। इस प्रकार रानी के व्यक्तित्व की विशेषताओं को स्मृति में लिए मैं उस के दरवाजे पर खड़ा था। दो बच्चियाँ और एक पर्दा कर रही बहू वहाँ मौजूद थीं। बाहर एक लड़का आकर खड़ा हुआ। मैं इनमें से किसी को भी नहीं जानता था। कौन लोग हैं ये। क्या कहीं मकान किराए पर उठा दिया या बेच दिया? यदि ऐसा है तो रानी कहाँ रहती होगी? इतने कम समय में इतने सारे प्रश्न? मैं खड़ा-खड़ा सोच रहा था, तभी बड़ी लडगकी ने पूछा, "किससे मिलना है?"

"रानी से।"

"कौन हैं आप?" बाहर दूर आँगन से पास आते हुए लड़के ने पूछा।

"मैं श्यौराज हूँ। क्या आप लोग रानी के कुछ लगते हैं? आप नहीं जानते होंगे मुझे। आप लोग तो दस-दस, पन्द्रह-पन्द्रह साल के लगते हैं और मैं करीब पैंतीस-छत्तीस साल पहले की बात कर रहा हूँ। जब मैं तुम्हारी उम्र का था।"

"उनके क्या लगते हैं आप?"

क्या लगता हूँ, प्रश्न सुनकर सोच में पड़ गया। क्या रिश्ता बताऊँ? "मैं लगता तो कुछ भी नहीं हूँ। पर वह है तो उससे पूछो वह मुझे जानती है। जैसे मैं जानता हूँ उसे।"

"वे तो अब नहीं हैं"

"अब नहीं हैं मतलब?" मैंने जानना चाहा।

मैं पीछे हटता हूँ और रेल की पटरी तक खाली पड़े आँगन में बिछे एक तख्त पर बैठता हुआ इधर-उधर देखता हूँ। यहाँ से दाएँ खेत, बाएँ सड़क के सहारे दुकानें और सामने पूरा स्टेशन दिखाई देता है। क्रासिंग रोड की ओर खड़े झरोखों की पीठ है। इधर मैं बच्चों की ओर मुखातिब हो फिर पूछता हूँ—क्या हुआ रानी को? और वह लड़का बताने लगता है। पाँच साल पहले की बात है। वे इसी तख्त पर इसी आँगन में आकर बैठी थीं। संदूक से निकाल कर पुरानी चिट्ठियाँ और पत्रिकाएँ पढ़ रही थीं। राम जाने ऐसा क्या हुआ कि सिर के बल जमीन पर गिर गयीं। हम भाग कर आये, लोकल डॉक्टर के पास ले गये। डॉक्टर ने अलीगढ़ ले जाने को कहा। हम अलीगढ़ भी लेकर गये और आखिरकार डॉक्टर ने हाथ खड़े कर दिये "अब कुछ नहीं हो सकता।"

"तुम कौन हो रानी के?"

"मैं उनका बड़ा बेटा हूँ।"

"और ये लड़कियाँ? मेरी बहनें हैं"

"अन्दर?" मेरी पत्नी है जो पर्दा कर रही है आपसे।"

लड़की पानी लेकर मेरे सामने आती है, पर मैं देखता हूँ लोटे से कहीं अधिक

पानी उसकी आँखों में है। वे छोटी-छोटी बच्चियाँ हैं। उन्हें माँ की याद ज़्यादा सताती होगी। माँ की जरूरत भी उन्हें ज्यादा होगी अभी।

"क्या नाम है तुम्हारा?" मैंने जानना चाहा।

'राजकुमार!" बहनों से पहले भाई ने अपना नाम बता दिया।

"खाना खायेंगे आप, नाश्ता तो करेंगे ही।" सब एक स्वर में बोलते हैं।

"नहीं धन्यवाद, मैं भीमपुर जा रहा हूँ। वहाँ मेरी बुआ है। मुश्किल से आधा घण्टे का रास्ता है। तुम बैठो तो मुझे तुमसे चन्द बातें करनी हैं।"

"मैं चाय मंगवाता हूँ। सामने की दुकान से,

"चाय बाद में। अभी मुझे बताओ तुम लोग क्या करते हो? कितनी पढ़ाई की है, घर का खर्चा कौन चलाता है? अच्छा यह सब भी छोड़ो, तुम यह बताओ क्या कभी रानी ने तुम्हें मेरे बारे में बताया था? क्या तुम जानते हो, यहाँ तुम्हारे नाना के रोड साइड दुकान के बरांडे के आगे फुटपाथ पर एक नेत्रहीन मोची बैठा करता था। वह रात को तुम्हारे बरांडे में सोता था। कभी-कभी ओम शर्मा की मिठाइयों की दुकान बंद होने के बाद उसी तख्त पर सोया करता था। नहीं सोते तो शर्मा जी नाराज हो जाते थे और शर्मा जी को खुश करते तो तुम्हारे नाना ना खुश हो जाते थे, क्योंकि रात को यहाँ सुनसान हो जाता था। चोर-उचक्कों, सेंधमारों और उठाईगीरों का डर बना रहता था। ऐसे में रखवाली के लिए कुत्तों और मोचियों की जरूरत सभी दुकानदारों को पड़ा करती थी। इतना ही उनका महत्व था।

आप इतनी पुरानी बातें कर रहे हैं। हमारा तो तब जन्म भी नहीं हुआ था। हाँ, जिस साल अम्मा मरी थीं, महीना-भर पहले कोई उनसे मिलने आया था। वे शायद आप ही थे। पर वे बाद में कह रही थीं—बेटा, लगत हतु तौ श्यौराज ही है, पर वो तो जिन्दौ नाँय रयौ होइगौ। सब कहत हैं मरि गयौ या मारि दयौ होइगौ। इतनों स्वाभिमानी चमार को बेटा किन्हें बर्दाश्त होइगौ?....तुम शायद पतौ दै गये अम्मा कूँ..."

लड़की अन्दर जाती है और एक मैली-सी डायरी उठा कर ले आती है और मेरा पुराना पता दिखाती है।

हाँ, मैं पाँच-छह साल पहले इस रास्ते से गुजरा था। रानी को पता दिया था। वह यकीन नहीं कर रही थी कि मैं जिन्दा हूँ और अब मोचीगिरी नहीं कर रहा हूँ। तीस साल में हुए परिवर्तन पर वह चकित थी।

गया वक्त मेरी स्मृति में लौट रहा था। मैं सोच रहा था, रानी किस अवस्था से गुजरी होगी? मन-ही-मन एक बात कचोट रही थी। रानी की उस साल शादी होने वाली थी। बाबूजी ने लड़का देख रखा था। रानी शायद हाईस्कूल पास थी और लड़का इंटरमीडिएट था। रोजगार की तलाश में था वह, रोजगार के इन्तजार में ही शादी की घड़ी का इन्तजार हो रहा था।

बाबू ईश्वरी प्रसाद का रिटायरमेंट का समय करीब आ गया था। तब वे कभी-कभी ताऊ से रानी की शादी के मसले पर आत्मीय बातें किया करते थे। लड़का घर जमाई रखना है। पर कम-से-कम अपने जेब खर्च लायक तो कमाए। जहाँ तक बेटी को पिता की ओर से दान-दहेज देने की बात है, सो दो मकान दो दुकानें और उम्र-भर जो नौकरी से जमा हुआ है, सब रानी का ही तो है और रानी इकलौती बेटी। कहाँ ले जायेगी यह सब। परन्तु घर तो रहने को है। दुकानें चलती नहीं हैं। बल्कि कुछ लोगों ने दुकानें कब्जाने के लिए उन पर केस भी कर रखा है। दो-ढाई दशक के अपने गर्दिश के दिनों में मैं यहाँ नहीं लौट पाया। पाँच-छह साल पहले आया था, तभी रानी ने मुझे दिल दहला देने वाली खबर दी थी कि उसके पति को किसी ने गोली मार दी है। वह हत्यारों के बारे में जानती है, पर न उसमें इतनी हिम्मत बची है कि नाम ले सके और न पुलिस व कानून पर यकीन कि जोखिम उठा कर भी उसे इंसाफ मिले। तब उसके पास एक या दो बच्चे थे। क्या रानी ने पुनर्विवाह कर लिया या बच्चे जल्दी पैदा हुए थे? मैं सोच रहा था।

रानी की माँ बेटे की कमी महसूस किया करती थीं। इस घर में बाबू जी वृद्ध हो रहे थे। उनके बड़े भाई उनसे ज्यादा वृद्ध थे। बच्चियाँ पुनः प्रश्न करती हैं—''आप उनसे मिलने क्यों आये हैं? वे हमारी 'माँ' थीं। क्या आप उनके कोई रिश्तेदार हैं?"

मैं सोचने लगता हूँ, बच्चियों को क्या बताऊँ? वैसे मेरा क्या रिश्ता था रानी से, उसके पिता से और उनके ताऊ-ताई से, मुझे खुद भी पता नहीं। मेरा इस जगह से भी लगाव क्यों है? न जात न बिरादरी न धर्म न समाज और न कोई प्रेम-मोहब्बत, पर क्यों यहाँ सब अपना-सा लगता है? क्यों स्मृतियों में बैठे हैं ये सब ठौर-ठिकाने?

इससे पहले कि दुकान से बालक चाय का कप/कुल्लड़ लेकर मेरे पास आये, मैं ही आगे बढ़ता हूँ। राजकुमार का एक मुस्लिम दोस्त उसी वक्त आता है, "बारात तैयार है, उठ जल्दी कपड़े पहन।" वह मित्र-अधिकार के साथ कहता है। "तूने तो अभी सेहरा भी नहीं बाँधा। तू ही कहाँ तैयार है? ''सेहरा मैंने रेडीमेड ले रखा है। जब जरूरत होगी सिर पर रख लूँगा और जब जरूरी नहीं समझूँगा उतार दूँगा। तू चल अभी इसी वक्त। मैं बारात छोड़ कर तुझे लेने आया हूँ।'' मुझे लगा, दोस्ती गहरी है।

''क्षमा कीजिए अंकल जी, मुझे इस गधे की बारात में जाना है। मैं आपकी मेहमाननवाजी नहीं कर सका। पर आप खाना खाकर ही जाइएगा।" राजकुमार ने इजाजत चाही।

''शौक से, तुम जाओ। मैं भी चाय पीकर निकलूँगा। यूँ भी सफर ही में हूँ मैं।''

फिर मैं चाय की दुकान पर जाकर बैठ गया। यहाँ से मात्र चार-पाँच मीटर की दूरी पर ताऊ बाबूराम का ठिया था। रेल विभाग ने आजकल यहाँ ग्रिल लगा दी है। मैं तीस-पैंतीस साल पहले की बात कर रहा हूँ। पाँच साल पहले तक यह फुटपाथ खाली था। इतनी भीड़-भाड़ भी नहीं थी। ताऊ के मोचीगिरी के सामान की काष्ठ

पेटियाँ यहीं फुटपाथ पर रखी रहती थीं। सुबह सूरज निकलने के बाद से अँधेरा होने तक पूरे दिन। चाहे वे देर तक नहीं बैठते थे ठिया पर, परन्तु पेटी आह्वान करती रहती थी कि काम कराने के लिए आप कभी भी आ सकते हैं। वह सब स्मृति में दबाए मैं यही सब सोच रहा हूँ। इसी बीच एक लंबी दाढ़ी वाले, काला कुर्ता, गले में चादर, हाथ में सोटा लिए एक सूफी साहब मेरे पास आकर बैठ जाते हैं। मैं चाय वाले से बतिया रहा हूँ—अब रानी की इस दुकान में कौन है?

''कोई नहीं, बंद है। मुकदमा चल रहा है।'' यहाँ अब कोई मोची नहीं दिखता? कभी यहाँ बाबूराम नाम के एक मोची रहते थे तुम्हें पता है?

कब की बात है?

यही कोई पैंतीस-छत्तीस साल पहले की।

वह हँसते हुए कहता है, "मेरी तो उम्र ही उनतीस साल है। मैं पैंतीस-छत्तीस साल पहले के बारे में क्या बता सकता हूँ?"

''तुम नहीं बता सकते, पर मैं बता सकता हूँ।'' मेरी बगल में बैठे मौ. सूफी जमील अहमदशाह बाबा वार्तालाप में बादखल शामिल हो जाते हैं। सूफी बाबा की सूरत मुझे कुछ जानी-पहचानी सी लगती है। वे कहते हैं—चलो जरा मेरे साथ चलो।

मैं उठता हूँ और उनके साथ फाटक पार तक जाता हूँ। दुकान पर वे एक आमलेट बनवाते हैं। "पूड़ी खानी है तो कहो"? ''नहीं, मैं पूड़ियाँ खाने से बचता हूँ। आमलेट भी वैसे मुझे अभी भूख नहीं है। भूख लगने तक भीमपुर बुआ के घर पहुँच जाऊँगा।''

"अच्छा भैये यह बताओ कि तुम बाबूराम मोची के बारे में इतना कैसे जानते हो? क्या तुम उस लड़के के बारे में भी जानते हो जो उनके साथ रहा करता था?"

"हाँ, बिलकुल जानता हूँ।"

"तब तो तुम यह भी जानते होगे कि उस लड़के ने एक लोधी जुआरी नेता से बाबूराम की बेइज्जती का बदला लिया था।"

"क्यों नहीं लेता बदला? भतीजा किस बात का था। अपनी आँखों के सामने कैसे पिटने देता अपने वालिद के भाई को।"

"इतना सब कैसे जानते हो?"

"जैसे आप लोग जानते हैं"

"बहादुरी और बदनामी की बातें कहीं रुकती-छिपती हैं क्या? तब तो तुम यह भी जानते होगे कि एक बार उस लड़के ने दिल्ली की एक लड़की को इसी फाटक पर जीप में रोते-तड़पते देखा था। और बलात्कारी बदमाशों से बचाने में उसी का पहला और खास रोल था?

"हाँ, जानता हूँ?"

"और लोधी राजपूत से झगड़ा?"

"वह भी जानता हूँ।"

"यहाँ एक चमेली नाम की औरत दो बच्चों के साथ आकर रहने लगी थी जानते हो?"

"बिलकुल जानता हूँ। अच्छी तरह जानता हूँ।"

"आप तो केवल मुझे इतना बता दीजिए कि वह लड़का कहाँ है, बाबूराम और चमेली कहाँ है?"

"लोधी से लड़ाई और फिर बदमाशों से लड़की छुड़वाई। इन वजहों से बाबूराम का भतीजा तो यहाँ से चला ही गया। क्या नाम था उसका? "श्यौराज, ही कहा करते थे उसे। अल्लाहताला ने अक्ल बख्शी, वरन् उसके दुश्मन उसे दुनिया से ही उठा देते। वह था पर इसी फितरत का, तो कहाँ बचा होगा।

"दुकान के नीचे बैठा साठ-पैंसठ साल का व्यक्ति पूछता है। कोई यकीन से कैसे कह सकता है कि वह फुटपाथ से उठकर चला गया तो दुनिया से ही चला गया होगा। यानी लोधियों से डर गया तो मर ही गया होगा। यूँ भी जिन्दों में कौन गिने है इन बेचारे गरीब मोचियों को जिन्दा भी वैसे ही हैं जैसे मरे। अरे भाई वह कोई लखपति-करोड़पति था जो जिन्दा होता तो काम-धन्धा करने यहाँ वापस आता।"

"क्यों क्या दुनिया में जूता गाँठना, पॉलिश करना यही एक काम बाकी है। क्या चमारों को मुल्क-भर में दूसरे काम और दूसरी जगहें नहीं है? क्या मेहनती-मजूर की शक्ल में भी उसके बहुत से जन्म नहीं हुए होंगे? अगर वह मोची के बजाय मेरे जैसे शहरी हुलिया में आपके सामने आ जाए तो पहचानेंगे नहीं उसे?"

"जी हाँ, क्यों नहीं?"

"वह मोची से उठकर अखबार फेंकने वाला होकर बना होगा। अण्डा-नींबू बेचने के लिए फेरी वाला, होटल पर बर्तन धोने, चाय पिलाने वाला, खेत पर निराई-कटाई से शुरू हो जुताई-बुवाई करने वाला, भट्टा पर पथेरों को गोंदा मिट्टी देने वाला, बाजे वालों में शामिल हो ढोल पीटने और भवन बनाने वाला, राज मिस्त्री को ईंट-मसाला पकड़ाते-पकड़ाते खुद मिस्त्री बन जाने वाला कुछ भी बना हो, पर यहाँ रुका होता तो उसे हिन्दू लोधी ही मार देते। उसने अपने ताऊ पर हाथ उठाने वाले सबसे संपन्न लोधी पर बचावी हमला किया था। यह उसकी आत्मरक्षा की प्राकृतिक कोशिश थी।"

अल्लाह निगेहबान है। कुछ नहीं हुआ होगा उसे सूफी जमील एहमद बाबा दोनों हाथ आँखों पर रखकर कहते हैं। पर जिन्दा होता तो अपने ताऊ का ठिया संभाल जरूर रहा होता। यानी यहीं बैठ जूते-चप्पल सील रहा होता।

"अब मैं चलता हूँ, आपने नाश्ता भी करा दिया। हाँ, मास्टर अतीकुर्रहमान से मिलने की तमन्ना रह गयी। उनसे मुलाकात और हो गयी होती तो आज यहाँ आना सार्थक हो गया होता।"

"मैं चाहता हूँ तुम मजार पर चलो, क्योंकि इतना तो हम जान ही सकते हैं,

तुम बाबूराम के खानदान से हो या उनके करीबी रिश्तेदार हो।" बाबा दाढ़ी पर हाथ फेरते हुए कहते हैं।

"नहीं बाबा नहीं, उठो मैं आप को बताए देता हूँ कि मैं कौन हूँ?" कहता हुआ मैं उन्हें दुकान से उठा कर थोड़ा दूर अलग ले जाकर बताता हूँ—"बाबा, बाबूराम का वह भतीजा श्यौराज मैं ही हूँ, जिसे लोधी से बदला और बदमाशों से दुश्मनी लेने के कारण आप सब लोगों ने ताऊ को मशविरा दिया था कि अब इस लड़के को यहाँ फुटपाथ पर बैठाना खतरे से खाली नहीं है। मैं नहीं लौटा तो आपने मरा मान लिया मुझे। मैं यहाँ से चला गया, तो चलता ही गया। आज भी सफर में हूँ।" इतना बोलना था कि बाबा ने कौली भरकर गले से लगा लिया।

"आज मेरी खुशी का ठिकाना नहीं। ऊपर वाला क्या-क्या करिश्मा करता है? यहाँ तो सब लोग कहते थे—बाबूराम के भतीजे को मार दिया होगा किसी ने। अच्छे लोगों के दुश्मन कम नहीं होते, पर परवरदिगार की मेहरबानी का हाथ जिसके सिर पर है, उसका कोई परिंदा भी कुछ नहीं बिगाड़ सकता। अब तुम हो तो तुम्हीं कह सकते हो सच्ची दास्तान।

—जी बाबा, अब मैं सुनाता हूँ यहाँ की अपनी जिन्दगी के बारे में। मैंने समय-समय पर अपनी जिन्दगी के गुजरे सफर के बारे में लिख भी रखा है। मैं अतीकुर्रहमान को नहीं भूल पाया हूँ। मेरे ध्यान में वह एक सूटिड-बूटिड नौजवान हैं। ये यहीं पास के गोधना गाँव के रहने वाले हैं। ताऊ ने उनके बारे में ज्यादा जान रखा था। आखिर ताऊ तीस-बत्तीस साल इसी फुटपाथ पर बैठे थे। मोचीगिरी करने के लिए। फुटपाथ पर जब से मैं आया था। मैंने अतीकुर्रहमान को रोड के उस पार अपनी सिलाई की दुकानों पर देखा था। वे कभी बम्बई गये थे। फिल्म जगत के लोगों के टेलर बन कर। शायद वहाँ कामयाब नहीं हो सके, पर लौटे तो यहाँ सभी के उस्ताद बन गये थे। बमुश्किल एकाध कोट-पैंट की कटिंग को हाथ लगाते होंगे। बाकी सारा काम शागिर्द ही किया करते थे। उनके शागिर्द बनने के लिए किशोर टेलरों की भीड़ लगी रहती थी। उनका तो बस नाम ही काफी था। सर्दियों में रहमान साब दिन में एक-दो बार सूट बदलते थे। फिल्मी लोगों की तरह कपड़े बदलते रहने का उनका शौक था। अमीर घर के बेटे थे। एक भाई सऊदी अरब में था। घर पर लम्बी-चौड़ी किसानी होती थी। उनका शौक था और आमदनी का दूसरा जरिया भी सो दुकानें चला रखीं थीं। मेरा वास्ता उनके जूतों से था। वे हर वक्त चमचमाते जूते पहना करते थे। पालिश रोज कराते थे। जब भी कभी काम की मंदी आती थी तो मैं अतीकुर्रहमान की दुकानों की ओर चला जाता था। पाँच-दस जोड़ी जूते उठा लाता था और सभी को पालिश कर रख आता था। दस पैसा जोड़ा के हिसाब से मेहनताना मिल जाता था। वे काम करने वालों से खुश रहते थे और गुंडागर्दी तो उनके रहते खत्म ही हो गयी थी। मुझे उनसे काम दिलाने के मकसद से ताऊ ने ही मिलाया था।

सामने रोड पार करते ही शराफत अली की आटा चक्की थी और थोड़ी दूरी से अशोक लाला की चक्की हुआ करती थी। सुबह शाम जब भी रोटी बनानी होती ताऊ तुरन्त उठते कहते—"लल्ला तू अँगीठी गर्म कर, मैं चून लेकें आवतूँ?" वे लाठी उठाते और सीधे निडर चले जाते, जैसे कोई आँखों वाला जा रहा हो जबकि यह सड़क उन दिनों भी काफी व्यस्त रहती थी। एक ओर अलीगढ़, बुलंदशहर और दूसरी ओर नरौरा होते हुए बदायूँ, सम्भल और चन्दौसी की ओर के वाहन इसी सड़क से गुजरा करते थे। आधा किलो आटा खरीदा टूटे पैसे दिये और लौट आये। कभी सुबह अशोक लाला की चक्की से तो कभी शाम शराफत अली की चक्की से। यूँ हिन्दू, मुसलमान दोनों का व्यवहार एक जैसा था, क्योंकि दो वक्त का भी आटा-दाल सम्भाल कर रखने के लिए हमारे पास कोई साधन नहीं था, इसलिए जब खाते थे, तभी आटा-दाल खरीदते थे।

पाँच-सात साल तो ताऊ यहाँ बगैर अँगीठी के रहे। बड़े बाबूजी (नाम भूल रहा हूँ) की पत्नी जब खाना बना लेती तो जलती अँगीठी ताऊ को सौंप देती थीं—"ले बाबू, अवई गे जल रही है। बनाइ ले रोटी।" वे बनाने लगते। मेरे हाथ की बनी रोटियाँ उन्हें कम पसन्द आती थीं। 'तू बस्स सेकतु जा बाकी काम मैं करंगो।' वे कहते। बगैर पानी, बगैर पलोथन के वह भी तवे पर फूलती रोटी की कला जानते थे।

बाबू ईश्वरी प्रसाद खाली रहना नहीं चाहते थे। घर पर ही उन्होंने अपनी लुहारगिरी शुरू कर दी थी। अँगीठी बनाना, खुरपी बनाना, कड़ाही, तवा, करछली, राँपी आदि औजार बनाने लगे थे उन्होंने जूतों के तलों में ठोंकने के लिए एक बार नालें बनाईं। कहते थे—अगर चल जाएँ तो बाबूराम मैं बनाता रहूँगा। तुम लोग ठोंकते रहना। पर वे नालें साँचे में ढलकर आने वाली नालों से इस रूप में फर्क थीं कि उनकी कीलों के लिए अलग से छेद किये जाते थे। उनमें ठुकने वाली कीलें भी वे बना देते थे, पर ढले हुए स्टार का मुकाबला नहीं कर पाते थे। नालों के ऊपर उभरे रहने के कारण जूतों का एक तो बजन बढ़ जाता था, दूसरे उनके तले कीलों पर ही टिके रहते थे। हम परिचय और आग्रह के कारण इस्तेमाल तो करा देते थे, पर ग्राहक शिकायत ले आते थे। कुल मिलाकर वे अपनी चीजे बेचने में सफल नहीं हो सके। यूँ, हम उनकी वैकल्पिक आय में अपेक्षित वृद्धि नहीं कर सके।

मैं ताऊ के साथ इसी फुटपाथ पर बैठा बूट-पालिश किया करता था, साइकिलों के टायर सिलता था और आस-पास पैंठ-बाजार जूते गाँठने जाया करता था। रात को इसी बरांडे में ताऊ के पास आकर रहता-खाता और सोता था। चूँकि रात को रखवाली करने के लिए सभी को हमारी जरूरत होती थी, जैसे कुत्ता पालतू नहीं होता है तो सभी का होता है। उसी तरह हमें सभी चाहते थे। उसके उलट हमारा विकल्पहीन स्वार्थ यह था कि रात काटने के लिए हमें थोड़ी जगह चाहिए थी। सुरक्षित घर और दुकान का हम किराया नहीं दे सकते थे, दे भी पाते तो अस्पृश्यों

को अपनी दुकान देता कौन? मुफ्त में दिन-भर काम के लिए फुटपाथ और रात्रि में सोने के लिए खुला बरांडा। यही क्या कम था।

ताऊ के पास एक लकड़ी की पेटी थी, जिसमें सभी औजार, यानी कटानी, पैर, चमड़े की कतरनें, कीलें, पालिश की डिब्बियाँ, ब्रुश और पानी का डिब्बा भी रहता था। पेटी रात को उठाकर बरांडे में एक कोने में रख दी जाती थी। उसी के पास पुरानी पैबन्दी लगी मैली-सी रजाई रखी रहती थी। मैं रात को ताऊ के साथ उसी रजाई में सोया करता था। बिछाने को माताजी अपनी चटाई (बड़े बाबूजी की पत्नी को हम ताऊ-भतीजे माताजी कहते थे) दे दिया करती थीं। रात को सोने के लिए यहाँ जगह की कमी नहीं थी। क्योंकि दुकानें बंद कर-करके सभी लोग अन्दर कस्बे में अपने सुरक्षित घरों को चले जाया करते थे। वे सभी चाहते थे कि उनकी दुकानों की रखवाली कोई दरवाजे पर सोकर करे।

बड़े बाबूजी की दुकान से जुड़ी महेंद्र शर्मा की मिठाइयों की दुकान थी। वे चाहते थे कि रात को हम केवल उन्हीं की दुकान के थड़े पर सोएँ। मिठाइयों की अल्मीराओं को ताला मारा और अँगीठी जलती छोड़ कर चले जाते थे। ''सौराज, तुम लोग अपना खाना बना कर अँगीठी बुझा देना। जागते हुए सोना, सारी दुकान की रखवाली तुम्हारी जिम्मेदारी है।'' जब हम ईश्वरीप्रसाद के घर जाकर पीछे की ओर स्टोर रूम में सोने लगे तो शर्मा जी चिढ़ गये। वे अतरौली स्टेशन से रामस्वरूप नामक एक और मोची को बुला लाए। उन्होंने उसे अपनी दुकान के सामने फुटपाथ का ठिया दे दिया। दुकान के तख्त के नीचे पेटी और गद्दा रखने के लिए भी जगह दे दी और काम में ऐसी स्पर्धा पैदा की कि बीस-पच्चीस साल से जमे हुए ताऊ को मुश्किलें पेश आने लगीं। रामस्वरूप तेज काम करता था ग्राहकों को दूर से लपकता था और ग्राहक तोड़ने के लिए पैसे भी कम लेता था।

तब ताऊ ने मुझ से कहा—''लल्ला, तू एक और ठिया बना ले।'' अब एक 'पैर' (तिमुँहा लोहे का औजार) की व्यवस्था की। पैंतीस-चालीस कि.मी. दूर मिर्जापुर ताऊ के नामराशि बहन के चचेर जेठ बाबूराम से लेकर आया था मैं। पूरे सामान का सैट ही अलग हो गया। पेटी यह सोचकर नहीं बनवाई थी कि बोरी के कट्टे में रखकर काम किया जा सकता है। डिबाई बाजार में खाँ साहब की दुकान से चोबा, कतरनें, धागा-पालिश की डिब्बी रंग-नालें इत्यादि मैं लाया ही करता था। इस प्रकार एक से दो और दो से तीन मोची एक ही साइड फुटपाथ पर करीब बीस-बीस मीटर की दूरी पर एक ओर ताऊ दूसरी ओर रामस्वरूप और बीच में मैं, बैठने लगे।

ताऊ नारियल का हुक्का पिया करते थे। मैं उनकी चिलम भरता रहता था। परन्तु एक रात जब मैं गाँव से लौटकर आया तो देखा ताऊ की आधी रजाई जली हुई है। मैंने वजह पूछी तो माताजी ने बताया—बच गयौ भैया बाबू। आग ही लग जाती।

मैंने ताऊ से पूछा तो वे बोले—लल्ला, ठण्ड बहुत परि रई। मैंने चिलम पी के बुझाइ के कौने में धरि दई। राम जाने नेंकाद (न्यूनाधिक) चिंगारी रजाई मैं गिरि गयी। मैं सोइगओ, रजाई जत्ति रई, मोइ भरक (गर्मी) आति रही। जब जत्ति-जत्ति आगि भीतर पहुँची तब आँखि खुली। माताजी आईं, उनसे बाल्टी भर पानी उड़ेलो तब आगि बुझि पाई। जान बची गयी।" ताऊ को हुक्का/चिलम पीने की तलब के खामियाजे बार-बार भुगतने पड़े। यूँ उन्होंने हर शर्दी के मौसम में थोड़े बहुत कपड़े जरूर जलाए। उनके कथरा (गद्दा) में जलने के निशान पड़े होते थे। हालाँकि, रजाई में जगह-जगह अनेक पैबंद लगे थे। खुले कोने में रखे रहने के कारण दिन-रात धूल मिट्टी हमारे ऊपर आती रहती थी। जूते मरम्मत का काम भी धूल मिट्टी की सफाई करना ही था। इस कारण कपड़े मैले-काले ही रहते थे।

बड़े बाबूजी यानी रानी के ताऊ के बारे में यह चर्चा आम थी कि वे जवानी में बड़े आशिक मिजाज रहे हैं। वे रेल-सेवा में गार्ड थे। तब वे किसी दोस्त स्त्री को अपनी कमाई का एक हिस्सा खिलाया करते थे। उनकी इस दरियादिली से उनकी पत्नी और बेटा दोनों परेशान रहते थे। अब बुढ़ापा पेंशिन पर कट रहा था। वे तख्त पर चाय-बिस्कुट, मूँगफली, चना, गुड़, पान बीड़ी-सिगरेट, कतली आदि थोड़ा-थोड़ा बेचने के लिए रख लेते थे। हम उनके बहुत छोटे खरीददार थे। एक तो सामान थोड़ा होता था, ऊपर से वे चटोरे बड़े थे। अतः उसी में से वे वृद्धा-वृद्ध खुद कुछ-न-कुछ टूँगते रहते थे। महीने से पहले पैसे खत्म होने का संकट आ जाता था। तो कभी दुकानदार का उधार कर आते थे। कोई नहीं तो, सौराज तू ही आठ-दस दिन काट दे। पेंशन आते ही उधार चुकता कर देंगे।'

बाबूजी के अण्डकोषों में पानी आ गया था। वे भेली-से लटके रहते थे। कई लोग उनका मजाक बनाते थे। पर मैं उनके स्वास्थ्य के प्रति हमेशा गम्भीर रहता था। कि उनका बेटा रघुनंदन लाल रेलविभाग में अफसर बन गया था। दुखद यह था वह वर्षों तक माँ-बाप की सुध लेने नहीं आता था। पिता की निजी जिन्दगी फर्ज से भागने का बहाना थी या कोई और वजह मैं यकीन से नहीं कह सकता। पर बुढ़िया माता जब लड़ती तो कहती—"जवानी के नशे में सब लुटा दिया खिला दिया उस कुतिया को चार पैसे जोड़े-जमा किये होते तो आज काम आते या नहीं?"...ताऊ अकेले में कहते थे—"माता जी पुराने घाव कुरेद-कुरेद कर बाबूजी को परेशान क्यों करती हो? एक तो वे बीमार रहते हैं। फिर भी दुकान पर बैठते हैं। अब गुजरी बातों से का मिलेगो? कहीं बाबूजी को कछु हौ गओ तो आप।

इधर पूरब में चाय की दुकान के पीछे एक सरकारी हैंडपम्प था। मैं उसी के पास बैठ कर सुबह-शाम कोयला मिट्टी अपने बर्तन से माँजा-धोया करता था। जब जरूरत होती, हत्था चलाया और पानी ले लिया। इसलिए पानी न रख पाने की स्थिति में जितनी बार प्यास लगती, उतनी बार नल पर ही पीने जाना पड़ता था। यूँ नल

ही हमें जीवन दे रहा था। यह सार्वजनिक सरकारी नल हमारे लिए पानी का अच्छा साधन था। हजार बार छूने पर भी उसे छूत नहीं लगती थी।

सवेरे दिशा-मैदान जाने के बाद यहीं बाहर खुले में नहाना-धोना भी हो जाता था। महेन्द्र उर्फ ओमी शर्मा आधे ज्योतिषी थे और आधे हलवाई। जन्म-पत्री नामकरण संस्कार और मृत्यु भोज सभी में वे दावतें खाते और दुकान पर बैठ कर दिन-भर खाना और जजमानों अमीरी की चर्चा करते रहते थे। व्यवसाय के साथ-साथ विवाह-लगन छाँटते थे, उन दिनों हस्तरेखाएँ भी देखने लगे थे। उनका भविष्य बताना मुझे कभी भी सत्य नहीं लगा। उन्हें मेरे पास बख्शीदास की रैदास रामायण, सौत जैसी लगती थी। जाने क्यों चिढ़ थी उन्हें मेरे पढ़ने से। उनका एक गोरा-गोरा स्त्रियों के अन्दाज में रहने वाला साला रामचन्द्र उनकी हलवाईगिरी का सारा काम किया करता था। बताया जाता था कि रामचन्द्र नामर्द है। उसकी बीवी को शर्मा जी रखते हैं। उनके घर में झगड़ा रहता था। परन्तु वह सड़क पर नहीं आता था। बहुत बार शर्माजी की बीवी भाई को डाँटने दुकान पर आ जाती थीं—रात में तू इसे रखने लायक नहीं तो मेरी सौत बनाकर क्यों बिठा दी। जाति की ना बिरादरी की। कहाँ से रास्ता चलती लड़की उठा लाया, भंगिन है या चमारी, कौन जाने!

ताऊ उस स्त्री के बारे में ज्यादा जानते थे। भंगिन ही है बेटा, चमारी बताकर रखते हैं शर्माजी। जब जात ही में डाली थी तो ब्राह्मणी ही बना लेते। या फिर प्रेम के लिए खुद भंगी बन जाते, चमारी या भंगिन क्यों बनाए रखी। जब दो तन-मन एक हो गये तो ये कैसे ब्राह्मण और वह कैसी अछूत। मैं इधर-उधर के सवाल करता तो ताऊ कहते—लल्ला, तू अबई बाह्मणनु के फेर-फंदा नाँय जान्तु है। जे झूँठ बोलत हैं, झूठ लिखत हैं और झूठ ही सिखावत हैं। पोथी-पतरा सब झूठ से भरे हैं इनके। शर्मा जी भी ताऊ को चिढ़ाते थे—'बाबू गे तेरी तो जरूर कछु लगति होइगी और या सौराज की। जिस रात इसे लाए मैं उस रात वहीं था। खुद बता रही थी बाप के घर सुअर पाले जात हैं। पर बिचारी की जात तो गयी, आदमी भी मिला तो हिजड़ा मिला। न इसे दाढ़ी जमती है न मूँछ।'

देर रात दुकान बढ़ाकर (बंद कर) शर्मा जी जाने वाले हैं। वे आदेश के अन्दाज में कहते हैं--"बाबू अँगीठी चकाचक है। सब्जी आराम से बन जायेगी। थोड़ा जागते सोना। आजकल चोर उचक्के मुँह उठाए घूमते हैं। कल ही लियाकत की दुकान में अल्मीरा काट कर चोरी की है। ये तेरा भतीजा सौराज आँखों वाला है, पर बहुत सोता है। इसे रात को बीच-बीच में जगा दिया कर। इसके अलावा वे माँओं के नाम से पता नहीं किस नाते मजाक किया करते थे।

शर्माजी ने मिठाइयों की अल्मीराओं के ताले लगा दिये हैं। हिला-बजा कर तसल्ली कर ली है और अब वे धड़े से उतरकर तख्त के नीचे से अपने जूते तलास रहे हैं ताऊ के तजुर्बे की आँखें सब देख रही हैं। वे मंदी आवाज में कहते हैं—शर्मा

जी बुरा न मानो तो एक बात कहूँ?

"मैं जानता हूँ बाबूराम" सब जानता हूँ। यहाँ सब लोग कहते हैं—शर्मा जी का कोई ईमान-धर्म नहीं है। सगी सलैज को घर में दे रखे हैं। उनकी पत्नी रोज-रोज रोती, कहती—भैया बाबू इन्हें नेंक तू ही समझाइ अब तो बात जिजमानों तक पहुँचने लगी है। रात-दिन बाई तें जाइ चिपकत हैं। मेरी बेटियाँ बड़ी हो रही हैं का सोचती होंगी? कोई नाते रिश्तेदार सुनेगा तो क्या कहेगा?

मौका मिलते ही शर्मा जी अपना पक्ष रखते—बाबू अपने घर की बात वही जानता है जो उसे झेलता है। रामचन्दर नाकाबिल है। नामर्द है। मैं न सँभालता तो अब तक कब की छोड़ भागी होती। जिद तो इन्हीं पकड़ी थी कि जैसे भी हो मेरे भाई को कोई लड़की लाओ-अब मुझे कोई शौक थोड़े ही है जो एक साथ दो नावों पर सबारी करता फिरुँ।

दोनों पर पाँव धरे रहोगे तो तुम्हारी देर-सबेर टाँगें तो चिरेंगी शर्मा जी तुम एक हूँ किश्ती कूँ किनारो नहीं दे सकोगे, दोनों को ले डूबोगे।'' ताऊ का अपना तरीका था समझाने का। पर शर्मा जी कहते—यहाँ तो जिस के ऊपर से पाँव हटाऊँ वही डूबी समझो।'' ऐसी बात नाँय है। असल में तुम लंगोट के कच्चे हो शर्मा जी। रामचन्दर की पहली बीबी तो जल्दी छोड़ भागी। इस तरह शर्मा जी अपने घर के फजीतों का वर्णन किया करते थे।

हम रात को ईश्वरी के वरांडे में सोते ही थे। तब भी शर्मा जी की दुकान की रखवाली होती थी, क्योंकि दुकानें एक दम सटी हुई थीं। हाँ, कई रात हमें पीछे की ओर बने रानी के घर और घर के साथ बने कबाड़घर में सोना होता था, क्योंकि हमें बाबूजी की अनुपस्थिति में इन माँ-बेटियों की रखवाली करनी होती थी। हमारे बाहर सोने से एक साथ सभी की रखवाली हो जाती थी। यदि किसी की सुरक्षा नहीं थी तो वे हम थे। हमारा यदि कोई रखवाला रहा होगा तो ईश्वर ही रहा होगा। या वे देवी-देवता, जिनमें हमारा गहरा विश्वास था।

रानी की ताई और शर्मा जी दुखी होते थे। कहते, एक जना यहाँ सो जाओ दूसरा वहाँ। इस एक जने की माँग में ताऊ दोनों-तीनों को चाहिए थे और मैं किसी को नहीं। क्योंकि वे रोचक कहानियाँ सुनाते थे। मैं उनका अनुकरण मात्र किया करता था। 'अकेला बच्चा क्या रखाएगा, इसे ही कोई मार जायेगा।' ताऊ कहा करते थे। यूं वे मुझे अकेला छोड़ना नहीं चाहते थे, जबकि वे अपनी जिन्दगी की आधी उम्र इसी फुटपाथ के सामने खुले में सो कर गुजार गये वे।

रानी के घर के अन्दर दो कमरे आमने-सामने थे। एक जिसकी दीवार दुकानों से सटी हुई थी, दूसरा जिसका पिछवाड़ा खेत-जंगल और कुछ लाइन की ओर था। खतरा इसी ओर से रहता था। पिछवाड़ा खेत जंगल की ओर था इधर से सेंध लगाने का डर बना रहता था। चोरी, लूट, मार-काट की वारदातें यहाँ आये दिन होती रहती थीं।

इधर कबाड़े का स्टोर रूम था। इसमें टूटा फूटा लोहा, लकड़ी धूल-भरे रहते थे। लुहारी का असली असबाब इसी में था। यहाँ हमें इसी कमरे में सोना होता था। ऐसा नहीं था कि यहाँ छुआ-छूत या जातिगत दूरी न हो पर उन्हें जैसे वफादार कुत्तों की जरूरत होती है, वैसे ही हमारी जरूरत थी। रखवाली करने के बदले हमें खाना बनाने के लिए जलती अँगीठी दी जाती थी।

कभी-कभी सब्जी-दाल ज्यादा बन जाती तो रानी आकर बता जाती। रानी की माँ कहतीं–"सौराज बासन (बर्तन) ले आ सब्जी ले ले। बाहर रखी रहने वाली एक मात्र कटोरी लेकर मैं उपस्थित हो जाता था। लोहे के डिब्बे, तसला और तवा इतने ही बर्तन थे हमारे पास जो महीने-भर भी बारांडे के कोने में रखे रहते तो कोई छूता तक नहीं था। चोरी होने का तो सवाल ही नहीं। सर्वविदित अछूतों के बर्तन-लत्तों का कोई मूल्य नहीं था। चमेली-लोधी और उसके बच्चे भी उन्हें नहीं छूते थे क्यों कि वे हमारी जैसी विपन्नता में रह कर भी सछूत थे। कहते थे–चमारों के बर्तन हैं। हमारे भी नहीं हैं। बेचने के लिए उन्हें कोई छदाम में भी नहीं खरीदता।

रानी को किस्से-कहानियाँ सुनने का बहुत शौक था। इसके लिए उसके पिता पर न समय था और न ताऊ जैसी कहानियाँ। उसकी इस कमी को पूरा करते थे ताऊ बाबूराम। वह शाम होते ही बोल जाती–"बाबू भैया, जल्दी आइये मैं कहानी सुनूँगी।"

रानी लम्बे कद की लड़की थी। वह धोती के ऊपर ओवर कोट पहन कर इन्दिरा गाँधी-सी लगती थी मुझे। उसकी आवाज पतली थी जिस में मिठास थी। कहानियाँ कहते–सुनते रात कितनी गुजर गयी पता ही नहीं चलता था। महाभारत, रामायण, रैदास-कथा कबीर के पद और ढेरों लोक कथाएँ सुना सकते थे। बिना रुके घण्टों गाते रहते थे। जाने क्या-क्या कंठस्थ था उन्हें। गाँव के देवी-देवताओं के छंद उन्हीं से सीखे थे सभी ने। कोई भूल जाता तो तुरन्त ताऊ को याद किया जाता–पूछ लो बाबू से, और वे बिना एक पंक्ति भूले सब यथावत सुना देते थे। वे पांडवों की कथा गाते थे। ऋषि पारारिख ने किस तरह मंछोदर से नाव में संबंध स्थापित किये। ताऊ गाते थे तो गीत में बताते थे कि 'मंछोदर' नामक उस मछवारे की कन्या किस प्रकार इनकार करती है और किस प्रकार ऋषि उसे सहमत कर लेते हैं, उनका संवाद गीतों में इस प्रकार चलता था–

ऊपर–चन्दा-सुरज लखत हैं
नीचे गंगा माई, रामा नीचे गंगा माई
नदी किनारे मेरे पिता लखत हैं
कैसे तो जोड़ूँ बोलो तुम से असनाई
तुम से असनाई–रामा तुमसे असनाई

कामातुर ऋषि इस संवाद के प्रति उत्तर में कहते हैं–

चन्दा-सूरज ग्रहन डारि देउं—
जल पै पूरूँ काई, रामा जल पै पूरूँ काई
पिता तेरे कूँ अन्धों करि देऊँ
तब जोड़ँगो गोरी तो सों असनाई
री तो सों असनाई ॥

इस प्रकार मछुवारे की कन्या और ऋषि के बीच नदी मध्य तब दैहिक संबंध हुए जब वह पिता के कहने पर बेटी मंछोदर ऋषि पारारिख को नाव में बिठा कर नदी पार उतारने जा रही थी। परिणामस्वरूप वह गर्भवती हुई और उसने शिशु को जन्म दिया। कालान्तर में वही महाभारत कथा के रचनाकार महाकवि व्यास बने। ऐसी अनगिन कथाएँ मेरे अनपढ़ और कर्मठ ताऊ ने कितनी ही बार मुझे सुनायीं?

ताऊ की इन सकंठ कथाओं का मेरे दिल-दिमाग पर गहरा असर पड़ा। ये कथाएँ मुझे सहज स्मरण हो जाती थीं। रैदास का कठौती में गंगा, ब्राह्मणों से शास्त्रार्थ, ठकुरानी मीरा द्वारा गुरु बनाना कबीर से संवाद आदि की कथाएँ उनकी जुबान पर रहती थीं। 'अब तू सुनाइ लल्ला' बोल कर वे कहानी पक्की कर देते थे।

रानी की माँ, उस की ताई और ताऊ तो गेय शैली में ताऊ से उनके पूरे गीत सुना करते थे। जब भी खाली समय होता, ताऊ को सुनने के लिए आसपास के दुकानदारों की भीड़ जमा हो जाती थी। महेन्द्र शर्मा को ईर्ष्या होती थी, क्योंकि वे कथा बाँचने और हलवाईगिरी के अलावा कुछ नहीं जानते थे। उनका कथा वाचन इतना नीरस, गद्यात्मक, उबाऊ और व्यावसायिक होता था कि कभी उनके घर के सदस्य तक नहीं सुनते थे। वह भी उनका पोथीबन्द तोतारटंत वाला ज्ञान था। पर इन मिथकों का लाभ लेकर उन्होंने अच्छी-खासी अपनी देह पाल रखी थी। वे हाथ से कभी कोई कठोर काम नहीं करते थे। यूँ भी ऐसे चमार किस ब्राह्मण के प्रिय होंगे जो न तो उन्हें जन्मना ज्ञानी मानते हैं न संवेदन शील इंसान, जिनके दिलो-दिमाग में नए-पुराने कबीर आकार लेते रहते हैं। जबकि ताऊ को सब कुछ स्मरण रहता। जब बहसें होती थीं तो कबीर के बहाने छंद बिगाड़ कर ताऊ जैसे स्वरचित कविता कर इन्हें ही ब्राह्मणों की कबीरी आलोचना को अपनी तरह से कहते थे। उनके कथन में मैं भी अपनी बात मिला दिया करता था। तब जो मिला-जुला कबीर की तर्ज पर पद बनता वह इस प्रकार होता था—

सन्तो, बामन बाग उजाड़ा
सन्तों बामन बाग उजाड़ा
ना कछु ज्ञान-ध्यान फैलाया
ना कोई काज सँवारा।
सन्तो बामन ..
सन्तो बामन बाग उजाड़ा

बरन बनाए, लोग लड़ाए—
जियरा टूक-टूक करि डारा
सन्तो बामन देस पिगाड़ा।
छुआ-छूत कौ रोग लगाइकें

घर निरबल कर डारा
सन्तो बामन देस पिछाड़ा ॥
झगरा देख मुगल घुस आये
भारत लूटा खाया—
रामा भारत लूटा खाया
देख फिरंगी हँस-मुसकाया
उसने झंडा गाड़ा
रामा बामन ...
कम अकलन कूँ वेद पढ़ाए
हमरे कान फुड़ाए
रामा हमरे कान फुड़ाए
सोन चिरइया पिंजर बंद भई
ग्यान दरिद्दर-छाया—
रामा ज्ञान दरिद्दर छाया
माँ जाए दुश्मन बन बैठे—
आँगन बना अखारा
सन्तो बामन ..
काउ ने डार-पात सब झारे
काउ ने पतझर डारे
बामन कुमति लगी कछु
ऐसी जड़ तें पेड़ उखारा।
रामा जड़ ते पेड़ उखारा
सन्तो वामन ...

आखिर शर्मा जी व्यंग्य करते—क्या बाबू गा-गा के रेल में भीख माँगतु है? ताऊ कहते भीख माँगतो तो जूती काहे गाँठतो। भगवान ने भीख ब्राह्मणनु कूँ बनाई है।

अक्सर मैं ताऊ के साथ प्रत्येक सोमवार 'डिबाई' का बाजार किया करता था। इस बाजार से साग-सब्जी के अलावा हम पुराने नीलाम के कपड़े खरीदा करते थे। यहाँ बीच शहर में खाँ साहब की मोची के सामान की दुकान थी। खाँ साहब के दो दाँत बाहर को निकले रहते थे, इसलिए उन्हें मैं गौर से देखा करता था। उनकी दुकान

पर उधार-नकद जब चाहो चोबा, पालिस, कतरनें, धागा, नालें, स्टार इत्यादि ले जाया करते थे। ताऊ इतने अभ्यस्त थे कि जब भी सामान समाप्त होता वे उठते, पेटी के पीछे पड़ी लठिया उठाते और कभी ताँगे में तो कभी बस में बैठते और खटाक से डिबाई चले जाते—''लल्ला सौराज" तू काम देखिए, मैं अबई लौटतूं...आँख वाले उनकी जीवट सक्रियता देख कर चकित होते थे।

हम शर्मा जी की दुकान की रखवाली किया करते थे। वे हमें काम करने के लिए अपनी दुकान के सामने फुटपाथ पर बैठने देते और रात को थड़े पर साग्रह सोने को कहते, लेकिन कुछ था जो भीतर-भीतर हमें असहज रखता था। संवाद था, पर मन साफ नहीं थे। वे मेरे आत्मसम्मान/खुद्दारपन से चिड़ते थे। वे एक मोची बालक से ऐसी अपेक्षा नहीं रखते थे। एक बार एक आदमी अपने बीवी-बच्चों और अपने जूते पर पालिश करा कर उठा और दूर हटते हुए उसने चवन्नी फेंकी तो मैंने उसे डाँट दिया—भीख नाँय ले रओ हूँ। पैसा उठा के दो। तो शर्मा जी ने ताऊ से कहा, "बाबू राम, तेरौ भतीजौ जरूर काउ तें पिटेगौ।" मैं पिटूँ ऐसी ही इच्छा शर्मा जी की हमेशा बनी रहती थी।

ताऊ का व्यक्तित्व बेहद पारदर्शी था। उनमें जो विशेषताएँ थीं, उन्हें मैं भूल नहीं पाया हूँ। वे सफेद कमीज, सफेद अद्धा (आधी धोती) और टोपी पहना करते थे। परन्तु उनका काम बूट पॉलिश करना, जूतों में कीलें ठोंकना साइकिलों के टायर सिलना, जूतों पर सोल (तला) ठोंकना। राँपी के सहारे सही कटिंग करना इत्यादि था। वे सारे काम मैंने उन्हीं से सीखे थे। मैं उन्हें अधिक कुशलता और कम समय में करने लगा था।

ताऊ के दो बेटे थे—रोशन और पूरन दोनों मुझसे छोटे थे। रोशन एक-दो साल और पूरन-पाँच छह साल। रोशन को ताऊ काम सिखाना चाहते थे, इसलिए कभी-कभी उसे अपने साथ लाते थे। पर वह सीखने में रुचि कम ले रहा था। उसका मन कुछ और सीखने की ओर था। पर एक समस्या थी। उन दिनों गाँव में रोशन के नाम को लेकर झगड़ा होता था। बच्चे जोर से आवाज देते—अरे ओ रोशना, कहाँ है सारे (साले)...

'रोशन' नाम के एक मुस्लिम बुजुर्ग भी थे। उनके सात बेटे और करीब चौबीस नाती-नातिन थे। उनकी सफेद दाढ़ी, लम्बा कद, अस्सी के आस-पास लंबी उम्र सभी के लिए आदर के पात्र। उर्दू, तालीम पाये हुए जवानी में कोई छोटे-मोटे सरकारी मुलाजिम भी रहे थे। उनके बेटे-पोते लेखपाल, अध्यापक आदि सब थे। चमारों का रास्ता उन मुसलमानों के घरों और घेरों के बीच से गुजरता था। तो सब भी बच्चे 'रोशना' कहकर उन बुजुर्ग और उनके पारिवारिक सदस्यों को चिढ़ाने के लिए बच्चे जोर से आवाज देते तो रोशन अली के बेटे-बहुएँ घरों से बाहर निकल कर आ जाते कहते—बाबू, तुम आज ही अपने लड़के का नाम बदल दो। इसके बहाने हमारे बब्बा

को गाली दी जाती है, इसे हम बर्दाश्त नहीं करेंगे। नहीं माने तो तुम्हारा रास्ता रोक दिया जायेगा। चमारों और भंगियों का रास्ता मुस्लिमों और यादवों के मौहल्लों से गुजरता था। कारण बाहर की जमीनों पर यादवों और मुसलमानों ने घर बना लिये थे यूँ दलित भीतर फंस गये थे।

झगड़े-झंझटों से बचने के लिए ताऊ रोशन को अपने साथ 'कसेर' ले जाने लगे थे। परन्तु गाँव बस्ती में जूतों की मरम्मत का काम करना या सीखना अच्छा नहीं माना जाता था, इसलिए उसे 'कसेर' कम रखा जाता। ऐसा समय बहुत कम गुजरा जब ताऊ के साथ मेरे अलावा रोशन भी रहा हो। छिका हुआ हमारा घर बिरादरी में उसी दिन शामिल होगा जब हम जूता गाँठना छोड़ देंगे, मुर्दा-मवेशी उठाने और खालों को पकाने की बात तक नहीं सोचेंगे। बाबू को माफ किया जा सकता है, क्योंकि वे अपाहिज हैं, पर रोशन और श्यौराज को मोचीगिरी छोड़नी ही पड़ेगी। भले ही बेलदारी करें, भट्टों पर जाएँ पर मोची गिरी न करें।

फकीर बाबा कहते हैं—वैसे तो सौराज के सरपरस्तों की यहाँ कमी नहीं थी, परन्तु उसे हिन्दुओं ने ही सताया था। चलो, यहाँ से सही-सलामत चला गया। जिन्दा होता तो अपने ताऊ की विरासत सँभालता। मतलब यहीं बैठा जूते गाँठ रहा होता। तीस साल बाबूराम इस फुटपाथ पर बैठे और करीब तीस ही साल इस वाकया को गुजर गये। यहाँ कोई दूसरा मोची टिक ही नहीं पाया।

ऊँचा राय की बेटी

उस शाम मैं थोड़ा देर से रेलवे फाटक पार गया था। शायद खाना खाने के बाद उधर से लौटा तो फाटक बंद थे। रेल गुजरने वाली थी, इसलिए मैं उधर एक जीप के पास खड़ा हो गया। जीप क्रासिंग से गुजरने वाली है। फाटक खुलने वाला है। मैंने जीप में किसी लड़की के रोने-तड़पने की आवाज़ें सुनीं और सुराख से उसके अन्दर झाँक कर देख लिया कि लड़की को बाँध कर डाला हुआ है। मैं तुरन्त भागा-भागा आया। पहले तो मैंने अपने ताऊ बाबूराम को बताया तो उन्होंने तुरन्त लाठी उठाई और जल्दी से सड़क के उस पार जा पहुँचे। टेलर मास्टर जनाब अतीकुर्ररहमान की दुकानें खुली हुई थीं। उन्हें बताया कि जनाब, ये लड़का बता रहा है, फाटक के उस पार जीप में कोई लड़की बाँध रखी है। गाड़ी गुजरने वाली है। फाटक खुलने वाला है। जीप हाथों से कहीं निकल न जाए।

इतना सुनते ही रहमान साहब की पूरी टीम भाग पड़ी और आनन-फानन में जीप को चारों-ओर से घेर लिया। वह लड़की उस वक्त के बड़े शातिर बदमाश अलीगढ़ के शमीर, पिलखुवे के नसीम और नासिर नाम के बदमाशों के चँगुल में थी। जिस वक्त मैं जीप में झाँक कर लौटा था, शमीर ने देख लिया था। इसलिए जब जीप घिर गयी और शमीर ने देखा कि वह लड़का यहाँ मौजूद है तो उसने मेरे

पेट पर ऐसी जोर की लात जमाई थी कि मैं अपने ताऊ समेत सड़क पर चौखाने चित्त जा गिरा था। देख कर सारे कारीगर गुस्से में भर गये और जीप पर पत्थर बरसने लगे। बदमाश तुरन्त लड़की छोड़ कर भागे और कादरी बाग के नवाब के पास जा पहुँचे थे। फकीर बाबा के मुताबिक उस लड़की का बाप बीबीसी में उर्दू की खबरें देता था या पढ़ता था। लड़की के साथ कई दिन से सामूहिक बलात्कार होता रहा था और अब वे उसे मार कर कादरी बाग के बाहर नदी में डालने ले जा रहे थे। घेर लिया गया था। नवाब साहब ने बदमाशों से साफ कह दिया था कि लड़की लोगे तो पहले जान दोगे। कलेजे छलनी कर दिये जायेंगे। यूँ वह बहुत बड़ा हादसा था।

मेरी स्मृतियों में सारा परिदृश्य ताजा हो रहा था। फकीर जैसे मेरी बात अपने मुँह से कह रहे हैं—लड़की बहुत सुन्दर थी। जवान थी। वह हिन्दू पहनावे की साड़ी में थी। उसे धोखा देकर लाया गया था। उसकी एक सहेली उसे मरवाना चाहती थी सुपारी देकर, क्योंकि उसका होने वाला पति इस लड़की को चाहता था। वे अलीगढ़ यूनिवर्सिटी की सीनियर स्टूडेंट थीं।

खैर, खुदा का शुक्र बेइज्जती तो हुई, पर लड़की की जान बच गयी। उसे सही सलामत उसके घर भिजवाया गया था, और बाबूराम के उस मोची भतीजे कहा गया था, बदमाश कभी आकर मार जायेंगे। अब तू यहाँ से कहीं और चला जा।

कर्णवास में गंगाघाट पर देवी के मन्दिर पर इसी वर्ष बड़ा भारी उपद्रव हुआ था। बदमाशों ने स्त्रियों के साथ बेजा वीभत्स व्यवहार किया था। एक युवती ने जिसकी चार दिन बाद ही बारात आने वाली थी। बदमाशों की छेड़ खानी का विरोध किया तो तैश में आकर गुण्डों ने चाकू से उसके स्तन काट लिए थे। मैं उस मेले में जूते पॉलिश करने गया था। उस प्रसंग में मेरे कानों में जो नाम आये थे वे वही नाम थे जो इस ऊँचा राय की बेटी के सन्दर्भ में आये थे। ये अपने छद्म नामों से सक्रिय थे।

लड़की ही लड़की को गुंडों तक लाई थी। दोनों अलीगढ़ यूनिवर्सिटी की सीनियर क्लास की सहपाठिन छात्राएँ थीं। मैं सोचता रहा स्त्री-स्त्री की कैसी मित्र।

"ताऊ सुनरए हो, लौंडिया ही लौंडिया (लड़की ही लड़की को) कूँ गुंडा-बदमाशनु में लै आयी।"

"हाँ ऐसो ही होत है। तू का जानें, बैठि जा जान बचि गयी। तेरो इंसानी फर्ज पूरो भओ। अब तू कौला ला और अँगीठी सुलगाइ। ताऊ ने मुझे पूर्ववत् दिनचर्या में लौटाया।"

ताऊ बोले, "लल्ला सौराज? "हाँ ताऊ" "जाई डरतें गरीब-गुरबा जल्दी ब्याह करि लड़की की जिम्मेदारी तें आजाद है जात हैं। रही बात यह जानने की कि लड़की को लड़की ने धोखा क्यों दिया? सहेली ने ऐसो जुल्म क्यों किया? तो रावन कैसे मरो, विभीषण की मदद तें। कुल्हाड़ी कितनी हूँ मजबूत होइ पर जब तक लकड़ी को बेंट वाको संग नाँय देतु कोई डार (डाली) नाँय कटि सकतु। ऐसे ही गंदी लड़की

संग नाँय होती गुंडन के तो दूसरी सरीफ लड़की उनके जाल में नाँय फँसती।

लोध राजपूत, जूतम जूत

उन्हीं दिनों एक दूसरा वाकया पेश आया। हुआ यह था कि हमारे इस पड़ोस गाँव से एक नेताजी आया करते थे। पीछे बाग में दिन-भर भीड़ जमा रहती थी। सब जानते थे, बदनी ठेके पर जुआ खिलाते थे। वे जुआरियों को मोटे ब्याज पर पैसे दिया करते थे। उनके बर्तन-जेबर गिरवी रख लेते थे। जीतने पर चार सौ के आठ सौ लेते थे। यही उनका धन्धा था और यही उनकी दादागिरी और नेतागिरी थी। वे दारू पीते थे, गालियाँ देते थे। उनके नाम बहुत सारी पुश्तैनी जमीनें थीं और सच में वही उनके दिमाग खराब रखने वाली वजह थी। पैदावार बेचते थे और ऐश करते थे। वे लोधा जाति से थे। एक दिन उन्होंने ताऊ से अपने घर के सभी फटे-पुराने जूते ठीक कराए। हम ताऊ-भतीजा साथ-साथ काम किया करते थे। पाँच-सात मीटर की दूरी से मैंने अपना ठिया बना लिया था। उस दिन बदनी नेता आये और बोले—बाबू पॉलिश कर। ताऊ ने मुझसे कहा—'लल्ला बुर्श मार दे।' मैंने उसके जूते साफ कर दिये। तो ताऊ बोले—अब पैसा भी देउ। पिछले उधार चल रए हैं। जब पैसा नाँय देतु तौ पालिस काए कूँ करावतु है?

इतना कहना था कि बदनी लोधी तैश में आ गया और बोला—वे और होंगे जो चाम और चमार को चुपड़-चुपड़ के काम लेत हैं। मैं तो दस बार पॉलिश कराऊँ तब एक पैसा नाक पै मारूँ।" लोधे जवान सम्भल ताऊ ने जैसे ही कहा कि—"उसने आव देखा न ताव, ताऊ के गाल पर तमाचा जमा दिया।" बोला—"साले चमट्टो, पुराने पैसे माँग के सगुन खराब करत हो, तुम्हारी औकात का है? का मैं तुम्हारे दो-चार रुपया मारि कें भागि रयौ हूँ?"

वह बाग में जुआ खेलने जा रहा था। ताऊ के हाथ में उसी का जूता था। हालाँकि उन्हें बहुत कम दीखता था। परन्तु अन्दाजे से पूरी ताकत लगा कर उन्होंने गाली भरी आवाज के साथ ही बदनी की खोपड़ी पर पुरजोर जूता दे मारा। निशाना अचूक रहा। बदनी खोपड़ी पकड़ कर रह गया। फुटपाथ पर बैठ कर जूता गाँठने वाला, वह भी एक अन्धा और सब तरह से विपन्न सर्वहारा चमार खुद को राजपूत सम्बोधित करने वाले लोधी को थप्पड़ के बदले जूता से यानी ईंट का जबाव पत्थर से देगा। उसके लिए यह जवाब कल्पनातीत था। फिर क्या था, उसने ताऊ को गिरा कर उन पर लात-घूँसे बरसाने शुरू कर दिये। मेरा धड़ा चार-पाँच मीटर की सामान्तर दूरी पर था। मैं चूँकि गठिया का मरीज था। उठ कर खड़ा होने में देर लगती थी। थोड़ी दूर धीरे-धीरे चल लेने के बाद ही जकड़न खुल पाती थी। पर ताऊ को लोधी से पिटता देखा और जैसे ही उनका 'लल्ला सौराज' शब्द मेरे कानों में आया तो पता नहीं मेरे शरीर में कहाँ से शक्ति और स्फूर्ति आ गयी, मैं तुरन्त ताऊ के बचाव में

पहुँच गया। मुझे पता नहीं कब ताऊ की लाठी मेरे हाथों में आयी और मैंने उस जुआरी नेता की पीठ पर कितने वार किये।

ताऊ नीचे और लोधी ऊपर और उसके ऊपर मैं। तीनों को गुत्थमगुत्था देख कर तमाशाबीन दुकानदारों और यात्रियों की उमड़ती भीड़ ने बीच-बचाव किया। हालाँकि पहला हमला उसी ने किया था, परन्तु यह वैयक्तिक मार उसने अपनी जाति की मार मान ली। उसने ऐलान किया कि इस लड़के को किसी भी हाल में यहाँ जिन्दा नहीं बैठने दूँगा। वह पागलों की तरह हाथ-पाँव फेंक रहा था। यह बात उसकी समझ से परे थी कि फुटपाथ पर बैठे फटे-हाल ये मोची भी आत्मरक्षा में पलटवार करेंगे। ये भी आत्मसम्मान रखते हैं। ऐसे हमले की तो उसे कल्पना भी नहीं थी। उसकी अपेक्षा थी कि हम पिटें और पिटकर चुप रहें। वह कहने लगा--चमार लोधी को मारे, यह हमें बर्दाश्त नहीं। चमारों-भंगियों को वे प्रायः रोज ही अपने गाँव में पीटते-धमकाते रहते थे। पर मजाल है कभी कोई गर्दन उठा कर बात करे। उन्हीं दिनों लोधी क्षत्रिय बन रहे थे। उन्होंने अपने नाम के आगे राजपूत शब्द जोड़ना शुरू कर दिया था। वे दलितों पर होते जुल्मों की नकल करने लगे थे। बदनी उस वक्त तो पिट कर खिसियाना-सा मुँह लेकर चला गया। लेकिन एक-डेढ़ घण्टे बाद दस-बारह पट्ठों को साथ लेकर आ गया। धोती की लाँग समेटते हुए मूँछें ऐंठ कर उसने कहा—"सुनो रे... या बबुआ अन्धा कूँ तो बाद में धुनंगौ या साँप के सँपोला कू कुचिल देउ पहले। सबसे पहले या ही मजा चखाओ। बताओ कि चमार अगर बदला लेता है तो उसे क्या इनाम दिया जाता है।"

फिर देर क्या थी, उसके भइया-भतीजों ने झपट्टा मारा ही था कि तब तक ताऊ ने शोर मचा दिया। वे आसन्न हमले के खतरे को भाँप गये। उन्हें लगा कि वे अपनी अन्धी आँखों से न तो हमलावर लोधियों को देख पायेंगे और न अपना व अपने भतीजे श्यौराज का बचाव कर पायेंगे। ऐसे में उन्हें मास्टर अतीकुर्रहमान की याद आयी, "मास्टर साहब, बचाओ! गुण्डा मेरे भतीजे की जान ले लेंगे।" ताऊ ने गुहार लगाई।

मास्टर और उनके लोग जब तक आकर बचाते, मेरी देह पर अनगिनत लात-घूँसों की बरसात कर दी गयी थी। मेरे सबसे नजदीक महेन्द्र शर्मा और उनका साला राम चन्द्र शर्मा था। पर वे मुझे बचाने के बजाय मन-ही-मन व्यंग्यात्मक कुटिल हँसी हँस रहे थे। कारण यह कि वे पहले से ही मुझसे चिढ़े रहते थे, क्यों कि मैं उन्हें न तो पाँय लागन कहता था और न उनकी बातों पर विश्वास। वे लोधियों को ही चढ़ाने लगे—"अरे बहुत सिरचढ़ा लड़का है। मुँहजोरी करता है। 'रैदास रामायण' क्या हाथों में पकड़ ली है, ब्राह्मणों से शास्त्रार्थ करने का दम भरता है। जाने कहाँ से रैदास, कबीर की फुटपाथी किताबें उठा लाता है। कहीं जूता-पॉलिश करने वाले भी ग्रन्थ पढ़ा करते हैं?" वे अपनी निजी खुंदक निकाल लेना चाह रहे थे। परन्तु

अतीकुर्रहमान, बुद्धा मियाँ, शराफत अली और अतीकुर्रहमान के शागिर्दों की पूरी फौज हमारे बचाव में आकर खड़ी हो गयी। गलती लोधी की है। यह सब जानते थे, हिन्दू भी और मुसलमान भी। बीच-बचाव सब हुआ पर लोधी धमकी दे गये कि सड़क पर ही तो बैठता है। देखें कौन कब तक बचाएगा? ओ, बे अन्धे, याद रखना एक दिन यह तेरा भतीजा सौराज हमारे हाथों जरूर मारा जायेगा और इसी तालाब में जिन्दा गाड़ा जायेगा। देखें कौन कटुआ (मुसलमान) का बच्चा कब तक बचाएगा इसे?

एक ओर लोधियों ने ऐसा ऐलान किया, दूसरी ओर अतीकुर्रहमान ने कहा—"अब इसे किसी और ने हाथ भी लगाया तो जिम्मा तुम्हारा होगा। अपनी खैर चाहते हो तो इसे मारने के बजाय इसकी हिफाजत करना।"

शाम तक वह तूफान शान्त हो गया। अब रात को सोने का समय आया। आज रात खुले में सोना ठीक नहीं है। पर हमें सुरक्षित स्थान कहाँ था। रानी के घर में भी हम अपनी इच्छा से नहीं, उनकी जरूरत के अनुसार ही जा सकते थे। क्यों न आज रात की गाड़ी से वापस गाँव लौट चलें। जिन्दा बचेंगे तो कहीं किसी और शहर में जाकर काम करने लगेंगे। रात को जब हम अपने औजार, कथरी आदि (ओढ़ने के कपड़े) बाँध कर जाने की योजना बना रहे थे। तभी हमारी ओर कान लगाए बैठे महेन्द्र शर्मा अपनी मिठाई की दुकान से उठ कर आये और बोले—"बाबू, गे का करि रयौ है?"

"घर जाइ रए हैं।"

"घर?"

"हाँ, अपने घर जाइ रए हैं।"

"सब सामान संग लै कैं?"

"हाँ, सब सामान संग लै कैं।"

"तो का वापस आइवे कौ इरादा नाँय है?"

"का करंगे इरादा करि कें। तीस साल है गये यहाँ बैठे। बाकी दिन अब अपने गाम में गुजारंगे या कहूँ और जाइ बैठंगे। लोधे हमें मारिकें हमेशा कूँ उठावें, तातें अच्छो है खुद अपनी जान बचाय लै जाएँ।"

"ऐसौ काए सोचत है बाबू हम जानत हैं। लोधिनु नें जायदती करी है तुम्हारे संग। पर एक बात बताऊँ बाबू, या सौराज के कारण तू लपेट में आयौ है। अगर तू बर्दाश्त करि लेतौ और गे पलटबार नाँय करतौ तो लोधेउ कब तक मारते रहते। सारो खेल श्यौराज ने खराब करो है। गे बीमार है, तबउ नये खून में उवाल दिखाबै है। अपनी जात, अपनी औकात में रहतौ तौ मैं हू बीच-बचाव की बात करतौ। पर नीची जात का लड़का ऊँची जात के—वह भी जमीन-जायदाद वाले का जवाब खुद ही देगा, तो हमारी जरूरत का है?"

सूफी जमील अहमद शाह मेरे साथ गुजरी घटनाओं के जिन्दा साक्ष्य हैं। पर उन्हें देर से यकीन हो पा रहा है कि मैं ही श्यौराज हूँ। वे कहते हैं—उस वारदात

वाले दिन के बाद तो तू कहीं नहीं दिखा। खुदा जाने कहाँ चला गया था? पर यहाँ से तू उठ गया अच्छा हुआ, वरन ये लोग तेरे साथ बड़ा धोखा करते। उस हादसे के बाद से बाबूराम ने भी यहाँ दुकान पर आना बन्द कर दिया। यहाँ सभी ने मान लिया कि लड़का मारा गया होगा उन काफिरों के हाथों।

"जिसके साथ खुदा हो और आप जैसे खुदा के बंदे हों, वह भला जायेगा कहाँ?"

अब मैं जनाब अतीकुर्रहमान का इन्तजार करने लगता हूँ। वे मोटर साइकिल लेकर कहीं गये हैं। अभी-अभी।

मुल्ला जी करमतुल्ला जी

कसेर के मोचीगिरी के दिनों का एक शख्स का चेहरा मेरी आँखों के सामने आज भी बहुत स्पष्ट है। मैं अगर चित्रकार होता तो पहले उस सूरत को इस काग़ज पर जरूर उतारता। उसके बाद उनकी सीरत यानी फितरत की बात करता। चेचक के दाग़ों वाला काला खुरदरा डरावना-सा वह भारी चेहरा जितना भयाभय और असुन्दर था, उतना ही दरिया दिल, हीरा। कोयला, लोहा, लकड़ी, शीशा इत्यादि के कबाड़े के काम में अधिक समय मशगूल रहने वाले जनाब करमतुल्ला उर्फ मुल्ला जी की ताऊ से करीब बीस-पच्चीस साल की दोस्ती रही होगी। या कहें उनकी हमारे प्रति मेहरबानी रही। दोस्ती तो खैर बराबरी में निभती है। ग़रीब-अमीर की दोस्ती कहाँ सम्भव है?

मुल्ला जी के दो बेटे, देर की सन्तान, दोनों दोहरी देह के। हर दूसरे-तीसरे दिन थैले में परिवार के जूते-चप्पलें लेकर आते। ताऊ कहते–"लल्ला तू जल्दी-जल्दी पॉलिश कर और इन बालकनु के संग चलो जा। कछु लिअइए।" ताऊ मुल्ला जी से कभी पैसे नहीं लेते थे और मुल्ला जी कभी मुफ्त काम नहीं कराते थे। वे बदले में कभी कोयला, कभी लकड़ी, कभी चावल, कभी दाल या कभी गोश्त दे दिया करते थे। मुझे ऐसा एक भी मौका याद नहीं जब कभी ईद-मुहर्रम वगैरह किसी त्यौहार पर मुल्ला जी हमें भूल गये हों। उसी तरह ऐसा भी कभी नहीं हुआ कि मुल्ला जी अपने घर के अलावा अपने मेहमानों और उनके बच्चों के ढेर सारे जूते-चप्पल मरम्मत करा कर न ले गये हों और ताऊ ने या मैंने उनसे कभी एक पाई-पैसा लिया हो। यह दोस्ती या लेन-देन दो-तरफा था। ताली दोनों हाथों से बज रही थी। सेवा और सहायता में अदला-बदली थी। पर था बड़ा मानवीय, सहज। न कोई छोटा-बड़ा, न काम को लेकर नफरत। छूतछात किसे कहते हैं, मुल्ला जी क्या जानें–नल पर हाथ धोले सौराज और मुल्ला जी के बेटे के साथ खाना खा ले। हाँ, ताऊ के कान में मन्त्र की तरह मुल्ला जी ने राज बताया तो ताऊ कहते हैं–"कलिया (मटन) तो यहाँ राँधनों (पकाना) मुश्किल है। शर्मा जी और माता जी (रानी की ताई) दोनों जात के हिन्दू हैं। माँस नहीं खाते। शर्मा जी जब तक दुकान बढ़ा कर अपने घर नहीं जाते,

हम गोश्त पका नहीं सकते।" "तो फिक्र मत करो, सौराज को भेज देना। पका हुआ ले आयेगा घर से। मैं बेगम को बोल दूँगा।" मैं सकुचाता मुल्ला जी के घर पहुँचता हूँ। "अब्बा, श्यौराज आया है।" "तो अन्दर बुला, बाहर क्यों खड़ा है। गोश्त परोसा हुआ है। उसे भी खिलाओ बेटे, आपने साथ।" मैं उनके बेटे की थाली में खाने लगता हूँ उसी के साथ।

मेरे गाँव के यादवों, कसेर के लोधियों या शर्माजी का व्यवहार और मुल्ला जी, मास्टर अतिकुर्रहमान के व्यवहार में जमीन-आसमान का फर्क था। पर ताऊ बताते थे, मुल्ला जी के पुरखे हमारी जात के थे। वे हिन्दुन की छूत-छात से परेशान होकर मुसलमान बन गये थे।

मैं डिब्बा लेकर शौच से लौटता हूँ। हाथ-मुँह धोता हूँ। ताऊ मेरे पैरों की आहट से समझ जाते हैं। "लल्ला सौराज "हाँ ताऊ," "आज बेटा, ऐसो कर तू जल्दी रोटी सेक लै और जैसे ही मस्जिद में नवाज शुरू होइ तू डिबिया बुर्श ले जा और जितनी देर में नवाज हो, तू वहाँ उतारे गये बूट पॉलिश कर दइये। मुल्ला जी तें पैसा लेन की जरूरत नाँय, पर दो-चार जोड़ी करि देगो तो एकाद रुपया बनि जाइगो।"

मैं जल्दी-जल्दी ब्रुश, डिब्बी, कतरनें और कटानी लेकर तैयार हो जाता हूँ। सामने सड़क पार मस्जिद है। मुल्ला जी का घर भी मस्जिद वाली गली में ही स्थित है। मैं वहाँ अक्सर जाया करता हूँ। पूरा कस्बा मेरा छाना हुआ है। खासकर सरकारी अस्पताल, बकरी के दूध विक्रेताओं की गली, मस्जिद मौहल्ला और रेलवे स्टेशन। मैं दूर से ही देखता हूँ। नमाजी मस्जिद की ओर आ रहे हैं। मैं जल्दी-जल्दी लपक कर दाएँ ईंटों के खड़ंजे पर अपनी बोरी का टुकड़ा बिछा लेता हूँ और दो-तीन जोड़ा जूता उठा कर जल्दी-जल्दी उन्हें झाड़ता हूँ। पॉलिश करता हूँ। उन्हें यथास्थान रखता हूँ। तुरन्त दूसरी जोड़ी उठाता हूँ। मुझे किसी की इजाजत लेने की जरूरत नहीं है। सब जानते हैं। मैं दशकों से काम कर रहे उनके परिचित बाबू मोची का भतीजा हूँ। पैसे किसी से माँगने नहीं हैं। जो वहाँ दे दे, ठीक। नहीं दे तो थड़े पर आ जायेगी मजूरी। इबादत करने वाले मजूरी रखना पाप समझते हैं। ये कोई हिन्दू नहीं है जो काम के पूरे दाम नहीं देंगे। सेवाएँ लेंगे। मेहनताना नहीं देंगे। ऊपर अछूत बता कर दूर-दूर करेंगे। मुल्लाजी जब तक मस्जिद में हैं, मैं बाहर बैठा रहूँगा।

ताऊ बेशक नेत्रहीन हैं, परन्तु वे सूजतों (आँखों वालों) की तरह चले आ रहे हैं सड़क पार से। अपनी पेटी, कतरनें, पैर सब फुटपाथ पर तीस साल पुराने अपने नियत स्थान पर छोड़ आये हैं। वे मेरे पास आ रहे हैं। पतली चिकनी लाठी उनके हाथ में है। धोती की जगह आधी टाँगे उघड़ी रखने वाला अद्धा वे पहने हुए हैं। बेशक उनके कपड़े काले हो जाते हैं, परन्तु उनकी पसन्द के कपड़े सफेद ही हैं। वे मुझे भी सफेद कमीज, सफेद पाजामा पहनने की सलाह देते हैं। नया बने सही वरन् सोमवार को डिबाई में पैंठ लगती है। पुराने (सैकंड हैंड) कपड़े हम खरीद लाते हैं।

ताऊ के सिर पर हमेशा टोपी रहती है।

मस्जिद तक की दूरी ताऊ के पाँवों ने नाँप रखी है। वे इसी रास्ते से बुद्ध मियाँ यानी करमतुल्ला के घर जाया करते हैं। जैसे उन्हें दीख रहा हो, सड़क पार करते ही दूर से बोलते हैं—"लल्ला-सौराज?" "हाँ ताऊ" "बेटा कछु काम निबटो?" "हाँ ताऊ!" "पॉलिश कर दई" "तो उठि आ, मुल्ला जी आंगे वे सब के पैसा दिबाई दिंगे। चलि थोड़ो छिरिया (बकरी) को दूध लै आ। मैं जे बुर्श डिब्बी लैके थरे पै चलि रओ हूँ। तू दूध में मिलाई कें अपनी दवाई खाइ ले, तेरी परियाँ घुटना सूज रए हैं।"

मेरी गठिया बाय की बीमारी से वे अधिक चिंतित हैं। मर्ज मेरा और दर्द जैसे उन्हें ज्यादा सता रहा हो। दवा का समय और परहेज यह सब मेरे लिए याद रखना जैसे मेरी नहीं, ताऊ की जिम्मेदारी है। ताऊ जो हैं मेरे, पिता से बड़े। जैसे दिल्ली में मौसा देवीदास, वैसे कसेर में ताऊ बाबूराम मेरे अभिभावक हैं।

वह दिनचर्चा थी मेरी। जब भी काम न मिले, मस्जिद की ओर रुख करो। चुन कर पाँच-सात जोड़े जूते उठाओ, पॉलिश करो और नमाज खत्म होने से पहले नियत स्थान पर रख दो या डिब्बी ब्रुश लो और काले ब्राउन (लाल) जोड़े उठाओ, एक कपड़ा लो और जूता गोद में रखकर कपड़े से साफ करके चमका दो। इत्मिनान हो तो बोरी का टुकड़ा बिछाकर बाहर बैठ जाओ। काम करो, चुपचाप वापस चले आओ और नमाजियों को नमाज पढ़ने दो। पैसे थड़े पर आ जायेंगे।

रही पूजा-इबादत की बात, सो अपनी तो रही बूट पॉलिश कमाना-खाना। पर हाँ, मस्जिद में घुसने की मनाही नहीं। मन्दिर जैसी हिकारत, छुआछूत यहाँ दूर तक नहीं। काम से भी कोई नफरत नहीं। मुँह-हाथ धोइए, मुल्ला जी की बगल में जा बैठिए प्यार-मोहब्बत से दिल में आया तो बात करते-करते वे सिर पर हाथ भी फिरा देंगे।

ईद-मुहर्रम पर तो कम ही काम पर जाता था मैं, पर उस दिन खाना नहीं बनाना पड़ता था। यह तय था कि मीठी ईद है तो मुल्ला जी सेंवरी लाएँगे ही, बकरीद है तो गोश्त पहुँचा कर ही रहेंगे। लीजिए वे फिर अपने गाउन में छिपा कर सेर-आधा सेर ताजा बकरे का गोश्त ले आये। अब क्या करें ताऊ, माता जी (रानी की ताई) तो पता चलते ही हमारी पेटी, तसला, कथरी (ओढ़ने का रजाइनुमा वस्त्र) बाहर फेंक देंगी और शर्मा जी वे तो हाल-खराब कर देंगे। पर इस आशंका का जितना आभास हमें है, उससे ज्यादा मुल्ला जी को है। वे भी नहीं चाहते कि ऐसा कुछ प्रदर्शित हो, जिसके कारण हमारा ठिया छूट जाए।

वे ताज़िया निकालते तो हमें दुकानें बंद करनी पड़तीं। ताऊ उस वक्त को नहाने-धोने में गुजारते और मैं ताजिया देखता। छाती पीटते 'हा, हुसैन जब तुम हुए तब हम न हुए, कहते हुए' छाती से खून निकाल लेते।

शर्माजी का धंधा आज कम चला है। मुस्लिम दुकानों पर बिक्री ज्यादा हुई है। शर्मा जी दुकान बढ़ा कर उठते हैं। डेढ़-दो मीटर ऊँचे धड़े से उतर कर नीचे फुटपाथ

पर आते हैं, जैसे राजा प्रजा के पास आता हो। पास आकर बोलते हैं—बाबू हम घर जा रहे हैं। रात को जागते सोना। इन कटल्लों (मुसलमानों) का कोई भरोसा नहीं, कब अलमारी तोड़ के मिठाइयाँ खा जाएँ, सब तेरे सुपुर्द है। तेरी जिम्मेदारी है। पैसे वे ले जाते हैं और कस्बे में अन्दर सुरक्षित अपने घरों को चले जाते हैं। हमें उनकी मिठाइयों की अलमारियों की रखवाली करनी है और उनकी जलती अँगीठी पर गोश्त पकाना है। सो दुकानदार सब गये और हमारी भोजन की तैयारी शुरू।

"बाबू भैया, आज अपनी अँगीठी नाँय लगायी? शर्मा जी की हट्टी पै, कछु खासि पकाइ रयौ है?" चमेली बुदबुदा रही है। अपनी अँगीठी पर बनते गोश्त की खुशबू माता जी को लग सकती है। शर्मा जी का धड़ा थोड़ा अलग है। हवा बाहर जाती है, सबको पता चल जायेगा।

जैसा कि मैं बता रहा हूँ कसेर (डिबाई) के इस प्रवास के दौरान की छोटी-छोटी बातें याद हैं, वे ताऊ के साथ की हैं और कुछ व्यक्तिगत हैं। सबसे पहले ताऊ की ही कुछ बातें करता हूँ, जैसे—

नंगा ब्लेड

ताऊ हर मामले में आत्म निर्भर रहना चाहते थे। उन्हें बहुत कम दीखता था। परन्तु वे नंगा ब्लेड उँगलियों में फँसा कर बिना साबुन-क्रीम सिर्फ पानी मुँह चुपड़ कर अपनी दाढ़ी बना लेते थे। हाथ फिरा-फिरा कर महसूस करते रहते थे कि कोई बाल बचा तो नहीं है। नाक के नीचे हल्की-हल्की मूँछें वे कैसे छोड़ लेते थे, मैं चकित होता जहाँ तक सिर के बालों के कटिंग की बात है, वे सीधे ब्लेड लेते और सिर भिगोकर चाँद (खोपड़ी) घोट लेते थे। मेरे खुद के बालों की कटिंग नहीं होती थी। हालाँकि कसेर में मुस्लिम नाई कटिंग कर देते थे पर महीने दो महीने में बाद सीधा सिर घोट लिया जाता। ब्लेड के द्वारा। चाँद भिजाइ लै मैं अबई मूंड दिंगो तेरी चांदि ताऊ कहते थे। चूँकि गाँव में हिन्दू नाई चमारों और भंगियों के बाल नहीं काटते थे। इसलिए ताऊ ने अपनी हजामत बनाने का खुद अभ्यास कर लिया था। वे सफेद अद्धा (आधी घुटने वाली धोती) और सफेद कमीज पहनते थे। ऐसा कभी मुश्किल से ही हुआ होगा जब उन्होंने रंगीन कपड़ा पहना हो। वे गंगी बब्बा के साथ संकल का घुमावदार पलंग बुन लेते थे, परन्तु यहाँ बरांडा के फर्श-जमीन पर वे करीब पच्चीस-तीस साल खुले में सोते रहे।

मछली के टुकड़ों की चोरी

ताऊ के साथ रात को मैं कभी भट्टी पर और कभी अँगीठी के साथ बैठा खाना बनाया करता था।

करीब बीस साल तक तो ताऊ के पास अपनी अँगीठी भी नहीं रही। तब वे

कभी शर्मा जी की भट्टी पर या कभी माताजी (रानी की ताई माँ) द्वारा खाना बना लेने के बाद छोड़ दी जाती अँगीठी में अपनी लकड़ियाँ या कोयला डाल लेते थे। ईंधन के लिए तालाब की ओर मुल्ला जी बुद्धा मियाँ की टाल मौजूद थी। शर्मा जी दुकान बढ़ाकर रात को भट्टी चलती छोड़ जाते थे। उनका स्वार्थ यह था कि भट्टी पर खाना बनाते रात को धड़े पर सोने से उनकी दुकान की रखवाली मुफ्त में हो जाती थी।

रानी के पिता ईश्वरी प्रसाद ने जब तक अँगीठी बना कर नहीं दी थी, तब तक हमें रात की रोटी बनाने के लिए दुकानों पर निर्भर रहना पड़ता था। दुकानें तभी बंद होतीं थीं जब एक भी ग्राहक आने की उम्मीद न रहती और रास्ता सुनसान न हो जाता था। अँधेरे पक्ष में तो वातावरण और भी भयावह हो जाता था। पर रात-दिन यहाँ रहते-रहते हम व्यवस्था के आदी हो गये थे। एक शाम जब मैंने सौंरियाँ (छोटी) मछली खरीदीं तो वे गिनती की कुल तीन थीं।

मैंने रेत में रगड़-रगड़ कर उनकी कौरांद (ऊपरी छिलका) उतार दी थी और राँपी से हरेक के तीन-तीन टुकड़े कर दिये थे। इस बीच ताऊ ने आटा गूँद लिया था। सौंरियाँ मछली हमें सब मछलियों में अधिक पसन्द थीं। तेल डाल कर छौंक लगाया और मिर्च-मसाले और आलू के साथ छोटी-सी पतीली में अँगीठी पर रख दिया। अब मछली के पकने की प्रतीक्षा होने लगी। ताऊ ने अपना गाना शुरू कर दिया–

तेरे दया-धरम नहीं मन में
मुखड़ा का देखै दरपन में...
कागज की एक नाव बनाई
डारी गंगा जल में,
रामा डारी गंगाजल में
धरमी-धरमी पार उतर गये
पापी डूबे जल में
रामा पापी डूबे जल में
तेरे दया-धरम नहीं मन में!!
तिरैगो वही जा के हिरदै में हरि है रामा!
गंगा के नहाने तें कौन-कौन तिर गये रामा
मछरी क्यों नाँय तिरगयी जा को जल ही में घर है रामा!...

"तरकारी बन गयी लल्ला। जाइ उतारि कें धरि दै और तू रोटी सिकवाइ लै, तब दोनों एक संग खांगे।" ताऊ ने कहा और मैंने तवा रख दिया अँगीठी पर। ताऊ मोटी-मोटी गोल-मटोल रोटियाँ बनाने लगे। बिना पलोथन और बिना पानी लगाए। एकदम सूखी-सी रोटी, न हाथों पर आटा चिपके और न चकरा-बेलन की दरकार हो। मजाल है कोई रोटी बगैर फूली रह जाए।

इधर रात सर्दीली थी। क्या किसी उर्दू के तरक्की पसन्द शायर ने गरम लिहाफ में बैठकर इसी के बारे में लिखा था—"आज की रात बड़ी सर्द हवा चलती है, आज की रात न फुटपाथ पे नींद आयेगी।' पर मेरी तो दूसरी-तीसरी पीढ़ी फुटपाथ पर थी। पतीली में रखी सौंरियाँ मेरे मन में उतावली पैदा कर रहीं थीं। तीन सौंरिया हरेक के तीन-तीन टुकड़े किये थे। पानी में हाथ भिगाकर एक टुकी पतीली से निकाल कर चुपचाप खा ली। उसके थोड़ी देर बाद दूसरी खा ली। बिना आवाज किये चोरी-चोरी। मैं रोटियाँ सिकवाते हुए यह सब उपक्रम कर गया और मुतमइन होकर बैठ गया। ताऊ को तो कुछ भी पता नहीं चला होगा।

अब पूरा आटा सिक गया और रोटी खाने बैठे तो परोसने का काम ताऊ कर रहे थे। वे कच्छली से ही परोस रहे थे। यह कहते हुए— ले तू चार और खाइले मैं तीन खाइ लिंगो, तेरे हिस्सा में छह आ जाएँगी। तो मैं सिहर गया, रंगे हाथों पकड़ा जो गया था। अपनी चोरी के लिए शर्मिंदा हुआ। मैंने तुरन्त अपनी गलती कुबूल की—ताऊ मन नाँय मानो, माफ करि देउ।

क्षमा-प्रार्थना की तो ठीक किया, वरना वे तुरन्त कहते—'मोइ चोरी पसन्द नाँय है। उठाइ अपनो झोला, कमीज, पाजामा और इसी वक्त रात ही में उठ और भाग यहाँ से। स्टेशन पर जा कर बबराला की गाड़ी पकड़, गाम जा, दिल्ली जा या कच्चे इलाका बाजपुर-काशीपुर जा। जहाँ रोटी दिखाई दे वहाँ भाग जा। चोरी फरेब की आदत लैकें एक पल हू यहाँ नाँय रुकन दिंगो। यहाँ तें भाग, फिर चाहे चोरी करि-डाको डारि या भीख माँगि के खा, पींठ पीछे जो मन चाहे सो करि मोइ मतलब नाँय।

एक दिन वहाँ दादा (भिकारी) आ गये। रँगे हुए नाखून रंगाइया-फरहिया ये दोनों एक साथ थे। छह सात-फुट लम्बा पतला शरीर, बांस जैसी पतली टाँगें, सफेद कुर्ता-टोपी पहने मेरे सामने आ खड़े हुए। उन्होंने ताऊ से कहा—"सौराज कछु कमावतु-बचावतु होइ तो बाबूराम मोइ दै देऊ। याकी माँ, बहन और भाइनु कूँ तो मैं ही पालि रयौ हूँ।" ताऊ गुम-सुम, मैंने उन्हें चाय पिलवाई, गुजियाँ खिलाईं, ठीक से बात की। मेरी अम्मा और तमाम परिवार का मुखिया वह आदमी महज स्वार्थी है, यह जानता था। ताऊ को भी याद था कि भिकारी ने सौराज और माया को भट्टे के लिए सौदा किया था और घर-बदर कर दिया था। ताऊ ने मुझे डाँट लगाई—"का तू दादा के संग जाइगो?" "नाँय बिलकुल नाँय।" "तो तूने जाकी खातिरदारी काए करी?" "कोई खातिर नाँय करी एक कुल्हड़ चाय के सिवाय।" उस रात ताऊ बहुत नाराज हुए। "आइंदा जा आदमी कूँ अपने ढिंग (पास) मत बैठइए। जो कारे मन को आदमी है।" पर मुझे उस में अनेक खामियों के बावजूद वह वक्त याद था जब पिता की असमय मौत के बाद इसी शख्स के घर हमने कम सही, पर बुरा वक्त गुजारा तो था।

महेन्द्र शर्मा जात के कारण मुझ से एक तो चिढ़ते थे, दूसरे मैं उन्हें झूठे

कर्मकांडी कहता रहता था। उन दिनों मेरे औजारों के साथ-साथ दो-दो, चार-चार आने वाली फुटपाथी किताबें जरूर रहा करती थीं। मेरठ से छपी गुरु बख्शीदास की रैदास रामायण में जो काशी के कर्मकांडी ब्राह्मणों के साथ उनका जो शास्त्रार्थ रहा, उसके प्रभाव में मैं शर्मा जी को पूरा अन्धविश्वासी मानता था। मेरे भीतर ताऊ के रैदास-कबीर का विस्तार अलग तरह से हो रहा था। शर्मा जी को मैं पैदायशी ज्ञानी होने के उलट पूरा अज्ञानी मानता था, क्यों कि हजारों साल तक ज्ञान को अपने आप तक सीमित रख कर वे दुनिया में अनपढ़ रखे अछूतों के लिए ज्ञान ध्यान का कोई काम नहीं कर पाये। जात-पाँत, ऊँच-नीच और छुआ-छूत ही इनकी खास उपलब्धियाँ थीं। जड़ ब्राह्मणों तथाकथित ज्ञान का नतीजा क्या है? यह ब्राह्मणी ज्ञान का कौन-सा वृक्ष है, जिस पर केवल गैर-बराबरी के ही फल आते हैं।

शर्मा जी को सीधी चिढ़ तब हुई जब उन्होंने मुझे ताऊ की ओर इशारा करके चिढ़ाया था। गर्मियों के दिन थे। दोपहरी की धूप में काम आना बंद हो जाता था। बारांडे में बैठे ताऊ हमेशा की तरह हाथ में नंगा ब्लेड लेकर अपनी दाढ़ी बना रहे थे। दूसरी ओर अपने साले को दुकान सौंप कर शर्मा जी नाई की कुर्सी पर बैठे हजामत बनवा रहे थे। नाई की दुकान पर से शीशा उठा कर शर्मा जी ने व्यंग्य में कहा–'सौराज, लै बाबू कूँ शीशा तो दै दै।'' अन्धे आदमी को दर्पन के क्या मायने? तब मैंने ताऊ का गाया गीत दोहराया–

मुखड़ा का देखे दर्पन में...
तेरे दया-धरम नहीं मन में।

इतना कहना था कि शर्माजी आपे से बाहर गये थे।

गोद लिया, वापस किया

ताई-ताऊ के दोनों बेटों की मृत्यु होने के बाद पारिवारिक सहमति से पंचायत में बैठ कर ताई ने मुझे मेरी माँ से गोद ले लिया था। इस के लिए कोई लिखत-पढ़त नहीं हुई थी। यह सब स्वैच्छिक था। इस गोद लेने में मेरे लिए क्या फर्क पड़ा था? सिवाय इसके कि अब तक मेरी मेहनत-मजदूरी पर मेरा या मेरी माँ का हक था, अब मुझे रुपया-आठ आना की बालमजूरी के पैसे ताई के हाथ पर रखने थे। इसी दौरान जीजा जी की बीमारी की खबर सुनकर मैं बहन माया के गाँव गया था। जैसा कि बता चुका हूँ। वहीं मुझे गठिया का रोग लगा था। ख्यालीराम मुराव ने राख पढ़ कर दी थी। लौट कर आया तो पाँव के घुटने, हाथों और पैरों का हर जोड़ सूजा हुआ था। लुहामई नामक गाँव जाकर लुहार से हाथों में कड़ा डलवा चुका था और अम्मा ने रामगंगा पर चढ़ाने के लिए भेली बोली थी। यों मुझे इन टोने-टोटकों में विश्वास नहीं था। पर मैं अम्मा के आग्रह पर मजबूर था। अम्मा जीजा जी के इलाज के लिए पाली से गाँव आयी हुई थी मैं सीधा चारपाई पर पड़ गया था। ताई ने ऐसी स्थिति में मेरी

माँ से कहा था–"मुखी, तू ही सँभार अपने बेटा कूँ। मैंने तो हाथ बटावन कूँ गोद लओ पर जो तो उलटो मोतें सेवा कराबैगो। नाँय भैना, मोइ नाँय चँइयतु काऊ को बेटा।" अब दवा और अण्डे आदि पौष्टिक भोजन की दरकार थी। सो अम्मा के पास जीविका का कोई साधन नहीं था। उसे अपने छोटे बच्चों के लिए 'पाली' जाना था। परन्तु वह इस बात से निश्चित होना चाहती थी कि श्यौराज को चार पैसे कमाने का जरिया निकले ताकि अपनी दवा-गोली कर सके।

इसलिए कसेर जा कर मैं जूता-पॉलिस करूँ और अपना इलाज कराऊँ। बिरादरी का उधार और श्यामलाल यादव का कर्जा उतारूँ। यही मेरा अन्तिम संकल्प था। परन्तु इस काम के लिए मुझे पूरी बस्ती और पूरी बिरादरी हेय मानती थी। यह घृणा का काम था। पर मेरे लिए जीवन का यही एक मात्र रास्ता बचा था।

कसेर में

मैं दिल्ली से बहन के गाँव मिर्जापुर और वहाँ से अपने गाँव नदरोली लौट तो आया था, परन्तु घर में मेरे लिए अगले दिन की भी रोटी का इन्तजाम नहीं था। घर में कोई और कमाने वाला भी नहीं था। जीजा जी की बीमारी के बाद कुछ दिन बहन की मदद के वास्ते पैंठों में मोचीगिरी की और मैं अपनी बीमारी के साथ अपने गाँव वापस आ गया। गाँव में लौटा तो वही बेगार-मजूरी। गठिया बाँय ने मेरा पीछा नहीं छोड़ा था। जब मैं बहन की मदद नहीं कर सकता था तब उस पर बोझ नहीं बनना चाहता था। बहन के पास खेत था। उसके देवर भज्जन अभी बहुत छोटे थे, इसलिए विधवा बहन मायावती ने मर्दों के सारे काम खुद करके संकट के दिनों में अपनी गृहस्थी की लड़खड़ाती जीवन नाँव सँभाल ली थी। बरसात के दिनों से मैं आज तक डरता हूँ। कारण की खोज में इस निष्कर्ष पर पहुँचा हूँ, कि चूँकि बरसात आती थी तो हमें काम नहीं मिलता था और काम न मिलने पर रोटी न मिलने का संकट उपस्थित हो जाता था। यह आवृत्ति बार-बार होने से बरसात के दिन मेरे डर का स्थायी कारण बन गये।

गाँव लौटते-लौटते मेरे जोड़ों का दर्द एक बार फिर बढ़ गया था। हालाँकि उन्नीस सौ सत्तर से उन्नीस सौ सत्तासी तक यह सतरह साल तक न्यूनाधिक मुझे परेशान करता रहा। उन दिनों मैं दर्द से पीड़ित होकर टोड़ी ताऊ के दालान के एक कोने में पड़ा रहता था। पर पड़े रहने से दवा-दारू तो दूर, दो वक्त की रूखी-सूखी रोटी भी नहीं थी। न कोई हाल पूछने वाला था। हाँ, गंगी बब्बा यादवों की हाथ-चाकी पीस कर एक लोटा मट्ठा लाएँगे या दो-चार रोटी का आटा उनके खून-पसीने के उस अन्न में से एक टुकड़ा खाना भी बड़ी आत्मग्लानि का सबव था। खा ले बेटा तू ठीक है जाइ तो मोइ खवाह दइए। मेरे हाथ-पाँव ही मेरी जीविका के साधन थे, पर वही काम नहीं कर पा रहे थे। तो मेरे पेट को रोटी और दवा के लिए पैसे कहाँ

से आते? और कैसे आते? बीमार से कौन मजूरी कराए, और वह कैसे करे? मेरे जिन्दा रहने के साधन नहीं थे। 'ताई' एक वक्त बची हुई सब्जी तक नहीं दे सकती थी। तो सहयोग क्या करती? एक समय वह चूल्हे की आग तक नहीं लेने देती थी। अपना बचपन बयान करते हुए ताई की कष्टदायी भूमिका स्मृति पटल पर बराबर छाई रहती है।

कसेर (डिबाई) नदरोली से करीब पचास कि.मी. दूर होगी। इस कारण ताऊ सप्ताह में एक बार गाँव आते थे। रेल में वे टिकट लेकर ही आते-जाते। रेल-यात्रा करते वक्त वे कभी भी सीट पर नहीं बैठते थे। डिब्बा चाहे पूरा खाली होता, पर वे आने-जाने वाले रास्ते में दरवाजे के पास बैठ जाते। उस दिन आये और मेरी बीमार हालत जानकर कहने लगे, "तू कैसेंऊ थोड़ो भौतु चलने-फिरने लाक है जा। फिर मेरे ढिंग (पास) कसेर आइजा। अब तोपै भारी काम नाँइ होइगो, और बिना काम करे रोटी नाँई मिलेगी। तेरी कमाई में ही तोइ जिन्दगी मिलेगी। हुआँ (वहाँ) आइकें पॉलिश-फालिस करिकें कछु पैसा-टका कमावन की सोचि। तेरी आँखें साबित हैं और मेरे हाथ-पाँव। तू मेरी मदति करिए, मैं तेरी करंगो। तेरो हू सब संग छोड़ गये और मेरे हू आगे-पीछे कोई नाँय है।" इस तरह उनका दुख-संकट मेरे दुख-संकट को परस्पर जोड़ने का आह्वान कर रहा था।

कुचला : दबा भी, जहर भी

मैं बस्ती में रहकर दर्द, भूख और अभावों से इतना तंग आ गया था, इतना कि ऐसी जिन्दगी से छुटकारा चाहने लगा था। लगा कि इससे तो मौत बेहतर है। मुझे आज भी वह दिन स्पष्ट याद है जब मैं गाँव के स्थानीय अस्पताल से बहुत सारा कुचला औषधि लाया था, जो गठिया की 'दवा' में काफी कम मात्रा में मिलाया जाता था। हर तीन-चार दिन बाद दवा लेते रहने के कारण मैं दवाओं के नाम व शीशियाँ पहचान गया था। कंपाउंडर जात के पण्डित थे पर वे बड़े सज्जन व्यक्ति थे। दूर तक जाति अहं नहीं। शायद कम लिखे-पढ़े थे, इसलिए वे ब्राह्मणों में अपवाद थे। वे कहीं बाहर के रहने वाले थे। मेरी उनसे मित्रता-सी हो गयी थी। पिछले दिनों रिटायर्ड होने के करीब वे रामसिंह लेखपाल का मकान किराए पर लेकर रहे थे। संयोग से गाँव में एक डॉक्टर एस.सी. भी आये थे। उन्होंने यादवों या बनियों में रहने के बजाय अपना परिवार जाटवों में रखा था।

उस दिन अस्पताल में पण्डित जी अकेले थे। वे किसी मरीज की मरहम-पट्टी कर रहे थे। मैंने पूछा, "पण्डित जी, मैं ही लै लेऊँ दवाई?"

"हाँ लै लै सौराज, अब तोइ तो सब खबरि है।" वे बोले, और मैंने जान-बूझ कर कुचला अधिक मात्रा में निकाला, क्योंकि उसकी अधिक मात्रा से अधिक राहत मिलती थी। घर आकर जब दर्द बढ़ने लगा, सूजन नहीं उतर रही थी तो ताव में

आकर मैं आठ-दस दिन की खुराक एक साथ खा गया।

यद्यपि मैं जानता था कि कुचला जहर होता है पर दर्द से कभी मुक्ति न मिलने और घिसट-घिसट कर लम्बी उमर काटने की मेरी इच्छा नहीं रही थी। जीवन के संघर्ष में गठिया बाय से हार रहा था मैं। उस अवस्था में मेरे माँ-बाप, बहन-भाई कोई नहीं था। अम्मा पाली में अपने छोटे बच्चों के साथ और बहन अपने घर थी। अधिक कुचला या तो दर्द-मुक्त कर देगा या प्राण मुक्त। मैं जानता हूँ कि वह मेरी बुजदिली थी। यह सरासर आत्महत्या का विचार था। परन्तु मुझे लग रहा था कि मैं कभी भी इस रोग से मुक्त नहीं हो सकूँगा। अंग्रेजी चिकित्सा पद्धति पहुँच से बाहर थी। इसका स्थायी उपचार था भी नहीं। रोग की प्रथम स्टेज पर तो बहन के गाँव में 'खयाली' मुराव से राख-धूल ही मसलवाई गयी थी। कुचला का सेवन कर मैं टोड़ी ताऊ के दालान में पड़ी खाट पर जाकर लेट गया। धीरे-धीरे उस का असर बढ़ता गया और मुझे नशा-सा होने लगा। मुँह से झाग आने लगे और पेट में जलन तेज हो गयी। समय गुजरने के साथ-साथ मेरी हालत बिगड़ने लगी।

दालान सार्वजनिक उपयोग का स्थान था, इसलिए उसमें जो भी आया, उसी ने मेरी हालत पर गौर किया। मैं आज हर दिन जैसा बीमार नहीं था। बस्ती में कानों-कान चर्चा हो गया कि सौराज मरने वाला है। मुझे होश नहीं, किस-किसने मदद की और कौन-कौन कंधों पर डाल कर मुझे अस्पताल ले गये। बाद में पता चला कि निःसन्तान रहे दयाराम दम्पत्ति और मेरे गंगी बब्बा ही मेरी मदद में प्रमुख थे। गाँव से बाहर गये खुशकिस्मती से डॉक्टर महोदय तब तक वापस आ गये थे। उन्होंने इंजेक्शन दिये, जाने कैसे उल्टियाँ कराईं और सामान्य होने पर घर छुड़वाया। पूरा सँभलने में चार-पाँच दिन लग गये।

उस झटके से एक लाभ यह हुआ कि दर्द कुछ कम हो गया। मैंने विषैले तेल की मालिश और हल्की-हल्की कसरत करनी शुरू की। एक-दो महीनों में मुझे लगने लगा कि मैं केवल कम शारीरिक श्रम वाला ही कोई काम कर सकता हूँ। दर्जीगिरी जैसे बहुत से काम सीखने के मौके भी नहीं मिले थे, केवल बूट पॉलिश ही कर सकता था। यही सोच कर मैंने मोचीगिरी करने का निर्णय लिया।

कर्ज से बचपन आखिर कब तक चलता। हमेशा कब तक कौन और क्यों देता कर्ज? और वह भी भारी ब्याज के साथ वापस भी तो मुझे ही करना था। सौ-पचास रुपए का वह कर्ज आज मुझे दस-बीस हजार के कर्ज से ज्यादा भारी लगता था। एक दिन जुनाबई की पैंठ से लौटते समय मंडोली के पास मेरी जेब से एक रुपया रास्ते में गिर गया था तो उसे वापस जाकर खोजा था और न मिलने पर कितना रोया था मैं। पूरे दिन रहट हाँकने की पगार मुझे मात्र पच्चीस नए पैसे मिला करते थे। एक रुपया मेरे चार दिन की रहट हँकाई की कमाई थी। उससे दस-दस पैसे की कम-से-कम दस पुस्तिकाएँ मैं पैंठ से खरीद सकता था। मेरी बचत मुख्यतया, फुटपाथी

पुस्तिकाएँ खरीदने-पढ़ने के लिए ही होती थी। दिन-भर काम करना, रुचि और अपने स्तर की किताबें पढ़ने के अलावा मेरा कोई शौक नहीं था। पेट को रोटी और दिमाग को पढ़ाई की भूख लगती थी। इसके लिए मैं यदाकदा विक्रेता से पुस्तका की चोरी भी कर लिया करता था।

इन्हीं हालात में मैंने 'कसेर' जाकर मोचीगिरी करके अपना अस्तित्व बचाने का निर्णय लिया था। फैसला मेरा था। मेरी खुद मुखत्यारी थी। हालात ने मुझे यही एक विकल्प दिया था। इसी से गुजरने की मेरी तैयारी थी। सलाह किससे, क्या लेता? मेरा था भी कौन? बब्बा को बताना था। सो उन्हें बोल कर रात की गाड़ी से जाने के हिसाब से घर से चल पड़ा। ओढ़ने-बिछाने को मेरे पास कोई खास कपड़ा-लत्ता नहीं थे। मैं सर्दियों की रातें कभी श्यामलाल की रजाई में, कभी बुद्धसेन के बिस्तर में तो कभी दाल्लान में पड़ी पताई पर सो कर अथवा अपने लत्ते-गूदड़ों से बने कथरा (गद्दा) ओढ़ कर गुजार देता था। रूई की रजाई-गद्दा मुझे नसीब नहीं थे। कपड़े बदलने के लिए नहीं थे। इस कारण उनमें मैल और जुएँ बेहिसाब बढ़ जाया करतीं थीं।

उन दिनों मेरे पास फटे-पुराने कपड़े, धोतियों में भर कर बनाया गया सिर्फ एक गद्दा था, जिसे हम कथरा कहते थे। घर से निकलते समय बब्बा ने कहा था—

"घर में दुए कथरा हैं। एक तू लै जा। जाड़े में ओड़ि ले करिए और गर्मी में बिछाइ ले करिए।" नाँय तो तू ठण्ड में मरि जाइगो, गठिया को बीमार है। मेरो कथरा फटि रओ है।" धोती के दो टुकड़ों करके बब्बा और ताऊ एक-एक हिस्से से अपने अंग ढका करते थे।

मेरे साथ के लड़कों को और बस्ती के थोड़े समर्थ चमारों को जब यह आभास हुआ कि मैं अपने 'ताऊ' के पास जूते मरम्मत करने जा रहा हूँ, अर्थात् वही नीच काम करने जा रहा हूँ जिसे दसियों साल से ताऊ कर रहे हैं, और उसी के कारण वे जात में नहीं डाले गये हैं, तो उलफत, श्यामलाल, मक्खन छोटे, दाताराम शिशुपाल, रमचन्दी ताऊ वगैरह सबके सब एक स्वर में कहने लगे—

"का कंजरपनों करे बिना गुजारो नाँय है, जो तू घूम-घूम के वाई काम कन्नों चाहतु है जातें जाति-बिरादरी की नाँक नीची होति है। खैर, बबुआ तो अन्धो अपाहिज है, कछू करि नाँइ सकतु पर तू तो सूजतो है। तेरे तो दीदा नाँय फूटि गये। का पूरे मौहल्ला की बदनामी करेगो तू सड़क पै बैठ कें जूतियाँ गांठि-गांठि कें। लितर गंठा मोची बनि कें तू अपनी तो बदनामी करावैगोई, पूरी जाटब कौम कूँ नीचो दिखावैगो।"

वे जाति की बात कर रहे थे, पर उन्हें मेरे जीवन से सरोकार नहीं था। जात सवाल करने के लिए थी, सहयोग सहारा देने के लिए नहीं।

"कोई चार पैसा उधार ही दै कें मेरी मदद करे, मैं खाट में परो-परो मरूँ, यही चाहते हो तुम सब? अब मैं 'रहटें' दाँएँ नाँइ हाँकि सकतु और ईंटें-गारो देनो जैसे कोई भारी काम नाँय कर सकतु, अब मैं कोई हल्को काम करि कें जिन्दो रहूँ या जात

की नाँक की झूँठी ऊँचाई की खातिर गाँव में पड़ो-पड़ो घिसटि-घिसटि कें मरूँ? जब तें होश सँवारो है, तब तें मैं मेहनत मजूरी ही कर रओ हूँ। कौन बड़ी इज्जत मिल गयी मोइ? कहे कोई जाने मेरी मदद करी होइ, तुमऊ रहटें दाएँ हकवावतो तो काऊ ऐर (यादव) या तेली (मुसलमान) तें एक पैसा ज्यादा मजूरी तो नाँय दै देत। मो मजूर कूँ का ऐर, का चमार, का बनिए और का तेली। सब कूँ मेरे काम तें गरज है मेरी जान-जिन्दगी से नाँय?"

आखिर किसी के कुछ कहने न कहने से मेरी परिस्थिति में क्या फर्क पड़ता? मुझे पेट भरने के लिए कम-से-कम दो रोटियाँ तो चाहिए ही थीं और ऊपर से उधार व कर्ज वालों के तगादे पूरे करने थे। गठिया-बाय की दवाई लंबे समय चलनी थी। ऐसे में मैं चाह कर भी कोई कठोर श्रम कर नहीं सकता था। गंगी बब्बा ने कसेर जाने का समर्थन पहले ही से कर रखा था।

अन्ततः बब्बा के पास बैठ कर अन्तरंग सलाह की। वे चूँकि हाथ चाकियाँ पीस कर, चारा मशीन खींच कर या खाटें बुन कर पेट पालते थे, अतः उन्होंने साफ कहा—"बेटा, दुनिया में कहूँ जा। थोड़े चैन की जिन्दगी जी। गाम की गुलामी तें लिकरि। हियाँ मन्न खपन कूँ हम हैं। हमारो मोह छोड़ जहाँ चैन की सांस मिलती दिखाई देइ देस पर देस कहूँ जा।" गाँव-बस्ती में मेरी बीमारी ही मेरी लाचारी थी। मेरे आत्मीय थे गंगी बब्बा। वे खटोला पर से उठे, हाथ से टटोल कर लठिया उठाई और दालान में जहाँ मैं खाट पर बीमार पड़ा था, वहाँ आकर खड़े हो गये। वे सभी की सुनकर बोले—"तू लल्ला, डिबाई चलो जा। बबुआ के संग रै कें चारि पैसा कमाइ ला और सब तें पैले जा-ता के उधार-कज्ज के दै दै। भूख मरि कें तू चमार तें बामन बनियो नाँय बनि जाइगो। हम चमार हैं, चमार ही रिंगे। हमें काउकी जात नाँय चाहिए। मेरी कही मानि और आज ही अपने पेट की रोटी कमावन चलो जा। जूती गाँठि के चार पैसा कमावैगो तो अपनी दबा-गोली करि लेगो और दुए रोटी चैन तें खाइ लेगो, हियाँ गाम में औरन की गुलामी के सिवा कछु नाँय धरो है।"

फटे-पुराने कपड़ों की सिलाई कर मैंने जो गद्‌दा बनाया था उसे एक पोटली में बाँध कर, सिर पर रख कर मैं भोर में ही जीविका की तलाश में डिबाई की ओर रवाना हुआ। हर एक-आधे कि.मी. चलने के बाद मुझे बैठना-सुस्ताना पड़ता था। इक्का-ताँगे में बैठने के लिए जेब में एक भी पैसा नहीं था। इस कारण पन्द्रह-सोलह कि.मी. का रास्ता बीमार हालत में अकेले और पैदल ही तय करना था। उठते-बैठते, धीरे-धीरे दिन छिपने तक बबराला रेलवे स्टेशन पर पहुँच गया था। स्टेशन के सामने नीचे रास्ते के दोनों ओर हलवाइयों, जनरल मर्चेंट, नाई आदि की छितरी-छितरी चन्द दुकानें हुआ करतीं थीं। स्टेशन पर पहुँचने पर पता चला कि गाड़ी अभी चन्दौसी से भी नहीं चली है। ढाई-तीन घण्टे से पहले नहीं आ पायेगी।

मैं उस वीराने जैसे प्रतीक्षालय में बैठा था। घर से सोच कर चला था कि ताऊ

के पास पहुँच कर रात का खाना खा लूँगा। लेकिन ट्रेन लेट थी। वैसे भी उसके आने का समय शाम का ही होता था। जेब में एक फूटी कौड़ी भी नहीं थी। रेल में बिना टिकट जाना विकल्पहीन पकड़े जाने के भय से भरी विवशता।

रात में, गैरों की बारात में

तभी मैंने सामने से एक बारात चढ़ती हुई देखी। बाजे बज रहे थे। दूल्हा घोड़ी पर सवार था। बाराती नाच-कूद कर आनंद ले रहे थे। बारात चुनावी जुलूस की तरह शहर में घूम आयी थी। मैंने सोचा, बारात में जरूर कुछ खाने को मिल सकता है, परन्तु ये कथूला (गद्दा), बर्तन इन्हें कहाँ छोड़ूँ? यह समस्या पेश आयी तो मैं समाधान सोचने लगा। बैठने के लिए वहाँ सीमेंट के स्लेप बने हुए थे, उनके नीचे जगह खाली थी। मैंने कथरा की पोटरी उसके अन्दर फँसा दी। गद्दा के अलावा उसमें एक-दो बर्तन थे। फिर भी उसे कोई भिखारी वगैरह न उठा ले जाए, इसका मुझे बराबर डर बना हुआ था। मेरे पेट की भूख मुझे थोड़ा बारात की दिशा में ले कर गयी। कथरे के ख्याल से मैं फिर वापस लौट आया। कभी इधर-उधर घूम-घूम कर इसलिए लौट रहा था कि यदि कोई पोटली उठाने की चेष्टा करे तो उसे यह डर होना चाहिए कि मैं पास ही हूँ और मणी छोड़े सर्प की भाँति मैं किसी भी क्षण आ सकता हूँ। थोड़ी देर मैंने पोटली के पास आने, लौट जाने का उपक्रम किया। फिर अन्ततः मैं बारात में शामिल हो गया। हालाँकि गाँव से कमीज-पाजामा साफ कर के पहन कर आया था फिर भी मेरा हुलिया बनियों की इस बारात में खपने लायक नहीं था, इसलिए मैं घरेलू नौकर जैसा कभी बारातियों की ओर तो कभी घरातियों की तरफ जा खड़ा होता था। उसी क्रम में बारात दावत खाने बैठी। एक तरफ कोने में बाजे वाले और दूसरी ओर अन्य काम करने वाले लोग भी बैठे थे। जिस ओर से बारात बैठी थी, उसी ओर मैं बीच कोने में इस तरह बैठा कि लोग मुझे काम वाला समझें और असम्बद्ध, बाहरी और अजनबी जान लेने के बाद भी बिना खाना खिलाए ही बाहर न निकाल दें। बाराती घराती का नौकर समझें अथवा घराती बाराती का।

किसी ने कुछ भी समझा हो या न समझा हो। मैं जल्दी-जल्दी पूड़ी-सब्जी, लड्डू, दही खाए जा रहा था। मेरा ध्यान एक तो यहाँ पहचाना न जाऊँ, इस बात पर था। दूसरा 'गद्दा-बर्तन कोई उठा न ले' उस तरफ लगा हुआ था। इसी बीच गाड़ी की आवाज सुनाई पड़ी। सीटी सुनते ही मैं पत्तल छोड़, उठ कर भागा, तो लोग अचंभित से देखते रह गये। जैसे ही मैंने स्टेशन के प्रतीक्षालय में पहुँच कर सीमेंटिड बेंच के नीचे देखा तो देख ते ही धक्का लगा, क्योंकि तब तक कोई मेरा गद्दा कटोरा उठा ले गया था। गाड़ी यहाँ कोयला-पानी लेती थी। इंजन गाड़ी को स्टेशन पर छोड़ कर टंकी से पहले पानी लेकर आता था, तब गाड़ी छूटती थी। इस समायांतराल में मैं इस डिब्बे से उस डिब्बे में भागता रहा, कि किसी तरह मेरी पोटली मुझे मिल जाए।

पर वह नहीं मिली।

बबराला से खुलने के बाद और कसेर पहुँचने से पहले बीच में मात्र एक रेलवे स्टेशन पड़ता था 'राजघाट'। अब इसके साथ 'नरौरा' शब्द जोड़ दिया गया है। मुझे अगले स्टेशन कसेर (डिबाई) पहुँचते-पहुँचते रात काफी गुजर गयी। तब मैं प्लेटफार्म की दूसरी ओर उतर कर सामने बनी कब्र को सलाम कर आगे बढ़ा। ताऊ को मेरे पहुँचने का इन्तजार रहता था, इसलिए वे गाड़ी के इन्तजार में जाग रहे थे। वैसे वह बरांडा फुटपाथ से लगभग दस कदम पीछे और रेलवे लाइन के पास था। इस कारण गाड़ियों के गुजरने का शोर ताऊ को जगा ही देता था। मैं पहुँचा, तब ताऊ बैठे हुए अपना नारियल का हुक्का गुड़-गुड़ा रहे थे। "खाली हाथ आया है, ऐसा उन्हें आभास हो गया था। बोले, "कछु लत्ता-गूदड़ा चौं नाँइ लाओ? जाड़े में ओड़ैगो का?" तब मैंने उन्हें उत्तर दिया, "पुटरिया काउ ने चुराइ लई ताऊ।"

कहाँ-कैसे का सब प्रसंग सुन कर वे मेरी लापरवाही पर क्रुद्ध हुए। अगले दिन से मैं ताऊ के साथ जूतों की मरम्मत के काम के लिए आम सड़क से सटे फुटपाथ पर बैठने लगा। पैसा ताऊ अपने पास रखते। खाने और कीलें, कतरनें, धागा, पॉलिश आदि लागत के खर्च के बाद जो बचता, उसे सप्ताह बाद हम आधा-आधा बाँट लेते। फिर कुछ दिन बाद बुआ के गाँव भीमपुर से कुछ औजार लाकर मैं अलग काम करने लगा था। काम वहाँ कम आता था, तो मैं बाहर पैंठों में चला जाता और शाम को देर से लौट आता।

उन दिनों बकरी के दूध में खांड और एक कोई देसी दवा मिला कर मैं गठिया के उपचार के लिए नियमित सेवन किया करता था। यहाँ सरकारी डॉक्टर को अपने सूजे हुए हाथ-पाँवों के जोड़ भी दिखा आता था। वह कैसी जिन्दगी थी हमारी। एक लोहे के तसले में आटा गूँदते थे। एक टीन का डिब्बा हमारे आटा गूँदने और पानी पीने के लिए प्रयोग किया जाता था। एक छोटी पतीली हमारे पास हुआ करती थी जो अक्सर काली हो जाया करती थी। एक तवा और दो कटोरियाँ थीं। डिब्बे में पानी पीते। पानी और शौच के अलग-अलग डिब्बे थे। वैसे वहाँ पास में ही तालाब था। मैं उसी के किनारे खेतों में दिशा-मैदान के लिए जाता था। नहाने के लिए सड़क के किनारे खुले में नल का उपयोग किया करते थे। वह भी कई-कई दिनों बाद।

कलावती बुआ का बेटा रमेश कभी-कभी पैंठ-बाजारों में जाता था। ताऊ ने कहा—"यहाँ काम मंदो है। मैं यहाँ बैठो रहुँगो, तू रमेश के संग पैंठें करि आये करि।" मैं बुआ के घर चला गया। अगले दिन वहीं से पैंठ करने लगा। कम-से-कम मैं बुआ की रोटी न खाऊँ, इसलिए घर आते वक्त थोड़ा-बहुत दाल-आटा साथ ले आता था। मान (बहन, बेटी, बुआ आदि को पूज्य मानने की धारणा थी।) का कुछ भी खाना पाप था। कभी-कभी पूरे घर के लिए दाल-आटा ले आता था। एक-दो दिन नहीं ला पाता तो ग्लानि होती थी। जिन पैंठों में मैं गया, उनमें रामपुर, दौलतपुर (बुद्धवार)

मखैना, शिकारपुर, बेलौन, दानपुर जिरौली (बृहस्पतिवार), छतारी (शुक्रवार), लच्छमपुर (रविवार), अहमदगढ़ (सोमवार) आदि की पैंठें थीं। गठइयों के पास पंक्ति में बैठ कर मैं जूतियाँ गाँठने की अपनी दुकान लगाता और शाम को आखिरी बस से या पैंठ उठने के बाद या तो बुआ के घर आ जाता या ताऊ के पास। इसमें रामपुर की पैंठ तो कसेर से ही किया करता था। उन दिनों भी मेरे जूते गाँठने के सामान में हमेशा एक-दो किताबें अवश्य रहती थीं।

पैंठ वालों को भी गिन लूँ तो मेरे सम्पर्क में उस वक्त दर्जनों मोची हुआ करते थे। पर गठाई के सामान में किताबें रखने वाला मैं अकेला था। बेशक मेरे पास सस्ती फुटपाथी किताबें ही अधिक हुआ करतीं थीं, परन्तु अश्लील व अतिशय काल्पनिक साहित्य मुझे कभी नहीं रुचा। शायद इसका श्रेय मेरे आर्य-समाजी प्रभाव को जाता है। यह अलग बात है कि रीतिकाल या प्रेम साहित्य के नाम पर काफी कुछ अश्लील साहित्य बाद में कोर्स में आकर मजबूरन पढ़ना पड़ा।

कसेर के कर्मकाल के प्रसंगों और पात्रों में कुछ और खास हैं, जो विस्मृत नहीं हो सके हैं।

अम्मा-जैसी थी

कसेर से गाँव जाने का हमारा क्रम हर रविवार की सुबह चार बजे वाली रेल गाड़ी से शुरू होता था। यदि एक सप्ताह घर नहीं जा पाते तो दूसरे सप्ताह दो दिन की छुट्टियाँ किया करते थे। शनिवार-रविवार को इसलिए जाते थे, क्योंकि शनिवार को जुनाबई में पैंठ लगती थी और रविवार को रिवाड़ा में। जुनाबई पाँच-छह कि.मी. दूर था और रिवाड़ा दो-ढाई कि.मी.। साग-सब्जी के अलावा थोड़ी-बहुत मछलियाँ खरीदना हमारा नियमित बाजार करना था।

डिबाई (कसेर) का रेलवे स्टेशन राजघाट (नरौरा) से पहला स्टेशन था, इस नाते यहाँ गंगा-स्नान करने वाले दूर-दूर से बहुत लोग आया करते थे। स्नान-पर्व पड़ता था तब तो मेला लगता ही था। ऐसे में हमें काम ज्यादा मिलता था, इसलिए हम अपनी जगह छोड़ कर इधर-उधर कम जाते थे। परन्तु एक-दो दिन बाद ताऊ मुझे लेकर खुद गंगा-स्नान करने जाया करते थे।—गंगा मइया का ध्यान लगाओ, मन पवित्र रखो। अपने गुरु रैदास गंगा मैया के सच्चे भगत थे। ब्राह्मण मन के मैले होते हैं। इसलिए वे गंगा के भगत नहीं हो सकते। ब्राह्मणों के प्रति ऐसी धारणा थी उनकी। 'कठौती में गंगा' वाला चमत्कारी प्रसंग मेरे मन में सदा अटका रहता था। मैं स्वयं हर रविवार रात चार बजे राजघाट आकर गंगा-स्नान किया करता था। आज गर्म पानी से भी नहाना टाल देता हूँ। पर तब बर्फीले ठण्डे गंगा-जल में भी डुबकी लगा लेता था।

स्टेशन पर उसी समय कुली की भाँति लोगों का सामान चढ़ाने-उतारने में मदद करने का काम भी में कर लिया करता था। यात्री मुझे चाय के कुछ पैसे दे दिया

करते थे। शहरों से आने वाले वृद्ध-वृद्धाओं को देख कर मैं उनके पास जाने लगा था। ताऊ को मेरा यह अतिरिक्त काम करना अच्छा लगता था। कहा करते—''वैसे तो तू अपने ठिया पै बैठे कर। जब गाँव जा रओ होइ तो काऊ को सामान चढ़ावन-उतारन में मदद करि दे करि। चार पैसा जादा कमाइ लेगो तो तेरे काम आंगे।'' यद्यपि मैं पोशाकधारी नियमित कुली नहीं था। इन स्टेशनों पर उन दिनों कुली रहते भी नहीं थे, क्योंकि उनके लायक काम यहाँ होता नहीं था।

एक बार का वाकया है। वह रात के लगभग तीन से चार बजे का समय रहा होगा। मैं गाँव जा रहा था। एक वृद्धा कसेर स्टेशन पर मिली। मैंने उसे सामान सहित रेल में चढ़ाया और उसकी पोटली उसे पकड़ायी। मैं भी उसी गाड़ी में चढ़ा। उस वृद्धा के हाथों की त्वचा खिंच जरूर रही थी, पर वह सुखों में पले होने का संकेत देती गोरी त्वचा थी। उसका मुँह सफेद बर्फ-सा था। उसकी पोटली चमकदार थी, उसके कपड़े कीमती थे। वह किसी दूर शहर से यहाँ गंगा का पवित्र स्नान करने आयी थी। मैंने उसके शरीर और सामान की तुलना अपनी माँ से की थी। उसने मुझे चार आना दिये। उसे स्नान करके वापस चन्दौसी की ओर जाना था। कसेर उसे आना नहीं था, परन्तु मेला की भीड़-भाड़ में गाड़ी भीतर-बाहर छत तक भरी हुई थी। इससे वह उतर नहीं पाई थी। ऐसा यहाँ प्रायः यात्रियों के साथ होता रहता था।

चार आना यानी पच्चीस पैसे। इतने थोड़े से काम के लिए! मैंने सोचा, जरूर बुढ़िया के पास बहुत से पैसे हैं। गाँव में मैं सुबह मुँह अँधेरे से शाम अँधेरे तक रहटें और दायें हाँका करता था, तब मुझे चार आना मिला करते थे और इस बुढ़िया ने जरा देर की जरा-सी मेहनत के चार आना दे दिये? राजघाट आने से पहले बुढ़िया ने पूछा—''बेटा तू कहाँ जा रहा है?, मैंने बताया, "मैं अपने गाँव नदरोली जा रहा हूँ, बबराला उतरूँगा।"

बेटा तू मुझे राजघाट गंगा स्नान करा दे तो मैं चार आना उतारने के, फिर चार आना चढ़ाने के दूँगी और प्रसाद भी खिलाऊँगी। मैं लालच में फँस गया था। अपनी यात्रा स्थगित कर मैं वृद्धा के साथ राजघाट पर उतर गया। भीड़ में रेत के ढेर पर बैठ गया। पण्डित चन्दन लगा रहे हैं। स्त्रियाँ-पुरुष और बच्चे ठण्ड में सी-सी की आवाज निकालते हुए नहा रहे हैं। उतरने के बाद तुरन्त उसने चार आना और दे दिये। अब मैं उसके साथ गंगा घाट तक चला गया। वृद्धा अपना सामान मुझे सौंपकर श्रद्धा भाव के साथ गंगाजल में डुबकी लगा रही थी। हालाँकि वह हर डुबकी के बाद अपना सामान देख लेती थी, पर यदि में सामान उठा कर नौ दो ग्यारह हो गया होता तो वह उस अपार भीड़ में मेरी परछाई भी नहीं ढूँढ़ पाती। लेकिन उन दिनों मैं ऐसा कैसे कर पाता? मैं गंगा भगत गंगाराम और विधाराम का नाती खुद भी तो स्नान घ्यान में आस्था रखता था। यह बात काव्यात्मक होगी, यदि मैं कहूँ कि पुराणों की गंगा किसी भगीरथी के रथ के पहिए के पीछे-पीछे चली आयी हो या नहीं, पर वह

मेरे बड़े बब्बा भागीरथ बन्धुओं की आँखों से जरूर गुजरी थी। यहाँ स्नान कर पाप विसर्जित किये जाते हैं। मुझे यहाँ से पाप लेकर थोड़े ही जाना है। वृद्धा को अपने पाप धोने हैं। फिर दूसरा विचार मन में आया। मैं क्यों न उसके कपड़े पोटली लेकर भीड़ में छिपकर निकल जाऊँ? कहाँ ढूँढ़ेगी मुझे? कैसे पकड़ेगी मुझे? चार-चार आना करके दे रही है आखिर सारे पैसे होंगे तो इस पोटली में ही। उसकी जेबें तलाशने में कितनी देर लगेगी? नहीं, गंगा मइया के किनारे पर खड़ा होकर मैं यह चोरी, यह पाप नहीं कर सकता था। क्या मैं गंगा मैया का उससे कम भगत हूँ। मैं तो हर इतवार नहाया करता हूँ। मेरे ताऊ गंगा भगत हैं। मेरे बब्बा विद्याराम महीनों तक गंगा स्नान का व्रत करते थे। उन्होंने अपनी एक टाँग भी तो गंगा स्नान के कारण ही गँवाई थी। उन विद्धी गंगी का नाती सौराज बुढ़िया के साथ धोखा करेगा? नहीं बिलकुल नहीं। तभी दूसरा विचार आया—कपड़ा छोड़ कर बटुआ निकाल कर तो भाग ही सकता हूँ। पचास-सौ रुपया निकल आये मेरा कल्याण हो जायेगा। वह तो बहुत अमीर लगती है, उसका क्या बिगड़ेगा? इतने पैसों का क्या करेगी जरूरत से ज्यादा पैसा रखकर वह...मन में दोहरे द्वन्द्वात्मक विचार चल रहे थे।

एक तरीका है गंगा की रेती में चोरी का पाप करने के बजाय बुढ़िया का सामान स्टेशन पर जाकर उठाया जा सकता है। ले तो साथ ही जा रही है, जहाँ मौका लगेगा ले भागूँगा। इतनी जल्दी क्या है?

''क्या सोच रहा है बेटा?'' बुढ़िया भीगी साड़ी पेटीकोट में कंपकंपाती हुई मेरे सामने खड़ी थी। ''कछु नाँय, कछु नाँय, बस यही कि मैं गंगा मइया के आँगन में खड़े हो के हू एक डुबकी नाँय लगाइरओ...

''अरे-अरे! जा बेटा, उतार कपड़ा जा नहा आ मैं तुझे देह पोंछने कूँ गंगा किनारे मेरी कपड़ा दे दूँगी।'' मैं फटाफट कपड़े उतारकर गंगा में डुबकी लगा कर बाहर आ गया था।

"ले बेटा!" एक पतला-सा कपड़ा निकाल कर उसने शरीर पोंछने को दे दिया था...

अब हम स्टेशन पर बैठे रेल के आने का इन्तजार कर रहे थे।

मेरे मन में अभी भी बुढ़िया का बटुआ, उसकी पोटली बैठी हुई थी। गंगा किनारे मेरी नीयत की नैया डगमगा रही थी। अब तो गंगा नहीं है। यह बुढ़िया मेरी कौन लगती है? पोटली उठाकर भाग छूटूँ तो कौन क्या करेगा...नहीं, मैं तेज नहीं भाग पाऊँगा। गठिया का बीमार रहा हूँ...तब क्या किया जाये? क्यों न यात्रियों की नजर बचा कर चलती रेल से बुढ़िया को धक्का लगा दिया जाए और पोटली अपने कब्जे में कर ली जाए? पर यह तो हत्या करने जैसा हुआ। पोटली में अब क्या होगा। रुपया-पैसा वाला बटुआ तो उसने छाती से लगा रखा है। यदि बुढ़िया को धकिया कर गिरा भी दिया तो रुपये तो उसी के साथ चले जायेंगे। तब तो गाड़ी धीमी होते ही उसी के साथ खुद भी कूद जाना चाहिए, पर साथ ही कूद गया पुलिस वाला तो? इस तरह

के विरोधाभासी विचारों के साथ हम बबराला स्टेशन पहुँच गये, यहाँ गाड़ी देर तक रूका करती थी। इंजन कोयला-पानी लेता था। मुझे उतरना था। अब मैं पोटली लेकर भागने का उपक्रम करने वाला था। तभी मेरी नजर चन्दौसी की ओर के प्लेटफार्म के नाम पर पड़ी। मेरी स्मृतियों में मेरी माँ के साथ गुजरा वाकया याद आ गया।

हुआ यह था कि उन दिनों हम नीम की निबौलियाँ बटोर कर, छिलका गला-सड़ा कर, उसे साफ करके बोरी के कट्टे में भरकर मैं यहाँ अम्मा को छोड़ने आया था। अम्मा निबौलियाँ बेचने चन्दौसी जा रही थी। नानी की बीमारी की खबर मिली थी, इसलिए वह जल्दी जा रही थी। गाड़ी में भीड़-भाड़ थी। मैंने जल्दी चढ़ कर अम्मा की पोटली को जिसमें किराया-भाड़ा टिकट और उसकी हुक्किया रखी थी। मैंने ऊपर वाली सीट पर रखकर अम्मा के लिए स्थान आरक्षित जैसा करने का प्रयास किया था और फिर निबोली के कट्टे को रखने में माँ-बेटा लग गये। बोरी रख कर जब मैंने अम्मा को पोटली बताई तो वह उधर बढ़ी और मैं नीचे उतर आया। उसने देखते ही कहा, 'बेटा पुटरिया नाँय है। कोई चोर उठाइ लै गओ।'' अब क्या करें। मेरे पास एक नई पाई नहीं थी। मुझे और निबौलियाँ बटोरने गाँव लौटना था। अम्मा बिना टिकट कैसे स्टेशन पार करेगी। मैंने देखा तो वह रो रही थी–"हमारो भाग ही ऐसो है मुसीबत पै मुसीबतें..." गाड़ी चल पड़ी थी और मैं रोती जा रही अम्मा को देखता रह गया था।

बुढ़िया की पुटरिया मैं ले कर भाग जाऊँ या इसको धकिया जाऊँ तो वह अम्मा की तरह ही रोएगी। मुझे बुढ़िया और अम्मा दोनों की सूरतें गड्ड-मड्ड होती दिखने लगीं। हालाँकि उसकी सुविधा-भोगी सुखपायी देह भिन्न थी। उसका सामान उसकी अमीरी दर्शा रहा था और अम्मा घोर गरीबी से घिरी थी। परन्तु उनके आँसुओं में कोई भेद नहीं होगा। दुख नहीं दे सकता अम्मा जैसी इस बुढ़िया को यह अलग बात थी कि मैं अम्मा को भी सुख देने का कोई अवसर नहीं पा सका था। उसके जीते जी। हालाँकि वृद्धा की त्वचा सफेद दूध-सी धुली थी। कपड़े कीमती थे पर इसका मेरी माँ से क्या मेल? ये तो आरामसुख से रहने और महँगे कपड़े/गहने पहनने वाली। इसकी सूरत से अमीरी झलकती है जबकि मेरी अम्मा के हाथ मेहनत करने से खुरदरे हो गये थे और रंग साँवला हो गया था। पर फिर भी मैं ऐसा नहीं करूँगा। मेरा स्टेशन आ ही गया था, सो मैं उतर गया बिना कुछ कहे। बुढ़िया ने एक व्यक्ति को इशारा कर मुझे वापस बुलाया–'बेटा प्रसाद तो लेता जा।' कहते हुए उसने मेरी गोद बताशों से भर दी और ले कुछ पैसे और ले जा कहकर उसने तीन चवन्नियाँ भी मेरे हाथ पर रख दीं। कहा–''यह तेरी मेहनत है।'' फिर अपने हाथ बढ़ाकर मेरे गालों पर फेर कर पुच्ची ली पर जैसे ही मैं दूर होने लगा तब उसने एक बार फिर आवाज देकर अपने पास बुलाया। जैसे ही मैं उस के पास आया, उसने अपनी जिज्ञासा व्यक्त की–''बेटा तू इतना प्यारा, इतना शरीफ है, पर जाते-जाते एक

बात तो बताता जा, तू करता क्या है? किस जात का है? क्या स्कूल जाता है?" मैं कुछ भी कह पाता, तब तक गाड़ी प्लेटफॉर्म छोड़ चुकी थी।

विरासत मोची की

पाली से लौटते हुए उस दिन रजत रानी, 'मीनू' अजातिका और मैं, हम तीनों एक साथ थे। उन्होंने पहली और आखिरी बार भिकारी लाल के साक्षात् दर्शन किये थे। रात को उन्होंने कहा था—"मोइ-गे-सल होती कै सौराज मेरे रोकन तेंउ नाँइ रुकेगो, गे पढ़ि कें इतनो बड़ौ आदमी बनैगौ कै जाट, बांभननु के बालक हू जाइ नमते करंगे तो मैं जाइ सोवते कूँ जिन्दे में आग लगाइ देतौ जान के मारि दैतो जाइ।" पर विदा के वक्त एकदम बदले हुए थे वे। कह रहे थे—"बेटा सुनौ है वऊ भौत बड़े घरतें है। कहकें इन बालकनु की नौकरी कूँ कछु करिए।...उसी दिन रायपुर यानी अतरौली रेलवे स्टेशन के बाहर फुटपाथ पर बैठे एक मोची पर मेरी नजर गयी। कुछ खुरदुरा-सा चेहरा, अधपके से बाल, सफेद कुरता-पाजामा पहने वह व्यक्ति पूर्व परिचित-सा लगा। मैंने मीनू से कहा—"तुम यहाँ प्लेटफार्म पर बैठो। मैं जरा उस आदमी से मिलकर आता हूँ। वह वह मुझे कुछ जाना-पहचाना लगता है।" 'मीनू' ने उस दिन कहा था—"अजीब बात है! कहीं कोई राजमिस्त्री मिलता है तो कहते हो मैं भी राज था। नींबू खरीदने जाओ तो कहते हो मैं भी नींबू बेचा करता था। अखबार डालने वाले को बताते हो कि—"मैं दूसरी मंजिल पर पेपर नहीं फेंक पाता था। उस दिन होटल में खाना खाने गये तो कहने लगे, दिल्ली में भी होटल में बर्तन साफ किया करता था। गाँव गये तो बताने लगे कि मैं प्रेमपालसिंह यादव का हल जोता करता था। अब मोची मिला तो कहते हो जाना-पहचाना लगता है।" क्या-क्या करते रहे थे तुम शादी से पहले? यह सब बताया क्यों नहीं था? बताता कैसे, कालिज की एक ही मुलाकात, वह भी तुम्हारे पापा जी ने तुम्हें पर्चा लिखकर दिया था। तब भी शिकायत तुम्हारी नानी जी तक पहुँची। पूरी आत्मकथा सुनने को तो वर्षों साथ रहना पड़ता, शादी से पहले!" इतना बोल कर मैं आगे बढ़ा। जाते ही मैंने मोची से सवाल किया—"क्या तुम्हारा नाम रामस्वरूप है?" वह कुछ नहीं बोला और मैं सोचने लगा—अगर यह रामस्वरूप है तो पिछले बीस-पच्चीस साल के अन्तराल में क्या बिलकुल नहीं बदला, जबकि मैं अपना बचपन पार कर चुका हूँ। फिर रामस्वरूप है तो इसने मुझे पहचाना क्यों नहीं?

"क्या सोच रहे हो भाई साहब? मैं वह नहीं हूँ"

पर तुम लगते तो रामस्वरूप ही हो।"

"क्यों नहीं लगूँगा? जब अपने बाप का बेटा हूँ तो। वे मेरे पिता जी थे और अब इस दुनिया में नहीं हैं।"

हूबहू रामस्वरूप की कापी मोची का बेटा, माली हालत बदहाल। बेहतर जीवन

स्तर और उन्नत व्यवसाय की कोई सँभावना नहीं?

"तुम्हारे बच्चे?"

"वे लोकल मोचीगिरी करते हैं।"

अब मुझे कसेर के मोचीगिरी वाले दिन याद आने लगे। महेन्द्र शर्मा ने अतरौली के दो मोचियों रामस्वरूप और मंगत (मंगू) को अपनी दुकान के सामने मेरे बराबर बिठा दिया था। वे मेरा धंधा पीटना चाहते थे। मैं शराफत के यहाँ से रोज गुजियाँ क्यों खाता हूँ? चाय या कभी-कभी कड़ाही का दूध उसी से क्यों पीता हूँ? हिन्दू अछूत होकर भी ईद पर मुसलमानों के सेंमरी और मटन क्यों खाता हूँ? हर इतवार गंगा नहा कर क्यों आता हूँ। जैसी शर्मा जी की मंशा थी, वैसी उन्हें सफलता मिली। रामस्वरूप और मंगत ने मेरा ठिया छुड़ाने की स्थिति पैदा कर दी।

आज जब मैं यह सब लिख रहा हूँ, संयोग है कि मेरी पुरानी वंश शृंखला की एकमात्र बची कड़ी कलावती बुआ मेरे पास बैठी हैं। वे चकित हैं कि वह सब सिलसिलेवार मैं लिख कैसे रहा हूँ। बचपन की हर एक बात मुझे याद कैसे है? मैं केवल अपने मोची काल की बात करता हूँ तो वे मुझे स्मृतियों में और पीछे ले जाती हैं। जैसे ही मैं सवाल करता हूँ कि बुआ हमारे घर में तो रँगाई (चर्म शोधन) होती थी तुम यहाँ जूती गाँठने वालों में कैसे पहुँची? तो वे बताती हैं, "सुनि भैया वा जमाने में रंगइया दूसरे नुतें गरीब नाए। धत्ती (जमीन) बारेनु कोई नाँय पूछतो तब। गाम के ही नाँय शहर के लोग भागि-भागि कें रंगइयनु के घर में अपनी बेटिनु की शादी करते। तेरी ताई, तेरी माँ, डोरिया की बहू 'सेमनियाँ' ये सब चन्दौसी शहर की हैं। रई बात मेरी, सो यहाँ भीमपुर में एक खुशाली हते। उनकी ससुराल अपने गाँव में हती। पाली वारे वीरबल की बहन शंकर कूँ ब्याही। वीरबल और शंकर आपस में सगे भाई हते। वे खुशाली के दूर के भतीजे लगते। तेरे फूफा से उनने ही मेरौ ब्याह करायो भीमपुर। शंकर अपने मन से करानो चाहते सो दोनों में नाराजगी भई और शंकर शादी में शामिल नाँय भए।

—हाँ, गुन्नौर में रँगाई को काम करते 'ऊधों' बड़ी खुशी से बरात में शामिल भए। वे एक जोरदार मंडली लै गये। ऐसी स्वाँग मंडली के गाम की सातो जात ने रात-भर हँसि-हँसि कें देखी। आस-पास के गामनु में ऐर (यादव), तेली, फकीर, बनिए सब तमाशो देखन आये। ऊधों भइयनु के पक्के यार (दोस्त) हते। गे चाम खरीदन और बाहर भेजन कौ बिजनिस कत्ते।

बाकी रामचन्दर और डोरी दोनों देवरनु की उमरि-भर शादी नाँय भई। होती कहाँ तें बेटा! न जमीन ही न कोई रोजगार/जूता गठइमनु कूँ कोई बेटी नाँय देतो। और कूँ तू छोड़ि रमेश (बुआ बेटा! कूँ देखि, बाकी शादी कैसे भई। गूँगी-बहरी और मंदी (मंद बुद्धि) लड़की न मिलती तो मेरे घर में बहू कहाँ तें आती?

जब तेरो ताऊ अन्धो भओ तब तेरे फूफा और मैं नए ब्याहता भए। मैं भैया

की जोति (नेत्र ज्योति) जान की खबर ने हमारे ब्याह की खुशी पै पानी फेर दओ। मैं एक तो दुल्हिन बनि कें ससुराल आ रही और पीछे-पीछे भैया के अन्धे है जान की खबर मेरो पीछो करि रई। दुए साल नाँय बीत पाये कै चौबीस-पच्चीस साल की उमरि में। तेरो बाप मरि गओ। बापू की टँग पै 'रिवारे' (गाँव) के एक ऐर (यादव) की 'फिरक' (बैलों की सवारी गाड़ी) को पहया उतरि गओ। उनकी एक टाँग टूटि गयी। अन्धो होत ही तेरी ताई के भइया जावित्री कूँ वापस लै गयैं। तब तक बाकीउ गोद खाली हती। एक संग या घर पै मुसीबतनु के एक-एक कर कई चोटें पड़ीं। इतै काम धंधे की कमी तें परेशान है कें तेरे फूफा जुआरी एमाली बनि गये। पर उनके मन में एक बात अच्छी आयी। वे तेरे ताऊ कू लै आये गाम तें। इलाज करावन कूँ। तो नाँय पैसा तेरे घर में हते और न हमारे। सो आँखिन को उजीतो तौ नाँय लौटो। हाँ, एक बुरी खबरि लौटी कै जावित्री सम्भल के तनियासराय में बैठाई दई है। बैठती नाँय तो घर में खाती का? तेरो ताऊ बहुत रोओ। फिर बोलो—जब मैं मेरे परमात्मा ने परअसरिया (पराश्रित) ही करि दओ तो मेरे संग कोई चों मुसीबत मोल लेइ। चली गयी तो अच्छी रही। मैं जब तक भाग में ठोकरें लिखी हैं, खांगो और जिउंगो।

—गाम-बिरादरी के लोगनु ने चाम पकान (चर्मशोधन) को काम गाम तें बाहर कराइ दओ। सब तें ज्यादा शोर बिरादरी के उन लोगनु ने मचाओ जिन ने चाम के काम मेंतें खाइबे लाक (लायक) जमीन खरीद लई या जो मिस्त्री बनि गये। चाम को काम तेरे बाप की मौत के पीछे बंद ही है गयौ।"

बुआ जिस घर की बेटी थी, कैसे वह इस बात पर गर्व करती है कि रँगाई को काम है रओ, खालें पकाई (कच्ची से पक्की करने के लिए एक रसायनिक प्रक्रिया से गुजार कर चमड़ा शोध किया जाता था।) जा रही हैं। बुआ कहती है पूरे चमरियाने में पहलो पक्को घरु हमारो बनो। घर में सब पै चाँदी के गहने हते।

—एक बेर (बार) तेरो बाप पक्की खाल मूड (सिर) पै धरि के राजघाट गंगा को पुल पार करि रयौ हो। वहाँ डूटी पर ठाड़े सिपाही ने तेरे बाप कूँ रोकि लओ बोलो—चमड़ा लेकें तू पुल पार नाँय करि सकतु। पुल गंगा के ऊपर है। गंगा पै चमड़ा उतारनो अपवित्र है। हिन्दू धर्म के खिलाफ है।

—अरे भैया, चाम मेरी चाँदि (सिर) पै रेगो, मैं पुल पार करंगो। गंगा पार कन्न कूँ पुल तें चाम नाँय जाइगो तौ कैसे जाइगो? चाम के तुम, चाम के हम, तुम हू गंगा पार-जातूँ। मैं जातूँ। चाम तो जातु ही है। मोइ चाम बेचि कें बहन कूँ लत्ता-कपड़ा बनानें हैं। चाम तें गुरेज कन्न वारे का तुम चाम के नाँय हो और का मैं चाम को नाँय हूँ?

चाम के हम हैं
चाम के तुम हो
चाम का सकल पसारा है
कहत कबीर

सुनो भाई साधौ
कौन चाम से न्यारा है?

—भाई ने ऐसी कविताई दोहराइ दई ''नहीं चमड़ा गंगा से होकर नहीं जा सकता।'' हार कर ऊधों से कहा। तो ऊधों बोले-बशीर मियाँ कू ले जा। ये मुसलमान हैं। इन पर हिन्दुओं के नियम लागू नहीं होते।

बशीर कच्चे चमड़े को हाथ नहीं लगाते थे। वे पका हुआ चमड़ा निर्यात कराने में एक तरह का बिजनिस किया करते थे। मात्र एक खाल को गंगा पार उतारना है या तो बहनोई रघुवीर को खाल दे देंगे। यानि सीधा-वस्तु दान हो जायेगा या फिर खाल बेच कर लत्ता-कपड़ा बनाइ लेंगे। खैर खाल ने गंगा पुल पार किया पर वशीर के सिर पर। हिन्दू सिपाही ने बशीर को क्यों नहीं रोका?

एक सौ चार वर्ष की उम्र पार कर गये कलावती बुआ के चचेर ससुर 'कारे-बाबा' आज भी जीवित हैं। उन्होंने ताउम्र चर्मशोधन का काम किया है' गाय-भैंसे पाली हैं और उसी व्यवसाय में से जमीन खरीदी, बेटे पढ़ाये दो अफसर बने एक चमड़े का ठेकेदार। मैं उनसे सवाल करता हूँ—"बाबा सब बदले, सबने धंधे बदले, आप नहीं बदले, क्यों? वे तपाक से कहते हैं। बैठ और सुनि मैं कारोबार तो आज बदल देउँ पर मेरी जाति बदलैगी का? चाम रँगत-रँगत मेरी देह को चाम (त्वचा) तक रँग गयी। मेरे नाखून भीतर तक रँग गये मैं देह पैतें अपनी खाल उतारि कें फेंकू का? रही बात चाम को काम छोड़न की, सो जिनने गे काम छोड़ि दयौ, उनकी का हालत भई? जमीन जायदाद तो उन पै हती नाँय कोई बिजनिश नाँयी का करते? का खाते? रोटी तो सब कूँ चाहिए। बाप दादा कौ पुश्तैनी काम छौड़ी तो गाम छूटि गयौ। भट्टनु पै भागे। बहू बेटिनु तें ईंटें पथवायीं। बालक पढ़ि नाँय पाये। ब्याह नाँय भए। मालिकनु ने बहिन-बेटियाँ उठाइ लईं उनके संग बलात्कार करे, लौटि कें आये तब तक चाम के धंधे सरकारी है गये। ठेका मुसलमान लैन लगे। पकी खालें बनिए विदेश भेजन लगे। अब बाटा तो चमार नाँय भयौ बातें तो छूतछात नाँय कत्त ब्राह्मण और मैंने जायी काम मैंतें दस बीघा जमीन खरीदी, यादराम एम.एस.सी करायौ। ओमा बी.एस.सी. दोनों इलाहाबाद में अफसर बने। भगवती दस पास नाँय करि पायौ पर पढ़ि गयौ तो ठेकेदार बनि गयौ।

बेटा ही नाँय—मैंने तो केला (बेटी) हूँ पढ़ाई। अब इन सबके बालक पब्लिक स्कूलनु में पढ़ि रए हैं। पैसा है तो बड़े-बड़े गैर रंगइया, फरइया जाटव शादी करि गये हैं। ओमी के ससुर दिल्ली में अफसर हैं। सब गैर चाम-काम बारे हैं और जिनने काम छोड़ौ है, उनके बालक अनपढ़ रह गये। वे हमारे यहाँ काम माँगत हैं, पर इतने अमीर तो हमउ हत नाँएँ जो सब कूँ काम दै सकें। मेरे मानस में तुकबंदी कौंधती है—

टाटा कहाँ लुहार है, वाटा कहाँ चमार
चाम-काम के नाम पर, घृणा हमें रही मार ॥

वे मुस्कुराते कहते हैं—गे कविताई तो बेटा तू जाने। हाँ, बेटा तैने भौत मेहनत करी है। तेरे बाप की मौत के बाद तो बर्बादी की चरम अवस्था में घर पहुँच ही गयौ हतो। तेरे घर की बर्बादी को सिलसिला काफी दिन पहले ते शुरू है गयौ हो।

भोले का वीरज

ताऊ गीतों-कथाओं के बहुत बड़े मानव-कोष थे। रात-भर सुनो, दिन-भर गवाओ। उनके जीवन में दुःखों की बहुलता थी। पर वे गाते थे, हँसते थे और मनोरंजक बातें किया करते थे। वे भस्मासुर की कहानी विभोर हो कर सुनाया करते थे। ऐसी अनेक लोक-कथाएँ पूरी व्यवस्थित सिलसिले वार उनकी जुबान पर थीं। वैसी ही एक कथा 'भोले का वीरज' में मैंने ताऊ से सवाल किया था—बड़े बब्बा भागीरथ को खेत और हमारो गलुआ (जमीन का लघु टुकड़ा) बंजर कैसे है गये? इनमें जो सफेद-सफेद धुनी हुई रुई जैसे रेह उभरते हैं, ये क्या हैं? ताऊ के बताने का तरीका एकदम कथात्मक, एकदम पौराणिक था। वे कहते हैं—"जो सब शंकर भगवान के वीरज (वीर्य) के छींटे हैं।"

"ये छींटे हमारे ही गलुआ पर आकर क्यों पड़े?" इस पर ताऊ मुझे एक कथा सुनाते थे।

"एक बार विषनू भगवान भस्मासुर कूँ भस्म करन कूँ मोहिनी को रूप धारन करके नाचन लगे। तब मोहिनी कूँ देखि कें शंकर भगवान को संयम डिगगओ। उनको वीरज लिकरि गओ। परलय होन के डर तें, पार्वती जी ने लपिक कें लप्प (करतल में) भरि लओ। जो कहीं वीरज धरती पै गिरि जातो तो सबरी सिरसटी (सृष्टि) नष्ट हो जाती। तबऊ जहाँ-जहाँ वीरज की बूँदें छिटक-छिटक के गिर गयीं, वहाँ-वहाँ धरती बंजर है गयी। घास-पेड़ सब जरि गये और धरती को उपजाऊ-पन (उर्वरता) हमेशा को समाप्त है गयी।"

"शिव के वीरज से धरती बाँझ कैसे हो गयी, हमने सुना है हम सब वीरज से बने हैं" मैं प्रश्न करता हूँ।

पर ताऊ के कहने का एक अलग ढंग था। उन्हें तर्क पसन्द नहीं थे, जैसे तल्लीन होकर वे गाते-सुनाते थे वैसे ही ध्यान से सुनने की अपेक्षा रखते थे।

ताऊ जब भी खाली होते अपनी व्यथा-कथा कहने लगते, लल्ला तेरे फूफा रघुवीर ने काम नांय सिखाओ होतो तो मैं कैसे जिन्दो रह पातो? भीख तो माँगतो नांय चच्चा (गंगी) की तरह ऐरियनु (अहीरिनु) की चाकीउ नांय पीस पातो। इतनी ताकत कहाँ थी मुझमें। आँखिनु की जोती (ज्योति) गयी तो तेरी ताई हूँ छोड़ि कें चलीं गयी। नाँय जाती तो खाती का? आदमी बाहर तें कमावतु है और औरत घर सँवारति है। हमारी जाति में कोई पढ़ाई-लिखाई तो है नाँय।

एक-दो साल उन्हें कठिनाइयाँ जरूर हुईं पर जीवन भर का सवाल था। करीब

पच्चीस-तीस साल किसी काम को लगातार करते रहने से हुनर तो आ ही जायेगा। सो वे अन्दाजे से काम करते रहते थे। चूँकि नेत्रहीन और इतना स्थायी मोची दूसरा कोई नहीं था इसलिए ताऊ बाबूराम को सभी जानते थे। इन्हीं के पास मेरे तीन साल मोची गिरी करते हुए कटे थे। वह मेरे खेलने-खाने और स्कूल जाने की उम्र था, पर मुझे व्यवस्था ने फुटपाथ दिया था। जहाँ बैठ कर मैं बूट पालिश किया करता था और अपने ग्राहकों को पढ़ा करता था। मेरे हालात मेरे विद्यालय थे और मेरे सम्पर्क में आने वाले लोग मेरे शिक्षक।

बन्दर और कुत्ता

कुछ समय पूर्व मैंने किसी अखबार में एक दिलचस्प तस्वीर देखी, जिसमें बंदर कुत्ते की पीठ पर बैठा सवारी कर रहा था। तस्वीर ने मेरी स्मृति ताजा कर दी और मेरे ध्यान में कसेर के वे बन्दर और कुत्ते आ गये जिन्हें मैं रोज ही देखा करता था। फुटपाथ की ओर खुले इस बराँडे में वह मोटा-सा गेंहुआ रंग का एक कुत्ता हमेशा हमारे पास आकर बैठता था और बन्दरों में मुखिया एक छबरा बन्दर गर्मी-वर्षा से बचने के लिए खपड़ैली बराँडे में पूर्व की दीवार और टीन के बीच खाली स्थान में आकर बैठ जाता था। यह झज्जू बन्दर पूरा शरारती जीव था। वह बैठा-बैठा कभी बन्दरी के साथ सहवास तो कभी एकल हस्तमैथुन किया करता था। दूसरा ध्यान खींचने वाला उसका एक और सरकसाना प्रशिक्षित जैसा करतब मेरे ध्यान में बना हुआ है। जब वह चितकबरा कुत्ता फुटपाथ पर चलता था तो यह बन्दर कूद कर उसकी पीठ पर बैठ जाता था। इन दोनों का खेल चलता रहता था। यह बन्दर-कुत्ता का खेल मेरे बाल मन में कुतूहल पैदा करता था। कुत्ता बन्दर के डर से सीधा चलता रहता था। देखने वाले इन्हें मोची का बन्दर, मोची का कुत्ता कहते थे। क्योंकि रात को बन्दर बराबर खड़े नीम के पेड़ पर चला जाता था और यह कुत्ता रात को हमारे पास ही सोता था।

बन्दर कुत्ते की पीठ पर बैठकर ऐसे निकलता, जैसे कोई शाह सवारी कर रहा हो। यह स्थिति हर बन्दर या हर कुत्ते की नहीं थी। ये दोनों निराले जानवर थे।

ताऊ के दो बेटे थे 'रोशन' और 'पूरन'। रोशन को वे मेरे साथ रख कर काम सिखाना चाहते थे। इस उद्देश्य से उसे एक बार कसेर (डिबाई) ले आये और मेरे साथ काम पर बैठने को कहा। एक सप्ताह वह बैठा भी। लेकिन जब गाँव लौटा तो उन्हें अपनी ही जात वालों ने बहिष्कार करना शुरू कर दिया। उनका कहना था जब पूरी कौम रँगाई-फरहाई जैसे अपमानित धंधे छोड़ चुकी है तो तुम लोग जूता गाँठने का काम करके कौम की बदनामी क्यों करा रहे हो? यह काम छोड़ो नहीं तो हुक्का, पानी बंद, शादी-विवाह में दावत नहीं। जात की पंचायत में बैठन को कोई हक नाँय।

ताऊ ने कहा—भैया मैं अन्धों आदमी, राजगिरी तो कर नाँय सकतु। सौराज गठिया को बीमार है...

"तो रोशना कूँ तो मत सिखाओ लितर गठई (फटे पुराने जूते सीलना)। रोशन की समझ में कौम की बात आ गयी। सो वह हमें छोड़ कर गाँव में रहने लगा। वहाँ वह राज मिस्त्रियों को ईंट-गिलाया देना भट्टा पर मिट्टी काटना या यादवों के खेत क्यारों पर मजूरी करने लगा था। बल्कि उसकी मौत भी पूर्व प्रधान रामस्वरूप यादव के खेत पर काम करते वक्त लू लगने से हुई। पूरन की मौत भी यादवों के खेतों पर काम करते हुए लू लगने से हो गयी थी।

रामपुर का नवाब

डिबाई और अतरौली के बीच रामपुर रेलवे स्टेशन है। जैसे कसेर कला से चार कि. मी. दूर होने पर भी स्टेशन का नाम डिबाई है, रायपुर में बनी स्टेशन का नाम दस कि.मी. दूर स्थित अतरौली है। उसी तरह गाँव से कई कि.मी. दूर होने पर भी स्टेशन का नाम रामपुर था।

मैं यहाँ मंगलवार को लगने वाली पैंठ में जूते गाँठने वालों की पंगत में बैठा करता था और देर रात को रेलगाड़ी से कसेर को वापस लौट आया करता था। रामस्वरूप और दूसरे मोचियों के आने से कसेर का काम बँट गया था, इसलिए हमें बाहर पैंठ-बाजार जाने की आवश्यकता महसूस हुई थी।

रामपुर में कभी नवाबों का बोलबाला था। उनके चरित्र की कोई अच्छी बात तो मैंने कभी सुनी नहीं अथवा मेरी याददाश्त में बची नहीं। पर मुझे उनकी ऐय्याशी का प्रसंग याद हैं। सुनने को यह मिला था कि यहाँ नवाब छतारी, नवाब कादरी बाग नवाब रामपुर कभी अंग्रेजी हुकूमत के बेहद वफादार हुआ करते थे। उनकी जीवन शैलियाँ विशेष थीं। जिस तरह हिन्दूकोड बिल से पूर्व सवर्ण समृद्ध हिन्दू बहु/पत्नियाँ अथवा रखैलें रखते थे उसी तरह नवाब भी कई-कई औरतें रखा करते थे। अधिक औरतें रखना धर्म-स्वीकृत तो था ही, सामंती हैसियत का प्रतीक भी था। वे रात-दिन वासनामय रंगरेलियों में डूबे रहते थे।

जब बड़े नवाब बूढ़े हो गये और काम क्रीड़ा करने में असमर्थ हो गये तब भी उनकी मानसिक ऐयाशी बनी रही। जब वे हवेली की सीढ़ियाँ चढ़ते थे तो सीढ़ियों की दोनों ओर पंक्ति बना कर किशोरियों की भीड़ खड़ी हो जाया करती थी। ये किशोरियाँ अपनी छातियाँ अनावृत करके नवाब को सहयोग किया करती थीं। नवाब साहब उनके स्तन पकड़-पकड़ कर सीढ़ियाँ चढ़ा करते थे।" कहा यह भी जाता था कि हिन्दुओं में कथित ऊँची जातियाँ नवाबों के घरों में अपनी बेटियाँ ब्याह दिया करते थे। यह परम्परा अक़बर-जोधा के ब्याह से आरम्भ हुई थी।

मैं नहीं बता सकता कि रामपुर के ये प्रसंग मैं भूला क्यों नहीं, जबकि यहाँ

मुश्किल से तीन साल के ही अनुभव मेरे पास हैं।

हमारे हाथ पॉलिश से काले हो जाया करते थे। आज कल कुछ मोटे दस्ताने चढ़ा लेते है। हमें वे उपलब्ध नहीं थे। प्रायः नल के पास जाकर मिट्टी से रगड़-रगड़ कर हाथ धोया करते थे। अभी कुछ दिन पहले मोहननगर पर मैं अपने जूतों पर पॉलिश करा रहा था। मैंने देखा कि उस मोची ने अपने बैग से रबड़ का दस्ताना निकाला, पहना और पॉलिश करने लगा। मैंने कहा मेरे लिए यह सुविधा नहीं थी। मुझे तो हाथ काले करने ही पड़ते थे। वह अविश्वास भाव के साथ मेरा मुँह देखने लगा था।

चमेली

मैं सूफी की बात बीच में रोकते हुए प्रश्न करता हूँ—उन दिनों यहाँ एक चमेली नाम की जवान लोधिन आ गयी थी। अब उसका कोई अता-पता है कहीं? —हाँ, पता है अच्छी तरह है। तुम भी जानोगे तो दाँतों तले उँगली दबा लोगे, ऐसा उसका हश्र हुआ था। तुम लोगों के जाने के बाद। मैं कसेर में गुजरे उस समय और इस आत्मकथाकार के सम्पर्क में आये पात्रों में से या कहूँ मेरी स्मृति में चमेली एक ऐसी पात्र है जिसका प्रसंग छोड़ दूँ तो यह प्रकरण या अध्याय पूरा नहीं होगा। चमेली का जिक्र तो आ ही गया है मुझे उसकी संक्षिप्त कथा कहनी है।

हुआ यह था कि एक शाम मैं ताऊ की बगल में बैठा माताजी की अँगीठी खाली होने का इन्तजार कर रहा था, ताकि हम अपनी रोटियाँ सेंकना आरम्भ करें। तसला में आटा गूँदकर रख लिया था। बिना पलोथन और बिना पानी लगाये रोटी बना लेना और अन्दाजे से सेंकना यह सब ताऊ का कौशल था। इस वक्त थोड़े फुर्सत के क्षण थे। ताऊ कुछ गाओ।—हाँ बाबू भैया कुछ सुना, माता जी ने भी अपनी इच्छा जोड़ दी और ताऊ हो गये शुरू—

रे! एक दिन
उड़े ताल के हंस
फेर नहीं आवेंगे ॥
....

जैसे सपेरे की बीन से निकलने वाली लय पर साँप-साँपिन खिंचे चले आते हैं। उसी तरह उस बरांडे के दूसरे कोने में एक जवान स्त्री आकर बैठ गयी। वह गीत के साथ तन्मयता स्थापित कर रही थी।

यह स्त्री भी ताऊ की भाँति नेत्रहीन थी। छोटे-छोटे दो बच्चे इसके साथ थे। इसी का नाम चमेली था। "बाबू भैया, इसे भी थोड़ी जगह दै देउ। जऊ तुम्हारे जैसी दुखियारी है।", माता जी ने कहा था। चमेली यहाँ रेलवे लाइन में बच्चों को लेकर कोयला बीन कर अपना गुजारा किया करती थी। उनके कच्चे या अधजले टुकड़ों

को जमा करती थी। मलिन थैलों में खुद कोयले जैसे मैले कपड़े पहने चमेली रात काटने को कभी रेलवे स्टेशन पर तो कभी किसी दुकान के फर्श पर सोया करती थी। ताऊ से जब रानी की माँ ने भी कहा—"बाबू भइया जा बिचारी कूँ तू थोड़ी जगह दै दइयौ तो हम कौन थे ना करने वाले? बरांडा उनका था फुटपाथ उसी के आगे था।

अब एक ही अँगीठी पर कई लोग खाना बनाने लगे। पर ताऊ कहते—"पहले चमेली, उसके बाद हम।" चमेली अपना अन्न-पानी हम से बचा कर रखती थी। कहती थी—भैया हम बड़ी जात हैं। हम चमार के संग नाँय खाइ सकत। सौराज बेटा, मेहरबानी करि कें मेरौ कछु छुइये मत।

चमेली के साथ उसकी दुख भरी कहानी भी हमारे पास तक आयी थी। उस कहानी में उसकी जवानी थी, सुन्दर आँखें थीं और संपन्न ससुराल थी। लेकिन यह सब उसका अतीत ही था। हमारे पास तो वह हम जैसी विपन्न और बेघर होकर ही आयी थी। कुछ महीने तो उसने रेल में भीख माँग कर गुजारे थे। पर अब उसके बेटे कोयला बीनने लायक हो गये थे। बड़ा बेटा तो गाड़ी रुकते ही भाग कर इंजन पर चढ़ जाता था। एकाध रुपया ड्राइवर को पकड़ा कर अधजला कोयला स्खलित करा लेता था। या जब गाड़ी चल पड़ती और शहर गुजरने के बाद वह कोयलों के ढेले नीचे गिरा देता। दूसरा बेटा चमेली के साथ खड़ा रहता था।

मैं ताऊ और चमेली के संवाद ध्यान से सुना करता था। संवादों में उसकी गुजरी जिन्दगी की दास्तान व्यक्त हुआ करती थी। वे एक-दूसरे के प्रति काफी संवेदनशील थे। चमेली कहती—"बाबू भैया, मेरी तो अक्ल पै पत्थर पर गये, पर तू बता तेरी आँखिनु को उजीतो कैसे चलौ गयौ। तू कैसे अन्धो भओ?" तो ताऊ उसके अन्धे होने की कहानी जानना चाहते। समस्या का साम्य दोनों को इन्सानी स्तर पर जोड़ता था। ताऊ कहते—पहले तू बता तू कैसे अन्धी भयी, और चमेली कहने लगती—सुनि सौराज बेटा, मैं कोई जन्म तें अन्धी थोड़े ही हती, मेरे जैसी मलूक तो गाम भरि में नाँय हती। पर मेरी कछु तो किस्मत खराब हती, कछु मेरी अकलि पै पत्थर परि गये। मेरे माँ-बाप ने बड़े जोर को मेरो ब्याह करौ, खूब दहेज दयौ हो। मेरी ससुराल धनी-मानी घर में रही। मैं लोधी राजपूत के घर ब्याही। जो दुए बालक पैदा भए। अच्छी-खासी गिरस्थी चल रही। एक दिन मोइ भनक लगी कै मेरौ आदमी पास गाँव की एक छोरी तें हिलगि रयौ है। पहले तो मोइ विश्वास नाँय भयौ। पर एक बेर वो नासपीटी रात कूँ बाइ घर भगाइ लायौ। गेउ रहेगी और तू मलूक है याते रहेगी और गे मेरी यारी के कारण रहेगी। मोहू अपना छाती पै सौति शिला बैठा बनी पसन्द नाई। का कोई आँखिनु देखि मक्खी निगलतु है। मैंने चुड़ैल की पीठ पै बेलन दै मारौ। तो मेरो आदमी वाई की साइड ठाड़ौ है गयौ। न तब मैंने गुस्सा में भरि के कही या तो या बदमाश कूँ याही वक्त घर ते बाहर लिकारि नाँय तो मै जहर खाइ लिउँगी या घर में आग लगाई दिउँगी। पर मेरौ आदमी नाँय मानो तो मैंने धमकी दई

कै—"कडी मैं अपनी सबरी मलूकई मैं आगि लगइ लिउंगी या तो सोति कूँ जानते मारि दिउँगी या खुदि मरि जाउँगी।

"आदमी ने मेरी धमकी खाली धमकी समझी। मैं कछु करि बैठउँगी बाकी परवाह नाँय हती। मेरौ गुस्सा बढ़तो जाइ रयौ हो। सो मैंने मट्टी के तेल (कैरोसिन का तेल) की कनस्तरी उठाई और अपने ऊपर उड़ेल लई। "जाइ बाहर करि घर ते नाँय तो दियासलाई खेंच रही हूँ...मेरी चुनौती को वापै कोई असर नाँय पड़ौ और मेरी मति मारी गयी। मैंने माचिस उठाई और तिल्ली रगड़ कें आग लगाई लई। तब भाजि कें उन दोनों ने आगि बुझाई। पर तब तक मौं (मुँह) की खाल झुलस गयी और दोनों आँखिनु कौ उजीतौ जातो रहो। अब मैं न मलूक ही रही न सूजती (आँखों वाली)। मैंने अपनी आंस्सी (किस्मत) खुद खराब करी।"

मजाक-मजाक में ईश्वरीप्रसाद ने एक दिन प्रस्ताव रख दिया कि क्यों न दोनों अन्धे-अन्धी का पुनर्विवाह करा दिया जाए। बाबू की बीवी छोड़ गयी है और चमेली के आदमी ने छोड़ दिया है। तभी शर्मा जी बोले—बाबू चमार और चमेली लोधी...?? इनका ब्याह कैसे? ताऊ कहते, "जब एक फेरा भैया बोलि दई तो दूसरो नातो कैसो?"

मैं गाँव चला आया सके उसे दस साल बाद बुद्धा मियां से मैंने चमेली के बारे में पूछा था। उन्होंने बताया बच्चे पल गये, बड़े हो गये तो वह कहीं चली गयी। कहाँ गयी और क्या किया, इस बारे में कई कहानियाँ मैंने सुनी थीं, पर सच्चाई कोई नहीं जानता।

बड़े ढोल पर नन्हें हाथ

कसेर में मोचीगिरी का काम सँभाले मुझे ज्यादा दिन नहीं हुए थे। एक दिन मैं कसेर (डिबाई) स्टेशन पर टिरम्मा (रेल) से उतरा। गाड़ी लेट आयी थी, सूर्य छिप चुका था। यह अपराह्न के अवसान का वक्त था। प्लेटफॉर्म छोड़ कर मैं बाहर की ओर निकल रहा था। उसी वक्त मैंने देखा एक दाढ़ी वाला व्यक्ति मजमा लगाए हुए है—मेहरबान मेरे निगेबान, जरा एक नजर जरूर देख कर जाएँ। नहीं देखेंगे तो पछताएँगे, रात-भर डरावने ख्वाब आपको सताएँगे। आप देखेंगे, सुनेंगे, समझेंगे तो फायदा उठाएँगे। मेरे कदरदान। मैं प्रतीक्षालय की ओर जा रहा था। बाहर यह जड़ी-बूटियों के चमत्कारी का मजमा लगा हुआ देख मै उसके इर्द-गिर्द जमा हुई भीड़ के साथ जाकर खड़ा हो गया। मैं उस मजमें में खड़ा-खड़ा तमाशा देख रहा था। तभी एक व्यक्ति मेरे पास आया और बोला—"ओ लड़के, कुछ काम करेगा?"

"क्या काम, कैसा काम" मैंने उसकी ओर मुखातिब होकर पूछा।

"आ जरा मेरे साथ आ" और वह मुझे वापस प्लेटफार्म पर ले गया। वहाँ एक ओर उसके साथी शादी में बजने वाले बैंड का सामान लिये बैठे थे। यह गाड़ी भी गयी, बारूद-गोला दागा जा चुका है, बारात गाँव के सिमयाने (सीमा) में है हमने बेटे

वाले से पेशगी ले रखी है। पूरे बारह आदमी चाहिए। खींच कड़ेर कर दस आ पाये हैं। आज के दिन शादियाँ बहुत हैं। ये साले पण्डित एक दिन में ही सारे शुभ मुहूरत निकाल देते हैं। जैसे मुसलमानों, सिखों, ईसाइयों और बौद्धों के ब्याह शुभ घड़ी में होते ही नहीं हैं। मानो इन जैसे हिन्दुओं के वैवाहिक जीवन बहुत अच्छे चलते हों। उस्ताद गुस्सा और गाली का इजहार कर रहा था। —यह लड़का किसलिए? मास्टर ने पूछा। —मास्टर जी दस से ग्यारवाँ तो यह हो ही जायेगा। आखिर वर्दियाँ ड्रेस तो हमारे पास बारह तक की हैं।'' अरे पर यह एक तो नाबालिग बच्चा, दूसरे इसे आता-जाता क्या होगा। कौन-सी मण्डली की ट्रेनिंग लेकर आया है यह। अरे साब, जरा सोचो—दो आदमी कम हुए तो हमारा करार फेल हो जायेगा। मालिक बहाना बनाकर आधे पैसे काट लेगा, तब आप क्या करेंगे? और फिर यह तो सिखाड़ी बालक है, इसको तो पूरा हिस्सा देने की भी जरूरत नही होगी।"

एक-दो के दिमाग में बात आयी। मास्टर भी निराशा भाव से कहने लगा—चलो आजमा लो, पर यह वाद्ययंत्र कौन-सा बजायेगा। बाँसुरी, झंझुना, मंजीरा, खड़ताल जब इसे कुछ आता-जाता ही नहीं है तो यह हमारी फजीहत कराने के सिवाय और क्या करेगा?

फिर अब और इन्तजार नहीं किया जा सकता। बारात में फौरन शामिल होना है। पूछो इसे, यह क्या बजा सकता है? 'बता बे तू ही बता कौन-सा बाजा बजायेगा?' मुझसे सीधा सवाल किया गया।

मैंने कभी कोई वाद्ययन्त्र नहीं बजाया था। आर्यसमाजी भजनोपदेशक जगदीश यादव के साथ हारमोनियम सीखने की कोशिश की थी सो उसके लिए भी बाल मजदूरी में से अवकाश नहीं निकल सका। सूर्योदय के साथ ही यादवों के काम पर जाना और सूर्यास्त के उपरान्त ही घर में घुस पाना, यही क्रम था मेरे बचपन का। हालाँकि अम्मा की विनती पर जगदीश के पिता ने मुझे मुफ्त सिखाने का वचन दिया था। पर रोज की मजूरी करने में वक्त ही नहीं बच पाता था।

''अरे इसे बड़ा वाला ढोल पकड़ा दो और बता दो कि ताल मिला कर इस पर बस्स थाप मारता चले।'' बैंडमास्टर ने जल्दी में निर्णय लिया, "चलो जल्दी करो"

मैं खड़ा-खड़ा सुन रहा था। वे एकमत नहीं थे। तभी मैंने कहा, मुझे देर हो रही है। मैं अपने रास्ते जा रहा हूँ।" इतना बोल कर मैंने कदम बढ़ाया। तो झट से आगे बढ़कर मास्टर ने मुझे रोक लिया—''अरे भाई तू जरा ठहर तो सही, तू चलेगा तो तुझे तीन दिन की मजूरी तीन घण्टे में देंगे। लड्डू बूरा पूड़ी की दावत अलग से मिलेगी, पर हमें सोचने तो दे। वैसे तुझे जाना कहाँ है?''

''बस्स यहीं कसेर फाटक पर। यहाँ अपने ताऊ के साथ काम करता हूँ।''

"क्या काम करता है इतनी छोटी उमर में?" कोई खास नहीं।

"बूट पॉलिश और साइकिलों के, टायरों की सिलाई वगैरह का काम किया

करता हूँ।"

"तो तू मोची है यानी चमार है?''

''हाँ, मैं वही हूँ।''

"अरे हमें क्या फर्क पड़ता है चमार-भंगी से? कौन-सा बारात का दूल्हा बना कर ले जा रहे हैं इसे, जो जात-पाँत देखी जायेगी। हम सब अलग-अलग जात के हैं और हम में पण्डित कौन है? आदमी भी जात आदमी होती है भाई। चल बे लौंडे तू चल, देखा जायेगा जैसा होगा।"

सो सभी जल्दी-जल्दी भागे। बारात के पास जाकर बाग के कोने में झुण्डों की ओट में हमने अपनी-अपनी वर्दियाँ पहनीं। जो वर्दी सबसे सख्त थी वह भी मेरी देह में काफी ढीली थी। पर जो भी हो, जोड़-तोड़ कर ली। शीशे में शक्लें देख लीं। बैंडबाजे वाले बन गये हम। मेरे गले में बड़े ढोल की रस्सी डाल कर डंडी में कपड़े का मुक्का सा बँधा हुआ था उसे कितनी जोर से और कितनी देर में मारना है, किस ओर खड़ा होना दूल्हा की घोड़ी से कितनी दूरी रखनी है, मास्टर के इशारों पर नजर जमाए रखना है। पूरे चार नोट मिलेंगे समझे? इत्यादि हिदायतें-निर्देश देकर मुझे उस टीम में शामिल कर लिया गया। मुझे पैसों की सख्त दरकार थी। साथ ही बारात का स्वादिष्ट भोजन भी मुझे आकर्षित कर रहा था। लेकिन बाजे का काम नहीं जानता हूँ, यह मेरी असमर्थता है, सो मैंने पहले ही जाहिर कर दी थी। जिन वाद्ययंत्रों को मैंने कभी हाथ नहीं लगाया, उनमें कामयाबी कैसे दिखाऊँगा?

तब मास्टर बोला, ''वह फिकर तू छोड़। चल, मैं मास्टर हूँ। दस मिनट में सिखा दूँगा।'' मास्टर ने मेरी हिम्मत बढ़ाते हुए कहा।

बारात कसेर कला नामक गाँव में जा रही थी, जो स्टेशन से मात्र दो-ढाई कि. मी. सामने पश्चिम की ओर था। आनन-फानन में हमारी तैयारी पूरी हो गयी। थोड़ा वक्त लगा तो नचकैया को धोती, लहँगा ब्लाउज मैकप आदि में। बारात हिन्दुओं में जा रही थी, पर उसे गुजरना दलितों और मुसलमानों की बस्तियों से था।

सभी कलाकार अपने-अपने मोर्चे पर सक्रिय थे। बारात सज-धज कर आगे बढ़ रही थी। आतिशबाजी वाला हवाई गोले दाग रहा था।

कहाँ वह सबसे बड़ा ढोल और कहाँ मैं सबसे बड़ा अनाड़ी, पर समूह में तो काम चल रहा था।

एक आवाज मुझे कुछ जानी-पहचानी सी लगी। उसने चेहरे से नकाब हटाया। देखा तो वह गाँव में मेरे एकदम पड़ोस के लियाकत तेली की बेटी 'नूरी' थी। उसने अच्छी तरह पहचान लिया था मुझे। वह बोली—

"सौराज भैए, ये काम कब से करने लगा है तू। मैंनें गाँव में तो तुझे कभी बाजे बजाते देखा नहीं। लगता है तू तो यूँ ही ढोल का चमड़ा पीट रहा है।"

''हाँ भैना, मैंने काम सीख लओ है, परन्तु तू यहाँ''।

"हाँ मेरी ससुराल है। अपने गाँव की कई लड़कियाँ हैं यहाँ।"

उसने सूचना दी तो मैंने प्रश्न किया, "तो सभी इसी रास्ते में मिलेंगी क्या?"

उसने परिणाम सोचे बगैर अपने साथ खड़ी औरतों को मेरे अनाड़ीपन का राज खोल दिया। उनके मर्दों को भी पता चल गया अब वे वाद्यकला पर गौर करने लगे। नुक्ताचीनी शुरू हो गयी। मुझे जो डर था, सो वही हो गया। नूरा ने अपनी सास-ननद और शौहर को बताया, उसने दूसरे को, दूसरे ने तीसरे को और बात उस्ताद तक आ पहुँची। हालाँकि बारात चढ़ गयी, दावत हो गयी। पर जब पैसे देने की बात आयी तो मास्टर बोला—"तुझे तो अनाड़ी कह रहीं थीं औरतें। अब तू चार के बजाय दो रुपया पकड़ और दफा हो यहाँ से।"

मैं इतने पर भी खुश था। अच्छा खाना मिला। तीन-चार घण्टे में दो रुपये कमा लिये और क्या चाहिए था मुझे। 'नूरी' का मुँह न खुलता तो पूरे चार मिले होते। पर उसने मेरा बुरा थोड़े ही सोचा था। काफी दिन बाद गाँव में मिली तो बाजे वाले कहती हुई खूब हँसी। मैंने कहा तू दो रुपया की कर्जदार है मेरी। तेरी वजह से मेरी मजूरी आधी हुई। बताया तो कान पर हाथ रखकर कहने लगी या अल्लाह ऐसी बेईमानी की मुओं ने। तू मेरे घर क्यों नहीं आया था। मैं दाढ़ी नोंचवा लेती मास्टर की।

खैर, मैं उस रात दावत खा कर और ताऊ के लिए दो-तीन लड्डू जेब में डालकर अपने ठिया पर आ पहुँचा था। "या टेम कहाँ तें आइ रओ है? न कोई गाड़ी न बस न टांगों?"—ताऊ पूछने लगे। मैंने तफसील से सारा वाक्या बयान कर दिया। अन्त में जेब से लड्डू निकाले और ताऊ के हाथों पर रखते हुए मैंने कहा—"पहले इन्हें खाओ और तब सुनो सारी कहानी। जब मैंने चार घण्टे में दो रुपये कमा लाने। दावत खा आने, बेहुनर होकर भी बाजा बजा आने वाली बात कही तो वे मुस्कराए, चल जो करो अक्लमंदी तें करो। कमान-खान में कोई बुराई नाँय पर हुश्यार रहनो पड़त है। जो काम नाँय अवतु वा के बिगड़ जान को डरु लगौ रहतु है। लोग छोटी-छोटी बातनु पै बालकनु की पिटाई करि देत हैं। मोइ बस्स जो ही डरु हो।"

देश-प्रदेश में न तो मेरा कोई स्थाई ठौर-ठिकाना था और न मेरे लिए कोई निश्चित काम-धंधा। एक बालक की शिक्षा-स्वास्थ्य के क्या हक और क्या साधन होते हैं, मैं इन बातों से परिचित नहीं था। मैं जो पढ़ता था वह शौक के तौर पर पढ़ता था और मेरा स्कूल तो पूरा समाज, पूरा देश था। किसी निश्चित परिधि में मेरा कोई अध्ययन-मनन नहीं था।

मैं अपना बचपन और अपने भावी जीवन को बचाने के लिए संघर्षरत था। विवशता के कारण मैं ऐसा कुछ भी करने को तैयार रहता था, जिससे मेरा पेट तत्काल भर जाये और कल के लिए चार पैसे मिल जायें। पैसे नहीं तो रोटी ही सही। पर मेहनत से किसी-न-किसी तरह कमा कर, मुफ्त में नहीं। यही अहम गुण मेरे खून में, मेरी कौम और मेरे पुरखों के स्वभाव व संस्कार में समाहित थे।

मटखुनवा*

भोर में हमें जल्दी उठना पड़ता था। क्योंकि शर्माजी और माता जी अपनी-अपनी दुकानें जल्दी खोला करते थे, इसलिए मुझे उनसे पहले उठ कर वह बरांडा और उनका घड़ा सभी साफ करने पड़ते थे। माता जी दरवाजा खोलने के साथ ही अन्दर से झाड़ू निकाल कर बाहर फेंक देती थीं—"सौराज ले झाड़ू और सड़क तक सफाई कर दे। शर्मा जी की दुकान के बरांडे के सामने मैं झाड़ू मारता। गर्मियों में नल खींच-खींच कर पानी का छिड़काव किया करता था। इससे भी पहले मुझे जंगल-झाड़े से फारिग होना होता था। जबकि ताऊ मेरे लौट आने के बाद, बल्कि एक बार हुक्का पीकर तसल्ली से जंगल जाया करते थे।

लोधों से झगड़ा हुए दो-तीन सप्ताह बीत चुके थे। हम अपना काम सामान्य ढंग से पूर्ववत करने लगे थे। उस दिन थोड़ा-थोड़ा अँधेरा था। पर दिन निकलने वाला था, भोर के संकेत दिख रहे थे। मैं उठा, पेड़ के पीछे रखे टीन के डिब्बे को उठाया, दीवार के उस ओर नीम की जड़ में खड़े सरकारी हैंडपंप (नल) से पानी लिया और तालाब की ओर चल दिया। हालाँकि तालाब में पानी बारहों माह रहता था, पर मैं कभी-कभी ही शौच के लिए उसका इस्तेमाल करता था। ज्यादातर डिब्बे में पानी लेकर ही जाता था।

तालाब का एक कोना डिबाई नरौरा रोड को छूता था, बाकी तीनों ओर खेत हुआ करते थे। स्टेशन के सामने का इलाका भी खेतों और परती जमीन का था। दूर-दूर तक हरे-भरे खेत फैले हुए थे। पेड़-बाग, जंगल छितरा-छितरा था। तालाब कहीं गहरा, कहीं उथला था। कसेर और कलाँ के जरूरतमंद लोगों ने तालाब के किनारों से मिट्टी खोद-खोद कर वहाँ कुछ गहरे-गहरे मटखुनवा (गड्ढ़े) बना लिए थे।

अँधेरे में शौच के लिए यहाँ काफी आड़ (पर्दा) थी। मैं गया और एक 'मटखुनवा' के पास शौच करने बैठ गया। शौच से निवृत्त होकर डिब्बा उठाने के लिए झुक रहा था तभी मुझे पास के मटखुनवा से मिट्टी के खिसकने की थोड़ी धमक सुनाई पड़ी। मुझे किसी जानवर के होने की शंका हुई और मैं उठ खड़ा हुआ। डिब्बा वहीं उलट गया था। एक तो अभी पूरा उजाला नहीं हुआ था, दूसरा कोहरे ने प्रकाश छिपा लिया था। इसलिए उठ कर देखने पर भी साफ-साफ कुछ भी नहीं दिखा। मैंने सोचा, खुदाई की वजह से मिट्टी स्वतः गिर गयी होगी। यहाँ किसी के मौजूद होने का मेरा वहम होगा। यदि कोई होगा भी तो मेरे जैसा ही कोई शौच के लिए आया होगा। यह स्थान ही सार्वजनिक उपयोग का है।

मैं अब तालाब के किनारे पानी के पास तक गया। शौच किया और गड्ढों के बीच से निकलता हुआ वापस लौटने लगा। तभी अचानक मेरी पीठ पर जोर का प्रहार

---

* तालाब के किनारे से खोदी गयी मिट्टी के बाद बना गड्ढ़ा

हुआ। मैं पीछे मुड़ा। तब तक एक के बाद एक लात-घूँसे मेरी देह पर बरसने लगे।

"रे मुझे क्यों मार रहे हो तुम लोग! मैंने क्या बिगाड़ा है तुम्हारा?" मैंने रोते–घबराते हुए कहा। ''बिगाड़न में कमी का छोड़ी तूने?'' अंगोछा मुँह पर बाँधे हुए युवा ने अस्पष्ट भाषा में कहा। तब लोधी के साथ गुजरा पूरा प्रकरण और मुझे मारकर तालाब में गाड़ देने की उनकी चेतावनी तुरन्त मेरे ध्यान में आ गयी। पर क्या करता?

''हमारे कस्बा में रह कें हमारे मुखिया पै हाथ उठावैगो और हम राजपूत बदलो नाँय लिंगे? तैने ऐसी-कैसों सोच रखी? चमार की औलाद! आज ही तोइ हम जिंदौ जमीन में गाड़ि दिंगे। अब बुलाइ उन हिमायती कटल्लनु (मुसलमानों) कूँ बचाइलें तेरे अतीका और करमतुल्ला। कोई भंगी चमट्टा हूँ तेरौ हिमायती होइ तो उवाऊ टेर लै।"

वे तीन-चार हिन्दू थे, और मेरे ध्यान में आ गये थे। जुआरी लोध के वे वही भतीजे थे जो ताऊ के साथ मार-पीट के वक्त जवाब में आये थे।

"धोखे तें काहे मार-रए हो!" मैंने उन से डरते-घबराते हुए कहा। ''तो का ढोल-पीट कें मारें, लितरगठा? चल उठि।''

उन्होंने मुझे उठाया और दोनों टाँगों में जोर से लाठियाँ दे मारीं। मेरी चीख निकल गयी।

जाने कैसे उस दिन ताऊ भी शौच के लिए उसी ओर आ रहे थे, लाठी टेकते हुए अपने अन्दाजे से। वे गड्ढों में नहीं आते थे। समतल खेतों में जाते थे। मेरी चीख उनके कानों में गयी और वे समझ गये। जोर से बोले "का बात है लल्ला? नेक देखो तो मुल्ला जी, मुल्ला जी!" करमतुल्ला के कबाड़े की दुकानें तालाब की ओर ही थीं। वे भी जल्दी जागते थे। ताऊ की आवाज पहचानते हुए तुरन्त बोले–"बाबूराम क्या बात है" "अरे देखो, मेरो सौराज का मुसीबत में है?'' वे लोग उधर से जब तक बचाने आ पाते तब तक वे खेतों-खेतों भाग निकले थे।

उस दिन चैन कैसा? ताऊ तो जिन्दा बचने को ही सब कुछ मान रहे थे। चोटों की पीड़ा रात को चली ठण्डी पुरवा हवा ने और बढ़ा दी थी। अगले दिन कोई काम नहीं हो सका।" हल्दी-दूध पी ले बेटा।'' ताऊ दुखी थे। उन्होंने अपनी पेटी फुटपाथ पर रख जरूर दी थी, परन्तु वे ज्यादा समय बरांडे में मेरे पास ही बैठे रहे। ''तैने पहचाने लल्ला'' "हाँ, लोधी के आदमी थे।"

"नवाब साहब से कह कर पंचायत करेंगे। पुलिस में रिपोर्ट करेंगे।" बाबू राम, यह ठीक हो जाए। तब इस लड़के को वापस गाँव भेज दो। इसकी जान के दुश्मन बहुत हैं।''–आस-पास से तरह-तरह के ऐसे ही सुझाव आते रहे थे।

अलविदा फुटपाथ

यह हिन्दुओं के डर, असुरक्षा और दर्द की तीसरी रात थी। सारा कस्बा सो रहा था,

परन्तु ताऊ और मैं एक पल को भी नहीं सोये थे। ताऊ ने पेटी खींच कर तख्त के नीचे पहुँचा दी थी और गद्दा समेट कर रख दिया था। ऐसा उपक्रम वे तभी किया करते थे जब गाँव जाया करते थे। पर इस बार का जाना पहले जैसा नहीं था।

कसेर की हर चीज से पैंतीस साल का मोह था ताऊ का। गुलामों जैसा ही सही, पर एक लम्बा अतीत ही पीछे छूट रहा था। पर लौटे तो ताऊ फिर कभी वहाँ वापस नहीं गये, जबकि गाँव में पहले से ही हमारे हालात अच्छे नहीं थे।

मैं भी गाँव छोड़ आया था। उनकी जिन्दगी के बाकी चार-पाँच साल कितने कष्ट में कटे, बयान नहीं कर सकता। ताऊ की मृत्यु को जिन्दगी में मैं भी कैसे-कितने दिन बदल पाता? जबकि उनसे पहले तो मेरी अम्मा की मौत केवल भूख जौर गरीबी के कारण ही हुई थी। ताऊ के गुजरने की सूचना मुझे जे. एन. यू. में मिली थी। जा नहीं सका था। भाई ने उनका मृत्यु-भोज किया था। मेरे उसूलों के खिलाफ। मुझे खेद है ताऊ की मोचीगिरी (रोजी रोटी) का ठिकाना तो मेरी वजह से पहले ही छूट गया था और जब शरीर छूटा तो मैं दूर था।

अब जब वे सपनों में आते हैं तो मैं बड़बड़ाता हूँ। वे मुझे मोचीगिरी करते दिखते हैं। मुझे पास बिठा कर कहानियाँ सुनाते हैं। पूरी तल्लीनता के साथ गाते हैं—

होनी कबहू/
टरै नांहि टारे/
सब होनी नें मारे/
पण्डित मरि गये/
मुल्ला मरि गये
वैद-हकीम बिचारे/
सब होनी ने मारे/
होनी कबहू टरे नांय टारे/
सब होनी नें मारे।
राजा मरे/
रंग हू मरि गये/
बाबूराम उचारे/
सब होनी ने मारे।

मुझे उनके गाए गीतों की जैसे कतरने याद आने लगती हैं—

कुआरे करन भए कुन्ती कें
मंछोदर के व्यास,
रामा मंछोदर के व्यास।
× × × ×
लै, चलि, लै चलि होइ रे

तेरी अन्त बिदाई
महला छूटे, दोमहला छूटे
काहे कूँ रही तिय रोय रे तेरी अन्त विदाई।

इस तरह वे अपनी गेयता और सहृदयता के कारण मेरे भीतर सदा के लिए समा गये। अब मुझे रोटी की तलाश में पुनः घर छोड़ना था। सामाजिक दृष्टि से अपनी जाति में छिका हुआ घर। अब मैं अपने उस तीस साल पहले के मोची से मिलता हूँ तो उससे कहता हूँ—तुम भी बड़े दुस्साहसी मोची थे सौराज। तुमने हमेशा लकीर से हटकर जोखिम उठा कर, अजनबी रास्तों पर जाकर क्या पाया? पाने की ख्वाहिश क्या थी? जब खोने को कुछ न था तो पाया ही पाया। कसेर छूटने का मतलब यह नहीं था कि मेरा मोचीगिरी या अन्य बाल श्रम से पीछा छूट गया था। हाँ, स्थान-स्थितियों में कमोबेश अन्तर जरूर आया था। क्या हुआ जो आज श्री राजकिशोर (जनसत्ता) में तुम्हें कबीर जैसा 'अक्खड़' लिखते हैं। अजीब बात है! दिल्ली छूटी, बाजपुर छूटा कसेर भी छूटी। गाँव बार-बार कितनी बार छूटा। पर यादें हैं कि कुछ भी नहीं छोड़ पायीं। सब कुछ तो चला आया स्मृतियों के साथ। मैं इतना सुखी और समृद्ध हो गया कि मेरी कविताएँ, कहानियाँ, उपन्यास और आत्मकथा बिलकुल भी गरीब नहीं रह गयीं हैं।

वाकया सन् उन्नीस सौ तिहत्तर-चौहत्तर का है। उन दिनों मैं गाँवों में बतौर बाल-मजदूर बेलदारी किया करता था। आस-पास के गाँवों में बस्ती के राज मिस्त्रियों के साथ काम पर जाया करता था और उन्हें ईंटें गिलाया पकड़ाता था। उसी साल कमीशन कटा कर सीनियर मिस्त्री के साथ राजगिरी सीखना शुरू हो गया था। परन्तु कम उम्र होने के कारण गाँव में मुझे पूर्ण राज के रूप में कोई स्वीकार नहीं करता था। इसलिए मैं मिस्त्रीगिरी गाँव से बाहर ही करता था। उन दिनों मैं जोड़-तोड़ कर कुछ गीत और कुछ कविताएँ लिखने की तुकबन्दी करने लगा था। मजूरी करते वक्त मेरी जेब में एक पेंसिल और एक कागज का टुकड़ा हमेशा पड़ा रहता था।

उस दिन गाँव की पूर्व दिशा में 'जूनियर' स्कूल को कक्षा आठ से दस तक बढ़ाने के लिए कुछ नए कमरे तैयार किये जा रहे थे। मोहनिया नामक एक स्थानीय निःसन्तान महिला और गाँव के भूस्वामी सियाराम यादव ने एक-एक कमरे की जगह अपने-अपने खेतों में से स्कूल के लिए दान दी थी, और एक-एक दिन का श्रमदान करने के लिए जाटवों, वाल्मीकियों के सभी घरों में से एक-एक व्यक्ति लिये गये थे। तेलियों और चमारों मे से सात-आठ राज और बेलदार मुफ्त सेवा कर रहे थे। स्वतन्त्रता सेनानी शिक्षकों ने चमारों, तेलियों और वाल्मीकि बस्ती में जाकर कहा था—"स्कूल बड़ा होगा तो नीची जातियों के बालक भी उसमें पढ़ सकेंगे। हर बस्ती का एक-दो बच्चा स्कूल जाता था। जिनके बच्चे नहीं थे, दयाराम भगत जी जैसे व्यक्ति भी स्कूल में श्रमदान कर पुण्य कमा रहे थे। एक भीड़-सी उमड़ पड़ी थी।

पुराने कमरे तोड़ कर नया निर्माण हो रहा था। उत्साह ऐसा जैसे धर्मोन्मादी लोग किसी विधर्मी का पूजास्थल ध्वस्त कर अपने पूजा घर बनाते हैं। अपनी आबादी के लगभग साठ फीसदी दलित वहाँ मौजूद थे, जबकि यादवों के चार हजार की जन संख्या में से चार लोग भी श्रमदान नहीं कर रहे थे। मैं ईंट-गिलाया ढो रहा था और काम के साथ-साथ अपना एक मौलिक गीत भी गुनगुना रहा था। वह गीत उस वक्त की एक ताजा तुकबन्दी थी–

चलो स्कूल करें तैयार,
पढ़-लिखें हो जावें हुशियार।
गाँव को और बड़ो होइ नाम,
करो भाई सब मिल-जुल के काम ॥

निर्माण कार्य तीव्र गति से चल रहा था, और जैसा कि मैंने कहा–श्रमदान करने के लिए खास कर दलित जातियों के लोग ही अधिक उत्साह के साथ जुटे हुए थे। दीवारें ऊपर उठती जा रही थीं। शिक्षकगण संयोग से सभी यादव थे और अधिसंख्य स्थानीय ही थे, वे कार्य का निरीक्षण-भर कर रहे थे। उनकी पोशाकें एकदम स्वच्छ थीं। वे सभी नेताओं की तरह बगुलों के पंखों जैसे सफेद धोती-कुरता और टोपी पहने हुए थे।

मेरी कविता की पंक्तियाँ इसी स्कूल के शिक्षक श्री कुंवर बहादुर सिंह यादव के कानों में गयीं। वे तुरन्त मेरे पास आये और पूछने लगे–"यह कविता किस कवि की है?" मैंने पूछा–"कौन-सी कविता?" वे बोले–"अभी-अभी जो तू सुनाइ रओ है?" मैंने प्रत्युत्तर में कहा-"यह तो मैंने खुद ही जोड़-तोड़ कर तैयार की है।" तो उन्होंने आश्चर्य के साथ स्कूल पर काम कर रहे बस्ती के लोगों से तसल्ली करनी चाही। दयाराम चच्चा के साथ-साथ नरायन, मुंशी, शिशुपाल, बैजू, रमचन्दी, डोरी आदि सभी लोगों ने एक स्वर में कहा–"मास्साब, जो तो रोज ऐसी कविताएँ बनातु रहतु है। जैसे रैदास को अवतार होइ।"

उन दिनों मेरे गाँव के अधिसंख्य आम लोगों की भाँति शिक्षक लोग भी नहीं जानते थे कि मैं साक्षर भी हूँ, या मैंने स्वाध्याय द्वारा कुछ पढ़ना-लिखना भी सीख लिया है, क्योंकि वर्षों से बाल मजूरी करने के अलावा कभी किसी ने मुझे स्कूल के आस-पास फटकते हुए भी नहीं देखा था, जबकि रहटें हाँकते, खेत काटते, निराई-बुआयी करते, ईख खोदते, दाँय चलाते, गोबर-कूड़े का खाद और भूसा इत्यादि ढोते, हल जोतते हुए पूरे गाँव ने देखा था। अपनी-अपनी आवश्यकता के अनुसार उन्होंने मुझसे काम भी लिया था। इसलिए मेरा यह नया परिचय गाँव भर के गीत-संगीतप्रिय लोगों को चकित करने वाला था। बहुतों ने तो यह भी सोचा था कि मुझ में कोई ईश्वरीय चमत्कार है। कुँवर बहादुर जी ने कौतुहल के साथ हैड मास्टर खुशीराम यादव (स्वतन्त्रता सेनानी) को अपने पास बुलाकर कहा था–"मास्साब,

अपने 'गंगी' चमार के नाती में कवि होने के लक्षण दिखाई दे रहे हैं।" तो वे 'हैं, हैं' करते हुए तुरन्त मेरी ओर आये, और चन्द कदमों के फासले से उन्होंने मुझे आवाज दी—"सौराज इधर आओ" मैं सिर से ईंटें पटक कर रहट की नाली में आ रहे पानी में जल्दी-जल्दी मुँह-हाथ धोता हुआ मास्टर कुँवर बहादुरसिंह यादव की ओर बढ़ा। उन्होंने मेरा अनौपचारिक साक्षात्कार लिया—"सुना है, तुम कवि हो गये हो।" मैंने कहा—"मास्साब, मैं कवि बनि रओ हूँ या नाँय यह तो मैं नाँय जान्तु, परन्तु तुकबन्दी कन्न में मोइ आनंदु आतु है।" उन्होंने एक-दो बानगी लीं और मुझे वापस मिस्त्री के पास काम पर भेज दिया। फिर शिक्षकों के साथ परामर्श किया। मैं भोजन अवकाश के समय पुनः बुलाया गया। प्रधानाध्यापक ने मुझ से पहला प्रश्न किया—"क्या तुम पढ़ना चाहोगे?" उन्होंने मेरी दुःखती नस पकड़ ली थी। मेरा जवाब था—"पढ़नौं तौ मैं बहुत चाहतु हूँ, पर मैं पढँगो तो खाउँगो का? खान कूँ काम कौन करेगो? मैं काम नाँय करँगो तो खाऊँगो कहाँ तें, और स्कूल में जाइके कौन-सी क्लास में बैठंगो?" मेरी सद्इच्छा और बुनियादी समस्या को सुन कर वे बोले—"तुम क्लास में बैठने की चिन्ता छोड़ो। हम तुम्हारा टेस्ट लेकर पाँचवीं-छठी कक्षा में बिठा देंगे। सोच कर बताओ कि पढ़ोगो या नाँय?"

मेरे गाँव के उन शिक्षकों का वह प्रस्ताव मेरे मन के अनुकूल था। हेड मास्टर जिला मुख्यालय बदायूँ जाने वाले थे। बोले—"मैं तुम्हारे बारे में जाकर स्कूल इंस्पैक्टर से बात करूँगा। होनहार बालक के लिए वे जरूर कोई रास्ता निकालेंगे। तुम हमारे सम्पर्क में रहो, समय-समय पर मिलते रहना।"

स्कूल के काम से निबट कर मैं लहरा गाँव के लखपत लाला के मकान पर चल रहे भवन-निर्माण के कार्य में शामिल हो गया था। उन शिक्षकों से मिलते रहने के लिए मेरे पास रोटी-रोजी की तलाश से बचा कर न समय था और न छात्रत्व प्राप्त करने की मन में कोई सम्भावना बची थी। मुझे उनकी सहायता की सीमाओं का आभास था। वे स्कूल में दाखिला दिला सकते थे, पर मेरी समस्या वहीं समाप्त नहीं हो रही थी। मुझे किताबें, रोटी और कपड़े भी चाहिए थे, जिनका इन्तजाम मुझे खुद करना था। बुनियादी जिम्मेदारियाँ उठाने के लिए मेरा कोई अभिभावक नहीं था।

लहरा मेरे गाँव नदरोली से तीन-चार कि.मी. की दूरी पर था। सुबह-शाम गाँव से ही आना-जाना होता था। मिस्त्री 'पैजू' ताऊ का बड़ा बेटा रामचरन मेरा उस्ताद था। उससे छोटा 'उलफत' दसवीं पास करके बी.टी.सी. कर रहा था। मैं दो रुपये कमीशन के हिसाब से रामचरन के साथ ट्रैनीज मिस्त्री के रूप में काम करने लगा था। यद्यपि काम करते समय मैं अतिरिक्त रूप से सचेत रहता था, पर भवन के द्वितीय तल के छज्जे पर कारीगरी की बारीकियों के चलते मैं स्वयं को असफल महसूस कर रहा था। छत पर हम बनैनियों के पूजार्थ एक छोटा-सा शिवमन्दिर बना रहे थे। उस समय मेरी तुकबन्दी और जोड़-तोड़ का शौक परवान चढ़ रहा था। जेब

में कागज और पैन्सिल रहती ही थी। जब भी तुक बनती, उसे कागज पर उतार लेता था। कविता में तल्लीन होते ही मेरा ध्यान काम से हट जाता था। ऐसे में कभी-कभी दीवार भी टेढ़ी होने लगी थी और उसी के साथ उस्ताद मिस्त्री रामचरन की डाँट पड़ने लगी थी। वह कभी-कभी झुंझला कर 'कन्नी' या 'बसूली' का बेंटा मेरे हाथों में मारने लगा था। नौबत यहाँ तक आ गयी थी कि वह मुझे पुनः बेलदार के रूप में अवनत कर दिये जाने को कहने लगा था और साथ न रखने की धमकी भी देने लगा था। कारण, कवि के रूप में तो उसे भी मेरा कोई भविष्य नहीं दिख रहा था। रामचरन को यह शौक बेमतलब और वाहियात लगता था।

इसी बीच होली का त्यौहार आ गया। हम सब राज, बेलदार वगैरह उत्सव आदि के लिए गाँव में एकत्र हो गये। दिल्ली, बाजपुर और बम्बई आदि नगरों में काम करने वाले लोग भी इस समय गाँव चले आते थे, जिससे त्यौहार की रौनक में वृद्धि हो जाती थी। मैं आर्यसमाज के प्रभाव में आकर हुक्का-बीड़ी और मांस-मछली खाना छोड़ चुका था, यहाँ तक कि मैंने कौंधनी बाँधना भी शुरू कर दी थी। सिर मुँड़ा कर चोटा रखा लिया था और गले में एक यज्ञोपवीत भी धारण करा लिया था। गाँव के सुशिक्षित लोग आर्य समाजी थे। वे मुझ से खुश थे। मैं भी स्वयं को आर्य कहने लगा था।

एक बार गाँव के चौक में चौकीदार के भाई महेन्द्रसिंह यादव ने अपनी परचून की नई दुकान खोली। वैसे तो गाँव में बनियों की कई दुकानें थीं, परन्तु महेन्द्र सिंह और श्री भगवान दो यादवों ने भी बनिया पेशा अपना लिया था। दुकान आरम्भ करते समय हवन किया गया था। हवन में रघुनाथ शास्त्री की बेटी वेदवती भी गयी थीं। वेदवती दिल्ली में शास्त्री (स्नातक) की छात्रा थीं। संस्कृत उन्हें पिता-बन्धु से विरासत में मिली थी। अतः भाषा पर उनका अच्छा अधिकार था। मैं भी हवन में शामिल होने गया था। 'वेद' ने मेरे मैले कपड़े देख कर और यह जान कर कि मैं गंगी चमार का नाती हूँ, हवन स्थल से उसने मुझे कुत्ते की तरह दुत्कार कर बाहर कर दिया था। मैं आज तक उनके व्यवहार को भूला नहीं, पर कदाचित उन्हें वह घटना याद भी न हो, जबकि उनकी गायन-कला का मैं प्रसंशक था। आर्यसमाज के जलसे में वह स्वामी दयानंद सरस्वती की प्रशंसा में फिल्मी गानों की तर्ज पर मधुर कंठ से गाती थीं—

वैदिक दीप—
जला कर जिस ने
मिटा दिया अंधियारा
ऋिषिवर प्यारा
हाँ जी ऋषिवर प्यारा ॥

बड़ी होली के दिन रंग-गुलाल आदि खेल कर हुड़दंग से निबटने के बाद प्रसिद्ध गाँधीवादी यदुनाथ शास्त्री (स्वतन्त्रता सेनानी) के घेरनुमा मकान पर आर्य

समाजियों का बड़ा जलसा प्रारम्भ हुआ। मैं ऐसे त्यौहारों में थोड़ी देर शामिल होता था, फिर एकान्त में किसी किताब को पढ़ने लग जाता था, इसलिए कि एक तो वह मजूरी करने से छुट्टी का दिन होता था और दूसरे मेरे पास रंग-गुलाल, मिष्ठान और हलुवा पूड़ी के लिए पैसे ही नहीं होते थे। दूसरों का मुँह ताकने के बजाए आत्म-सम्मान इसी में था कि मैं उनसे अलग रहता और पढ़ाई-लिखाई में मन लगाता। शिक्षक पद से सेवा निवृत शास्त्री जी यहाँ अकेले रह कर संस्कृत और गणित की टयूशन पढ़ाते थे। उनकी दिनचर्या बड़ी ही सख्त अनुशासित थी। वृद्धावस्था में भी वे रोज सुबह नंगे पाँव एक-डेढ़ कि.मी. दौड़ लगाते थे। खुर्पी लेकर जंगल जाते, खेत में पहले गड्ढा खोदते, अपना मल दबा कर हाथ में चप्पलें और लोटा लेकर नंगे पाँव दौड़ते हुए लौट कर आते थे। रास्ता चूँकि मुस्लिम तेली और जाटवों के बीच से गुजरता था इसलिए लोग उनके रहन-सहन पर कुछ ऐतराज करते थे। सब से अलग और निराली दिनचर्या होने के कारण मैं उनकी गतिविधियों का बारीकी से अध्ययन करता था। शिक्षक के रूप में वे बड़े सख्त थे। पर जब वे लड़कियों को पढ़ाते वक्त नाराज होते थे, तो 'साली, बदमाश, पढ़ेगी नहीं तो क्या भीख माँगा करेगी' कहते तो हम सब लोग चकित होते। जब उनका गुस्सा उतरता तो मैं उनकी बगल में जाकर पूछता—"शास्त्री जी, क्या ये लड़कियाँ आपकी पत्नी की बहनें हैं? साली हैं आपकी!" तो उन्हें अपने उच्चारण पर खेद होता। मैं चला जाता तो कभी गंगी का नाती कहते, कभी हरिजन बच्चा बोलते।

तब मैं 'हरिजन' शब्द का बुरा निहितार्थ नहीं जानता था। नरसी भगत या गाँधी जी ने इसे किस मंशा से चुना था, इससे भी मेरा कोई वास्ता नहीं था और 'दलित' शब्द तो सुना तक नहीं था। श्री भगवान यादव की दुकान उनके ठीक सामने थी। उनकी इकलौती सन्तान 'रोशनी' शास्त्री की शिष्या थी। वे जब उसे साली कहकर गरियाते तो आवाज सीधी दुकान में बैठे भगवान या उनकी पत्नी के कानों में जाती थी। अतः भगवान को बर्दाश्त नहीं होती। नतीजा यह हुआ कि उन्होंने लड़की को पढ़ाने से ही रोक लिया, जबकि शास्त्री जैसा समर्थ, समर्पित और सस्ता शिक्षक अब गाँव में सदियों बाद कोई विरला ही पैदा होगा।

शास्त्री जी का निजी दुख था। वे देश की आजादी के लिए गाँधी आन्दोलन में जेल चले गये थे। देश की आजादी के साथ घर लौटकर आये तो पता चला उनकी धर्मपत्नी उनके छोटे और अनपढ़ भाई के बच्चों की माँ बन चुकी हैं। उन्होंने उसकी शक्ल देखना भी पसन्द नहीं किया। शेष जीवन अकेले काटा खुद खाना बनाते बच्चे पढ़ाते हुए। शास्त्री कम्युनिस्ट साहित्य भी रखते थे 'लेनिन' की राज्य और क्रान्ति किताब मेरे पास उन्हीं की दी हुई थी।

शास्त्री के छोटे भाई रघुनाथ शास्त्री भी स्वतन्त्रता सेनानी थे। उनका घर पास ही अन्दर गली में था। होली के अवसर पर यदुनाथ शास्त्री के मकान पर आर्य समाजी

जलसा जमा हुआ था। जगदीश यादव के पिता जी बाजा बजा रहे थे। प्राइमरी शिक्षक शंकरसिंह मास्टर उन दिनों बड़ी कड़कदार ढोलक बजाते थे। वे साधुओं जैसे गेरुए कपड़े पहनते थे, कुश्तियाँ लड़ते थे और लम्बी-ऊँची छलाँग ऐसी लगाते थे कि खड़ी घोड़ी के ऊपर से कूद जाते थे। ब्रह्मचर्य व्रत का पालन करने के कारण शादी करके बारह साल तक वे अपनी पत्नी का त्याग किये रहे।

आर्य समाज और कविताई पूरे गाँव के गीत-संगीत प्रेमी लोग जमा थे। मैं दयाराम चच्चा के साथ एक कोने में पीछे की ओर बैठा था। गाँवों में यादवों द्वारा अस्पृश्यता का बर्ताव किये जाने के कारण चमार-भंगी आदि दलित जातियाँ ऐसे ही दूरी बना कर बैठती, चलती और रहती थीं।

गीतों के कई दौर चल चुके थे। तभी अचानक मास्टर कुँवर बहादुर की नजर मेरे चेहरे पर पड़ी। उन्होंने खड़े होकर घोषणा की—"भाइयो! आपको यह जान कर खुशी होगी कि अपने गाँव में एक बालक कवि बन गया है। आज तक आप उसे एक बाल मजदूर के रूप में ही जानते रहे हैं और बहुत सारे लोग उससे काम लेते रहे हैं। मगर आज हम उस का एक ऐसा नया रूप आप सब को दिखाना चाहते हैं जो पूरे गाँव के लिए गौरव की बात होगी—अर्थात, हमें एक प्रतिभाशाली कवि की प्राप्ति हो रही है।" लोगों ने उत्सुकता से उनकी बात सुनी और 'कौन है, कौन है' की खुसफुसाहट शुरू हो गयी। अगले ही क्षण मास्टर साहब ने रहस्य से पर्दा हटाते हुए बताया—"यह बालक अपने गंगी चमार का नाती सौराज है। मैं सौराज से कहना चाहूँगा कि वह मंच पर आये और अपनी कुछ ताजा और मौलिक लोक-रचनाएँ हम सब को सुनाए।"

मेरे जीवन का यह पहला दिन था, जब किसी ने मेरी काव्य-अभिव्यक्ति की सार्वजनिक जरूरत महसूस की थी और आदर से कुछ कहने के लिए बुलाया था। मेरे लिए वे क्षण अत्यन्त महत्वपूर्ण, उत्साह के और प्रेरणा के क्षण थे। मैं तुरन्त खड़ा हुआ और अपनी जेब में पड़ीं कागज की कतरनें निकाल कर पढ़ने लगा। हमारे पड़ोसी एक दिलमान सिंह यादव थे, जो नेताओं की तरह बगुला के पंखों जैसे धवल वस्त्र धारण किये रहते थे। उनकी खूबी यह थी कि वे कमजोर लोगों को डराते-धमकाते थे। दलितों के आपसी झगड़ों में टाँग अड़ाते थे। यूं, वे स्वयंभू पंच थे। ठकुर-सुहाती करने वाले मक्खन-पैजू जाटवों ने उन्हें 'सरपंच' कहना शुरू कर दिया था। इस स्व-नामधन्य पंच महाशय ने अपनी पत्नी का जेवर जुए में रख दिया था। वे रोती रही थीं। गाँव रिश्ते से वो मेरी भाभी लगती थीं। मैंने इसी घटना को तुकबन्दी में बांध कर सुनाया था। यहाँ एक अंश दे रहा हूँ—

सभा में बैठे हैं अच्छे,
बेच कर पत्नी के लच्छे।

पिता ऐसे मन के कच्चे,
भला क्या सीखेंगे बच्चे?

एक के बाद एक इस तरह की कई कतरनें मैंने सुनाईं, जिनमें कुछ के विषय बीड़ी, हुक्का और शराब न पीने, माँसाहार छोड़ने, बच्चों को पढ़ाने और अस्पृश्यता न मानने और इन्दिरा जी की मान कर नसबन्दी करा लेने से सम्बन्धित थे। कुल मिला कर मेरी तुकबन्दी पर आर्य समाज का गहरा प्रभाव था। उस जलसे में गाँव स्तर की आर्य समाज की नई कमेटी भी गठित की गयी थी। उसमें मुझे सर्व-सम्मति से उपाध्यक्ष बना दिया गया था। कमेटी के बाकी सभी पदाधिकारी अध्यापक थे और मैंने अभी स्कूली पढ़ाई शुरू भी नहीं की थी। उम्र में भी मैं सबसे छोटा था। इसलिए बात उठी कि चुनाव भावुकता में हुआ है। बाद में प्रेमशंकर शास्त्री, रामनाथ शास्त्री और शंकर मास्टर ने संशोधन करके मुझे उपसचिव बना दिया। आर्य समाज की 'आर्य-मित्र' पत्रिका में आर्य सभा के गठन का समाचार छपा था। पदाधिकारियों में मेरा नाम भी शामिल था। आर्य मित्र का मुझे सदस्य भी बनवा दिया गया और श्यौराजसिंह के साथ 'आर्य' उपनाम जोड़ कर नामकरण-संस्कार भी कर दिया गया था। मतलब भी समझा दिया गया कि आर्य का मतलब है श्रेष्ठ होना और अनार्य का मतलब अश्रेष्ठ होता है। उस दिन से मैं स्वयं को श्रेष्ठ और शेष को अश्रेष्ठ मानने का अभ्यास करने लगा। परन्तु ऐसी अतार्किक आत्म प्रशंसा आज तक मेरे गले नहीं उतर सकी कि कैसे सरनेम 'आर्य' जोड़ लेने से व्यक्ति श्रेष्ठ और न जोड़ने से अश्रेष्ठ होता जाता है।

उस दिन जलसे में मेरी प्रस्तुति इतनी सफल रही कि दर्शकों-श्रोताओं ने दो आना, चार आना करके दो-तीन रुपये का इनाम भी मुझे दे दिया था। कार्यक्रम के आखिर में मैंने वे सब पैसे वहीं संगीत आयोजन कर रही 'आर्यसमाज की मंडली' को अपनी ओर से दान दे दिये, तो लोग और अधिक प्रभावित हुए। उन में से बहुतों की मैं रहटें और दाँय हाँक चुका था। जब मैं निराई-कटाई करता था, तब चार आना रोज की मजदूरी प्राप्त करता था। ऐसे में पैसों की मेरे लिए कितनी बड़ी आवश्यकता थी इसकी कल्पना की जा सकती है। मैंने सबसे अधिक दिन स्वामी यादव और बड्डे यादव की रहटें हाँकी थीं। मेरे आठ आना की मजूरी से सीधा एक रुपया करने वाले मलखान सिंह यादव पहले (लेखपाल) व्यक्ति थे। पर उनके पिता जी मेहनताना बढ़ाने के लिए तैयार नहीं थे। इस प्रतिक्रिया में वे रात देर तक रहटें हँकवाते रहते थे। शुक्ल पक्ष—अर्थात उजली रात में तो वे मुझे आधी-आधी रात तक बिना सुस्ताए खटाते रहते थे। इसलिए मैं उजली रातें पसन्द नहीं करता था।

उस दिन के बाद गाँव में मेरे कवि होने की बात कानों-कान फैल गयी। मैं जाने क्या निराला हूँ। तमाम स्त्री-पुरुषों और खास कर छात्रों की दृष्टि मेरे प्रति बदल गयी। अब मुझे उनकी अपेक्षाओं के अनुकूल बनना था। उनकी कसौटियों पर खरा

उतरना था। अब मैं गाँव के हर जागरूक व्यक्ति की नजर में था। मुझमें चमत्कार है। ऐसी चर्चा फैल गयी। उसके बाद मैं और अधिक जोर-शोर से तुकबन्दियाँ करने में जुट गया। विषय और तुक सोचने में डूबा रहने लगा। हालाँकि, रघुनाथ शास्त्री को मेरी कविता में संस्कृत के शब्दों और छन्द विधान की कमी दिखाई पड़ जाती थी। उन्हें मेरी कविताओं का कला पक्ष बहुत कमजोर लगता था। कितनी मात्राएँ हों, छन्दबद्धता ऐसी हो, लयात्मकता अनिवार्य हो। उर्दू-अंग्रेजी के शब्दों से बिना बचे तुक, लय और गेयता के बिना कविता कविता नहीं हो सकती, ऐसा उनका तर्क रहता था। पर मैं अपनी धुन में अपने ढंग से लिखता रहता था। मैं उनसे केवल इतना पूछता था कि "जो मैं लिख रहा हूँ वह कविता है या नहीं?" वे जवाब देते–"हाँ, कविता तो है। पर इसमें एक तो संस्कृत क़ाव्य की परम्परा का पालन नहीं हो रहा है, दूसरे तुम्हारे ऊपर उर्दू के मुस्लिम शायरों का बहुत गहरा प्रभाव है। इसी रास्ते पर चलते रहे तो न हिन्दी के कवि बन पाओगे और न उर्दू के शायर, खिचड़ी बन जाओगे तुम।"

पढ़ने की नई राह पर

वह सन् उन्नीस सौ चौहत्तर-पिचहत्तर का समय था। होली के अगले ही दिन मैं अपने थैले में कन्नी-बसूली आदि औजार डाल कर, 'लहरा' गाँव जाने के उद्देश्य से घर से निकला था। रामचरन मुझसे आधा एक घण्टा बाद में चलता था। अतः सभाओं-गोष्ठियों के अध्यक्षों और मुख्य अतिथियों की भाँति वह देर से पहुँचता था। इसलिए कि एक तो वह मेरा उस्ताद था और दूसरे उसके पास साइकिल थी, जबकि मैं पैदल ही आता-जाता था। सो, कुरता-पाजामा पहने मैं गाँव की पूरब दिशा की ओर निकल पड़ा था। भोर का मद्धिम प्रकाश फैल रहा था। सूरज की लालिमा सीधी मेरे चेहरे पर पड़ रही थी। दिन चढ़ रहा था। मैं प्रकाश के साथ तेज कदमों से आगे बढ़ रहा था। किसान महिला-पुरुष खेतों पर जा रहे थे। मार्च के महीने का कम शीतोष्ण मौसम था। मैं अपना कोई गीत गुनगुनाता हुआ चला जा रहा था। रास्ता प्रेमपाल सिंह यादव के खेत की मेंड़ से होकर गुजरता था। उनका यह खेत तालाब के किनारे पर था जो तीन ओर से रास्ते से घिरा हुआ था। वे अध्यापक होने के साथ-साथ कृषि कार्यों में अत्यधिक रूचि रखते थे। उस समय वे खेत में जल्दी ही सरसों काटने पहुँच चुके थे, इसलिए कि धूप में सरसों चटकने लगती थी। उन्होंने मुझे खेत की मेंड़ से गुजरते हुए देखा। अपना काम रोक कर तुरन्त मुझे आवाज दी–"श्यौराज! श्यौराज!!" उन्होंने मेरे 'सौराज' नाम को पहली बार श्यौराज कहा। क्षणभर रुक कर मैंने उनकी ओर देखा। फिर प्रत्युत्तर में बोला–"हाँ! मास्साब।" उन्होंने फिर कहा–"इधर मेरे पास आकर मेरी बात सुना"–मैं रूका, पर काम पर जाने के लिए कुछ देर हो गयी थी इसलिए मैंने अपनी स्थानीय बोली में

कहा–"मास्साब मोइ जल्दी है, आज थोड़ी देर है गयी है। रामचरन नाराज होइगो। कोई जरूरी काम होइ तो बताइ देउ?" यह कहता हुआ मैं खेत के अन्दर की ओर दो-चार कदम आगे बढ़ा और उसी तरह कुछ कदम वे मेरी ओर बढ़े। पास आकर बोले–"मुझे तुम से केवल एक बात कहनी है।" "क्या बात कहनी है?" मैंने उत्सुकता से जिज्ञासा व्यक्त की, तो वे कहने लगे–"मैं एक अध्यापक हूँ। ईश्वर की कृपा से मुझे किसी भी बच्चे की प्रतिभा और उसकी सम्भावनाओं का अन्दाजा हो जाता है। मैं तुम्हारे अन्दर भी एक बड़ी रचनात्मक प्रतिभा देख रहा हूँ। कल शास्त्री जी के यहाँ हुए जलसे में मैंने तुम्हारी रचनाएँ बहुत ध्यान से सुनी थीं। तभी से मैं तुम से बहुत प्रभावित हूँ। मेरी राय में तुम्हें किसी तरह पढ़ाई करनी चाहिए। बिना पढ़ाई किये तुम्हारी काव्य-प्रतिभा बेलदारी और राजगिरी में दबकर मर जायेगी। अगर तुम्हें अवसर दिया जाए और तुम उस का सही उपयोग कर पाओ तो तुम्हीं अकेले हो जो इस गाँव का नाम दूर तक रोशन कर सकते हो।"

मास्टर साहब की बात सुन कर मुझे अच्छा तो लगा, परन्तु मेरी परिस्थितियों के लिहाज से वे मुझे असम्भव सपना दिखा रहे थे। अतः मैंने कहा–"मेरे लिए खुशीराम मास्साब और कुँवर बहादुर साब ने भी सोचा है। स्कूल में दाखिला भी मिल जायेगा, पर रोटी कहाँ से आयेगी। अभी तो मैं खुद कमाता हूँ तब खाता हूँ। न किसी का एहसान न किसी की दया। यदि मैंने आज ही काम करना छोड़ दिया तो कल से पेट के लिए किस का मुँह ताकूँगा? मेरे पिता की मौत के बाद मेरा मददगार कौन है? घर में विरासत के सिवाय मुर्दा मवेशी उठाने वाले संगेटे, रस्सियाँ खाल उतारने के रांपे जूतियाँ बनाने के कलाबूत, आर, रांपी सुतारी इत्यादि के और क्या है? न भूमि न कोई व्यवसाय और न कोई जमा पूँजी।"

मेरी समस्या सुन कर उन्होंने काम रोक दिया और कुछ सोचने लगे। क्षण-भर ठहर कर बोले–"अच्छा, तुम कल सवेरे मेरे घर आना, तब बात करेंगे। तब तक मैं घर में बऊ से परामर्श करूँगा। अभी तुम जाओ, लेट हो रहे हो, अपना काम करके आओ।"

अब मैं लहरा की ओर लपकता-दौड़ता जा रहा था, परन्तु मेरे अन्तर्मन में पढ़ाई को लेकर कुतूहल पैदा हो गया था। अनेक छोटे-बड़े सवाल मेरे मन में उठ रहे थे–"क्या मैं अभी भी किसी तरह विद्यार्थी बन सकता हूँ? क्या मुझे अभी भी किसी स्कूल में दाखिला मिल सकता है? क्या मैं अपना जन्म सुधार लेने का कोई मार्ग प्राप्त कर सकता हूँ?" अगर पढ़ने का मौका मिल भी गया तो रोटी कहाँ से मिलेगी, और अगर रोटी के लिए कमाऊँगा तो पढ़ने-लिखने को समय कहाँ से निकाल पाऊँगा? मजूरी और स्कूल की पढ़ाई दोनों साथ-साथ कैसे चलेंगी? नहीं तो कपड़े-किताबें कहाँ से आयेंगे? दाखिले के लिए भी मेरे पास किसी कक्षा का प्रमाण-पत्र नहीं है, मैं किस क्लास में जाऊँगा? क्या मास्टर साहब सही कह रहे हैं

कि यदि किसी तरह पढ़ गया तो मैं बड़ा कवि बन जाऊँगा? बेगार-मजूरी और तरह-तरह की गुलामी करने से आजाद हो जाऊँगा?"

उस दिन मैं दीवार पर एक भी रद्दा ठीक से नहीं रख पा रहा था। सूत और सब्बल की मदद के बावजूद ईंटें सही ढंग से नहीं रखी जा रही थीं। मैं शरीर से ड्यूटी पर था, पर मानसिक रूप से कहीं और। इस कारण मालिक लाला लखपत सहित उस्ताद रामचरन की भी डाँट-फटकार सुननी पड़ रही थी। अपने वर्तमान और भविष्य से सम्बन्धित मन में उठ रहे ढेरों सवालों और ख्यालों का तूफान साथ लिये शाम को मैं लहरा से लौटा, तब तक अँधेरा होने लगा था। हल्की-हल्की बे मौसम बरसात होने से वातावरण भी नम हो गया था। मैंने देखा कि साइकिल द्वारा मुझसे पहले आकर रामचरन, मेरे घर पर मेरी माँ और गंगी बब्बा से मेरी शिकायत कर रहा था—"आज तौ सौराज ने काम बहुत बिगाड़ो। छज्जे पै लगाओ तो छज्जो टेढ़ो करि दओ और ऊपर मन्दिर पै भेजो तो गुम्बद बिगाड़ दई। न जाने किन के ख्यालनु में खोयो रहो। मेरी राय से अब जो राजगिरी सीखनों छोड़ कैं बेलदारी करे।" मुझे पद अवनत करने की घोषणा कर के रामचरन तो चला गया, लेकिन अम्मा ने बताया—"लल्ला, आज प्रेमपाल मास्टर आये थे, कह रहे कि "दादी अभी भी समय है, तुम श्यौराज को स्कूल भेजने की सोचो।" "तो तुमने का कही?" मैंने प्रश्न किया। तो अम्मा ने बताया—"मैंने मने कर दई।" "मनें क्यों कर दई?" "तू स्कूल जाइगो तो खाइगो कहाँ तें? कमाइ के खवावन कूँ का तेरो बापु सुरग तें लौटिके आवेंगो? जो निर्मोही तरा-ऊपर के चारि बालक पैदा कराइ के जा ता के मौं देखा करि कें मोइ छोड़ि के दुनिया तें चलो गओ। अब मैं तो फसल पै ही सिला-साटी बीन लेति हूँ। रामभरोसो अवई भौत छोटो है। तू ही है जो अब ईंट-गिलाओ देतु-देतु चिनाई कन्नो सीख रओ है।" अम्मा ने प्रेमपाल से हुआ सारा वृतांत कह सुनाया। मैंने फिर पूछा—"मास्साब ने आखिर में तुम्हें क्या कहा।" अम्मा ने बताया—"प्रेमपाल ने कही कि दादी वह सब चिन्ता तुम हमारे ऊपर छोड़ो। मैंने सोच रखा है, श्यौराज हमारे घर रहेंगे। मैं उन पर और तुम पर कोई एहसान नहीं करने जा रहा। छुट्टियों में वे हमारे खेतों पर काम करेंगे। बाकी दिन पढ़ेंगे। हाँ, मैं आप लोगों को मजूरी के तौर पर कुछ नहीं दे पाऊँगा।" आखिर मैं जब स्कूल में पढ़ने का मौका दूँगा तो छुट्टी के समय खेत, क्यार, ढोर, डांगर का कुछ तो काम कराऊँगा ही। मेरी इच्छा इसे हमेशा अपने घर रखने की है, पर यह दूर तक जायेगा। पूत के पाँव पालने में माँ को दिखें न दिखें, पर अध्यापक को दीखते हैं दादी। आप तो माँ हैं और मैं मास्टर, मैं जो देख सकता हूँ वह आप नहीं?" प्रेमपाल सिंह ने अम्मा को अपना निर्णय सुना दिया था। अब माँ अनिच्छा से मेरी ओर देख रही थी। वह चाहती थी कि मैं स्कूल जाने का मन नहीं बनाऊँ। क्योंकि स्कूल जाने लगा तो मजूरी से मिलने वाले तीन-चार रुपये घर में आना बन्द हो जायेंगे और गुजारा करना मुश्किल हो जायेगा।

इस प्रश्न पर हम माँ-बेटे चूल्हे के आस-पास बैठे देर रात तक सोचते-विचारते रहे। नेत्रहीन गंगी बब्बा शिक्षा के लाभ-हानि से अनभिज्ञ थे। फिर भी वे बोले–"ऐसो कछु जरूर करो जातें तुम्हारी जिन्दगी हमारी तरह की गुलमई में न कटे। पढ़ सके तो पढ़। स्कूल जाने को मौको मिलो है तो वाको फादा उठाओ जाइ कै नाँय।" ताऊ, ताई, बब्बा और 'माँ' के तर्क मिले-जुले थे–"शुरू से पढ़ने वाले तो नौकरी मुश्किल से पावें हैं और तू तो स्कूल के ढिंग (पास) से नाँय लिकरो तो पढ़ेगो कैसे?" अन्ततः, माँ स्कूली पढ़ाई के एकदम पक्ष में नहीं थी,

होली से तीसरे दिन सूर्य निकलते ही दैनिक क्रियाओं से निवृत होकर मैं सीधा प्रेमपाल सिंह के घर पहुँचा और अपने अस्पृश्य बोध के साथ बाहर कोने में जाकर खड़ा हो गया। उनके घर में उस समय केवल तीन सदस्य थे–अनौखिया 'बऊ', कक्षा आठ की छात्रा उनकी बेटी 'मलना' और खुद मास्टर प्रेमपाल सिंह यादव। भाई की मृत्यु के बाद मास्टर साहब को भाभी ने ही पाला-पोसा और पढ़ाया-लिखाया था। पति की मृत्यु के बाद वे स्वयं मास्टर साहब को बैठा दी गयी थीं। हालाँकि उम्र में पन्द्रह-बीस साल बड़ी थीं, इस कारण प्रेमपाल सिंह 'बऊ' को बहुत मानते थे। वे अपना रौब रखती थीं। घर की माली दशा सुधारने के लिए कंजूसी की हद तक मितव्ययी थीं। प्रेमपाल सिंह मुझे संस्कृत पढ़ाते थे। एक श्लोक मेरे ध्यान में रहता था–

"न ददाति न चाश्नाति, धनं रक्षितम् जीवतम्
यस्य कृपणा-कस्य प्रिय न भवति ॥"

(जो न देता है न खाता है और जीवन-भर धन की रक्षा करता है, ऐसा कंजूस किस को प्रिय नहीं होता?) इसे मैं 'बऊ' पर लागू करता था, क्योंकि वे भी न किसी को कुछ देती थीं, न अच्छा खाती थीं और न अच्छा पहनती थीं। उनका हुलिया किसी भी गरीब स्त्री जैसा ही था, हालाँकि वे सिर से पाँव तक चाँदी के जेवर से लदी रहती थीं। प्रेम से वे उम्र में करीब दस-पन्द्रह साल बड़ी रही होंगी। शुरू में मैं उन्हें मास्टर साहब की माँ समझा था। वे बेहद मजाकिया स्वभाव की महिला थीं। राह चलते पुरुषों से मजाक करती चलती थीं। हर जाति के देवर-जेठ उनकी मजाकिया प्रवृत्ति की चपेट में रहते थे।

मुझे कोने में खड़ा देख मलना ने कहा–"भैया (वह 'प्रेम' को भैया कहती थी) देखो बाहर कौन खड़ा है?" मास्टर साहब ने देखते ही हाथ के इशारे से कहा–"अन्दर आओ श्यौराज।" मैं झेंपता-सकुचाता आगे बढ़ा और आँगन से गुजर कर बरामदे में जाकर रुक गया। बऊ बोलीं–"भीतर आओ।" मैं घर में पहुँच कर जमीन पर एक ओर सिमट कर बाल-मजदूर की अपनी स्वाभाविक मुद्रा में उकड़ूँ बैठ गया। "बऊ, इन्हें पिढ़िया देउ"–मास्साब ने कहा। बऊ ने मलना की ओर इशारा किया और मलना ने पीढ़ा डाल दिया। "इस पर बैठो।" मास्साब का संकेत पाकर मैं बैठ

गया था। तब वे बोले—"बऊ इन्हें पहले कुछ खिलाओ-पिलाओ, पहली बार आये हैं। बाद में इनसे बात करेंगे।" उन की बातें सुन कर मैंने कहा—"मास्साब, मैं कुछ खा नहीं सकता।" उन्होंने पूछा—"क्यों नहीं खा सकते?" तब मैंने बताया कि "मैं अपने साथ अपना कटोरा नहीं लाया हूँ।" उस दिन से पहले मैंने गाँव-भर में किसी यादव या बनिए के बर्तन में खाना नहीं खाया था। एक-दो आर्यसमाजियों को छोड़ कर यादव किसी भी चमार-भंगी को अपने बर्तन नहीं देते थे। हाँ, मुसलमान उनके बरतनों में खा सकते थे और उनके हुक्के की चिलम उतार कर पी सकते थे। यों मुसलमानों में भी कुछ लोग हमारी तरह गरीब और भूमिहीन थे परन्तु वे अछूत नहीं थे। रामजीत प्रधान यादवों में अपवाद थे वे उसी थाली में चमार-भंगियों को खाना खिलाते थे जिसमें खुद खाते थे। प्रेमपाल सिंह ने अनौखिया से पूछा—"बऊ इनके बारे में जानती हो?" बऊ बोली—"जानती हूँ, आज से नाँय, वा दिन से जानती हूँ जा दिन इन के बाप की मौत भई, ये गंगी डोकर के नाती हैं और मुखी दादी के लड़का। सब जानती हूँ। साल-साल गाम तें बाहर रहत हैं। जाने कहाँ-कहाँ देस परदेस, मैं तो जड़तें जानती हूँ। तुम अपनी बात करो।" मास्टर साहब हँसे—"तुम तो यह सब इनके परिवार के बारे में बता रही हो। मैं इन के गुणों के बारे में पूछ रहा हूँ, जिसे पूरा गाँव नहीं जानता था। ये पढ़ लिख सकते हैं। गीत-कविताएँ लिखते हैं। तुम जानती हो?" उन्होंने सवाल किया तो बऊ ने कहा—"यह सब तो तुम जानो, पढ़ाई लिखाई तें मेरो का मतलब?" बऊ ने हाथ झाड़ लिए।

पेट-पूजा कराने के बाद मास्साब बोले—"देखो श्यौराज, ईश्वर की दया से हमारे पास जमीन है। कुछ पुश्तैनी है और दस-पन्द्रह बीघा खरीदी है। बऊ अस्वस्थ रहती है। मैं चिरौरी (नरौरा-बुलन्दशहर) पढ़ाने जाता हूँ। शनिवार को आता हूँ। सोमवार को चला जाता हूँ। वैसे भी तीन खेत गाँव के तीन ओर अलग-अलग दिशाओं में दूर-दूर हैं। मजदूर अब गाँव में मिलते नहीं। सब शहर भाग जाते हैं या राज मिस्त्री बन जाते हैं। ऐसे में हमें एक ऐसे बालक की जरूरत है जो हमारा विश्वास पात्र हो। नौकर बना कर हम रख नहीं सकते और मुफ्त में कोई रहेगा क्यों? तुम चाहो तो रह सकते हो। तुम्हें पढ़ने-लिखने का मौका मिलेगा। छुट्टी के समय खेतों का काम देखना होगा। तुम खुशी से रहो, काम करो, खाओ और बाकी समय में पढ़ो-लिखो। पर हाँ, तुम्हें अपनी माँ को स्पष्ट बोलना पड़ेगा कि तुम उन्हें कमा कर कुछ नहीं दे सकते, क्योंकि हम तुम्हें घरेलू नौकर बना कर नहीं रख सकते। पढ़ जाओगे तो खुद अपना रास्ता निकाल लोगे। माँ की सेवा करोगे और अपना घर-परिवार बना लोगे। वैसे यह संसार मिथ्या है। तुम और मुझ जैसे ईश्वर भक्त-कवियों को तो परिवारों से विरक्त होना चाहिए। जितना जल्दी हो सके, घर-परिवार त्याग देना चाहिए। खैर, वह ज्ञानार्जन के उपरान्त सोचना पड़ेगा।" मास्टर साहब ने अपनी मंशा जाहिर कर दी थी।

पर बिरादरी में मैं अपनी पढ़ाई के विषय में जिससे भी राय लेता था, वही मेरे खिलाफ खड़ा हो जाता था। पूरे घर-बस्ती में एक भी स्त्री-पुरुष या बच्चा मेरे निर्णय में मेरे साथ नहीं था। माँ, बहन, भाई भी असहयोग की भाषा बोल रहे थे। इस तरह मैं एकदम अलग-थलग पड़ गया था। तब मैंने अपने आत्मविश्वास के सहारे और बालबुद्धि के अनुसार आवेश में आकर अपने चुनौतीपूर्ण निर्णय की जोरदार घोषणा की थी—"मैं पढ़ंगो, एक फेरा कोशिश जरूर करंगो। अगर दसवीं पास नाँय करि पाओ, तो हार मान लिंगो, पर बिना कोशिश करे तो नाँय मानंगो। कोई मेरो संग्गु देउ या मत देउ। मैं एक-एक अक्षर के बदले अपने खून की एक-एक बूँद दे दुंगो पर पढ़नो नाँय छोड़ंगो। जो तुम सब मेरे खिलाफ हो तो मैं आज से चमरियानें में ही आनो छोड़ि दिंगो। सोइ जाए करंगो मास्टर जी के घेर में। भाड़ में जाइ बिरादरी और चूल्हे में जाइ घर-परिवार। मैं पढ़ंगो, अपने बलबूते पै।"

मेरे कठोर निर्णय का जवाब मेरी माँ ने भी कठोरता से ही दिया था। वह बोली—"आज से मैं समजुंगी कि सौराज मरि गओ। मैंने एक बेटा पैदा ही नाँय करो, मैंने नौ महीना अपनी कोख में एक पत्थर ढोओ। आज से सौराज पूरी वस्ती कूँ मरे के बराबर है। अब तू जो मन में आवै सो करि। जब पढ़न की उमरि रही तब तो पढ़ि नाँय पाओ अब दुए रोटी को काम कन्न लाक भओ है तो मिस्त्री के औजार छोड़ि कें कलम चलावैगो। मैंने कब नाँय पढ़ानो चाहो, जो इतनो ही भाग वालो हो तो बाप काहे कूँ मरी गओ तेरो? अब चार पैसा कमावन लाक भओ है तौ हमारो पेट भन्नो छोड़ि स्कूल के लालच में घर छोड़ि रओ है। तेरो जैसो दूसरो कोई निर्मोही होइगो जा दुनिया में? अब जहाँ मन आवै, चलो जा। मैं सबुर करि लिउँगी। जिन्दी रही तो देखउँगी तू कैसो पटवारी, मुंशी या सिपाही बनेगौ?"

मैंने कठोर फैसला तो ले लिया था पर अम्मा के शब्दों ने मुझे घायल कर दिया था। हालाँकि न तो अम्मा मेरी अशुभ चिंतक थी और न मैं उसका दिल दुखाना चाह रहा था। पर मैं पैतृक घर छोड़ यादव जी के घर जा रहा था। तब अम्मा का विरोध करना जायज था। भयंकर गरीबी के कारण वह मजबूर थी, दूसरे पढ़ाई से उसे कोई उम्मीद नहीं थी। उसे लग रहा था कि पढ़ाई-लिखाई कराने के नाम पर प्रेमपाल सिंह यादव द्वारा मेरे बेटे को ठगा गया है। उसे तत्काल मेरी कमाई की जरूरत थी। मैं अनिश्चित मंजिल की ओर अपनी राह पर चल पड़ा था। पर मुझे दुख था कि इस यात्रा में माँ की शुभकामनाएँ तक मेरे साथ नहीं थीं। वह चाह रही थी कि मुझे अपने फैसले में व्यर्थता दिखे और मैं वापस पुराने रास्ते पर लौट आऊँ। मैं माँ की मंशा, मुसीबतें और जरूरतें समझता था। वह मेरे बालश्रम के बल पर भिकारी के उत्पीड़न से मुक्त होना चाहती थी। पर मैं दो में से एक ही रास्ता चुन सकता था। पढ़ाई के लिए अम्मा परिवार और बिरादरी को छोड़ दूँ या उनके लिए पढ़ाई का सपना!

अन्ततः मैं अपना घर छोड़ कर प्रेमपाल सिंह के घर चला आया। उन्हें

प्रतिक्रियाओं से अवगत कराया तो वे बोले–"मैं सब जानता हूँ, आज ये लोग ऐसा ही सोचेंगे। लेकिन जब तुम सफल हो जाओगे, तब यही तुम्हें अपना सगा कहेंगे। मुझे तो भूल भी जायेंगे पर तुम्हें उदाहरण बना कर अपने बच्चों को प्रेरणा देंगे, जाति का गौरव बताएँगे। सच पूछो श्यौराज, मैं भी यही चाहता हूँ कि तुम उदाहरण बनो। मैं जानता हूँ कि तुम्हारी प्रतिभा के पंखों में उड़ान भरने की कितनी सम्भावना है। इसलिए मैं तुम्हें तुम्हारा आकाश दिखा सकूँ, यही मेरी हार्दिक आकांक्षा है। ये तुम्हारी कौम अज्ञानी-गरीब है, इनका कोई दोष नहीं। इन्हें तुम हम जैसे लोग रास्ता दिखायेंगे। सन्तों, कवियों की बहुत जरूरत है इस समाज को। मेरा पूरा यकीन है कि तुम सृजन और साधना की दिशा में मुझसे भी आगे जाओगे। मैं एक दिन तुम्हें अपना शिष्य बना कर आध्यात्मिक ज्ञान की खोज में निकाल ले जाऊँगा, तब भी ये लोग ऐसा ही कहेंगे। बच्चा छूटता है तो माँ का मन ऐसा ही होता है। पर मैं तुम्हें धीरे-धीरे हटाऊँगा। मेरा विचार यह है कि 'मलना' की शादी हो जाए। बऊ का बुढ़ापा कट जाए, तुम पढ़ जाओ और मैं आचार्यत्व प्राप्त करने के लिए वैदिक (संस्कृत) साहित्य का थोड़ा और अध्ययन कर लूँ। तब दोनों गाँव त्याग कर 'कृण्वन्तो विश्वार्यम्' लक्ष्य लेकर ईश्वर के प्रचार-कार्य में रम जायेंगे। परमात्मा से साक्षात्कार कर कहीं अपना अगला जन्म सुधार पायेंगे, संन्यास ले लेंगे। मोह तब भी हमें रोकेगा। प्रतिक्रियाएँ तब भी ऐसी ही होंगी, परन्तु जिन्हें कुछ करना होता है, उन्हें बेड़ियाँ तोड़नी पड़ती हैं। तलवे में फँसा काँटा भी बिना दर्द सहे निकलता नहीं है। तुम भविष्य की सोचो, लक्ष्य पर दृष्टि गड़ाओ। इधर-उधर मन भटकाओगे तो कहीं के नहीं रहोगे।"

वे आध्यात्मिक सन्त की तरह बोल रहे थे। उनका एक-एक शब्द मेरे सीने में सीधा उतर रहा था। तब मैं नास्तिक नहीं था। ईश्वर की सत्ता-शक्ति में मेरा विश्वास और गहरा हो, ऐसी उनकी आकांक्षा थी।

बस्ती करीब होने पर भी मैंने अपने घर आना-जाना छोड़ दिया था। मास्साब के साथ दिन-भर उनके खेत-क्यारों में काम करता और रात को उन्हीं के घर सो जाता था। छुआ-छूत घर में नहीं थी। फिर भी मैं अतिरिक्त रूप से सचेत रहता था। इस कारण अपने खाने के बर्तन उठाते हुए झिझकता था और उन्हें साफ करके हमेशा टोकरे से बाहर कोने में रखता था, हालाँकि अगली बार बर्तन उसी टोकरे में से उठाए जाते थे। मेरे बर्तन अलग नहीं थे। पर मैं उनमें भी कटोरा या छोटा ही बर्तन उठाता था। मेरे गाँव का आर्यसमाज शायद बाकी से इसलिए भिन्न था, क्योंकि उसके कर्ताधर्ता प्रचारक आदि सभी यादव थे और उनमें भी अधिकांश अध्यापक थे। पर वह समाज एक-वर्णीय समाज निर्माण के अपने ध्येय की पूर्ति में प्रयत्नरत होने के बजाय 'आर्य समाज' से कब सनातनी कर्मकाण्ड की ओर अग्रसर हुए, कब उसमें मन्दिर समर्थन तथा मुस्लिम और दलित विरोध का भाव प्रवेश कर गया, ठीक से

नहीं बता सकता। आज वह अघोषित हिन्दू सभा की शाखा का ही पर्याय है। सत्ता की आकांक्षा मंडल-दर्शन से कम, जातिगत कारणों से अधिक आयी लगती है।

विद्यालय में

प्रेमपाल सिंह ने मुझे मलना की छटी क्लास की कुछ पुरानी किताबें दी थीं। अंक गणित जल्दी मेरी समझ में आने लगा, पर बीज गणित कठिन लग रहा था। जब-जब सवाल हल नहीं होता तब-तब अपने कठोर फैसले पर शंका होती कि कहीं गलत निर्णय तो नहीं ले लिया। मेरे लिए स्कूल का रास्ता सही है या बाल श्रम का, अगर मैं आगे नहीं बढ़ सका और कहीं फेल होकर पीछे लौटने लगा तो मेरी कितनी फजीहत होगी। बार-बार मास्टर साहब के सामने समस्या रखता तो वे कहते–"तुम जितना जानते हो, पास होने लायक तो उतना भी काफी है। आगे तुम एक महीने में एक साल की पढ़ाई कर लोगे।" वे ऐसा तब कह रहे थे जबकि मैंने अंग्रेजी ए. बी.सी.डी. सीखना शुरू भी नहीं की थी। वैसे भी उ.प्र. के सरकारी स्कूलों में अंग्रेजी पढ़ाई कक्षा पाँच के बाद ही शुरू होती थी। उसके लिए अध्यापक भी कम होते थे और वे हिन्दी माध्यम से ही अंग्रेजी पढ़ाते थे। आठवीं पास करने के बाद तो छोड़ी भी जा सकती थी।

मैं भी छठी क्लास की अंग्रेजी की किताब ले आया। दिन भर मशक्कत के काम करता था और रात को इन विषयों की थोड़ी-थोड़ी पढ़ाई करता था। शारीरिक श्रम की थकान और पढ़ाई की मानसिक भूख दोनों एक साथ बढ़ रही थीं। उस वर्ष मास्साब के खेतों की कटाई तो मेरे जाने के अगले दिन से ही शुरू हो गयी थी। हालाँकि की गहाई से लेकर ढुवाई तक के इतने सारे काम किये कि दो नौकर भी लगते तो न कर पाते। रात के दो-दो बजे तक होड़ लगा-लगा कर लाँक के गठ्ठर मैंने और मास्साब ने ठोए थे। उन दिन-रातों के मेरे कामों को वे आज तक याद करते हैं।

प्रेमपाल सिंह सही मायने में सन्त थे। लेकिन उनकी समूची शारीरिक शक्ति खेतों में खपाने के लिए थी। कृषि उन की सभी रूचियों पर भारी थी। मेरी उनके साथ अच्छी पटरी खा रही थी, खासकर गाँव के बनियों में धार्मिक आयोजन होते रहने से। प्रेमपाल सिंह उनमें कम बोलते थे, पर मेरा मुँह खुल गया था। एक रात हुआ यह कि लछमन बनिये की दुकान के आगे रामचरितमानस का अखण्ड पाठ चल रहा था। एक दिन पण्डित जी अस्वस्थ हो गये और उन्हें घण्टे आध घण्टे के लिए वाचन- क्रम से हटना पड़ा तो गाँव के लोगों ने कहा–"सौराज से पढ़वाओ, वह बहुत अच्छी रामायण पढ़ता है।"

मैंने जब पूरी लय, तल्लीनता और भाव-विभोर होकर रामचरित मानस का एक उपखण्ड पढ़ा तो लोग प्रभावित हुए बगैर नहीं रह सके। मुझे इसका अन्दाजा तब लगा जब लछमन बनिए की पत्नी, जो हम सभी चमार-भंगियों के बच्चों को जंगली जानवरों के बच्चों की तरह दूर-दूर हट कहती थीं, उस दिन के बाद मुझे दुकान में

भीतर बुलाने लगीं। चारपाई पर बिठाने लगीं और उधार-पानी भी देने लगीं। बल्कि अपने बेटे (सुभाष गुप्ता) से मेरी ऐसी तारीफ की कि बाद में वे मेरे मित्र बन गये, जो आज तक बने हुए हैं। वे बबराला में एक व्यक्तिगत विद्यालय का प्रबंधक हैं और उसकी पत्नी प्राचार्य है। मैं अक्सर उधर जाता, तो रात को उन्हीं के घर ठहरता था। काम-धन्धे के दौरान मैं मास्साब से बार-बार आग्रह पूर्वक प्रश्न करता था—"मुझे किस स्कूल में जाना है, कब जाना है, उसके दर्शन तो करा दीजिए।"

एक वर्ष बाद भी, मार्च कहते-कहते जून बीत गया। जुलाई में उन्होंने स्कूल से लौट कर अचानक एक दिन कहा—"तुम्हें कल मेरे साथ विद्यालय चलना है। मैं तुम्हें प्रिंसिपल साहब से मिला दूँगा। बाकी प्रक्रिया के बारे में तो मैं तुम्हें पहले ही बता चुका हूँ। अबकी वर्ष जो भी हो, स्कूल में तुम्हारा दाखिला करा देना है। इसलिए कल चलना और स्कूली छात्रों की भांति अपना विद्यार्थी जीवन आरम्भ करना। प्रिंसिपल साहब भले आदमी हैं। गाँधी जी की तरह, अछूतों से भी प्यार करते हैं।" "पर मैं पढ़ूँगा किस क्लास में? लगता है मेरे बारे में गाँव-बस्ती वालों की शंकाएँ सही साबित होगीं।" मैंने चिन्ता व्यक्त की। "शंकाएँ छोड़ो, तुम सवेरे साफ कपड़े पहन कर स्कूल चलना।" मेरे पास बदलने के लिए उन दिनों दूसरी जोड़ी कपड़े नहीं होते थे। इसलिए रात को अंगोछा बाँध कर कमीज-पाजामा धो कर डाल दिये। बनियान, घुटन्ना (नेकर) तो भीतर छिपे रहेंगे, इसलिए उन्हें बगैर धाये काम चल जायेगा। स्कूल जाऊँगा दाखिला मिल गया तो पढ़ने वालों में शामिल हो जाऊँगा और यदि किसी तरह पढ़ गया तो बाल मजूर से बालकवि बन जाऊँगा। अम्माँ, ताऊ और गाँव-बस्ती के जो लोग सोचते हैं कि मैं बेकार की गुलमई करने लगा हूँ, मैं उन्हें दिखाऊँगा कि देखो मेरी कोशिश कैसा रंग ला रही है। ऐसा कौतूहल मेरे भीतर पैदा हो रहा था। उस रात बहुत देर में आँख लगी। सुबह यदि मास्साब नहीं जगाते तो उस दिन मैं काफी देर से जागता। "उठो श्यौराज, जंगल-झाड़े से निबट कर जल्दी तैयार हो जाओ। बऊ रोटी बना रही है। अपने लिए दो परांठे बाँध लो और जल्दी निकलो।" वे गाँव की भाषा में बोल रहे थे। मैं जल्दी-जल्दी शौचादि से फारिग हो गया और आकर रात की धुली कमीज-पाजामा उतार लिए। 'गीता' साबुन चन्दौसी से आता था। मैं उससे कपड़े धोने और नहाने के दोनों काम लेता था। पहले तो खपड़ैल के टुकड़े से रगड़-रगड़ कर हाथ-पैरों का मैल छुड़ाया। फिर साबुन से जल्दी-जल्दी नहाया। बऊ से माँग कर सिर में सरसों का चकाचक तेल डाला, जो कानों तक टपक आया। मैं ऐसे ही तैयार होकर स्कूल गया। मुझे लग रहा था कि अब मैं स्कूल के बच्चों जैसा ही साफ-सुथरा दिखुँगा।

मन के भीतर नए भविष्य का जन्म हो रहा था। मैं प्रसव वेदना का स्वाभाविक सुख महसूस कर रहा था। क्योंकि मेरा चिर-प्रतीक्षित दिन तो स्कूल में प्रवेश करने ही था। स्कूल यानी 'स्वामी पूर्णानंद माध्यमिक विद्यालय, चिरौरी, बुलन्दशहर'। वह

मेरे गाँव से करीब पच्चीस-तीस कि.मी. दूर था।

नरौरा तक हम एक साथ साइकिल से गये वैसे भी मैं तब छोटा था, मास्साब का भार नहीं खींच सकता था। अतः वे ही मुझे खींच कर ले गये थे। वैसे भी उन दिनों वे पहलवान जैसे मजबूत कद-कांठी के व्यक्ति थे। नरौरा पहुँचने पर उन्होंने कहा–"यदि हम दोनों साथ-साथ चलेंगे तो मैं लेट हो जाऊँगा। मुझे क्लास लेनी है। तुम रामघाट होकर स्कूल आ जाना। मैं वहीं मिलूँगा। स्कूल ऊँचे टीले पर है। लाल रंग से पुता हुआ। दूर से ही दीख जायेगा।"

इतना बोल कर वे बम्बा की सफेद सीमेंट-सी चमकती चिकनी पटरी पर तेज गति से साइकिल चलाते हुए चले गये। मैं पैदल-पैदल उसी रास्ते पर चलता रहा। कुछ दूर तक वे दिखाई पड़े, फिर आँखों से ओझल हो गये। स्कूल का भौगोलिक एरिया भी मैंने पहले कभी देखा नहीं था। इसलिए पूछता-पाछता मैं चला जा रहा था। बम्बा से उतर कर रेतीले टीले पर गाँव से बाहर बाग के बगल में घने पेड़ों से ढकी सुन्दर इमारत वाला वह विद्यालय मुझे दूर से नजर आया। लाल-लाल ईंटों से बनी उसकी परिधि और उत्तर दिशा को उसका दरवाजा दिखाई पड़ा। पंक्तिबद्ध कायदे से लगे पेड़-पौधे और फूल-पत्तियाँ मुझे आकर्षक लगीं। रास्ता रेतीला और झाड़ झंकाड़ भरा था। परिधि के पीछे आमों का बाग था। रेत के टीले पर स्थित वृक्षाधिक्य की हरियाली के कारण सादगी में भी आकर्षक लग रहा था। ज्ञान का प्रतीक होने के नाते उस का महत्व मेरे दिल में किसी भी इमारत की अपेक्षा अधिक था। बाहर ईंटों का खडंजा बिछा हुआ था। मैं वहाँ पैदल चल कर पहुँचा था। थकान, पसीना, धूप और धूल से मेरी शक्ल-सूरत मलिन हो गयी थी। कुरता-पाजामा एक तो पुराने थे दूसरे पसीने-धूल में सन कर मैले हो चुके थे। वहाँ विद्यालय परिसर के बाहरी गेट के पास भी एक पेड़ खड़ा था। मैं जैसे ही स्कूल के पास पहुँचा, मुझे स्कूली बच्चे गेट से अन्दर-बाहर आते-जाते दिखाई दिये। वे स्कूली गणवेष (ड्रेस) में थे। मैंने उनकी पोशाकों से अपनी कमीज-पाजामा की तुलना की। उनके चमके जूतों से अपनी मैली-सी चप्पलों का मिलान किया। उनकी सूरत देख कर अपनी शक्ल और सम्पूर्ण हुलिया के बारे में सोचा, तो हीनभावना की अदृश्य दीवार मेरा रास्ता रोक कर खड़ी हो गयी। मैंने देखा, हर बालक मुझ से अलग है और विशेष है। मेरे जैसा तो यहाँ कोई एक भी नहीं है। मेरे दिलो-दिमाग में अनगिन सवाल उठ खड़े हुए।

यहाँ तक कि उस दरवाजे से अन्दर प्रवेश करने का मनोबल नहीं जुटा पा रहा था। गेट तक जाता और वापस लौट आता। मेरी नजरें प्रेमपाल सिंह को तलाश रही थीं, पर वे दिखाई नहीं पड़ रहे थे, क्योंकि स्कूल के अन्दर फूल-पत्तियाँ और पेड़ों से कक्षाओं के दरवाजे ढके हुए थे। मैं हताश हो कर बाहर पेड़ के नीचे बैठ गया था। अब वापस घर लौट जाना चाह रहा था, पर 'प्रेम' को बिना बताये जाना उचित नहीं लग रहा था। अब स्कूली पढ़ाई का इरादा ही छोड़ना, है तो उन से क्या वास्ता रह

जायेगा? उनके पास तो पढ़ाई करने के लिए ही आया था। वह भी अपने घर-परिवार और जाति-बिरादरी के लोगों से लड़ कर। पर लौट कर भी मेरे लिए वहाँ क्या रखा था? हाड़तोड़ मेहनत और तुच्छ मेहनताने के सिवा! विद्यालय के अन्य अध्यापक या किसी कर्मचारी से मेरा कोई परिचय नहीं था। इसलिए मेरे बैठे रहने पर किसी ने कोई प्रतिक्रिया नहीं की थी। तीन-चार बजे तक मैं बाहर पेड़ के नीचे बैठा न जानें क्या-क्या सोचता रहा। भूख लगी तो थैले में से परांठे निकाल कर खा लिये और बाहर वाले नल से पानी पी लिया। जब विद्यालय में छात्रों की छुट्टी की घण्टी टनटनाई तो वे झुंड के झुंड स्कूल से बाहर निकलने लगे और अपने-अपने गाँवों-घरों की ओर जानें लगे। आस-पास से आने वाले अध्यापक भी बाहर निकल गये। देखते-देखते विद्यालय का प्रांगण खाली सा हो गया, परन्तु मैं अजनबी बाहर बैठा यह सब देखता रहा। कभी-कभी सामने आकर स्कूल के अन्दर नजर डाल लेता था कि कहीं मास्साब दिखाई पड़ें तो मैं उन्हें बाहर बुलाऊँ और अपना बदला हुआ फैसला सुना कर घर लौट जाऊँ।

शाम तक जब स्कूल में चन्द लोग रह गये तो मास्साब को मेरा ध्यान आया। कक्षाएँ पढ़ा लेने के बाद फुर्सत के क्षणों में समय अधिक होने के कारण उन्हें मेरी फिक्र हुई, तो बाहर निकल कर उन्होंने इधर-उधर देखा। तब तक मैं खडंजे पर अंगोछा बिछा कर लेट गया था। पेड़ की ठण्डी हवा लगने से पसीना सूख गया। थकान से राहत मिली तो पेड़ की उभरी छितरी हुई जड़ों से पीठ सटा कर सो गया। नींद आने से पहले अपनी आदत के अनुसार उस वक्त भी मैंने एक कविता अपनी अभ्यास कॉपी में लिखी थी, जिसे बाद तक उलटता-पलटता रहा था। उस की कुछ पंक्तियाँ इस प्रकार थीं—

खुले हुए विद्या-मन्दिर—
के दरवज्जे पर,
बना पुजारी-सा बैठा हूँ।
पर मेरे—
आराध्य ज्ञान तुम
मुझ से दूर-दूर क्यों हो?'

बहुत देर हो चुकी थी। अब या तो साहस के साथ सीधा प्रिंसिपल के कार्यालय की ओर बढ़ा जाए अथवा गाँव लौट जाना चाहिए। मैं अनिर्णय और अनिश्चय की स्थिति से उबरना चाह रहा था।

मैंने उठ कर अंगोछा झाड़ा, और जैसे ही उठ कर चलने वाला था कि स्कूल के चौकीदार के साथ प्रेमपाल सिंह सामने साक्षात उपस्थित थे। वे बोले—"कहाँ देर लगाई? तुम्हें छुटे हुए चार-पाँच घण्टे हो गये।" मैं कुछ बोलता तब तक चौकीदार ने

कहा—''मास्साब, इन्हें तो मैंने दुपहरी भर यहीं पेड़ के नीचे बैठे देखौ है।'' मास्साब सुन कर चौंके और बोले—''क्यों? ऐसा क्यों किया, तुम अन्दर क्यों नहीं आये...?''

उन्होंने सवाल पर सवाल दाग दिये, पर मैं कुछ नहीं बोला। वे कुछ समझे, कुछ नहीं समझे और मुझे अन्दर ले गये। हाथ का संकेत कर बोले—''देखो वहाँ सामने नल है। मुँह-हाथ धोकर जल्दी आ जाओ। प्रिंसिपल साहब घर जाने वाले हैं। अभी ऑफिस में हैं। मैं उनसे तुम्हारी भेंट कराए देता हूँ। नहीं तो तुम्हारा आज यहाँ आना व्यर्थ हो जायेगा।''

मैं मुलाकात के लिए हिम्मत जुटा रहा था। प्रिंसिपल से मिलने का साहस नहीं था मेरे भीतर, पर जाने क्या बात थी कि प्रेमपाल सिंह के शब्द मेरे लिए दवा की तरह काम करते थे। फटाफट मुँह-हाथ धोकर मैं उनके पास आया, तो वे पहले सीधा मुझे प्रिंसिपल के ऑफिस में ले गये। प्रिंसिपल अंग्रेजी पोशाक में, लम्बे बाल और हीरो जैसा चेहरा। नाम—मनोहरलाल भारद्वाज जो बाहर नेम प्लेट पर ही लिखा था। बात करने से पहले चरण स्पर्श कर लेने का पाठ मास्साब ने बाहर ही पढ़ा दिया था। सो, मैं सीधा उनके चरणों की ओर अपने हाथ ले गया। आशीर्वाद के बाद सामने मेज पर रखे हिन्दी के अखबार की ओर इशारा किया, ''क्या लिखा है?'' प्राचार्य ने हेडलाइन पर उँगली रखी और मैंने तुरन्त पढ़ कर बता दिया—''सरकार गरीबी हटाएगी, इन्दिरा गाँधी का एलान।'' यह सोच कर डर भी गया कि कहीं अंग्रेजी का अखबार न पढ़वा लिया जाए। तब तक उन्होंने कहा—''मास्साब ने मुझे तुम्हारे बारे में सब कुछ विस्तार से बता दिया है। फिक्र मत करो, ये तुम्हारे साथ हैं तो हम भी तुम्हारी मदद करेंगे। हमारा काम ही शिक्षा देना है। परन्तु प्रेमपाल जी, एक समस्या पेश आयेगी। इसको छठी पास के आधार पर ही यहाँ दाखिला मिल सकेगा। अच्छा हो यह कहीं से छठी पास करके आये। या फिर घर में पढ़ने का शपथ-पत्र दिया जाये...।

मुझे फिर एक धक्का लगा कि अब छठी क्लास कहाँ से पास करूँ। लगता है स्कूल मेरे नसीब में नहीं है। लगता है मुझे जीवन-भर स्कूल से बाहर ही रहना होगा। सोचता हुआ मैं कार्यालय से बाहर निकल आया था। थोड़ी देर में प्रिंसिपल महोदय निकले, एक-दो शिक्षकों के साथ साइकिल पर सवार हुए और अपने गंतव्य की ओर चले गये। अगले दो दिन छुट्टियाँ थीं। इसलिए प्रेमपाल सिंह को भी मेरे साथ ही गाँव लौटना था। अब रास्ते में मैंने उनसे कहा—मेरा दाखिला कैसे होगा?'' संयोग से तभी याद आया कि दो-तीन साल पहले दहगवाँ इन्टर कॉलेज में कक्षा छः में प्राइवेट परीक्षा देने का एक असफल प्रयास मैंने किया था। परन्तु हालात खराब होने के कारण एक दिन भी पढ़ने नहीं जा सका था। प्रेमपाल सिंह को बताया तो उन्होंने कहा—"काम बन गया। तुम उस परीक्षा परिणाम की प्रति और टी.सी. लेकर आओ। वहाँ प्रेमशंकर शास्त्री संस्कृत के अध्यापक हैं। तुम्हें भी अच्छी तरह जानते

हैं। उनसे मिलना फिर मेरी चिट्ठी लेकर सीधे दहगवाँ प्राचार्य प्रेमपाल गुप्ता के पास चले जाना। वे भी अपने गाँव के ही हैं। बबराला रहने लगे हैं। चाहो तो पहले उनके घर पर जा कर मिल लेना। वे जरूर तुम्हारी सहायता करेंगे।''

छुट्टियों के बाद मैं तीसरे दिन पन्द्रह कि.मी. पैदल चल कर दहगवाँ इन्टर कॉलेज पहुँचा। कॉलेज द्वार में प्रवेश करते ही पता चला कि प्राचार्य छुट्टी पर हैं। उनके बिना टी. सी. नहीं मिल सकती। पर सोच-विचार कर वापस गाँव लौटने के बजाय मैं एक रात के लिए अपनी मौसियों के गाँव गंगुर्रा चला गया। यह गाँव कॉलेज से मात्र तीन-चार कि.मी. की दूरी पर था।

दो दिन बाद कॉलेज खुलते ही शास्त्री जी से सम्पर्क किया। वे संस्कृत की कक्षा में थे। जैसे ही क्लास से बाहर आये, मैंने प्रेमपाल सिंह का पत्र उन्हें पकड़ा दिया। वे मेरे गाँव के तो थे ही, बल्कि होली पर बनी 'आर्य समाजी' कमेटी में पदाधिकारी भी थे। वे प्राचार्य के ऑफिस में गये और मास्टर साहब का पत्र उन्हें दिया। फिर उन्होंने दो साल पुराना रिकॉर्ड खोजा तो मेरा परिणाम मिल गया। प्राचार्य ने उदासीनता भरे स्वर में कहा—''तुम पास तो थे, परन्तु तब तुम एक दिन भी स्कूल नहीं आये थे। अब क्या पढ़ पाओगे? पर टी.सी. चाहिए तो ले जाओ!''

मैं छठी पास का अपना पुराना टी.सी. लेकर फिर मौसी के घर पहुँचा। जरीफनगर से ढाई-तीन कि.मी. की दूरी पर 'गंगुर्रा' गाँव में मेरी दो मौसियाँ थीं। अम्माँ से छोटी 'मालदेई' और सबसे छोटी 'मोतिनी'। मेरे दोनों मौसा मुर्दा पशुओं को उठाने और उनकी खाल उतारने का काम किया करते थे। वे अकेले नहीं, बल्कि पूरी बस्ती के चमार यही काम किया करते थे। मौसी ने बहुत चाहा था कि उनके बच्चे पढ़ें। पर बड़ा बेटा चरनसिंह एक-दो क्लास पढ़ कर बैठ गया था।

रात को मैंने मौसी से पूछा था—''तुम अपने बालक क्यों नहीं पढ़ातीं मौसी?'' उसने एक ही जवाब दोहराया था—''का करूँ भैया, एक तो स्कूल में चमार-भंगिनु के बालकनु गैर-जात के मास्टर पढ़ावनों नाँय चाहत और कोई एकाद भलो मानस चार आखर पढ़ावै हू तौ जे पढ़त नाँइ। ढोर-ढंगर ही खैंचंगे जिन्दगी-भर। इनके बाप की जागीर तो धरी नाँइ है सो वाइ बेच खांगे। जिन्दगी-भर मरे भैंस-बैलनु की खाल उतारत रहेंगे। कोई इनको शादी-ब्याह तक नाँय करैगो।''

सबसे अधिक प्रबल आकांक्षा उन्हें जल्दी शादी करा लेने की होती थी। माता-पिता बच्चों को यथाशीघ्र बन्धन में बाँध देना अपना अन्तिम फर्ज समझते थे। देर रात मौसा जी आये। वे किसी पेंठ में पकी हुई खालें बेचने गये थे। कुछ बची हुई खालों को मोड़ कर साइकिल के कैरियर पर रख कर लाए थे। मैं आया हूँ, यह जान कर वे खुश हुए और राजी-खुशी के बाद उन्होंने काम-धन्धे के बारे में पूछा। मैंने अपने आने और दहगवाँ कॉलेज से टी. सी. लाने का कारण बताया तो वे उछल पड़े। मौसी की ओर मुखातिब होकर बोले—''देख एक जो बालकु है। अपने मन से

पढ़न-लिखन की कोशिश करि रओ है और एक हमारे ये मूरखचन्द हैं। दस-दस फेरा स्कूल में छोड़ के आओ हूँ। पढ़िलेऊ बेटा, पढ़िलेउ बेटा, कहत-कहत मेरो मगज पच्ची है जातु है, तबऊ एकु दर्जा पास नाँइ करि पाये। जानें मास्टर इन्हें काटि कें खावें हैं का?'' जाने और क्या-क्या बड़बड़ाये और पैंठ से लाये बकरे की 'सीरी' (सिर) पैर उन्होंने बनवाने के लिए पुटरिया से बाहर निकल कर रख दिये।

अगले दिन सवेरे मैं टी. सी. लेकर अपने गाँव नदरोली लौट आया और तैयार होकर प्रेमपाल सिंह के साथ स्कूल की ओर रवाना हुआ। स्कूल पहुँचते ही मेरी टी. सी. लेकर प्रेमपाल सिंह प्राचार्य के कार्यालय में गये। और फार्म भर कर मेरा दाखिला आठवीं 'बी' में करा दिया गया। तब मुझे प्राचार्य के पास आशीर्वाद लेने के लिए भेजा। उस समय उनके आस-पास चार-पाँच शिक्षक उपस्थित थे। मैंने प्राचार्य के चरण स्पर्श करने के बाद क्रमशः सभी शिक्षकों के पैर छुए। प्राचार्य ने कहा—''इस दिन को याद रखना बेटे! समझ लो यहाँ से तुम्हारी जिन्दगी एक नयी करवट ले रही है। असल में आज तुम्हारा नया जन्म हुआ है। यह संस्कार सर्वोपरि है।'' मैं कार्यालय से निकला तो बाहर जो भी शिक्षक दिखे, चरणों में पड़ता चला गया। इस धुन और खुशी में मैंने बूढ़े चपरासी के पैर भी छुए तो अंग्रेजी शिक्षक मंद-मंद हँसे। गोया मुझे अभी इल्म नहीं है पैर छूने का भी। कौन वन्दनीय है और कौन नहीं।

प्रेमपाल सिंह ने हिम्मत बँधाई—"देखो श्यौराज! बाहरी दिखावे से कुछ नहीं होता। हमारे देश की गुरुकुल पद्धति की शिक्षा में शिष्य भिक्षा माँग कर पढ़ा करते थे। उच्च विचार को आधार बना कर सादा जीवन जीते थे। यहाँ थोड़े दिन में तुम्हारा मन बच्चों में लग जायेगा। कभी स्कूली अनुशासन में रहने का अवसर नहीं मिलने से तुम्हें अभ्यास नहीं हुआ है, इसलिए तुम्हें कुछ अजीब लग सकता है, परन्तु धीरे-धीरे सब समझ जाओगे। ये दिन बदल जायेंगे। इन्हीं छात्रों में से तुम्हारे दोस्त भी निकलेंगे। तुम्हारी यात्रा नीरस नहीं रहेगी। मेरी बातों पर विश्वास करो और अपने पढ़ने लिखने के प्रयास जारी रखो।"

मैं कक्षा आठ के साथियों से उम्र और कद दोनों में बड़ा था। बड़े बच्चे के प्रति छात्रों, शिक्षकों और आम लोगों का व्यवहार उपेक्षापूर्ण हो जाता था। कारण उसे मंद बुद्धि मान लिया जाता था। मेरे साथ भी यह सब घटित होने लगा था, परन्तु प्रेमपालसिंह ने मुझसे कहा था—''जो वर्षों कक्षाओं में रुके रहने से बड़े हो जाते हैं और जो पढ़ने के अवसर न मिलने से बड़े होते हैं, इन दोनों की मानसिक दशा में गहरा अन्तर होता है। यह बुद्धि का नहीं, व्यवस्था का सवाल है। तुम्हें इन सबसे चिंतित होने की जरूरत नहीं है।'' कुछ महापुरुषों के जीवन चरित मैं पढ़ चुका था। उन से मुझे लगा था कि दुनिया में कुछ करने वाले तो थोड़े समय में भी कमाल करते हैं। लम्बी उम्र में भी नाकारा और नालायक लोग कुछ नहीं करते।

गाँव से स्कूल आना-जाना बहुत कष्टकर था। रोज पच्चीस-तीस कि.मी. जाकर

पढ़ना कैसे होता? हाँ, गंगा सूख जाती थी तो असदपुर होते सीधा रास्ता कुछ कम पड़ता था। फिर भी बीस-पच्चीस कि.मी. की दूरी तो थी ही। एक-दो छुट्टी निकलती तो पूरा सप्ताह गोल करना पड़ता। प्रेमपाल सिंह के लिए कृषि का कार्य करता था। इसलिए वे निराई, जुताई, कटाई वगैरह काम अग्रिम बता जाते थे और प्रायः मुझे छोड़ कर स्कूल चले जाते थे। आकर बता देते कि कितने पाठ पढ़ाए जा चुके हैं। इसी तरह हर बार कहते–"खेतों का काम देखो आकर बता दूँगा। पाठ याद कर लेना। मैं हाजिरी लगवा दूँगा।" मतलब मेरा दाखिला तो हो गया था पर नियमित स्कूल जाने का अवसर मुझे फिर भी नहीं मिल पा रहा था। अपने काम के लालच में प्रेमपाल सिंह मुझे घर पर ज्यादा छोड़ने लगे और छुट्टियों में तो वे खूब हाड़तोड़ काम लेने लगे थे। इसलिए कि मजदूर गाँव में मिल नहीं रहे थे और बाहर से वे ला नहीं सकते थे। मेरे काम के बदले में वे मात्र खाना देते थे। जबकि कपड़े और किताबों के लिए मुझे बाहर काम करना पड़ता था। अम्मा ने ऐतराज जताया तो उसे 'बऊ' द्वारा समझा दिया गया कि तुम्हारा लड़का पढ़ रहा है, काम भी कर रहा है। कोई मुफ्त नहीं पढ़ाता है।

प्रेमपाल सिंह उन दिनों अन्य शिक्षकों के साथ स्कूल परिसर के बाहर, किन्तु स्कूल की ओर से बने एक कमरे में रहने लगे थे। भोजन सामूहिक बनता था। उन्होंने चाहा कि यदा-कदा श्यौराज को भी वहीं रख लिया जाय। खाना बनाने कपड़े धोने का काम कर दिया करेगा। बदले में वह भी दो रोटी खा लिया करेगा। चार-पाँच अध्यापकों पर एक छात्र क्या मुश्किल होगा? हर शनिवार को वे गाँव जाते। एक-दो दिन की छुट्टी होती तो पूरे सप्ताह तक मैं वापस नहीं आता था। गौहान का खेत जोतना है, करकवाइ वाला बोना है, सेंजना वाला काटना है, घर की दीवार पर सीमेंट करना है, बैलों-भैंसों का चारा खेतों से काट कर लाना है और कुट्टी काटनी है। वे ढेर सारे कामों की फेहरिश्त गिना कर स्कूल चले जाते थे। पढ़ाई के दिनों में प्रेमपाल सिंह के खेतों, घर-घेरों पर रात-दिन काम करते देख बिरादरी के लड़के व्यंग्य करते–"देखो सौराज की कैसी पढ़ाई चल रही है? गोबर-कूरो डालनो पढ़ाई है या गुलमई"?

शिक्षक दिवस

स्कूल में आये हुए मुझे थोड़े ही दिन हुए थे। क्लास में दूसरा या तीसरा दिन था। पाँच सितम्बर को शिक्षक दिवस का कार्यक्रम था। रजिस्टर पर मेरा दाखिला जुलाई में ही हो गया था, परन्तु स्कूल में दो-चार दिन ही पढ़ पाया था। स्कूल का कार्यक्रम देखने का मेरे जीवन का वह पहला दिन था। घण्टी बजी और पश्चिम की ओर बन रहे बड़े भवन में सभी छात्र-छात्राएँ एकत्र हुए थे। शिक्षकगण सामने कुर्सियों पर बैठे थे। छोटी कक्षाओं के बच्चे फर्श पर और बड़ी क्लासों के छात्र दोनों ओर कुर्सियों

पर बैठे थे। कार्यक्रम में भाग लेने वाले छात्रों की तैयारियाँ कई दिन पहले से चल रही थीं, परन्तु प्रेमपाल सिंह को मेरे ऊपर अतिरिक्त विश्वास था। वे सोचते थे कि मैं बिना किसी पूर्व तैयारी किये भी कार्यक्रम में भाग ले सकता हूँ। इसलिए रिहर्सल के लिए समय देने के बजाय मेरे संरक्षण दाता शिक्षक प्रेमपाल सिंह यादव ने मुझे अपने खेतों के कामों में जुटा दिया था। बोले—"तुम अपनी मौलिक तुकबंदियाँ कभी भी सुना सकते हो।" पर उस दिन तो तोमर साहब ने मौके की एक कविता तुरन्त लिख कर मेरे हाथ में पकड़ा दी थी।

कागज का वह टुकड़ा लेकर मैं भी अपनी क्लास के छात्रों के समूह में बैठ गया था। पता नहीं सुना भी पाऊँगा कि नहीं। प्रिंसिपल साहब हॉल में आये। हम सभी छात्र एवं शिक्षक उनके स्वागत में खड़े हुए। जब वे बैठ गये तो पहले शिक्षक बैठे, फिर सभी विद्यार्थी बैठते गये। कार्यक्रम अनुशासित, मनोरंजक और गरिमापूर्ण था।

स्वयं तोमर साहब संचालन करने खड़े हुए। परम्परानुसार शिक्षकों से पहले छात्रों को ही बुलवाया जाता था। संचालक ने शिक्षक के महत्व और महानता पर प्रकाश डालते हुए कहा—"पूर्व राष्ट्रपति डॉ. राधाकृष्णन भी एक शिक्षक थे। इसलिए शिक्षक देश के लिए बहुत ही अहम व्यक्ति होते हैं।" इसके उपरान्त उन्होंने कार्यक्रम की रूपरेखा पर संक्षिप्त प्रकाश डाला और कार्रवाही आरम्भ कर दी। राष्ट्रगान के बाद दो-तीन बच्चों ने कविताएँ सुनाईं और कुछ ने चुटकुले, प्रहसन आदि पेश किये। एक-दो ने रटे हुए भाषण दिये। उनके बाद संचालक ने घोषणा की—"अब विद्यालय में छात्र कवि के रूप में सम्भावनाएँ लेकर आये एक नये विद्यार्थी श्यौराजसिंह को मैं कविता पाठ करने के लिए बुलाना चाहता हूँ।" मैं उठा और सामने बैठे बच्चों की भीड़ को देखा। बच्चे साफ-सुथरे स्कूली गणवेश में थे और मैं सामान्य कमीज-पाजामा पहने हुए था, जो पूरी तरह साफ भी नहीं थे। स्कूल की ड्रेस अभी मेरे पास नहीं थी। मैं स्कूल के वातावरण में अपने आप को ढाल नहीं पाया था। घुलने-मिलने का तो प्रश्न ही नहीं था। एक बार सामने वाले बच्चों की वेशभूषा पर नजर डाली, फिर स्वयं को देखा और ऐसा लगा कि ये बच्चे शायद मुझसे अधिक होशियार हैं। जैसे ये सब हैं, वैसा मैं नहीं हूँ। हीनता बोध ने एकदम मुझे भीतर से घेर लिया था। मैं खड़ा तो हो गया, लेकिन मेरे पाँव काँपने लगे। जुबान खुल नहीं पा रही थी। मेरे जिस दाँये हाथ में कागज का टुकड़ा था। वह भी काँप रहा था। आवाज अस्पष्ट एवं घबराहट भरी हो गयी थी। मेरे ठीक पीछे प्रेमपाल सिंह की कुर्सी पड़ी थी। वे पीछे से पैर के अँगूठे से मेरे पाँव को दाब कर मुझे हिम्मत देना चाह रहे थे, परन्तु मैं उखड़ता चला गया और आखिरकार कविता पूरी नहीं पढ़ पाया। हालाँकि उसे रट चुका था। वह कविता मात्र दस-पन्द्रह पंक्तियों की थी। उस की कुछ पंक्तियाँ आज भी स्मरण है—

जो कुछ जग में दीख रहा है,
सब गुरूओं की लीला है।
गुरूओं से हरियाली जग में,
गुरू नाम गर्वीला है।

कविता की इतनी ही पंक्तियाँ मैं सुना पाया था और अगर मुझे बिठा नहीं दिया गया होता तो शायद गिर भी सकता था। मेरे हाव-भाव अनजाने भय से आतंकित हो उठे थे। प्रेमपाल सिंह के लिए मेरी ओर से यह अप्रत्याशित स्थिति थी। मैं शर्मसार-सा बाहर निकला। मानो घड़ों पानी पड़ गया हो। प्रेमपाल सिंह से तो आँखें ही नहीं मिला सका।

दूसरे दिन स्कूल गया तो मुझे अपने आप पर शर्म आ रही थी। मैंने जैसे कोई संगीन गुनाह कर दिया हो, और उसी दिन से मन में द्वन्द्व आरम्भ हुआ कि मैं अगली बार बिना डरे ही बोलूँगा। उस घटना के बाद शिक्षकों-छात्रों से आँखें मिलाने से कतरा रहा था, परन्तु शिक्षकों के लिए तो यह सामान्य बात थी। हाँ, मेरे बारे में प्रेमपाल सिंह का अनुमान अवश्य गलत साबित हुआ था। उन्होंने प्रश्न किया था—''तुम गाँव में कितने निर्भीक होकर बोले थे पर, यहाँ स्कूल में क्या हो गया?" मैंने मनोदशा बताने का प्रयास करते हुए कहा—''मास्साब मैं डर गया था।" तो उन्होंने तुरन्त अगला सवाल दाग दिया—''इसमें डरने की बात क्या थी?" मैंने फिर सफाई देनी चाही—''गाँव में लोग मेरे जैसे ही दिख रहे थे, परन्तु स्कूल में मैं सबसे अलग और बदहाल लग रहा था।" तो वे बोले—''तुम बाहरी वेषभूषा से अपने आप को हीन समझने लगे, तुम दिलो-दिमाग से कितने उत्तम हो यह दिखाने का अवसर खो दिया तुमने जबकि मैं पहले दिन से ही समझाता आ रहा हूँ कि तुम अकारण ही किसी से डरा मत करो। खैर, जो हुआ सो हुआ, छोड़ो, हिम्मत मत हारो, पढ़ो। जल्दी समझ जाओगे वे क्या हैं और तुम क्या हो? ईश्वर का नाम लिया करो, वही तुम्हें सब तरह की शक्ति देगा।"

वक्त बदल रहा था। मैं स्कूल समय के बाद धुर्रा प्रेमनगर जाने लगा। मैं दूसरे विद्यार्थियों की तरह ही पढ़ना चाहता था जिन्हें पढ़ने, खाने और खेलने से काम था, बाकी जिम्मेदारी से काम नहीं था, परन्तु मेरे पेट के लिए दो वक्त की रोटी का इन्तजाम तक नहीं था। स्कूल और छात्र जीवन की बाकी जरूरतों की बात तो छोड़ ही दीजिए।

मैं अब हर उत्सव पर चाहता था कि अपने मन की कुछ कहूँ, लेकिन स्कूल में नागरिक-शास्त्र के शिक्षक धीरज सिंह तोमर, प्रेमपाल सिंह से भी कहीं ज्यादा कविताएँ लिखते थे। स्कूल के हर उत्सव में वे छात्रों से अपनी मौलिक रचनाएँ सुनवाते थे। कार्यक्रम की तैयारी कराते वक्त बच्चों के हाथों में पर्चे लिख कर पकड़ा देते थे। आशु कविता में उन्हें विशेष महारत हासिल थी। कक्षा में तैयारी के उद्देश्य से वे दिलचस्पी रखने वाले बच्चों को खड़ा करके पूछते—''तुम्हें कोई गीत या कोई

कविता आती है?" छात्र जो भी गाना गाता, तोमर साहब तुरन्त उसी तर्ज पर नयी कविता लिख कर उसके हाथों में पकड़ा देते थे।

तब मेरे मन के भीतर जो तूफान उठता, उसका बयान नहीं कर सकता। पढ़ाई में मेरी रुचि इतनी अधिक थी कि यदि मुझे दो वक्त की रोटी मिलने की व्यवस्था घर में रही होती तो मैं अधिक-से-अधिक समय पढ़ता-लिखता रहता। मेरी अपनी उम्र के छोटे-बड़े लड़के (लड़की एक भी नहीं) स्कूलों में नियमित पढ़ रहे थे। मैंने उनकी हिन्दी की सभी किताबें पढ़ डाली थीं, परन्तु शुरू में मुझे लिखने का अभ्यास नहीं था, क्योंकि मैं कागज-कापी नहीं खरीद सकता था।

'डिबाई' दिगम्बर कॉलेज से वाद-विवाद प्रतियोगिता के लिए मेरे स्कूल में पत्र आया था। प्रिंसिपल श्री मनोहर भारद्वाज ने प्रेमपाल सिंह यादव और धीरजसिंह तोमर को पक्ष-विपक्ष के लिए दो टीम्स तैयार करने को कहा था। तोमर साहब ने क्लास में सभी छात्रों से पूछा था। विषय था—प्रजातांत्रिक प्रणाली देश के हित में है या अहित में? मैंने पक्ष में हाथ उठाया था। विपक्षी टीम ने आखिर में हथियार डाल दिये। पक्ष में भी मेरा जोड़ीदार नहीं टिक पाया। फिर भी स्कूल से एकल वक्ता टीम के रूप में मुझे कॉलेज ले जाया गया। प्रतियोगिता आरम्भ हो गयी, नियमों से ज्यादा मेरा ध्यान अपनी स्पीच पर जमा रहा।

परिणाम जब घोषित हुआ तो प्रथम, द्वितीय और तृतीय स्थान छात्राओं को मिले। मुझे सांत्वना पुरस्कार देकर बिठा दिया गया।

मैं इस हार से परेशान हुआ। परन्तु मेरे साथ गये शिक्षकों ने कहा—तुम हारे हो और जीते भी हो। स्कूल लौटा तो साथियों ने कहा—हारकर आया, वह भी लड़कियों से। हार मुझे साफ दिख रही थी। परन्तु इसमें जीत क्या है? मेरे शिक्षकों ने कहा तुम हारे तो इसलिए कि तुमने सात मिनट की समय सीमा लाँघी थी। दूसरे तुमने नेताओं के लिए नेतों शब्द प्रयोग कर गलती की थी। पर इसमें तुम्हारी सम्भावनाओं की जीत है। तुम भविष्य में अच्छे वक्ता भी हो सकते हो यही उम्मीद तुम्हारी हार में जीत है।

पहला पुरस्कार

अब मैं जैसे-तैसे कक्षा आठ पास कर नवीं में पढ़ने लगा था। उस साल स्कूल में एक विशेष सांस्कृतिक कार्यक्रम का आयोजन हुआ था। घोषणा दो-सप्ताह पहले प्रिंसिपल साहब ने कर दी थी। एक बड़े हॉल में सभी छात्र, शिक्षक, प्रिंसिपल, अतिथिगण और अभिभावक बैठे हुए थे। विद्यालय के प्रबन्धक श्री अशर्फीलाल यादव भी विशेष आगंतुक अतिथियों की पंक्ति में विराजमान थे।

सर्वप्रथम सामूहिक राष्ट्रगान हुआ। छात्रों ने गीत प्रस्तुत किये। चुटकुले, प्रहसन और कविताएँ सुनाईं। उनके बाद शिक्षकों की बारी थी। संचालन धीरज सिंह

तोमर साहब कर रहे थे। एक-एक कर जब सभी बच्चों की सूची समाप्त हो गयी थी तब उन्होंने मेरी ओर मुखातिब होकर घोषणा की–''लिस्ट में जिन बच्चों ने अपने नाम लिखवाए थे, उनको तो हमने कार्यक्रम में भाग लेने का अवसर दिया। बहुत अच्छी प्रस्तुति रही। पर अब अगर कोई और बच्चा कुछ कहना चाहता हो तो वह हाथ उठा कर सहर्ष मंच पर आ सकता है।''

अपरोक्ष रूप से यह आह्वान मेरे लिए ही था। मैं घोषणा वाले दिन से ही अपनी तुकबन्दी तैयार कर रहा था। परन्तु पहले दिन की वह चुभीली असफलता मुझे भीतर-भीतर मथ रही थी, बल्कि उसी असफलता के स्मरण से डर कर कि कहीं पुनरावृत्ति न हो जाए, व्यक्तिगत रूप से तैयारी कर लेने के बावजूद मैंने कार्यक्रम की सूची में अपना नाम नहीं लिखवाया था। परन्तु कार्यक्रम में बच्चों को बोलते देख कर और एक सवा साल से स्कूल के माहौल से परिचित हो लेने के कारण बहुत से डर-संकोच दिल से निकल गये थे। मैं नहीं बोलूँगा तो मास्साब सोचेंगे मुझे क्या हो गया? स्कूल की चारदीवारी में आकर में क्यों डरपोक हो गया? हिम्मत कर के मैंने अपना हाथ उठा दिया। उठे हुए हाथ की ओर सभी की नजरें आईं। ''आओ, श्यौराज, आओ!'' तोमर साहब बोले। प्रेमपाल सिंह की आँखों में मुझे कुछ आशा दिखी। वे शायद कह रहीं थी कि आज तो सफल हो जा बच्चू मैंने कहा–''आदरणीय प्रिंसिपल साहब, समादरणीय गुरूवर, बाहर से आये सम्मानित अतिथि जन और मेरे प्रिय साथियों। मैं आपको अपनी कुछ स्वरचित कविताएँ सुनाना चाहता हूँ। जिन्हें मैंने खुद तैयार किया है। किसी तरह की त्रुटि पायें तो कृपया क्षमा कर देंगे।'' ''सुनाओ-सुनाओ!'' शिक्षकों और आगंतुक मेहमानों ने कहा! मैंने जो तुकबन्दियाँ की थीं, उनके विषय धूम्रपान न करना, देश की सेवा करना, आर्य समाजी बनना, ब्रह्मचारी रहना, हर पराई स्त्री को माँ या बहन समझना और इन्दिरा गाँधी की बात मान कर छोटा परिवार रखना इत्यादि। विषयवार कविताओं की कतरनें अलग-अलग थीं। मैं सुना रहा था–''तो और सुनाओ, वाह कितनी उद्देश्य पूर्ण कविताएँ लिखी है। कैसे सामाजिक सवाल उठाए हैं?'' श्रोताओं के इस तरह के रिस्पोंस ने मेरा हौंसला बढ़ा दिया था। उस दिन लगा था कि यूँ ही डरा किया, डरने की कोई वजह तो नहीं है।

मैं अपना काव्य-पाठ पूरा कर अपनी जगह लौट कर बैठने जा रहा था कि प्रिंसिपल साहब ने संचालक को संकेत करके मुझे अपने पास बुलाया और जेब से दो रूपये का लाल नोट निकाल कर मेरे हाथ पर रख दिया तो मैं तुरन्त बोला–''नहीं साब, नहीं, मैं रुपया नहीं लूँगा।'' कहते हुए मैं प्रेमपाल सिंह की ओर देखने लगा था। "ले लो श्यौराज"। उन्होंने निर्देश दिया। मैंने जैसे ही वह रुपया पकड़ा तो उसी पर एक रुपया स्वयं तोमर साहब ने भी रख दिया। मैनेजर महोदय ने पाँच का नोट रखा। तब मेहमान भी नहीं रुके। इस प्रकार कई और शिक्षकों ने मुझे पुरस्कृत किया। देखते-देखते तीस-चालीस रुपया मेरे हाथों पर आ गये तो लगा, पहले दिन

की नाकामयाबी की प्रतिक्रिया का ही यह नतीजा है। उस दिन बहुत खुश हुआ था मैं। कहाँ छात्र बनने में शंका थी और कहाँ पुरस्कृत छात्र हो गया था।

उस दिन की पुरस्कार राशि का मैंने सदुपयोग करना यही समझा कि कुछ अनाज-पानी लाया जाए, ताकि दो वक्त की रोटी मिले और पढ़ाई चलती रहे। इसलिए मैं अगले दिन धुर्रा से पूर्व के गाँव में लगने वाली पैंठ में गया था। दस-पन्द्रह किलो अनाज और साग-सब्जी लाया था। एक पेन और चार कापियाँ भी खरीदी थीं।

आठवीं से ही स्कूल की पढ़ाई के बाद मुझे धुर्रा-प्रेमनगर जाना पड़ता था, क्योंकि गाँव स्कूल से बीस-पच्चीस कि.मी. दूर था। पर अवकाश के दिनों में प्रेमपाल सिंह का मुफ्त काम करने गाँव जाना और उनकी मदद का हिसाब ब्याज सहित अग्रिम चुकता करते जाना जरूरी था। उन दिनों मैं धुर्रा-प्रेमनगर में रहने लगा था। बड़ी जद्दोजहद के साथ। यह एक अलग प्रसंग है। उन दिनों की स्मृतियों में लौटता हूँ तो लगता है कि अब मैं यहाँ बैठ कर अपना एक आत्मपरक गीत गुनगुना सकता हूँ—

मेरे बचपन के नाजुक, वे नन्हें कदम—
जिस तरफ मुड़ गये रास्ता बन गया।
धूप में, छाँव में, शहर में गाँव में—
भूख लेकर चली और मैं चलता गया॥
दुख का एहसास बेचैन करता गया—
मुक्ति का भाव मानस में बढ़ता गया।
पूरा संसार पुस्तक-सा खुलता गया—
जितना पढ़ पाया मैं उतना पढ़ता गया॥
इतनी काली अँधेरी विरासत मिली,
मेरे भीतर का दीपक था जलता गया।
क्या चला मैं जो लाखों वहीं रुक गये—
कौम का होके जीवन बदल-सा गया॥

फटी शर्ट, फुटपाथी कोट

नवीं कक्षा में पढ़ाई के दौरान सांस्कृतिक कार्यक्रम में भाग लेने, शिक्षकों की ओर से थोड़ा प्रोत्साहन-पारितोष पाने और छात्रों की नजर में आ जाने के बाद से, मैं कपड़ों की साफ-सुथराई पर भी ध्यान देने लगा था। जितना सम्भव था, थोड़ा ठीक-ठाक हो होकर स्कूल आने लगा था, चाहे मुझे रात को ही कपड़े धोने पड़ते। बदलने के लिए मेरे पास दूसरी जोड़ी कपड़े नहीं होते थे, इसलिए ऐसा करना पड़ रहा था। मैं साफ कपड़े पहन कर ही स्कूल जाने की कोशिश करता था। दूसरों की तरह मेरी भी इच्छा सुन्दर-सुन्दर और बदल-बदल कर कपड़े पहनने की थी जो मुझे उपलब्ध नहीं थे।

मौसेरे भाई डॉ. नत्थूलाल ने एक स्लेटी रंग का खादी जैसा टेरीकोट का पुराना पैंट जो उनके शरीर में तंग हो गया था उन्होंने मुझे दे दिया था। यह पैंट मैंने पूरे दो साल पहने रखा था। हालाँकि उस पैंट पर मैंने कभी इस्त्री नहीं की। पर वह जहाँ से मुड़ा था, धोने के बाद वहीं से मुड़ जाता था। उन दिनों मेरे पास नीलामी से खरीदा गया एक काला कोट भी था। उस कोट का कपड़ा भी संयोग से अच्छा निकल गया था। इन दो कपड़ों से सर्दी के मौसम में मैं ऐसे बना-ठना रहता था कि गाँव-देहात से आने वाले छात्रों में मैं भी सम्पन्न घर से आया लगता था। इसका श्रेय लोग प्रेमपाल सिंह को देते थे, क्योंकि देखने वाले समझते थे कि वह सब उन्हीं के सौजन्य से है। वैसे भी गाँव से आने वाले छात्र प्रायः पाजामा-शर्ट पहनते थे। कभी-कभी महीने-पन्द्रह दिन पर स्कूली ड्रेस चेक की जाती थी। ऐसे में मैं प्रार्थना-स्थल पर पहुँचता ही नहीं था, इसलिए कि मैं ड्रेस खरीद ही नहीं सकता था। संयोग से मुझे एक शर्ट भी अच्छे कपड़े की हाथ लग गयी थी। हाथ लग गयी से मेरा मतलब यह कि वह मुझे कीमत से कम में प्राप्त हो गयी थी। हुआ यह था कि नवीं पास होने के बाद मैं अधिक समय प्रेमपाल सिंह के घर और खेतों पर काम के लिए समय दे रहा था। मेरा मन कहता था कि मुझे बहुत ही दुर्लभ चीज (शिक्षा), जिसे मैं अपने खून के बदले भी प्राप्त करना चाहता था, मिल रही है। इससे अधिक मुझे किसी चीज की ख्वाहिश नहीं रखनी चाहिए। साल दो साल और काम कर लूँ। आखिर तो मैं पढ़-लिख कर बाल-गुलामी से आजाद हो ही जाऊँगा। इस स्थिति में मैं अपने खर्चे के लिए अलग से कुछ कमा नहीं पाता था। शारीरिक कार्यों में लगता तो पढ़ने को समय नहीं मिलता था।

अनोखिया और आशा

'आशा' से प्रेमपाल सिंह की शादी दिसम्बर उन्नीस सौ छियत्तर में हुई थी और उनकी मृत्यु उन्नीस सौ अठत्तर में हो गयी थी। प्रेमपाल सिंह का पुनर्विवाह आशा की मौसेरी बहिन उर्मिला से जनवरी उन्नीस सौ इक्कासी में हुआ था। इन हादसों से उनका गृहस्थ जीवन बर्बाद हो गया था। यह बात जाहिर थी कि अनोखिया बऊ ने 'प्रेम' की शादी कराई है। स्वयं मास्साब ने उनको सहमत कर लिया था, बल्कि वे गार्जियन के रूप में पेश की गयी थीं। बुजुर्ग तो वे थीं ही। परन्तु वे शादी के दिन नई दुल्हिन को वाहन से उतारने के लिए नहीं दौड़ीं, अपितु एक सप्ताह बाद ही वे उपेक्षा महसूस करने लगी थीं। इससे "सौत चून की भी बुरी होती है," कहावत मुझे चरितार्थ होती लगने लगी थी। वे उदास अस्वस्थ-सी छत पर पड़ी खाट पर पड़ी हैं। वे कहतीं—"श्यौराज, मेरे ढिंग बैठो" मैं पांयत बैठ जाता—"कहो बऊ, क्या बात है?" "देखके नाँय समझत का? अब मोइ कोई पूछने वारो है का?" बऊ रुआँसू हो जाती तो मैं भी भावुक होने लगता और उठकर चला आता। "जाइ रए हो अपनी वस्ती में?" "हाँ वहीं

जाऊँगा सवेरे मिलूँगा?" "तो रेड़ (रेडियो) लै जाउ गीत सुनते रइयौ।" मास्साब की ससुराल से मिले इस रेडियो से गीत-खबरें मैं ही सुना करता था।" मास्साब को कतई शौक नहीं था। दसवीं में पढ़ते समय लाला होतीलाल गुप्ता से जब मैंने तीन सौ रुपया तीन रुपया सैंकड़ा माहवार ब्याज पर लिए थे तो अनौखिया बऊ ने एक तरह की गारन्टी ली थी। उन्होंने कहा था कि "मैं कह रही हूँ बाबा सौराज कूँ कर्ज दे देऊ, छुट्टिनु में मिस्त्रीगिरी करके उतार दिंगे।"

बऊ की गाँव-भर में वकत थी। इसलिए उनकी बात सुन कर लाला ने कहा था—"तू का कह रही है, तो मैं जा की जुबान पै ही दे दिंगो। वैसे मोउ विश्वास है सौराज अपनो कर्ज जरूर उतार देगो। मुंशी जी (श्यामलाल यादव) के तो श्यौराज पै सौ-दुएसै रुपया कर्ज रहत ही हैं।" मैं हर साल कर्ज लेता और काम करके ब्याज अदा कर देता था। मुंशी जी तो ब्याज पर ब्याज चढ़ाते रहते थे। पर गाँव में जब कहीं रुपया पैसा नहीं मिलते थे तो उनके पास रुपए जरूर मिल जाते। परन्तु वे कर्जा अपने पुश्तैनी कर्जदार की जमानत पर ही देते थे। जाटवों में टोड़ी ताऊ, नरायन, दयाराम, छोटेलाल और मुंशी उनके नियमित कर्जदार थे। वे टोड़ी सिंह की बात भी मानते थे। कर्ज लेने में इन लोगों ने समय-समय पर मेरी जमानत दी थी। चक्रवृद्धि ब्याज के अनुसार ऐसा कभी नहीं हुआ कि जब मैंने तीन सौ के छह सौ न दिये हों। विद्यार्थी जीवन में उन दिनों यह रकम मेरे लिये मामूली नहीं थी। कर्ज मेरा भाई और बस्ती वाले भी लेते थे, पर कोई मृत्युभोज करने के लिए तो कोई जात जागराता या कथा भागवत करने के लिए लेते थे। या अपने बच्चों के बाल-विवाह करने के लिए लेते थे। पढ़ाई के लिए कर्ज लेने वाले मेरे अलावा रामसिंह के पिता थे, जो उसे पढ़ा-लिखा रहे थे। उन दिनों रामसिंह हमारी बस्ती में पहला ग्रेज्युएट बना था और शायद पहला दलित लेखापाल भी वही है। उसका कर्ज उसके पिता रमचन्दी उतारते थे और मेरा मुझे खुद उतारना होता था। मुंशी जी नेत्रहीन थे, पर उनके पास जमीन थी, पैसा था, इसलिए साहूकार थे, आदरणीय थे। वरन नेत्रहीन तो मेरे गंगी बब्बा भी थे, पर सर्वहारा होने के कारण दो-दो रोटियों के लिए यादवों की चाकी पीसते फिरते थे।

समय से ऋण अदायगी कर मैं अपनी साख बनाये रखना चाहता था। इसी कर्ज-साख के दम पर मैं पढ़ सका था। गाँव से कर्ज लेता रहा। हालाँकि, बाद में मेरा बेलदारी, राजगिरी करना जिस अनुपात में कम होता गया था उसी अनुपात में मेरा अर्थ-संकट बढ़ता गया था।

नदी की बाढ़ में विद्यार्थी

आठवीं में दाखिला मिलने के मात्र दस-पन्द्रह दिन गुजरे होंगे। मैं अम्मा से मिलने पाली-मुकीम पुर गया था और जब स्कूल पहुँचा तो मैंने देखा, स्कूल में एक भी छात्र

नहीं आया है। शिक्षक प्रेमपाल सिंह यादव, धीरज सिंह तोमर आदि तेल मालिश कर कसरत कर रहे हैं। उन्होंने मुझे देखकर आश्चर्य से पूछा, श्यौराज! तुम यहाँ कैसे पहुँचे! चारों ओर पानी भरा हुआ है। कुड़हनी वाली नदी में बाढ़ का उफान आ रहा है। ऐसी बरसात-बाढ़ के बहाव में कोई छात्र पढ़ने नहीं आ सकता। यहाँ भारी बरसात में अघोषित अवकाश हो जाता है।

मैंने बताया—"नदी को देख कर मैंने सोचा था कि नदी में उतरे बगैर कोई मार्ग नहीं है स्कूल जाने का, तो मैंने कमीज-पाजामा और किताबें सिर से बाँधी, और नदी को तैरकर चला आया।"

"पर स्कूल में तो अब वर्षाकालीन छुट्टियाँ भी घोषित कर दी हैं।" धीरजसिंह तोमर ने कहा। तभी प्रेमपाल सिंह बोले—"मास्साब, श्यौराज का यहाँ इस हालत में स्कूल में दाखिल होना क्या साबित करता है?" यह सुनकर तोमर साहब मुस्कराने लगे थे। वैसे तो मैं अपने बचपन का खुद मुख्तयार था। अपने सख्त निर्णय लेकर तो मैं अपने गाँव से यहाँ स्कूल आया था। बस्ती के ज्यादातर लोगों को मेरा निर्णय मूर्खतापूर्ण, हास्यास्पद और बचकाना लगा था। कुछ लोग मेरे निर्णय के विरुद्ध थे और कुछ तटस्थ थे। समर्थक कोई नहीं था। कुछ उपहास उड़ा रहे थे—तो कुछ कह रहे थे—"पछताएगा और साल-दो-साल लम्बरदार की गुलामी कर के लौट आयेगा। आखिर बाप-दादा के पाँव पर ही तो चलेगो। बेवकूफ क्या आसमान से टपकते हैं।" तब माँ भूख-अभावों से तंग आ गयी। भिकारी को उसकी जरूरत फिर महसूस हुई। अम्मा के दो बच्चे भी वहाँ थे। ममता का खिंचाव उधर भी था। इस कारण वह पाली चली गयी।

उन्हीं दिनों की बात है। एक दिन भिकारी स्कूल में आ पहुँचे। उन्होंने आते ही मेरे स्कूल के छात्रों से पूछा—"यहाँ मास्टरों में प्रेमपाल सिंह यादव कौन है?" पता कर लेने के बाद उन्होंने मुलाकात की और कहा—"मास्टर साहब, सौराज की माँ याइ पढ़ाइवो नाँय चाहत या तें काम-बेगार करानी हो सो चाहे जितनी कराइ लेउ। पर है सकै तो याइ छोड़ि देउ, जाइ अब अपने काम कन्न देउ और अब गे चार पैसा कमाइवे लायक है गयौ है। याहू अपनी माँ को पेट भरन देउ। अब या की उमरि पढ़िवे की नाँय रई है साब। मेरी हथ-जोड़े की मानो, सौराज को पढ़िवे के झंझट में मत डालो।" अर्थात् मुझे स्कूल से बाहर कर दिया जाए इसके लिए उन्होंने पूरी कोशिश की।

मास्साब ने भिकारी दादा की मंशा मेरे कानों में डाली तो मुझे आश्चर्य-मिश्रित खेद हुआ। एक बार तो यकीन ही नहीं हुआ। फिर स्कूल के बाद अम्मा से मिलने 'पाली' चला गया। पाली की दूरी वहाँ से दस-बारह कि.मी. होगी। अपनी पढ़ाई-लिखाई के सपनों की फिर से हत्या होने की कल्पना-भर से मेरा हृदय काँप उठा था। अतः भिकारी के घर जाना न चाहते हुए भी अम्मा के पास गया और शाम को चूल्हे के पास बैठ कर उसे यह प्रसंग बताया तो वह भड़क उठी। उस रात मेरे

पढ़ने न पढ़ने के प्रश्न को लेकर अम्मा और भिकारी के बीच काफी विवाद हुआ। हालाँकि, शुरू में तो अम्मा ने भी मेरा विरोध ही किया था, पर जब मैं अपने बल पर पढ़ना चाहता था तो उसने सन्तोष कर लिया था। भिकारी के मत से, चूँकि वह मेरी माँ को रोटी देता है इसलिए वह कहता था—"मैं सौराज ते याकौ और याकी मेहतारी को खाइवौ (जो खाया है) वापस लुंगौ। गे इतनो बडौतौ पैदा नाँइ भयौ या की माँ ने पालि-पोषि कें बड़ौ करौ है, कमाइ-खवाइ रए हैं हम। तो गे कमाइ कें खाइवे कौ बदलौ देइ।" इसलिए मैं उसके लिए आम के बाग में काम करूँ। या मुर्दा लवारे (भैंस-गाय के बच्चे) बगैरह खोज कर लाऊँ। परन्तु मैं किसी से कुछ माँग नहीं रहा था। अपने प्रयासों से पढ़ना चाहता था। मैंने कहा, "मैं पढ़ना तो नही छोडूँगा। बाकी जो कहो सो मान लूँ।" मेरा ऐसा निश्चय सुन कर भिकारी आपे से बाहर हो कर बोला—"जाई रओ है तो जो जाइ अपनी मेहतारी कूँ संग लै जा।" "स्वार्थी कहीं के," गनपत बाबा के ऐसा कहने पर ही वह कुछ ठण्डा पड़ा। आखिर अम्मा ने मुझसे कहा—"तू पढ़नो ही चाहतु है तो जा भिकरिया बन्दे की आँखिनु के सामने रह कैं मत पढ़ि। बेटा, तू कहीं और इन्तजाम करिलै। मास्टर जी को डेढ़ दुए साल से कम काम कर रओ है। वे तोइ थोड़ो दारि-चून नाँइ दिंगे का? तू सवेरे ही यहाँ ते चलो जइये। कबऊ मन करे तौ ठाड़े-ठाड़े ढाई, दुए महीना में मोइ सूरत दिखाई जाए करिये। वैसे तू तो अकेलो ही रओ है। तोइ काऊ को सहारो नाइ मिलेगो तेरो सहारो तो भगवान ही है।"

जाते समय अम्मा ने भिकारी से छिपा कर मेरी किताबों के थैले में करीब एक सेर आटा और थोड़ी सूखी मिर्चें रख दी थीं और कहा था—"रात को स्कूल में या कहीं और रूके तो दो टेम रोटी बनाइ कें खाइ लइए।"

उस दिन मैं थैले में किताबों के साथ आटा-मिर्च दबाए स्कूल पहुँचा था। अजीब स्थिति थी मेरी। स्कूल में धुर्रा-प्रेम नगर से जाटों और दूसरी सवर्ण जातियों के छात्र पढ़ने आते थे। चमारों में से केवल हरदयाल आता था जो नवीं कक्षा में था और दो साल से लगातार अनुत्तीर्ण हो रहा था। बुआ के घर धुर्रा जाते समय मेरा उससे परिचय हो गया था। गहतोली से रामौतार जाटव था। उसके परिवार ने सिख धर्म अपना लिया था। वह केस रखाए पगड़ी बाँध कर स्कूल आता था। अकेला सरदार था, इसलिए उसकी हाजिरी-गैरहाजिरी पगड़ी से ही दिख जाती थी। सजातीयता का भान होते ही वे दोनों मेरे करीब आये थे। दोनों मुझसे एक क्लास आगे थे। हरदयाल के पास अंग्रेजी नहीं थी। रामौतार अंग्रेजी में तेज था और संस्कृत पढ़ने से डरता था। सैक्सन भी अलग-अलग थे। मैं शिक्षक प्रेमपाल सिंह का करीबी हूँ, यह सोचकर पूरे विद्यालय के छात्र मुझसे अच्छा व्यवहार करते थे। शुरू में सब लड़के मुझे यादव ही समझते थे। कुछ तो प्रेमपाल सिंह का छोटा भाई या भतीजा समझते थे। क्योंकि स्कूल और गाँव हम साथ-साथ आते जाते थे। बच्चे न देखें इसलिए स्कूल से थोड़े दूर बाहर आकर प्रेमपाल सिंह मुझे अपनी साइकिल पर बिठा लेते थे। साइकिल मैं

भी चलाना जानता था, परन्तु नियमित व्यायाम करने वाले पहलवान प्रेमपाल सिंह के भारी वजन को मैं खींच नहीं पाता था। वे ही मुझे खींचते थे। वे मुझे छोड़ कर इसलिए नहीं जाते थे कि यदि मैं गाँव नहीं जाकर अपनी माँ के पास चला गया या कहीं अन्यत्र निकल गया या प्रेम नगर में ठहर गया, तो उन्हें खेतों में काम कराने के लिए नया नौकर तलाश करना पड़ेगा। कई बार तो वे पहले मुझे स्कूल से निकाल देते, ताकि मैं दो चार कि.मी. रास्ता पैदल तय कर लूँ। पर गाँव जरूर जाऊँ। यह वे खेतों के काम करने के लिए जरूरी समझते थे। वे मुझे साइकिल पर इसलिए खींचते कि छुट्टियों में उन्हें मुझ से हाड़-तोड़ काम लेना है।

गेहूँ का बोरा

मैंने उस वर्ष जुलाई में स्कूल खुलने से पहले एक जोड़ी कपड़े सिलवाए थे। चालीस-पचास किलो गेहूँ कट्टा में भर कर प्रेमपाल सिंह के घर अनौखिया 'बऊ' को सौंप दिये थे, कि दस-दस किलोग्राम हर सप्ताह स्कूल जाते वक्त ले जाया करूँगा। अपने पुश्तैनी घर में रहना छोड़ ही दिया था, इसलिए वहाँ भी गेहूँ नहीं रख सकता था अगर रखता भी तो पढ़ाई के समय खाने के लिए ले नहीं जा सकता था। मैं जानता था कि रामभरोसे तब तक काम नहीं करता, जब तक गेहूँ खत्म नहीं हो जाते। परन्तु वे अमानती गेहूँ मुझे अनौखिया ने भी आज तक वापस नहीं किये। एक-दो बार मैंने माँगे जरूर थे, पर ''अब की लै जइये अगली बेर लैजइये'' कह कर उन्होंने हजम कर लिए थे। जबकि उनके घर में अन्न की कुटिया-कुठिला भरे रहते थे, बल्कि हर साल अतिरिक्त गेहूँ बेचे जाते थे।

इस अविश्वसनीय व्यवहार से मुझे बेहद दुख हुआ। पर मेरी मजबूरी थी। अमानत की वापसी के लिए मैं अधिक आग्रह नहीं कर सकता था। इसलिए कि पढ़ाई करते हुए मुझे सब तरह के समझौते करने ही थे। जब कि पढ़ाई के साथ-साथ एक-एक रोटी का अन्न जुटाना मेरे लिए बेहद मुश्किल काम था। अच्छा होता वह अनाज घर ही छोड़ आता, अभावों में पड़ी मेरी अम्मा तो कुछ दिन खा लेती, या स्कूल ले जाकर धुर्रा 'प्रेमनगर' में ही किसी के घर रख दिया होता तो शायद पढ़ते समय कुछ तो मिल जाता। अम्मा के प्रति अपनी फर्ज अदाई के बारे में सोचता हूँ तो मैं एक निहायत कपूत ही ठहरता हूँ मैं। अपने जन्म देने वाली को कमा कर नहीं खिला सका। मैं राज मिस्त्री बन कर भी अपना और अपनी माँ का पेट भर सकता था। छात्र बन कर पढ़ाई करने के मेरे फैसले ने मुझे अपने लिए भी आर्थिक रूप से असहाय-सा बना दिया था। पढ़ाई के साथ-साथ मजदूरी करना सम्भव न था, और मैं स्कूल शिक्षा में पिछड़ा हुआ छात्र था। दूसरों के बराबर आने के लिए मुझे अतिरिक्त पढ़ाई करने की जरूरत थी। पढ़ाई के लिए अतिरिक्त समय भी चाहिए था और उस समय पेट को रोटी भी, जिसका प्रबन्ध मुझे खुद ही करना था। खाली

समय प्रेमपाल सिंह ने ले लिया था।

स्कूली शिक्षा के उन आरम्भिक दिनों के बाद मैं दो-चार महीने में केवल एक रात को अम्मा से मिलने पाली जाता। उस समय भी भिकारी मुझे पढ़ने नहीं देता था। वह मुझे घास खोदने भेज देता। यदि मैं एक-दो दिन रुकता तो वह मृत पशु उठवाता या साइकिल देकर मुर्दा लवारे खोजने भेज देता था। चाहे बाकी सदस्य खाली बैठे रहते। कारण, उसे मेरा पढ़ना-लिखना अखरता था। खासकर स्कूल में दाखिला लेकर पढ़ना बर्दाश्त नहीं था। मैं डिब्बी जला कर पढ़ने बैठता तो वह लाजिमी तौर पर डिब्बी उठा लेता था। वह इस बात से बहुत परेशान था कि उनका सगा बेटा रूपसिंह एक अक्षर नहीं पढ़ना चाहता और श्यौराज रुकना नहीं चाहता।

मक्खन और माँस-मछलियाँ

आर्य समाज में गरीबी और अस्पृश्यता का कारण मदिरा-माँस का सेवन करना बताया जाता था। अतः मैंने माँसाहार न करने की घोषणा की, जबकि सबसे पसन्दीदा आहार मेरे लिए नॉन-वेज ही था। इस घोषणा के बाद मैं दयाराम भगत जी का प्रिय हो गया था। किन्तु भूत-पूजारी मक्खन का कोप-भाजन भी बन गया था। एक घटना याद आ रही है। गाँव में शंकर मास्टर ने तालाबों पर से भंगी, चमारों और तेलियों को मछली मारने को मना कर रखा था इसलिए चमार, भंगी, तेली और फकीर रात बिरात में मछलियाँ पकड़ने की ताक में रहते थे। शंकर आ गया तो क्या होगा? इसका सभी को डर बना रहता था। शंकर लम्बा लट्ठ लेकर आते दिखाई देते तो लोगों की पिंडलियाँ काँप जाती थीं। वे आर्य समाजी प्रचारक और प्राइमरी स्कूल में अध्यापक थे। सिर घुटाए गेरुआ कपड़े पहनते। कुश्तियाँ लड़ते और व्यायाम करते थे। एक दिन मैंने—"हमें माँस मछली नहीं खाना चाहिए," ऐसी चर्चा 'टोड़ी' ताऊ के दालान पर की तो मक्खन ने लोगों को मेरी घोषणा का मतलब उलट दिया। उसने—''बरगलाया कि सौराज कह रओ है कै मैं अब मौहल्ला वान्नुं कूँ मच्छी नाँइ मान्न दिंगो, का जो ससुरो यैरु (यादव) है गओ है?'' यह कहते हुए वह लाठी खींच लाया और धोती ऊपर चढ़ा कर आँखें लाल करता हुआ मेरी ओर बढ़ा। वह जानता था कि अगर वह अकेला आ भिड़ा तो उसे मुँह की खानी पड़ेगी। इसी चतुराई से उसने सभी के भोज्य स्वार्थ का प्रसंग जोड़ दिया था ताकि सभी को लगने लगे कि सौराज आर्य-समाजी होकर हमारा माँस-मछली खाना छुटा देगा। इस कारण छोटे, दाताराम सहित कई और लोग भी कहने लगे कि—''सौराज को पण्डित बनने का मजा चखावो—"जाको डिमाकु बिगड़ि गओ है चार अच्छर पढ़ि कें।" इस तरह उन्होंने मुझे घेर लिया। गंगी बब्बा को पता चला कि मक्खन मारने दौड़ा है तो वे लाठी पकड़ कर आवाज की ओर लपके। हालाँकि, वे नेत्रहीन थे परन्तु उनकी दहाड़ से मक्खन काँप गया। उन्होंने धमकाते हुए कहा—''सौराज कूँ हाथ तो लगाइ मखना, तेरी हड्डी

तोड़ि के धरि दिंगो!"

मक्खन की समस्या महज मछली की नहीं थी, बल्कि और भी कई कारण थे मुझसे खफा होने के। एक तो 'मक्खन' के मात्र एक बेटी थी। लड़के की उसे बहुत ख्वाहिश थी। उसकी माँ और वह अक्सर मेरे साथ के लड़कों को कोसते रहते थे। दूसरे वह दूर-दूर तक मशहूर सियाना था। मैंने उसके भूतों को झूठा साबित करने की मुहिम छेड़ रखी थी। जैसे ही वह सैय्यद सिर पर आने पर जमीन में कुहनियाँ गड़ाता था वैसे ही कुहनियाँ सामान्य दशा में मैं भी गाड़ कर दिखा देता था। हालाँकि, दयाराम चच्चा के तो एक भी बच्चा नहीं था परन्तु कोई नहीं कह सकता कि उनके व्यवहार से कभी ऐसा प्रदर्शित हुआ, जिससे लगे कि उनके हृदय में किसी दूसरे के बच्चे के लिए स्नेह नहीं है। बल्कि टोड़ी ताऊ की तरह वे डाँट-डाँट कर मौहल्ले-भर की औरतों-मर्दों से कहते फिरते थे—"तुम तो जानवर रह गये। इन्हें स्कूल काहे को नाँइ भेजतीं।" उनके चचेरे भाई रामचन्दी के बेटे रामसिंह की पढ़ाई में उन्होंने अपनी सामर्थ्य के मुताबिक जाने कितनी मदद की होगी। शादी तक में वे अगुआ रहे।

एक दिन खचेरी ताऊ मक्खन चच्चा के सिर पर हाथ देकर भूत का आह्वान कर रहे थे—"मक्खन के शरीर में हनुमान जी आ रहे हैं, इसलिए तुरन्त गाँव में से गुड़-चना खरीद कर लाओ!" मैं जिसे भी दीख जाता, वही ही मुझे बेगार करने को बता देता था—जो काम है सौराज, वहाँ चलो जा, यहाँ आजा आदि-आदि कितने ही काम मुफ्त ही में मुझसे कराये जाते थे। अब हनुमान जी आ रहे हैं तो जल्दी करो। देखो पीछे कहीं सौराज ठाड़ो होइगो, चाराना पैसा दैकें कहो—भाजि कें जाइ मिठाई-चना लै आवे।

मैं ना करना चाहता था, परन्तु बड़ों का कहना टालना अच्छा नहीं माना जाता था। उसकी थोड़ी भी कीमत देने को मैं तैयार नहीं था। यह मैं स्वेच्छा से नहीं कर रहा था। चना, गुड़ लाते वक्त मैंने अपने मित्र फूलसिंह और रामसिंह को कहा कि देखो यह सब ढोंग है 'हनुमान' किसी की देह में कैसे आ सकते हैं? वे बोले—"तो जाँच कैसे हो?" मैंने हरकत सोची—"देखो हम थोड़ा-सा गुड़, चना इसमें से चख लें। अगर हनुमान जी मक्खन की देह में होंगे तो वे जूठे प्रसाद पर जरूर आपत्ति करेंगे और अगर मक्खन ढोंग कर रहे होंगे तो वे जूठा प्रसाद खा जायेंगे।" मेरे दोनों मित्र डर गये कि हनुमान जी जूठा प्रसाद देख कर पता नहीं हमें कौन-सी सजा दे दें। उन लोगों ने कहा—"भैया तू ही जूठा करके दिखा। हमें तो डरु लगि रओ है, मुँह से खून की कै है जाइगी।" इतना कह कर दोनों पीछे हट गये। मैंने थोड़ा गुड़ और चने मुँह में डाल लिए और शेष जूठे करके सियानों को दे दिये। हनुमान जी के आने का अभिनय हुआ। पर प्रसाद जूठा है, ऐसा सुनने को नहीं मिला। फूलसिंह, रामसिंह मेरा मुँह देख रहे थे।

इस तरह के भूत विरोधी काम मैं आगे भी करता रहा। 'केदरिया' के बेटे की

बहू पर आये भूत का प्रसंग और 'करणवास वारी देवी' की जात, व बेलोन वारी की जात के वाकयों के बारे में आगे बात करूँगा।

मैं प्रेमपाल सिंह यादव के घर रहने लगा था। धीरे-धीरे मैं उनके घर के सदस्य जैसा बन गया, फिर भी छूतछात पूर्णतया समाप्त नहीं हुई थी। खैर, मेरी उपेक्षा भी नहीं थी। उनके घर में सब्जी मुझे ऐसी लगती थी जैसे उसमें मिर्च-मसाला डाला ही नहीं है। सब्जी में पानी भी ज्यादा होता था। वहाँ चमारों और तेलियों जैसी तेज मिर्च नहीं खाई जाती थी। शुरू में मैंने सोचा था कि अपने पास थोड़ी मिर्चें रख लिया करूँ जिन्हें अलग से डाल लिया करूँ। पर मैंने सोचा—नहीं, मुझे कम मिर्च का खाने का ही अभ्यास करना चाहिए। यूँ मैंने अभ्यास किया। अपनी छोटी-मोटी आदतों पर नियन्त्रण कर लेना और नई चीजें सीखना मेरा स्वभाव रहा है। प्रेमपाल सिंह और 'बऊ' अनौखिया पूर्ण शाकाहारी थे। तो बूढ़े हों या बच्चे पूरा गाँव उन्हें 'बऊ' कह कर ही सम्बोधित करता था। वे लोग भी जो उनके बच्चों की उम्र के थे। वह मेरी माँ की उम्र से कुछ ज्यादा थीं। मास्साब और मैं भी उन्हें 'बऊ' ही कहते थे। बहुत बार उनकी राय कई निर्णयों में अन्तिम होती थी। जब 'मलना' बेटी की असमय मौत के सदमे के बाद वे बीमार पड़ी और उन पर कई दौरे पड़े तो किसी डॉक्टर ने मास्साब को सलाह दी कि देशी अण्डों को दूध में मिला कर पिलाया जाए तो बऊ स्वस्थ हो सकती हैं। अब अण्डे लाये कौन? अण्डे खाना भी हिंसा है। अच्छे लोग, अहिंसक लोग, अण्डा कैसे खा सकते हैं? मुझे स्पष्ट याद नहीं कि बऊ अण्डा सेवन के लिए स्वेच्छा से राजी हो गयी थीं या उन्हें मास्साब ने जिन्दा रहने के लिए राजी किया था, अथवा उन्हें बगैर बताये गर्म दूध में फेंटकर दो अण्डे सुबह, दो शाम पिलाये गये थे। गाँव में फकीरों के एक दो घरों में मुर्गियाँ पलती थीं, पर वे अण्डे बेचते नहीं थे। हर दिन चार अण्डे मिलना सम्भव नहीं था, इसलिए दो कि.मी.'रिवाड़े' से रोज सुबह शाम अण्डे लाने का काम मुझे सौंप दिया गया। मैं सुबह-शाम भागता-दौड़ता जाता और अण्डे ले आता। मास्साब बेला भर कर गर्म-गर्म दूध रसोई से निकालते और अण्डे का छिलका चटका कर उसमें पदार्थ उड़ेल देते। बऊ अब मेरी एक और 'माँ' जैसी थीं। गाँव के रिश्ते से मैं उनका ससुर लगता था पर व्यवहार में वे मुझे कभी प्रेमपाल का छोटा भाई जैसा कहतीं और कभी अपना बेटा मानती थीं।

बरसात गुजर चुकी थी। खेत-क्यार का काम काफी पूरा किया जा चुका था। अब चूँकि मेरी माँ को यह निश्चित हो गया कि मैं प्रेमपाल सिंह के साथ ही रहूँगा तो उसने अपने छोटे बच्चों के पास पाली जाने का पुनः निश्चय किया। मैं नहीं भी जाता तो भी अम्मा कभी नदरोली आती और 'पाली' जाती ही थी। उसकी जिन्दगी इसी क्रम में गुजर रही थी। गाँव में गुजारा करने के लिए था क्या? नीम की निबोलियाँ बटोर लीं या किसी यादव के दालान की लिपाई-पुताई कर दी। किसी के खेत से सिला बीन लिया अथवा सकरकन्दी के खेत में सेर-दो सेर सकरकन्दी ढूँढ़

ली। ऐसे ही साधन थे जिन्दा रहने के।

प्रेमपाल सिंह के घर रह कर मैंने अम्मा की सेवा की दृष्टि से अच्छा नहीं किया। अपनी 'माँ' को कमा कर सहारा देने के बजाय अपनी पढ़ाई के स्वार्थ के लिए मैं प्रेमपाल सिंह के घर रहने लगा। ''मास्टर पढ़ाई भी क्या कराएगा। मुफ्त की गुलामी करा रहा है।'' ऐसी चर्चाएँ मेरी बस्ती में ही नहीं बल्कि बुआओं बहन मौसियों आदि रिश्तेदारों तक भी पहुँच गयीं थीं। गाँव के पढ़े-लिखे शिशुपालसिंह यादव जैसे लोग भी मेरा निर्णय सही नहीं मान रहे थे। शिशुपाल जो खुद अध्यापक थे, प्रेमपालसिंह से शर्त लगा रहे थे—''छह सौ रुपया हार जाऊँगा, अगर साल दो साल बाद श्यौराज फिर से पढ़ना छोड़ कर गाँव की मेहनत-मजूरी करने न लौटे तो।'' ऐसा कहीं हुआ है कि एक बेगारी करने वाले बाल-मजदूर को उठाओ और उसे पढ़ा-लिखा कर मास्टर, पटवारी या सिपाही बना दो। पढ़ाई आखिर पढ़ाई होती है श्यौराज कोई जादू नहीं है। पर बलबीर मास्टर का कहना अलग था। वे कहते थे—''जिस दिन दसवीं कक्षा पास कर ले, उस दिन ही तय होगा कि इसका का स्कूल जाने का फैसला और प्रयास सही था या गलत।'' मुझे हाई-स्कूल पास हो पाने की पक्की उम्मीद नहीं थी। मैंने पढ़ना केवल इसलिए तय किया था कि दसवीं नहीं भी कर सका तो दसवीं फेल होने तक तो पहुँच सकूँगा। मुझे जितना भी ज्ञान मिल सकेगा, मेरे जीवन निर्वाह करने में सहायक ही होगा। तब ही मैं कोई सेवा करने योग्य भी बन सकूँगा।

गाँव के रिश्ते से तो मैं अपने मास्टर जी का चाचा ठहरता था। परन्तु वे मेरे गुरु जी थे। वे मुझे ले जा रहे थे, मेरी मुक्ति के रास्ते पर। बेशक वे मुझे बहुत ज्यादा पढ़ा-लिखा बनाने की नहीं सोचते थे। पर शायद चाहते थे कि श्यौराज उतना पढ़े, जितने से वह सारी उम्र उनके पास बना रह सके। 'बऊ' तो यहाँ तक कहती थीं कि—'' 'पांडे जी' से कह कर किसी गरीब गुरबा यैर की लड़की लाउँगी सौराज को। अब सौराज चमार कहाँ रह गओ है। मेरो बालकु है मैं ही जाकी माँ हूँ मैं ही जाको बियाह करउँगी।''

दशक-दर-दशक बीत रहे हैं। जिन्दगी चलती जा रही है। लेकिन बीते दिन मैं नहीं भूल पा रहा हूँ। वह मेरे जीवन का अहम दिन था जब मैं स्कूल की ओर असीम आशाएँ लेकर बढ़ा था। मैं नहीं जानता कि मेरी पढ़ाई से इस समाज, देश या किसी व्यक्ति को क्या लाभ हुआ और क्या नुकसान, पर मैं इतना जानता हूँ कि मेरी कोशिशें बाँझ नहीं रहीं। मैंने माँ को जल्दी खोया और काफी कुछ पाया या यूँ कहूँ सब पाया ही पाया, खोया कुछ नहीं। मैं अछूत-सर्वहारा, मेरे पास था ही क्या खोने को? शरीर की मेहनत बेच देता था और पेट भरता था। स्कूल जाने से पहले श्रम-शोषण की नदियों के कई घाटों का पानी पी चुका, कई तरह के अनुभवों से गुजर चुका था मैं।

भाई साब : एक प्रेरक पाठ

आठवीं पास करते ही मैं एक-दो दिन के लिए दिल्ली आया था। मौसेरे भाई नत्थूलाल उन दिनों मौलाना आजाद मेडिकल कॉलेज में एम.बी.बी.एस. की पढ़ाई कर रहे थे। मौसी-मौसा भी दिल्ली से चन्दौसी लौट गए थे। अब मेरे और डॉ. लाल के बीच एक लम्बे अन्तराल के बाद पत्र-व्यवहार का सिलसिला शुरू हुआ था। मैं पढ़ना चाहता था, लेकिन हालात मेरे प्रतिकूल थे। भाई साब मेरी कोई आर्थिक मदद तो नहीं कर सकते थे। जब मैंने आठवें से पढ़ाई शुरू की तब वही एक थे जो कहते थे—"किसी भी हालत में रहो पर पढ़ो, स्कूल नहीं जा सकते तो सैल्फ-स्टडी करते रहो।" वे मेरे स्कूल में दाखिला लेकर पढ़ने के फैसले से इतने खुश थे कि मुझे शाबाशी देने नवीं पास करते ही वे दिल्ली से मेरे गाँव नदरोली पहुँचे थे —वैलडन, श्यौराज! उनका वह कथन आज भी कानों में गूँज रहा है। बाकी मेरी जाति-बिरादरी वाले, घर- पड़ोस, नाते-रिश्तेदारों में एक भी ऐसा व्यक्ति नहीं था जो मेरे स्कूल जाने को उचित ठहराता।

मैं हमेशा यह सोचता था कि यदि स्वयं से अधिक पढ़े-लिखे व्यक्ति के सम्पर्क में जाऊँगा तो कुछ-न-कुछ सीखने को मिलेगा। उस वक़्त से बनी आ रही मेरी धारणा आज भी कायम है। यही सोच कर मैं भाई साब के पास जाता रहता था। उनकी बातें, उनकी मेहनत अद्भुत थी, और वे एक साधनहीन परिवार से उठ कर डॉक्टरी -शिक्षा प्राप्त कर रहे थे। उनकी यह यात्रा मेरे लिए अपने आप में एक प्रेरक पाठ थी।

भूत उतर वाने हर बिरादरी की स्त्रियाँ हमारी बस्ती में आया करतीं थीं। हाँ, ब्राह्मण-बनियों की स्त्रियों की संख्या मुस्लिमों, यादवों और भंगी-चमारों की संख्या से बहुत कम होती थी। शुरू में मुझे भी लगता था कि बंगाली बाबा जैसी कोई अदम्य शक्ति हमारे पास है, पर शीघ्र ही मैं उस अंधविश्वास से ऊपर उठ गया था। ज्ञान-क्षेत्र के लोगों के संपर्क ने मेरी जिन्दगी पर सदा अच्छा प्रभाव डाला। शिक्षक सुभाष गुप्ता मेरे विकास का विश्लेषण करते हैं तो कहते हैं—"तुम बचपन में दिल्ली गए तो लावारिस होने के कारण। लेकिन दिल्ली ने तुम्हारे दिमाग में नई चीजें डाल दीं।" सचमुच दिल्ली में मुझे आगे बढ़ने के कुछ सपने मिले थे।

पत्र और साहित्य

मैं सन् उन्नीस सौ छिहत्तर-सतत्तर की बात कर रहा हूँ। तब मैं नवीं कक्षा का छात्र था। दिल्ली में 'मौलाना आज़ाद मेडिकल कॉलेज' के छात्रावास में भाई साहब के पास दो-तीन रात रुका था। यहाँ कोई कामरेड भगवान भी डॉक्टरी की पढ़ाई कर रहे थे, या उनके बाहरी सम्पर्क में थे। वे उनके बहुत प्यारे दोस्त थे। वे प्रगतिशील विचारधारा के थे। भाई साब ने मुझे एक ऐसे ही छात्र के कमरे में एक दिन को छोड़ दिया था। वे लोग कहीं प्रैक्टिकल वगैरह करने गए थे। उस कमरे में अंग्रेजी भाषा में मेडिकल सम्बन्धी किताबों के अलावा हिन्दी का भी कुछ साहित्य रखा था। उनमें कुछ छोटी-छोटी पुस्तकें भी थीं। उन्हीं में गोपाल ठाकुर द्वारा लिखित भगतसिंह पर 'मैं नास्तिक क्यों बना?' पुस्तक पहली बार मेरे हाथ लगी थी। नास्तिक वह भी इतना बड़ा शहीद जिसने देश के लिए अपनी जान दे दी थी। ईश्वर के अस्तित्व को नकार कर देश भक्ति कैसे हो सकती है? मेरे मन में कुतूहल पैदा हुआ और उस किताब को शुरू से अंत तक जब तक पढ़ नहीं लिया, मैं हॉस्टल के कमरे से बाहर नहीं निकला। उस दिन से विचारों में अजीब-सा तूफान उठ खड़ा हुआ। इस तरह के साहित्य के प्रति जिज्ञासा बढ़ी। ऐसा साहित्य जो अब तक पढ़े-सुने साहित्य की मूल धारणा से ही अलग था, मैं अधिकाधिक पढ़ना चाहता था। सोवियत रूस का पत्र 'युवक', 'सोवियत दर्पण' भाकपा की छात्र शाखा की पत्रिका 'युवावेदी', 'जनयुग' और 'कम्यूनिस्ट' आदि मैंने दिल्ली में ही देखे थे। कइयों के पते उतार कर अगले दिन ही उनके कार्यालयों में पहुँच गया था। 'युवावेदी' और 'युवक दर्पण' का तो मैं ग्राहक भी बन गया था। कुछ पत्रिकाएँ भी उसी समय मेरे घर गाँव के पते पर डाक द्वारा निःशुल्क भी आने लगी थीं। कुछ और किताबों को एक-एक कर खरीदा था। बाकी की सूचियाँ बना कर मैंने उन्हें पुस्तकालय से पढ़ने की जिज्ञासा व्यक्त की थी और भाई साब उपलब्ध कराएँ, ऐसी अपेक्षा उनसे भी की थी। इर्विन अस्पताल के सामने के हिन्दी बुक सेंन्टर से मैंने कुछ किताबें खरीदीं थीं। कैफी आजमी का 'आवारा सिजदे' और क्रान्तिकारी कविताओं का संग्रह—'रास्ता इधर है' आदि मुझे भाई साब के एक कम्यूनिस्ट दोस्त की मार्फत हासिल हुईं थीं। रानी झाँसी रोड़ पर बने पी.पी.एच. प्रकाशन का पता देकर भाई साब ने ही मुझे वहाँ भेजा था, जबकि घर लौटने के लिए मेरे पास किराये तक के पैसे नहीं बचे थे। जब मैं गाँव में आकर स्कूल जाने लगा तो मेरे दिमाग में कोर्स की किताबें कम और बाहरी पुस्तकें अधिक जगह बनाने लगीं थीं। मैं बाहरी पुस्तकों से प्राप्त ज्ञान-सम्बन्धी प्रश्नों को पत्रों में लिखकर दिल्ली भेजने लगा था। एक-दो महीने इन्तजार करने पर भी भाई साब ने कोई किताब पढ़ने या खरीदने की राय लिख कर नहीं भेजी, तो मैं परेशान रहने लगा। परीक्षा से दो-तीन माह पूर्व मुझे भाई साब का एक पत्र मिला। एक ओर अंग्रेजी में दूसरी ओर हिन्दी में—

"प्रिय भाई श्यौराज सिंह, तुम्हारे पत्र मिलते रहे हैं। मैं मेडिकल की पढ़ाई में बहुत व्यस्त था, इस कारण तुम्हारी मदद नहीं कर सका। मेरी सलाह है कि फिलहाल तुम कोर्स की किताबों के अलावा और कुछ मत पढ़ो। बल्कि मुझसे एक वायदा करो कि तुम हाईस्कूल पास कर लेने से पहले कोर्स की किताबों को ही पढ़ोगे। उसके बाद तुम्हें मनचाही किताबें भी मिल जाएँगी। मेरी ओर से यह तुम्हें सलाह भी है और हिदायत भी। फिलहाल तुम्हें अभी कैसे भी हाईस्कूल पास करना बहुत जरूरी है। फेल हो गए तो तुम्हारे लिये दोबारा स्कूल में पढ़ पाना असंभव होगा। वैसे भी यही तुम्हारे लिए पहला और आखिरी मौका है। तुम इस मौके को खाली मत जाने दो। मुझे उम्मीद है और खुशी है कि तुम मेहनत,लगन और जिम्मेदारी के साथ पढ़ रहे हो। बाकी फिर–

तुम्हारा भाई नत्थूलाल
छात्रावास मौलाना
आजाद मैडिकल कॉलेज,
नई दिल्ली-110002

पढ़ तो मैं पूरी लगन और मेहनत के साथ ही रहा था। पर मेरा अधिक समय रोटी के लिए शारीरिक श्रम करने में गुजरता था। मन स्कूल में रमता था और शरीर खेतों में खपता था। "पास हो जाओगे, चिन्ता मत करो।" इतना सन्तोष मास्टर प्रेमपाल सिंह, जरूर दिलाते रहते थे। "तुम तो काफी होशियार हो, पास तो सामान्य छात्र भी हो जाते हैं।" प्रेमपाल सिंह की दृष्टि में मेरा हाईस्कूल करना काफी था। अधिक-से-अधिक इन्टर मीडिएट पास करने तक पढ़ने में सहयोग करने की उनकी मंशा थी। उससे आगे नहीं। मेरे लिए आटा पीसने की चक्की लगा दी जायेगी। 'बऊ' का विचार यह था ही कि वे किसी गरीब यादव की बेटी से मेरी शादी कर लाएँगी ताकि उसके हाथ की बनाई रोटी भी खाई जा सके और मैं चमार से यादव बन जाऊँ।

चूँकि, बेगार-मजूरी की दुनिया से शिक्षा की दुनिया में प्रवेश करने का मेरा निजी फैसला था और घर में कोई मेरा समर्थक और सहायक नहीं था। इसलिए भी घर और बस्ती से सम्बन्ध-विच्छेद सा हो गया था। मेरा आत्मविश्वास इस खेल में बचपन का दाँव लगा रहा था। जिन्दगी पास-फेल पर निर्भर थी। उसमें भी केवल लिख-पढ़ने भर से किसी की जिन्दगी नहीं सुधर जाती। नियमित स्कूल जाने और हाई-स्कूल तक पढ़ाई कर चुके, आरक्षण की श्रेणी में आने के बावजूद बिरादरी के लड़के गाँव में बेरोजगार घूम रहे थे। हरिज्ञानी वाल्मीकि के भाई यानी मेरे यार रामफूल ने तो हाई-स्कूल करके नाचने-गाने का काम सीख लिया था। वह रामलीला में सीता, लैला-मजनूं में लैला, हीर-राँझा में हीर बनता था। बहुत बार मैं अपने आपसे सवाल करता था कि यदि मैं पास नहीं हुआ तो मेरा क्या होगा? आर्य समाजी विचारों का

प्रभाव कम्यूनिस्ट साहित्य पढ़ने के कारण वैदिक विचारधारा और साम्यवादी वैज्ञानिक विचारधारा इन दोनों में गहरा विरोधाभास था। मेरा दिमाग द्वन्द्व में रहता था। मेरे संस्कार, संगति और स्वभाव आस्तिक, धार्मिक और ईश्वरवादी थे। यदि हाई-स्कूल पास भी हो गया तो कौन सा क्रान्तिकारी बदलाव मेरी जिन्दगी में आ सकता है? प्रेमपाल सिंह के सम्पर्क में आया तो वे कहते थे कि—"वैदिक साहित्य का अध्ययन करके हम आर्य समाज के प्रचार के निमित्त देश-भर में भ्रमण करने के लिए निकलेंगे। धार्मिक महापुरुषों की तरह हम भी घर-गृहस्थी छोड़ देंगे। ईश्वर भक्ति में रम जायेंगे और परमात्मा से साक्षात्कार कर अपना अगला जन्म सुधार लेंगे। तुम मेरे शिष्य रहोगे मैं तुम्हारा गुरु।"

जीवन व्यर्थ न चला जाए यह तो मैं भी सोचा करता था। आठवीं में पढ़ते वक्त तक मैं उनसे सहमत था। किन्तु धीरे-धीरे जब मैंने पाया कि वे ईश्वर भक्त हैं ठीक संध्या-ध्यान करते हैं। नियमित व्यायाम करते हैं, सात्विक विचारों की बात करते हैं, शाकाहारी हैं; लेकिन वे मुझसे हाड़तोड़ काम क्यों लेते हैं केवल रोटी के बदले। मेरी मेहनत का दशांश भी दे दिया करें तो मेरा खर्चा चलता रहे। आखिर मुझे मेरा शोषण अखरने लगा। शोषण पाप क्यों नहीं? ईश्वर भक्ति में किसी का दोहन क्यों शामिल है? दयानंद सरस्वती के 'सत्यार्थ प्रकाश' में मेरी इस समस्या का समाधान क्यों नहीं है? पहले वर्ष उनके खेतों में गेहूँ की कटाइयाँ कीं। उसके बदले मुझे केवल रोटी मिली। लेकिन मैं सोच रहा था, पढ़ने जाऊँगा तो महीने-दो-महीने की रोटी का इन्तजाम मेरे पास होना चाहिए। शुरू में सोच रहा था कि मास्साब का हर समय काम कर रहा हूँ तो वे मेरे पेट के लिए कुछ तो प्रबन्ध जरूर करेंगे। किन्तु एक साल के अनुभव ने बता दिया था कि वे शिक्षा के लिए सहयोगी माध्यम जरूर है, किन्तु मेरे शारीरिक श्रम का फल देने का उनका इरादा नहीं है। 'हमारे देश की वैदिक विद्या पद्धति में भिक्षा माँग कर छात्र पढ़ा करते थे।' मास्साब के इस तर्क का मेरे पास जवाब नहीं था। क्या चमार भिक्षा माँग सकता है, क्या किसी गैर-ब्राह्मण को भिक्षा मिल सकती है? यह सोच कर मैंने प्रशिक्षु राज के रूप में जसराम यादव के साथ मई-जून की तपती दोपहरी में काम किया, पैसे कमाए। चूँकि अम्मा ने तो साफ कह दिया था कि—मेरे लिखे तो तू मरि गओ। मैं पढ़ाई न करने की राय मान नहीं रहा था और घर में अम्मा के लिए रोटी नहीं थी। एक भाई बेलदार था। वह भी दिल्ली में रहता था। मैं राज बन जाता, पर देह को कष्ट देने के बजाय पढ़ने लगा।

मेरे पास दाल-आटे की कमी होती थी। प्रेमपाल सिंह को संकट से अवगत कराता तो वे कहते—"आदमी का इरादा पक्का होना चाहिए। हिम्मत और लगन होनी चाहिए। तुम होनहार हो। तुम सब बाधाएँ पार कर जाओगे।" ऐसे ही शब्दों से वे मुझे बहला देते थे। किन्तु पेट शब्दों से नहीं भरता था। वे यदि मुझे अपने घर का नौकर मान कर ही मेरी मजूरी का कुछ भाग भी देते रहते तो भी मैं भूखा

नहीं मरता और रूखी-सूखी रोटियाँ खाकर गुजारा कर लेता। परन्तु वे इस मामले में किसी भी कंजूस बनिये से इक्कीस ही थे। अनौखिया और प्रेमपालसिंह ने यह घर मीठे स्वभाव और कंजूसी से ही जोड़ा था। मेरे जीवन में उनका यह विरोधाभासी योगदान था। उन्होंने विद्यालयोन्मुख किया, उस उपकार से उऋण नहीं हुआ जा सकता था। परन्तु उन्होंने जम कर दैहिक शोषण किया, वह भी भुलाया नहीं जा सकता। दाल आटा नहीं दिये तो मुझे वैकल्पिक व्यवस्था करनी पड़ती थी जिससे मेरी पढ़ाई में बाधा पड़ती थी। संकट मेरी इच्छा-शक्ति की अग्नि परीक्षा रहा था। उस एक अत्यंत पिछड़े गाँव 'धुर्रा' प्रेमनगर में वैकल्पिक व्यवस्था भी क्या हो सकती थी।

मैं दिल्ली से गाँव लौटा था तो मन में विचारों का तूफान साथ-साथ आया था। भगतसिंह की जीवनी पढ़ कर मेरे विचारों में उथल-पुथल मच गयी थी। भाई साब डॉक्टर लाल के न चाहते हुए भी मैंने शहीदों और दूसरे देशभक्तों से सम्बन्धित सामग्री एकत्र की थी। कविताएँ लिखने-पढ़ने का मेरा शौक बहुत गहरा था। जूते-कपड़ों के लिए जोड़े पैसों से मैं प्रगतिशील कविताओं के संग्रह इत्यादि किताबें खरीद लाया था। अपना खून-पसीना जला कर तपती धूप में मैं अप्रैल से जुलाई तक राजमिस्त्रियों के साथ काम करता था। कमीशन देकर बेलदार से प्रमोट होकर प्रशिक्षु राज भी बन गया था। दिल्ली आने-जाने का मुझ पर यह प्रभाव पड़ा कि मैंने स्कूल, अस्पताल और बाजार हर जगह लिखे-पढ़े लोगों को ही सार्थक जीवन जीते देखा-समझा। इस कारण पढ़ाई के प्रति मेरी इच्छा बढ़ती गयी। कक्षा नौ में जब मैं अपने रोटी, कपड़े और आश्रय की व्यवस्था नहीं कर पा रहा था। तब स्कूली शिक्षा से निराश हो कर प्राइवेट पढ़ने की सोच रहा था। पर शिक्षा मेरे लिए उस कबूतर के चुग्गे की तरह थी, जिसे पाने के लालच में मैं हर बार किसी-न-किसी शोषण के जाल में फँस जाता था।

पीतमपुर की प्रीति

नवीं-दसवीं में पढ़ते समय मेरे सामने दो वक्त की रोटी का बुनियादी संकट था। समाधान के तौर पर मैं चाहता था कि मुझे पार्ट-टाइम कोई काम मिल जाये। उसके बदले खाने की मेरी जरूरत पूरी हो। प्रेमपाल सिंह गुरु जी ने मेरे भूगोल के शिक्षक चौधरी रघुनाथ सिंह साथ पीतमपुर गाँव भेज दिया था। यह स्कूल से करीब चार-पाँच किलोमीटर की दूरी पर था। रास्ता प्रेमनगर से होकर गुजरता था। उन्होंने अपनी पत्नी से परामर्श कर अपने घर रख लिया, और मुझे मेरे काम बता दिये गये थे। सुबह चार बजे उठकर चार-पाँच पशुओं का चारा डालना है, उनका गोबर उठाकर घूरे पर फेंकना है, बिजली आने पर ट्यूबेल चलाना है, चारा काटने की मशीन चलानी है, शाम को आटा चक्की चलानी है, स्कूल से लौटते ही सब कार्य करने हैं। 'प्रेम' ने चौधरी के यहाँ काम सीख आने पर भविष्य की योजना भी जाहिर कर दी

थी—वहाँ से स्कूल भी पास पड़ेगा। चार-पाँच कोस तुम आसानी से आ-जा सकते हो। उनकी आटा चक्की का काम सीख लोगे तो घर पर चक्की लगा लेंगे। ऐसे आश्वस्त होकर कह रहे थे, जैसे मेरे बाबत वे सब कुछ डिस्कस कर चुके थे। चौधरी जी का एक बेटा भी स्कूल में मेरे साथ पढ़ता था।

'मैं खेत-क्यार के सारे काम करना जानता हूँ। जाति से चमार हूँ पर आर्यसमाज में आकर शुद्ध हो गया हूँ। ऐसा उन्हें प्रेमपाल सिंह ने मेरी मौजूदगी में ही बताया था। ठहरने और खाना खिलाने के बदले आप जितना सम्भव हो, काम ले सकते हैं। यह पढ़ाई उसके बदले कोई भी, कितना भी काम कर सकता है।' उनके हरे-भरे लम्बे-चौड़े खेत गाँव से सटे हुए थे। घर-बैठक थोड़ी ही दूरी पर थी। वहीं बरांडे में चक्की थी। अनाज पिसाई का हिसाब-किताब मुझे ही करना होगा। यह काम मुझे अच्छा लग रहा था। गुरु-माता ने पहले दिन ही मुझे बैलों-भैंसों का गोबर इकट्ठा करना और पशुशाला की सफाई का काम बता दिया था। बस्ता एक ओर रख, कमीज-पजामा उतार घुटन्ना बनियान में काम पर जुट गया। गुरु जी का बेटा उस वक्त स्कूल में दिये गये गृह-कार्य को पूरा करने में जुटा हुआ था। पढ़ाई की उम्र में बाल-श्रमिक रहने के कारण मैं तो और भी पिछड़ा हुआ छात्र था। मुझे अभ्यास के लिए और अधिक समय चाहिए था, पर कौन देता और कहाँ से आता समय? यदि वक्त पढ़ाई को भी मिल जाता तो रोटी के लिए मेहनत-मशक्कत मैं करता रह सकता था, गुरु-माता ने पहले दिन से ही मेरी दाल-सब्जी का कटोरा और एक गिलास चक्की वाले कमरे में अलग रखवा दिये थे। मैं एक अछूत जाति का हूँ और कृपा कर रख लिया हूँ यह बात उन्होंने मेरे मुँह पर ही आस-पास की महिलाओं से कही थी। इस मंशा से कि कोई मुझे छू न ले, किसी के साथ धोखा न हो जाए। अतः वे मुझ से दूरी बना कर रहने लगीं थीं। शायद चक्की का अन्न भी न छूने की नौबत आ जाये। वे मुझे तो चार बजे आकर जगा देतीं—"श्यौराज उठौ, भैंस को सानी करौ बैलों को चारा डाल देउ, गोवर बाहर निकाल कर नेंक जल्दी हाथ पाँव चलइयौ फुर्ती तें झाड़ू मार देउ।" सुबह स्कूल नौ बजे जाना होता था। गुरु जी छह बजे खुद उठते और वे मुझे जगा कर काम बता देते। "मैं तेरी हाजरी दिलवा दूँगा तू दो-तीन दिन खेत क्यार के काम देख ले। प्रेमपाल सिंह कहते हैं तू खेतों-मवेशियों का हर काम सँभाल लेता है। दो मजदूरों का काम अकेला कर देता है।"

घर में दूर से ही याचक की भीति रोटी माँगनी पड़ती थी, इसलिए गुरु-माता का यह व्यवहार मुझे परेशान करने वाला था। मैं अपने उस विद्यार्थी जीवन को लेकर अकेले में कई बार फफक-फफक कर रोने लगता था। पर न जाने कहाँ से मेरे भीतर यह आशा बलवती हो उठती थी कि जो कष्ट, शोषण और मुसीबत आज है, कल नहीं होगी। पढ़ गया तो सब दुख-दरिद्दर दूर हो जायेंगे, इसलिए उपेक्षा और अपमान की स्थितियों को नजरअन्दाज कर काम में जुट जाता था। पढ़ने के लिए मेरे पास

कोई साधन नहीं था। पेट के लिए बेगार गुलामी करने के अलावा दूर तक भी कोई विकल्प, कोई राहत का रास्ता नजर नहीं आता था। जाति-बिरादरी और नाते-रिश्तों की सीमाएँ मैं जान चुका था। न रहने को ठौर था, न खाने को कौर। सपने थे, संकट था, ऐसा था दौर। वहाँ मैं जल्दी ही महसूस करने लगा था कि इस दशा में मैं पढ़ तो पाऊँगा ही नहीं, बल्कि मेरा विवेक कुंठित हो जायेगा।

गुरु जी का बेटा जो शुरू में मुझसे बराबरी का व्यवहार करता था, जब से उसके घर पर रहने लगा, तब से वह भी जाति को लेकर भेद-भाव करने लगा था। भौतिक कारणों ने हमारे सामाजिक रिश्ते बदल दिये थे। व्यवहार मालिक-मजदूर जैसा होने लगा था। वह भी मुझे बंधुआ नौकर और स्वयं को मालिक समझने लगा था। उसके व्यवहार में आया परिवर्तन मुझे उसकी माँ के व्यवहार से भी ज्यादा चुभ रहा था। मुझे अतिशय उदास देख कर कुछ दिन बाद प्रेमपाल सिंह ने पूछा था—"श्यौराज, पढ़ पाते हो या नहीं? इस वर्ष तुम्हारा बोर्ड है।" उस क्षण तो मैं हूँ हाँ कर जबाब को टाल गया लेकिन गाँव आते वक्त रास्ते में मैंने कहा था—"मास्साब मैं वहाँ रहना नहीं चाहता।" उन्होंने साइकिल का ब्रेक दबाया और चौंक कर पूछा—"क्यों? क्या परेशानी है वहाँ?" मैंने बस इतना कहा था, "वहाँ रहने को मेरा मन नहीं करता।" उन्होंने तुरन्त जवाब दिया "श्यौराज, तुम भी मन की बात करते हो। तुम्हारे मन के अनुसार तुम्हें क्या मिल सकता है? तुम स्कूल के लड़कों की होड़ करने लगे क्या? शरीर से कष्टों को झेलने का अभ्यास नहीं करोगे तो कैसे त्यागी सन्त बनोगे। संसार को क्या सन्देश दोगे? देखो वह गाँव विद्यालय से अधिक दूर नहीं है। वहीं रहो और यदि तुम वहाँ नहीं रहना चाहते हो तो बताओ और कहाँ रहोगे? गाँव से तो रोज आ-जा नहीं सकते।" वे नहीं जानते थे कि मैं शरीर के कष्ट से नहीं भाग रहा था बल्कि मेरे मन-मस्तिष्क पर क्या गुजर रही थी, वह मैं ही जानता था।

"कहीं भी रहूँ? पर वहाँ मैं हर गिज नहीं रहूँगा?" मैंने अपना निर्णय बताया तो वे बोले—"ठीक है, मत रहो। मैं, बोल दूँगा। तुम अपने कपड़े किताबें उठा लाना।" एक पुरानी अतिरिक्त कमीज और तो कुछ मेरे पास था भी नहीं,

मुझे चौधरी के घर और खेतों के कामों में स्कूल के बाद उनकी रोटी की कीमत चुकानी होती थी। फिर हाँफते-भागते लेट स्कूल पहुँचना होता था। यही दिनचर्या थी मेरी। उन दिनों मेरे पास हाई-स्कूल तक स्कूली ड्रेस भी नहीं थी। एक ही जोड़ी कपड़े थे, सो स्कूल से जाकर उन्हें उतार कर टाँग देता था और नेकर-बनियान में काम करता रहता था। बदलने के लिए दूसरी जोड़ी नहीं होते थे। एक सप्ताह तक गंदे कपड़े स्कूली साथियों से छिपाने मुश्किल होते।

मैंने सोचा इतने कामों के बीच मैं पढ़ूँगा कब और कैसे? काम नहीं करूँगा तो ये मुझे खाना भी क्यों देंगे। तो सबकुछ मंजूर करने के सिवाय मेरे पास कोई

विकल्प नहीं था। पहली शाम ही गुरु-माता चौधरिन ने पशुओं के पास वाले कोठरे में मेरे लिये एक खाट डलवा दी थी। ओढ़ने बिछाने के लिए पुराने कथरे और पशुओं के झूल दे दिये थे। सब्जी खाने के लिए एक कटोरा अलग रखवा दिया गया। उसे खाने के बाद धोकर खुद अपने पास रखना था।

अब मैं स्कूल जाने से पहले तीन-चार घण्टे उनका काम करता और लौटकर आने पर देर रात तक उक्त कामों में लगा रहता, छुट्टी का दिन तो मेरे लिये सजा का दिन होता था। छुट्टी के पूरे दिन मुझे बंधुवा बाल-मजदूर बनाकर पूरे दिन कामों में खपाये रहते। खुश होते तो यह जानकर कि मैं सब काम सीखकर आया हूँ।

परीक्षाएँ पास आ रही थीं, मुझे तैयारी के लिए समय चाहिए था और उनकी फसलें पक रही थीं, इसलिए सिंचाई-निराई का काम बढ़ रहा था। वे ज्यादा-से-ज्यादा काम लेना चाहते थे, कहने लगे थे कि तुम कुछ दिन स्कूल छोड़ खेतों का काम करते रहो। कामों की फेहरिस्त थमाकर वे अपने बेटे मेरे सहपाठी को साथ लेकर स्कूल चले गये। मेरे मन के विरुद्ध यह शोषण क्रम चल रहा था। एक दिन मैं पशुओं का गोबर डालकर चारा लेकर नहाने के लिए ट्यूबैल की हौदी की ओर जा रहा था कि मुझे रोककर गुरु माता ने पूछा–"कहाँ जा रहे हो श्यौराज?" "नहाने जा रहा हूँ। काम सब हो गये। खाना खाकर स्कूल जाना चाहूँगा। बहुत दिन से मेरी पढ़ाई छूट रही है।"

तो वे बोलीं–"हाँ-हाँ, चलौ जइये, नहाबे से पहले थोड़ो काम और कर दे।"

"का काम।" मैंने पूछा।

"देखि द्वय दिन तैं भंगिया को नास पीटो नाँया आयौ है। घर में बदबू फैल रही है। बालकन की टट्टी जमा है रही है। तू बुरौ मत मानिये मैंने सुनो है भंगी-चमार सब काम कर देत हैं। घेर के बाहर तसला धरौ है, बाहर खुरपी पड़ी है। राख-मट्टी मैं दे दूँगी तू नैंक जाइ गन्दगी कूँ उठाइ के खेत में फैंक आ। मैं अबही लल्ली से रोटी बनवाई दूँगी। खाइ के तू स्कूल चलौ जइयौ। देर होगी तो लल्ला तेरे गुरु जी से कह के तेरी हाजिरी लगवाय देगौ।"

मैंने देखा कि उनका बेटा साफ-सुथरी ड्रेस पहन स्कूल जाने के लिए दही-सब्जी खाकर तैयार हो रहा है, और मुझे जो काम बताया गया उसे सुनकर मैं भीतर तक हिल गया। नहाने-धोने का इरादा तो उसी वक्त हवा हो गया। आप अब राख-मिट्टी की तैयार कीजिये कहकर मैं चक्की वाले कमरे से जुड़ी पशुशाला की ओर बढ़ा। यह सोचता हुआ कि मेरे बचपन की दुनिया से गैरहाजिर मेरे दिवंगत पिता तुम्हारे न होने से मेरे साथ और क्या-क्या होना बदा है। तुरत-फुरत कपड़े पहने थैले में किताबें ठूँसी, साइकिल पर चढ़ा, चल पड़ा और फिर कभी पीतमपुर की प्रीति की ओर मुड़कर नहीं देखा।

पत्र

ऐसे दौर में ही मैंने भाई साब को पुनः एक पत्र लिखा। मजमून था–"क्या स्कूल से बाहर रहकर शौक से पढ़ते रहने वाले मेरे जैसे छात्र भी पढ़े-लिखे लोगों जैसा कुछ काम दुनिया में कर पाये हैं? क्या मैं स्कूल छोड़ कर केवल मजूरी करने न लग जाऊँ? आप मुझे कुछ सलाह दें। बिरादरी में तो मुझे सब लोग बेकार में समय गँवाने वाला कहते हैं। सचमुच मेरा कोई भविष्य नहीं है क्या? क्या मुझे पढ़ने का इरादा छोड़ नहीं देना चाहिए? जिस हालत में मैं छात्र बन रहा हूँ, उस में पढ़ाई के लिए समय है, तो रोटी नहीं है। रोटी के लिए काम करूँ तो पढ़ाई करने को समय नहीं है। रोटी खाए बगैर उन छात्रों के साथ कैसे चल पाऊँगा, जिनके पास इसके लिए समय है, रोटी-कपड़ा है और निवास इत्यादि सब कुछ है। जबकि मेरे पास रहने के लिए भी कहीं कोई ठौर-ठिकाना नहीं है। पढ़ाई में मैं पहले से ही पिछड़ा हुआ हूँ। समाज में मेरे जैसों को स्कूली शिक्षा मिल पाना सम्भव नहीं है।"

जवाब में डॉक्टर भाई का मुझे मेरे स्कूल के पते पर ही एक लम्बा बन्द पत्र मिला था। स्कूल के कर्मचारी ने क्लास टीचर सियाराम आर्य के माध्यम से मुझे क्लास में ही दिया था। प्रेषक में डॉक्टर नत्थूलाल लिखा था। शिक्षक ने पूछा–"तुम्हारा किसी डॉक्टर से भी कोई सम्बन्ध है क्या?" मैंने खुशी और गर्व से बताया कि "मेरे मौसेरे भाई मौलाना आजाद मेडिकल कॉलेज दिल्ली में डॉक्टरी पढ़ रहे हैं।' यह उन्हीं का पत्र है। मेरी आँखों में चमक आ गयी थी। तुरन्त खोल कर मैंने मजमून पढ़ा। लिखा था–

जवाब

प्रिय भाई श्यौराज,
आज फिर तुम्हारा एक पत्र मिला। तुम नवीं में पास हो गये, यह खबर पढ़ कर मुझे बहुत खुशी हुई। हिम्मत मत हारो। पूरी मेहनत और लगन से पढ़ते रहो। दसवीं कक्षा के लिए और अच्छी तैयारी करो। तुम्हारी आर्थिक मदद करने की स्थिति में तो मैं नहीं हूँ। परन्तु मैं तुम्हें सलाह दे रहा हूँ कि तुम अपने मास्टर जी की मार्फत गाँव में किसी से पढ़ाई के लिए एक तो कर्ज ले लो और दूसरे प्रिंसिपल को अपना हाल बता कर छात्रवृत्ति पाने के लिए अपनी अर्जी तुरन्त भिजवा दो। स्कूल में यदि पुअर फण्ड हो तो उसमें से कुछ पैसे निकलवा लो। बाकी कहीं पार्ट टाइम काम कर लो या किसी के छोटे बच्चे पढ़ा लिया करो।

तुम यह क्यों सोचते हो कि पढ़-लिख कर भी तुम्हें अपना कोई भविष्य बनता दिखाई नहीं दे रहा। यह कहावत पुरानी है, पर सच है कि पढ़ने की कोई उम्र नहीं होती। सुनो, मैं तुम्हें तुम्हारे जैसे एक बच्चे की कहानी सुनाता हूँ। रूस में एक

लड़का था, तुम्हारी तरह उसके भी पिता नहीं थे। उसने भी अपनी माँ के साथ बहुत कष्ट उठाए। बचपन में उसने काँच बीना और तुम्हारी तरह होटल पर बर्तन भी साफ किये। लोगों के जूते पॉलिश किये और छोटे-मोटे बहुत से काम करने के साथ-साथ जैसी स्थिति थी, उसी में वह पढ़ता भी रहा। कई भले इंसानों ने उसकी मदद की। आगे चल कर वह लिखने लगा। उसके व्यक्तित्व में होनहार लेखक की प्रतिभा देख कर बड़े लेखकों और संपादकों ने उसे सहयोग दिया। क्रान्तिकारी नेता 'लेनिन' ने उसकी प्रशंसा की। यहाँ तक कि वह खुद अपने देश की क्रान्ति का लेखक बना। जानते हो उसका नाम क्या था? वह था मैक्सिम गोर्की। इस कहानी से तुम अपने लिए कुछ सीख ले सकते हो। मैं तुम्हें सलाह दूँगा कि तुम गोर्की की 'माँ', 'मेरा बचपन' 'मेरे विश्वविद्यालय' और 'जीवन की राहों पर' अवश्य पढ़ना। अभी मैंने तुम्हारे लिए 'अग्निदीक्षा' और तुम्हारे पसन्द के शायरों की कुछ किताबें खरीद रखी हैं।

तुम्हारा भाई

नत्थू लाल, दिल्ली-2

आधा अंग्रेजी और आधा हिन्दी में लिखे इस पत्र ने मेरे आत्मविश्वास को संबल दिया। मैक्सिम गोर्की कौन है? वह कैसे जिया और उसने क्या लिखा? उनके पत्र से पहले मैं नहीं जानता था। यह जिज्ञासा उस पत्र के पढ़ने से ही पैदा हुई थी। पढ़ाकू मैं था ही। अपने ही विद्यालय के पुस्तकालय की आउट ऑफ कोर्स की पुस्तकें सबसे ज्यादा मैं ही पढ़ता था। हालाँकि, बड़ी पुस्तकें पूरी तरह मैं समझ नहीं पाता था, तब भी मैंने नवीं क्लास में ही 'नारी नियति', 'विश्व की विभूतियों का संक्षिप्त इतिहास' जैसी भारी किताबें पढ़ी थीं। 'उर्वशी' की ये पंक्तियाँ हमेशा याद रहीं—

गलती है हिमशिला सत्य है गठन देह की खोकर।
पर कितनी महान बन जाती, नारी पयस्विनी होकर।

रामौतार

दलित छात्र सरदार रामौतार के साथ मैं अलीगढ़ में गुरु गोबिन्द सिंह जयंती में गया था। मुख्य अतिथि के रूप में उस वक्त के युवा नेता मदनलाल खुराना का भाषण सुना था, जिसमें उत्तेजनता थी, पर प्रेरक तत्व कुछ नहीं था। मुझे लगा कि व्यर्थ ही आया इतनी दूर। उसी वर्ष 'संघ प्रिय गौतम' का भाषण गहतोली गाँव में सुना था। जन्म उत्सव केवल जाटव चमार ही मनाया करते थे। बाकी जातियाँ उपहास उड़ाया करती थीं। जिनमें गैर चमार दलित जातियाँ भी शामिल रहती थीं। बाबा साहब जयन्ती पर उनके बारे में शायद पहली बार मैंने संक्षिप्त जानकारी वहीं प्राप्त की थी। स्कूली किताबों में उनके बारे में कुछ भी नहीं पढ़ा था। कभी किसी अध्यापक की जुबान पर भी अम्बेडकर का नाम आया हो, ऐसा मुझे ध्यान नहीं हैं। जबकि

धीरजसिंह तोमर, संविधान के बारे में 'नागरिक-शास्त्र' में कई अध्याय पढ़ाते रहते थे। पर जाने क्यों वे अम्बेडकर से बचकर निकले और गाँधी जी को बिना सन्दर्भ के भी पढ़ाये थे। बाद में भी लम्बे समय तक न कोई अम्बेडकरी साहित्य पढ़ने को मिला था न कोई अम्बेडकरी विद्वान व्यक्ति से सम्पर्क हुआ। रामौतार नया-नया दलित सरदार बना था। सरदार बनने के वह अनेक फायदे मुझे गिना रहा था। सबसे पहला फायदा सिख धर्म में छुआ-छूत नहीं है। गुरुद्वारे के भीतर संगत-पंगत सब एक हैं। जहाँ छूत-छात न हो, जाति भेद न हो वहाँ विकास के सारे रास्ते खुले होते हैं। इसी उद्देश्य से वह गुरुद्वारों में मुझे ले जाता था। तब तक मैं थोड़ा-बहुत कम्यूनिस्ट साहित्य के सम्पर्क में आ गया था। भाई साब की दृष्टि में भी डॉ. अम्बेडकर, कार्ल मार्क्स जैसी वैज्ञानिक समझ के विद्वान नहीं थे, वरन् वे बौद्ध धर्म नहीं अपनाते। मैं भी उस धार्मिक परिवर्तन को कम महत्व देने लगा था।

प्रेमनगर में उन दिनों हरदयाल के भाई के खाली पड़े मकान में मैं छह-सात महीनों तक रहा था। मैं अपना खाना खुद बनाता था तो उसकी माँ कहती थी—"जब तऔ चढ़ौ हौ तब तू आ जाए कर, मैं दो रोटी तेरी डाल दे करूँगी।" उसी साल उसकी बहन की शादी हुई थी। जब वह सुसराल जा रही थी तो मैं अपने गाँव से देर में पहुँचा था। वह मेरे कंधे से लग कर भी वैसे ही रोई थी, जैसे बाकी भाइयों के साथ। लगा, सगी बहन विदा हो रही है। प्रेम नगर के लोगों से प्रेम प्रगाढ़ हो रहा था। बरसात के बाद भट्टों पर चले जाने के बाद सारी बस्ती खाली रहती थी। एक-दो जमीन वाले घर बचे रहे जाते थे। चमार और जाटवों का भेद-विभाजन यहाँ भी मौजूद था, पर चूँकि बीधे फूफा बिरादरी को दावत देकर चमार से जाटव बन गये थे, चमड़े का काम छोड़ भट्टा पर ईंट पाथने चले गये थे, इसलिए जाटवों ने मुझे भी जाटव के रूप में स्वीकार कर लिया।

हरदयाल मुझ से एक वर्ष सीनियर था और पिछले तीन साल से लगातार दसवीं में फेल हो रहा था। उसने अपनी माँ को बताया था कि—"श्यौराज को सारे मास्टर लोग प्यार करते हैं। प्रेमपाल सिंह के तो यह साथ ही रहता है।" गाँव में अध्यापक की बहुत इज्जत होती है।' वे मुझे अक्सर कहतीं—"श्यौराज भैया, तू मास्टर जी से कह कें अबकी ऐसी पढ़ाई करा दे कि मरौ हरदिला पास हो जाए।" मैं नवीं में पास हुआ, उस वर्ष हरदयाल दसवीं में पास हो गया था। यह महज संयोग ही था। मैं उसके लिए कुछ भी करने की स्थिति में नहीं था। सिवाय इस के कि मेरे यहाँ नियमित पढ़ने-लिखने के कारण एक वातावरण बना था, जिसका लाभ हरदयाल को मिला होगा। किसी अध्यापक ने मेरे कारण उसकी पढ़ाई में मदद की होगी, ऐसी कोई वजह नहीं थी। परन्तु उसकी माँ खुश थी। वह कहती—"भैया तू आइ गयौ तो हरदिला पास है गयौ। नाँय तो अब का पास होतो, गवा तो दाड़ी मौंछे लिकरि आयी।" वह बेटे की सफलता का श्रेय मुझे दे रही थी। जबकि संगति पाकर वह

पढ़ा ज्यादा जरूर था, पर पास तो वह खुद अपनी मेहनत से ही हुआ था।

यह छिहत्तर-सत्तर दौर था। नवीं क्लास की परीक्षा के दिनों मेरे मन में कौतूहल था। परीक्षाएँ मेरा नया अनुभव था। वही भविष्य का आधार थीं। मुझे हर प्रश्न-पत्र में असफल होने की पूरी आशंका सताती रहती थी। फेल होने की सोचते ही मैं परेशान हो उठता था। जैसा कि मैं लिख चुका हूँ, मुझे स्कूल जाते बच्चे हमेशा सुन्दर-अच्छे लगते थे। उस के विपरीत न पढ़ने वाले बच्चे मुझे हमेशा बुरे लगते थे। चाहे वे अरुचि के कारण नहीं पढ़ते या विवशता के कारण। मुझे अफसोस बना रहता था कि उन सुन्दर बच्चों में मैं शामिल नहीं हो सका हूँ। स्कूल से बाहर रह कर पेट भरने के लिए मेहनत-मजूरी मुझे कच्ची उम्र से ही करनी पड़ी। इस स्थिति को बदल कर मैं सोचता था कि अगर किसी तरह दसवीं तक पढ़ गया तो आगे किसी शहर में कहीं चार-छह घण्टे रात को काम कर के पढ़ाई करूँगा। मैं जानता था कि एक भूमिहीन अछूत की लावारिस औलाद को कौन पढ़ा सकता है, अवकाश कहाँ मिलेगा? आर्थिक दृष्टि से तो मुझे खुद अपनी मदद करनी होगी। अम्मा मेरे बचपन से दूर थी, पर उसके होने का एहसास और मेरे प्रति उसकी ममता दूर से ही मुझे बल देती थी। कहीं भी हैं, किसी भी हाल में है, मेरी अम्मा अभी जिन्दा है और पिता नहीं हैं।

दो-तीन पेपर लगातार थे, जिन्हें मैंने कभी धुर्रा-प्रेम नगर में रुक कर दिया और कभी पाली में अम्मा के पास रात गुजार कर। हालाँकि, वहाँ एक रात भी ठहरना बेशर्मी थी, इसलिए कि भिकारी दादा के लिए मेरी उपस्थिति क्षण-भर गवारा नहीं थी। वह भी इम्तिहान की तैयारी के लिए पहुँचना तो जले पर नमक छिड़कने जैसा था। मैं परीक्षा की तैयारी के लिए समय, स्थान और रूखी-सूखी दो वक्त की रोटी चाहता था। परन्तु मेरे पास पेट भरने को प्रायः कुछ नहीं होता था। मैं मजबूरन इधर-उधर भागता था। कई बार मेरी हालत प्रसवोपरांत की भूखी प्रसूता जैसी हो जाती थी। पर मैं जहाँ माँ थी, मेहनत के बाद रोटी भी थी, वहाँ रहकर पढ़ नहीं सकता था।

आठवीं में मैं थर्ड क्लॉस नम्बरों से पास हुआ था। अंग्रेजी का पेपर तो बिलकुल भी सन्तोषजनक नहीं रहा था। होता भी कैसे कुछ ही दिनों पूर्व तो ए.बी.सी.डी. सीखा था। तब एक बार तो हरदयाल ने भी अपनी माँ से कह दिया था—"अम्मा गे का पढ़ैगौ अब ए.बी.सी.डी. सीख रयौ है। कभी-कभी मुझे भी ऐसा लगता था अब क्या पढ़ पाऊँगा?"

कुएँ का राज

मैं मिस्त्रियों में सबसे कम उम्र का था। भवन निर्माण के अलावा कुएँ की चिनाई का काम बेहद जोखिम भरा था। उससे हर मिस्त्री बचता था। बाँस की परकाल के

सहारे एक ईंट की दीवार पर बैठ कर गोलाकार कुँआ चिनना आसान काम नहीं था। सिंचाई के उद्देश्य से रहटों के कुएँ जंगलों के, खेतों में बनाए जाते थे। काम करते वक्त ऊपर से तेज धूप, नीचे पानी से तर ईंटें, उन पर पैर साध कर रखने का नट जैसा अभ्यास करना जोखिम भरा था। नौ इंच की कुएँ की दीवार से पाँव फिसला नहीं कि पच्चीस-तीस फुट अन्दर गये नहीं। गर्म ईंटों पर ठण्डा पानी पड़ने से गर्म-गर्म भभका निकलता था। इससे पैरों में दर्द भी होने का खतरा रहता था। मैं तो पहले ही गठिया से वर्षों पीड़ित रहा था। उस वक्त भी दर्द से पूरी तरह मुक्त नहीं था। कुआँ चिनने में न जाने क्यों मेरी रुचि बढ़ गयी और मैं कुआँ का मिस्त्री करके गाँवों में चर्चित हो गया।

जुनाबाई-बदायूँ मार्ग पर सड़क से सटे हुए खेत में मैंने एक गड़रिए का कुआँ बनाया था। ज्यादातर कुओं की दीवारों पर मैं अपना नाम मिस्त्री के रूप में सीमेंट से लिख दिया करता था। पढ़ाई के साथ-साथ राजगिरी मैंने काफी दिनों तक की पर छुट्टियों और मजबूरियों में 'राम भरोसे' मेरा उस्ताद हो गया। वह था तो मेरा छोटा भाई, पर लगता बड़ा था। मेरा समय पढ़ाई और खर्चे के लिए मिस्त्रीगीरी या बेलदारी में बँट गया था। मेरे गाँव में उपलब्ध—रामचरन मास्टर, रामसिंह लेखपाल इत्यादि पढ़े-लिखे नौकरीपेशा लोग भी गर्मी की छुट्टियों में राजगिरी किया करते थे।

मुझे कोई खेद नहीं कि मैंने बचपन में क्या-क्या काम किये? कहना यूँ है कि जिसकी रोटी खाई, उसकी बखूबी कीमत चुकाई। शिकायत है तो देश की विशेष वर्णोन्मुखी व्यवस्था से, जिसने मेरे जैसे लावारिस बच्चों की शिक्षा का जिम्मा नहीं लिया। श्रम और शोषण से हुई पीढ़ी-दर-पीढ़ी की आंशिक भी क्षतिपूर्ति नहीं की इस आजाद देश ने। उल्टे निठल्लों, जमाखोरों और भूमिचोरों को महत्व दिया या उन्होंने महत्व के केन्द्रों पर कब्जा कर लिया। मेरे बाप-दादा की विरासत का था ही क्या जो मुझे बिना कमाए मिलता। वे जोड़ते-छोड़ते भी क्या? गुलामों से बदतर जिन्दगी जिये थे वे। यह अलग बात है कि मैं उनसे कम गुलाम होकर भी ज्यादा गुलाम बना महसूस करता हूँ और वे सिर से पाँव तक गुलाम ही गुलाम थे, पर शायद महसूस नहीं करते थे। उन्हें अपनी बदतरी का अहसास होता तो विद्रोही हो गये होते अथवा वे अभिव्यक्ति की स्थिति में नहीं थे। वे तो सदियों लूटी-पीटी गयी देश की मूल निवासी कौम के मूक सदस्य थे। अशिक्षा, अज्ञानता, साधन हीनता ऐसे तत्व थे जो उन्हें मनुष्य होने तक का बोध नहीं होने देते थे।

शिक्षा, साहित्य, कला से दूर रखकर सचेतन रूप से पशु तुल्य बनाया ही जाता है। परीक्षा पास होने के बाद मुझे बेहद खुशी होती थी। गोया कोई जंग फतह की हो। उत्साह में उस वर्ष मई-जून भर काम किये। प्रेमपाल सिंह के खेत कटवाए। उनके घर पर भी गोबर-कूड़ा से लेकर घर की टीप-मरम्मत आदि सभी काम किये।

पर मेरा मन प्रसन्न था। अब मैं मेहनत करके अगली परीक्षाएँ भी पास कर लूँगा, ऐसी आशा बलवती हो रही थी।

पाँव कटा : अपने घर आया

एक-दो दिन के लिए मैं पाली जाता और रात को डिब्बी जला कर पढ़ता तो भिकारी कोई न कोई बहाना लेकर विवाद खड़ा कर देता। तब अम्मा कहती—"तू यहाँ मत आये कर और जो कबऊ आये करे तौ पढ़े मत करि। कहूँ बाहर पढ़ि आये कर, तेरे हाथ में किताब देख के घर में कलह पैदा है जाति है। जाइ भिकारिया बन्दे कूँ और सब बर्दाश्त है, पर तेरे हाथ में किताब बर्दाश्त नाँय है।"

आठवीं का परिणाम अंकों की दृष्टि से बेशक बहुत उत्साहवर्धक नहीं था, परन्तु मैं अगली क्लास में जा रहा हूँ, इस बात की मुझे तसल्ली थी। मैं छात्रों के बीच छात्र के रूप में रह सकूँगा, इसकी भी तसल्ली थी। श्रेणी का भी कोई विशेष महत्व होता है और विषय भी महत्व रखते हैं इन सब बातों का मुझे ज्ञान नहीं था। मेरे लिए पास होना सब कुछ था और फेल होना कुछ भी नहीं होना था। पास होने के बाद मैं प्रेमपाल सिंह के प्रति बहुत कृतज्ञ हुआ और अब उनके खेतों के सारे कामों में जाकर और अधिक तन मन से जुट गया।

"जुलाई-अगस्त तक अब स्कूल जाने की आवश्यकता नहीं। अगली कक्षा में दाखिला मैं खुद ही करा दूँगा।" मास्साब ने मुझे आश्वासन दिया था। "तुम खेतों में काम देखो।" उन्होंने मुझे आज्ञा दी जिसे मैं पालन करता रहा। पर एक घटना मेरी स्मृति में है, जो मुझे आज भी परेशान करती है। हुआ यह था कि मास्साब ने 'रिवाड़ा' गाँव के पास दस बीघा नई जमीन खरीदी थी। उसे जोतने का मुझे आदेश दिया था। मैं हैरों लेकर खेत पर गया था। मास्साब मेरी हाजिरी लगवा देंगे और दो-तीन दिन के बाद तो छुट्टियाँ ही हैं इसलिए मुझे काम सौंप कर वे स्कूल चले गये थे। उन दिनों दिमाग पर कविताई का शौक नया-नया हावी हुआ था। आठवीं पास होते ही महाकवि बनने के सपने देखने लगा था। साहित्यकार संकट में बनते हैं, यह सोच कर अपने कष्टों को योग्यता की शर्तों में जोड़ लिया था। स्कूल से प्रोत्साहन मिलने के कारण यह और अधिक बढ़ गया था। काम करते-करते मैं सोचने लगता और कविता की जोड़-तोड़ करने लगता था। सृजन के लिए शुद्ध अवकाश के क्षण मेरे पास नहीं थे और जमीन ऊबड़-खाबड़ थी। उस दिन मैं हैरों पर बैठ कर खेत की जुताई कर रहा था। हैरों नई आयी थी, अभ्यास कम था, क्योंकि अब तक हल से ही जुताई किया करता था। सवेरे से दोपहर हो गया था। जमीन समतल नहीं थी। हैरो पर सावधानी से बैठना चाहिए, पर इससे बेखबर मैं जेब में पड़ी कागज पैंसिल निकालने लगा। 'हैरों' को थोड़ा रोक कर कागज पर पंक्तियाँ तुरन्त उतार लेने की मेरी मंशा थी। यह इसलिए कि यदि पंक्तियाँ लिखी नहीं जातीं

तो उन्हें भूल जाने का खतरा बना रहता था। जेब में हाथ डालते ही मेरा ध्यान बैल की ओर से हट गया और हैरों के तवे किसी मजबूत ढेले से टकराकर लुढ़क गये। सन्तुलन बिगड़ गया और मेरा बायाँ पाँव हैरों के तवे के नीचे चला गया। उँगलियों से दो-ढाई इंच ऊपर का हिस्सा कट कर माँस उलट गया। पंजे की हड्डी दिखाई पड़ने लगी। मैंने पैर फँसते ही बैलों की रस्सियाँ जोर से खींच कर हैरों रोकी। बैल सधे हुए थे। मेरा हर संकेत समझते थे। क्योंकि मैं दो-ढाई साल से उन्हें जोत रहा था और उनके चारे-पानी की सेवा मैं ही करता था, रस्सी खींचने के साथ ही वे जहाँ थे वहीं थम गये। बैलों ने बेहद वफादारी दिखाई, अन्यथा मेरा पैर और अधिक हैरों में फँसता चला जाता मैं जीवन-भर के लिए अपाहिज हो जाता। मैं अपनी बायीं टाँग पूरी तरह गवाँ बैठता। जैसे-तैसे हिम्मत की, जोर लगा कर पैर तवों से बाहर निकाला और मेंड पर रखा अंगोछा उठा कर पंजे के उलट गये माँस को सीधा कर उस अंगोछे से बाँधा। जमीन पर मेरा खून फैल गया। हैरों को बन्द किया। बैलों की रस्सियाँ उनकी गर्दनों में डाल कर उन्हें वापस गाँव की ओर हाँक दिया। समय से जल्दी छूट रहे बैल बिन हाँके तेजी से गाँव की ओर लपके। खेत करीब एक-डेढ़ कि.मी. दूर दूसरे गाँव 'रिवाड़ा' की सीमा में था। गाँव तक आते हर कदम पर मेरे पैर का खून जमीन पर टपकता आ रहा था। पीछे-पीछे खून के निशान बनते आ रहे थे। गाँव के खिरंजे पर खट-खट करती हैरों को सभी लोग देख रहे थे।—"श्यौराज आज तो जल्दी लौट आये?" किसी ने कहा—दूसरे क्षण पाँव पर नजर जाते ही एक महिला बोलीं—"हाय राम, तुम्हारो तो पाउँ भौतु कटि गओ है। खून ही खून टपकतु आयी रओ है।" फिर किसी पुरुष ने देखते ही कहा—"अरे श्यौराज तेरे पाँइ में जो का है गओ? बड़ो खून बह रओ है।" मैं जबाव देता—"हैरों से पाँव कटि गओ साब।" हर पढ़े-न-पढ़े अच्छे-बुरे यादव को साब या लम्बरदार कहने की पुश्तैनी आदत थी हमारी।

मैं चला जा रहा था। पूरब की ओर से आधा गाँव पार करके मास्टर साहब के घर पहुँचा था। उस दिन मुझे मेरा वह कथन याद आ रहा था, जिसे मैं कई बार अपने बिरादरी भाइयों में कह चुका था—"मुझे पढ़ने को मिले तो मैं अक्षरों के बदले अपने शरीर के खून की बूँदें भी दे दूँगा।" तभी मैंने सोचा कि यह तो पढ़ाई नहीं जुताई करते खून बह रहा है। श्यौराज, तू बेगार की भेंट चढ़ने को ज्ञान के लिए शहादत समझ रहा है? मैं ऐसा सोचता हुआ। भविष्य में दूर तक देखने की कोशिशें कर रहा था। आज भी वह तीन-चार इंच कटे पाँव का निशान मेरे साथ है। देखते ही सारा घटनाक्रम स्मरण हो आता है। लगता है खून बेकार नहीं गया। पाँव कट कर भी मेरा काम आगे ही बढ़ा है। पीछे नहीं हटा है। मंजिल की बात मैं नहीं करता, परन्तु कुछ पड़ाव तो तय किये ही हैं। यात्रा तो अनन्त है। मृत्यु के बाद भी चलती रहती है।

मास्साब के घेर में आकर मैंने हैरो खड़ी की और बैल खूँटे से बाँध कर

अनौखिया से कहा था–"बऊ, बद्दन कूँ भुस डाल दइयौ, मेरो पाँव कटि गओ है।" मैं जानता था कि बऊ को मेरी जान नहीं, खेत की जुताई की चिन्ता होगी। बऊ आँगन में बैठी थी–"अरे पाँव काटि लाए, श्यौराज तुम नये तो जुताई कन्न नाइ गये। अब खेत कौन जोतेगो? मास्टर तो शनिचर कूँ ही आवंगे।" मैंने अंगोछा खोला तो देखते ही पड़ोसिन पानसिंह यादव की 'माँ' बोली–"हाइ दइया, कितनों कटि गओ, जाउ वैद्य जी तें दवा लै आओ।" बऊ आगे आकर बोली–"स्कूल हू नाँय जाइ पाओगे और अब खेतुहू जुतन कूँ रह गओ।" जानिके फँसाइ दओ होइगो पाँउ, कै बैठिकें खाइ लिंगों गर्म-गर्म बऊ के हाथ की महीना पन्दरह दिन। सो तुम जा लाल बाग में मत रहो। बिना काम के तो मैं एक घुँट पानी ऊँ नाँय दिउँगी।"

वैद्य जी का घर थोड़ी ही दूरी पर सामने था। मैं पँजा उठाए लँगड़ाता हुआ उनके घर पहुँचा। पर वे वहाँ मौजूद नहीं थे। लौटकर मैं अपने घर, अपनी बस्ती में गया। घर में माँ नहीं, भाई भी नहीं। ताई को पता चला तो वह बुदबुदाई–"लाख मनैं करी है कै तोइ कोई पढ़ाइ-वढ़ाई नाँइ रओ। जो तू ऐन्नु की गुलमई कन्न मैं ही खुश है, तो भुगति अपनी कन्नी को फलु। काटि लाओ पाँउ। अब लँगड़ों है जातो तो कौन कमाइ कें खवावतो। वैसे हू जा घर में आपाहजनु की कमी है ताऊँ अन्धे बब्बा अन्धे और बाप दसियों साल पहले भगवान कूँ प्यारो है गओ। अब तू किन के भरोसे पड़ो रेगो खटिया में?" मैं सभी सुन रहा था और खुद चूल्हे पर पानी गरम करके पाँव पर डाल कर मिट्टी की धुलाई कर रहा था। मैंने उलटी हुई खाल ऊपर चढ़ा कर आड़ में जाकर पेशाब करके पट्टी बाँध ली। अब विरोधियों की चढ़ बनी थी। उन्हें कहने का मौका मिल गया था। मोहल्ले-भर के लोग व्यंग्य की भाषा में बोल रहे थे–"अब लम्बरदार से जाइकें कह कि इलाज करावें।" दालान के आँगन में पाँव पकड़े बैठा मैं सोच रहा था–"अब न मास्साब का खेत जोत पाऊँगा, न चिनाई कर सकूँगा और ना ही स्कूल जा सकूँगा। मास्साब भी देख-सुन कर खुश नहीं होंगे।" अब दर्द बढ़ने लगा था। खेत से गाँव तक आते-आते पाँव गर्म रहा था, इसलिए दर्द महसूस नहीं हुआ था। परन्तु ठहरने के बाद दर्द बढ़ गया था और पंजा सूजकर भारी हो गया था।

शाम को मैं लाठी के सहारे लँगडाता हुआ फिर अनौखिया 'बऊ' के पास गया। इस उम्मीद से कि वे मुझे खाना खिला देंगीं। परन्तु बऊ ने उलटा इस बात का ताना सुना दिया कि–"पाँउ काटि लाए, अब खेत कौन जोतेगो? घर खाली पड़े कहाँ तें खाउगे?" यदि मैं स्वतन्त्र काम कर रहा होता तो एक दिन काम करने के बदले चार दिन रोटी खा सकता था। बऊ जानती थी कि मुझे रोज दाल-रोटी चाहिए। पर उसने मेरे आत्म-सम्मान को घायल करने वाला जो शब्द कहा था उसे सुन कर मैं घर लौट आया था। मैं जिस दिन काम नहीं कर पाता उस दिन रोटी देना उन्हें अच्छा नहीं लगता था। बल्कि उस दिन उनकी भाषा बदल जाती थी और व्यवहार बेहद रूखा हो जाता था। इस बार भी ऐसा ही हुआ।

आखिर सियामनिया मौसी के घर से एक कटोरा आटा उधार ले आया और नमक मिला कर बब्बा के चूल्हे पर मोटी-मोटी दो-तीन रोटी डाल कर खाने बैठा। देखा, बब्बा अपने कटोरे मे साबुत मसूड़ की दाल दबाए बैठे थे। उसमें से थोड़ी दाल उन्होंने मुझे दी। शायद यदुनाथ शास्त्री उन्हें दे कर गये थे।

दूसरे दिन बिरादरी के लोगों ने मुझे सुझाया कि पीतल या ताँबे के बर्तन में सरसों का तेल और पानी मिला कर खूब रगड़ो। जब वह मरहम जैसा दिखने लगे तो कटे हुए पाँव के जख्म पर लगा लो। ऐसा लगातार करते रहने से दस पन्द्रह दिन में घाव ठीक हो जायेगा। इसके लिए तेल असली देशी होना चाहिए, बनिये की दुकान का मिलावटी तेल नहीं चलेगा। मैं कुछ ही दिन पूर्व 'जगन्नाथपुर' जाकर मास्साब की दो-तीन बोरा सरसों और दूआँ पिलवा कर लाया था। इसलिए मुझे मालूम था कि उनके घर में पर्याप्त शुद्ध तेल उपलब्ध है। क्यों न मैं वहाँ से कुछ तेल ही लेकर आऊँ। अतः मैं कटोरी लेकर उनके घर तेल लेने गया तो बऊ ने कहा–"श्यौराज तेरी कसम एक बूँद ऊ तेलु घर में नाँइ है।" मैं चकित था। मेरी जानकारी में घर में तीन-चार कनस्तर भरे रखे थे। मैं कुछ नहीं बोला और यह बुदबुदाता हुआ घर लौटा कि तुम देउ मत, मास्साब आ जागें तब ले जाउँगो।"

पाँव सोमवार के दिन कटा था और हमेशा की तरह प्रेमपाल सिंह सप्ताह पूरा कर शनिवार को स्कूल से वापस आये थे। उन्हें उम्मीद थी कि मैंने छह-सात दिनों में सारे खेत जोत डाले होंगे। तब लगभग पच्चीस-तीस बीघा जमीन थी उनके पास। अनौखिया के विधवा होने के बाद उसे रखने या उसी के द्वारा अपना लेने के कारण उनके दिवंगत बड़े भाई के हिस्से की जमीन भी मास्साब पर ही आ गयी थी। फिर हर वर्ष वे दो-चार बीघा जमीन और खरीद लेते थे। जिस खेत में मेरा पैर कटा था, वह भी नया खरीदा हुआ था। घर के आकार-प्रकार का भी उन्होंने विस्तार और कायाकल्प कर लिया था। काशिम अली तेली और मैं उनके लिए घर के मिस्त्री थे। घर के पीछे एक बड़ा-सा घर एक निःसन्तान विधवा स्त्री मोहनिया का था। हालाँकि, 'मोहनिया' भी यादव ही थी। प्रेमपाल सिंह ने अपनी मधुर वाणी और इस आश्वासन पर कि वे उसके घर में एक कन्या पाठशाला खोल कर उसका नाम पुण्य कार्य में रोशन करेंगे। औने-पौने दामों में अपने नाम करा लिया थां। इस तरह वे लालच, शोषण और कंजूसी के साथ दिन-दूनी और रात-चौगुनी भौतिक तरक्की कर रहे थे। पर कहते थे कि भौतिक संसार मिथ्या है। इस में लिप्त होना नर्क में जाना है।

उदारमना टोड़ी ताऊ ने थोड़ा तेल मुझे दे दिया था। मैं उसे पीतल के बेला में पानी के साथ रगड़ कर मरहम जैसा बना पाँव के जख्म पर लगाता रहा। इन दिनों मैंने प्रेमपाल सिंह के घर जाना छोड़ दिया। काम कुछ कर नहीं सकता था और बिना काम किये बऊ रोटी दे नहीं सकती थी, जबकि वह मेरी माँ होने का भी दावा करती थीं। क्या माँ ऐसा कर पाती? अब मैं संकट में फँस गया था। मेरे घर पर तो एक

छटाँक भी अन्न का दाना नहीं था। गंगी बब्बा गाँव में कुट्टी काट कर और यादव महिलाओं की चाकियाँ पीस कर जो कुछ लाते उसी में से वे एक-दो रोटी मुझे भी दे देते थे। अब स्वयं असहाय नेत्रहीन बब्बा ही मेरा सहारा थे। पर कब तक? कैसी उलट स्थिति थी? जिनका सहारा मुझे होना चाहिए था, उलटा वे मेरा सहारा बने थे। सप्ताह गुजर गया। पाँव का जख्म कुछ सूखा, पर बरसात होने वाली थी। लोग कहते थे कि इन दिनों पक गया तो बहुत कष्ट होगा।

हमेशा की भाँति शनिवार को प्रेमपाल सिंह गाँव आये। मुझे उनके आने का समय मालूम था। वे आते-जाते चमारों और तेलियों की बस्ती के बीच से गुजरते थे। रास्ता ही इधर से था। मैंने उन्हें दूर से आते हुए देख लिया था। साइकिल से उतर कर वे पैदल गली से गुजरे। सन्नू तेली के घेर से और रफीक मास्टर के घर के सामने से जैसे ही आगे गये पीछे-पीछे मैं भी उनके घर पहुँचा। बऊ ने सब कुछ बता दिया था। खेत जुते बगैर रह गये—"मेह (मेघ) परिगओ तो बड़ो नुकसान होइगो, अब बुआयी नाँय है सकेगी। सारो दोष श्यौराज को है।"

मैं लँगडाता हुआ उनके पास गया था। जाकर नमस्ते की और सीधा खड़ा हो गया। "खेत नाँइ जुते श्यौराज?" उन्होंने पहला सवाल किया। "नाँइ जुत सके मास्साब पाँव कटि गओ।" "पाँव कैसे कटि गओ?" उन्होंने पूछा। मैंने बताया-"हैरो में फँसि गओ।" "तुम कहीं कल्पनाओं में खो गये होगे। कविता करने लगे होगे। तुम यह नहीं जानते हो कि हैरों पर बैठना कविता पाठ करने के लिए मंच पर बैठना नहीं है। चलो महीना दो महीने में पाँव तो ठीक है जाइगो। परन्तु खेत तो जुतन तें रह गये। ये तो बहुत बुरी बात भई।" कहते-कहते वे गुस्सा हो उठे। वे मेरे पाँव का जख्म देखेंगे, इसके लिए सहानुभूति व्यक्त करेंगे, उपचार कराने की जिम्मेदारी को अंजाम देंगे—मुझे उनसे ऐसी उम्मीदें थीं। पर उनकी स्वार्थपूर्ण बेरुखी को देख कर सारी उम्मीदें हवा हो गयीं। इस भेंट में मेरा ध्यान जख्म पर और उनका खेतों पर था। काफी देर तक मैं गुनाहगार-सा खड़ा रहा। फिर बिना कुछ कहे घर लौट आया। गया था तो सोचा था अब मास्साब आ गये, रोटी मिल जायेगी। खेत तो वे मजूर रख कर दो-तीन दिन में जुतवा लेंगे। पर नहीं, वे तो चाहते थे कि खेत केवल मैं ही जोतता। जिस दिन से मैं उनके घर आया था, उसी दिन से नौकर न रखने की तो उन्होंने कसम खा रखी थी। अतः उस दिन के उनके व्यवहार ने मन में गाँठ डाल दी। मुझे आज भी स्पष्ट स्मरण है—उनका वह कंजूस, लालची और शोषक रूप एक सन्त तुल्य शिक्षक के रूप से कितना भिन्न था।

नवीं क्लास में पढ़ते समय मैं अपने भविष्य के प्रति अनिश्चित था। बस तात्कालिक जीवन के कष्ट कम हो सकें, ऐसा प्रयास कर रहा था। कविताओं ने मेरे जहन में महान होने के भ्रम डाल दिये थे कि—कवि महान होते हैं। जहाँ रवि नहीं पहुँचता वहाँ कवि पहुँच जाते हैं। कहते हैं कि कवि भविष्य-दृष्टा होता है कि

कवि को प्रकृति का महान उपहार प्राप्त होता है, इत्यादि।" पर यह कोई नहीं बता रहा था कि वर्ण-समाज में मनुष्य कुछ भी होने से पहले अपनी जाति से पहचाने जाते हैं। उनमें जन्मना भेद-भाव और अस्पृश्यता-भाव भरे होते हैं और इसलिए थोड़ी-बहुत खुशफहमियों का मिश्रण भी मेरी कोशिशों में शामिल हो गया था। अपने रुझान और स्वभाव के अनुसार सब से पहले उन्होंने अपने खेतों का निरीक्षण किया, पर मेरा जख्म नहीं देखा। देखते भी क्यों, बऊ ने उनके मन में वह बात बिठा दी कि खेतों के काम से बचने के लिए लापरवाही में खुद ही पाँव काट लिया है, ताकि जिम्मेदारी छूटे और पढन कूँ चलो जाए।

एक-दो दिन बाद जब लोगों से पता चला कि मेरा पाँव ज्यादा कट गया है। प्रेमपाल सिंह चमरियाने में मेरे घर आये और पाँव से पट्टी खुलवा कर देखा तो दुःख व्यक्त करके बोले—"इतनो कटि गओ तो इलाज का करो?" मैंने बताया—"पानी-तेल रगड़ के लगाइ रओ हूँ। चलते-चलते बोले—"सरकारी डॉक्टर से दवा ले आना और सुनो अब नवें की पढ़ाई नियमित करने के लिए तुम कहीं ठहरने की अपनी कुछ स्थायी व्यवस्था करो। साइकिल मेरी ले लेऊ। मैं और नई लाइ रओ हूँ। सौ रुपया में बिक रही है। अपने खाने बनाने को बर्तन और कपड़े ले जाइके वहाँ अपनी बुआ के घर में रहो। अगर वे घर न दें तो वहाँ से कई बच्चे पढ़ने आते हैं। किसी के यहाँ दो-चार महीना को घर मिल जायेगा। या हम खुद इन्तजाम कर देंगे। अब तुम जल्दी स्वस्थ होकर पढ़ो।"

वे मेरे मन की बात कह रहे थे। पर मैं कहीं बाहर रह कर नियमित पढ़ूँगा। तो खाऊँगा क्या?, रहुँगा भी कहाँ? ओढूँगा-बिछाउँगा क्या? मेरे पास तो सर्दी के कपड़े भी नहीं हैं। भूख से जुड़े ऐसे बुनियादी प्रश्न मैं जब भी उठाता था, प्रेमपाल सिंह एक ही जबाव देते थे—"हिम्मत मत हारो, दिलेरी दिखाओ। सब समस्याएँ हल हो जाएँगी। मेरा विश्वास है तुम हर बाधा पार कर जाओगे।" मैं परेशान इस बात से होता था, कि पेट भरने के लिए दाल-रोटी का विकल्प केवल मेरा साहस मात्र कैसे हो सकता है?

मास्साब को नई एटलस साइकिल उनकी शादी में मिली थी और पुरानी के सौ रुपये मैंने कुछ दिन बाद राजगिरी करके अदा कर दिये थे। दस-पन्द्रह दिन बाद मैं स्कूल चला गया था। जख्म काफी सूख चुका था। परन्तु अभी पूरी तरह ठीक नहीं था। देशी उपचार किया था, टाँके लगाने की कमी रह गयी थी। साइकिल चलाते समय दर्द होता था। इस कारण मैं स्वस्थ पैर पर ज्यादा बल देता था। बोरी में कच्छली, पतीली, कटोरा आदि बर्तन और आठ-दस किलो धान कुछ किताबें और कपड़े आदि लेकर मैं स्कूल को रवाना हुआ था।

डूबता प्रेमी

नरौरा सेतु (बाँध) से अक्सर गुजरते रहना होता था। मेरे स्कूल का रास्ता बिजली बना रहे इसी ऊर्जा संयन्त्र की ओर से था। उस दिन मैंने एक दर्दनाक मंजर देखा। मैं पुल से साइकिल मोड़ कर आगे बढ़ रहा था तो नीचे कुछ जवान लड़के-लड़कियाँ पिकनिक मना रहे थे। कुछ लड़कियाँ किनारे पर खड़ी थीं, कुछ लड़कों के साथ नहा रही थीं और कुछ नाव में चढ़ कर उनकी फोटो ग्राफी कर रही थीं। तभी तीन लड़के खड़ी हुई नावों पर चढ़कर एक साथ गंगा में कूदे। मेरा माथा ठनका कि कहीं लड़कियों के सामने तैराकी के दुस्साहसी प्रदर्शन के चक्कर में ये युवक डूब न जाएँ? मैं खुद बाजपुर में डूबा था। अतः मुझे डूब मरने वाला दृश्य याद हो आया था। ऐसा सोचने के पीछे मेरे भुक्त भोगी दुस्साहसों का अनुभव भी मेरे पास था। लड़कियाँ कैमरे सँभाल कर तस्वीरें उतारने में लगी हुई थीं। उनकी सौन्दर्यप्रियता ने भी मुझे रोक लिया। प्राकृतिक रूप से भी यह जगह बेहद सुन्दर थी। गंगातट का यह वही मनोहर स्थल था, जहाँ ब्रज संस्कृति पर आधारित ब्रज भूमि फिल्म की शूटिंग हुई थी। यहाँ के पार्क बड़े मनोरम थे। घने वृक्ष, बगीचे, चिकनी साफ सड़कें, फुटपाथों पर घास, कुल मिलाकर पर्यटन की दृष्टि से स्थान दर्शनीय था। मैं पन्द्रह-बीस कि.मी. साइकिल चला कर थक चुका होता तब यहाँ बैठकर थोड़ा विश्राम किया करता था। बरसात और सर्दी के महीनों में स्कूल जाने-आने का यही एक रास्ता था। एक-दो बार तो घास पर लेट कर सो गया था। उस समय साइकिल खड़ी करके मैं इन युवा छात्र-छात्राओं की क्रीड़ाएँ देखने लगा था। देखते-देखते वही हुआ, जिसकी आशंका मुझे दूर पुल पर से आते हुए ही दिखायी दे रही थी। वे तीनों युवक गंगाजल में डूबने लगे। दो तो बुरी तरह हाथ फड़फड़ा रहे थे। जल्दी से किनारे पर साइकिल पटक कर मैं नीचे की ओर लपका। प्रेमपाल सिंह की हैरों से कटने से हुआ पाँव का जख्म अभी पूरी तरह भरा नहीं था वह मुझे जल में कूदने की इजाजत नहीं दे रहा था। मैं यह भी जानता था कि पानी में डूबने वाले के पास जाओ तो वह खुद तो डूबता ही है, बचाने वाले को भी कई बार ले डूबता है। अतः बचाव के लिए उसे रस्सी या कपड़ा का सहारा देना चाहिए। फिर भी मैंने अपने तैराकी उत्साह को दबाकर शोर मचाया था। ये डूब रहे हैं, कोई इन्हें बचाओ, ये मर जायेंगे। मैंने बब्बा की धोती फेंक कर नाव पर खड़ी लड़की को पकड़ा दी। उसे एक युवक ने दूसरे को पकड़ाया और तैर कर बचा लिया। मैं खुद को रोक नहीं पाया। तैरने का मुझे जितना अभ्यास था उससे कहीं अधिक था आत्मविश्वास। कपड़ों सहित दूसरी बार पानी में कूदा ही था तब तक तीसरा युवा छात्र नीचे बैठ गया था फिर भी उसे तैराक के साथ हम कई लोगों ने बाहर निकाला। शोर सुनकर आस-पास की भीड़ जमा हो गयी थी। उन पहले दो को उलटा कर पेट पर हाथों का दबाब डाल

कर और मुँह में साँस देकर बचा लिया गया। पर तीसरा नहीं बच सका। उसे स्थानीय डॉक्टर के पास ले गये। डॉक्टर ने उसे मृत घोषित कर दिया। असल में वह मर तो गंगा में ही गया था। मन का संशय था, सो डॉक्टर को दिखा कर दूर किया। ये युवक-युवतियाँ मेरठ विश्वविद्यालय में पोस्ट ग्रेज्युएशन के छात्र थे। यहाँ टूर पर आये थे। उनका नाम मैंने अपनी कापी में लिखा। वह युवक छात्र यूनियन का नेता था। जिस लड़की ने उसके फोटो खींचे थे और जिसे दिखाने के लिए वह बगैर अभ्यास के जल में कूदा था। वह मृतक की मँगेतर गर्लफ्रेंड थी। वे इसी वर्ष शादी करने वाले थे। यह सब उस मातमी माहौल में उनके सहपाठियों ने बताया था।

मैं इस दृश्य का भार दिल पर लेकर भीड़ से बाहर हुआ। मेरी साइकिल मेरी बोरी सहित रोड के किनारे पड़ी मेरा इन्तजार कर रही थी। उसमें कच्छली, कटोरा और थोड़ा राशन भी था। देर शाम वहाँ से चिरौरी अपने विद्यालय की ओर बढ़ा। मेरा मन खराब हो गया था और यात्रा उदास हो हो गयी थी। चन्द मिनटों में एक लिखे-पढ़े युवक को शव में तब्दील होते देखने का दृश्य मेरे जहन पर छाया रहा। रास्ता-भर मैं जीवन की निःसारता पर सोचता रहा था कि जीवन कितना कम होता है? मैं उसे बचाने में असफल रहा मेरी तैराकी को लानत। हाँ, तभी पाँव के जख्म ने दर्द के जरिए मेरा ध्यान खींचा।

लौट के बुद्धू...

पहले ही दिन साइकिल से स्कूल आ रहा था। साइकिल पर सामान था इसलिए स्कूल के बजाय सीधा धुर्रा-प्रेम नगर छोटी बुआ के मकान पर पहुँचा। घर के बाहर ही बस्ती की एक वृद्धा खड़ी मिली। यह घर आम रास्ते के साथ गाँव से बाहर की ओर बने मकानों में से था। बृद्धा को दरवाजे के पास देख कर मैंने समझा बुआ इन्हें चाबी दे गयी होगी और यह शायद मेरे आने का इन्तजार कर रही हैं। बुआ अपने बच्चों तथा फूफा जी सहित भट्टे पर जा चुकी थी। भट्ठे पर जाने वालों का सारा सामान टैक्टर-ट्रालियों या ट्रकों में भरकर ले जाया जाता था। बस्ती के घर के घर खाली हो जाते थे। धुर्रा के ये सभी चमार जो पशुओं की खालें उतारने का काम छोड़ कर जाटव बन गये थे, जमीन वगैरह उत्पादन और दूसरी आय के साधनों के अभाव में चर्मकारों की तुलना में और अधिक गरीब हो गये थे। भूमिहीन-व्यवसायहीन होने के कारण मजदूर बनने के अलावा जीविका के स्रोत इनके पास नहीं थे।

वह बृद्धा भी उसी गाँव बिरादरी की थी। उसके परिवार के सभी सदस्य भट्ठे पर चले गये थे। चूँकि वह ईंटें पाथने में अक्षम थी, इसलिए वे उस वृद्धा को छोड़ गये थे। बाहर के घरों के आस-पास कुछ परिवार भट्ठों पर जाने से रह गये थे। ये वे लोग थे जिनके पास थोड़ी-बहुत जमीन थी या जो वृद्ध थे। उनके बच्चे उन्हें यहाँ छोड़ गये थे। "छोटी कह गयी है कै मेरे भतीजे कू तारी मत दे दइयौ। का पढ़िवे

के चक्कर में पड़ौ है, कह दइयौ भट्ठे पै आइ जाइ खाली किताबें पलटिवौ छोड़ि, खाइवे-कमाइवे की सोचे।" मुझे लगा यह खुर्राट बुढ़िया झूठ बोल रही है। आखिर मेरी बुआ मुझे खाली घर भी क्यों नहीं छोड़ कर जायेगी? मैं उसका सगा भतीजा हूँ। कोई गैर तो हूँ नहीं। अतः मैंने बृद्धा से कहा–"बुआ तो मुझ से कह रई थी कै तू अपने वासन (बर्तन), लत्ता और रोटी-दाल कौ इन्तजाम करि ला। हमारो घर खाली रेइगो। वैसे तू भट्ठा पै हमारे संग चलतो तो हमेंऊ सहारो मिलतौ और तू चार पैसा कमाइ लातो।" पहले वे जरूर ना नुकर कर रहे थे, पर बाद में मान गये थे।

पर अब बुआ के इस निर्णय से मेरा हृदय व्यग्र हो उठा। अब कहाँ जाऊँ, क्या करूँ? क्या मानती-गंगावासी भी मुझे अपने घर का कोई कोना दे पायेंगे? छप्पर में बाहर वक्त काट सकता हूँ मैं, पर उनके घर में रहा तो और जात-बिरादरी के लड़के एतराज करेंगे। टीचर्स भी जान जायेंगे। स्कूल में बहिष्कार शुरू हो गया तो पढ़ाई खटाई में पड़ जायेगी। बुढ़िया से लड़ने-झगड़ने का भी क्या लाभ? इस बेचारी का दोष ही क्या है? क्यों न मानती, जो गंगासाय ताऊ की इकलौती बेटी थी और छोटी बुआ के देवर गंगावासी को ब्याही गयी थी, से पूछा जाय? मुझे विश्वास नहीं हो रहा था कि बात हो जाने के बाद भी बुआ-फूफा अपने घर में मुझे न रहने देने का इन्तजाम करके जायेंगे। ऐसा करने से उन्हें क्या प्राप्ति हुई होगी? पर इस वृद्धा को घर सौंप गये तो क्यों? इसकी वजह जाननी चाहिए।

दगड़े की दूसरी ओर मानती का घर था। अकेला मिट्टी का कच्चा घर जिसमें एक ओर अन्दर ही आँगन, एक कोठरी में रहन-सहन और दूसरी ओर चमड़ा पकाने की कच्ची मिट्टी से बनी कार्यशाला थी, जिसमें हाथी के पाँव जैसे मोटे-मोटे दो दरख्त दीवारों से लगे रहते थे। नीचे चैवच्चा, गहरी खाई पक्की ईंटों की जिसमें बबूल के कस्से का पानी भरा रहता था। दीवार में लगे बड़े-बड़े खूँटों पर कस्सा भरी तीन-चार खालें उलटे मुँह लटकी रहती थीं। कस्से भरी खालें जीवित पशुओं के आकार की हो जाती थीं जो मन में कौतूहल पैदा करती थीं। उन्हें देखकर जीवित पशुओं की कल्पना साकार हो उठती थी। गंगावासी समय-समय पर उनके भीतर का पानी बदलते रहते थे। उनका अकेला घर खान-पान, रहन-सहन में सबसे छिका हुआ था। सिवाय एक शान्ति के कोई और उनके घर खाता-पीता नहीं था। मानती मेरी बस्ती की बहन लगती थी और बुआ की देवरानी थी। गंगावासी और बीधे फूफा जब एक साथ चर्मकार्य करते थे, उन्हीं दिनों इसी घर में मेरे पिता की असमय दर्दनाक मौत हुई थी। झाड़-फूँक और मेरे इन सम्बन्धियों की अज्ञानता ने मेरी आँखों के सामने उन्हें बेमौत मार डाला था। इस घर में पहुँचते ही वह घटना मुझे स्मरण हो आती थी।

मैं दगड़े को पार कर मानती के घर की ओर बढ़ा और वह उधर से मेरी ओर आयी। मैंने पूछा–"मानती बता बुआ तुम से क्या कह गयी है? ये बुढ़िया माता तो घर कब्जाए बैठी है। मेरी साइकिल आँगन तक में खड़ी नहीं करने दे रही और

न बोरी में बँधा सामान आँगन में रखने दे रही है। क्या यह सच है कि बुआ ने इसे चाबी सौंप दी है?" मानती मेरी ओर मुखातिब होकर बोली–"हाँ सौराज भैया, गे बात सच है। मेरे सामने की बात है। तेरे फूँफा-बुआ दोनों कह रहे हते कै तू घर में मत घुसने देना। जब ठहरिवे कूँ ठौर नाँय मिलैगो तब घर के बगैर परेशान है कें पढ़िवे की बेकार की जिद्द छोड़ कें काम करिवे की सोचैगौ। भट्ठा कौ पतो लिखवाइ कें दे गये हैं कै तू आवौ चाहेगो तो पतौ दे दइए।" मानती के मुँह से निकलते ये अप्रत्याशित शब्द सुनकर मैं हैरत से उसकी ओर देखता रह गया। अब वह मुझे समझाने लगी–"तेरे माँ नाँइ बापु नाँइ, सहारें कूँ घर में कोई और नाँइ जमीन नाँय, चाम कौ काम नाँइ। अन्धे बाब्बा, अन्धे ताऊ और तू उन सबकूँ छोड़ि कें गामतें बाहर चलौ आयौ है। जे बुरी बात है।" तेरे फूफा कह गये हैं कि–"भट्टा पै नाँइ आवै तो मानती समझाइ दइए कै अपने घर लौटि जाइ।" अब पढ़िवे-बढ़िवे के चक्कर में नाँय पड़े। बिना सहारे के कोई पढ़ि नाँइ जावै है। अपने अन्धे बब्बा को डंडा पकड़ि कें सहारो देइ। पढ़िवो-लिखिवो हर काऊ को काम नाँइ है।"

मानती बोले जा रही थी और मैं परेशान हो रहा था। पढ़ना छोड़ने का फैसला या किसी की सलाह तो मैं आज तक नहीं मानता। बार-बार गिर कर भी इस रास्ते पर तो चलता ही रहना चाहता हूँ। गाँव से धुर्रा बीस-बाईस कि.मी. दूर होगा। साइकिल से इस उम्मीद से चला था कि शाम को जाकर खाना बनाऊँगा, खाऊँगा और आराम करके पढ़ाई शुरू करूँगा। लेकिन यहाँ तो घर में प्रवेश ही नहीं मिला। जब सगी बुआ के खाली घर का दरवाजा बन्द है तो किसी और से कैसे कहता कि तुम मुझे अपने घर में ठहरा लो। मैं एक दो दिन के लिए मेहमानी खाने तो गया नहीं था। गंगावासी के घर न रहने का फैसला कर चुका था।

शाम होने जा रही थी। बुढ़िया जिद्द पर अडिग थी। मैं रुआँसा हो आखिरकार साइकिल उठाई और वापस लौटने लगा। हालाँकि, कच्चे रास्ते में चार-पाँच कोस तक ही दिन बचा होगा। सचमुच यह समय गैरों के घर से भी लौटने का नहीं था। निश्चय ही रात कहीं रास्ते में हो जायेगी। मैं इस आशा से गया था कि वहाँ रह कर पढ़ूँगा। टिक गया तो कोई पार्ट-टाइम काम भी तलाश कर लूँगा। नदरोली में रहते हुए पढ़ने के लिए समय नहीं था। इस कारण भी मैं गाँव से बाहर रहना चाहता था। धुर्रा में रहने के पीछे भी मेरी यही मंशा थी। छोटा राज तो मैं था ही। दस दिन की छुट्टी में एक कुआँ चिनने को मिल जाता तो मैं दो महीने की रोटी कमा सकता था। फिर मैं गंगावासी के साथ मुँह अँधेरे भैंस-बैल की खाल भी उतार सकता था। ऐसे कई काम थे। जिनसे मैं अपने दो वक्त की रोटी निकाल सकता था। ज्यादा की कोई ख्वाहिश नहीं थी, पर रहने को सिर छिपाने लायक जगह तो मुझे चाहिए ही थी। यहाँ बुढ़िया माता की मुस्तैद तैनाती देखकर तो मेरी सारी आशाओं पर पानी फिर गया था और दिन ढले वापस लौटने के अलावा मेरे पास कोई चारा नहीं था।

साइकिल को वापस मोड़ते हुए मुझे लग रहा था कि पहिए रेत में गड़ गये हैं और कैरियर पर रखा सामान और अधिक बोझिल हो गया है। इधर भूखे पेट साइकिल चला कर जाने की थकान शरीर पर बुरी तरह सवार हो रही थी। तुरन्त वापसी की तो कल्पना ही नहीं थी।

थका शरीर, खाली पेट साइकिल पर चढ़ने की इच्छा नहीं हो रही थी। पाँव इस अन्दाज से उठ रहे थे कि कम-से-कम एक रात के लिए ही सही, कोई झूठे को ही कहे कि सौराज आज रात मेरे घर रुक जा तो मैं सचमुच रुक जाऊँ। ऐसी उम्मीद से लौट रहा था मैं। दस-पन्द्रह कदम आगे चला। वह मकान लौटकर देखा और वह घर भी जिसमें मेरे पिता की मौत हुई थी। मैं गाँव से बाहर होते ही फफक-फफक कर रो पड़ा था। अच्छा था कि कोई मेरे खुद के सिवाय मेरे आँसू देखने-पोंछने वाला दूर तक नहीं था।

मैं लौट रहा था जैसे कोई अपने सगे को दफना कर लौटता है। दो कि.मी. दूर बाग किनारे तक आ पहुँचा था। आगे जाने की इच्छा नहीं थी। मेंड़ के सहारे सुस्ताने बैठ गया था। मन में तीव्र द्वन्द्व चल रहा था कि लौटना भी था तो कल लौटता। एक रात तो गंगावासी के घर ठहर कर या बुआ के आँगन में सो कर भी काटी जा सकती थी। धीरे-धीरे दिन छिप रहा है। रात में कहाँ पहुँचूगा? शायद मुझे अभी भी कोई वापस लौटाए।

धुर्रा से मेरे चले आने के बाद दो-चार महिलाएँ और दो-चार बुजुर्ग वहाँ एकत्र हुए थे। उनमें मेरे आने और लौट जाने की चर्चा चलती रही। रात के समय एक मेहमान बालक वापस चला गया, जिसके बाप ने इसी गाँव में आकर बे मौत जान दी और हमने उसके बेटे को एक रात को भी पनाह नहीं दी। यह बदनामी की बात है। रात तो उसे काटने देनी ही थी ऐसा भी किसी ने कहा।

मैं कुछ देर बैठ कर सोचता रहा। फिर उठा और आगे बढ़ा। मन में एक विचार आया कि क्यों न आज रात स्कूल में जाकर रुक जाऊँ? स्कूल रास्ते में ही था। अतः सोचा--कह दूँगा खाना तो मैं भर पेट खाकर आया हूँ, सिर्फ सोना-भर है। खाने ही में तो छूत-छात होती है। सोने को तो स्कूल कक्ष की किसी बैंच पर ही सो जाऊँगा। दिन निकलते ही लौट जाऊँगा अपने गाँव।

हृदयी हरदयाल

मैं कुड़हनी वाली नदी की ढलान में उतरने ही वाला था, तभी दूर से मुझे पुकारता हुआ एक परिचित-सा स्वर सुनाई दिया। मैंने मुड़ कर देखा कि पीछे से साइकिल पर सवार हाँफता, चिल्लाता हरदयाल आ रहा है। 'रुक, श्यौराज रुक' और मैं रुक गया।

धुर्रा के चमारों में स्कूल जाने वाला हरदयाल अकेला छात्र था। बाकी बिरादरी का एक भी बच्चा पढ़ने नहीं जाता था, जबकि आबादी सौ से अधिक थी। वह मेरा

सगा रिश्तेदार नहीं था। बस जाति-बन्धु होने के नाते वह मेरी मदद के लिए आगे आया था? वरन् गैर कौमें जाटों-बामनों के कई बच्चे वहाँ पढ़ते थे। हरदयाल का भी थोड़ा स्वार्थ था। वह मेरे माध्यम से अध्यापकों के नजदीक आना चाहता था। उसने बताया—"देखो श्यौराज, तुम्हारे लौट जाने से पूरे नगरा में चर्चा हुई है। मेरी अम्मा कह रही है—बेटा तू श्यौराज कूँ लौटा ला, सामने वाली कुठरिया खाली है। जब तक भैया-भाभी भट्ठा पर से न लौटें, तब तक तुम उसमें रह सकते हो।" यह सुनकर मेरा हृदय भर आया। मैंने कहा—"नहीं भाई, नहीं। जब अपनी सगी बुआ का घर नहीं मिला तो तुम्हारे घर में जाकर डेरा क्यों डालूँ? आखिर किस अधिकार से तुम्हारे घर जाऊँ।" तो वह कहने लगा—"मेरे घर का क्या छुड़ा लेगा तू? अरे कच्ची मट्टी की भीतें हैं, घर में रहोगे तो साँझ-सवेरे झाड़ू और लगावैगो। ताला-चाबी मैं दे दूँगो चल भैया लौट चल। मैं जगह दूँगो तेरे मास्साब की नजर में मैं हू आइजांगो। बोर्ड परीक्षा की आखिरी कोशिश है मेरी। तो भइया में तीन साल तैं तो लगातार फेल है रयौ हूँ।" हरदयाल की बातों में निश्छलता, मासूमियत और हाईस्कूल की परीक्षा में लगातार दो साल मिली असफलता का दर्द भरा था। वह बेचारा दो वर्ष से फेल हो रहा था। आठवें में भी दो साल फेल हुआ था। स्कूल के अलावा घर-बस्ती में पढ़ाई का कोई माहौल नहीं था, कोई गाइड करने वाला भी नहीं था उसे। बड़े भाई भट्ठा के पथेरे थे और माँ-बाप अनपढ़ बुजुर्ग थे। अध्यापक सरकारी नौकरी की औपचारिकता निभाते थे। वरन् एक अछूत से किसे लगाव होता?

विद्यालय निजी प्रबन्धन का था इसलिए शिक्षकों में दलितों का कोई प्रतिनिधित्व नहीं था।

मैं सोचने लगा कि यदि इस वर्ष भी हरदयाल फेल हो गया तो मुझे बहुत बुरा लगेगा। मैं इसके लिए क्या कर सकता हूँ। मैं तो खुद उसका जूनियर और पिछड़ा हुआ हूँ। बहरहाल जो भी हो, वह मुझे वापस लौटा ले गया। घर पहुँच कर उसने अपने घर के सामने वाले छपरीले कच्चे कोठे का दरवाजा खोल दिया। यह घर उसके बड़े भाई का था जो सपरिवार भट्टे पर गया हुआ था। मैंने बर्तन, गद्दा दाल आटा आदि जो भी सामान था, साइकिल से उतार कर घर में रख दिया। हालाँकि, मेरे पास एक माह के भोजन का भी प्रबन्ध नहीं था, पर पनाह मिल गयी थी। यहाँ मैंने ठीक से पढ़ने की शुरूआत की। हरदयाल की माँ ने हिदायत दी—"देखि बेटा, यहाँ तू मौज से रह पर गंगावासी के घर को पानी मत पीना। तू पढ़िवे वारो बालक है। रंगइयन के घर मत खइये। रई बात काम की सो भूदेवा के खेत में तोइ काम दिवाइ दुंगी। गाम मैं काम मिल जायेगौ। तू जितनो चाहे पढ़ि और काम करि। भैया मेरे, या हद्दिला कूँ कह कि गेऊ अबकी पास है जाइ। तीन साल तें एक ही दर्जा में घिसट रयौ है उवा घर में चूल्हो है। तोउ देखि, तू जो रोटी बनिवे के वक्त दुए रोटी को चून पकराइदे करैगो तो मैं या मेरी बेटी चढ़े तए पै तेरी हू दुए रोटी डाल दिंगीं।"

हरदयाल बन्धु के इस घर में पनाह पाकर मैंने राहत की साँस ली। मैं दो-चार महीने आराम से रहा। छुट्टी के दिन खेतों पर फसल के मुताबिक मजूरी कर आता था, और बस पढ़ना, रहना और खाना। खाली वक्त में चौपाल पर बैठ कर बातें करना और बुजर्गों के किस्से सुनना और स्कूल जा रहे छोटे बच्चों की पट्टियाँ देखना और आज क्या पढ़ा, पूछ लेना यही मेरी दिनचर्या थी। मैं इन परिवारों में बहुत जल्दी घुल-मिल गया। रोटी खुद बनाता, अन्न-आटा खुद पीसता, जंगल से ईंधन खुद बीन के लाता। छुट्‌टी के दिन या स्कूल से आकर जाटों या जाटवों के खेतों पर थोड़ा-बहुत काम करने जाता। इस सबके साथ पढ़ाई भी करता। पढ़ाई इतना अधिक कि हरदयाल की छोटी बहन की जब शादी हुई तो मैं स्कूल से समय पर नहीं पहुँच पाया था। विदा के वक्त वह बहन गाड़ी रुकवा कर मेरी प्रतीक्षा कर रही थी। किसी छात्र ने कह दिया था कि मैं आने वाला हूँ और मैं गाँव के बाहर वाहन देख सीधा उधर भागा गया था तो वह लिपट कर वैसे ही रोई, जैसे हरदयाल और अपने अन्य भाइयों से। मेरे पास क्या था उसके लिए, सवा रुपया देकर पाँव छू लिए थे।

छात्रवृत्ति के लिए

स्कूल में उन दिनों अनुसूचित जाति के छात्रों को वजीफा मिलता था। यह राशि की दृष्टि से बड़ा तुच्छ और मामूली हुआ करता था। अध्यापक से लेकर वजीफा बाँटने वाले क्लर्क तक इसे अपनी बपौती में से होती कटौती समझते थे। मेरे ध्यान में एक भी शिक्षक नहीं आया जो वजीफा को दलितों की क्षतिपूर्ति या उनके हक की किस्त-अदायगी समझता हो। इतिहास के अध्यापकों तक को दलित-दलन का इतिहास ज्ञात नहीं होता। मेरे लिए तब एक पैसा भी बड़ा था। एक रुपया आज के सौ रुपये से बड़ा था।

उन्नीस सौ पिचहत्तर-छिहत्तर में प्रेमपाल सिंह यादव ने पहली बार छात्रवृत्ति के लिए मेरा फार्म भरवाया था। हस्ताक्षर कराये थे। हस्ताक्षर क्या, सीधा नाम ही लिखता था मैं। वजीफा के पैसों के दर्शन मैंने आठवीं, नवीं, दसवीं तक नहीं किये। जबकि फार्म हर साल भरता रहा, रियायती दर पर पढ़ने का अहसान लगा। छात्रवृत्ति का एक नया पैसा भी मैंने नहीं देखा, जबकि क्लर्कों से सुनने को मिलता था—"एस. सी. पढ़ते ही वजीफा के लिए हैं।" प्रेमपाल सिंह से एक-दो बार पूछा भी था तो उन्होंने कहा—"तुम वजीफा की मत सोचा करो। तुम भट्‌टे पर गोंदा देने वाले, रहटें-दाँय हाँकने वाले, बेगार-बेलदारी करने वाले जरा सोचो उठ कर कहाँ से कहाँ पहुँच रहे हो। ईंट गिलाया ढोने, राजगिरी करने से तुम्हारा भविष्य नहीं बनता। तुम पैसा की चिन्ता मत किया करो, पैसा भौतिक वस्तु है। ज्ञान आध्यात्मिक चीज है। इसलिए तुम ज्ञान-प्राप्ति के पुण्य कर्म के सिवाय और कोई आकाँक्षा मन में पनपने मत दिया करो। सरस्वती और लक्ष्मी का बैर होता है। तुम्हें केवल ज्ञान की देवी की आराधना करनी चाहिए।" इस जन्म की पढ़ाई और ईश्वर भक्ति अगले जन्म में भी

काम आती है। ऐसी उनकी धारणा थी।

वाणी में इतनी मिठास कि लगता ही नहीं था कि ये आदमी भी यादव है। क्योंकि यादवों में रूखी भाषा और बात-बात पर लड़ना-झगड़ना मेरे गाँव में ज्यादा ही होता था। गाँव भी कई गुटों में बँटा हुआ था। एक गुट ने दूसरे गुट के व्यक्तियों के कई कत्ल किये। कई लम्बी जेलें काट चुके थे। पर प्रेमपाल सिंह सबसे नम्र व्यवहार करते थे। चमारियों-भंगिनियों और तेलिनियों में तो वे बहुत प्रिय थे। सब लल्ला-लल्ला करतीं। गाँव की पीढ़ी में वे बहुत छोटे थे, इसलिए सब उनकी दादी-चाचियाँ ही लगती थीं। सलाम चाची, नमस्ते दादी ये शब्द उनकी जुबान पर बने रहते थे। लड़ने वालों के किसी गुट में वे शामिल नहीं रहे। मैं गाँव-भर में उनका अनुकरण करता। पर उनकी दादी मेरी चाची या ताई थीं और चाची मेरी भाभी। गाँव के हिसाब से मेरा दर्जा दो पीढ़ी ऊँचा था, पर आपस में हमारा रिश्ता गुरु-शिष्या और कुछ-कुछ मित्र जैसा हो गया था। कार्य-बेगार की दृष्टि से वे सामन्त और मैं गुलाम था। आस-पास के गाँवों में हमेशा उनके साथ रहने के कारण कई लोग भाई समझते थे। स्कूल के छात्रों की दृष्टि में भी ऐसा ही था। मैं चमार हूँ, चमारों का हूँ, ऐसा उन्होंने बाद में जाना।

आशा 'प्रेम' की शादी

मास्टर साब की भाभी अनौखिया बहू अक्सर बीमार रहती थीं। उनकी उम्र काफी थी। सिर के बालों का रंग बर्फ-सा सफेद हो गया था। गाँव-बस्ती के लोगों ने अनौखिया से कहा—घर में काम करने वाली बहू लेकर आओ। आखिर घर में कोई बच्चा भी नहीं था। मास्साब का नाम कैसे चलेगा? खाने-खर्च में कजूंसी कर हर वर्ष बढ़ाई जा रही जमीन और एक के बाद एक बनाए जा रहे मकानों का वारिस कौन होगा? अतः प्रेमपाल सिंह की शादी करने का निर्णय मेरे सामने हुआ। स्कूल के प्रिंसिपल मनोहर भारद्वाज व संस्कृत शिक्षक सियाराम आर्य के माध्यम से स्कूल के मैनेजर श्री अशरफीलाल नेता जी की सुपुत्री 'आशा' से उनकी शादी तय हुई। आशा आठवीं पास रही होगी। उनके एक भाई श्री नत्थूलाल यादव किसी बैंक में मैनेजर थे। नेता जी पर कृषि भूमि काफी थी। साथ ही उनकी सामाजिक हैसियत भी कम न थी। वे स्कूल के हर कार्यक्रम में उपस्थित होते थे। बड़े स्पष्टवादी, प्रखर वक्ता और सुलझे हुए विचारों के व्यक्ति थे। वे जब स्कूल के शिक्षकों के साथ सगाई करने गाँव गये थे तो प्रेमपाल सिंह के भाइयों के साँझे एलान पर सब लोग बैठ गये थे। "तुम्हारे स्कूल के सब मास्टर आये हैं। मिलने नहीं गये सौराज?" बऊ ने कहा। मैं खुद भी जाना चाह रहा था। दालान पर प्रिंसिपल साब, नेता जी, तोमर साब और प्रेमपाल सिंह के चचेरे भाई जगदीश यादव जो जुनाबई इंटर कॉलेज में पी.टी. इन्स्ट्रक्टर थे, वे सब वहाँ बैठे बतिया रहे थे। मैं दालान पर गया और एक तरफ से गुरु मंडली

के पैरों को हाथ लगाया। थोड़ी देर ठिठका और फिर बैलों को भूसा-सानी आदि करने चला आया। रुकना चाह कर भी वहाँ नहीं रुका, क्योंकि हुक्का-पानी तो किसी को दे नहीं सकता था। मास्साब के व्यक्तिगत सुधार के बावजूद इतनी छूत-छात तो बची ही थी। खुद मैं भी चीजें छूने से डरता था। उन्हें लोटे से पानी भी नहीं पिला सकता था। चारपाई के नीचे बैठ जाने की इच्छा नहीं थी। पाँयती की चारपाई पर गुरुवृन्द बिठा नहीं सकते थे। यह परम्परा के अनुकूल नहीं था। इस कारण अपने घर चला आया। थोड़ी देर रुका। फिर सोचा, गुरु की शादी वाले आये हैं—उनके घर जाकर कुछ काम करना चाहिए। भावुक मन, नहीं माना। मैं फिर प्रेमपाल सिंह के घर चला गया। मेहमान खाना खाकर चौपाल पर जा चुके थे। बऊ नाराज होती हुई बोली—"तुम कहाँ घूम रहे हो सौराज, कछु जिम्मेदारी समझत हो कै नाँइ?" "क्या करूँ बऊ, तुम बताओ।" "करने कूँ कामनु की कमी है का?" पीछे देख लेऊ, पौएनु (पशुओं) को घास-कूड़ो करि देउ, बैल और भैंस को पानी पियाके छाँय में बाँधि देउ। मौहल्ला के लोग खाने पै आने वाले हैं तब तक आँगन में बड़नी (झाड़ू) मरि देऊ।" मैं सेवा में जुट गया। पहले आँगन-बाहर झाड़ू मारा। फिर पीछे घेर में जाकर बैलों और भैंसों को पानी पिलाया। पानी पिला कर भैंस की पीठ पर दो-तीन परात पानी डाल कर धोया और उसे घेर में बाँध कर, मुँह-हाथ धो कर घर में आया। आकर अनौखिया से पूछा—"बऊ, और कोई काम?" तो वह बोलीं—"काम तौ भौतेरे हैं। तुम जो देखो सो करते रहो। मैं तुम्हें उँगरिया पकरि-पकरि कें तो नाँय बताउँगी कै जाइ करो और वाइ मति करौ।"

रात को मैं प्रेमपाल सिंह की छत पर सो रहा था। दिन-भर के काम करते-करते मैं थक गया था। कल उनकी बारात जानी है। रात को महिलाएँ गा रही थीं। अनौखिया बऊ ने छत पर जाकर जगाया—सौराज देखो-देखो, नीचे कौन नाच रहा है। मैंने देखा मेरी अम्मा थी। वह अच्छा नाचती-गाती थी—

आजा आजा सोन चिरइया
मेरी गोदी में आ जा...

अम्मा का गीत चल रहा था। बऊ ने सोचा, मैं अम्मा को नाचता देख शर्मसार हो जाऊँगा। पर नहीं, मेरा मन कर रहा था उनके साथ खुद भी जाकर नाचूँ। अपने छोटे भाई राम-भरोसे की शादी में अम्मा, मैं, मामा, मौसी और बहन सभी तो नाचे थे एक साथ।

अम्मा का गीत खत्म हुआ, वह बस्ती की औरतों के साथ घर चली गयी। अब थोड़ी देर बाद घुँघुरू खनके, ढोलक बजी और गीत की धुन मेरे कानों में आयी एक महिला मर्द का भेष बनाकर गा रही थी—

चतुर छिनार घूँघट वारी नाचै मतवारी
जेठ नाँय छोड़े ससुर नाँय छोड़े
दिवरा पै परि गयी बहुत भारी
नाचै मतवारी...चतुर छिनार–

पत्तलों पर छूत

प्रेमपाल सिंह के घर दो-दो चार-चार के समूह में खाना खाने वाले आने लगे। बस्ती के चालीस-पचास लोगों का खाना बना था। "इसमें मैं क्या करूँ। बऊ, अब खाना हौ जाय तब आइ जाऊँगो। लोग बैठ रये हैं।" मेरी बात सुन बऊ ने आदेश के अन्दाज में कहा–"तुम खानों नाँइ खवावौ तो पातरें तो बिछाइ देउ।" मैं इस बात से अतिरिक्त सचेत था कि पत्तलें छूना भी किसी को नागवार लग सकता है। दूसरा विचार आया कि इस बस्ती के यादव तो सभी जानते हैं कि मैं प्रेमपाल सिंह के घर रहता हूँ, आर्य हूँ। शुद्ध हूँ। अब कोई मैं बाकी चमारों जैसा अस्पृश्य थोड़े हूँ। आदमी को कृत्रिम रूप से शुद्ध किया जाता है, वह मूल रूप में शुद्ध-अशुद्ध होता है, ऐसा भ्रम था मुझे उन दिनों। उधर बऊ ने सिर पर पल्लू डाल कर इशारों से आदेश किया –"पत्तलें बिछा दो। दो-तीन लोग हैं जो पूड़ियाँ, सब्जी और बूरा आदि परस देंगे।" मैंने झिझकते हुए पंक्ति से पत्तलें बिछाता चला गया। दस-पन्द्रह ही बिछाई होंगी कि पीछे मुड़ कर देखा तो पत्तलें बिछी हैं, पर लोग बैठ नहीं रहे हैं, बल्कि जो बैठे थे, वे भी उठ खड़े हुए हैं। केवल तीन-चार व्यक्ति बैठे रहे, जिनमें रामजीत प्रधान, खुशीराम मास्टर यदुनाथ शास्त्रीजी। बाकी सब तन कर खड़े हो गये। बोले–"अरे भाई कछु ईमान-धर्म को ध्यान रखनो है कै नाँइ? अब तुम सब यैर चमार बन रहे हो तो बनो। पर हमें तो धर्म भ्रष्ट मत करो, दावत दे रहे हो या ईमान लै रए हो?" शास्त्री जी और मास्टर खुशीराम तो अस्पृश्यता के विरुद्ध लगातार बोलते ही थे। आर्य समाज के प्रचारक थे। अतः वे स्थिति को सँभालना चाह रहे थे। वे कह रहे थे कि–"भाई पत्तलें छूने से कछु नाँइ बिगड़तु। जे बनाइउ चमार ने ही हैं। ढाक के पत्ता हू जाई की बिरादरी की महिलाएँ तोड़ कें लाईं हैं। पानी छिड़क के धोइ लेउ।" पर लोग बिगड़ रहे थे। गुस्से से बेकाबू होकर बोल रहे थे, तभी बऊ को गुस्सा आया। वह एक लड़के का हाथ झटक कर बोली–"तू खाइ तो खा। नाँइ तो अपने घर जा। ज्यादा पण्डिताई दिखानी होइ तो अपने घर दिखइये सौराज मेरो बेटा जैसो है। मैं नाँइ मानती तुम्हारी छूतछात।" बऊ कह तो एक से रही थी, पर उसका सम्बोधन सभी के लिए था। उसकी मुखरता और दो-टूक भाषा से पूरा गाँव वाकिफ था। वह जितनी मजाकिया स्वभाव की थी उतना ही कड़क भी थी। उस दिन की भाषा मेरी स्मृति में आज भी मौजूद है, जो मुझे रक्त की सार्थकता को रिश्तों से बाहर के इंसानी रिश्तों का बल देती है। उसके व्यक्तित्व की ऐसी कुछ बातें मेरे भीतर

आज भी उनका आदर कराती हैं। असल में बऊ तो उसके लिए सम्बोधन-भर था। भावना में वह मेरी माँ जैसी ही थी। जो आत्मीय होती तो बेटा-सा व्यवहार करती, मनोरंजन की मुद्रा में होती तो मुझसे ही नहीं, अस्सी साल के बुड्डे से भी तलवा चीर मजाक करती और जब दुखी होती तो मुझे पास बिठाकर रोती, भीतर की दर्दीली परतें खोलती। बऊ अक्सर बीमार रहती, पाँयत बिठा कर घण्टों अपने दुख सुनाती। सारे कामों की तरह सप्ताह में एक दो बार घण्टे-दो घण्टे बैठ कर 'बऊ' की बातें सुनना भी मेरा अनिवार्य काम था। तब कभी वह खुश होती तो दूध या दही भी खिला-पिला देती थी। उसकी खामियाँ मैं बता चुका हूँ परन्तु खूबियों का, अच्छाइयों का पलड़ा उससे कहीं बहुत भारी था।

प्रेमपाल सिंह की शादी की तैयारी में मैंने भाग-भाग कर उनके न्यौते पहुँचाए थे। गाँव के पास वाली प्रेम पाल सिंह की बड़ी दीदी को मैं लड़िया (बैलगाड़ी) में बिठाकर लाया था और बऊ की बहनोत 'भूरी देवी' को भी उसके गाँव से लेकर लाया था। भूरी यहाँ कई दिन रुकी थी। कह रही थी—"मोइ ऐसे ही मेरी ससुराल तें लै कें आये करिए।" पर शादी के बाद वह अपने पति के साथ मुझे राजघाट गंगापुल पर मिली तो मुँह फेरकर निकल गयी। मैंने ठहरकर उससे पूछा, "क्या भूरी तूने मुझे पहचाना नहीं?" वह कहने लगी—"देर में पहचानो, कै तू हमारी यैर (यादव) जाति को नाँय है।" चमार है

बारात ट्रक की ट्राली में थी और काफी लोग घोड़ियों और साइकिलों से गये थे। हाथी सजाया गया था। बारात के ठहरने का इन्तजाम 'स्वामी पूर्णानन्द विद्यालय' में ही किया गया था। समस्त स्टॉफ शादी में शामिल था। बारात बड़ी धूम-धाम से परम्परागत सामन्तगती शैली में चढ़ी थी। अच्छा प्रदर्शन था गाँव-भर के लिए। वैसे भी यादवों में स्पर्धा अधिक रहती थी कि कौन ज्यादा लम्बी बारात लाये। किस की बारात में ज्यादा-से-ज्यादा दिखावा और वाहन हों। कौन ज्यादा-से-ज्यादा फिजूलखर्ची कर सके। ऐसी नवाबों जैसी सनक में यादवों के बहुत से घर बर्बाद भी थे। अगर बड़ी जोत वाली जमीनें नहीं रहीं होती तो इनके कारनामे भंगी-चमारों जैसे गरीब हो जाने के लिए पर्याप्त थे। हाँ, दारूबाजी उन दिनों मेरे गाँव में किसी भी जाति में नहीं थी। हजारों में एक-दो शौकीन थे वे भी छिपे हुए।

संकरी गली से हाथी नहीं गुजर सकता था। बैंड बाजे और घोड़ी पर सवार हुए मास्साब। सारा शिक्षक दल इर्द-गिर्द चल रहा था। अंग्रेजी विषय के युवा अध्यापक और दरवाजे पर लड़की के भाई नत्थूलाल यादव ने इतनी मेहनत से नृत्य किया था कि हम सब देख कर दंग रह गये थे। मेरा मन भी कर रहा था कि नाचूँ पर संकोचवश शरीर नहीं नाचा। मन नाचता, झूमता रहा।

उसके बाद खाना हुआ। बारात पंक्ति से बैठी। लड़की के पिता श्री अशर्फीलाल नेता जी घुटनों तक लटवा कुर्ता लटकाए धोती का एक कौना बाएँ हाथ में पकड़े घूम-घूम कर 'जी जीमिए साब, जी जीमिए' बोलते हुए मेहमानों की आवभगत कर

रहे थे। मैं कोने में खड़ा था। उन्होंने देखते ही पहचान लिया। वे मुझे पहले से ही जानते थे। प्रेमपाल सिंह को धन्यवाद देते थे कि यह आप अच्छा काम कर रहे हैं इस लावारिस बालक को सहारा देकर। वे मुझसे बोले—"श्यौराज, तुम भी खाना खाओ बेटे।" वे शायद मेरी समस्या समझे। बोले—"बाद में क्यों, अभी यहीं बैठो इसी पंक्ति में।" आखिरी छोर पर मैं भी बैठ गया। नेताजी ने आवाज दी—"लाओ नरेश, यहाँ पत्तल लाओ। दही, बूरा, पूड़ी और सब्जी दो, लड्डू भी परस दो।" मैं भूखा था, इसलिए बेसब्री से टूट पड़ा खाने पर। वैसे भी मैं खाने के मामले में सब्र नहीं रख पाता था। वैसे भी लजीज खाना खाने के अवसर कम ही आते थे।

खाना खाते हुए मैं बार-बार सोच रहा था कि क्या पत्तल को अपने साथ ले जाना है, या छोड़ कर उठ जाना है? इतनी बड़ी बारात और घरातियों के बीच जब मैं ही अकेला अपनी पत्तल उठा कर अपने साथ ले जाऊँगा तो क्या लोग मुझे अलग नहीं समझेंगे? जिस का ध्यान नहीं है, वह भी मेरे बारे में सोच ने नहीं लगेगा? अभी तक तो जैसे सब यादव लग रहे हैं, वैसा मैं भी लग रहा हूँ।" पेट भर चुका था। खाना स्वादिष्ट था चाव से खाया था। एक साथ उठने का रिवाज था, इसलिए जो खा चुके थे वे खा रहे लोगों के इन्तज़ार में बैठे थे।

फिर जल्दी ही सभी निवृत्त हुए। एक साथ सभी नमाजियों की तरह उठ खड़े हुए। मैं भीतर-भीतर अन्तर-द्वन्द्व में फँस गया था। अगर पत्तल छोड़ कर उठता हूँ तो गाँव का कोई बाराती यह न कहे कि इसे कौन उठाएगा?' और यदि उसे साथ ले कर उठूँ तो इस गाँव के लोग कहेंगे कि क्या यादवों में कोई अछूत भी बैठा था। दूर खड़े अशर्फीलाल नेता जी शायद मेरी समस्या को भाँप गये थे। वे प्रखर बुद्धि के अनुभवी, अत्यन्त सोशल, सुलझे हुए और समझदार व्यक्ति थे। वे एक हाथ से अपनी धोती का एक कौना पकड़े हुए मेरे पास आये बोले—"बेटा और कुछ चाहिए मैंने कहा—"नहीं नेता जी।" उन्होंने आगे पूछा—"पेट भर गया।" "हाँ, पूरी तरह।" तो उठ बैठो, सोचते क्या हो?" मैं पत्तल को उलट कर उठाने लगा! तो वे बोले— "इसकी जरूरत नहीं, तुम भी मेहमान हो श्यौराज। तुम कहो तो मैं खुद तुम्हारी पत्तल उठा लेता हूँ।" "नहीं-नहीं, तब तो मैं ही उठा लूँगा।" "तो तुम इसे यहीं छोड़ दो" और एक डलिया पकड़े पत्तल उठा रहे युवकों को इशारा किया सुनो रे इसे भी उठा लो।..."

वेसाया बर्फीली रात

बारात खाना खाकर जैसे ही जनमासे में लौटी, स्कूल के प्रांगण में संगीत/नाटक का कार्यक्रम आरम्भ हो गया। अभिनय कर्ता कलाकार ज्यादातर गाँव के ही थे और सभी यादव ही थे। स्त्री पात्र की भूमिका राजवीर यादव ने निभाई थी। मैंने तब तक के जीवन में पहली बार माइक अपने हाथ में पकड़ा था। इससे पहले गाँव की रामलीला में एक-दो बार बोला जरूर था, पर तब माइक ऊपर पर्दे पर लटके रहते थे। मैंने

माइक पकड़ा और उसे एक स्थान से दूसरे स्थान पर उठा कर रखा तो स्टैण्ड से स्पीकर अलग हो गया। मुझे लगा कि मुझ से कोई बड़ा नुकसान हो गया, जिस की भरपाई के लिए मेरे पास कुछ भी नहीं है। इस कारण मैं एक दम सहम गया। इतना अधिक कि फिर उस कार्यक्रम में कुछ बोलने-गाने की अपनी योजना ही रद्द कर दी। मैं स्टेज से दूर दर्शकों के भी पीछे चला गया। कलाकारों द्वारा मंच पर गीत गाये गये। कुछ चुटकले और प्रहसन हुए, तभी माइक से आवाज प्रकट हुई—"श्यौराज कहीं हो तो वह हाल में प्रेमपाल सिंह के पास आ जाए।" मैं तुरन्त विद्यालय के भवन में ठहरी बारात में आकर उनसे मिला। वे बोले—"सांस्कृतिक कार्यक्रम में भाग लो, कोई गीत या कोई कविता सुना दो।" "तुरन्त कुछ याद नहीं मास्साब! माइक पर नहीं बोल सकता मैं।" यानी मैं उनकी आज्ञा का पालन नहीं कर पाया।

कार्यक्रम करीब बारह-एक बजे सम्पन्न हो गया था। दर्शक लोग अपने-अपने घर चले गये और बाराती विद्यालय के बड़े हॉल में अपने-अपने गर्म कपड़ों में घुस गये थे। मैं हाल से बाहर था। वह दिसम्बर माह की अत्याधिक बर्फीली रात थी। मैंने एक बार खिड़की से झाँक कर देखा। मास्साब बारातियों के ठीक बीच में चमकीले साफ-सुथरे बिछौने पर लेटे हैं। आस-पास दोस्त और मेहमान सो रहे हैं। आखिर वे आज दूल्हे राजा हैं। वे किसी कोने पर होते तो मैं पूछता कि मुझे आज रात कहाँ सोना है? गाँव की यादव मंडली क्या कहेगी? यदि मैं उनके पास जाऊँ तो मेहमान भी मुँह बनाएँगे। आखिर वे मुझे एक चमार के रूप में ही जानते हैं। बेशक मैं उनके घर रहता हूँ, काम करता हूँ, बरतनों में खाता हूँ और उनकी खाटों पर सोता हूँ। हर चीज छूता हूँ पर हूँ तो चमार ही, यादव तो नहीं हूँ मैं। शूद्र-अछूत की निकटता मैं नहीं जानता था। मेरे लिए तो वे बड़ी जात थे और मैं छोटी जात। सोचता रहा और कभी स्कूल के सुनसान और पेड़-पौधों से घिरे फील्ड में घूमता तो कभी भवन की खिड़कियों में जाकर झाँकता। जैसे किसी मालिक का वफादार कुत्ता घर से बाहर छूट जाए। वह कम-से-कम चूँ-चाँ कर शोर तो मचा सकता था, पर मैं तो खामोश था। करीब घण्टे-भर मैं इधर-उधर घूमता प्रतीक्षा करता रहा इस उम्मीद से कि मास्साब पेशाब करने के लिए भी अगर बाहर आयें तो मैं उनसे कहूँ कि मेरे पास रात काटने का कोई साधन नहीं है। स्कूल के सभी कमरों-किवाड़ों पर ताले लटके हुए थे। केवल एक वही हॉल खाली था। जिसमें बारात के ठहरने का इन्तजाम था। जल्दी ही उस हॉल की भी सभी खिड़कियाँ बन्द हो गयीं। रात आधी से ज्यादा गुजर गयी, ठण्ड अपना असर दिखाने लगी। मैं आर्य समाजी बनने के बाद बीड़ी, हुक्का पीना छोड़ चुका था, इसलिए मेरे पास माचिस भी नहीं थी, जिससे कूड़ा-करकट इकट्ठा कर के आग जलाकर रात काटता।

विद्यालय जंगल में बस्ती से मील-भर दूर, पेड़ों से घिरा था। बाहर घने आमों का बाग, अन्दर पेड़ों के डरावने साये और रात का स्याह अँधेरा और मैं अकेला

बिस्तरविहीन। जंगली जानवर भी आ जाए तो रक्षा के लिए निहत्था। दिसम्बर की बर्फीली रात। सर्दी बढ़ती जा रही थी। कुछ देर पेड़ की जड़ में बैठा। फिर सोचा, कहीं कोई हिंसक जानवर आ गया तो क्या करूँगा? भेड़िये का उन दिनों काफी आतंक था। स्कूल की परिधि को मेरे झूँड़-झकाड़ों में से साँप-कीड़ा ही यदि आ गया तो? पेड़ पर चढ़ कर बैठूँ? बचाव के लिए मेरे पास कोई हथियार नहीं था। पेड़ पर चढ़ा, पर वहाँ खुली हवा के कारण ठण्ड कुछ अधिक लग रही थी। हाथ-पाँव काँपने लगे, बत्तीसी किट-किट बजने लगी। ट्राली से उतर कर इधर-उधर देखा। बारात ट्रेक्टर-ट्राली प्रार्थना ग्राउण्ड के कोने में खड़े थे, पर वे पेड़ के नीचे नहीं थे। मैं ट्राली में कुछ ओढ़ने को ढूँढ़ने के लिए घुसा था। नीचे बिछाने की एक मैली-सी बरसाती पड़ी थी, बारातियों के बैठने से उस पर काफी धूल-मिट्टी चढ़ गयी थी। मैं ट्राली के एक कोने में सिमट कर बैठ गया था। पैरों को बाँध कर, हाथों को समेट कर और स्थिति से लड़ने की हिम्मत जुटा कर। परन्तु सर्दी का असर बढ़ता जा रहा था। बरसाती को ही ओढ़ कर रात काट ली जाए। साफ रह कर मर जाने से तो धूल में सन कर जिन्दा रहना अच्छा होगा। यह सोच कर मैंने आधी बरसाती को उलट कर अपने ऊपर डाल लिया था। तेज बर्फीली हवा चल रही थी। ट्राली में थोड़ी-सी आड़ थी। कुछ तो बचाव हुआ। परन्तु भोर से पहले करीब तीन-चार बजे मेरे शरीर में कँपकँपी आना शुरू हो गयी। उन दिनों में भूत-पिशाचों के अँधविश्वास निकल आया था और आर्य समाज के कार्यक्रमों में रहकर व उनका प्रचार साहित्य पढ़ कर मेरी समझ कुछ तार्किक बन गयी थी। परन्तु ईश्वर कहीं जरूर है जो सब देखता है। जिसे चाहे मारता है और जिसे चाहे बचाता है। बेसहारों का वही एक सहारा है, ऐसी धारणा बनी हुई थी। संस्कृत के श्लोकों की रटन्त प्रेमपाल सिंह ने अच्छी तरह कराई थी। मुझे गायत्री मन्त्र स्मरण था, मैं समझता था कि मेरे पास वह एक जीवनदायी हथियार है इस संकट की घड़ी में।

"ॐ भर्भूवः स्वः तत्सवितुर वरेण्यम् भर्गो देवस्य धीमही धीयो यो न प्रचोदयात्" का जाप निरन्तर करता रहा। नींद की तो बात छोड़िए ठण्ड के मारे मेरी पिंडलियाँ काँप रहीं थीं। परन्तु मेरा संकोच, मेरा डर और मेरा अस्पृश्यता बोध विकल्प नहीं सोचने दे रहा था। सवेरे पाँच बजे तक मेरी हालत खराब हो गयी। आँखें सूज गयीं, हाथ-पाँव में जैसे पक्षाघात हो गया हो। शरीर सुन्न हो गया। सूरज की लालिमा देखकर ही मेरी साँस-में-साँस आयी। लग रहा था, सवेरे तक लाश में बदल जाऊँगा और मास्साब ट्राली में अपनी दुल्हिन बिठाकर और मेरी लाश एक साथ रखकर ले जायेंगे। पर उनका क्या दोष? उन्हें तो पता ही नहीं होगा कि मैं कहाँ हूँ? वे तो अपनी शादी की खुशी और व्यस्तता में मुझे भूल ही गये होंगे। या सोचा होगा कि कहीं किसी के साथ सो गया होगा। फिर क्या उन्होंने मेरे इन्तजाम का ठेका ले रखा था? मैं खुद अपना इन्तजाम क्यों नहीं कर पाया? करता भी क्या, मेरे पास अपनी रजाई गद्दा

भी तो नहीं थे। लेकर आता तो क्या? यहाँ ठहरने की व्यवस्था न थी तो धुर्रा निकल जाता। पर यह स्थिति तो रात के बारह बजे जा कर आयी। उस वक्त कहाँ जाता? भगवान मुझे बचा लेगा। गायत्री मन्त्र में बड़ी शक्ति बताते रहे हैं मास्साब। ऐसे प्रश्न मेरे जहन में उस वक्त उठ रहे थे। यही मेरी कमजोरी की शक्ति और मजबूरी का सहारा थे। रात पहाड़ की तरह लम्बी हो गयी थी। बरसाती की धूल-मिट्टी से मेरा सारा शरीर धूल-घूसरित हो गया था। बदलने के लिए मेरे पास दूसरी जोड़ी कपड़े नहीं थे। अपने मास्टरजी की बारात का मैं ही एक निराला बाराती था। शरीर की धमनियों में जैसे रक्त थम गया हो। दिन निकल रहा है। रात जा रही है। यह आशा, विश्वास और हिम्मत मुझे जिन्दा रखे थी। वैसे भी एक रात में कोई ईश्वर-भक्त मर नहीं जाता। भगवान ने मुझे जिन्दा रखा है। ऐसा उस वक्त सोचता था। बारात होती ही मौज-मस्ती के लिए है। बाराती थक कर सोए थे। दिन चढ़ा तो जागने-उठने लगे और शौच आदि के लिए जंगल की ओर निकलने लगे। मैं भी ट्राली से बाहर निकला। शौच से लौटे तो बऊ के भतीजे ने प्रेमपाल सिंह को बताया–श्यौराज को क्या हुआ, वह तो बीमार जैसा लग रहा है, लगता है रात कहीं मिट्टी में पड़ा रहा है। किसी ने मारा-पीटा है। क्या पता खुशी में पी गया हो। लत्ता-कपड़ा धूल में सने हैं। यूँ उसका पूरा हुलिया खराब हो रहा है।"

मास्साब ने सुना तो तुरन्त मेरे पास आये और आते ही बोले–"रात कहाँ थे तुम? किसके पास सोये? तुम्हारी आँखें क्यों सूज रहीं है और तुम्हारे कपड़ों पर इतनी धूल-मिट्टी? ये क्या हाल हो रहा है तुम्हारा?"

मैं उन दिनों अतिशय संकोची था। जहाँ तक सम्भव होता, मुसीबतें सह लेता था पर किसी को बताता नहीं था। 'सुनि इठलैहैं लोग सब बाँटि न लै है कोइ' वाली रहीम की पंक्ति जहन में रहती थी। उस समय भी मैं सबके सामने कुछ नहीं बताना चाहता था, पर मेरा स्वभाव वे काफी हद तक जानते थे, इसलिए अलग ले जाकर पूछने लगे। मैंने कहा–"आप मेहमानों की भीड़ में थे। इस पूरी बारात में आपके अलावा ऐसा और कौन यादव था जिसके पास मैं जाकर सो जाता? कौन अपनी रजाई में सुलाता मुझे? कौन बिस्तर देता एक अछूत को। मैं आपको आज के दिन अपनी चिन्ता से मुक्त देखना चाहता था। आप दूल्हा थे। आप के कान में डालता भी यह बात, पर नाटक के बाद आपको लोग घेरे रहे और फिर करीब एक बजे भवन का दरवाजा-खिड़कियाँ बन्द हो गये थे। मैंने उन्हें खुलवाने का साहस नहीं किया। कोई नाराज हो जाता।"

"तो तुम रात-भर इस बर्फीली सर्दी में बाहर खुले में रहे?"

"हाँ, बाहर" वे चौंक कर बोले- "बाहर कहाँ?" "कुछ देर इन पेड़ों के नीचे, कुछ ट्राली में।"

सारा वृतान्त सुन कर उन्होंने मेरी करनी पर और मेरी मूर्खता पर खेद व्यक्त किया बोले–"हद हो गयी श्यौराज, जब ऐसी स्थिति थी तो तुम मुझे जगा लेते।

अछूत-बोध से इतने घिरे थे तो बाहर बुला कर बात कर लेते। अरे इस बर्फ में तुम्हें कुछ हो जाता तो लेने के देने पड़ जाते। अच्छा किया तुम भगवान का स्मरण करते रहे, सो बच गये। ईश्वर सब की सहायता करता है...।''

मुँह-हाथ धो कर मैं बैठ गया। नाश्ता नहीं कर सका। विदाई हो गयी और बारात गाँव लौट आयी। प्रेमपाल सिंह किसी और सजीली गाड़ी में थे। मैं ट्राली में लोगों के साथ एक कोने में सिमटा हुआ बैठा था। बारात दुल्हन के साथ गाँव लौट रही थी।

नवीं कक्षा में पढ़ने के दौरान घटित हुई और भी कई आत्मपरक महत्वपूर्ण घटनाएँ मुझे स्मरण हो रही हैं। मसलन, आशाजी जब दुल्हन बनकर पहली बार मास्साब के घर आयी थीं तब तक तीन साल गुजर गये थे। मैं इस घर में काफी रच-बस गया था। उन दिनों मैं लालकिला, जामा मस्जिद, दिल्ली के सामने से नीलामी का एक काला कोट खरीद ले गया था और मौसेरे भाई द्वारा दी हुई एक पुरानी पैंट घासी कुम्हार से रीफिट करा ली थी। घासी न कुशल दर्जी थे न सफल कुम्हार और न बड़े किसान। वे तीनों जगह बँटे हुए थे। सस्ते दर्जी थे, इसलिए नए-पुराने कपड़े उनसे सिलवा लिए जाते थे। मैंने पैंट अल्टर करवा कर अपने नाप की करा ली थी। स्कूल जाते वक्त इन दोनों कपड़ों को पहन कर मैं स्वयं को आकर्षक और आधुनिक हुआ अनुभव करता था। यानी अच्छा लग रहा हूँ, ऐसा सोचता था। सिलेटी रंग की ये पैंट भी बहुत मजबूत थी। पुरानी होकर भी वर्षों अकेली चलती रही।

आशा के आने के वक्त कुछ मेहमान भी ठहरे हुए थे, इसलिए बगैर स्कूल के भी उस दिन मैं स्कूली कपड़े पहने रहा। महिलाओं ने स्वागत गीत गा कर उन्हें वाहन से उतारा था। 'बऊ' ने जाने में थोड़ी देर की तो मास्साब की बड़ी बहन बोली– ''श्यौराज, बऊ से बोलि, दुल्हिन को उतारने जल्दी आये।'' मैं भाग-भाग कर आदेश का पालन कर रहा था। बऊ मन से खुश नहीं थी। प्रेमपाल सिंह कह रहे थे कि उनका विवाह 'बऊ' ने ही कराया है। अपनी कामना उन पर आरोपित कर चुके थे और 'बऊ' भी अपने तौर पर दूल्हा की माँ बन गयी थी। पर असलियत जाहिर न थी। 'सौत तो चून की हू बुरी होति है' यह उन्हीं का कथन उन्हीं पर भीतर-भीतर असर कर रहा था। दुल्हन उतारी गयी। महिलाओं ने गीत गाए। अन्दर आते ही बऊ ने कहा–''श्यौराज, अब लत्ता उतारि कें भैंस वद्धनु (बैलों) की सानी कर देऊ। मशीन तें एकाध पूरा काटि लेउ। आज तौ प्रेमपाल कूँ अकेलो छोड़ तुम अपनों काम देखो।'' ''ठीक है बऊ।'' पैंट और कोट मुझे कुछ ज्यादा प्रिय थे, इसलिए उन्हें मैंने बरांडे में अन्दर की खूँटी पर टाँग दिया और बैलों की सानी करने घेर की तरफ चला गया था। भूसे का विटौहा ठीक करने में वहाँ मुझे कुछ देर हो गयी। मास्साब अपने मेहमानों की आवभगत करने में लगे थे। घर में नई दुल्हिन को देखने वाली औरतों का ताँता अब कम होता जा रहा था। किसी पड़ोसिन से मेरे बारे में आशा ने पूछ-ताछ की या खुद ही किसी ने उन्हें बताया अथवा वह मायके से ही सारी रिपोर्ट लेकर आयी

थीं कि "श्यौराज चमार का बेटा है और यहीं रहकर घर और खेती के काम करता है। स्कूल में दाखिला दिला देने का कर्जा चुकाता है। काम के दाम नहीं लेता है। पढ़ाई के बदले बँधुआ है। सवेरे वह जो लाठी लेकर चाकी पीसने को आया था अन्धा गंगी चमार, श्यौराज उसका नाती है। यह भी कि घर-बाहर के चौबीस घण्टे काम करता है, बदले में रोटी खाता है और पढ़ता है।" उन्होंने मेरे कोट और पैंट को अन्दर टंगे देखा और बऊ से पूछा तो पता चला कि श्यौराज के ही हैं। इस पर आशा ने उन्हें बरामदे से भी बाहर निकाल कर दूर भैंस, बैल के झूल-गद्दों के साथ अलग फिंकवा दिया। यह सब अनौखिया बऊ ने देखा तो सवाल किया—"श्यौराज के लत्ता काए कूँ बाहर रख दये?" तो उन्होंने कहा—"हमारे यहाँ यादवों के घरों में चमार की कोई चीज आँगन के भीतर नहीं आती है। आप लोग उसके कपड़े अन्दर रखते ही क्यों हैं? वह कोई जाति का सदस्य है।"

'आशा' और 'बऊ' का संवाद चल रहा था तभी मैं आ गया था। आशा का स्वर धीमा हुआ पर बऊ जोर से बोली—"तू अवई तो घर में आयी है। देखती रह। तोइ लत्ता पसन्द नाँइ हैं और तेरो आदमी जाके संग रोटी खाइवे कूँ तैयार है? आशा, श्यौराज हमारे नौकर नाँय हैं। वे अपनी पढ़ाई के कारन हमारे घर के सब काम करते हैं। नहीं तो वे राज-मिस्त्री बन चुके हैं।" जब चाहे चले जाँइ वे अपनी मर्जी के मालिक हैं।" मैंने बऊ की पूरी बात सुनी और समझने में देर नहीं लगी। फिर भी स्थिति को स्पष्ट करने के उद्देश्य से मैंने पूछा—"का बात है बऊ?" उन्होंने जबाव दिया—"बात का है? तुम्हारे लत्ता जाने आते ही घर से बाहर फिंकवाइ दये।" मुझे आशा से ऐसी आशा नहीं थी। इसलिए कि एक तो वे एक सामाजिक नेता की बेटी थीं। दूसरे स्कूल टाइम में एक-दो बार उन्हें आते-जाते देखा था। रास्ते पर जब वह खेत में रोटी ले जाती थीं। तो कभी-कभी वे मिल जाती थीं। तब उनसे एक बार कहा था—"मैं श्यौराज हूँ।" आपकी जहाँ शादी हो रही है, उसी घर में रहता हूँ। शायद उन्होंने न सोचा हो कि श्यौराज का मतलब चमार भी होता है। आशा की शादी में उनके पिता ने पत्तल न उठाने का आदर्श दर्शा कर छूतछात न मानने जैसी स्थिति भी पेश की थी। उन्हीं की बेटी ये सु-संस्कार लाई है? क्या नेता जी गलत थे या आशा का स्वभाव ही ऐसा है। मैं सोच रहा था। बात मास्साब के कानों में गयी। उन्होंने मुझसे कहा—"श्यौराज, तुम जानते हो ये तो आम बात है। मैं उसे समझाऊँगा तो वह घृणा नहीं करेगी। तुम इस बात को दिल में मत रखना। सुधार धीरे-धीरे होता है। आज बऊ तुमसे अस्पृश्यता नहीं करती, लेकिन तुम जानते हो एक समय था जब मटरू वाल्मीकि के भाई से खेत में काम कराते समय मैंने पीतल के कटोरे में उन्हें सब्जी दे दी थी तो बऊ ने कटोरा इतनी तेज आँच में जलाया था कि उसे लगी छूत के साथ-साथ उसकी कलई भी जल गयी थी और वह पिघलने पर आ गया था। आज चाहे जाटव हों, वाल्मीकि हो या मुसलमान हों, सभी हमारे

बर्तनों में खाना खाते हैं और बऊ ही उन्हें खिलाती हैं।"

मैं नवीं कक्षा में आ तो गया था, परन्तु बड़े कम अंकों के साथ पास हुआ था। दसवीं में पढ़ रहे सरदार रामौतार और हरदयाल आदि मित्रों ने मुझे बताया था कि– "ऐसे थर्ड क्लास नम्बर लेने वालों को आगे चल कर कोई नहीं पूछता। कविता वगैरह की तुकबन्दी से कोई काम नहीं चलता।" मैं अपने अब तक के परिणाम को लेकर भी ज्यादा खुश नहीं था। अभ्यास से सब ठीक हो सकता था, पर जो लड़के हमेशा स्कूल जाते रहे हैं, उनकी बराबरी मैं कैसे कर सकता था? हालाँकि पढने़-लिखने से मेरी लिखावट भी सुधर रही थी, शब्द कोष बढ़ रहा था और भाषा बदल रही थी, पर मुकाबिला तो उन सब से था, जिन्हें शिक्षा ग्रहण करने के अवसर और पारिवारिक सहायता प्राप्त थी। मेरे यहाँ तो पूर्वजों की किसी भी ज्ञात पीढ़ी में कोई साक्षर तक नहीं हुआ था। "श्यौराज नवीं से आगे नहीं बढ़ सकता।" ऐसी भविष्यवाणियाँ तो मेरे गाँव में मास्टर शिशुपाल सिंह, मोहकम सिंह यादव और उल्फत सिंह जाटव कर ही चुके थे और यहाँ स्कूल में हरदयाल का अपना अनुभव था। वह कहता था कि–"जब मैं एक साल में नवीं पास नहीं कर सका और दसवीं से आगे नहीं जा पाया तो तू कैसे पास कर पायेगा?"

मास्साब मेरी कृषि कार्यों से हट कर पढ़ाई में अधिक रुचि देखकर वे खेत-क्यार के कामों की चिन्ता करने लगे। मैं खेतों में रह कर नवीं भी पास कर जाऊँगा। ऐसा वह मेरी लगन के आधार पर कहते थे।

झूल में

उन दिनों मैं धुर्रा-प्रेमनगर में रह ही रहा था। बहन की शादी के कारण हरदयाल के भाई-भाभी भट्टे पर से आने वाले थे, तो घर खाली करना था। पर जाने कैसे बुआ के घर में रह रही वृद्धा का हृदय परिवर्तन हुआ और एक दिन वह मेरे पास आकर बोली–"बेटा तू चाहे तो अपनी बुआ के घर में महीना-दो-महीना काट लै। 'छोटी' आइगी तो मैं निवट लिउँगी वा तें। पूरी विरादरी तोइ अच्छो बताबति है तो मैं बुरो काहे समझती रहूँ? मैं एक पढ़इया बालक की बद्दुआ लैकें क्यों मरूँ? माफ करिये बेटा मोइ? मैं आज ही गाँव के अपने घर में जा रही हूँ। मेरे बालक आ रहे हैं। तेरे बुआ-फूफा अब नाँइ आवेंगे।" यह उन्हें भट्टे से आने वालों ने बताया था। उन पर ठेकेदार के रुपया बकाया हैं। इसलिए बरसात शुरू होने से पहले वे नहीं आयेंगे। मुझे इजाजत तो नहीं मिली थी पर बस्ती के दो-चार लोग कहने लगे–"रह तू। 'बीधा से हम सब कहेंगे। खाली घर में से का छुटाइ लेगौ तू?" मैं हरदयाल के घर से बर्तन यानी वही तवा, कच्छली, तसला, लुटिया, सिलौटिया, किताबें और कनस्तर वगैरह उठा कर बुआ के घर में आ गया था। बृद्धा एक-दो सप्ताह मेरे साथ रही। फिर गाँव में अपने घर चली गयी और मैं वहाँ अकेला रहने लगा। सुबह-शाम खाना बनाता,

नहाता-धोता और पढ़ने में जुटा रहता। इस तरह सप्ताह-भर ठीक-ठाक गुजर गया।

पास के गाँव गेंहतोली में चक्की पर आटा पिसाया जाता था। वैसे घर में बुआ की हाथ चक्की भी मौजूद थी। मैं सेर-आध-सेर अन्न खुद हाथ-चक्की से पीस लिया करता था। मैं तो अपने पेट के लिए पीसता था और यह कभी नहीं भूलता था कि मेरे गंगी बब्बा की जीविका तो यादवों के घरों में चाकी पीस कर और कुट्टी काट कर ही चलती थी। मेरा खुद पीसना और खुद खाना बनाना और पढ़ाई करना यह सब देख कर पास-पड़ोस की महिलाओं और बच्चों को अजीब लगता था। इसलिए कि गरीबी में भी लड़के चाकी नहीं पीसते थे। इसके विपरीत पढ़ने वालों से तो अन्य कठोर काम कराये नहीं जाते थे। उन्हें मुझ पर दया आती थी। वे कहती थीं–

''देखो भैना, 'छोटी' को भतीजो बड़ो पढ़इया है, यहाँ तो कमाओ खवावौ तौऊ बालक पढ़िवे कौ नाम नाँय लेत। और गे सौराज है कै बिना माँ-बाप के अपने मन तें पढ़तु है, अपने पेट कूँ रोटी और देह कूँ कपड़नु कौ इन्तजाम करतु है।''

प्रेमनगर लौटने के बाद सर्दियाँ शुरू हो गयी थीं। मैंने प्रेमपाल सिंह से कहा था कि–''मास्साब मेरे जाड़े कैसे कटेंगे? गाँव में तो कभी श्यामलाल, कभी रामसिंह और कभी बुद्धसेन के साथ पतायी पर सो-सो कर जैसे-तैसे सर्दी की रातें काट लेता हूँ। परन्तु यहाँ तो मैं बुआ के घर में अकेला अलग रहूँगा। कपड़ों के अभाव में ठण्ड मुझे पढ़ने-लिखने भी नहीं देगी। यह तो मेरे लिए कारावास जैसा हो जायेगा।'' मास्साब हर समस्या का समाधान साहस और ईश्वर की भक्ति में बताते थे–''तुम सब काट लोगे, देखो बिना मुसीबत उठाए कोई महान नहीं बनता। श्रीकृष्ण भगवान भी जेल ही में पैदा हुए थे। ईश्वर पर भरोसा रखो और साहस से काम लो।'' पर मैं तो शर्दी के दिन-रात काटना चाहता था। महान और गैर-महान बनने का प्रश्न ही कहाँ था मेरे सामने? पर वे शाब्दिक हमदर्दी व्यक्त करने के अलावा खेतों पर कराए गये कामों की मजूरी के बदले भी मेरी आर्थिक मदद नहीं करेंगे। यह बात साफ तौर से मेरी समझ में आ जाती थी।

''हिम्मत से तो मैं काम ले ही रहा हूँ। परन्तु सर्दी तो कपड़ों के बजाय केवल हिम्मत दिखाने-भर से नहीं भागेगी। कुछ तो करना होगा। सर्दी के लिए भी और पेट की भूख के लिए भी।'' मैंने उनसे कहा। तो वे बोले–''ठीक है सोचता हूँ, तुम्हारे लिए एकाध कपड़ा घर में देखूँगा।'' मास्साब की भैंस की एक पुरानी झूल अतिरिक्त थी। कई सर्दियाँ वह भैंस की पीठ पर रह चुकी थी बल्कि वह जब नई थी तब बैलों की पीठ की शोभा बढ़ाती थी। पुरानी होकर ही भैंस पर आयी थी। मैं ही तो उसे चढ़ाता-उतारता था। उन्होंने कहा–''श्यौराज, तुम किसी कपड़े में लपेट कर साइकिल के कैरियर में लगा कर इसे ले जाना। उसके बाद मार्च-अप्रैल में परीक्षाएँ होंगी। पेपर देने के बाद गाँव आ जाओगें? सर्दी में खाट पर बिछाने के काम आ जायेगी। इससे तुम दिसम्बर-जनवरी की सर्दियाँ काट लोगे! ''ठीक है मास्साब, लै

जांगो।" मैंने स्वीकारोक्ति में कहा और सोचता ही रह गया कि उन्होंने बिछाने के लिए कहा था, पर क्या वे नहीं जानते थे कि मेरे पास जब ओढ़ने को ही कुछ नहीं है तो झूल का मैं बिछौना बनाउँगा या ओढ़ना? मेरा स्वभाव संकोची और मन स्वाभिमानी था। इसलिए मैं अधिक कुछ कहना नहीं चाहता था। हाँ, वे थोड़े को अधिक समझ लें। ऐसी मेरी अपेक्षा रहती थी उनसे। मैं झूल को साइकिल पर रख कर 'धुर्रा' चला गया था।" हाँ, उन्होंने मेरी मेहनत के मेहनताने का एक अंश भी दिया होता तो नयी रजाई-गद्दा आराम से बनाये जा सकते थे वे। तब सवाल है कि वे मुझे आश्रय क्यों देते? लाभ नहीं लेना होता तो मजूरी देकर तो किसी से भी काम करा सकते थे। गरीबों-मजदूरों की क्या कमी थी गाँव में? खाट के पास ही चाकी थी। एक-दो सेर अनाज भी पीस लेता था और सुबह होने पर व्यायाम करता और ज्यादा दिन सिर पर बाल भी नहीं रखता था। प्रेमपाल सिंह की संगति के दो प्रमुख असर थे। एक व्यायाम करना और दूसरा सिर पर बाल न रखना। संस्कृत मैं उसकी गेयता के कारण पढ़ता था अन्यथा सबसे फालतू विषय वही लगती थी। नागरिक-शास्त्र का अध्ययन आँखें खोलने वाला था। खासकर अधिकार, कर्त्तव्य और संविधान के नीति-निर्देशक तत्व। तोमर साहब की पाठ्य-पद्धति भी बेहद प्रभावशाली थी। सर्दियों के दिन थे। बुआ के गाँव से बाहर एकान्त में बने मकान में खुली पछुवा हवा आती थी। रात को खाना बना, खा, दीया जला कर चारपाई पर झूल ओढ़ कर पढ़ने बैठ जाता था। बोर्ड की परीक्षा के भय का भूत सवार था दिमाग पर। उत्तीर्ण होना मेरे अस्तित्व के लिए चुनौती था। तपस्या-सा स्वाध्याय था मेरा। नींद कम आती थी। कुछ ठण्ड के कारण और कुछ चिन्ता के कारण। मुझसे यह कहने वाला कोई नहीं था कि तू पढ़ या मत पढ़। खाना बना या मत बना, खा या मत खा। जो भी करना था, अपनी बुद्धि-विवेक के अनुसार करना था। सुबह जल्दी उठने की आदत थी उन दिनों।

एक दिन मेरे भूगोल विषय के शिक्षक चौधरी रघुनाथ सिंह साइकिल के पहिए में पंचर हो जाने से मेरे निवास पर साइकिल छोड़ने के उद्देश्य से अचानक आ गये। यह घर गाँव के बाहर नगला से भी अलग आम रास्ते के पास था। किसी गैर-कौम के छात्र ने ही उन्हें बताया था कि श्यौराज यहाँ रहता है। वे आये, दरवाजा खुला था और मैं चाकी पीस रहा था। घुटन्ना (नेकर) बनियान पहने जोर-शोर से चाकी चलाते हुए कुछ गुनगुना रहा था। छप्पर में घुसते हुए उन्होंने मेरा नाम पुकारा—श्यौराज! श्यौराज!! आवाज जैसे ही मेरे कानों में गयी, मैं तुरन्त चाकी रोक उठ खड़ा हुआ। आटा उड़-उड़ कर मेरे मुँह पर आ गया था जैसे पाउडर लगा रखा हो? मास्साब को देखा और अपने आप को देखा तो मैं झेंप गया। अब मैं कहाँ छिपता और कहाँ छिपाता अपनी दयनीय स्थिति को। मैं नहीं चाहता था कि वे अब और अन्दर बढ़ें। साइकिल बाहर ही खड़ी कर जाएँ तो ठीक। लेकिन नहीं, वे बोलते-बढ़ते अन्दर तक घुस आये। आकर उन्होंने साइकिल खड़ी की। मुझे लगा मास्साब ने देख लिया है

कि मेरे ओढ़ने-बिछाने, रहने-खाने की कैसी दरिद्र व्यवस्था है।

रजाई की जगह भैंस की झूल ओढ़ता था। चाकी की 'भिरी' में फँसा आटा तो उन्होंने देखा ही। अपनी विपन्नता की बेपर्दगी के अहसास से मैं थोड़ा परेशान हो गया था। क्योंकि हमारा स्वभाव विपन्नता छिपाने का ही रहा है, पर मुफलिसी कहीं छिपती है? जैसे फोटोग्राफर घटना-स्थल की तस्वीर कैमरे में भर लेता है मास्टर जी मेरे उस कमरे की हर चीजें आखों में उतार ले गये।

साइकिल खड़ी करके वे पैदल जाने लगे तो बोले—"श्यौराज, क्या तुम स्कूल नहीं आओगे?" "आऊँगा मास्साब पर आप चाहें तो मेरी साइकिल ले जाएँ। मैं पैदल आ जाऊँगा।" मैंने अपनी साइकिल उन्हें दे दी। पूछने का उनका आशय भी यही था और जब तक बरसात रही उन्होंने मेरी साइकिल वापस नहीं दी, जबकि अपनी साइकिल भतीजे को भेजकर मँगवाली और मैं पैदल हो गया।

भैंस की खाल

दिन अवकाश का था। मैं नवीं पास का अंक-पत्र लेकर अम्मा को दिखाने के उद्देश्य से पाली पहुँचा ही था कि तभी तोछी गाँव से मरी भैंस उठाने की खबर आ गयी। एक पशु को उठाने के लिए कम-से-कम चार लोगों की आवश्यकता होती थी। तीन लोग तैयार थे, एक और चाहिए था। अतः डालचन्द बोले—"सौराज! तू एक-एक पैसा कूँ तरस तौ है। चल हमारे संग भैंस उठाइबे चल। तीन-चार रुपया की कमाई हौ जायेगी। चर्बी निकल आयी तो उठाई तें ज्यादा चर्बी को हिस्सा मिल जाएगौ। पढ़ाई कौ खर्चा चल जाइगौ।" अम्मा बोली—"ठीक है, तोइ तो चार पैसा कमाइ कें ही मिलंगे। रुपया माँगिवे तें काम का बुरो है, और सुन तोइ पैसा हूँ नाइ दें तोऊ जानो तो पड़ेगो। तू संग नाइ जाइगो तो ये कहेंगे कै मुफ्त की रोटी तोड़न आइ जावै? याकी माँ, भाई कूँ खवावें कै जा कूँ है। आदमी की कमी है और तू घर पै खाली रहे, गे बात इन्हें मंजूर नाँय होइगी।"

वास्तव में मेरे लिए उन दिनों एक-एक पैसा सौ-सौ रुपये के बराबर था। भैंस उठाने में भागीदारी का काम मेरी पसन्द का था। मुझे ऐसा कोई भी काम चाहिए था, जिसमें कम समय लगे और पूरे दिन की मजूरी मिल जाए ताकि मैं अपनी पढ़ाई के लिए समय बचा सकूँ उन दिनों तीन-चार रुपये तो दो दिन पूरे दस-दस घण्टे काम करने पर मिलते थे। उतने पैसे एक-दो घण्टे में मिल सकते हैं यह सोच कर मैं तैयार हो गया। कंधे पर बोरा संगेटा (बाँस) रखा, साइकिल पकड़ी और उनके साथ-साथ चल पड़ा। गाँव से निकलते हुए बस्ती के लोग देख रहे थे कि अभी-अभी मैं आया था और आते ही मवेशी उठाने चल दिया। महाराष्ट्र के अछूत सन्त कवि चोखामेला की तरह मैं भी मजबूर था।

यह काम मेरे लिए नया नहीं था। पिछले ही महीने स्कूल से लौट रहा था तो

रास्ते के पास एक 'लबारा' मरा पड़ा देखा था। उसे मिट्टी में दबाकर घर आया था और छुरा ले जा कर खाल उतार लाया था। उसे अतरौली आकर बेचा। आठ-नौ रुपये मिले थे। इस में याद रहने की ज़ो बात है वह यह है कि मैं अपने कंधों पर संगेटा रखे भैंस उठाने वालों में शामिल था। एक पाँव पिछला और दूसरा अगला बाँध कर वजन को सन्तुलित किया जाता था।

मालिक के घर से मवेशी को निकाल कर हम गली में ले गये थे। औरतें, बच्चे मुँह पर कपड़ा रख, रास्ता छोड़ कर एक ओर बच गये थे। सूरज आग बरसा रहा था और धरती तवे-सी तप रही थी। कंधों पर भार लेकर गाँव के चिकने रास्ते पर पैर न लड़खड़ाएँ, इस के लिए जूते चप्पल उतारकर हमें नंगे पाँव ही चलना पड़ता था। भैंस को बस्ती से बाहर मुकीमपुर के ऊसर (बंजर) में दूर ले जाना था। मैं कह रहा था–"चाचा साँस लेने दो, जमीन पर रख लो,–कंधे की हड्डी टूट जायेगी।" डालचन्द कह रहे थे–"अरे देह कूँ कछु कसालो दे करि। जे स्कूल की किताबें नाँइ हैं जो पटवारी के बसता की तरह बगल में दवाई कें चल देइगो। हम जान्त है तू कर्रे काम तें बचिवे कूँ ही स्कूल गयौ है। देह कूँ कसालौ दैवौ तौ सीखौ ही नाँय पर आज ऊँट पहाड़ के नीचे आयौ है। चल थोड़ो और दम लगाइ कें उठाइ।" मैं फिर उठाने लगा। मैं चाहता था कि संगेटा मेरी ओर थोड़ा और खिसका दिया जाय ताकि वजन मेरी सामर्थ्य के अनुसार हो, जिसे मैं उठा पाऊँ। मैंने कहा था- "चाचा मेरी कमर टूटी जा रही है। नेक संगेटो मेरी ओर बढ़ाई देउ।" तो उन्होंने बढ़ाने के बजाय और खींच कर कहा–"मरो नाँइ जाइ रयौ ससुरी के उठाइ लै? "मो पै नाँइ उठ रई चाचा" कहते हुए मैंने अपना कंधा नीचा कर भैंस को जमीन पर टेक दिया था। धूप तेज लू के साथ जिस्म जला रही थी। प्यास तेज लग ने लगी थी। सिर से पाँव तक पसीने में सराबोर हो गया था। दिल धक-धक कर रहा था। साँसें बेकाबू हो रही थीं। लेकिन बाकी तीन जोड़ीदार अभी भी तैयार थे। हर-दिन मवेशी उठाते रहने से उन्हें यह काम मुश्किल नहीं था, परन्तु मैं घबरा गया था। बड़ी मुसीबत। कैसे उठाऊँ। डालचन्द चाचा की ओर उम्मीद की नजरों से देखा तो वे गुर्राए बल्कि उस दिन उन्होंने जो गालियाँ मुझे दीं, वे आज तक मेरे भीतर काँटों की तरह चुभती हैं। उन गालियों ने भी उस घटना को भूलने नहीं दिया। वे माँ को गाली दे रहे थे तो मजबूरन सहना पड़ रहा था। उस दिन तो वे मेरी बहन को भी गरियाने लगे। घर के हर सदस्य से वह अपेक्षाकृत बलिष्ठ थे। चाहते तो संगेटा मेरी ओर बढ़ा कर सहारा दे सकते थे परन्तु वह चिढ़ा इस बात से बैठा था कि पूरे चमियारने में से मैं अकेला निकल कैसे गया? आज कल मैं स्कूल में पढ़ता हूँ। इसकी ईर्ष्या उसे बहुत ज्यादा बेचैन करती थी। वह इस मौके पर मुझे सबक सिखाना चाहता था। वह इस बहाने चक्रव्यूह में फँसे अभिमन्यु की भाँति मेरा किस्सा तमाम करने पर आमादा थे। 'उ भैन चोद' जब उसने गाली दी तो दूसरे संगेटे पर लगे मौहल्ले के

दो और युवक गेंदालाल और वीरबल बोल पड़े—"डल्ला, जबान सँभाल, बौराबै मत।" तो उन्होंने तपाक से जबाव दिया—"तीन रुपया लेगो, स्कूल ते यहाँ आयौ है तौ का एकाध दिन गे बिना पैसा लये हाथ नाँइ बटाइ सकतु? आते टैम (टाइम) या की मैतारी कै रई थी—"बेटा उठवा इआ दुइ चार रुपया मिल जाँगे तो तेरी पढ़ाई में काम आँगे, और तो कोई तोइ दै नाँइ सकतु। मजूरी मिल जाइगी" पर मैं पस्त हो चुका था। मेरे पास कोई विकल्प नहीं था। छोड़ के भागूँ तो भाग भी नहीं सकता था। कंधों पर लदे बोझ से लगता था, कमर टूट ही जायेगी। मैं किसी बड़े अपराधी की तरह सजा भोग रहा था। मेरा गुनाह यह था कि मैं एक तो डालचन्द का सगा भतीजा नहीं था और दूसरा पढ़ क्यों रहा था? हाँफ-हाँफ कर कदम आगे बढ़ा रहा था। लगता था फँस गया। अब तो शायद इस भैंस की तरह मेरा भी दम निकल जायेगा। डल्ला मुझे बिना मारे नहीं छोड़ेगा। मेरे वश की बात नहीं थी कि 'तोही' के ऊसरा (बंजर) तक कंधा दे पाता। मैं रास्ते ही में गिर पड़ा था। "मरि गओ ससुरी को।" कहते हुए डालचन्द ने खीझ कर ऊपर से एक लात और दे मारी। मार-पीट कर उसने मुझे छोड़ दिया और एक संगेटे पर दूसरा संगेटा चढ़ा कर तीन लोग ही मरी भैंस को वहाँ से आगे ले गये। मैंने राहत की साँस ली। वह मार कर छोड़ दिया। मार उतनी नहीं चुभी जितना वह संगेटा मेरे कंधे को खाये जा रहा था।

वे लोग खाल उतारते रहे। मैं इतना बोल कर कि—"कछु दइयौ या मति दइयौ मैं जाइ रयौ हूँ।" वहाँ से चल पड़ा। वैसे भी खाल उतारने का काम वे तीनों बखूबी करते थे। "जा ससुरे जा, गे संगेटो तो ले तो जा।" कहते हुए डालचन्द ने हिकारत भरे स्वर में क्रोध व्यक्त किया। मैं संगेटा उठा कर घर की ओर लौटा। संगेटे को एक ओर कोने में पटक कर पसीने में तरबतर हुआ नीम के नीचे जमीन पर बोरा बिछाकर लेट गया। अम्मा ने देखते ही पूछा—"का बात है? घाम लग गयी का? "नाँइ कछु नाँय, ठण्डो है जाउँ"—मैंने जबाव दिया।

दिन गर्मियों के थे। मैं पड़ा-पड़ा पश्चाताप कर रहा था कि आखिर क्यों आया यहाँ वह शुभ संदेश देने जो मेरे और शायद अम्मा के अलावा सभी को अप्रिय था, अप्रत्याशित था और अनावश्यक था। पास-फेल ये दो शब्द ही मायने रखते थे। डिवीजन के बारे में न मैं जागरूक था और न मेरे संबंधी। मुझे वह घटना स्मरण है जब नतीजा हाथ में पकड़ाते हुए सियाराम यादव ने कहा था- "तुम्हें आगे सख्त मेहनत करनी होगी।" कइयों के लिये मेरा छात्र-कर्म एक तरह का प्रयोग था। मेरा कोई शैक्षिक भविष्य किसी की नजर में नहीं था। उस समय मेरी अपनी सोच यही थी कि जहाँ तक पास होता जाऊँगा, वहाँ तक पढ़ूँगा।

अम्मा मुझे देखकर मन में खुश हुई होगी। परन्तु बाहर से तटस्थ थी। वैसे भी मेरा अनिश्चित भविष्य जान कर वह उदासीन थी। वह चाहती थी कि भिकारी के घर न रहना पड़े। यह तो तभी सम्भव था, जब उसके बेटे कुछ कमाते। बाल-

मजूरी में चाहे जितना शोषण था, नाम तो कमाने का ही था पर वह मैंने छोड़ दी थी। अब मैं पढ़ाई के लिए पूर्णकालिक काम करता था, पर अम्मा के लिए नहीं। वह मेरी पढ़ाई से आश्वस्त न थी।

अम्मा थोड़ी बहुत खुश हुई थी तो इस बात से कि मैं कक्षा दस तक पढ़ने से पहले ही कहीं नौकरी पर लग जाऊँगा। मेरी 'बदरपुर' वाली मौसी का बेटा 'श्रीराम' नवीं पास करके पी.ए.सी. में सिपाही हो गया था। अम्मा मुझे उसका उदाहरण देती थी।

मैंने कहा था—"अम्मा, मैं नवीं में पास है गओ।" उसके चेहरे पर हल्की चमक उभरी। फिर बोली—"पास है गओ तो अच्छी बात है। भगवान प्रेमपाल कूँ सुखी रखे, लम्बी उमर होइ मास्टर की। चलि बेटा दुए साल तें खेत क्यारनु में उनको काम-धन्धो तो तैंने भौतु करो पर काम तो हाथनु को मैल है।" अम्मा समझती थी कि मेरी पढ़ाई प्रेमपाल के खेत-क्यारों में रात-दिन काम करने के कारण हो पाई है।

अगले दिन बस्ती के दूसरे छोर पर पाली वाली 'मानो' बुआ को भी बताने जाना था। अम्मा ने रोटी बनाई। भिकारी को बाहर से बुलाया। मैंने राम-राम दादा कहा (पिता को दादा कहा जाता था।) तो वे अनसुनी-सी कर गये। पास होने की बात उनके कान में कल ही जा चुकी थी। मुझ से बिना कुछ बोले उन्होंने रूपसिंह से कहा—"याइ देखि, है गयौ नौऊ पास कै नाँइ? तू छै-सात साल स्कूल में पड़ौ रयौ। तौऊ पाँच किताबें नाँइ पढ़ि पायौ। तू ससुरे मरी मवेशी ही खेंचि-खेंचि मरि जाइगो हमारी तरह और गे आजु नौ पास करिगओ कलि दस पास करोगे और एक दिन कुर्सी पै जाइ बैठेगौ। पढ़ाई में कछु हतु हैकै नाँय।" वह बोले जा रहे थे।

मैंने सुबह से कुछ खाया न था। गर्मियों में दोपहर तक काफी भूख लग आती थी। खाना तैयार होने में थोड़ी ही देर थी, तब तक पास के गाँव से एक और खबर आ गयी कि भैंस कल रात की मरी पड़ी है। जल्दी उठा लाओ। एक रुपया उसने खबर का लिया और वह चला गया। घण्टा नहीं गुजरा कि दूसरे गाँव से खबर आयी कि लवारो गुजरि गयौ है। उन दिनों मवेशियों का ठेका जिला स्तर पर नहीं होता था। गाँव बँटे हुए थे, मवेशी उठाना चमारों का पुश्तैनी पेशा था। भिकारी बन्धु बस्ती के अन्य लोगों के साझीदार थे। नारे, सांटे और पुरहे देने का काम भी भिकारी भाइयों का ही था। पाली में ज्यादातर लोग यही काम करते थे और आज भी वही लोग यह काम कर रहे हैं। अब ठेका पहले कसाई लेते हैं और फिर कसाइयों से ये लोग ले लेते हैं।

मेरा पाली जाना प्रतिकूल परिस्थितियों में ही होता था। अम्मा से मिलने का मतलब उन सब से भी मिलना था जिनके दिल में मेरे प्रति कोई सहानुभूति भी नहीं थी। उनके लिए मैं और मेरे लिए वे मुलाकात से अनुराग नहीं जगा पाते थे। हर बार वही काम। काम भी सामर्थ्य से अधिक और पढ़ाई के लिए कोई मौका नहीं।

मैं आँगन में था और मेरा ध्यान चूल्हे की ओर था। रोटी सिकें और सबके साथ

मैं भी खाऊँ। यही बेताब प्रतीक्षा थी मुझे। तब तक भिकारी बोले—"बीरबल, चाचा, गेंदा और डल्ला के संग तू चलौ जा। उठाई कौ डेढ़ रुपया तोइ अलग तें दिवाइ दैंगे, तेरी पढ़ाई-वढ़ाई के काम आवैगों।" कल का अनुभव मेरे साथ था। अतः सुनते ही मेरी पिंड़लियाँ काँप गयीं।

अम्मा बोली—"सो तो ठीक है, जाइ एक-एक पैसा बड़ो कीमती है, पर सवेरे तें भूखो है। पाँच-छै कोस चलि कें आओ है। अब जाइ आदत नाइ रई होगी। पहले पड़रा तो जो उठवाइ ही लेतो। तुम चले जाउ एकाद दिन रुकैगो तो कोई और काम मिल जाइगो।"

"मोइ कल्लि पेंठ में जूतियाँ लगानी हैं। मोइ टैम नाँइ है और मैं तौ याकी कमाई याइ ही देवे कूँ कै रयौ हूँ। हड़िया रखि रई है, तू रोटी सेंकि। एकाद घण्टा में लोटि आवैगो। रूपा कूँ रजातऊ भेजुंगो, नाँइ तो गेऊ चलो जातो...।"

मुर्दा पशु उठाने का काम मेरे लिये नया नहीं था। मैं जबसे समर्थ हुआ था न जाने कितने कटरे-कटरियाँ, गाय-बैल और भैंसें उठाने में शामिल रहा था। उन सब की खाल उतारना मैं आज भी भूला नहीं हूँ। धुर्रा में भी मेरी कमाई का एक यही जरिया था कि मैं गंगावासी की रंगाई-फहराई के काम में शामिल होता था। किन्तु वहाँ यह सब बहुत ही छिप-छिपा कर करना पड़ता था। अन्यथा गाँव में जाति-विजाति के लड़के स्कूल में मेरी क्या हालत करते, कल्पनातीत था। पढ़ाई छूट जाती तो मेरा सब कुछ छूट जाता। आज गुलामी के नरक की सजा सही, कल कुछ आजादी मिलेगी। मौत के बाद स्वर्ग प्राप्त होगा। आखिर में तो मैं दुख के कंटकाकीर्ण रास्तों की धूप से गुजर कर सुखों की छाँव तक पहुँच ही जाऊँगा। मैं इसी उम्मीद में चलता रहा। हिम्मत बाँध कर खड़ा हो गया। बराबर की कुठरिया के कोने में बोरी में रखे रांपा, छुरी और मीटर-दो मीटर की सन की मैली चिकनी रस्सियाँ साथ में रख लीं। संगेटे साइकिल पर दोनों तरफ बाँध कर डालचन्द तैयार हो गये। उधर से गेंदालाल और बीरबल निकल आये। मैंने स्कूली पैंट-शर्ट उतार दी। रूपसिंह का पुराना-सा पाजामा और कमीज पहन कर घर के बाहर आ गया। गाय घर में नीचे स्थान पर पड़ी थी। उसे उतारने के बाद करवट से भी नहीं बदला गया था। उसके नीचे के गोबर-पानी से सड़ांध भरी बदबू आने लगी थी। धोती के छोर से मुँह ढके दरवाजे पर खड़ीं चौधरी कह रहे थे—"तुम लोग सवेरे के बुलाए हो, अब दुपहरी में आये हो। नातेदार हो का? ससुरे अब आइ रए हैं जैसे मेहमानी खाइवे आये हैं। हम सब बदबू के मारे मरे जा रहे हैं। आठ दिन से डंगर के नीचे की कींच नाँय निकरी, तुम्हें अपने काम में सुस्ती काये कू आवै है? निकम्मे हो तभी तो गरीब हो।" "अबई उठाए लेते है, गुस्सा मत करो। अब हम आइ गये।" जैसे हम बड़े भारी गुनाहगार हैं। बीरबल बाबा सफाई दे रहे थे। चौधरी बोले—"अरे गे गैया तो उठाइ रहे हैं, भंगी कूँ कह के लगे हाथ गोबर और उठवाइ देउ।"

इन गाँवों में मवेशी उठाना चमारों का काम था और बाकी सफाई करना भंगियों का। गाँव में वह स्थिति न्यूनाधिक रूप से आज भी कायम है। जहाँ तक शिक्षा और सुधार की बात है, वह इन जातियों के बच्चों को मौके नहीं हैं। बल्कि पढ़-लिख कर अपवादस्वरूप व्यक्तिगत स्तर पर किसी को अवसर मिल पाता है, वह भी गाँव से बाहर निकल जाता है, तब।

गाय के अगले-पिछले दो-दो पाँव एक साथ बाँध कर उनके बीच में मोटे-मोटे बाँस जिन्हें हम संगेटे कहते थे, डाल दिये थे। एक जोड़े में लगे गेंदालाल और बीरबल दूसरे में डालचन्द के साथ मुझे, पूर्ववत लगना था। इसलिए कि डालचन्द मेरे चाचा थे। मेरे हिस्से का अतिरिक्त वजन वे साधेंगे, ऐसा उन दोनों का सोचना था। साधे न साधे एक घर के अपने हिस्से का वजन वही उठाएँ, यह जिम्मेदारी भी थी। इस बार भी मैं डालचन्द के साथ लगा, पर उनकी क्रूरता से सतर्क रहा।

दालान की नीचाई से ऊपर तक चढ़ाने में हमारी काफी शक्ति खर्च हो गयी थी। अगर जमीन समतल होती तो हम दूर तक गाय उठा ले गये होते। इतनी शक्ति में दालान पार करते ही चौधरी ने रुकवाया–''अरे सुनो रे, नाँइ खवरि भंगिनियाँ कितनी देर में आवैगी। तुम थोड़े रुकि कें भैंस के नीचे को गोबर कूड़े कूँ इकट्ठौ करिके उवापै एकाद छबरा (टोकरा) मट्टी डारि जाउ। घर-घेर सब बदबू ते भरि गया है। बालकनु कै उल्टी हो जायेगी। जल्दी करो, चारों लग जाउ।'' डालचन्द बिना कान हिलाए आगे बढ़े। रास्ते में से रेत-मिट्टी बँटोरने लगे। बीरबल छबड़ा उठा लाए और गेंदालाल ने फावड़ा उठा लिया। ''देखि का रयौ है? आगे बढ़ि इकट्ठौ करि गोबर-पेशाब।'' मुझे संबोधित करते हुए डालचन्द बोले–"हाँ-हाँ घुस जा। भीतर घुस जा।" और मैं लग गया काम में। कोई विद्रोह नहीं किया था तब मैंने। विद्रोह की चेतना थी बल्कि सोचता हूँ कैसा कायर और समझौतापरस्त था मेरा वह व्यक्तित्व! मजबूरी को नियति मान लिया था मैंने।

जल्दी-जल्दी घेर की बदबू कम करके हम फिर आ जुटे गाय उठाने में। पूरा गाँव पार करके ऊसर (बंजर) में ले जाकर गढ़्ढों में खाल उतारनी होती थी। मैं भारी बोझा उठाने लायक तो था नहीं। मेरे कंधे भी कच्चे थे। इन लोगों के कंधे पक्के थे। वे हर दिन काम करने से अभ्यस्त भी थे और प्रौढ़ भी थे। मैं बच्चा भी था और अपेक्षाकृत कमजोर भी था। मैं गाँव से निकलते ही डगमगाने लगा था। लग रहा था मैं आज अपना कंधा ही गँवा दूँगा। संगेटा मेरी हड्डी तोड़ डालेगा। वजन मेरी क्षमता से काफी अधिक था। डालचन्द ने इस बार जो चतुराई की, वह यह कि मुझे गाय के पिछले भाग वाले संगेटे के साथ रखवाया और खुद आगे लगे। इसलिए कि पशु का पीछे का भाग अधिक भारी होता है।

यह गाय डालचन्द के हिस्से में थी। वे उसे बंजर में डलवा कर दूर खड़ी साइकिल पास ले आये। तब गेंदालाल और बीरबल बोले–"अब खाल तुम लै

आइयो," और वे चले गये।

उनके जाने के बाद डालचन्द ने खाल उतारी। उस समय मैं मवेशी के पैर पकड़े खड़ा था। खुरों के बीच से चीरा लगाया और नीचे तक पार कर दिया। पेट बीच से चीरते ही सफेद झिल्ली-सी दिखी। मैंने हाथ का दबाव दिया और खाल उतर गयी। झिल्ली-हड्डियों के बीच खाल एकदम ऐसे लगती थी, जैसे यह शरीर के साथ जुड़ी न होकर अलग से चिपका दी गयी है। खाल उतारी, जगह-जगह से माँस भी काटा क्योंकि चर्बी ताने (गर्म करने) का काम भी तब तक शुरू हो गया था। चर्बी में से निकलने वाली चिर्री मैं खूब खाता था। मुर्दा पशु का माँस भी हम खाते थे, पर वह होता बड़ा बेस्वाद था। परन्तु, भूख शान्त जरूर करता था।

खाल उतरी! मवेशी की चर्बी और माँस के लोथड़ों को काट-काट कर खाल के भीतर भर दिया गया था। इसलिए खाल और अधिक बोझिल हो गयी थी। साइकिल के कैरियर पर रखकर डालचन्द चले। वे ऊसर पार कर मील-भर निकले होंगे कि जोर से धमाका हुआ। पिछले टायर में बर्स्ट। मैं पैदल पीछे-पीछे कुछ दूरी से आ रहा था। उन्होंने गाली देकर बुलाया—"सासु के अब तेरे कान फूटि तौ गाँइ गये। इतने जोर कौ धमाकौ तो सुनौ ही होइगौ तैनें। सुनकेंऊ तेरे पाँइनु पै मैंदी लग गयी? लकवा तो नाँय मारि गयौ होइगो।" अब मेरे लिए एक और बड़ी मुसीबत खड़ी हो गयी थी। मैं समझ गया कि ये बोझा मेरे सिर पर ही ढुवाया जायेगा।

मैंने आगे बढ़कर कहा—"चाचा, साइकिल मैं लै चलंगो, तुम गठरी लै लेऊ।" तो वे बोले—"लै लुंगो। पहले थोड़ी दूर तू तौ लै चलि।"

अब साइकिल रोक कर उन्होंने खाल-माल मेरे सिर पर रख दिया। दस कदम चला होऊँगा कि पाँव काँपने लगे। जैसे बेड़ियाँ पहन कर चलाया जा रहा हो। गर्दन कंधों में धँसती जा रही थी। पूरी ताकत लगा कर भी मैं सम्भल नहीं पा रहा था। वजन को मैंने सिर से खिसका कर अपने कंधों पर रख लिया, इसलिए कि कंधों पर मैं कुछ अधिक वजन साध लेता था। मेरे घबराए-दबे कंठ से स्वर निकाला—"चाचा, उतारि लेऊ। नाँय तौ मैं गिर जांगों।" मेरी प्रार्थना बेअसर—"आजा, थोड़ी दूर तो और आजा।" वे आगे बढ़ते हुए कह रहे थे।

संयोग से गेंदालाल और बीरबल ने घर जाकर बता दिया था कि 'सौराज गइया उठावत पै आज हू गिर पड़ौ हो और डल्ला ने गाली दँई।" अम्मा बिलबिलाई और उसने भिकारी से शिकायत करके उन्हें भेज दिया। वे गेंदालाल की साइकिल से हमें देखने आ रहे थे। दूर से देखा कि डालचन्द साइकिल ला रहा है और सौराज खाल तब तेज पैडल मार कर जल्दी हमारे पास आ पहुँचे। वे स्वभाव से क्रोधी थे और सौतेले होकर भी उस दिन उन्होंने डालचन्द को डाँटा—"डल्ला, याइ मारिवो चाहतु है, गे इतनो वजन उठाइवे लाइक है? गे नाजुक पढ़िवै बारो जीवाक, याक़ी कमरि-कंधा की हड्डी टूट जाती तौ?" "मैं बदलवे ही वारो हतौ तब तक तू आइ

गयौ।" डल्ला ने सफाई दी दोनों भाइयों ने मेरे कंधे से उतार कर खाल दूसरी साइकिल पर रखी और गाँव की ओर रुख किया।

उस शाम मैं बेहद परेशान था उसी वक्त पाली छोड़ भाग जाना चाह रहा था। परन्तु रोटी दुपहरी ढले जाकर मिल पाई थी। रात बिता कर सवेरे वापस गाँव लौट चला था। दिखा दिया अम्मा को नवीं पास होने का प्रमाण पत्र और ज्यादा दिन दिखाया तो ये लोग बदले में मेरी लाश ही दिखा देंगे। सोचकर मैं वापस लौटा। अम्मा भी यही चाहती थी। दूर कितना भी रहूँ पर सुरक्षित तो रहूँ।

सियाराम आर्य की अस्पृश्यता

चिरौरी-विद्यालय का वाकया है। एक दिन बादल घिरे हुए थे और प्रेमपाल सिंह की तबीयत खराब थी। शिक्षकों के लिए शाम का खाना यहाँ सामूहिक ही बनता था।

उस दिन स्कूल की छुट्टी के बाद बूँदा-बाँदी होने लगी थी। परिसर के बाहर वाले कमरों में कुछ शिक्षक ठहरे हुए थे। बरसात के दिनों में दूर से आने वाले खासकर गंगा पार के अध्यापकों ने एक-दो सप्ताह वहीं ठहरने की व्यवस्था कर ली थी। स्कूल का चपरासी खाना बनाने में मदद करता था। प्रेमपाल सिंह के पीरियड में मैं उस दिन उपस्थित था। बहुधा उनसे बगैर भेंट किये मुझे सन्तोष नहीं होता था। मेरे एक सहपाठी ने बताया कि मास्साब को आज बुखार आ गया है, इसलिए वे क्लास में आये ही नहीं थे। मैं सुनते ही तुरन्त बाहर वाले कमरे में सीधा वहीं पहुँचा जहाँ वे तख्त पर लेटे हुए थे। देखते ही बोले—"श्यौराज मैं तुम्हें ही याद कर रहा था।" "क्या हुआ मास्साब" मैंने पूछा तो पास बुला कर उन्होंने कान में कहा—"देखो मैं तो छूत-छात मानता नहीं, पर हरेक को तो तत्काल नहीं बदला जा सकता। नहीं तो तुम यहाँ भी रह सकते थे। सभी अध्यापकों को खाना बनाकर खिलाते और खुद खाते। दो रोटी के अलावा और तुम्हें क्या चाहिए।"

बात करते-करते देर हो गयी। बूँदा-बाँदी तेज हो गयी। मैंने समस्या रखी—"मास्साब मुझे जाना है।" "आज यहीं ठहर जाओ। देखो धुर्रा भी जाओगे तो तीन-चार कि.मी. रास्ते में भीगते जाओगे। चार शिक्षक खायेंगे, दो रोटी तुम भी खा लेना। चन्द्रपाल (चपरासी) के साथ कुछ हाथ बँटाओ।" तभी मैंने लौकी उठाई थी और उसे छीलने लगा था। संस्कृत अध्यापक श्री सियाराम आर्य ने बेंत का दबाव डालकर लौकी झटकते हुए कहा था—रख दे तू, कोई देख लेगा तो क्या कहेगा, कौन खाइगो तेरे हाथ की दबे स्वर में उन्होंने एक दूसरे शिक्षक से कहा—''चमार के हाथ से छिली हुई सब्जी खाना अच्छी बात है क्या? तुम खा पाओगे तोमर साहब? मेरे तो गले के नीचे नहीं उतरेगी एक अछूत के हाथ से छुई हुई सब्जी। प्रेमपाल जी सन्त हो गये होंगे। पर हम सब तो सामान्य अध्यापक ही हैं।" "प्रेमपाल जी आप इस लड़के को थोड़ा अलग रख कर दूसरी तरह की मदद

करें तो करें पर चमार का छुआ हम नहीं खा सकते। खान-पान एक हो गया तो चमारों और यादवों में अन्तर ही कहाँ रह जायेगा?"

मास्टरों के कपड़े धोना, कमरों की सफाई कर देना, विद्यालय के पीछे स्थित बाग से लकड़ियाँ लाना, उन्हें चीरना इत्यादि चल सकता था, परन्तु खाने-पीने की वस्तु छूना मना था।

इससे पहले कि वे मुझे यहाँ से हट जाने को कहते, मैंने ही वहाँ से चला जाना तय कर लिया। बुआ का गाँव धुर्रा-प्रेमनगर स्कूल से करीब तीन-चार कि.मी. की दूरी पर था। रास्ता झाड़ झंकाड़ों से भरा होता था और कुड़ैहनी वाली नदी पार करनी पड़ती थी। वही धुर्रा-प्रेमनगर जहाँ उन्नीस सौ पैंसठ के आस-पास मेरे पिता की मृत्यु हुई थी। मैंने उसी वक्त अपना थैला उठाया और वहाँ से चल पड़ा। लौटते वक्त मैं बहुत दुखी था। कुत्ते भौंक रहे थे। बाग का सन्नाटा डरा रहा था। बादल बरस रहे थे और बिजली कड़क रही थी और मैं अकेला चला आ रहा था। कोई पीछे से वार न कर दे, नदी की तलहटी के झाड़-झंकाड़ों में से कोई खतरनाक जानवर न आ जाए। मेरे पास तो एक डंडा भी नहीं है। थैले में कुछ किताबें थीं जिन्हें बरसाती पालिथिन के टुकड़े ने भीगने-गलने से बचा रखा था। अनजान डर से मेरी चाल बढ़ती जा रही थी मैं धुर्रा पहुँच गया था।

कालान्तर में जब सियाराम आर्य मेरे क्षेत्र से एम.एल.ए. का चुनाव लड़ रहे थे। उन्होंने अपने डॉक्टर भतीजे की मार्फत मुझे चुनाव प्रचार के लिए बुलाया था। 'प्रचार करोगे।' उन्होंने मुझसे पूछा तो मैंने उनसे कहा—"जरूर करूँगा, खूब करूँगा। कहूँगा कि खादी के कुरता-धोती टोपी देख कर नेता मत समझो। ये छुआछूत का बर्ताव करने वाले तुच्छ यादव हैं, इन्हें वोट मत दो। तो वे मेरा मुँह देखते रह गये थे।

चलते-चलाते मैंने तय किया था कि अब सबसे पहले एकाध सप्ताह कहीं काम करके पैसों का इन्तजाम करना है। कुछ कमाकर, कुछ बचा कर लाना है, तब ही स्कूल आना है। वरना अब पढ़ना मुश्किल होगा। जिस दिन स्कूल से नाम कट जायेगा उसी दिन पढ़ाई छोड़ कर बैठ जाऊँगा। बस इससे ज्यादा और क्या बुरा होना है? जब तक नाम चल रहा है तब तक काम चल रहा है। ऐसा विचार लेकर मैं बुआ के देवर गंगावासी के घर गया जो दगड़े के उस तरफ गाँव से अलग दलित-गैर दलित सभी जातियों से बहिष्कृत घर में रहते थे। उन्हें छोड़ कर सब लोग जाटव बन गये थे। गंगावासी चूँकि मुर्दा पशुओं को उठाने, खाल उतारने और रँगने का काम करते थे, इसलिए वे चमार ही थे। उनकी पत्नी 'मानती' बुआ की देवरानी थी और गाँव रिश्ते से भतीजी लगती थी, पर मैं गंगावासी को फूफा ही कहता था और मानती को बहना सम्वोधित करता था। उस वक्त मैं उनके पास गया और बोला—"फूफा जी, कछु काम बताओ।" उन्होंने तुरन्त उत्तर दिया—"भैया हमारे पास काम तो है पर तू है पढ़िवे-लिखिवे वारौ स्कूली बालक, गे चमरइ कौ काम काये कूँ करैगो?"

मैंने विश्वास के साथ कहा—''मैं करूँगा फूफा जी, आप बताओ तो सही।'' तब उन्होंने कहा—''देख भाई, भैंस-बैल या लवारे (कटरा) मर जावैं हैं तो वाइ उठाइवे और खाल काड़िवे कौ काम है। तू चाहे तो संग चलिए। एक कटरा की तू खाल काढ़ि लेइ तो तेरी दस दिन की रोटी चल जाइगी।'' मैंने स्वीकारोक्ति में कहा—''ठीक है फूफा जी मैं खाल काढ़ंगो और बाकी समय पढ़ंगो। पर एक ही डर है। मैं यदि गाँव के स्कूल जाने वाले बालकों ने देख लयौ तो स्कूल में तो मेरे साथ उठनो बैठना दूर-रास्ते तक में कोई साथ नहीं चलेगा। इसलिए काम तो करूँगो पर रात-बिरात में छिप-छिपा के करनो पड़ौगौ या दूर गाँव में उठाइगिरी।'' हालाँकि उस इलाके भर में कहीं के भी छात्र मिल सकते हैं, पर चलो जब नौबत आयेगी तब देखा जायेगा। वे अनुभव बताने लगे—''देख मरे ढोर को दूर से ही देख के लोग मोंयें (मुँह) फेर लेवे हैं, तोइ कौन पैचानिवे कूँ ढोर तक आवैगौ और स्कूल के कपड़ा पहनवे की का जरूरत है? मुड़ासौ बाँधि कें चले करिये तू सब कूँ पहचानिए तोइ कोई नाँय पहचानेगौ मौ पै डठियारौ (मास्क) बाँधि ले करिए।'' इस तरह हमारे बीच काम की बात चल ही रही थी कि मानती ने एक मोटे-मोटे टुकड़ों का भैंस का गोश्त यह कहते हुए मेरे आगे परोस दिया कि खाइले भैया "खाली पेट में कहाँ रुकेगौ तेरौ ज्ञान-ध्यान?" जबकि "गंगावासी कह रहे थे, "मरे की कलिया (मटन) खाइ के बुद्धि कम होइ जाइगी। विधा देवी भाग जाइगी।"

मैं भूखा था। भूख ने मेरे आर्यसमाजी शुद्धिकरण और शाकाहारी जीवन के नियम-व्रत चूर-चूर कर दिये थे। अतः जुट गया खाने पर। वह दिन मानसिक रूप से कष्टकर दिन था। एक-डेढ़ साल से आर्यसमाज के प्रचार में रह कर माँस-मछली हुक्का-बीड़ी जो छोड़ रखा था, वह व्रत आज टूट गया था।

मैंने संकल्प किया था कि न केवल मुर्दा माँस खाऊँगा, बल्कि ताजा माँस-मछली भी नहीं खाने हैं। सब तरह के मद्यपान से बच कर रहना है। हर स्त्री को माँ-बहन समझना है, काम-वासना का अपवित्र ख्याल तो मन में नहीं आने देना है। पेट की आग में कितनी पवित्रता, कितने व्रत स्वाहा होते गये। जिन्दा रहने के लिए मुझे हर शर्त मंजूर थी।

इसलिए दम तोड़ने की दिशा में पहुँचने के बजाय मैंने वह व्रत तोड़ना ही सही समझा। एक-दो दिन में ही काम मिल गया। बैल के मरने की खबर थी। पास के गाँव जाना था। चार आदमी, दो संगेटे एक-दो रांपे, एक छुरी और दो रस्सियाँ लेकर हम लोग काम पर निकल पड़े। मैं सोचता जा रहा था कि स्कूल के मेरे कितने साथी इस वक्त अपने परिवारों में अभिभावकों के साथ पढ़ रहे होंगे। उनके माँ-बाप ने उन्हें दाल-रोटी खिला दी होगी, परन्तु मुझे तो खाने के लिए पहले कमाना है, बाद में खाना है। उस पहली रात ही मैं बहुत देर से लौट पाया था।

राँपा

समय बदल रहा था। मैं स्कूल-समय के बाद धुर्रा प्रेमनगर जाने लगा। कुछ पैसे गंगावासी से मुझे मुर्दा ढोर उठाने के बदले बतौर मेहनताना मिले थे। मेरा खर्च चलने लगा था। एक दिन मैं स्कूल जा रहा था तो रास्ते से दूर जंगल में कुछ दूर गिद्ध मँडराते दिखाई पड़े। मैं उनकी ओर गया। जाकर देखा कि गड्ढ़े में एक कटरा मरा पड़ा था। मुझे खाल उतारने का हुनर बखूबी आता था। यह कला मैंने 'प्यारे' चच्चा, बाबूराम ताऊ, भिकारी दादा, डालचन्द चाचा और गंगावासी आदि से सीखी थी। इतने उस्तादों का मैं अघोषित शागिर्द था। परन्तु उस दिन में स्कूली छात्र की भूमिका में था मेरे थैले में किताबें और कापियाँ थीं। खाल उतारने के लिए जरूरत रांपे या छुरी की थी।

आखिर स्कूल के आधे रास्ते से वापस लौट आया। मन में विचार आया—पहले खर्चा पूर्ति के लिए आमदनी की जाए, उसके बाद पढ़ा जाए। गंगावसी के घर से रांपा लेकर मैं सीधा वहाँ लौट आया, जहाँ लवारा (कटरा) मरा पड़ा था। टाँग पकड़ कर साइकिल में फँसा कर गड्ढे में और नीचे उठाकर ले गया। खींचना आसान काम था, पर खींचने से खाल के बाल उखड़ने का खतरा रहता था। छोटा-सा भी दाग लगने पर कीमत एक दम आधी रह जाती। कोई नहीं देख रहा देखने वाला भी ऐसे दृश्य से मुँह फेर कर गुजरता है। अच्छा मौका है। जो भी हो, पर किसी भी तरह स्कूल तक बात न पहुँचे। प्रेमपाल सिंह को भनक भी लग गयी तो मेरी कैसी फजीहत होगी इसकी शंका थी। बस इससे ज्यादा डर नहीं था मुझे। किताबें, रोटी और पनाह की मूलभूत-न्यूनतम आवश्यकता से अधिक मेरी चाह नहीं थी। कोई अच्छा काम मिला होता जिसमें पढ़ने को समय मिल पाता तो मैं बहिष्कार वाला काम कतई नहीं करता। पर इस समय मुझे काम करने से ग्लानि नहीं थी, मेरा ध्यान भविष्य की ओर था।

पूरी सावधानी और कुशलता के साथ मैने लवारे के आगे के पैरों के खुरों के बीच से चीरा लगाया। फिर गले की हड्डियों के बीच से पेट तक छुरा पार कर दिया। देर बस पैरों पर से खाल उतारने में लगी। पेट पर से तो ऐसा लगता जैसे ढोल की झिल्ली के ऊपर गोंद से चिपकी हो सारी खाल उसमें उँगलियाँ बन्द कर मुक्का बनाया और दबाव से सारी खाल पेट-पसलियों से छुआ कर अलग कर दी। पूँछ को खींचकर सूत लिया। काम में सफल होने पर आनन्दानुभूति के साथ-साथ सन्तोष भी हुआ। कुछ ही देर में खाल को फोल्ड कर बोरे में डाल और सीधा धुर्रा पहुँचा। गंगावासी ने देखते ही कहा—"गे तेरी कमाई है, साइकिल तें अतरौली जाइके बेच अइए। सात-आठ रुपये मिल जावेंगे। उनतें पढ़िवे को खर्च चलाइ लइए। अबई तो नोंन लगाइ कें घाम में डाल दे। और हाथ धोइ कें रोटी खाइ ले।" मैं उठा और खाना खाने घर में अन्दर चला गया। गंगावासी ने अपना हिस्सा न लेने की घोषणा कर दी थी, यह उठाई क्षेत्र उन्हीं का था।

अगले दिन रविवार को खाल बेचने मैं अतरौली चला गया था। स्कूल जाते समय रास्ते में लवारा मिलने से लालच जागा था। सोचा कि क्यों न सुबह-शाम कुछ गाँवों के आस-पास घूमकर मरे कटरा-कटिया बछरा-बछिया वगैरह को देखा जाय, जिससे अपनी आमदनी हो।''

बर्फीली सर्दियों के दिनों में कमजोर कटरे-बछिया आदि अधिक मरते थे। उनकी खालें भी अच्छे दामों पर बिकती थीं। परन्तु यदि कहीं खोंत (कट) लग जाता तो कीमत एकदम आधी हो जाती। इसलिए उसकी खाल उतारना बड़ी सावधानी और होशियारी का काम था।

पहले ही दिन मैं कपड़े में रांपा छिपाकर किताबों के बीच बस्ते में रखकर स्कूल तो गया, लेकिन उस दिन मेरा सारा ध्यान 'रांपे' ही पर रहा। दूसरे बार-बार मन में आता कि मुर्दा पशु की खाल उतारने वाले इस औजार से घिना कर कहीं विद्या देवी सरस्वती मेरी किताबों से बाहर न चली जाए। दूसरे ही क्षण विचार आता—सब काम ईश्वर के बन्दों को ही करने होते हैं और वह सबका भला करता है। मेरा क्यों नहीं करेगा, इत्यादि। मैं पेशाब करने जाता तो भी बस्ता छोड़ते हुए डरता। खड़े होकर पाठ पढ़ूँ तो डर लगा रहता कि कोई अन्य छात्र मेरे थैले में हाथ न डाल दे। तरह-तरह की आशंकाओं से चिंतित हुआ पूरे दिन पढ़ा कम, परेशान अधिक रहा। आखिर चित्रकला अध्यापक ने पूछ ही लिया कि ऐसा क्या नया दवाए हो थैले में, जो हर वक्त संग-संग-रखे रहते हो श्यौराज?" मैं जैसे कूमिल (सेंध) पर चोर को धर दबोचा हो! मेरा दिल काँप उठा। तुरन्त खुद को सँभाला। उनके सवाल को मैंने गम्भीरता से लिया है, ऐसा प्रकट नहीं होने दिया। यह हर दिन की आदत तो थी नहीं, इसलिए उस दिन मेरी गतिविधियों और हाव-भाव में अस्वाभाविक अन्तर था। मौका मिलते ही क्लास छोड़कर मैं बीच से ही स्कूल से चला आया। दूसरे दिन क्लास छोड़ने के लिए डाँट भी खाई। शिकायत प्रेमपाल सिंह तक पहुँची तो उन्होंने जानना चाहा—"क्यों भाग गये थे स्कूल से?" पर मैं उन्हें कोई सन्तोषजनक उत्तर नहीं दे सका और यदि सच बता देता तो शायद हमेशा के लिए स्कूल से बाहर कर दिया जाता। इतने संघर्ष से जो मौका मिला था वह हाथ से निकल जायेगा। यह डर मुझे परेशान कर रहा था। स्कूल से लौटते मुँह अन्धेरे इधर-उधर मरे हुए पशु की तलाश करता गुजरता था। पता नहीं कब कोई कटरा-बछिया मिल जाए। इसलिए 'रांपा' थैले में रखकर ले जाने लगा। अब मैं बाकी छात्रों से या तो पहले जाता था या बाद में और फिर स्कूल के बाहर झूड़-झूँकड़ों में या बाग में रांपा गाड़ कर दनदनाता हुआ स्कूल में चला जाता था।

उस दिन मैं अपनी कक्षा के साथियों से थोड़ा अलग हट कर बैठा था। अध्यापक महोदय को लग रहा था मैं छोटी जाति से हूँ और स्कूली शिक्षा से वंचित रहा हूँ, इस कारण स्कूल के माहौल में स्वयं को समायोजित नहीं कर पा रहा हूँ।

फिर भी वे बार-बार पूछ रहे थे—"श्यौराज तू पीछे क्यों खिसक रहा है?" किन्तु मैं डरा-डरा बच्चों से अलग रहना चाह रहा था। स्कूल के पीरियड़ और पाठों में मेरा मन नहीं लग रहा था।

जो हो, मेरी समस्या ही थी, जो मुझे परेशान कर रही थी। मैं पानी पीने जाता तो बस्ता साथ ले जाता। लघुशंका करने जाता तो भी मुड़-मुड़ कर बस्ता देखता जाता छात्रों को लगा थैले में ऐसा कुछ खास अवश्य है, जिसे यह छोड़ना नहीं चाह रहा। आज बस्ता इतना प्यारा क्यों हो गया? पूछते हुए कुछ छात्रों ने बस्ता देखने का आग्रह किया था। जयपाल ने थैले में हाथ डाल ही दिया था। रांपा उसके हाथ में गया और मेरी धड़कनें बढ़ने लगी थीं। कपड़े में बँधे हुए उस औजार को वह अनावृत्त करने लगा तो मैंने हाथ से छीन लिया। मास्साब को यह बेअदबी जैसी लगी। आखिर आधी छुट्टी की घण्टी बजी और मैं बाकी क्लास छोड़कर धुर्रा प्रेमनगर वाले अपने निवास पर लौट आया था।

नरौरा में नेता

मेरा दाखिला तो आठवीं में हो गया था, परन्तु काम मैं प्रेमपाल सिंह यादव के खेतों-घर में कर रहा था। उनकी मँगनी हो चुकी थी। मँगनी में मरफी रेडियो मिला था। प्रेमपाल सिंह फिल्मी गाने सुनने से परहेज रखते थे, पर मैं उनका रेडियो कभी-कभी खेतों पर भी ले जाता था। उस दिन मैं उनकी भैंस के लिए घास खोदने गया था। 'बऊ' ने मट्ठा पिलाकर खुर्पी-बोरा थमा कर भेजा था, घास खोद लाओ तब आइके रोटी खाइ लइयौ—मैं खेत में पहुँचा ही था कि बोरी में बज रहे रेडियो पर समाचार आया कि आज सायं नरौरा विद्युत संयन्त्र का उद्घाटन होगा। इन्दिरा गाँधी जी, बाबू जगजीवन राम जी और बी.पी. मौर्य आदि नेताओं के पहुँचने की सम्भावना है। मैं बाबू जगजीवन राम को पास से देखना चाहता था। एक-दो बार उनकी आवाज रेडियो पर सुनी थी। बहुत प्रभावित था उस आवाज से। पर ऐसे में क्या करूँ? घास लेकर वापस गाँव लौटूँगा तब नरौरा जाऊँगा? बऊ जाने देगी या नहीं? दोपहर का खाने का क्या होगा? नदरोली से नरौरा दस-पन्द्रह कि.मी. तो होगा ही। अब मैं क्या करूँ?

मैंने खुर्पी से तुरन्त ही बबूल के नीचे एक गड्ढा खोद लिया। बोरी में लपेट कर रेडियो खेत की मिट्टी में गाड़ दिया और जगजीवन राम को देखने की लालसा लेकर भाग छूटा। दोपहरी-भर भागता हँफता वहाँ पहुँचा।

नरौरा के उस सुन्दर स्थल पर सभा का आयोजन हो रहा था। जहाँ ब्रजभूमि नामक फिल्म की शूटिंग हुई थी। नेता लोग विमान से आये थे। इन्द्रा गाँधी और वी.पी.मौर्य मेरे ध्यान में हैं। बाबू जगजीवन राम नहीं आये मैं निराश हुआ। परन्तु मैंने सुना था कि बी.पी. मौर्य भी ग्राम सभाओं की परती जमीन और चालीस-पचास

गज के आवासीय टुकड़े अनुसूचित जातियों में मुफ्त बाँटने की शर्त पर कांग्रेस में आये हैं। मैं सोच रहा रहा था। शायद बीघा चार बीघा उपजाऊ जमीन हमें भी मिल जाए तो मेरी अम्मा मेरे पास गाँव लौट आये। हमें दूसरों के खेतों पर गुलामी करने के बजाय अपने घर में दोनों वक्त की रोटी का इन्तजाम हो जाए। इस आशा से मैं इन्द्रिरागाँधी और वी.पी. मौर्य को देख रहा था। इन्दिरा जी का गरीबी हटाने का ऐलान मुझे भरोसा दे रहा था और वी.पी.मौर्या की जुबान से निकला शैर मुझे आज भी याद है, यह उन्होंने इन्दिरा गाँधी के लिए उस वक्त कहा था–

तकदीर तो बुलन्द–
की, बुलन्द शहर की।

आज वे तीनों नेता जीवित नहीं हैं। बाबू जगजीवन राम इन्दिरा जी की मृत्यु मैंने सुनी थी और वी.पी.मौर्य की चिता पर लकड़ियाँ रखने पहुँच गया था। उनकी बेटी अनुला मौर्य की सूचना पर है। इतना ही नहीं अगले दिन वे गाड़ी से मेरे घर आयी थीं। सीट पर कलश में मौर्य जी की अस्थियाँ रखी थीं। कह रही थीं। मीडिया मौन है। आप कुछ लिखें मैंने दैनिक हिन्दुस्तान के सम्पादकीय पृष्ठ पर मौर्य जी के बारे में लिखा था। जब वे जीवित थे और कांग्रेस में थे, एक बार मराठी दलित लेखक प्रोफेसर अरुण कांबले मुझे मौर्यजी से मिलाने कांग्रेस मुख्यालय ले गये थे। उनका आग्रह था कि मुझे कांग्रेसी राजनीति से जुड़ना चाहिए। परन्तु मेरी योजना में साहित्य ही प्रमुख था।

हाँ, गरीबी हटने भूमि बँटने के सारे आश्वासन-उम्मीदें वहीं की वहीं हैं और सरकारें बनती-बिगड़ती जा रही हैं। नेता पैदा होते और मरते जा रहे हैं। आम आदमी तक सौ रुपये में से पाँच पैसे भी नहीं पहुँच पा रहे हैं। हमारे लोगों की हालत तुलनात्मक दृष्टि से बहुत खराब होती जा रही है। मेरे बब्बाओं के पुश्तैनी जमीन के दो टुकड़े बिक चुके हैं। घर खण्डहर में बदल ही चुके हैं। मैं शिक्षक बन गया तो जिन्दा हूँ। लिख रहा हूँ कुछ करता दिख रहा हूँ, वरना भाई, बहन, बुआ, मौसी उनके बच्चे सब क्या हैं? कहाँ हैं?

याद है उस रात नेताओं को सुनकर मैं रात-भर भूखा उसी मैदान में सोया था। और सुबह भूखा-प्यासा प्रेमपाल सिंह के घर लौट आया था।

नवीं-दसवीं क्लास में

नवीं कक्षा की गृह परीक्षाएँ चल रही थीं। मेरा रोल नम्बर पश्चिम की ओर नये बन रहे कमरे में पड़ा था। उन दिनों तोमर साहब 'नागरिक-शास्त्र' पढ़ाते थे और मैं छात्र के नाते कह सकता हूँ कि वे बहुत अच्छा पढ़ाते थे। नागरिक-शास्त्र के अध्ययन ने मेरे भीतर नागरिक अधिकार और कर्त्तव्यों का जो बोध जगाया था उससे विचारों में बड़ी शक्ति आयी। वरन् संस्कृत साहित्य तो मुझे कांतिहीन अतीत-जीवी पुरातन

वादी बना देता। दूसरा विषय वे हिन्दी के कवियों की जीवनियाँ व वैकल्पिक प्रश्न पत्र पढ़ाते थे। जीवनियाँ लिखवाना वे प्रेमपाल सिंह की भाँति स्वरचित कविता की पंक्तियों से ही शुरू करते थे। उनका कहना था कि जो बच्चे कोर्स के साथ-साथ अपनी ओर से कुछ विशेष और अतिरिक्त लिखते हैं उन्हें अपेक्षाकृत अंक अधिक मिलते हैं। शिक्षकों द्वारा रचित कविता पढ़ लेने से मुझे सन्तोष नहीं होता था। कोर्स में लगी हुई कविताएँ पढ़ लेने-भर से भी मेरा समाधान नहीं था। अतएव मैं मौलिक प्रयास करता था। जैसे मैं कोई साहित्य मर्मज्ञ था और परिपक्व साहित्यकार। परन्तु मेरे मन में असन्तोष और मेरा दृष्टिकोण आलोचना-परक था। उस दिन पहला प्रश्न-पत्र हिन्दी का था। उसमें दी गयी एक कविता की व्याख्या करते हुए मैंने अपनी ओर से अलग टिप्पणी लिख दी थी—

"ना तो कोई मर्म है ना तत्त्व कोई खास है,
संदेश कविता में नहीं, शब्दों की ठूँसम ठाँस है।
मैं कविता कहता नहीं इसे
यह तो कवि का स्वार्थ है
बकवास ही बकवास है।"

मुझे आज यह स्पष्टतया स्मरण नहीं कि इस तुकबन्द कविता पर कितनी छाप किन कवियों की पड़ी थी और कितना मेरा मौलिक अवदान इसमें जुड़ा था। पर मैंने ये पंक्तियाँ स्केच जैसी मोटे अक्षरों में कलम से परीक्षा पुस्तिका पर लिखी थीं। इसलिए परीक्षा भवन में ड्यूटी दे रहे शिक्षक महोदय जब कापी पर हस्ताक्षर करने मेरे पास आये तो वे ठहरकर पहले ही पन्ने पर लिखी हुई मेरी कविता पढ़ते ही बोले—"यह कोर्स में तो है नहीं, कहाँ से याद की है?" मैंने कहा—"कहीं से नहीं, मैं तो यह अपने मन से लिख रहा हूँ।" मेरा इतना कहना था कि वे राउण्ड पर आये प्राचार्य मनोहर भारद्वाज को तुरन्त मेरे पास लेकर आये। कविता पर नजर डाल कर उन्होंने मेरी पीठ पर हाथ रखते हुए कहा—'गुड वैरी गुड।' सुनकर मेरा सीना चौड़ा हो गया।

यद्यपि मैंने सभी विषयों की तैयारी मनोयोग से की थी, फिर भी मैं विद्यालय के लिए केवल उतना ही समय दे पा रहा था जितने से मेरा नाम रजिस्टर से न काटा जाए। वैसे शिक्षक भी मेरी गैर-हाजिरी को हाजिरी करके मेरी न्यूनतम उपस्थिति दर्शा देते थे। मैं इस अनियमितता से दुःखी था। संस्थागत होकर भी मेरी स्थिति प्राइवेट छात्र जैसी ही थी। नवीं कक्षा की परीक्षा मैंने मेहनत और दिलचस्पी से दी थी। गणित के अलावा कोई विशेष कठिन विषय मेरे पास नहीं थे। संस्कृत के रूप और विभक्तियाँ आदि मुझे याद नहीं रहते थे। उन्हें रट कर याद करना पड़ता था न कि समझकर। किन्तु प्रेमपाल सिंह मधुर स्वर में गा-गा कर पढ़ाते थे और श्लोकों को

सरल कर के समझा देते थे। इसलिए संस्कृत से हिन्दी करना और अर्थ कर देना मुझे ठीक से आता था। नवीं तक हिन्दी से संस्कृत अनुवाद मुझे विश्वास नहीं कि कभी सन्तोषजनक रहा हो। परन्तु अपनी पूरी लगन, मेहनत और एक लक्ष्य बनाकर मैंने अपनी परीक्षाएँ सम्पन्न कीं।

उस दिन मैं सभी पेपर देकर धुर्रा जा रहा था। मास्साब बोले–"श्यौराज, घर का सारा काम पड़ा है, तुम एक-दो दिन धुर्रा ठहर कर स्कूल आ जाना। मैं तब तक कापियाँ चेक कर लूँ। साथ-साथ गाँव चलेंगे।"

मैंने सोचा, अगर कहूँ कि खेत मजूरी पर कटवा लो और अनाज भी उठवा लो, सब मुफ्त क्यों कराते हो तो वे मुझे स्कूल से बाहर करा देंगे और आने को हाँ कर दूँ तो फिर जबान झूठी नहीं करना है, आना ही है। मैंने मन में सोचा कि चलो दो-तीन साल हो गये काम करते, एकाध साल और सही। फिर तो मेरी बन्धुआ भक्ति मेरी मर्जी पर होगी। कभी तो अपना जीवन अपने मन से जिऊँगा। मास्साब की बेगार स्वैच्छिक होगी। मजबूरी नहीं होगी। अभी तो ना का मतलब अपने सपनों की इमारत को अपने हाथों नींव से ही गिरा लेना होगा। अतः मैंने सोच कर कहा–"ठीक है मास्साब, मैं परसों जरूर आ जांगो।"

धनिया

दसवीं में जाते ही शादियाँ भी आने लगीं। जिन्होंने घर छेक रखा था, वे ही पहल करने लगे। एक रिश्ता दयाराम चच्चा लाए थे, अपने किसी रिश्तेदार का। उनका आश्वासन था कि शादी कर लेने के बाद लड़की का बाप पढ़ाई-लिखाई का पूरा खर्चा उठा लेगा। मैं अपनी स्थिति से अवगत था और फैसले पर अडिग था। दूसरी बार रिश्ते की बात चली थी बिल्ली के डॉ. भगवानदास की बेटी से। वे एडवांस में बुक कर रहे थे। बेटी साँवली थी। अगर श्यौराज दसवीं पास हो जाए तो छोटी-मोटी नौकरी पा लेगा। लेखपाली के लिए यह योग्यता पर्याप्त होती थी। तब शादी कर देने में कोई हर्ज नहीं है।

उससे दो कदम आगे बढ़कर रामचरन की पत्नी ने अपनी बहन 'धनिया' गाँव से बुला ली। उद्देश्य था श्यौराज को लड़की दिखाने का। पहले जात में डालेंगे, फिर शादी। मैं गाँव पहुँचा तो ताई ने मुझे बुलाया–"रोटी खाइं लै।" मैं समझा नहीं। ताई मेरी सहयोगी कभी नहीं थी। वह चूल्हे की आग तक नहीं देती थी। मुझे रोटी खाने को बुला रही है।

मैं गया तो वहाँ एक लड़की ताई के चूल्हे पर रोटियाँ सेक रही थी। स्कूल से आते ही ताई ने परिचय कराया–"जो धनिया है, रामचरन की सारी (साली)। भौत अच्छी रोटी बनावति है। तेरे पीछे कई बेर बनाइ के गयी है। बासन चमकावति है। देखि बेला में मौं देखि। कुँआ तें पानी भरलावति है। मैं पीस रही होति हूँ तो मेरी

मदत कत्ति है।"

"तो क्या करूँ" मैंने जानना चाहा।

"करेगो और का, ब्याह कन्न इ ही कह दे। तेरी अम्मा हियाँ नाँय, भैनि-भैया कोई नाँय। अब नौ तक पढ़िह गओ। जो हू दुए चार किताबें पढ़ी है। लंबी है, गोरी है। रामचरन की बऊ कह रही है कैं सौराज शादी करें तो बापा भौत खुश होंगे।"

"क्या खाएगी ये मुझसे शादी करके अभी मैंने पढ़ाई करी है? इतने पढ़ें कूँ कोई काम नाँय मिलतु है।" "सब खइयो-कमइयो। अब ब्याह की उम्मीद है तो करि लै।" ताई का सोचना अपनी जगह दुरुस्त था, परन्तु मुझे अपनी माली हालत का अहसास था। मैंने साफ इनकार कर दिया "धनिया, देखो मेरी इच्छा आगे पढ़ने की है। मेरे पास किताबों तक को पैसे नहीं है। खुद का दो वक्त भर-पेट रोटी की गारंटी नहीं है। ऐसे में ताई की सलाह गैर-जिम्मेदारी पूर्ण है। शादी अगर करेंगे तो हमें ही जिन्दगी का बोझा उठाना होगा। इसलिए इस वक्त मैं शादी के बारे में नहीं सोच सकता। मैं यह भी नहीं कह सकता कि तुम अपने पिता के घर जाओ और पढ़ाई पूरी होने, नौकरी लगने तक मेरा इन्तजार करो, क्योंकि मेरा भविष्य निश्चित नहीं है, और तुमने तो पहले ही से पढ़ना-लिखना छोड़ दिया है। अतः मैं तुम्हें किसी तरह का वायदा नहीं कर सकता। माना तुम रोटी बहुत अच्छी बना लेती हो, कपड़े धो सकती हो, सब्जी बना सकती हो, पर इसके लिए एक विद्यार्थी राशन कहाँ से लाएगा? कृपया मेरा ख्याल अपने मन में मत लाओ।"

सुनकर वह बच्चों की तरह रोने लगी और मैं थैले में स्कूली किताबें डाल कर घर से बाहर हो गया। तीन-चार दिन बाद लौटा तो पता चल गया। चौपाल से घर जाते हुए उसने मेरे हाथ पकड़ लिए और कहने लगी–"इनकार क्यों किया? मुझ में कमी का है? मैं आधा पेट खा कर रह लूँगी, तुम पढ़ना चाहते हो पढ़ते रहना। मैं शहर जानो चाहते हो चले जाना। मैं ताई के संग रह लूँगी गाँव में।"

"नहीं धनिया, तुम समझ नहीं रहीं हो। जिन्दगी भावनाओं से नहीं चलती। रोटी-कपड़ा-मकान पहली जरूरत होती है, सो तुम इस घर में पड़ी रहोगी तो मैं आगे नहीं बढ़ सकूँगा।" देर तक हम रास्ते में खड़े बातें करते रहे। अँधेरे में था ही, सो हम क्या बात कर रहे हैं कोई नहीं जान पाया। गाँव में हर आदमी को दूसरे से वास्ता होता है। सुना तो रामचरन की बीवी आयी और बोली सौराज का कह रहे हो?"

"धनिया से पूछ लेना भाभी।" मिलीं–"बिछड़ी कुछ सहेलियों के बारे में फिल-वक्त इतना ही।

गर्लफ्रेंड का चलन नहीं था

जबसे होश सँभाला अच्छी लड़कियाँ लड़कों से भी अच्छी लगीं। बचपन में दूसरी जात की लड़की से कोई वास्ता नहीं होता था। ग्रामीण परिवेश में लड़के अलग और

लड़कियाँ अलग रहती थीं। परिचित तो अपनी जाति-बिरादरी, गली-मुहल्ले की ही होती थीं। हमारी जात में लड़के-लड़कियों की मित्रता जैसी कोई परम्परा नहीं थी। जिस तरह सम्पन्न वर्ग के बेटे-बेटियों के लिए गर्लफ्रेंड, बॉयफ्रेंड, ड्रीमगर्ल, स्यूटेबल बॉय जैसों का फैशन है, हमारे यहाँ कतई नहीं था। यहाँ हाथ मिलाना, गले लगना-लगाना, चुम्बन-आलिंगन तक आम बात है, परन्तु हमारे यहाँ न तब कुआँरी लड़की के अंग का स्पर्श कर सकते थे न अब। यहाँ तक कि शादी से पहले तो लड़का अपनी भावी पत्नी तक की झलक नहीं देख सकता था।

मुझे याद है रामचरन ने अपनी असुन्दर 'बीवी' को छोड़ दिया था और उनके पिता पैजनाथ जाटव ने उसकी बिल्सी से सुन्दरता के आधार पर दूसरी शादी की थी। जुनाबई सड़क से गाँव तक बैलगाड़ी में उसे बिठाकर लाने का काम मुझे सौंपा गया था। लौटते वक्त उलफत ने कहा था—"सौराज, तू कैसेऊ घूँघट उघड़वाइ कें भौजाई को मौं (मुँह) दिखवाइ देइ, तो तोइ चार आना को इनाम देउँ।" मैंने त्वरत युक्ति सोची और कहने लगा—"हमारे यहाँ मीलों बंजर जमीन पड़ी है। इसका यही फायदा है कि हमारे यहाँ, हवाई जहाज, हैलीकाप्टर बिना शोर-शराबा किए उतरते रहते हैं—अरे देखो, देखो वो उतरि गओ!" और नवेली दुल्हिन उत्सुकतावश घूँघट ऊपर करके देखने लगी, और मैं भौजी के चेहरे की ओर इशारा करके कहने लगा—"देख ले उलफत, कितनों सुन्दर है हवाई अड्डों। चन्दा में से चमकि रओ है विमान!"

एक बार हम चार लड़के जुनाबाई इण्टर कॉलेज से निकले। सड़क पर ताँगे में एक दुल्हिन बैठी जा रही थी। मेरे साथी जयवीर यादव ने कहा—"चलो जा को मौं देखें। पहले कौन देखेगो?" होड़ लगी। मैं और गुप्ता जी का मौनू बेटा सेंजना तक गये और हम दोनों ने पन्द्रह-बीस कि.मी. तक साइकिलें दौड़ाईं पर दुल्हिन का मुँह देखने को नहीं मिला। बबराला रेलवे स्टेशन पर जब उसके ससुराली उसे ले गये तब हम लौट कर बुद्धू घर को आये।

इस मामले में मैं चाहे पाली-मुकीमपुर की लड़कियों की बात करूँ, नदरोली की लड़कियों का जिक्र करूँ, धुरा (प्रेमनगर) की याद करूँ या अपनी ननिहाल की लड़कियों का सीमित व मर्यादित संवाद होता था। हमारी जाति में परम्परागत रूप से लड़के-लड़कियों में दूरी रहती थी। वह दूरी और पवित्र भावना बनाए रखते हुए लड़के-लड़कियों की भेंट हो ही जाती थी। खेलने-कूदने, घास खोदने आदि कामों के लिए किसी भी मोड़ पर इनका मिल जाना स्वाभाविक था। यूँ गाँव बिरादरी की सब बहनें या बड़ी बुआ वगैरह ही होती थीं।

पाली प्रवास के दौरान जब मैं बच्चों में खेलता था, तब हम बच्चे वही सब करने की नकल करते जो समाज में बड़े लोग किया करते थे। पीपा और भैंस-बैल की खाल की झिल्ली से ढक कर भोलुआ की ढपली बना लेते थे। कभी-किसी एक की तो कभी दूसरे की बारात निकाला करते थे। उन दिनों मौहल्ले के पिछवाड़े ईंटें

पड़ी थीं। उनमें हम खेला करते थे। ईंटें ठीक से रखकर घर बना लिया करते थे। हमारी बारातें उन अस्थायी घरों में आया करती थीं। एक दिन मैं दूल्हा बनाया गया और उत्तम की बहन जो बुआ लगती थीं और मुझसे दो-चार साल बड़ी थीं, उन्हें दुल्हिन बनाया गया। बारात में तो वह रही। किन्तु जब बनाए गये घर में जाने को उनसे कहा तो वे मुकर गयीं। उसके लिए मलूकी तैयार हुई और मेरे साथ ईंटों के चारों तरफ के घेरे में घुसाकर ऊपर से लकड़ी रख कर कपड़ा डाल दिया। अब 'मलूकी तू नीचे सोजा और सौराज तू ऊपर', कह कर सब बच्चे ताली पीटते हुए इधर-उधर भाग गये। हम घुसे ही थे कि पाँव लगते ही ईंटें हमारे ऊपर गिर गयीं।

शाम को उसके बड़े भाई को पता चला तो उसने सभी लड़कों को गाली दी—'साले गन्दे काम करते हो। मेरी बहन को नीचे क्यों सुलाया?' मेरी शिकायत हुई तो अम्मा ने डाँटा। दोनों कान पकड़ और सौ फेरा उठक-बैठक लगवा कर कहा—"बोल कै अब कबऊ काऊ छोरी तें ब्याह की बात नाँय करैगो।" बाकी बुजर्गों ने कहा—"कोई बात नहीं बच्चे हैं, इनका कोई काम नापाक नहीं।" हालाँकि, हम इतने छोटे थे कि हमारे बीच कुछ भी अनैतिक घटित होने का प्रश्न ही नहीं था।

नदरोली में गैर-जात की लड़की से तो बात भी नहीं कर सकता था। मक्खन की जलधारा बाप की तरह घमण्डी थी, इसलिए उनसे बात नहीं करता, सब बहनें लगती थीं, इसलिए उनके प्रति कभी कोई दुर्भाव मन में नहीं आने दिया जाता। परन्तु लड़कों की तरह वे साथ खेल-कूद नहीं सकती थीं। अमितिया मेरी उम्र की थी। उससे बतियाने का अवसर मिल जाता था। सर्दियों में उसकी माँ चूल्हे पर बिठा लेती थी और कहानियाँ सुनाती रहती थी। अमितिया के पास बैठा मैं सुनता रहता। परन्तु कभी उसके हाथ को उँगली ने भी छू लिया तो खुद लगता कि भारी पाप हो गया। लड़के लड़कियों के दिलों में अज्ञात डर भरा रहता था।

जब मैं प्रेमनगर पढ़ने गया था तो मैंने 'सीतो' की बड़ी बेटी से केवल इतना कह दिया था कि—"तू मेरी रोटी सेक दे तो मैं तुझे बदले में सकरकन्दी खिलाऊँगा," तो वह तुनक गयी—"अम्मा तें कहुँगी कै सकरकन्दी खवाइवे कूँ कह रयौ है।"

इसके लिए मुझे दोनों हाथ जोड़ कर उससे प्रार्थना करनी पड़ी—"भागवान, मेरी बदनामी मत करिए। मैं यहाँ पढ़ने आया हूँ, सकरकन्दी खा या मत खा। खाना तो मैं खुद बना लेता हूँ।" दो दिन बाद बोली—"बस्स डरि गयौ नेंक-सी धमकी तें...मैं तो तेरी हम्मति अजमाई रई।"

इसी तरह का एक प्रसंग पाली का उस समय का है जब मैंने पढ़ना शुरू किया था। चाचा की बेटी दस-ग्यारह साल की रही होगी। बड़े प्यारे स्वभाव की थी। तब शाम का वक्त था। छोटे चाचा की खाट के पास चारपाई लाकर लेट गयी। होली गयी ही थी। मैंने प्यार से उसके गालों पर खाली हाथ फेर दिया। अगले दिन उसने अपनी माँ से कहा कि—"सौराज ने मेरे गालनु कूँ हाथ लगायौ।"

फिर क्या था, माँ गुस्सा में तनी आयी और मुझे उल्टी-सीधी गालियाँ देने लगी। मैं डर गया। जबकि छोटे चच्चा कह रहे थे। "लाड़-प्यार में हाथ फेरि दओ। बड़ों भैया लगतु है। बेमतलब बात को बतंगड़ बनाइ रए हो। लल्ली मेरे ढिंग ही तो सोइ रही। मोह पतो है।" अम्मा खामोश थी। अब डर था कि कहीं लालचन्द ने आते ही आक्रमण कर दिया तो क्या होगा? परन्तु हर मामले में सख्त रहने वाले लालचन्द ने घर आने पर अपनी पत्नी की बात सुनी। बेटी से पूछा। उसके बाद अपनी पत्नी को इतना जोर से फटकारा कि वह कोने में घुस गयी। "बेवकूफ कहीं की! गाल पर हाथ फेरं दओ, कौन सो पाप कर दओ। भाई है वह। बहन के गाल पर हाथ का फेर दओ। वह पुचकार सकतु है। जो बात तुम सोचत हौ सो तुम्हारे मन में है जा मन पै नाँय है। जा में चाहे मैं वाइ कितनो हूँ डाँटू पर मैं जानतूँ चरित्तर में सौराज हीरा है। गे बड़ो हैके ग्यानी महात्मा बनेगौ।

उनके इस रुख ने एक गँवार आदमी के मन में छिपी प्रगतिशीलता और स्पष्टता ने मुझे संबल दिया। उनका पक्ष सुनकर अम्मा की आँखों में चमक आ गयी, अन्यथा वह मेरे प्रति चिन्तित थी। उसने एक बात कही—"देख सौराज कान खोल के सुन और मेरी बात गाँठ बाँध ले तू बिगड़न वानिकी होड़ कबऊ मत करिए। उनके घर धन है। लोग हैं। तेरो तो बाप हूँ जिंदौ नाँय है। तेरी हिमात कोई नाँय लेगो। तू जो करेगो सो खुद भरेगौ।"

बचपन गुजरता रहा, वक्त आगे बढ़ता रहा। लड़कियाँ मिलती, बिछुड़ती गयीं विषम लिंगी आकर्षण अपनी सीमा और मर्यादा में बना रहा। मैं पढ़ रहा था। गाँव में एक लड़की आयी रिश्तेदारी में। अक्षर-ज्ञान उसे था। साफ सलीके से रहती थी। गाँव की स्त्रियों व लड़कियों की तुलना में वह आकर्षक थी। रामचरन उसके आगे-पीछे लगा रहता था। हालाँकि, वह शादीशुदा थी। पर उसके बारे में भी फिर कहीं...।

सुन्दरिया

उन दिनों बुआ की पड़ोसिन, जिसे मैं सुन्दरिया कहता था, गाँव के रिश्ते में मेरी भाभी लगती थी और उम्र का अन्दाजा इससे लगाया जा सकता था कि उसका बड़ा बेटा मुझसे एक-दो साल बड़ा था। वैसे तो उनके पास एकाध एकड़ जमीन थी। लेकिन वे भी अपने बड़े बेटे और दो बेटियों के साथ हर साल भट्ठे पर जाती थीं। इस बार जमीन सँभालने के लिए वह गाँव में रह गयी थी।

पति दोनों बेटों को लेकर भट्ठे पर चले गये थे। सुन्दरिया जाटव थी। लेकिन गंगावासी जब अतरौली से बड़े का गोश्त (बड़े का मतलब भैंस, कटरे आदि का मटन) लाते तो सुन्दरिया को बुला कर जरूर खिलाते थे। खुद सुन्दरिया बाजार से 'सूअर' का मटन लाकर अपने आँगन में ईंटों का चूल्हा बनाकर पकाती थी। वह गंगावासी को भी बुला कर पोर्क का मटन खिलाती थी। इस खान-पान की निकटता

को लेकर कुछ लोग कहते थे कि सुन्दरिया और गंगावासी एक-दूसरे के यार हैं, अर्थात् उनके बीच देह से गुजरने वाले दूसरे सम्बन्ध भी हैं। पर मैंने उन्हें कभी उस रूप में न देखा न जाना। यार होने के जो मायनें लोग निकालते थे। मुझे उस रूप से मतलब भी नहीं था। गंगावासी का हुक्का-पानी अलग था, पर सुन्दरिया पर मजाल है कोई उँगली भी उठाए। वह सुन्दर, सुडौल, तेज-तर्रार या कहें कि वाचाल थी। अंग्रेजी शब्द में कहें तो वह "वोल्ड एण्ड स्ट्रांग लेडी' थी। वैसे मैं किसी के निजी मामलों में दखल भी नहीं देता था। आठवीं में जो माँस-मछली न खाने का आर्य समाजियों के बीच में संकल्प कर लिया था, वह फाकाकशी के चलते टूट ही गया था। थोड़ा-सा मार्क्सवादी साहित्य पढ़ते ही दृष्टि बदलने लगी थी। भूख में कुछ न हो तो माँस ही क्यों न खाया जाए? सुन्दरिया कहती–"सौराज तुम गोश्त खाओ तो मैं सूअर कौ खिवाउँगी"। मैं कहता–"ठीक है खा लूँगा।" उस दिन उसने अपने आँगन में एक ओर दूर ईंटें रख कर सूअर का गोश्त बनाया था। "मैं रोटी सेंक लूँ तब तक ये तरकारी (मटन) बन जायेगी।" "तुम लड़का हैकें अपने हाथ से रोटी सेंकत होगे, मोइ अच्छौ नाँय लगतु। आज यहीं खा लेना। मैं अभी सेंकती हूँ रोटी।" "नहीं भाभी यह तो मेरा अपना काम है।" पर उन्होंने सहृदयता प्रकट की तो मैंने कहा–''मैं यहाँ एक-दो दिन के लिए मेहमानी में तो आया नहीं हूँ। मेरे कनस्तर में अभी आटा है। आप कलिया बनाओ, मैं तीन-चार रोटी सेक अभी आता हूँ।" "अच्छा तो ठीक है तुम घर जाकर आटा निकार लाओ, मैं रोटी सेंक दूँगी।"

मैं कनस्तर से आटा लेकर सुन्दरिया की ओर भागता था। कई बार सूखा ही कटोरे में तो कई बार खुद गूंद कर रख लेता था। जैसे ही वह निकलती तो कहता–"मैं खुद पै लुँगा।" अपने घर में तो मैं खाना खुद बनाता ही था। गाँव के आस-पास से लकड़ियाँ बीन कर लाता था। कभी-कभी मानती से लकड़ियाँ ले लेता था। बबूल के झाड़-झंखाड़ ही इकट्ठे कर लेता था। वैसे भी खेत-जंगल में कांटे रहित लकड़ियाँ कोई छोड़ता नहीं था।

उस दिन सुन्दरिया ने रोटी बनाई और अपने बच्चों के साथ मुझे भी बिठा दिया–"जितनी खानी है खाओ। अब अपनी-पराई को हिसाब छोड़ो।" "ठीक है ''भाभी, मुझे पेट भरना है।'' पोर्क का गोश्त और गेहूँ की रोटी खाकर मैं वापस घर लौट आया। शाम के समय शाँति आ बैठी। उसके आते ही मैंने खाट पर से झूल उठाकर कुठला पर छिपा कर रख दी। उन दिनों मैं प्रेमपाल सिंह की भैंस वाली झूल ओढ़ कर ही अपनी रात गुजारा करता था। अकेला कैदी की तरह। वैसे भी यह घर गाँव से बाहर एकान्त में था। न सामने कोई मकान न दाएँ-बाएँ। हाँ, पढ़ाई में पागलपन की हद तक डूबे रहने के कारण मैं अपने अभावों की वेदना सहन कर लेता था। अध्ययन तपस्चर्या देख कर ही तो मैं इस गाँव में हरेक का प्रिय बन गया था। हर माँ अपने बच्चे को सौराज की तरह पढ़ने को बार-बार कहती थी। एक दिन मैंने

सुन्दरिया को बताया—“भाभी, सुना है मेरी बुआ भट्‌ठा पर से आ रही है। मैं हरदयाल के घर में रह चुका हूँ। वैसे अब मैं इम्तहान के बाद नहीं आऊँगा। थोड़े से वर्तन-गद्‌दा मेरे पास है। यहीं कनस्तर, किताबें, कॉपियाँ वगैरह छोटा-मोटा सामान है मेरे पास। बरसात में भी कम रुकूँगा। पर बुआ के आते ही मैं यहाँ ठहर नहीं सकूँगा। उसके लिए मुझे कहीं अलग थोड़ी जगह चाहिए।”

मैं दोनों साल पास हुआ हूँ, यह जानकर नगला पर रहने वाले स्त्री-पुरुष मुझसे प्रसन्न थे। वे मेरी सफलता को अपनी सफलता मानते थे। कारण यह था कि अब तक दो-तीन बच्चे जो इस गाँव से स्कूल गये थे, उनमें एक भी ऐसा नहीं था जो आठवीं-नवीं क्लास तक जाते-जाते कई-कई बार फेल न हुआ हो, या हाईस्कूल से पहले पढ़ाई छोड़कर बैठ न गया हो। ऐसे में मैं एक मेहमान पढ़ रहा हूँ, सब से मिलता-जुलता हूँ और अच्छी-अच्छी बातें करता हूँ। गीत गाता हूँ, उनके बच्चों को इकट्ठा कर उन्हें कविताएँ-किस्से सुनाता हूँ। और क्या चाहिए था उन्हें।

सुन्दरिया ने एक दिन कहा—“तुम चिन्ता छोड़ो, अपनो सामान मेरे घर में धरि जाओ। मैं सँभाल के रख लूँगी। अगली साल तुम्हारी बुआ अपने घर में रैन दें या नांय रैन दें और हरदिला के घरऊ नाँइ रेउ तो तुम्हें बासन, लत्ता और किताबें सब मिलाइ कें कुल एक बोरी-भर सामान है। याद रखियो तुम्हें जब चाहो मेरे घर में आधी रात जगह मिलेगी।” सामान सुन्दरिया के घर में रख कर मैं स्कूल चला आया और पढ़ाई से निबट कर प्रेमपाल सिंह सहित कई शिक्षकों के साथ नरौरा की ओर से गाँव चला गया।

उन दिनों मैं दसवीं कक्षा में पढ़ रहा था। सर्दियों के दिन थे। बोर्ड की परीक्षा मेरे लिए एक चुनौती थी। मेरा अस्तित्व दाँव पर था, कुल मिलाकर मेरे भविष्य का सारा दारोमदार इसी परीक्षा पर निर्भर था। चार-पाँच दिनों में मध्यांतराल होने के कारण मैंने कई पेपर गाँव से ही दिये थे। वे तैयारी के लिए मिलने वाले छुट्टियों के वे दिन प्रेमपाल सिंह के खेत-घर के कामों में बीत जाते थे। काम के लिए ही वे मुझे अपने साथ वापस ले जाते थे। परीक्षा की तैयारी के लिए रात का ही समय था। तब मैं थककर चूर हो रहा होता। ऐसे में आराम करूँ या पढ़ूँ?

दो पेपर लगातार थे, इसलिए संस्कृत का पेपर देकर मैं धुर्रा-प्रेमनगर गया था। मैं बुआ के कच्ची मिट्‌टी से बने घर में एकाकी रात को प्रेमपाल सिंह द्वारा प्रदत्त भैंस की पुरानी झूल ओढ़ कर बैठा पढ़ता रहता था। पढ़ने-लिखने से मैं तब ही हटता था जब शौचादि के लिए उठकर जाना होता या भूख लगने पर खाना बनाना होता अथवा फिर कमाकर आटा-दाल की व्यवस्था करने की जरूरत होती थी। बुआ की हाथ चक्की मेरी खाट से सटी हुई थी। दो-चार रोटी का आटा रात-रात में ही पीस लेता था। तब सुन्दरिया ने अनेक बार मेरा खाना बनाया था। बुआ वाले मकान पर भी वह खाना बनाते वक्त आ जाती थी और, आटा ले जाता तो दो रोटियाँ मेरी भी

सेंक देती थी। अपने घर तो वह बनाती ही थी। आटा मैं अपना देता था। कभी-कभी साग-सब्जी ला देता था। वह अक्सर मेरे पास आकर कहती थी–"श्यौराज, तुम समाधि में महात्मा की तरह अकेले आठ-आठ, दस-दस दिन यहाँ कोठे में कैसे अकेले पड़े रहत हो मोइ भौत अच्छे लगत हो। ऐसो का लिखो होतु है इन स्कूलनु की किताबनु में?" मेरी दृष्टि में वह तन-मन दोनों में बिरादरी की सबसे सुन्दर स्त्री थी। उसकी गोरी त्वचा इतनी चिकनी थी, जैसे चिकनी मिट्‌टी के तालाब से पकड़ कर लाई गयी सोर मछली की त्वचा होती है।

जैसे अद्‌भुत सपना

सुन्दरिया के पुत्र और पति भट्ठे पर थे। सर्दियों के दिन गुजर रहे थे। उनकी बेटियाँ बराबर वाले मकान में सो रही थीं। ऐसे समय में सुन्दरिया ने कहा था–"सौराज तुम्हारी खाट मैं भीतर डाले देती हूँ, डिब्बी जला कें जब तक चाहे तब तक पढ़ते रहो।" उसने खाट अन्दर बिछा दी और वह बाहर आकर बरोसी में दूध गर्म करने लगी। दूध के लिए देर रात तक जागना होता था। वह उसे जमाकर ही सोती थी, ताकि प्रातः उसे बिलोकर मलाई निकाली जा सके और मट्ठा बच्चों को पिलाया जा सके। वह जाग रही थी और मैं तल्लीनता से पढ़ रहा था। मेरा चुप रहना उसे अखर रहा था–"कभी-कुछ बोले हू करो। का मौनी बने बैठे रहत हो।" एक रात सोए हुए थोड़ी ही देर हुई होगी। आँख लगी कि सुन्दरिया ने खाट के पास आकर मुझे जगाया–"सौराज-सौराज उठो, लेउ थोरो गर्म-गर्म दूध पी लेउ, बरोसी में से लिकारि के लाई हूँ।" मैं अलसाया उठता हुआ बोला–"दूध और मैं, अरे, नाँय भाभी दूध नाँय, देनो ही चाहो तो सबेरे मट्ठा दे इइयो।" कटोरा कनस्तर पर रखकर उसने मेरी पीठ पर हाथ से सहारा देते हुए कहा–"पकड़ो, मठाहू, दे दिउँगी। और कछु माँगौगे तो वाऊ दै दुँगी। पहले बरोसी से लिकारौ जे गर्म-गर्म दूध तो पियौ।" वह हँसी-मजाक के मूड़ में थी। मैं सामान्य था। यह बोलते हुए उसने दूध से भरा कटोरा मेरे हाथों पर रख दिया। "मिठाई (गुड़) डाल दई है, गुन-गुनों, गुन-गुनों पी जाउ।" मैं जितना अधिक मीठा दूध पी रहा था, वह उससे अधिक मीठी बानी बोले जा रही थी।

मैं दूध पीकर लेट गया और थोड़ी ही दूरी पर समानान्तर बिछी खाट पर वह भी आकर लेट गयी। रात आधी से अधिक गुजर गयी तो सुन्दरिया ने मुझे जगाया–"सौराज-सौराज।" "हाँ भाभी!" "का सोइ गये हो?" "हाँ, पर पूरी तरह नाँय।" "तो इकले ही सोवोगे का? गर्म दूध पी केंऊ ठण्डाइ गये का? अबऊ अलग ही सोवैगे का?" मेरे सीने में धक से हुई। वह आगे बोली–"तो मैं ही आ जाउँ तुम्हारे जौरें (पास)?" "नहीं भाभी, तुम वहीं सोवौ।" मैं इस अप्रत्याशित स्थिति के लिए मन से तैयार नहीं था। किसी स्त्री के ऐसे सानिध्य का मुझे कोई अनुभव नहीं था। मैं सँभल नहीं पा रहा था और वह कह रही थी–"तुम मेरे ढिंग आ जाओ, नाँय तो

मैं तुम्हारी खाट पै आ जाउँगी।'' स्त्री के पास सोने के मित्रों से किस्से सुनता था। गाँव में मेरा साथी श्यामलाल तो कच्ची उम्र से ही काम-शास्त्र का स्वयंभू गुरु बना हुआ था। मैं स्त्री-पुरुष सम्बन्धों के बारे में कम ही जानता था। यूँ भी बाल श्रमिक के रूप में मेरे पास अवकाश के क्षण कम ही थे। अभावों के कारण मेरे रहन-सहन, वस्त्रादि से मेरा हुलिया ही बिगड़ा रहता था। स्कूलों में स्त्री-पुरुष सम्बन्धों के बारे में कोई पाठ नहीं पढ़ाया जाता था। स्वाभाविक जिज्ञासाएँ सैद्धांतिक बातें थीं। सैक्स की तो समाज में चर्चा करना भी अभद्रता समझा जाता था। मुझे यह स्थिति अप्रत्याशित ढंग से मिलेगी, ऐसी कल्पना भी नहीं थी। बल्कि आर्यसमाज में रहकर ब्रह्मचारी रहना है, ऐसा मानसिक दबाव मेरे ऊपर बहुत अधिक था। सुन्दरिया मेरे पास आये या मैं उसके पास जाऊँ, ब्रह्मचर्य का व्रत तो टूट ही जायेगा। ऐसा पाप करने पर भगवान मुझे मेरी बोर्ड की परीक्षा में फेल जरूर कर देगा। मैं कहीं का नहीं रहूँगा। ऐसी आशंका मेरे दिमाग में घेरे हुए थी। वह बोली—''अरे का सोच रहे हो? का लिख पढ़िवे वारे हौ तोहू कुछु नाँय जानत?'' ''कुछ नाँय भाभी, तुम स्त्री हो न?'' ''तो मैं कछु करिवे कूँ थोड़े ही बुलाइ रई हूँ। बस मेरी बगल में आइ कें लेटि जाउ, या कहो तो मैं तुम्हारी खाट पै आके तुम्हारे ढिंग लेट जाऊँ। डरो मति, मैं थोड़ो लाडु-प्यार ही करउँगी बस। तुम्हारो कछु छुटाइ नाँय लिउँगी मोइ तुम भौत अच्छे लगत हो, मनु कत्तु है तुम्हें सीना से चिपकाइ लेंऊँ...'' मेरी माँ की उम्र की वह अधेड़ महिला यूँ तो मुझे भी बहुत अच्छी लगती थी, स्वभाव की वह मधुर थी। वह मेरे छात्र-काल के निर्वाह में सहयोगी भी थी। पर उसका यह रूप! शायद उसका वह अपवित्र इरादा मेरे लिये अकल्पनीय और प्रत्याशित था।

मैं उसका बड़ा आदर करता था। अतः मैंने कहा—''भाभी तुम बहुत बड़ी हो।'' उन्होंने जवाब दिया—''तो मैं छोटी कब बन रही हूँ। हाँ तुम छोटे बनके आइ जाउ।'' ''तुम तो मेरी माँ जैसी हो।'' ''हाँ, वैसी ही हूँ। तो आवो और मेरी छाती से लग जाउ।'' कह कर उसने अपनी कमीज उतार कर अलग रख दी। खुली छाती पर उसके बड़े-बड़े सफेद स्तन लटक रहे थे। पिलपिले पपीते जैसे। अगले-क्षण वह मेरी चारपाई पर थी और डिब्बी पर हाथ रख कर बत्ती बुझाकर अँधेरा कर दिया था उसने। ''तुम्हें मजवूर नाँय करूँगी। बस सोई जाउ मोतें चिपटिकें।'' यानी आग से लिपटकर सूखा पेड़ बगैर जले रहे, सुरक्षित और पाक-साफ। कैसी विकट परीक्षा-हाईस्कूल की परीक्षा के उन दिनों में!

गनीमत रही कि वह मुझे चाट-चूट करती रही, जैसे भैंस लवारे को चाटती है और जल्दी सामान्य हो गयी। कुछ दूर तक हम एक-दूसरे की चारपाई पर पड़े संवादों का आदान-प्रदान करते रहे। उसके आग्रह के साथ मैं उसकी बगल में लेट गया। तो क्या मैं लेटने-भर को ही गया था। क्या वह सब करने, जानने की जिज्ञासा या कुतूहल मेरे भीतर अभी भी नहीं था। व्रत का क्या होगा? कोर्स से बाहर की पुस्तकें अधिक पढ़ने

की रूचि के कारण गाँधी जी की आत्मकथा उसी वर्ष मैंने पुस्तकालय से निकालकर पढ़ी थी। वे दो-दो युवतियों के साथ सो सकते थे और ये युवतियाँ भी किसी को अग्राह्य नहीं होतीं थीं। वे सत्य के प्रयोग बुढ़ापे तक करते रहे? तो मेरा धर्म भी एक बार स्त्री के साथ सोते ही डिग नहीं जायेगा क्या? ऐसा द्वन्द्व मेरे मन में चल रहा था।

स्त्री-संसर्ग सभी पापों की जड़ है। मैंने यदि पाप कर दिया तो मैं पढ़ाई में पास नहीं होऊँगा। फेल होने का मतलब होगा जीवन बर्बाद। ईश्वर अप्रसन्न हो जायेगा। ऐसी प्रबल भावना मेरे हर विचार पर भारी थी। हालाँकि, हाई स्कूल तक आते-आते कई प्रगतिशील कृतियाँ पढ़ चुका था। परन्तु अभी परम्परागत धारणाएँ, सोच और संस्कारों में उथल-पुथल थी। देवी-देवता, आत्मा-परमात्मा का नकार मैं करने लगा था। सुन्दरिया निर्द्वंद्व मेरे हाथ अपनी छाती पर रखकर लेटी थी। मुझे पूरी उम्मीद या आशंका थी कि वह इस क्रिया से आगे अवश्य बढ़ेगी। मैं उसके शरीर से सटा हुआ था। वह कुछ देर शान्त लेटी रही तो मैंने पूछा—"कुछ और तो नहीं करोगी भाभी?" वह तुरन्त बोली—"करूँगी, काहे नाँय खूब करूँगी। तुम मर्द नाँय हतौ का? हिजरा हो का?" कहते हुए उसने मुझे अपने गाढ़ालिंगन में भरकर मेरे गालों पर हाथ फिराया। एक गहरा चुम्बन लेकर बोली—"कितनी लगन है तुम्हारे दिल में पढ़ाई की। हर हालत में पढ़ते हो और एक मेरे बच्चे हैं, चार-चार साल स्कूल में रखकर लौटा दिये। खैर छोड़ो, अब तुम रात को पढ़ाई पूरी करके अकेले मत सोये करियौ। तुम छह-सात दिन मेरे संग ऐसे ही रोज लेटे रहोगे तब जाकर मैं कछु और करूँगी।" मैं उसकी बात समझ नहीं पा रहा था। मेरा मन विचलित होने की स्थिति में था और वह संयत सी छह-सात दिन की बात कर रही थी। मैंने सवाल किया था—"तो तुम आज क्यों आयीं मेरे पास?" "तुम नाँइ जानत तो चिपट के सो जाओ, सब जान जाओगे।" बोलते हुए उसने अपने स्तनों के बीच मेरा सिर पुनः अपने वक्षस्थल से सटाया और शायद सकून से सोने लगी। पर मेरी नींद उड़ गयी। मेरा शरीर हरकत में आने लगा। मैंने टाँगों से उसका पेटीकोट धीरे-धीरे ऊपर कर दिया तो देखा कि उसके गुप्तांग पर कपड़े की पोटली-सी रखी थी। इससे पहले मैंने कभी स्त्री की इस स्थिति को जाना नहीं था। घूरों पर पड़े रक्त सने कपड़ों के टुकड़े जरूर देखे थे, पर मासिक धर्म की इस प्रक्रिया का मुझे कोई ज्ञान नहीं था। यौन शिक्षा वैसे भी हमारे स्कूलों या घरों में वर्जित-सी थी। छह-सात दिन तक वह क्यों आगे नहीं बढ़ना चाहती थी और क्यों मुझे प्रेरित कर रही थी, वह सब कारण तो मैं बाद में आकर समझा।

मैं सुबह जल्दी उठा और रूटीन दिनचर्या शुरू की। जैसे मैंने अद्भुत सपना देखा हो। रात के मनविचलन के लिए पश्चाताप था। अगर सच ही में ही कुछ अनैतिक हो जाता तो ब्रह्मचर्य व्रत का तो सत्यानाश ही हो गया होता? दूसरा भाव यह था कि क्या वह अनुभव होना चाहिए था? आठ दिन के बाद फिर वह दिन

आयेगा तब मैं साथ नहीं सो सकता। साथ सोने से मन खराब होता है। बचने का एक ही तरीका है कि बाकी पेपर गाँव से दिये जाएँ अथवा पाली से आकर दूं। ईश्वर शायद मेरे नैतिक चरित्र की परीक्षा ले रहा है। ऐसी घड़ी में बचा भी वही सकता है। रक्षा करने का जिम्मा उसी पर छोड़ दिया जाए।

शाम होते-होते उसके पति देव अचानक आ गये। वे भट्टा से पैसे मिल जाने के कारण आये थे। उन्हें एक-दो सप्ताह रुकना था। मैं परीक्षा पूरी कर अपने सामान के साथ निकला तो उसने साइकिल का हैंडिल पकड़ लिया। धीमे स्वर में बोली–''वापस कब लौटोगे?'' "पता नहीं, एक बार जरूर लौटना चाहूँगा।" तो जाते-जाते वो गीत सुनाते जाओ–

सुन्दरिया री सुन्दरिया
सुखा ना देना दिल-दरिया
तेरे तटों को याद रखेगा
*भूखा-प्यासा आसरिया।**
सुन्दरिया री सुन्दरिया ॥

खैर, अच्छा हुआ या बुरा, फिर कभी मैं प्रेमनगर नहीं लौट सका। हाँ, प्रेमनगर की लोक साहित्य गतिविधियों का एक दृश्य मेरी स्मृति में आज भी विद्यमान है। यहाँ एक बार कई गाँवों के गवइयों में प्रतिस्पर्धा हुई थी। समस्या पंक्ति देकर उसकी पूर्ति में गीत सुनाया गया था। एक लोक कवि ने सुनाया था–

रावन ने सिया को नहीं छला
छल लिया उसी बलकारी को
जो असल राज था छुपा लिया
बहका दिया दुनिया सारी को।

इस दृष्टि से मुझे रामचरित आदि पर शंका और आलोचनात्मक दृष्टि से देखने का रुझान बना।

फिर उसी गाँव में

गाँव जा कर हम पहले प्रेमपाल सिंह के खेतों पर गये। कल के काम की दिमागी रूपरेखा हमेशा की तरह इस बार भी रास्ते में ही तैयार कर ली थी। तब तक 'बऊ' ने रोटी सेंक दी और हम दोनों खानें बैठ गये। उन दिनों बऊ के बर्तनों में भी मेरा एक निश्चित कटोरा था, जिसमें मैं हमेशा सब्जी लेता था। हालाँकि धोने के बाद उसे मैं बरामदे में घर की दहलीज के किनारे टिका देता था। बऊ उसे एक बार पुनः धोकर घर के बर्तनों में शामिल कर लेती थी। उधर से कोई खुली अस्पृश्यता नहीं

---
* आसरिया=आश्रित

थी। पर जैसाकि मैं पूर्व में लिख चुका हूँ कि मैं अस्पृश्यता के प्रति अतिरिक्त रूप से सतर्क रहता था, क्योंकि जब जाटव मेरा घर छेक चुके थे तो ये तो यादव थे। दलितों से एक सीढ़ी ऊँचे।

पीने के लिए पानी भी मैं बऊ से लेता था। परन्तु धीरे-धीरे मैं बर्तनों के 'पल्ला' (टोकरा) में से भी अपने बर्तन उठाने लगा था।

उन दिनों मैंने छुट्टियों के दो-ढाई महीने प्रेमपाल सिंह के लिए खूब काम किया था। फसल की कटाई और उठाई की। फिर बारिश हो गयी तो जुताई करते महीना गुजर गया। मैं अगर मुक्त होता तो उन दो-तीन महीने में चिनाई यानी राज मिस्त्री गिरी करके इतना कमा लेता कि आगे दो-चार महीने बैठकर खाता, पर मौका ही नहीं मिला। मास्साब ने स्कूल जाने का अवसर दिलाया था, इसलिए अपने निर्वाह के लिए कमाने-खाने का स्वतन्त्र निर्णय लेने के बजाय मैंने उनके घर-बाहर के कामों को प्राथमिकता दी।

स्कूल खुलने का समय आ गया था। मैंने डोरीलाल ताऊ के साथ रिवाड़े के पास जंगल में एक कुआँ चिना था। राजमिस्त्री की मालिकों से खातिरदारी की काफी अपेक्षा रहती थी। उसने अच्छा खाना खिलाने में कोताही की तो डोरी लाल ताऊ बोले—"सौराज सारे ने न दही खवाई न परामटे। 'विच्चोद' (गाली) की सिमन्ट के दो-चार के कट्टा कुआँ के रेत में पीछे धकेल देऊ।"

उन्होंने मालिक को सजा देने का गलत तरीका सुझाया था। वह मुझे नहीं जमा। मैं वस्तुओं के दुरुपयोग या विनष्टी के हमेशा खिलाफ रहा हूँ। मैं सजा देने का कोई दूसरा तरीका चाह रहा था। यदि सीमेंट बर्बाद ही करनी है तो उसकी मात्रा बढ़ा दी जाए जिससे मालिक की लागत ज्यादा लगेगी और क्रोध को तृप्ति मिलेगी। पर कुएँ की दीवारें मजबूत हो जाएँगी। इसलिए उन्होंने मुझे आइन्दा साथ रखने से इन्कार कर दिया। राज चाहे तो एक बोरा सीमेंट की जगह तीन बोरा लगा दे। उन्होंने आखिर में मुझे सहमत तो कर लिया और हम दोनों ने सीमेंट बर्बाद भी किया। मैं मन ही मन इसके लिए पश्चाताप करता रहा। डोरी लाल का स्वभाव ही ऐसा था। आइन्दा उनके साथ काम न करने का मैंने भी फैसला ले लिया था।

नए सत्र में स्कूल जाते समय मुझे उम्मीद थी कि मास्साब पाँच-दस सेर किलो गेहूँ और थोड़ी-बहुत घर से दाल जरूर दिला देंगे। परन्तु जब मैं स्कूल जाने लगा तो मेरे खाने का क्या होगा, वे दोनों इस प्रश्न पर बात ही नहीं कर रहे थे, बल्कि सोच रहे थे कि यदि थोड़ा-बहुत आटा-दाल ले गया तो वापस जल्दी नहीं लौटेगा। खेतों-पशुओं के लिए काम कौन करेगा? नौकर न गाँव में मिलता था और न कभी मजदूरी देने को उनका मन करता था। मैं अपने खर्चे के लिए बाहर से कमा लेता था, पर उस वर्ष कुछ नहीं कमाया था। छुट्टियों का सारा समय मास्साब का काम करते हुए बीत गया। ऐसा हर बार होता था। मैं गाँव आता तो पहले उनका काम करता,

बाद में रोटी खाता और जब स्कूल जाता तो खाली हाथ। अब एक-दो सप्ताह ठहर कर पढ़ूँ तो खाऊँ क्या? मजबूरन खेतों पर काम के लिए लौटना पड़ता।

एक बार तो घर से खाली हाथ जाते देखकर मास्टर बलबीर यादव ने पूछा था—"श्यौराज, वहाँ खाने-पीने की क्या व्यवस्था बना रखी है? तुम तो चिरौरी स्कूल में ही रह रहे होगे प्रेमपाल के साथ।" गाँव में बहुत से लोगों को भ्रम था कि श्यौराज प्रेमपाल सिंह के साथ चिरौरी विद्यालय में ही रहता होगा, इसलिए मेरे भरण-पोषण की व्यवस्था मुझे खुद नहीं करनी पड़ती होगी। बलबीर को हकीकत पता चली तो कहने लगे—"प्रेमपाल सिंह आदमी तो अच्छे हैं, पर हैं महाकंजूस। मेरे तो बचपन के यार हैं। मैं उनकी अच्छाई-बुराइयों को जानता हूँ। तू भैया मेरे घर से कछु गेहूँ लै जा जब देना हो, दे सकते हो।" "नेकी और पूछि-पूछि दै देउ मास्साब, उधार रहेंगे।" उन्होंने नौ-दस कि.ग्रा. गेहूँ मुझे दिये थे। 'बऊ' को बताकर, बल्कि उन्हें जता कर कि मैं श्यौराज को गेहूँ दे रहा हूँ। उन पर प्रेमपाल सिंह का कुछ उधार था।

बाद में मैंने उस अनाज का मूल्य चुकाकर ब्याज के पैसे देने चाहे, पर मास्साब बलबीर ने ब्याज नहीं लिया। मैं उनका गेहूँ उनके घर छोड़ आया था तो वे यह कह कर वापस कर दिये थे कि मैंने वापस लेने के लिए मदद नहीं की थी। बदला चुकाना है तो एकाध दिन हमारे खेतों पर भी काम कर देना। यादवों का कर्ज उधार खाकर कौन चमार-भंगी उतारे बगैर रह सकता था? कई मामलों में तो इन शूद्रों का अछूतों के प्रति व्यवहार ठाकुर-जाटों और जाटवों से भी अधिक सामंती था। चमार सिर उठाकर चले, चमारिन-भंगिन अच्छी धोती-कमीज पहने तो उनके सीने पर साँप रेंगने लगता था। जबकि ये खान-पान रहन-सहन और बोलचाल सभी में अधिसंख्य तो चमारों जैसे ही पिछड़े असंस्कृत लोग थे।

मैं गाँव-कस्बों के काम लायक राजगिरी भी सीख चुका था। गाँव में सादा मकान बनते थे। नींव की जमीन समतल करके सूत-परकाल और कभी-कभी बसूली, रेगमाल तथा सब्बल वगैरह थोड़े से औजारों से काम चल जाता था। उम्र में छोटा होने व ईर्ष्या भाव के कारण बिरादरी में कम लोग ही मुझे अपने साथ लेते थे। मैं खाऊँ, पड़ोसी भूखा रहें, ऐसी इच्छा हमारे कई पड़ोसियों की आज तक रहती है। मेरा घर आबाद हो न हो, पर पड़ोसी का घर बर्बाद जरुर होना चाहिए। मेरे बच्चे चाहे दुखी रहें, पर पड़ोसी के सुखी न रहें। ऐसी भावनाओं के बीच मैं अपना निर्वाह कर रहा था। फिर मेरा सगा तो कोई था नहीं। ताऊ अन्धे थे और बब्बा भी अन्धे। बचा मेरा छोटा भाई, सो वह अम्मा के साथ पाली में था। हालाँकि, मेरे घर के सभी सदस्य आत्मसम्मानी ही अधिक थे। अतः कमा कर खाते थे। शारीरिक अपंगता, गरीबी और अस्पृश्यता ने उन्हें बेहद स्तरहीन जीवन दिया था। ऐसा जीवन जिससे पालतू पशु जीवन बेहतर होता था। पिछली ज्ञात पीढ़ियों में कभी किसी को अक्षर ज्ञान प्राप्त करने का भी कोई जीवन मौका नहीं मिला था। वे सब तरह से सामाजिक गुलाम

पीढ़ियाँ थीं। उन्हें पता नहीं देश में कब कौन सुधारक आये कि किसने न्याय किया, कौन तरक्कीपसन्द रहा। किसी के किसी भी कार्यक्रम ने मेरे पूर्वजों की दुर्दशा को देखा नहीं। वेदना को महसूसा नहीं, कराहों को सुना नहीं, देशी-विदेशी अपने पराए हिन्दू-मुसलमान सब उनसे काम लेते गये और विपन्नता-बेबसी देते गये।

ठीक वक़्त पर

प्रेमपाल सिंह के घर मेरे लिए चौबीस घण्टे रोक नहीं थी। मैं किसी भी वक्त आ-जा सकता था। घर के सदस्य की तरह। बल्कि उस घर में 'मलना' की मृत्यु के बाद 'बऊँ' और मास्साब के अलावा तीसरा सदस्य मैं ही था। उस दिन मैं खेत जोत कर आया था। हल पीछे घेर में रखा। बैल खूँटे से बाँधे। उन्हें चारा डाल कर सीधा घर में घुसा। बाहर साइकिल खड़ी है, मास्साब आ गये होंगे। मैंने तय माना। किबाड़ में साँकल नहीं लगी थी। खोल कर अन्दर गया। चारपाई पर मास्साब, इस अवस्था में! शरीर पर कपड़े नहीं, गुप्तांगों पर वस्त्र नहीं, घर में कोई स्त्री नहीं। मास्साब तो सदाचारी हैं। बऊ! वह तो चार दिन पहले अपने गाँव जा चुकी है।

फिर मुझे देखकर मास्साब उठे क्यों नहीं? कोई प्रतिक्रिया क्यों नहीं की? मैं झिझक कर बाहर निकल आया। फिर मेरे मन में द्वन्द्व कि कोई ऐसी, वैसी बात होती तो वे सोए कैसे रहते। मैंने उनको पास जाकर क्यों नहीं देखा? उनका हाल तो ठीक है? साँस सही से चल रही थी या नहीं। मन नहीं माना, पर किसी को कुछ बताया भी नहीं। सीधा घर में गया और मास्साब का पहले तो धोती से नीचे का भाग ढँका, उसके बाद उन्हें छूकर देखा। वे तेज ज्वर से तप रहे थे। ऐसे ज्वर से गाँव में कई मौतें हुई थीं। मेरे भाई रोशन और पूरन भी तेज ज्वर से ही मरे थे। मुझे घबराहट हुई। क्या करूँ? बऊ पता नहीं कब आयेगी। आ भी गयी तो वह कौन-सी वैद्य-डॉक्टर है।

मैं तुरन्त भागकर वैद्य रघुनाथ शास्त्रीजी के घर पहुँचा। घर दूर नहीं था, परन्तु वैद्यजी के पैरों में चोट लगी हुई थी। वे चल नहीं सकते थे। वैद्यजी की पत्नी से मैंने प्रार्थना की और उन्हें बताया कि मास्साब की तबियत बहुत खराब है। वैद्यजी एक नजर देख लें।

"देख तो लें पर वैद्य जी को कौन देखे। दोनों पाँव से लाचार हैं। चल नहीं सकते।"

"पर जैसे भी हो।"

"तो तू प्रेमपाल को ले आ।" उन्होंने कहा।

"मैं उन्हें कैसे उठा सकता हूँ। वे पहलवान आदमी हैं। भारी-भरकम।"

"तो वैद्य जी कूँ उठा ले जा।" वे मजाक में बोलीं। पर उनका इतना कहना था कि मैंने उनकी दवा का थैला गले में डाला और वैद्यजी के दोनों हाथों से पकड़ कर पीठ पर डाल कर चल पड़ा।

"अरे-अरे, मैं तो ऐसे ही कह रई! कऊँ गिर गये तो।" वह बोलती रहीं और मैं उन्हें मास्साब की खाट के पास ले आया।

नाड़ी देखकर वैद्यजी बोले–"जल्दी ठण्डा पानी का कपड़ा और दवा का थैला ला।" फिर कहा–, "बेटा तैने देर करी होती तो प्रेमपाल की जान चली जाती। मैं तेरे नाम को हवन कराऊँगा। तू अपनी कौम के और वाल्मीकि बस्ती के बालक इकट्ठे करि कें लै आइए हवन में।"

अँधेरा होने से पहले बऊ का भतीजा घर में घुसा बोला–"हम आ गये हैं। फिरक (बैलों की सवारी गाड़ी) मुकराइ दई है। तू कुट्टी डारि दे सौराज...।"

प्रेमपाल सिंह का हाल जानकर बऊ को सुखद चिन्ता हुई। अगले दिन वैद्यजी ने 'बऊ' से कहा–"तू अपने जा 'हनुमान' की पींठ ठोंकि, जो मोइ ऐसे उठाइ ले गओ जैसे राम की कहानी में हनूमान पर्वत कूँ उठाइ लाए। संजीवनी बूटी सहित।"

गेहूँ का ढेर और मास्साब

अनौखिया 'बऊ' अपने मायके गयी थी। प्रेमपाल सिंह यादव का विवाह था। न्यौता पत्र से या किसी और से मान्य नहीं होता था। भातई जो थे, उनके लिए भेली ले गयी थी बऊ घर में तीस-चालीस क्विंटल गेहूँ भर दिया था। खुला ही पड़ा था अभी। मुझे दो काम सौंपे गये थे। एक तो बैलों और भैंसों को चारा खिलाना और रात को गेहूँ के ढेर पर सोकर रखवाली करना।

कई बार बऊ अपने मायके चली जाती और मास्साब स्कूल, तब पशुओं की टहल करने के लिए स्कूल छोड़ मुझे उनके घर में रहना पड़ता था। तब रसोई, बर्तन ही क्या, प्रेमपाल का पूरा घर ही मेरे हवाले हो जाता था। छुआ-छूत किससे और कैसी?

यहाँ कहने और सोचने की मेरे लिए बात यह है कि मैंने प्रेमनगर में रहकर दो-दो दिन भूखे पढ़ाई की। बऊ को अमानत के रूप में सौंपा एक कट्टा (आधा बोरा) गेहूँ मुझे उन्होंने वापस नहीं दिया था, फिर भी मैं उनके गेहूँ की रखवाली करता रहा।

मैंने उनके चालीस क्विंटल गेहूँ में से चार सेर भी इधर-उधर नहीं किये। यह मेरा ईमानदार मन कैसे बना था, जबकि मैंने दो रोटी का आटा चुराने के जुर्म में प्रधान की डाँट और पैर की ठोकर खाई थी इसी अपने गाँव में।

प्रेमपाल सिंह 'प्रेम' के दुःख कम नहीं। बेशक उन पर आर्थिक सम्पन्नता आयी। गाँव में वे सबसे अधिक जमीन, ट्रैक्टर, कृषि साधनों से सम्पन्न हुए। लम्बे-चौड़े घर-दालान उनके अपने हो गये। परन्तु उनकी निजी जिन्दगी के बारे में सोच कर मैं आज भी बहुत दुःखी होता हूँ।

प्रेमपाल सिंह की जिन्दगी के कई हादसे मेरी आँखों के सामने हुए। भाई की बेटी 'मलना' जिसे उन्होंने भाई की मौत के बाद पाला-पढ़ाया था, सगाई के साल ही चल बसी। जिस लड़के से मँगनी की थी, उसकी बाद में जिस लड़की से शादी

हुई उसे ही बेटी मान लिया। बुलाना, चलाना, दान-दहेज सब उसके लिए। ऐसा पिता-चाचा कहाँ है दूसरा। मलना की चिता जलाते वक्त घनघोर बारिश में मैं घी के कनस्तर उलटता रहा था। मास्साब पछाड़ खा कर गिरे तो होश खो गये थे। बऊ का हाल और भी खराब था। मैं किस-किस को सँभालता?

मैं आशा से हुई उनकी शादी में शामिल था। दो साल बाद उसने बेटे को जन्म दिया और प्रसव के दौरान ही उन्नीस सौ अठत्तर में चल बसीं। उनकी मौत पर मैंने 'आशास्मृति' नामक खण्डकाव्य लिखा था। प्रेमपाल सिंह की दूसरी शादी आशा की मौसेरी बहन उर्मिला यादव से उन्नीस सौ इक्यासी में की गयी थी।

वह बड़ा सादा शालीन आयोजन था। उस मौके पर कविताएँ पढ़ी गयीं थीं। आशा के पिता अशर्फीलाल नेताजी ने मुझसे कहा कि अपनी कविताएँ सुनाऊँ। धीरज सिंह तोमर और एक अंग्रेजी अध्यापक ने भी काव्य-पाठ में हिस्सा लिया था। प्रेमपाल सिंह का कविता-पाठ अधिक मर्मस्पर्शी था, क्योंकि वे आत्मपरक अभिव्यक्ति को तुकबद्ध कर रहे थे। पूरा विद्यालय परिवार सुनकर सन्न था। वे खुशी के मौके पर भी दुःख में कह रहे थे–

प्रभु हस्तदत्त दण्ड–कैसे बिरमाऊँ मैं?

... ...

मेरे द्वारा लिखी 'आशास्मृति' खण्डकाव्य की मूल पाण्डुलिपि आज भी प्रेमपाल सिंह के पास सुरक्षित है। वे उसे मेरी सबसे बड़ी गुरुदक्षिणा मानते हैं। उसके करीब अस्सी फीसदी हिस्से उन्हें कंठस्थ हैं।

दुःख की बात है कि दूसरी पत्नी के साथ भी उनकी जीवन-यात्रा पूरी नहीं हुई। विवाह के बाद लड़की को पिता के घर ले जाने का काम मुझे सौंपा गया था। सेहत के हिसाब से वे काफी तन्दुरुस्त थीं। मैं सोचता था कि जब ये माँ बनेंगी तो मरेंगी नहीं। आशा बहुत कमजोर थीं। उन्होंने पहलवान जैसे पुरुष के बच्चे को जन्म दिया, इस कारण मर गयीं। ऐसा मेरा स्पष्ट मनोगत था। पर दो साल बाद चन्दौसी शहर में मुझे सूचना मिली कि प्रेमपाल की यह पत्नी भी एक बच्चे को जन्म देकर चल बसीं।

मैं सुनते ही गाँव पहुँचा। सीधा मास्साब के घर। बऊ चारपाई पर पड़ी, प्रेमपाल सिंह पशुओं के भुसेरे में। बुरी हालत थी उनकी। मैंने उन्हें हाथ लगाया। वे मुझसे लिपट कर ऐसे रोए कि उनकी व्यथा से मैं भीतर तक हिल गया। देर तक उनके पास खाट पर बैठा रहा। वे कुछ नहीं बोले। बऊ कुछ खाने को लाई थीं–"श्यौराज तुम खाइ लेउ भूखे होगे।"

एक वाक्य बोलकर वे चुप हो गये। उनकी आँखें कह रहीं थी–श्यौराज, तुम शायद सही कहा करते थे–"अब पैसा है तो दूसरे मास्टरों, गुप्ताजी और शर्माजी की तरह आप भी शहर में एक घर बना लो, बच्चे पढ़ जायेंगे और उनकी माएँ बच जाएँगी।" मैं ऐसे मौके पर अपनी सलाह दोहराना नहीं चाहता था। बल्कि मैं सोच

रहा था गाँव में और लोग भी तो रहते हैं। किस-किस को शहर भागने को कहूँगा? क्या मैं दिल्ली ले जाकर अपने बहनोई की जान बचा पाया मैं?

रोजी-रोटी और अध्ययन-लेखन के सिलसिले में मैं दस-पन्द्रह साल गाँव नहीं लौटा। आने-जाने वालों से प्रेमपाल सिंह का हाल-चाल पूछा करता था। प्रेमपाल सिंह एक बार अम्बेडकर कॉलेज में मुझसे मिलने आये भी थे। जे.एन.यू. में उन्होंने हमारे साथ खाना भी खाया था।

दस साल बाद जिस दिन मैं वैंकुवर (कनाडा) की साहित्यिक यात्रा पर जा रहा था, उसी दिन बदायूँ से 'मीनू' ने मुझे खबर दी थी कि रोड एक्सीडेंट में मास्साब के बेटे की मौत हो गयी है। अब मास्साब कैसे होंगे, सोचता हुआ मैं विमान में चढ़ गया था। वैंकुवर टोरंटो से पहुँची 'जूठन' की अंग्रेजी अनुवादिका प्रोफेसर अरुणप्रभा मुकर्जी ने कहा था—"मैंने नेट पर आपके आने की इन्फोर्मेशन पढ़ी थी, इसलिए आपसे मिलने चली आयी।" मैंने पूछा—"टोरंटो यहाँ से कितनी दूर है? उन्होंने कहा—केवल चार सौ कि.मी.।"

न मैं बेटों का विकल्प और न वह ममता का पर्याय

उस दिन सवेरे-सवेरे गाँव से दयाराम चच्चा की मौसी हमारे लिए एक बुरी खबर लेकर दिल्ली आईं। मौसी दिल्ली के किसी गुरुद्वारे में रहती थीं। भाषा-पोशाक और काफी हद तक विचारों से वह पंजाबी हो गयी थीं। उन्होंने सिख धर्म अपना लिया था। कई साल वह पंजाबी संस्कृति में रची-बसी रही थीं। वे स्त्रियों के बहुत से रोगों के घरेलू निदान व समस्याओं के समाधान करती रहती थीं। लगती दादी थीं, पर हम सब उन्हें मौसी ही कहते थे। साध्वी जैसी सफेद साड़ी, गोरी रंगत और धुले सन जैसे सफेद बाल, ठिगना कद और भारी चेहरा। वे मुझे बर्फ सी मनुष्य की आकृति में चट्टान-सी लगती थीं। वे निःसन्तान विधवा थीं। बहनोत दयाराम को तंगहाली के दिनों में बड़ा सहारा दिया था उन्होंने। पैसे-टके के अलावा रहन-सहन, साफ-सफाई का सलीका भी उन्होंने सिखाया था। वे जब भी नदरोली आती थीं, पोटली में बाँधकर ढेर सारे कपड़े आदि लाती थीं। वह भजन-कीर्तन व स्त्रियों के गुप्त रोगों के इलाज से जो कमातीं, उसमें से एक हिस्सा दयाराम व उनकी माँ-बहन को भेजती थीं। दिल्ली में हमारी झुग्गी पर वे सप्ताह में एक-दो बार अवश्य आया करती थीं। जब भी आतीं, कभी बकरे के पैर, कभी सिर, कभी पेटा। यह सब नहीं तो फेंफड़े ही ले आतीं थीं। माँसाहार मौसी जी का सबसे पसन्दीदा भोज्य था। इसलिए अम्मा के साथ उनकी बहुत घुटती थी। उनके व्यक्तित्व निर्माण के बारे में मेरी जानकारी पूरी नहीं है। वे मेरी चर्चा के केन्द्र में भी नहीं हैं। उनकी इतनी छवि मेरी स्मृति में है कि वे एक परोपकारी, सुधारवादी और मेहनत की रोटी-खाने वाली स्त्री थीं।

उस दिन वे स्टेशन से सीधी हमारे पास आयी थीं। उन्होंने बड़े सामान्य भाव

से पहले तो रास्ते में कहीं से खरीद कर लाईं बकरे की कलेजी और फेफड़े माँ के साथ मिल कर बनवाए और हमें खिलाए, खुद खाए, फिर एक दिन बाद बताया कि—बाबूराम के बड़े बेटो 'रोशन' की अचानक मौत हो चुकी है। सुनते ही हमारा दिल दहल गया।

वह दुःख भरी खबर सुनते ही अम्मा रोने लगी। मैं भी सुबकने लगा था। रोशन मुझसे एक-दो साल छोटा था। उससे छोटा था उसका भाई 'पूरन'। वह भी अकाल काल के गाल में चला गया था। दोनों बच्चों की मौतें यादवों के खेतों पर लू लगने से हुई थीं। यह सदमा अन्धे ताऊ को कैसे बर्दाश्त होगा? वे वास्तव में अंधे की लाठियाँ नहीं, दो आँखों के समान थे।

हमें इस खबर ने अन्दर तक आहत किया और शोक में डूबी माँ ने उसी दिन गाँव लौटने का मन बना लिया। उन दिनों बड़ी मौसी सुमित्रा कुछ ही दूरी पर एक कुम्हार के झुग्गीनुमा घर में किराए पर रहती थीं। उन्हें वह समाचार दिया और कहा कि हम झुग्गी बेच कर अभी गाँव वापस जा रहे हैं।

मौसी ने कहा—"झुग्गी मत बेचो। एक बार बेच दी तो दुबारा नहीं मिलेगी। गाँव जाओ। फिर जब जरूरत हो आ जाना। तब तक झुग्गी किसी भरोसे के आदमी को दस-पाँच रुपया के किराए पर दे जाओ।"

हमारा दिल्ली लौटना निश्चित नहीं था। इसलिए अम्मा ने झुग्गी आधे दामों पर यानी तीस रुपए में बेच दी। हम लोग अगले ही दिन गाँव लौट आये। माँ ने ताई को सांत्वना दी—"तू मोते सौराज कूँ गोद लै लै। वैसे जो रह गाम्म में ही रओ है।"

कुछ दिन यूँ ही चलता रहा। मैं ताई का काम करने लगा और अम्मा भी उसके प्रति सहयोगी हो गयी। (डेढ़-दो बीघा जमीन और ताऊ की गाय की देख-रेख।) आखिर अम्मा ने मुझे ताऊ-ताई को ही दे दिया। वैसे देने के लिए मैं क्या था? सिवाय इसके कि उस दिन से मैं अपनी मेहनत-मजूरी के पैसे ताई को देने लगा। उसके लिए दूसरों के काम करने लगा।

उसी बीच जीजाजी की गम्भीर अस्वस्थता का समाचार पाकर मुझे माया बहन के घर जाना पड़ा। जीजाजी के गले की आवाज रुक गयी थी। स्पष्ट आवाज की बजाय उनके गले से साँय-साँय की ध्वनि ही निकल पा रही थी। वे कुछ भी स्पष्ट नहीं बोल पा रहे थे। एक-डेढ़ साल तक इसी हालत में वे जूतों की सिलाई-गठाई का काम करने पैंठ बाजार जाते रहे। पैंठों में वे अपनी बस्ती के सभी हमउम्र युवाओं बदलू, बाबू, चेता, रम्पू, होराम, रमचन्दी आदि के साथ पंक्ति में बैठ कर जूते-चप्पलों की मरम्मत करते थे। मैं जब मोचीगिरी में ट्रेंड नहीं हुआ था तब एक-दो दिन मेहमानदारी में रहने के बाद वहाँ के सवर्णों, खासकर ब्राह्मणों के खेतों पर मजूरी करने जाता था। जीजा की आर्थिक स्थिति खराब थी। उनके रेतीले खेत में पानी का साधन (कुँआ-बैल) आदि न होने के कारण कोई खास उपज नहीं हो पा रही थी। वे अपनी

मोचीगिरी से ही परिवार का खर्च चलाते और उसमें से जो कुछ बचाते, उसका अधिकांश दवा-दारू पर खर्च होता। वैद्य, हकीम, ओझा सभी को पैसा दिये जा रहे थे। रोग जिस तरह बढ़ता जा रहा था, स्वास्थ्य उसी अनुपात में गिर रहा था। चिन्ता लगातार बढ़ रही थी।

उन्हीं दिनों मुझे मोचीगिरी में प्रशिक्षित किया जाने लगा। एक अलग बकुचिया और पुरानी रांपी 'कटार्नी' पॉलिश की डिब्बी व कट्टे में चमड़े की कतरनें भरकर हम उम्र बच्चों के साथ मैं भी पैंठ में जाने लगा था। स्कूल जाने की उम्र में बच्चे जूतियाँ गाँठने जाते थे। मैं जब से हाथों में जूता साधने लायक हुआ, बूट-पॉलिश तभी से करने लगा था। चन्दौसी-बहजोई, बरेली, मुरादाबाद रेलवे स्टेशन पर और अन्दर शहर में काम करने का तजुर्बा मेरे पास था। अब पॉलिश करने के अलावा सोल लगाना, नाल ठोंकना, सिलाई करना आदि काम भी सीख गया था।

जीजाजी आवाज के बदले आवाज नहीं दे पाते थे। बहुत से ग्राहक उनका मजाक उड़ाते थे। उनकी ग्राहक संख्या कम होने लगी और स्वास्थ्य लगातार गिरने लगा। यह व्यवहार पैठों-बाजारों के अलावा गाँव में भी होता था। सहानुभूति के पात्र के साथ मजा लेने की प्रवृत्ति देखकर हम परेशान होते थे। जीजा जी न बोल पाने से और ज्यादा परेशान थे। वे हर समय दवाइयाँ खाते रहते। कभी सम्भल से और कभी अमरोहा से जितना सम्भव होता, दवाएँ ला-ला कर खाते थे। झाड़-फूँक वाले भी बहुत आजमाए, लेकिन फायदा न दिखाई देता।

मैं खाली दिन मिर्जापुर के पास गाँव चकूनी, गौरीपुर और सकतपुर में जाकर बैठ जाता था। गाँवों में लोग जूतियाँ ठीक कराते और बजाय पैसे देने के अनाज और सब्जी आदि देते थे। उसे मैं साथ रखे कपड़े में सँभालकर रखता था। उन्हीं दिनों बहन के छोटे देवर भज्जन को जिन्हें गाँव के जाट और ब्राह्मण 'हरिजन' भी कहते थे, काम सिखाने का जिम्मा जीजा जी मुझे ने सौंप दिया था। हम दोनों संयुक्त सामान के साथ गाँव में घूम-घूम कर जूतियों की मरम्मत करने जाने लगे। उस दिन पास के गाँव चकूनी में काम करने गये थे। उन दिनों हम बीच गाँव में बोरी का बिछौना बिछा कर उस पर सामान पसार कर बैठ जाते थे। जाटों, बामनों, गूजरों आदि घरों के जूते-चप्पल मरम्मत के लिए आने लगते और साथ में अन्न भी आता। हम कतार में जूते चप्पल बिछा देते। भज्जन में काम सीखने की कोई इच्छा और रुचि नहीं दिख रही थी। मैं भज्जन से बड़ा था, पर लगता उनका साला था। इसलिए वे मेरे साथ आज तक छोटे रिश्ते का व्यवहार करते हैं। उस दिन वह न तो काम में लगे और न मेरे साथ बैठे। जानें क्यों शुरू से ही मुझे निठल्ले लोग पसन्द नहीं आते। किसी भी काम को जिम्मेदारी से न करने वालों पर तो मुझे गुस्सा आ जाता है। उन्हें खाली देख कर मैंने उन पर नाराजगी जाहिर की तो वे मुझसे भिड़ गये। जवाब में जोर से एक चाँटा मैंने उनके गाल पर जड़ दिया। अब क्या था, वे रोते हुए गाँव

आये और मारने का प्रचार कर पूरी बस्ती में मेरी छवि खराब कर दी। लोग कहने लगे—"बहन के देवर पर हाथ उठाया, मानि को पीटा, सौराज बड़ा बुरा लड़का है।" मैं क्या जानता था कि कुछ ही दिन बाद वही लड़का मेरे बहनोई की भूमिका में होगा और उसका स्वभाव बनने के बजाय बिगड़ता ही जायेगा।

उन्हीं दिनों अचानक मेरे जोड़ों में दर्द शुरू हुआ। इस बीमारी को गठिया-बाय कहते हैं। पहले सर्दी-बुखार हुआ, फिर चार-पाँच दिन चारपाई पर पड़ा रहा। पहले पाँव के पंजे के ऊपर की गाँठें सूजीं, फिर घुटनों के जोड़ सूजकर फुटबाल की तरह बड़े-बड़े हो गये। दर्द, सूजन और जकड़न बढ़ती गयी। पैरों के जोड़ों के दर्द के बाद उँगलियों की सभी गांठें सूज गयीं। स्थिति यहाँ तक खराब हुई कि मेरा चारपाई से उठना भी मुश्किल हो गया। बहन गोद में उठाकर तसला में पखाना कराती और पेशाब चारपाई पर ही करता था। जोड़ों का दर्द और जीजा जी के गले की बीमारी बढ़ती ही गयी। इलाज के नाम पर आस-पास से राख पढ़वा कर मँगाई गयी। खड़सौली गाँव के ख्याली मुराव उन दिनों वहाँ के मशहूर ओझा थे। वे नीम की पत्तियों से झाड़-फूँक करते थे। उन्होंने ऊपर का चक्कर बताया। इसलिए रामगंगा में चढ़ाने के लिए पाँच सेर की भेली, पाँच महीने तक नियमित स्नान और न जाने क्या-क्या प्रसाद बोला। तेल मालिश भी की। डॉक्टर वहाँ न तो सहज उपलब्ध थे और न डॉक्टरी इलाज में किसी का विश्वास था। ओझाओं में मेरी बहन की आस्था भी गहरी थी।

उसी समय की एक घटना है। बहन की बस्ती की जेठानी ऐसी कमजोर स्थिति देख कर आँगन की जगह पर कब्जा करने के इरादे से कुछ दिन से प्रयास कर रही थी। उसके आठ बेटे और एक बेटी थी। उसके पति बल्लेसिंह भी जवान पट्ठे थे उन दिनों। आठ बेटों में 'छै' पैंठों में जूतियाँ गाँठते थे और 'बले' मुर्दा-मवेशी की खालें उतारने का काम करते थे। वैसे वे कभी लड़ते झगड़ते नहीं थे। लेकिन बहन और जेठानी में मामूली जगह को लेकर झगड़ा हुआ। झगड़ा देवरानी-जेठानी का था, परन्तु कमजोर स्थिति में देखकर बल्लेसिंह ने जीजाजी की लाठी उठाकर बहन की पीठ पर दे मारी। जीजा जी बीमार थे ही, गाली के बदले में उनके गले से साँय-साँय की आवाजें निकल रही थीं और मैं लाठी टेक कर भी नहीं चल पा रहा था। 'भज्जन' अपने 'पिता' सियाराम जाट के खेत पर थे। कैसी विवशता थी! हम दोनों बीमारियों से अधमरे से हुए पड़े थे। उस पर बल्ले की वह दिलेरी सामने आयी। वह बहन पर लाठी चला गया, लेकिन मैं देखता रहा। मैंने कहा था—"बल्ले, यह बहादुरी नहीं है। ऐसे में तुम सारा घर भी छीन सकते हो।"

गाँव के लोगों के साथ-साथ मुझे भी यह अजीब लग रहा था कि बल्ले जैसा महा सज्जन जिसने कभी किसी पर उँगली नहीं उठाई, जो हमेशा अपनी पत्नी की डाँट-फटकारों के आगे भीगी बिल्ली बना रहता था, उसी व्यक्ति ने बीमारी और बेबसी का लाभ उठा कर मेरी बहन की पीठ पर लाठी दे मारी। गलती स्वीकार करने के

बजाय मेरी ओर गुस्से से देख कर बोला–

"तुझे भी हत्थ-पाँव तुड़वाने हों तो तू भी आजा। बहन-बहनोई के साथ साले की भी खातिर कर दूँ।"

करीब एक-डेढ़ महीने मैं वहाँ बीमार हालत में रहा। बहन ने माँ से बढ़ कर मेरी सेवा की। सरल और शान्त स्वभाव की मेरी निरक्षर बहन मेरे बहुत से दुःखों में साझीदार रही। रात-दिन गर्म पानी के सेंक और तेल-मालिश से बहुत राहत मिली। बीस-पच्चीस दिनों में मैं जैसे ही कुछ चलने लायक हुआ, वापस अपने गाँव लौटने की सोचने लगा। मिर्जापुर से मेरा गाँव करीब चालीस कि.मी. है। किराए के लिए पैसे न होने के कारण उन दिनों पैदल ही यात्रा करनी होती थी। सो बीच में करीब बीस कि.मी. दूर अहमदपुर एक रात रुक कर दो दिन में पैदल गाँव लौट आया। साथ में जीजाजी भी आये। वे मुझे मेरे घर छोड़ने और नदरोली के पहुँचे हुए सयानों को अपना गला दिखाने आये थे। नदरोली के हम दलितों में जितनी और जैसी भूतपूजा उन दिनों होती थी, वैसी किसी और जाति में नहीं थी। परन्तु सियानों से इलाज कराने गैर-दलित कौमों की औरतें, अधिक आती थीं। रोजमर्रा की जिन्दगी में भयंकर छुआछूत बरतने वाली सवर्ण औरतें सियानों द्वारा मुँह में चाबकर दिये गये चने चाव से खा जाती थीं। कैसे भी हो, लड़का पैदा हो जाए। मिर्जापुर जाने से पहले ताई ने मुझे मौखिक रूप से गोद ले लिया था। उन दिनों मेरी नराई-कटाई की सारी मजूरी ताई ही लेती थी। गोद लेने का मतलब ही कमाई मजदूरी पर ताई का हक हो गया था। लेकिन जब मैं जोड़ों का दर्द लेकर मिर्जापुर से लौटा तो अम्मा ने ताई के पास वापस भेज दिया। देशी मुर्गी के अण्डे, केकड़े के शोरबे और 'विषगर्भ' तैल मिले तो सौराज को आराम हो सकता है। यह राय अनुभवी बुजुर्गों ने दी थी। लेकिन ताई ने पहले दिन ही अम्मा से स्पष्ट शब्दों में कहा था–

"मुखी, सँवारि अपने लौंड़ा (लड़का) कूँ। कछु है हिवाइ गओ तो मैं का करउँगी।"

यानी जो ताई स्वस्थता में मेरी कमाई खाने के लिए मुझे अपना दत्तक पुत्र बना रही थी, बीमार होते ही उसने एक वक्त खाना खिलाने से भी पल्ला झाड़ लिया था।

अम्मा उन दिनों जीजा जी का सियानों से इलाज कराने के उद्देश्य से 'पाली' से नदरोली में आ गयी थी। मेरे हाथ-पाँव की सूजन देख और ताई द्वारा वापस कर देने के बाद आखिर अम्मा का ही हृदय पसीजा। उसने अपने खुद की मेहनत-मजूरी के पैसों से देशी अण्डे भून कर मुझे खिलाए, जो दवा के रूप में थे। करीब दो-तीन दिनों तक मिर्च-मसाले के साथ माँ के हाथ, बने अण्डे खाकर अविस्मरणीय सन्तोष मिला।

न तो मैं ताई के लिए उसके रोशन या पूरन का विकल्प था और न वह मेरे लिए मेरी माँ की ममता का पर्याय।

उस समय मेरे जोड़ों का दर्द कम जरूर हुआ पर बना रहा। उस समय मैं

अंधविश्वास से बिलकुल मुक्त तो नहीं था, किन्तु आर्यसमाज से थोड़ा प्रभावित जरूर था। इस नाते कुछ तार्किक विवेक पैदा होने लगा था। परन्तु मेरे मन में यह द्वन्द्व चलता रहता था कि यदि कोई ऊपरी हवा आदि नहीं है, तो सब के सब ऐसा विश्वास क्यों करते हैं?

गाँव वालों ने बताया कि 'लुहामई' गाँव में एक लुहार लोहे का कड़ा बना कर हाथ में डाल देता है। मन्त्रसिद्ध कड़ा के पहनने से गठिया-बाय का दर्द दूर हो जाता है। वह पुण्य के लिए निःस्वार्थ सेवा करता है। हाँ, ठीक होने पर गुड़ की भेली बँटवाने का वचन लेता है। रोगी का मन कमजोर हो जाता है। कहीं से कोई राहत मिले, बस इसी युक्ति की तलाश रहती है उसे।

वादा पूरा

हाईस्कूल की परीक्षाएँ ठीक से सम्पन्न होने का एक पत्र मैंने भाई साब को मौलाना आजाद मेडिकल कॉलेज के पते पर लिखा था। उन्होंने अपने वायदे के अनुसार मुझे कुछ किताबें खरीदकर देने को कहा था। किताबें लेने मुझे चन्दौसी पहुँचना था। वहाँ उनके माता-पिता यानी मेरे मौसी-मौसा रहते थे। मौसाजी सीता आश्रम पर रोड के सहारे एक किराए की दुकान पर जूते बनाते-बेचते थे। मौसी अक्सर अस्वस्थ रहती थीं और जैसे-तैसे दोनों वक्त का खाना बना पाती थीं। पत्रोत्तर मिला—"श्यौराज, तुम अमुक तारीख को आ जाओ। मैं तुम्हारी रूचि और जरूरत की कुछ किताबें दिल्ली से लेकर आ रहा हूँ।"

मैं चन्दौसी पहुँचा। मेरा पूरा ध्यान किताबों में था, इसलिए कि किताबें मेरे लिए दुर्लभ थीं। वे जाते ही मैंने देखीं। उनमें अनिल राजिम वाले की सरल हिन्दी में 'साम्राज्यवाद क्या है?' 'पूँजीवाद क्या है?' 'इजारेदारी किसे कहते हैं?' आदि पुस्तकें थीं। मार्क्स, लेनिन और माओ कौन थे, इस बारे में बेसिक किताबें थीं। उन्हीं में एक किताब हरिवंशराय बच्चन की 'मधुशाला' भी थी। भाई साहब ने बताया कि दिल्ली के किरोड़ीमल कॉलेज में प्री-मेडिकल करते समय उन्होंने 'मधुशाला' खुद बच्चनजी के कंठ से सुनी थी।

मधुशाला को मैंने वहीं लय से पढ़ना शुरू कर दिया। शाम को मौसाजी आये तो मैंने उन्हें भी सुना दी। खासकर ये पंक्तियाँ उन्हें पसन्द आईं—

"धर्म ग्रन्थ सब जला चुकी हो, जिसके अन्तर की ज्वाला।"
मन्दिर, मस्जिद गिरजा सारे तोड़ चुका जो मतवाला
पण्डित मोमिन पादरियों के फंदो को जो काट चुका
कर सकती है आज उसी का स्वागत मेरी मधुशाला ॥

इस काव्य-पाठ को सुनकर मौसा जी ने रुख बदला। वे बोले—"बेटा, कल तुम

अपने गाँव 'बकैनियाँ' जाओगे। ये मधुशाला अपने चचेरे भाई 'गुलाब' को दे आना। सौराम को इतनी किताबें काफी हैं।"

मौसाजी का निर्णय सुनकर डॉक्टर भाई ने कहा—"भाई (वे मौसाजी को भाई कहते थे) गुलाब को कविताएँ पढ़ने में कोई दिलचस्पी नहीं है। वह टेलर मास्टर है और श्यौराज स्टूडेंट है। यह कविताएँ लिखता भी है। दूसरे कवियों को पढ़ेगा तो और अच्छा लिखेगा।" पर मौसाजी को जो कहना था सो कह दिया। मैं पुनः आग्रह करता, इससे पहले डॉक्टर ने आँख के इशारे से मुझे चुप रहने को कहा।

उस शाम डॉक्टर मुझे चन्दौसी के कुछ सक्रिय वामपंथियों से परिचत कराने ले गये थे। सबसे पहले वे कामरेड भंगवानदास शर्मा के घर ले गये। वे घर पर नहीं मिले। तब अरविन्द सक्सेना, का. बी.के. दत्ता और का. मदन दीक्षित एडवोकेट से क्रमशः मेरा परिचय कराया।

चन्दौसी के पास जनैटा गाँव में दूल्हा खाँ नामक कामरेड रहा करते थे। रात के समय जाकर हम उनसे मिले। मकसद यह था कि मैं यदि आगे पढ़ाई कर सकूँ तो चन्दौसी में इन लोगों से मिल कर रह सकता हूँ। ये लोग अस्पृश्यता का बर्ताव नहीं करेंगे। हालाँकि, सभी कामरेड ऊँची जातियों से थे। खासकर ब्राह्मण, कायस्थ और मुसलमान। परन्तु दूल्हा खाँ सच्चे कम्युनिस्ट थे। वे जमींदार घर में पैदा हुए, वकील बने और मुरादाबाद में भाकपा की नींव रखी। अलीगढ़ में उन्होंने सफाई कर्मचारियों को संगठित किया था और बिलारी क्षेत्र में भूमि चोर राजाओं से टकरा कर कुछ जमीन दलितों में बँटवाई थी। नगलिया जट के नत्थू चमार को उन्हीं ने ग्राम प्रधान बनवाया था। उनके साथ के पूरे संस्मरण रोक कर इतना बता रहा हूँ कि कालान्तर में कामरेड दूल्हा खाँ की अन्तिम साँसें मेरी बाँहों में ही टूटी थीं।

अगले दिन सुबह की गाड़ी से मुझे अपने गाँव नदरोली लौटना था। अलीगढ़ की ओर जाने वाली गाड़ी करीब आठ बजे छूटती थी। मुरादाबाद की दिशा में जाने वाली गाड़ी का भी लगभग वही समय था। मैं जाने को तैयार हुआ तो स्टेशन तक एक साथ चले जायेंगे, कह कर डॉक्टर ने भी कपड़े पहन लिए। मौसा जी उन्हें प्रायः स्टेशन तक छोड़ने जाया करते थे। परन्तु उस दिन भाई साहब ने कहा था—"भाई, मैं कोई दिल्ली थोड़े ही जा रहा हूँ। आप अपना काम देखें। वैसे भी हम दो हैं साथ-साथ बोलते-बतियाते चले जायेंगे।" बात मौसा जी की समझ में आ गयी और हम दोनों स्टेशन पहुँचे। डॉक्टर ने सबसे पहले ब्रीफकेस खोला और 'मधुशाला' सहित सभी किताबें निकालकर मुझे दे दीं। गाड़ी आने पर मैं घर लौट आया। बाद में यदि एक मार्क्सवादी साथी ने ही 'मधुशाला' रख न ली होती तो वह प्रति आज भी मेरे संग्रह में अवश्य होती।

बताया जा चुका है कि नवीं क्लास से ही मेरे पास डाक से 'सोवियत दर्पण', 'युवक' और 'युवावेदी' पत्र मेरे गाँव में पहुँचा करते थे। मैं उन्हें खूब पढ़ता था और

नई-नई सूचनाएँ अपनी कापी में नोट कर के उन्हें कंठस्थ कर लेता था।

उन्हीं दिनों 'युवावेदी' में अंगोला के राष्ट्रपति अगास्तीनो नेटो की मृत्यु का सचित्र समाचार छपा था। उनके चित्र के नीचे लिखा था—अंगोला के राष्ट्रपति अगास्तीनो नेटो एक महान क्रान्तिकारी कवि थे। कवि शब्द ने मेरा ध्यान खींचा। इसलिए कि यह बात मेरा उत्साहवर्धन करने वाली थी कि कवि राष्ट्रपति भी हो सकता है। तब तक मैंने केवल यही पढ़ा था कि कवि की पहुँच तो बहुत होती है, परन्तु वह रहता राजदरबारों के अधीन ही है। उसका व्यक्तित्व नेतृत्वकारी नहीं होता। वे सत्ता के चारण-भाट भर होते थे।

मैंने अगास्तीनो नेटो की तस्वीर अखबार से काट कर मुँह देखने वाले शीशे के पीछे का रंग-रोगन छुटा कर फ्रेम में लगा ली और घर में दरवाजे के ठीक सामने टाँग ली। वर्षों तक यह तस्वीर मेरे घर की दीवार पर टंगी रही। मेरे पास शीशा खरीदने के लिए पैसे नहीं थे, इस कारण तब तक बचपन की जितनी तस्वीरें थीं, सभी मैंने उसी फ्रेम में छिपाकर रख दी थीं। जब मैं एक-दो साल गाँव नहीं लौटा तो छोटे भाई ने उसकी केयर नहीं की। एक बार गाँव जाकर देखा कि बरसात में दीवार से पानी आने के कारण नेटो का यह चित्र जरूर बचा है, पर अन्दर की मेरी सभी तस्वीरें गल गयीं। हालाँकि, मेरे पीछे घर में अम्मा, भाई और उसकी पत्नी और पास में ताऊ-ताई रहते थे, परन्तु उन्हें मेरी किताबें, तस्वीरें और अखबार सब फालतू चीजें लगती थीं। बल्कि उसकी पत्नी जलधारा ने बक्से में भरा सारा साहित्य रद्‌दी में बेच दिया था। इस चिढ़ से कि मैं मजूरी करना छोड़ कर इन किताबों में क्यों वक्त बर्बाद करता हूँ, मेरे संग्रह के बहुत से पत्र भी उसने कूड़े में फेंक दिये।

कम्युनिस्ट साहित्य पढ़-पढ़ कर मैं देवी-देवता, ईश्वर, नर्क-स्वर्ग, पुनर्जन्म अवतार इत्यादि विषयों पर बहसें करने लगा था। भूत-पिशाचों के पुजारियों से तो मेरी सीधी तकरार होने लगी थी। एक बार तो मैंने गाँव-मौहल्ले की तमाम दीवारों और दोनों चौपालों के अन्दर-बाहर नारे लिख दिये थे। "पूँजीवाद हटाओ, समाजवाद लाओ।" "जो बच्चे पढ़ पायेंगे, वे बच्चे बढ़ पायेंगे।" संस्कृत का एक श्लोक—"माता-शत्रु पिता बैरी यो न पठिते बालकाः", को मैं रोज अर्थ कर-करके अपनी बस्ती के लोगों को सुनाया करता था। जो माता-पिता बच्चों को नहीं पढ़ाते, वे उनके शत्रु और बैरी होते हैं।

'युवावेदी' में फैज अहमद फैज की शायरियाँ छपा करती थी। फ़ैज की मौत का सचित्र समाचार मैंने 'युवावेदी' में ही अपने गाँव में पढ़ा था। फ़ैज की मौत पर उनकी शायरी को कई दिनों तक पागल की तरह गुनगुनाता रहा था। उसी तरह मैं साहिर लुधियानवी की रचनाओं से भी बहुत प्रभावित हुआ। बहुत से शे'र मुझे कंठस्थ हो गये थे। फ़ैज की यह नज्म—

मताए लोह लौहो कलम
छिन गयी तो क्या ग़म है

कि खूने दिल में डुबो ली हैं
उँगलियाँ मैंने।

और–

अब भी दिलकश है–
तेरा हुस्न मगर क्या कीजे
और भी ग़म हैं जमाने में
मौहब्बत के सिवाय ॥

और साहिर की यह ग़ज़ल–

मैंने पी शराब,
तुमने क्या पिया, आदमी का खून
मैं जलील हूँ, पर तुमको क्या कहूँ।

मैं अक्सर दोहराता था। परन्तु अपनी कविता में भावुकता, प्रेम और हिन्दी के कल्पनावादी कवियों का प्रभाव हावी हो जाने का खतरा बना रहता था। इसलिए कि ये हिन्दू वर्णवादी कवि पाठ्य-क्रम में भी घुसे हुए थे, जबकि मैं भावुकता और रोमांस से बच कर यथार्थ का कवि बनना चाहता था। पता नहीं आज तक बन भी पाया हूँ या नहीं। मेरे दिले-अजीज शायरे आजम क़ैफ़ी आजमी, अली सरदार जाफरी, साहिर लुधियानवी, फ़ैज अहमद फ़ैज इत्यादि ने फिरकापरस्ती, पूँजीवाद के खिलाफ तो पुरजोर आवाज बुलंद की, परन्तु साहित्य में फैले ब्राह्मणवाद को नहीं छू सके। शायद इसलिए कि मुसलमानों में से ये लोग भी ताकतवर कौमों में से आये थे। इसलिए ये भी गीतों के सौदागर बन फिल्मों के बाजार में उतर गये।

शैलेन्द्र दलित होकर भी फिल्मों में थे। मैं यह बाद में जाना, पर उनके गीत मेरे अपने यथार्थ के ज्यादा करीब थे। उनकी ये पंक्तियाँ आज भी मेरी स्मृति में आत्मीय बनी हुई हैं–

तू जिन्दा है तो जिन्दगी की जीत पर यकीन कर
अगर कहीं है स्वर्ग तो उतार ला जमीन पर

बैल के सींगों में

मेरे गाँव में घासीराम कुम्हार व्यवसाय से आधे कुम्हार, आधे दर्जी और थोड़े किसान भी थे। उनके ये तीनों काम कम-ज्यादा साथ-साथ चलते थे। शायद इसीलिए वे किसी भी क्षेत्र में पूरी तरह दक्ष नहीं थे। परन्तु करते सब थे। कुम्हारगिरी से रह जाने वाली कमी वे दर्जीगिरी से पूरी किया करते थे। कृषि के लिए उनके पास थोड़ी-सी जमीन थी। इसलिए वे एक ही बधिया (बैल) भी पालते थे। रहट, दाँय और खाद-भूसा आदि ढोने के काम वे अकेले नहीं कर पाते थे। इसलिए उन्हें सहायक

की जरूरत होती थी। तब वे मुझे याद किया करते थे। मैं यदि किसी दूसरे के काम पर जाने के लिए पहले से तय नहीं रहा होता तो उनके काम पर सहर्ष चला जाता था। कारण, वे खाना अच्छा खिलाते थे। यादवों के काम पर मुझे अपने साथ में कटोरा ले जाना पड़ता था, क्योंकि वे छुआछूत मानते थे, बर्तन नहीं देते थे, पर इनके यहाँ तो घर का बना भोलुआ (कुल्हड़) मिल जाता था।

एक बार वे मुझे अपनी दाँय हाँकने के लिए ले गये। गाँव से पश्चिम में तालाब के किनारे पेड़ के पास उनका गेहूँ का लाँक पड़ा था। यद्यपि लोग दूर-दर से लाँक ला-ला कर गाँव के पास ढेरियाँ लगा लेते थे। इस जगह को 'पेयर' कहते थे। घासीराम का लाँक थोड़ा था और 'पैर' अकेला था और तालाब के ऊपर की जमीन पर था। जगह साफ-चिकनी और 'दाँय' लायक थी, इसलिए उन्होंने यहीं पर दाँय चलाने का निर्णय लिया। वे मुझे बारह आना पर दाँय हाँकने ले गये। उनके घर यादवों के घरों की अपेक्षा सब्जी में नमक-मिर्च मुझे अच्छा मिलता था और ऊपर से मट्ठा भी। दाँय करीब चार-पाँच दिन हाँकनी पड़ती थी। घासीराम साथ-साथ टेलरिंग भी करते थे। जिन दिनों दाँय चलती थीं, उन्हीं दिनों अप्रैल-जून में ही फसल का काम होता था। इन्हीं दिनों विवाह-शादी भी अधिक होते थे। ऐसे में भोलुए-कुल्हड़ों की माँग बढ़ जाती थी। वे तीनों मोर्चों पर व्यस्त हो जाते थे। घासीराम पर गरीब लोगों के कपड़े अधिक आते थे, इसलिए कि वे औरों की अपेक्षा कम पैसों पर सिलाई कर देते थे। उस दिन सुबह दाँय चालू करा के घर चले गये। बैलों को दोपहरी में विश्राम के लिए उसके मालिकों के घरों पर छोड़ दिया जाता था और सूरज ढलने के बाद दाँय पुनः शुरू होती थीं और देर रात तक लाँक के ढेर पर चलती रहती थीं।

दोपहर का वक्त था। ऊपर से सूरज आग उगल रहा था और नीचे से लांक भभक रहा था। गेहूँ की नलियों के टूटने-चुभने से मेरे पाँव में खरोंचें भी आ जाया करती थीं। थोड़ा-थोड़ा खून निकलकर सूख जाया करता था। जहाँ-जहाँ इंजेक्शन की सुई की तरह गेहूँ की और लाँक बालियाँ चुभतीं, वहाँ खून निकलता और सूख कर काले-काले चेचक के दागों जैसे खुरंट पैरों की त्वचा पर जम जाया करते थे।

यद्यपि वे आगाह कर गये थे—"सौराज बेटा, तू सब ध्यान ते करिये। नटियाँ (छोटे बैल) मरखनी हैं। मैं थोड़े भोलुआ बनाइ आऊँ और दुए लहंगा-कमीज सी (सिलाई) आऊँ।" वे घर जा कर काम में फँस गये। देर होने का भी शायद उन्हें अन्दाजा नहीं रहा या कोई यादव उन्हें पकड़ कर बैठ गया था। जो भी रहा हो, वे वक्त पर आ नहीं पाये। बच्चे उनके बहुत छोटे थे। पत्नी काम में हाथ बँटाती थी। यूँ मेरी सुध लेने कोई और भी नहीं आया। देर दोपहर तक मैं अकेला ही दाँय हाँक रहा था। सुबह आये थे तो थोड़ा नाश्ते में मट्ठा-रोटी खिला गये थे। अब भूख और थकान केवल मुझे ही नहीं, बैलों को भी लग आयी थी। मुछीका लगाकर दाँय को जोतने की इजाजत नहीं होती थी। इसलिए कि थोड़े-बहुत गेहूँ

खाने को न मिलें तो कोई मुफ्त में बैल क्यों दें? बैल कुछ भूसा मिश्रित अन्न में मुँह मार लेते थे। लाँक में मुँह गड़ा कर बैल अन्न तक पहुँचते, तब तक मैं उन्हें आगे हाँक देता था। बैलों का गोबर मैं लाँक पर नहीं गिरने देता था। बैल जैसे ही पूँछ उठाते, मैं लाँक हाथ पर रखता और गर्म-गर्म गोबर ऊपर ही ऊपर ले लेता था। गोबर में पीले-पीले समूचे गेहूँ दिखाई पड़ते थे। साबुत रहने पर भी इन गेहुँओं में स्वाद और तत्त्व नहीं बचता था। मुझे इसका अनुभव था। गोबर मैं एक ओर फेंकता रहता था। हाँ, दो या तीन बैल एक साथ गोबर करने लगते तो मैं उलझन में फँस जाता था। हालाँकि, कुछ बैल रोज के सम्पर्क में रहने के कारण मेरा आदेश-निर्देश मानते थे। पर वे गेहूँ न खाएँ, गोबर-मूत्र मेरे निर्देश पर करें, प्यासे रहें, पानी-पीने के लिए सब्र करें, ऐसा व्यवहार तो किसी मनुष्य से भी अपेक्षित नहीं। वे तो आखिर पशु थे। उस दिन दोपहर ढलने को आयी। बैल प्यास के सताए रस्सियाँ तोड़ने पर उतारू थे। मैं भी हारा-थका और भूखा-प्यासा था। दाँय मुकराने (दोपहर को बैलों की लंच की छुट्टी) के समय का इन्तजार करते-करते थक गया था। दूर-दूर जहाँ तक दृष्टि जा रही थी, सभी ने अपनी-अपनी दाँय मुकरा दी थीं। मुकराने के लिए कम-से-कम दो व्यक्तियों की आवश्यकता होती थी। मालिक घासीराम प्रायः एक बजे तक आ जाते थे, पर उस दिन नहीं आ सके। मैं अकेला दाँय मुकराने लगा। मुकराने के लिए बैलों के सामने जाकर उनकी गर्दनों के बीच से रस्सी खोलनी पड़ती थी। यह होशियारी से बैलों के गले में डाली जाती थी। रस्सी की गाँठ हर बैल की गर्दन के आकार के अनुसार होती थी। गले के नीचे-ऊपर से दोहरी रस्सी जाती थी, जो गर्दन को न तो कसती थी न घर्षण करती थी। परन्तु इतनी संकुचित भी होती थी कि बैल अपना 'सिर' बाहर निकाल कर न भागे। मैंने पहले तो एक साथ माला जैसी रस्सियों में बँधे हुए उन बैलों को लाँक की पैरी से नीचे उतारा, फिर दो-दो को एक साथ ले जा कर तालाब में पानी पिलाना शुरू कर दिया। परन्तु, बैल अब रुक नहीं रहे थे। दो तालाब की ओर, तो तीन गाँव की ओर चल पड़े थे। मैं किस-किस को सँभालूँ? गाँव वालों को रोकता तो तालाब वाले बैल दूसरी ओर चल पड़ते। मैं कभी इधर तो कभी उधर दौड़ रहा था। आखिर मैं उन तीन बैलों के गले से रस्सी खोलने के उद्देश्य से दौड़ कर उनके सामने पहुँचा। बैलों के बिना रुके मैं रस्सी खोलता गया। एक गाँठ कुछ सख्त हो गयी थी। बैल बेताब हो रहे थे। उन्हें क्षण-भर भी रुकना मंजूर नहीं था। जो भी मुक्त होता, वही भाग छूटता। पाँचों बैल गाँव की दिशा में बढ़ रहे थे। पूरी ताकत लगाकर। मैं उनकी गर्दनों से रस्सी खोलने का प्रयास कर रहा था। अचानक लम्बे सींग वाले सफेद बैल को जाने क्या सूझी कि उसने मुझे ऐसी जड्ड मारी कि उसके दोनों सींग मेरे दोनों हाथों में और मैं उसके माथे पर। उसने सिर ऊपर कर मुझे उठा लिया। मैंने जोर लगा कर उसके दोनों

सींग पकड़ लिए। अब बैल मुझे कहाँ पटकेगा? वह अब जरूर मार डालेगा। भयातिरेक के कारण मैंने सींगों के ऊपर से गर्दन की रस्सी को पुरजोर कस कर पकड़ लिया। अब बैल मुझे घसीटता गाँव की ओर दौड़ चला। नौ-दस साल की मेरी उम्र। मेरी देह सींगों के बीच में फँस गयी। मैं जोर-जोर से रोने-चीखने लगा। उधर गाँव वालों ने यह दृश्य देखा तो वे मेरी ओर भागे। लोगों ने मुझे छुड़ा लिया यानी मरने से बचा लिया, किन्तु मैं डर गया था बैल चले गये और मैं रास्ते के किनारे बैठ कर अपनी धड़कनों को काबू में करता रहा। उसी बीच दाँय मुकराने के लिए घासीराम गाँव की ओर से आते दिखाई पड़े। उनके हाथों में मेरे लिए खाना लटकता दिखाई दे रहा था और मैं अज्ञात ईश्वर का गुणगान कर रहा था। जान बची तो लाखो पाये। गंगी बब्बा सारा वाकया सुन कर कहने लगे –"लल्ला, तू गाम छोड़ि कें फिर कहूँ शैर (शहर) ही चलो जा।"

संस्कृत का प्रथम प्रश्न पत्र और मेरी सूरत

मेरी दसवीं बोर्ड की परीक्षाएँ चल रही थीं। मैं चाहता था, जब तक परीक्षाएँ सम्पन्न हों, मुझे शारीरिक श्रम की अति व्यस्तता से थोड़ा अवकाश/छूट मिले। मैं दूसरे छात्र की तरह तैयारी कर सकूँ। लेकिन मुझे मात्र प्रश्नपत्र का दिन छोड़ कर बाकी सारा समय रात-दिन मास्टर प्रेमपालसिंह यादव के घर-बाहर, फसलों और पशुओं के कामों में व्यस्त रहना पड़ता था। मसलन खेत से चारा काटकर लाना, कुट्टी काटना गोबर-कूड़ा साफ करना इत्यादि। काम करने के लिए मुझे हर पेपर के बाद तैयार करने के लिए मिलने वाली छुट्टियों के सब दिन गुरुजी की गुलमयी की भेंट चढ़ जाते थे।

बिरादरी बस्ती में जाता तो–लम्बरदार की गुलमई करि आये? गोबर डारि आये, गुरु जी का? ऐसे व्यंग्यबाण मेरे सीने में घोंप दिये जाते।

अतः मैं परीक्षा की तैयारी के लिए बुआ के गाँव प्रेमनगर रुकना चाहता था, परन्तु वहाँ मेरे पास खाने को रूखी-सूखी रोटी का भी इन्तजाम नहीं था। लगातार पेपरों के वक्त रुकता भी तो खाने का संकट रहता था। मास्साब काम के बदले खाना देते थे। काम लेने के लिए अनौखिया भाभी की चलती थी। एक दिन के काम के बदले दो दिन का खा सकूँ ऐसा वे भी कभी नहीं करते थे। इसलिए मेरे सामने रोटी की स्थाई और आधारभूत समस्या थी। मेरे लिये दसवीं पास करना अन्तिम विकल्प था। पास हुआ तो भविष्य की आशा थी और फेल हुआ तो अस्तित्व खत्म था। आज मैं कहीं नजर नहीं आता। जैसे अशिक्षा के कारण मेरे बाकी भाई-बहन कहीं नजर नहीं आ रहे। बेगार-मजूरी करता मर-खप गया होता कहीं।

मैं गाँव में गुरु जी के उक्त काम कर रहा था। संस्कृत पेपर वाले दिन जल्दी तैयार होकर मैं मास्साब के साथ स्कूल की ओर निकला। गाँव से स्कूल की दूरी

लगभग पच्चीस-तीस कि.मी. थी। एक साइकिल थी और दोनों को जाना था। छात्र होने के नाते गुरु जी को पूरे रास्ते खींचना मेरा परम कर्तव्य था। पर उनका वजन अधिक होने और मुझ में शक्ति कम होने के कारण मैं उन्हें अधिक दूर नहीं खींच पाया था। तो वे ही मुझे बिठाकर खींच रहे थे। उस सुबह हम करीब बीस कि.मी. रास्ता तय करके नरौरा से आगे कला अध्यापक ठाकुर रामवीरसिंह राघव के गाँव बाजीदपुर पहुँचे थे। वे घर से निकलने ही वाले थे। तभी प्रेमपाल सिंह ने उनसे कहा—"मास्साब, आप श्यौराज को अपनी मोटर साइकिल पर बैठाकर ले चलो, नहीं तो इनका पेपर छूट जायेगा। मैं बीच के रास्ते से शॉटकट आ रहा हूँ।" उन्होंने कहा—"कोई बात नहीं, आप चलिये हम आते हैं।" वे मुझे मोटर साइकिल पर बिठाकर मुश्किल से एक या दो कि.मी. निकल पाये कि चैन उतर गयी। मैंने उतर कर चढ़ाई और फिर चलना शुरू किया। थोड़ी देर बाद चैन फिर उतर गयी। इस तरह बार-बार चैन उतरने से जल्दी के बजाय और देर हो गयी। बल्कि मुझे अब गुरु जी को मोटरसाइकिल को धक्का लगाना पड़ा। आखिर राघव साब ने कहा श्यौराज परीक्षा देनी है तो मुझे छोड़ो और तुम पैदल भाग जाओ। मैं भाग छूटा। फिर भी काफी देर से पहुँचा। पेपर शुरू हुए करीब एक घण्टे से अधिक का समय बीत चुका था। लगा कि परीक्षा में बैठने का अवसर मेरे हाथों से निकल गया है। मैं बिना तैरे किनारे पर ही डूब गया। इस भय के कारण मैं पसीने-पसीने हो रहा था। मैं भाग कर परीक्षा कक्ष की ओर गया। ड्यूटी अध्यापक ने कक्ष में घुसने से रोक दिया कि बोर्ड के नियमों के अनुसार अब तुम परीक्षा कक्ष में प्रवेश नहीं पा सकते। मैंने घबराते हुए समस्या बयान की और प्रेमपाल सिंह का हवाला दिया। तब उन्होंने कहा कि 'तुम पहले प्रिंसपल से इजाजत ले कर आओ', वे राउण्ड पर थे। उनकी अनुमति से आखिर मैं परीक्षा देने बैठ तो गया, परन्तु मेरी ओर देख कर सभी परीक्षार्थी हंस रहे थे। मैंने वजह जानी। वे मेरे मुँह पर लगी कालिख को देख कर हंस रहे थे, बार-बार चैन चढ़ाने के कारण मेरे हाथ काले हो गये थे हाथों से मुँह पोछने के कारण मुँह काला हो गया था। जिसे देखकर वे हंस रहे थे, पर मैंने उनकी परवाह नहीं की और प्रश्नपत्र हल करने में जुटा रहा। ताकि मेरा भावी परिणाम काला न निकले।

फसल कटाई, उठाई आदि के प्रमुख काम इन्हीं दिनों होते थे। सो वे सब किये और मास्साब ने घेर में दो कमरे बनाए। उन पर भी मैंने जमकर काम किया। बाकी दस-पन्द्रह दिन बाहर मिस्त्रीगिरी करके कुछ रुपये कमाये थे। होतीलाल के चार सौ में से करीब दो सौ रुपये कर्ज और ब्याज दे दिया। मुंशी श्यामलाल यादव के तीन सौ का कर्ज मेरे सिर पर बकाया था। उसे उतारने के लिए मुझे सरकारी आवास योजना के तहत घर बनाने को मिली एक घर की जगह हप्पू-धर्मपाल को तीन सौ रुपये में बेचनी पड़ी। इरादा था, एक बार सारा कर्ज चुका दूँ। चुका भी देता तो भी

स्कूल खुलने के बाद दाखिला लेना है। कपड़े और किताबों का प्रबन्ध करना है और रोज खाने का खर्चा कहाँ से आयेगा? मास्साब के घर रोटी खानी है तो भारी श्रम के रूप में उसकी कीमत भी चुकानी होगी। हर समय शारीरिक कामों से घिरे रहना हो तो पढ़ने के लिए वक्त कहाँ से निकलेगा? जीवन जैसे चल रहा है, जब तक सम्भव होगा और चलाऊँगा। फिलहाल ज्यादा-से-ज्यादा काम करके कुछ कमाया जाय। यही धुन सवार थी। काम मिल रहा था। छुट्टियाँ बीत रहीं थीं। कुछ अपने खर्च के लिए कमा लूँ, इस आश्वासन पर प्रेमपाल सिंह के घर से थोड़ी मुक्ति मिल रही थी। मई-जून और जुलाई की धूप-गर्मी में छतों-दीवारों की चिनाई करते-करते मेरा शरीर काला पड़ जाता था। देह से पसीने की गंगा बहती रहती थी। शाम को थक कर घर आने पर भूख जोर से लगती थी और नींद डूब कर आती थी।

उन्हीं दिनों दिल्ली से भाई साहब नत्थूलाल की चिट्ठी आयी थी। उसमें आगे पढ़ने को लिखा है अम्मा को भी लगा, पढ़ सकता है श्यौराज "ठीक है, नत्थूलाल ने कोई बात कही है तो सही कई होइगी? पढ़ि ले भइया, तू मुसीबतें उठाइ कें पढ़ि पावे तो।" नत्थूलाल के प्रेरक पत्र को मैं पिछले बीस साल से सँभाले रहा। वे मेरे लिए गाइडलाइन जैसे रहे। खैर, जो भी हुआ गाँव में यह खबर अहम थी कि

आखिर गंगी का नाती दसवीं पास हो ही गया

यह खबर केवल मेरी बिरादरी के लिए चर्चा का विषय नहीं थीं, बल्कि तेलियों, फकीरों, बनियों और यादवों के लिए एक खास खबर थी। सबसे पहले यह पड़ोसी वाल्मीकियों में फैली। शिशुपाल सिंह यादव, मास्टर मोहकम सिंह यादव ने प्रेमपाल सिंह से शर्त लगा रखीं थी कि श्यौराज हाईस्कूल पास नहीं कर पायेगा। दसवीं का नतीजा आ गया था। उस दिन मैं सवेरे से ही मास्साब के साथ उनके खेत पर काम करता रहा था। दोपहर के समय रोटी खाकर, दीवार की छाँव में पड़ी मुंशी चच्चा की टूटी खाट पर आकर लेटा ही था कि उलफत मास्टर साइकिल से आते दिखाई पड़े। वे बोले—"सौराज, रिजल्ट तौ आजु आइ गओ भाई।" मैं चौंक कर उठा—"कहाँ किस अखबार में।" उन्होंने आगे बताया—"मैं बबराला से देख कर आया हूँ। 'अमर उजाला' का परीक्षा परिशिष्ट पुस्तक विक्रेता रमेश गुप्ता की दुकान पर ही बिक रहा है। एक रुपया लेकर नतीजा बता रहे हैं।"

"मेरे परिणाम के बारे में तो तू देखि नाँय पाओ होइगो। रौल नम्बर तो मेरे पास है।" मैंने कहा तो वह बोला—"देखन की जरूरत ही नाँय है।" "क्यों जरूरत क्यों नाँय है?

मैंने चिन्तातुर होकर पूछा तो उन्होंने कहा—"स्वामी पूर्णानंद विद्यालय को तो

परीक्षा केन्द्र ही रद्द करके परिणाम रोक दओ है सरकार ने?"

उलफत के इस वाक्य में दो बातें निहित थीं। एक तो ईष्या के कारण मुझे असफल देखने की कामना। दूसरे यह मानना कि पास होने का एक मात्र जरिया नकल करना होता है। पर मैं अपने विद्यालय की स्थिति से अनभिज्ञ नहीं था। अतः मैंने पूछा—"क्यों भाई, ऐसा कैसे हो सकता है? बहुत अच्छा नहीं है तो नकल की छवि वाला भी नहीं है हमारा विद्यालय।" उलफत कुछ छिपा रहा है, ऐसा मुझे आभास हुआ। मैं चाहे पास हुआ होऊँ या फेल, पर स्कूल का परिणाम तो नहीं रोका जा सकता। फिर भी मेरे पैरों से जमीन खिसक चुकी थी। मेरे इतने दिनों की तपस्या व्यर्थ होती लग रही थी। फेल हो जायेगा तो समझो मेरा इस दिशा में चलने का इरादा ही खत्म हो जायेगा। अब दूसरा प्रयास नहीं कर पाऊँगा मैं। फेल होने का मतलव हमेशा के लिए बेलदार-मजूर बना रहूँगा। नहीं, मुझे आगे बढ़ना है।

"यकीन नहीं है तो शर्त लगा ले पाँच-पाँच रुपया की।"

जब उसने शर्त की बात कही तो मेरा माथा ठनका कि कुछ तो गडबड़ है। दिल धड़कने लगा। क्या कहेंगे लोग? बेकार में यादवों की गुलामई करते रहे श्यौराज। अब मुझे तसल्ली तो करनी ही थी। अतः मैं तुरन्त उठा। शरीर पर शर्ट-पैंट डाली साइकिल पकड़ी और सीधा बबराला की ओर रवाना हो गया। तेज धूप और सामने की लू। चैन कहाँ? हाँफता-हाँफता पुस्तक-विक्रेता के पास पहुँचा। वहाँ परिणाम देखने वाले छात्र अपने नतीजे देखने आ जा रहे थे। मैंने पूछा—"लाला, आपके पास चिरौरी स्कूल की दसवीं का परिणाम है?" वह बोला—"हाँ है तो, अनुक्रमांक बताओ।" मैंने प्रवेश-पत्र दिखाया वह बोला—एक रुपया दो। मैंने तुरन्त एक रुपया उसकी करतल पर रखा, तब उसने दिखाया।

मैं द्वितीय श्रेणी में पास हुआ था। नतीजा देख कर मेरी खुशी का ठिकाना न था। परन्तु आगे की पढ़ाई कैसे होगी? इसकी व्यवस्था मुझे करनी थी। सबसे पहले मैंने गाँव वालों का कर्ज उतारना जरूरी समझा। मास्साब का काम भी उस वर्ष दुगुने उत्साह के साथ खूब किया। उन्हीं की सलाह और सहयोग से मैं हाई स्कूल कर पाया। इस कृतज्ञता के भार को महसूस करता था। जाने-अंजाने मुझे अपवाद छोड़ कर रक्त के कई रिश्तों ने बराबर कष्ट पहुँचाया। किन्तु दिल और मनुष्यता के रिश्ते ने मुझे सहयोगी समझा। मेरी नीयत और इच्छा-शक्ति डगमगाई नहीं। इसके लिए मेरे साथ जिनका भी हाथ-साथ रहा हो, उनका मैं आभारी हूँ।

गाँव में जिस गली से गुजरता, मास्टर लेखपाल और वरिष्ठ-कनिष्ठ छात्र मेरा नतीजा पूछते। मुझसे ज्यादा बधाइयाँ मास्टर प्रेमपाल सिंह यादव को दी जा रही थीं। वे कह रहे थे—मेरा संकल्प पूरा हुआ, अब आगे पढ़े-न-पढ़े श्यौराज। एक स्मरणीय शिक्षक ने अनजाने अच्छी बुनियाद रख दी थी। उस अन्धे गंगी चमार का नाती पास हो गया था, जिसकी अब तक की सभी पीढ़ियों में कभी कोई साक्षर तक नहीं हुआ।

हर जाति में यह बात गयी। यूँ भी मेरा और प्रेमपाल सिंह का सम्पर्क दायरा बहुत बड़ा था। हम घर-घर जाया करते थे, आर्य समाजी प्रचार के दिनों से ही। जो भी हो अब गंगी के नाती की यात्रा का दूसरा चरण शुरू होगा। उसे ऊँची पढ़ाई करनी है। साहित्य के क्षेत्र में देश की सेवा करनी है। किसानों, कम्युनिस्टों, दलितों और छात्रों के बीच जाना है।आखिर गंगी चमार का नाती दसवीं पास हो दिखै आगे ही गया। पास हो गया तो अब उसे पढ़ने-बढ़ने के रास्ते खोजने हैं, देखें आगे क्या करता है, उसे अपना प्रयाण गीत गाना है—हाँ, यहाँ तक की आत्मकथा में मैंने केवल हाईस्कूल पास करने तक की यात्रा में आपको अपने साथ लिया है। अब मुझे आपको बताना है कि मेरी आगे की पढ़ाई अस्तित्व की रक्षा और उत्थान की लड़ाई कैसे लड़ी है। सांस्कृतिक मोर्चे और अपने वैवाहिक जीवन में मैंने क्या-क्या तर्क-संगत वैज्ञानिक और नया सोचा और किया है, इस पर लिखूँगा शिक्षा, साहित्य और मीडिया में भी मैंने क्या स्थान पा लिया है। स्वस्थ रहा तो अगली बातें जल्दी होंगी तब तक के लिए अपनी शायराना शक्ल में इस गीत के साथ में आपकी खिदमत में हाजिर हूँ—

यूँ सफर-भर याद हैं—गुजरे मुकामातों के लोग
मेरी मजबूती तो हैं, कमजोर हालातों के लोग।
दोस्त-दुश्मन—गैर-अपने, पास से देखे सभी
हैं तो ये इंसा ही आखिर—सब धरम-जातों के लोग।
मैं कई सदियों से—यूँ खामोश था सन्तप्त था
मेरी जानिब से बहुत बोले हैं बे-बातों के लोग।
बात मंजिल की—तो करने का कोई मतलब नहीं।
ये तजुर्बाते सफर लें—मुझसे जो चाहते हैं लोग।
यह मेरा बचपन करोड़ों बेसहारों का वजूद
है उन्हीं के हाथ में—जीवन जो दे पाते हैं लोग।
बच गई साँसें तो ले आया मैं इस अंजाम तक—
कल मिलूँगा मुझसे मिल लेना बहुत चाहते हैं लोग॥

❑❑❑